Edgar Snow:
So fing es an

Der erfahrenste China-Kenner berichtet

Mit einem Vorwort von Lois Wheeler Snow

Droemer Knaur

Über dieses Buch

»So etwas hat es selbst in unserem journalistischen Jahrhundert nur einmal gegeben, das durch rasende Reporter und Leitartikelideologen eben doch nur unvollständig repräsentiert wird«, schrieb Gerd Ruge in der *Welt*. »Mit Edgar Snow war der richtige Mann zur richtigen Zeit am richtigen Platz, und jedesmal war er nüchtern, vernünftig und bescheiden genug, um zurückzubringen, was Geschichte machen konnte.«

Der amerikanische Journalist und Mao-Freund gilt unumstritten als der beste Kenner des neuen China. Und er ist zweifelsohne auch der populärste Ausländer in der Volksrepublik China: Seinen fünften Todestag ehrte die amtliche »Volkszeitung« mit einem ganzseitigen Artikel. Dabei wollte Snow seinerzeit nur sechs Wochen in China bleiben – es wurden 13 Jahre daraus. Von den Reisememoiren, die er mit zurückbrachte, kann man zu Recht sagen, daß sie einen Kontinent erschlossen haben. Das Buch steht in der großen Tradition der Reiseberichte, die ein Stück Weltliteratur darstellen.

November 1978
Vollständige Taschenbuchausgabe
Droemersche Verlagsanstalt Th. Knaur Nachf.
München/Zürich
Lizenzausgabe mit freundlicher Genehmigung
der Deutschen Verlags-Anstalt, Stuttgart
© 1977 der deutschen Ausgabe
Deutsche Verlags-Anstalt GmbH, Stuttgart
Die Originalausgabe »Journey to the Beginning«
erschien bei Random House, Inc., New York
Copyright © 1958 by Edgar Snow
Der Übersetzung liegt die
First Vintage Books Edition, November 1972, zugrunde
Aus dem Amerikanischen von Hans Hermann
Umschlaggestaltung Gebhardt und Lorenz
Satz IBV Lichtsatz KG, Berlin
Druck und Bindung Hanseatische Druckanstalt, Hamburg
Printed in Germany
ISBN 3-426-00573-5

Für Lois, Chris und Sian –
und Pete und Saxe

Inhalt

Zeiter Teil: Das Feuer anzuschüren

Dritter Teil: Das andere Ufer des Flusses

Zu wissen, daß Himmel und Erde einem Samenkorn gleichen,
und die Spitze eines Haares einem gewaltigen Berg –
dies ist ein Ausdruck der Relativität...
Anfang und Ende sind wie ein Kreis.
Wachstum und Verfall sind die Folge von Umwandlungen.
Wo ein Ende ist, da ist der Anfang.

Das *Chuang-tsu*

Als Edgar Snow zum erstenmal nach China kam, war er 22 Jahr alt – ein »junger Mensch voller Neugier und bereit, die ganze Welt in sich aufzunehmen«. 13 Jahre später verließ er China als ein Mann, der Krieg und Revolution gründlich kennengelernt hatte, ein Weltreporter, der die Geschichte vom Langen Marsch, von Mao Tse-tung und seinem revolutionären Anliegen Millionen von Menschen – auch für viele Chinesen waren es die ersten Berichte – nähergebracht hatte. Der Mann, dessen Kampf dem Faschismus, Nazismus und Imperialismus überall auf der Welt galt, erkannte immer mehr, daß seine eigene Berichterstattung zur politischen Tätigkeit geworden war – eine Verantwortung, die bis zum Ende seines Lebens auf ihm lastete. Was ihm als jungem Mann widerfahren war, prägte den reifen Journalisten, der sich auch angesichts von Skepsis und Spott weigerte, die harte Wahrheit zu beschönigen.

Ich war 26, als ich ihn, den Autor von »Roter Stern über China«, kennenlernte, jenem Buch, das für mich während meiner Studentenzeit das Tor zu China aufgestoßen hatte. Als erfahrener Kriegsberichterstatter war er von den Schauplätzen weltbewegender Kriege in die Vereinigten Staaten zurückgekehrt, ein reifer und gebildeter Mensch, dessen engagierter, komplizierter, wacher und sensibler Verstand von jener einfachen und doch so bemerkenswerten Tugend der Ehrlichkeit geprägt war. Wenn er etwas nicht wußte, forschte er nach; wenn eine Tatsache für ihn bewiesen war, ließ er sich von der Wahrheit nicht abbringen. Er hätte in seiner Laufbahn oft ausweichen, sich drücken, schwindeln können. Er tat es nicht. Dafür hatte er zu leiden, aber es machte ihn auch stärker. Als er 1960 mit Mao Tse-tung zusammentraf, viele Jahre nach ihrer letzten Begegnung in den Höhlen von Yenan, sagte der Vorsitzende zu ihm: »Ich habe Sie nie belogen, und Sie haben mich nie belogen.« Diese Vertrauensbasis ließ die Beziehung zwischen diesen beiden aus verschiedenen Welten kommenden Menschen fortbestehen, bis Edgar Snow starb – am Vorabend der ersten Chinareise eines Präsidenten der Vereinigten Staaten.

Was einen jungen Mann aus dem Herzland des amerikanischen mittleren

Westens dazu veranlaßte, nach China zu gehen, ist vielleicht nicht so wichtig wie das, was ihn, als er erst einmal dort war, nicht mehr losließ. Er ging nach China, weil für ihn Horizonte und Grenzen dazu da waren, überschritten und erforscht zu werden; er war ein Suchender, er mußte den Dingen auf den Grund gehen. Das war Teil seiner amerikanischen Herkunft.

Was ließ ihn so viele Jahre in China bleiben, und was führte ihn nach der nationalen Befreiung für drei lange Besuche dorthin zurück? Am Anfang verhalf China dem jungen Mann in seinen Zwanzigern zur politischen Reife; es weckte seine Anteilnahme, sein Mitgefühl für andere Menschen. Er konnte seine eigenen armseligen Anfänge mit denen anderer Menschen in Verbindung bringen. Durch seine ganz persönliche Teilnahme am Ringen Chinas lernte er die Ursachen der Unterdrückung von Menschen in aller Welt kennen. Nicht daß er seine nationale Identität eingebüßt hätte; es war vielmehr der Anfang seiner Beziehung zu einem weltweiten Ringen, und diese Beziehung sollte ihm auch später zustatten kommen – er verlor die Menschlichkeit nie aus den Augen. Er sah über seine privilegierte Stellung als Ausländer in China hinaus, blickte der Wirklichkeit ins Gesicht: der Ausbeutung, Korruption, Unterdrückung, dem falschen Prestige der Weißen und dem gemeinen »Geld ist alles«-Denken, den eigennützigen Interessen, dem Mißbrauch »christlicher« Ideale, der Macht, mit der die Regierung das eigene Volk knebelt – er sah eine Geschichte, die in der Habgier und Arroganz des Westens wurzelte, im Imperialismus und im Mythos von der Überlegenheit einer Rasse, verschärft von Chinas eigener Elite, die ganz gefangen war im endlosen, unaufhörlichen Streben nach Macht und Reichtum. Er schrieb: »Jeder von uns ist ein Teil jener Geschichte, die unser Leben betrifft.« Er war einer der Betroffenen.

Eine ausgedehnte Lehrzeit, die ihn mit den Gründen und Ursachen für Chinas Kampf vertraut gemacht hatte, ließ ihn 1936 aufbrechen, um die Revolutionäre aufzusuchen. Diese Kenntnisse waren gründlich genug, um ihm bewußt zu machen, wie bedeutend jene erste Begegnung mit Mao Tse-tung und den heroischen Männern und Frauen war, die den erschöpfenden Langen Marsch von 8000 Meilen überlebt hatten. Bei ihnen zeichnete er – für »die Ehrfurcht und Bewunderung einer Welt, die geglaubt hatte, solche großen Taten gehörten der Vergangenheit an« – auf, was geschehen war und was noch kommen sollte, denn viele der kommenden Ereignisse wurden von dem jungen chinesischen Vorsitzenden in jenen Gesprächen mit dem jungen amerikanischen Journalisten vorausgesagt, in einer einfachen kleinen Höhle in dem staubigen, armen Dorf Pao An.

Sein Horizont endete nicht am Himmel Chinas; seine Reisen führten ihn durch die ganze Welt, vom Wüstensand zu Großstadtslums, von Palästen zu Nomadenzelten, vom Frieden ländlicher Farmen zum Gestank und

Wahnsinn des Krieges – er traf mit den Armen und Ausgestoßenen zusammen, mit den Habgierigen und den Großen. Als sich der Kreis seiner Reisen geschlossen hatte, hatte er das Menschengeschlecht von seiner schlimmsten – und besten – Seite kennengelernt.

Er lebte gerade noch lange genug, um den Beginn des internationalen Wandels in der Haltung gegen China zu erleben. Sein Tod kam genau in dem Augenblick, da seine wichtigste Arbeit gerechtfertigt wurde und ihm nachträgliche Anerkennung von vielen einbrachte, die ihn vorher ignoriert oder verspottet hatten. Er starb umgeben von der großartigen Fürsorge chinesischer Ärzte und Schwestern, die von Chou En-lai und Mao Tse-tung in unser Haus in die Schweiz geschickt worden waren. Es war ein Geschenk unmittelbarer, gezielter Anteilnahme, ein Akt der Freundschaft zwischen einem nichtkommunistischen Amerikaner, dessen Wissensdrang ihn die historische Notwendigkeit der chinesischen Revolution erforschen und erklären ließ, und den führenden Köpfen dieser Revolution, deren Offenheit und Weitherzigkeit sie einem schwergeprüften Fremden beistehen und ihm außerhalb der Grenzen ihres eigenen Landes uneingeschränkte Hilfe zukommen ließ.

Von der Asche des Amerikaners liegt heute ein Teil in einem Blumengarten der Universität von Peking, unter einem Gedenkstein aus weißer Jade mit der Inschrift: »Zum Gedenken an Edgar Snow, einen amerikanischen Freund des chinesischen Volkes. 1905–1972.« Der andere Teil ruht zu Füßen einer Glutweide in einem anderen Garten, über dem Hudson River in New York. Irgendwann vor seiner Krankheit, und lange bevor er starb, schrieb er diesen Hinweis auf einen Zettel, den er dann zwischen seinen Privatpapieren aufbewahrte: »Ich liebe China. Ich hätte gerne, daß ein Teil von mir – wie in meinem ganzen Leben – auch nach meinem Tod dort bleibt. Amerika hat mich gehegt und genährt. Ich hätte gern, daß ein Teil von mir am Hudson River seinen Platz findet, bevor er in den Atlantik mündet und nach Europa und an alle Küsten der Menschheit kommt, von der auch ich ein Teil war, denn ich habe fast in jedem Land gute Menschen gekannt.«

So sehe ich ihn nun als einen, der der Welt gehört. Er selbst zeigt in diesem Buch, zeigt mit seinen eigenen Worten, warum das so ist.

Lois Wheeler Snow

Eysins, Waadt, Schweiz
10. Oktober 1976

Erster Teil

Der Nomade

Ein Mann ist ein Bündel von Beziehungen,
ein Knoten aus Wurzeln,
deren Blüte und Frucht die Welt darstellen.

Ralph Waldo Emerson

1 Nach China

Als ich zum ersten Mal nach Shanghai kam, war ich wie jeder junge Mensch voller Neugier und bereit, die ganze Welt in mich aufzunehmen. Ich hätte irgend jemand aus meiner Generation in Amerika sein können, wie meine Vorfahren durch irgendeinen Pioniertraum, irgendeine namenlose lockende Freiheit nach Westen gezogen, um das Glück zu suchen oder dem Wissen »wie ein sinkender Stern« bis hinter die untergehende Sonne nachzujagen.

Ich war zweiundzwanzig, und ich hatte mit Spekulationen an der Wall Street ein paar Dollar verdient – gerade genug, so dachte ich, um bei entsprechender Sparsamkeit ein Jahr lang um die Welt reisen und etwas erleben zu können. Ich hatte vor, nach Ablauf dieses Jahres nach New York zurückzukehren, noch vor meinem dreißigsten Geburtstag ein Vermögen zu scheffeln und mich dann ganz auf das ruhige Leben eines Forschers und Schriftstellers zu konzentrieren. Es sah 1928 wirklich so einfach aus.

Über den Panamakanal erreichte ich den Pazifik, verbrachte drei Monate auf Hawaii und in Japan und ging dann nach Shanghai. In meinem Reiseplan hatte ich für China sechs Wochen vorgesehen. Tatsächlich vergingen 13 Jahre, bevor ich Amerika wiedersah.

Am Ende meines ersten Jahres in der Fremde hätte ich kaum weiter von zu Hause entfernt sein können: ich lebte in der glühend heißen Stadt Saratsi im Süden der Wüste Gobi. Dort im Nordwesten sah ich, wie Kinder zu Tausenden einer Hungersnot erlagen, die schließlich über fünf Millionen Menschenleben forderte. Es war für mich ein Erlebnis, das mich wachrüttelte, die schockierendste aller meiner Erfahrungen mit Krieg, Armut, Gewalttätigkeit und Revolution, bis ich 15 Jahre später die Öfen und Gaskammern sah, in denen die Nazis, denen der Hungertod nicht schnell genug ging, sechs bis sieben Millionen Menschen ausrotteten.

In Shanghai ging ich mit einem Empfehlungsschreiben von Walter Williams, dem Vorstand der journalistischen Fakultät an der Universität von Missouri, zu John Benjamin Powell, Herausgeber der *China Weekly Re-*

view und Korrespondent der *Chicago Tribune.* Powell war es, der mich später in den Nordwesten schickte, wo ich dann nach sieben Jahren eine grundlegende Geschichte über eine der großen Revolutionen der Menschheitsgeschichte und die hinter ihr stehenden Männer und Frauen schrieb.

»Warum bleiben Sie nicht in Shanghai und helfen mir bei der Herausgabe der *Review?*« fragte Powell. »In ein paar Monaten bringe ich eine Sondernummer heraus – eine Ausgabe über das ›Neue China‹, um den unbelehrbaren Dickschädeln klarzumachen, daß die Nationalisten auf immer hierbleiben werden. China ist im Begriff, wirklich unabhängig zu werden, und dieser Tatsache müssen wir uns stellen. Ich möchte, daß jemand, der unbeschwert an die Sache herangehen kann, diese Ausgabe für mich zusammenstellt.«

Unbeschwert war ich ganz ohne Zweifel – wenn unbeschwert so viel hieß wie grün. »Aber ich weiß überhaupt nichts über China«, antwortete ich. »Und außerdem habe ich für China sechs Wochen eingeplant, nicht mehr.«

»Nun ja, Shanghai *ist* China, auch wenn es hier eine Menge Leute gibt, die das nicht wissen«, lachte er. »Verbringen Sie Ihre sechs Wochen hier, dann können Sie immer noch gehen. Ich vermute allerdings, daß es Ihnen gefallen wird und daß Sie bleiben werden.«

Ich war da anderer Meinung; nach der Schönheit Hawaiis und dem Charme und der Ordentlichkeit Japans sah Shanghai in meinen Augen alles andere als einladend aus. Doch irgend etwas an Powell gefiel mir: sein herzliches Entgegenkommen, seine importierte Maiskolbenpfeife, seine herrliche Art, Geschichten zu erzählen. Mir wurde klar, daß ich von ihm etwas lernen konnte.

»Also gut«, sagte ich, »an die Arbeit. Wo fängt das Neue China an?«

Ich brauchte drei Monate, ehe ich zusammen mit meinen chinesischen Helfern die zweihundert Seiten jener Sondernummer mit Manuskripten und Annoncen gefüllt hatte. Von den amerikanischen Geschäftsleuten in Shanghai und vom Konsulat bekam ich nur wenig Unterstützung. Die meisten von ihnen hielten Chiang Kai-shek für einen Kommunisten und begegneten der *Review* mit Mißtrauen, weil sie sich für ihn einsetzte. Ich nützte Powells umfangreiche orientalistische Bibliothek weidlich aus und klaute skrupellos Hintergrundmaterial für meine Reportagen. Ich wurde immer stärker in Bann geschlagen, je mehr ich davon las. Ich entdeckte, was das Altertum bedeutete und welche dramatischen Widersprüche es für das ganz junge China aufwarf, das sich sichtbar bemühte, seinen Platz in der modernen Welt zu finden. Bevor noch meine erste Aufgabe erledigt war, bot mir Powell die Stelle eines stellvertretenden Herausgebers der *Review* an, und ich akzeptierte.

Dann brachte ich eine Serie von Beilagen heraus, in deren Artikeln die Touristenattraktionen der kleinen und großen Städte entlang der chinesischen Bahnlinien beschrieben wurden. Powell wollte die Amerikaner davon überzeugen, daß es wieder gefahrlos sei, in China zu reisen, und Sun Fo, Minister für das Verkehrswesen, stellte sich voller Begeisterung hinter diese Idee. Minister Sun versprach mir jede mögliche Hilfe.

»Nun, da die Roten niedergeworfen sind«, sagte er zu mir, »gibt es keinen Fremdenhaß mehr. Die Revolution ist vorüber, das Land ist vereinigt, und Sie werden sehen, wie friedfertig und entgegenkommend die Leute sind. Sie brauchen nur die Tatsachen zu veröffentlichen.«

Die nächsten vier Monate reiste ich so luxuriös und komfortabel, wie das nur möglich war, kreuz und quer durch China, so weit es durch ein Eisenbahnnetz von 8000 Meilen zugänglich war. Ich lernte jede Bahnstation kennen, die auch nur die geringste Bedeutung hatte, und ich wurde nach und nach damit vertraut, wie es im Lande aussah, von Ningpo bis Hankow, von Nanking bis Harbin, von Peking bis zur Großen Mauer und darüber hinaus bis in die Mandschurei und nach Korea. Wochenlang füllte ich die *Review* mit Reiseberichten, die später zu »Literatur« gemacht und vom chinesischen Touristikbüro verwendet wurden. Bevor meine Reise zu Ende war, sah ich auch, daß das Land noch lange nicht vereinigt war, und mir kamen Zweifel, ob die eigentliche Revolution überhaupt schon begonnen hatte.

Ungeheuer lehrreiche und fast ausnahmslos angenehme Tage bildeten den Auftakt zu meiner makabren Reise in das Land des Todes westlich von Peking. Ich sah all die geschichtsträchtigen Orte am unteren Yangtze und am Großen Kanal: die Inseln im Taihu-See und die Maulbeerbäume und Seidenspinnereien an seinen grünen Ufern; die Westlake-Tempel und -Pagoden in Hangchow; Yangchows elegante Brücken und Marco Polos Bild in jener Stadt, die er unter Kubilai Khan drei Jahre lang regierte; Soochow, das Venedig Chinas, durchzogen von Kanälen, berühmt für seine Ausflugsschiffe und seine anmutigen singenden Mädchen; die großen Ming-Mauern in Nanking und den majestätischen »Roten und Goldenen Berg«, auf dem Sun Yat-sen begraben liegt. Und dann all die Wunder des Nordens: den heiligen Berg Tai Shan, den Geburtsort und Tempel des Konfuzius und die Heimat Meng-tses. Schließlich dann Peking, das später mein »Zuhause« werden sollte, die Stadt der goldenen Dächer und Marmoraltäre, der weinroten Mauern und dunkel getönten Tempel und Paläste, der herrlichen Akazien und vollkommenen Alleen. Jenseits der Großen Mauer reiste ich im Stromlinienluxus der in japanischem Besitz befindlichen Südmandschurischen Eisenbahn und unterhielt mich in Mukden mit dem jungen Gouverneur der Mandschurei, Marschall Chang Hsueh-liang. Ich besuchte das unter der Zarenherrschaft erbaute und von Russen bewohnte Harbin und lernte im kolonialen

Korea zum erstenmal ein Volk kennen, das unter fremden Eroberern lebte.

Für diese Reisen lieh mir Dr. Sun Fo die Dienste eines sehr klein gewachsenen Begleiters namens C. T. Washington Wu (oder so ähnlich). Er war ein aus Amerika zurückgekehrter 41jähriger »Student«, und seine Visitenkarte wies ihn als einen »technischen Experten« des Ministeriums aus. Es war damals bei den Chinesen, die im Westen studierten, Brauch, sich für den Umgang in der nichtchinesischen Gesellschaft einen geeigneten Vornamen zuzulegen, und Mr. Wu hatte sich dafür entschieden, den Ahnherrn unseres Landes zu ehren. Ich stellte bald fest, daß er von Eisenbahnen keine Ahnung hatte; er war über Shanghai und Nanking hinaus kaum in China herumgekommen. Er gehörte zu jenen Tausenden von Schmarotzern, mit denen hohe Beamte immer belastet zu sein schienen und denen sie, aus den verschiedensten familiären oder persönlichen Gründen, irgendeinen Posten überlassen mußten. Wu zeigte zwar wenig Interesse an Tempeln, Folklore oder Lokomotiven, dafür fand er aber großen Gefallen an den Kostbarkeiten, die ihm unterbezahlte kleine Beamte, von Wus obskurem Titel eingeschüchtert, immer wieder auf eigene Kosten zukommen ließen.

Wenn Washington nach einem mit der Besichtigung von Sehenswürdigkeiten ausgefüllten anstrengenden Tag sein Zimmer in einem chinesischen Hotel aufsuchte, rief er sofort nach dem *lao-kuan-ti*, dem alten »Stets zu Diensten«. Das allgegenwärtige Faktotum erschien mit dampfendem Wasser und heißen Handtüchern. Während sich Washington noch den Staub von Gesicht und Händen wischte, gab er dem Bediensteten in scharfem Ton Anweisungen, die dieser mit wiederholtem *shih-shih* (ja, ja) entgegennahm, bevor er sich wieder zurückzog. Nach wenigen Minuten klopfte es an der Tür, und herein kam ein junges Mädchen, manchmal auch gleich zwei oder drei. Washington musterte sie gründlich, kniff die eine oder andere in den Hintern und ließ in einem Witz seine weltmännische Erfahrung anklingen. In der Regel wies er dann das erste Angebot zurück. Der alte »Stets zu Diensten« wurde erneut gerufen und dafür getadelt, daß er ein Mädchen mit einem Blumengesicht (mit Pockennarben) geschickt hatte. Schließlich fand sich dann ein rotwangiges junges Ding, das seinen Ansprüchen genügte, und Washington erwies ihr die Ehre. Wenige Minuten danach war er, der technische Experte, bereit für das abendliche Bankett.

Eine wahre Armee von Prostituierten drängte sich in den Städten Chinas. Der Verkauf von Frauen war geradezu eine Industrie. Eine gewaltige Zahl von Jungen und Mädchen wurde für vertraglich geregelte Arbeit unterschiedlicher Prägung an Makler verkauft, sei es als Lehrlinge, Fabrikarbeiter oder Hausangestellte. Hübsche Mädchen wurden für den Verkauf auf großstädtischen Märkten ausgewählt, wo es immer Interessenten für

Konkubinen, »singende Mädchen« oder Serviererinnen fürs Teehaus gab. Die begabtesten und stärksten unter den singenden Mädchen schafften es zuweilen, die Bedingungen des Gewerbes zu überwinden und es zu unabhängigen »Hausmüttern« zu bringen. Doch die große Mehrzahl fiel unter die Kategorie der billigen Prostituierten, die einfach Sklavinnen ihrer Besitzer und Kuppler waren.

1929 gab es in der Internationalen Niederlassung und in der Französischen Konzession von Shanghai zusammen 48 000 *piao-tzu*. Weitere 10 000 – 50 000 Frauen betätigten sich ohne Lizenz auf Straßen und Gehwegen, begleitet von gierigen Dienerinnen, die man dabei beobachten konnte, wie sie um den Preis feilschende Kunden in irgendwelche Hinterhofquartiere zerrten. Dazu kamen weitere Tausende von Frauen in den Teehäusern und Bordellen in dem unter chinesischer Verwaltung stehenden Teil von Shanghai. Und ihre Zahl sollte in den darauffolgenden, von der Hungersnot, der Überschwemmung und dem Krieg geprägten Jahren noch weiter zunehmen.

Überall in China wurden die ärmeren Bauern durch ruinöse Steuern und einen überhöhten Pachtzins in zunehmendem Maße von ihrem Land vertrieben. In den Gebieten mit anhaltender Dürreperiode waren Millionen total verarmt, und der Verkauf von Kindern war weit verbreitet. Ausländer in Shanghai sagten oft: »Diese Chinesen haben kein Herz; sie können ein Kind verkaufen, als sei es ein Schwein.« Doch in einer Niederlassung, in der ständig ein Bestattungskommando im Dienst war, das 1930 berichtete, es habe über 28 000 Leichen »begraben oder auf andere Weise beseitigt«, Leichen, die auf der Straße aufgelesen oder – hauptsächlich die Opfer von Kindermorden – aus Kanälen gefischt wurden, an einem solchen Ort, an dem auch in den darauffolgenden Jahren diese Zahl nie mehr tiefer lag, da gab es schlimmere Schicksale, als am Leben zu bleiben und als Sklave verkauft zu werden.

2   Ich begegne den Toten

In dieser Zeit, als die große Hungersnot das ganze nordwestliche China beherrschte, ein Gebiet, das größer ist als Texas, lag die politische Macht in Wirklichkeit oder theoretisch in den Händen des Marschalls Yen Hsi-shan, den sie den »Mustergouverneur« nannten. Die Zentralregierung in Nanking hatte ihm den Titel eines Friedenskommissars gegeben, und sein Verbündeter war ein anderer alter »Warlord«, Feng Yu-hsiang, der sogenannte »christliche General«, der bei der Konterrevolution 1927 Chiang Kai-shek geholfen hatte. Doch nun traute der Generalissimus beiden nicht mehr, und die Hungersnot galt als nützliche Waffe, mit der sie sich auf Vordermann bringen ließen. Nanking schickte den Hungernden keine

Nahrungsmittel. Selbst eine Hilfsorganisation wie die International Famine Relief Commission hatte große Schwierigkeiten, für das bißchen Getreide, das sie mit dem Geld von privaten Spendern kaufte, von der Regierung Eisenbahnwaggons oder irgendein anderes Transportmittel zu bekommen.

Jenseits von Kalgan verkehrten nur noch Güterzüge von und nach Suiyuan, der Handel war zum Stillstand gekommen. Washington Wu wollte die Fahrt mit der Peking-Suiyuan-Eisenbahn nur bis Kalgan gehen lassen. Für Touristen sei dort Endstation, lautete sein Argument. Ich hielt dagegen, daß es mein Auftrag sei, *alle* Eisenbahnen zu sehen, und bestand auf der Weiterfahrt nach Suiyuan. Nach langem Hin und Her hängte der stellvertretende Betriebsleiter der Eisenbahnlinie einen Sonderwagen an einen nach Westen fahrenden Güterzug und sorgte für Proviant und Leibwächter. Er sagte, er würde mich begleiten, wenn Wu sich weigere. Washington kam mit.

Nicht sehr weit von Kalgan entfernt, fuhren wir in einen kleinen Bahnhof inmitten einer heißen, staubigen Ebene und kamen neben einer keuchenden Lokomotive zum Stehen, die in die entgegengesetzte Richtung fuhr und ein paar heruntergekommene Waggons zog. Zwei dieser Güterwagen waren vollgepackt mit ermatteten, halbnackten, hungrigen Kindern, fast ausschließlich Mädchen, die unter der besonderen Obhut einiger alter Frauen und Männer zu stehen schienen. Vom Fahrdienstleiter erfuhr ich, daß sie zur Arbeit in einer Fabrik oder in Bordellen bestimmt waren. Kalgan war im Grenzland des Hungergebietes der wichtigste Umschlagplatz für derlei Geschäfte. Manchmal ging es den Kindern gut, wenn sie zu ehrlichen Handwerkern in die Lehre kamen oder in ordentliche Häuser aufgenommen wurden; auf diese Weise blieben sie wenigstens am Leben. Doch alles hing von der Absicht und dem Charakter oder auch der augenblicklichen Laune des Käufers ab. Andere Einzelheiten über die Sklaverei in China erfuhr ich damals von Rewi Alley, einem Neuseeländer, dessen roter Schopf plötzlich inmitten einer Menge schwarzhaariger Chinesen aufleuchtete, die sich in einem kleinen Bahnhof aus einem der Wagen in unserem Zug wälzten.

Er arbeitete zu der Zeit als Gewerbeaufseher für die Internationale Niederlassung in Shanghai. Er hatte sich dazu entschlossen, seinen Jahresurlaub in dem Hungergebiet zu verbringen und mit einer Handvoll Ausländer zusammenzuarbeiten, die ein paar Armenküchen unterhielten und den Bewässerungskanal Sa Tao Chu bauten. Hier begann für mich eine Freundschaft, die einige Jahre später reifte, als Alley und ich beim Aufbau industrieller Genossenschaften zusammenarbeiteten. Im Augenblick sah ich in ihm nur einen komischen Kauz, der mich jedoch interessierte. Ich bat Washington, den Rotschopf in einer der freien Kojen in unserem Privatwaggon schlafen und an unserem Essen teilhaben zu lassen. Der technische Experte lehnte hochmütig ab. Er möge keine »Imperialisten« und vor allem keine »Missionare«, und er habe das Gefühl, daß Alley so einer sei. Sie redeten immer »über Chinas Rückständigkeit«, sie seien es, die das Land »um seinen guten Ruf brachten«, meinte er.

Alley nahm das gutmütig hin. »In Shanghai und Nanking bin ich dem Typ dutzendmal begegnet«, sagte er. »Mir ist die Gesellschaft der verlausten Armen lieber.« Und zu ihnen ging er zurück und winkte fröhlich aus einem offenen Güterwagen.

Ich hatte Lust, meinen Wagen zu verlassen und ihm in die angenehmere Gesellschaft zu folgen. Doch ich hatte meine Arbeit zu erledigen, und außerdem fand ich langsam Gefallen daran, komfortabel zu reisen. Aus »Washington« war für mich wieder Mr. Wu geworden, als wir tags darauf in Kueihua einfuhren. Ich ging mit Alley zusammen in die Stadt, um das Elend dort näher kennenzulernen, und am nächsten Tag fuhren wir weiter nach Saratsi, der Endstation auf dieser Strecke; Zehntausende von Flüchtlingen aus den schwerbetroffenen Tiefebenen ringsumher hatten sich hier heraufgeschleppt.

Zu Wus Verdruß verbrachte ich mehrere Tage damit, in die menschenleeren Städte und durch Wüstengebiete zu fahren, die einmal fruchtbares Farmland gewesen waren. Der technische Experte warf mir heftig vor, das habe nichts mit dem Bericht über Eisenbahnen zu tun. Er zog sich erst mal in den Sonderwagen zurück und sagte, er werde ohne mich zurückfahren, änderte jedoch seine Meinung, als er von einigen Ortsältesten *ta-jen* (großer Mann) genannt wurde; sie hielten ihn fälschlich für einen hohen Beamten und baten ihn um Hilfe.

Wir gingen zusammen mit O. J. Todd, einem amerikanischen Ingenieur, der das Bewässerungsprojekt der Kommission zur Bekämpfung der Hungersnot leitete, und Dr. Robert Ingram, einem Missionsarzt, der die spezielle Aufgabe hatte, Arbeiterkolonnen und Flüchtlingslager von Läusen freizuhalten, um zu verhindern, daß sich Fleckfieber und Pest ausbreiteten. Es war eine geisterhafte, von jeglichem Wachstum leergefegte Landschaft, gerade so, als habe eine frisch aufgebrochene Erdspalte vulkanische Asche darübergeschüttet. Selbst die Bäume hatten ihre Rinde eingebüßt und starben. In den Dörfern fielen die meisten aus Lehmziegel errichteten Häuser in sich zusammen. Die wenigen Balken waren herausgezogen und für die paar Pfennige, die sie einbrachten, verkauft worden.

Hier und da saßen oder lagen Menschen, die bis zuletzt nicht aufgeben wollten, immer noch auf ihren Türschwellen, kaum noch bei Bewußtsein. Vor einem Haus sah ich ein nacktes Kind, dessen Ärmchen dürren Zweigen glichen und dessen Bauch ballonförmig aufgetrieben war, weil es nur noch Laub und Sägemehl zu essen bekam. Es versuchte, seinen nackten Vater, der eben auf der Straße gestorben war, wachzurütteln. Wir lasen den kleinen Jungen auf und trugen ihn zu einer Armenküche in der Stadt.

Dabei stießen wir erneut auf zwei junge Frauen, die so dünn waren wie die getrockneten Bratenten, die vor chinesischen Metzgerläden hängen. Sie hatten die gleiche Farbe und waren genauso nackt, und ihre welken Brüste hingen da wie plattgedrückte Papiertüten. Sie waren auf einer Dorfstraße ohnmächtig zusammengebrochen, unbemerkt von denen, die sich noch auf den Beinen halten konnten und sich mühsam dahinschleppten. Wir nahmen die beiden mit, um sie in ein Lager zu bringen. So viele Tausende waren zum Sterben verurteilt, daß die Rettung einiger weniger bedeutungslos schien. In den zwei Städten, die wir besuchten, war innerhalb eines Jahres die Hälfte der Bevölkerung zugrunde gegangen. Es gab so viele Tote, daß sie in flachen Gräben außerhalb der Mauern begraben wurden, und es war schwierig, Leute zu finden, die noch physisch imstande waren, diese Grabarbeiten auszuführen. Häufig verschwanden Leichen, bevor sie begraben werden konnten, und in manchen Dörfern wurde offen mit Menschenfleisch gehandelt.

Dabei ging es, relativ gesehen, den Leuten in Saratsi besser als denen, die Hunderte von Meilen von der Bahnstation entfernt lebten und damit keinerlei Hoffnung auf Hilfe haben konnten. Überall waren die Pächter und Farmbesitzer in diesem Frühjahr zum drittenmal das Wagnis eingegangen, und wieder war kein Regen gefallen. Nun hatten sie ihr letztes Stückchen Land und ihre Arbeitskraft verpfändet, um Samen zu kaufen, der nie aufging. Sie besaßen überhaupt nichts mehr. Nachdem sie ihr ganzes Saatgut gesät oder gegessen hatten, sahen sie sich ihrem baldigen Untergang gegenüber. Doch die wohlhabendsten Landbesitzer konnten überleben und sogar noch reicher werden. Es war eine Zeit, in der man mit einem Sack Getreide eine ganze Farm kaufen konnte. Selbst im Umland von Saratsi, wo der Kanal gegraben wurde, um den Gelben Fluß anzuzapfen und weit über 1600 Quadratkilometer Land zu überfluten, wartete ein trostloses Schicksal auf diejenigen, die so lange lebten, bis der Boden wieder eine Ernte hervorbringen würde. Die kleinen Bauern, Pächter und Landarbeiter waren bankrott, und die Geldverleiher und Getreidehändler hatten es sehr eilig, die Hypotheken für verfallen zu erklären. Nachdem ihre Gewinne durch das Horten des Getreides und die Spekulation damit stark zugenommen hatten, übernahmen einige wenige reiche Familien das Land für einen Bruchteil seines normalen Wertes. Ihre Häuser und Kornspeicher wurden von gutgenährten privaten Schutztruppen bewacht, loyal gegen die, die ihre Reisschalen füllten, während gleichzeitig Millionen verhungerten.

Das Problem war natürlich viel zu groß, als daß eine auswärtige Hilfsorganisation hätte allein damit fertig werden können. Was gebraucht wurde, war eine nationale oder weltweite Intervention größten Ausmaßes; mindestens zwanzig Millionen Menschen waren ernsthaft bedroht. »Wir haben weder das Geld noch die Hilfsmittel, um auch nur einen von hundert zu erreichen!« sagte Dr. Ingram. »Es ist eine Schande, daß die Regierungsbeamten nichts tun. Sie sind zu sehr damit beschäftigt, Resolutionen zu verabschieden und neue Stellen für ihre Freunde zu schaffen.«

Im Winter 1929/30 und im nicht weniger schrecklichen Jahr darauf, bevor die Dürreperiode schließlich zu Ende ging, fielen riesige Gebiete – von der Großen Mauer südwärts bis zum Gelben Fluß – in die Hände von Wucherern und nicht ortsansässigen Grundbesitzern. Während meiner nächsten zwölf Jahre in China gab es nicht ein einziges Jahr, in dem nicht irgendeine Gegend dieses weitläufigen, schwer heimgesuchten Landes von einer Hungersnot oder Überschwemmung betroffen wurde. Jedesmal sollte ich dieselben ruinösen Wirtschaftspraktiken am Werk sehen, dieselbe ungehinderte Ausbeutung menschlicher Tragödien, dieselbe Demütigung des Bauern, die sexuelle Erniedrigung, das stetige Anwachsen der grundbesitzlosen Landbevölkerung, der Rekruten für eine Rebellion. Mitte der vierziger Jahre war die Verschlechterung so weit fortgeschritten, daß das Hungerleiden und die Rebellion im westlichen China zeitlich zusammenfielen. Graham Peck wurde Augenzeuge, wie – mitten im Krieg gegen Japan – Chiang Kai-sheks eigene Truppen in Scharen über die Landbevölkerung herfielen und hungernde Bauern umbrachten.

Doch nur wenige Amerikaner machten sich die Mühe, die anschauliche Darstellung in Pecks Buch »Two Kinds of Time« zu lesen, in dem deutlich gesagt wird, warum die kommunistische Revolution unvermeidlich war.

Noch weniger Leser als Pecks Buch fand allerdings in Amerika mein Bericht über die Hungersnot im Nordwesten, der 1929 in der *New York Herald Tribune* erschien. Und während Amerika der Regierung Chiang Kai-shek allein bis 1945 Milliardenbeträge zukommen ließ, und zwar nicht zur Linderung der Hungersnot, sondern für ein militärisches Bündnis, kam die einzige Reaktion auf meinen 5000 Worte umfassenden Artikel von einem amerikanischen Schuljungen, der mir einen Brief mit einer Dollarnote schickte, um damit seinen hungernden chinesischen »Brüdern« zu helfen.

»Die Opfer der Überschwemmungen des Gelben Flusses in China gehen in die Hunderttausende«, sagte Ivanow in Koestlers »Sonnenfinsternis«. »Die Natur ist mit ihren sinnlosen Experimenten an der Menschheit großzügig. Warum sollte die Menschheit nicht das Recht haben, mit sich selbst zu experimentieren?« Das war die Frage, die mich in den darauffolgenden Jahren zwangsläufig immer stärker beschäftigen mußte.

Doch als wir in jenem Jahr von Peking aus nach Süden fuhren, durch die gelben Felder des heranreifenden chinesischen Zuckerrohrs und das frische feuchte Grün der Reisplantagen, war ich noch weit von der Erkenntnis entfernt, daß den Nationalisten nicht mehr viel Zeit blieb, ihre Versprechungen einzulösen. Washington Wu mag sich mehr Gedanken darüber gemacht haben, als ich damals annahm. Unsere Reise wirkte ernüchternd und mäßigend auf ihn.

»Schrecklich! Schrecklich!« murmelte er eines Tages plötzlich, als wir uns über das, was wir gesehen hatten, unterhielten. »Nach all den Jahren in Amerika hatte ich diese Dinge irgendwie vergessen. Was für ein elendes, elendes Land ist bloß unser China!«

Ich empfand so etwas wie Zuneigung für Wu, als ich ihn endlich zugeben hörte, daß es außer den Sünden der weißen Imperialisten auch noch andere Übel in China gab. Seine Fassade aus Arroganz und falschem Stolz ging in die Brüche. Aus seiner Stimme sprach ein neuer Geist, ein Aufbegehren gegen Ungerechtigkeit, ein Gefühl der Demut und der persönlichen Verantwortung.

»Wir müssen, wir *müssen* etwas zur Rettung Chinas unternehmen – und zwar schnell«, sagte er. »Aber *wie?*«

»Da sitzen Sie nun, und hinter Ihnen stehen dreißig Jahrhunderte an Erfahrung«, sagte ich. »Als Amerikaner kann ich meine Herkunft nur ein paar Generationen zurück verfolgen. Wie könnte ich diese Frage für China beantworten!«

»Es muß zu einer Wiedergeburt kommen«, sagte er nachdenklich. »Sie kann nur aus unserem eigenen Leib kommen – dem Leib unserer eigenen Geschichte.«

Warum begann ich an diesem Prozeß innerlich Anteil zu nehmen? Warum fing China an, mir etwas zu bedeuten? Ich mußte daran denken, wie anders meine Kindheit ausgesehen hatte und wieviel größer meine Möglichkeiten gewesen waren, als Kind einer reichen, offenen, jungen Zivilisation, wo die Natur dem Menschen ihre Gaben anbot und nur von ihm verlangte, daß er sich bemühte, sie zu genießen, verglichen mit den Problemen des Überlebens im alten China, wo sich der Kampf in einer Gesellschaft abspielen mußte, die eine Jahrtausende alte Tradition mit sich schleppt, nach der sich die Menschen, auf der Stufe des Raubtiers stehengeblieben, gegenseitig ausbeuten.

Wu war lange Zeit still, von seinen eigenen Gedanken in Anspruch genommen, so wie ich von meinen.

3   Ursprünglich aus Kentucky

Mein Großvater väterlicherseits war in meiner Familie wohl derjenige, der am ehesten den Drang verstanden hätte, der mich nach China trieb und im Fernen Osten festhielt.

Wäre Horace Parks Snow noch am Leben, wäre er heute über hundert Jahre alt. Er wurde auf dem Anwesen seines Vaters im Bezirk Clinton in Kentucky geboren, in der Nähe von Cainey Gap im Cumberlandgebirge.

Sein eigener Urgroßvater William Snow war der erste gewesen, der sich dort niedergelassen hatte, nachdem er im späten 18. Jahrhundert heraufgekommen war, um neues Land zu kultivieren, das seinem Vater »für geleistete Dienste« während der Revolution gegeben worden war.

Als mein Großvater auf die Welt kam, war die Farm in Kentucky schon »eine der schönsten im ganzen Staat« geworden, wie J. W. Hall, ein Autor aus Kentucky, schrieb. Doch auf all den Feldern, auf den Weiden mit dem bläulichen Rispengras, in den Ställen und Obstgärten suchte man vergeblich nach Sklaven. Die Snows hielten es nicht mit den Sezessionisten. Mein Ururgroßvater, Samuel Frost Snow, entließ seine Sklaven noch vor dem Sezessionskrieg. Obwohl Cainey Gap unmittelbar an den tiefen Süden grenzte, bekannte er sich geschlossen und eindeutig zur Union der Nordstaaten. Während der frühen Kindheit meines Vaters in Kentucky erzählte ihm einmal seine Großmutter, es habe in Cainey Gap nur einen einzigen Anhänger der Konföderierten gegeben. Eines Morgens hatte er versucht, sich auf die Seite der Rebellen zu schlagen, doch bis zum Abend hatten ihn seine Nachbarn nach Hause zurückgebracht und auf seiner eigenen Veranda aufgepflanzt, damit er, wie sie sagten, »dableiben und während des Krieges seine Weibsleute beschützen« konnte. »Er war mausetot«, fügte meine Urgroßmutter Snow hinzu.

Viele Snows aus Kentucky waren mit den Pionieren nach Westen gezogen, und noch vor den siebziger Jahren des letzten Jahrhunderts war »H. P.« selbst in die Tiefebenen vorgestoßen und hatte im Territorium Kansas guten Ackerboden und Weideland gefunden. Er hatte Louisa Frances Kella aus Petersburg in Virginia geheiratet, die Enkelin eines von John Wesley inspirierten berühmten Wanderpredigers. Er war einer der Verantwortlichen für den überzeugten Antipapismus der Snows. In den achtziger Jahren nahm mein Großvater Louisa und ihre drei Söhne und vier Töchter mit nach Kansas und ließ sich in der Nähe von Winfield nieder, wo er sein Vermögen in die Landwirtschaft und einen, wie sie es nannten, »Warenhandel« – eine Gemischtwarenhandlung – investierte. »H. P.« redete stolz davon, daß er »nie in seinem Leben für einen anderen Menschen gearbeitet« habe. Nachdem die Panik in den neunziger Jahren überstanden war, erwarb er ausgedehnten Grundbesitz in Missouri, Kansas und Texas und machte schließlich ein bescheidenes Vermögen.

Mein Vater, James Edgar, betrat die Szene etwa zu der Zeit, als Lenin und Sun Yat-sen geboren wurden, ein Jahrzehnt nach der Niederwerfung der Taiping-Rebellen, die vierzig Millionen Menschenleben gekostet hatte. Viele Jahre später sollten alle drei Ereignisse einen tiefen persönlichen Einfluß auf mich haben. Damals waren jedoch die Amerikaner so weit davon entfernt, sich als Mitglieder einer großen pazifischen Gemeinde zu fühlen, daß die Massenvernichtung von vierzig Millionen Menschen in China praktisch unbeachtet blieb.

Was sich in Asien abspielte, berührte meinen Vater überhaupt nicht. Er wuchs in Kentucky und in Kansas auf, ohne etwas von der gärenden Welt auf der anderen Seite des Pazifiks zu ahnen. Er machte einem Mädchen irisch-deutscher Abstammung aus Columbus in Ohio, Anna Catherine Edelmann, den Hof und heiratete sie. Ihre Mutter war eine gebürtige Irin aus Menagh in Tipperary, und ihr Vater war das Kind deutscher Einwanderer aus Schlesien, die ihn als zweijährigen Jungen mit nach Amerika genommen hatten.

Die Snows waren leicht schockiert, als sie erfuhren, daß Anna eine »Papistin« war; sie war die erste Katholikin, die einen der Snows aus Kentucky heiratete. Dazu kam noch, daß sowohl ihre Mutter als auch ihr Vater Priester in ihren Familien hatten. Mein Vater erklärte sich schließlich bereit, sich mit der katholischen Lehre zu beschäftigen, in der Absicht, zu konvertieren und damit zu ermöglichen, daß ihn die schöne rothaarige Anna heiratete. Er räumte auch ein, daß die Kinder in dem Glauben getauft und unterwiesen werden sollten – ein Kompromiß, den er bald bereute.

Mein Vater begann, nachdem er das Southwestern College verlassen hatte und mit Anna nach Chikago gezogen war, für eine Firma zu arbeiten, die Schlachtvieh aufkaufte. Er hatte bald etwas Kapital beisammen und kehrte nach Kansas City zurück, wo er eine Zeitung für Viehhändler kaufte, zusammen mit einem kleinen Verlag und einer Druckerei. Als dann später die große Tageszeitung *Kansas City Star* der beste Kunde der »Snow Printing Company« war, hatten James und Anna bereits zwei Söhne und eine Tochter. Als ob »Edgar« nicht schon schlimm genug war für den Jüngsten, gaben sie mir noch den Mittelnamen »Parks«, was auf Großvater gepaßt haben mag, aber nicht auf mich. Ich ließ diesen Namen fallen, ja, ich habe ihn nie richtig angenommen.

Wir Kinder wurden ordnungsgemäß katholisch erzogen und wurden nach Kommunion und Firmung zu vollen Mitgliedern der Kirche. Doch mein Vater bestand darauf, daß wir öffentliche Schulen besuchten. Hätten nicht die betreffenden Priester unsere Ablehnung der kirchlichen Schule dem Gewissen meiner Mutter als Sünde angelastet und sie ständig an ihre Pflichten erinnert, die Seele meines Vaters dadurch zu retten, daß sie ihn der Kirche zuführte, dann hätte »J. E.« vielleicht keine so feindselige Haltung gegenüber dem Katholizismus eingenommen.

In Wirklichkeit hatte er jedoch versprochen, sich mit der kirchlichen Lehre zu befassen, und das tat er nun gründlich – zu gründlich wohl für einen guten katholischen Laien. Er las sogar die Douai-Bibel und verwies auf ihre inneren Widersprüche. Schließlich war er dann – vor allem über die »schlechten Seiten« der Kirche – besser informiert als die wahren Gläubigen um uns herum. Er stellte sich meiner Unterweisung nicht in den Weg, doch als ich alt genug war, um diese Dinge zu verstehen, mußte ich an Sonntagnachmittagen sorgfältig ausgewählten Zitaten von Ingersoll oder Brand oder anderen auf dem Index stehenden Autoren zuhören. Meinen älteren Geschwistern blieb zum Glück das meiste davon erspart, doch als ich dann auf die Welt kam, hatte mein Vater die Überzeugung gewonnen, daß es seine Pflicht sei, dafür zu sorgen, daß ich »im Hinblick auf Gott unvoreingenommen« blieb.

Letztlich verlor ich den Glauben nicht wegen der Argumente Robert Ingersolls, sondern weil ich eines Tages mit einem älteren Meßbuben zu einem in der Nähe liegenden Kloster ging, um die Hostien oder die Oblaten für die Meßfeier zu holen. Es kam mir merkwürdig vor, daß die Oblaten dort in gewöhnlichen Kohleöfen gebacken wurden. Auf dem Rückweg machte der ältere Junge eine der Dosen auf und konsumierte auf der Stelle eine Handvoll vom »Leib und Blut Christi«. Ich rechnete damit, daß er alsbald zu Boden stürzen würde, doch nichts geschah.

Bill lachte. »Die sind doch noch gar nicht geweiht. Das heilige *Sackerment* sind sie erst, wenn sie geweiht sind!«

Ich dachte an den guten alten Vater Joseph Walsh, unseren Gemeindepfarrer, und mit einem Male glaubte ich nicht, daß er diese Oblaten aus Mehl und Wasser in Leib und Blut Christi verwandeln konnte. Diese Erkenntnis bereitete mir keine besondere Freude. »Der Mensch kann leicht zum Ungläubigen werden, aber er läßt sich nur schwer zu einem anderen Glauben bekehren.«

Meiner Mutter zuliebe besuchte ich weiterhin die Messe, solange ich zu Hause wohnte. Als ich dann aufs College kam, war mir jede Art von sektiererischer Religion gleichgültig geworden. Sehr viel später begann ich, mich für Buddhismus und Taoismus als Philosophien zu interessieren, nicht jedoch für irgendwelche zur Institution gemachten Riten und Kults. Die Neigung zur Skepsis, die mir mein Vater eingebleut hat, machte mich zum Rationalisten in den meisten Dingen und ließ mich von Dogma und Absolutismus in jeglicher Form zurückschrecken. Und doch hatte die kirchliche Lehre meinen jugendlichen Verstand tief genug durchdrungen, daß sie eine Spaltung zwischen Glauben und Vernunft entstehen ließ, die dann viele Jahre fortbestehen sollte. Das dem Kind eingeimpfte Verlangen, an einen externen und einen persönlichen Heiland zu glauben, anstatt die persönliche Verantwortung mit all ihrer Agonie, aber auch all ihren Befriedigungen zu akzeptieren – dieses Verlangen läßt sich nicht so leicht beiseite schieben.

Mein Vater hätte sich mit Einsteins Vorstellung von Gott »als der Gegenwart einer höheren Vernunft, die sich im unbegreiflichen Universum offenbart« einverstanden erklärt, doch die Methoden, mit denen er gegen den Katholizismus anging, waren der Einheit unserer Familie nicht zuträglich. In intellektueller Hinsicht war sein Feldzug zweifellos erfolgreich, aber irgendwo im Herzen verlor er ihn. Ich wußte, daß meine Mutter eine gute, selbstlose Frau voller Liebe und Güte war. Das reichte aus, um mich nicht zum militanten Antikatholiken werden zu lassen.

Und nun saß ich mit Mr. Washington Wu in einem fernen, fremden Land und dachte mit Liebe und Dankbarkeit an meine Mutter und an die Briefe, die ich ihr bald schreiben wollte. Es kam mir nie in den Sinn, daß ich sie vielleicht nie mehr zu Gesicht bekommen würde. Der Brief von zu Hause, der mir in wenigen Wochen von ihrer Krankheit berichten sollte, kam erst zwei Wochen nach einem Telegramm an, das mir ihren Tod mitteilte.

Es ist schwer zu glauben, daß es noch vor so kurzer Zeit für mich oder jeden anderen absolut unmöglich war, in weniger als einem Monat vom Orient nach Hause zu kommen. China schien so weit weg wie heute der Mond – oder noch weiter, wenn man die heutige Raketenzeit zugrunde legt. Doch der zeitliche und räumliche Abstand zwischen uns verringerte sich schon damals in erstaunlicher Weise, verglichen mit der Reise auf dem Segelklipper, die ein anderer Snow lange vor mir unternommen hatte, als Präsident Madison den finster dreinblickenden Captain Samuel Snow beauftragte, als unser erster ständiger Konsul nach Kanton zu gehen. Eines Tages erbte ich dann überraschend Captain Snows Porträt, seine Akten und das ledergebundene Tagebuch, in dem er seine lange Reise im Jahr 1795 beschrieb, die ihn um das Kap der Guten Hoffnung herum nach Indien und China führte.

4 Shanghai!

Ich war mit Washinton Wu zusammen immer noch in Peking, als mir J. B. Powell telegrafierte, ich solle sofort nach Shanghai zurückkehren. Die *Chicago Tribune* hatte ihn in die Mandschurei beordert, von wo er über die Feindseligkeiten berichten sollte, die dort ausgebrochen waren, nachdem Marschall Chang Hsueh-liang den unüberlegten Versuch gewagt hatte, die Russen von ihren Ämtern, Arbeitsplätzen und Häusern entlang der Ostchinesischen Eisenbahn in der nördlichen Mandschurei zu vertreiben. Ermutigt durch den Helden der Nationalisten, Chiang Kai-shek, hatte der junge Marschall versucht, gewaltsam die Vereinbarung aufzuheben, die diese Eisenbahn zu einem gemeinsamen chinesisch-sowjetischen Unternehmen machte, ein Erbe aus der zaristischen Zeit, als sie durch russische Gelder und Ingenieure gebaut worden war. Das gewagte Unterfangen hatte katastrophale Folgen: Sowjetische Truppen drangen in die Mandschurei ein und stellten den früheren Status quo wieder her. Als das erreicht war, lud die sowjetische Regierung die Chinesen nach Moskau ein, um ein Abkommen auszuhandeln, und zog anschließend, eigentlich zur allseitigen Überraschung, ihre Truppen nach Sibirien zurück. Powell war schon abgereist, als ich zurückkehrte. Ich las seinen Brief und war auf einmal verantwortlicher Herausgeber der *Review* und außerdem Südchina-Korrespondent der *Chicago Tribune*. Von der Mandschurei aus sollte Powell nach Moskau weiterreisen und drei Monate dort bleiben. So kam es, daß ich Auslandskorrespondent wurde – und Shanghai erst so richtig kennenlernte.

In den dreißiger Jahren brauchte John Gunther im unter fremder Herrschaft stehenden Shanghai nur wenige Tage, um festzustellen, es sei »ein politisches Krebsgeschwür im Gesicht Chinas«. Shanghai war fett und korrupt geworden und hatte bald einen erschreckenden Preis für die Vergangenheit zu bezahlen, die seine aus dem Westen kommenden Erben vergessen hatten. Die Geschichte fordert letztlich immer ihren Preis, und die Chinesen hatten hundert Jahre gewartet.

Doch die Geschäftsleute aus dem Westen, die dort bei meiner Ankunft 1928 lebten, taten so, als sei die Niederlassung eine Realität, die in alle Ewigkeit fortbestehen würde. Sie bildeten sich in ihrer Euphorie ein, sie seien der Kontinent, und die vierhundert Millionen Chinesen im Land bildeten eine Art Randbezirk, den Gott ihnen zum Zwecke von Handelsbeziehungen beschert habe. Dabei war es ein recht faszinierendes Sodom und Gomorrha, solange es sich halten konnte.

Anfänglich hielt auch ich Shanghai fälschlich für China. Die bizarren Gegensätze von sehr Altem und sehr Neuem, die grandiose Häßlichkeit der Stadt, der Zauber ihres Sprachengewirrs (alle Nationen warteten dort auf die Krise) und das Vulgäre an ihrer freimütigen Geld-regiert-die-Welt-Mentalität erfüllten mich mit Verwirrung und Staunen. Ursprünglich fühlte ich mich auch allein durch das bloße physische Gewicht der »Masse« irgendwie bedrückt. Ich habe nie so außerordentlich viele Menschen (beherrscht von so außerordentlich wenigen) gesehen, und für mich sahen sie alle gleich aus, ein Agglomerat, scheinbar ohne individuelle Formen, aber voller Farbe, Bewegung und Gegensätzlichkeit. Sie lasen von rechts nach links, setzten Nachnamen vor Vornamen, machten eine abweisende Geste, wenn sie einen heranwinken wollten, steckten die Hände in die Ärmel, anstatt sich mit einem Händedruck zu verabschieden, führten beim Apfelschälen das Messer von sich weg anstatt zu sich her, sägten Holz mit einer ziehenden anstatt mit einer schiebenden Bewegung, teilten Karten von rechts nach links aus, tranken ihre Suppe zum Abschluß einer Mahlzeit und sagten »nein«, wenn sie »ja« meinten! Für einen jungen Amerikaner war es schwer, gleich zu sehen, daß diese Eigenheiten nichts mit der grundlegenden menschlichen Behauptung »Auf der Insel sind alle Menschen Brüder« zu tun haben.

Auch die Straßen im Zentrum Shanghais schienen zunächst eine Kuriositätenschau ohne Ende, unglaublich *lebendig* mit allen Arten von Menschen, die fast jede körperliche und gesellschaftliche Funktion in aller Öffentlichkeit darboten: Sie gestikulierten und schrien, waren ständig in

Bewegung, drängende Menschenmassen wälzten sich durch jede Art von Verkehr, gefährdet inmitten alter und neuer Autos und zwischen Kulis, die sich im Kampf um Rikscha-Fahrgäste wilde Wettrennen lieferten, behutsam vorbei am »Duft-Expreß«, der eine Fuhre Kot die Bubbling Well Road hinunter beförderte, zynisch vorbei an parfümierten, erlesen gekleideten chinesischen Damen mit ihren zur Hälfte entblößten Schenkeln, scherzend vorbei an dem herkulischen Kuli, der mit bloßem Rücken eine Ladung von sechs kichernden Dienstmädchen im Schubkarren-Taxi nach Hause oder zur Arbeit karrte, besorgt um singende Händler, deren tragbare Küchen jederzeit köstliche Nudeln lieferten, verliebt unter den Goldbuchstaben der mit feiner Seide und Brokat überfüllten Läden, mit ausdruckslosem Gesicht vorbei an Frauen vom Dorf, die mit großen Augen auf furchterregende indische Polizisten starrten, würdevoll vorbei an Glücksspielern, die die elfenbeinernen Mah-Jongg-Steine klappern ließen und *jai alai* spielten und gemeinsame Wettzettel ausfüllten, verstohlen durch Straßen, in denen der betäubend-süße, herbe Duft von Opium hing, schnuppernd vorbei an südchinesischen Restaurants und hell erleuchteten Sinsang-Häusern, gleichgültig vorbei an gestriegelten, reservierten jungen Engländern, die in ihren Austins zur Rennbahn flitzten, um Cricket zu spielen, kichernd um ältliche weiße Gentlemen herum, die der kühlen Luft wegen mit ihren Frauen oder russischen Mätressen in ihren Kutschen den Bund entlang fuhren, und hastig vorbei an Matrosen, die nach Bier und Frauen Ausschau hielten – vom geräuschvollen Tagesanbruch bis in die lärmende Nacht hinein das endlose Räuspern und Spucken, der Urinstrahl des kleinen Kindes am Bordstein, das Schimpfen des Kindermädchens, die hohe Falsettstimme aus der Oper in den Wing-On-Gärten, wo gleichzeitig ein Dutzend Stücke gegeben wurden, während sich die Hotelzimmer nebenan mit prallen Jungfrauen füllten, herbeigeschafft für wohlhabende Kaufleute aus der Provinz, die zu Geschäften und zu Ausschweifungen in der Stadt weilten, die klagenden Töne von Tanzkapellen, die für schlanke, juwelenbehangene chinesische Taxigirls plärrten, das Gewinsel zahlloser Bettler und ihrer nackten ungewaschenen Kinder, der Zauber des Whangpoo-Stromes mit seinen weißen Flotten ausländischer Kriegsschiffe, seinen heruntergekommenen Frachtern, seinen Dschunken mit Mattensegeln, seinen tausend von Lampions beleuchteten Sampans, Glühwürmchen über dem vom Mond versilberten, tödlich verseuchten Wasser.

Shanghai!

Doch auch innerhalb der Internationalen Niederlassung und der Französischen Konzession gab es große, ruhige Gebiete, die sich kaum von den besten Wohngegenden an unserer Atlantikküste oder in französischen Provinzstädten unterschieden. Breite Straßen mit vornehmen Häusern und ausgedehnten Rasenflächen lagen geschützt hinter hohen, mit Glasscherben gespickten Mauern. Ausländische Klubs, in denen man gepflegt trinken und essen konnte, Country-Clubs, die längste Theke der Welt und moderne Appartementhäuser – alle waren für die überlegene Rasse bestimmt. Chinesen wurden höchstens als Dienstpersonal zugelassen. Es war gegen Ende jener Zeit, in der die Chinesen, die den größten Teil der Steuern zahlten, sogar von den städtischen Parks und den Gärten am Bund ausgeschlossen waren. Und es gab in Shanghai starke Polizeikräfte, Europäer und langhaarige Sikhs, die als Verkehrspolizisten die Riksha-Kulis in Angst und Schrecken versetzten, indem sie sie mit ihren Stöcken schlugen oder – noch schlimmer! – die Polstersitze ihrer Rikshas konfiszierten. Die Niederlassung war damals immer noch so »sicher«, daß massive Gold- und Silberbarren ganz offen in knarrenden Schubkarren von Bank zu Bank transportiert wurden, und oft wurden die muskelbepackten Kulis, die unter der Last der Reichen stolz keuchten und lächelten, nur von einem wichtigtuerischen chinesischen Angestellten begleitet.

(1949 sorgte Chiang Ching-kuo, der Sohn des Generalissimus, dafür, daß die letzten Tage der kurzen Herrschaft der Kuomintang in Shanghai denkwürdig blieben, indem er die angeblichen chinesischen »Verräter« – reiche Leute, nicht Kommunisten – geschlossen verhaften, foltern oder ermorden ließ, um ihnen den letzten Rest des versteckten Goldes abzunehmen und nach Formosa in die neue Demokratie mitzunehmen.)

Kurz nachdem ich mich entschlossen hatte, eine Weile in diesem riesigen, verkommenen, erregenden, primitiven und anspruchsvollen Dorf – zu der Zeit noch Asiens größte Stadt – zu bleiben, mietete ich zusammen mit John Allison, einem Amerikaner in meinem Alter, eine kleine Wohnung in der Seymour Road. John sollte eines Tages unser Botschafter in Japan werden, doch als Konsulatsangestellter in Shanghai verdiente er nicht mehr als ich – sechshundert chinesische Dollar im Monat. Doch das reichte uns ohne weiteres, um das Prestige des weißen Mannes aufrechtzuerhalten. Unsere Miete war minimal, die Verkehrsmittel waren billig, für die runde Summe von einem chinesischen Dollar, also dreißig Cents, konnte man mit dem Taxi überallhin fahren, und das beste amerikanische Essen im amerikanischen Klub oder bei »Jimmy's« kostete kaum mehr. Maßgeschneiderte Kleidung kostete die Hälfte dessen, was man zu Hause für Konfektionsware zahlte. Wir konnten uns leicht einen Hausjungen leisten, der auch als Koch fungierte, und dazu kam kurz darauf noch ein »Lehrling«, den wir einstellen mußten, um I-Sungs Prestige zu retten, denn kein Chinese wollte in einem Haushalt arbeiten, in dem es nur einen Bediensteten gab.

Es war ohne jeden Zweifel ein bequemes Leben. Ja, es war so bequem, daß es bald seinen Reiz verlieren mußte. Die ganze Beinarbeit und oft auch noch den größten Teil der Kopfarbeit besorgten in den Büros der auswärtigen Firmen chinesische Helfer, und die Arbeitszeit im Büro war kurz.

Das Mittagessen wurde *tiffin* genannt, und es dauerte zwei bis drei Stunden. Nach weiteren ein, zwei Stunden im Büro war der Durchschnittsamerikaner, -engländer oder -franzose bereit, Feierabend zu machen und nach Hause zu gehen oder ein Stündchen in seinem Klub zu verbringen, um dort ein paar Runden zu schwimmen oder zu duschen oder ein, zwei Gläschen zu trinken, bevor ihn der Kammerdiener zum Dinner ankleidete. Das Leben war eine einzige Kette von Partys; Essen und Trinken waren – selbst wenn man stets das Teuerste nahm – sehr billig, und man bekam unbegrenzt Kredit. Jeder ortsansässige Europäer oder Amerikaner konnte mit seiner Unterschrift auf einem »Bon« in allen Läden, Bars, Restaurants und Hotels bekommen, was er wollte, ohne sich über eine Visitenkarte hinaus ausweisen zu müssen.

Wie war es zu diesem inzwischen wieder verschwundenen Lebensstil gekommen? Wir brauchen uns mit der Antwort nicht lange aufzuhalten, denn es geht hier um meine persönliche Geschichte. Und doch ist jeder von uns ein Stück jener Geschichte, die unser Leben beeinflußt, und in diesem Sinne wurde Shanghai Teil der vergänglichen Worte, die ich darüber schreiben sollte. Der Lebensstil in der Niederlassung verkörperte die Essenz unserer hundert Jahre dauernden Auseinandersetzung mit China, gleich an welchem Ort, und alle Amerikaner haben das – wenn auch unbewußt – übernommen. Heute lebt dieses Vermächtnis weiter in der Haltung unserer Flotte, Ajax, der fünftausend Meilen von der Heimat auf Chinas Meeren reitet.

Die moralische Grundlage der Shanghaier Gesellschaft ließ sich auf die Siege Englands in den sogenannten Opiumkriegen der vierziger und fünfziger Jahre des letzten Jahrhunderts zurückführen, die China zum erstenmal mit einer größeren Einmischung konfrontierten. Ursprünglich hatten englische Händler einfach das Recht gewonnen, einen kleinen Fleck inmitten der Schlammzone an den Ufern des Whangpoo zu bewohnen. Sie hatten das den Mandschu-Herrschern abgenommen, die ihnen darüber hinaus vielleicht nichts zugestanden hätten, wäre nicht der Taiping-Aufstand dazwischengekommen. Zwei Jahrzehnte lang waren die Mandschus – selber ausländische Eroberer aus der Mandschurei – ständig in jenen Krieg aus Unterdrückung und Konterrevolution verwickelt, der, an Toten und an Kriegsbeute gemessen, die größte westliche Katastrophe jener Epoche, den amerikanischen Bürgerkrieg, bei weitem in den Schatten stellte. Vierzig bis sechzig Millionen Menschenleben forderte der Streit zwischen den Taipings und den Mandschus, und er übertraf an Grausamkeit selbst den zwanzigjährigen heftigen Kampf zwischen Nationalisten und Kommunisten, den wir später in unseren Tagen erleben sollten.

Die Taipings? *Tai-p'ing* bedeutete »Höchster Friede«. Ihr Anführer Hung Hsiu-chuan, der sich zum Christentum hatte bekehren lassen, nannte sich mit dem charakteristischen politischen Sinn der Chinesen »jüngerer Bruder Christi«. Seine Anhänger waren nicht nur darauf aus, die Nation zu christianisieren, nachdem die Mandschus den Buddhismus, Konfuzianismus und Taoismus verleumdet, verdorben und in Mißkredit gebracht hatten, sondern sie verfolgten klare und populäre Ziele. Ihnen ging es darum, die Mandschus und ihre Marionetten zu vernichten, die volle chinesische Souveränität wiederherzustellen, die Privilegien der Ausländer zu beschneiden, den Landbesitz gleichmäßig zu verteilen, den Opiumhandel einzuschränken, den Status der Frau zu verbessern, das Umwickeln der Füße abzuschaffen und gewisse andere »christliche« Reformen durchzusetzen. In ihren sozialen Bestrebungen waren die Taipings ihren asiatischen und vielen ihrer europäischen Zeitgenossen voraus, und ihre Mittel waren auch nicht barbarischer.

Um die Mitte des Jahrhunderts waren die Mandschus aus dem südlichsten China bis weit über den Yangtze hinaus nach Norden hinaus vertrieben worden, und Peking selbst geriet in Gefahr. Hätten zusätzlich zu den Taipings im Innern die Engländer und Franzosen von außen Druck ausgeübt, wäre der Thron der Mandschus durch eine solche doppelte Belastung ins Wanken geraten. Nachdem ihnen jedoch die westlichen Länder in den Jahren 1858 und 1860 eine Serie von schmerzenden Niederlagen zugefügt hatten, entschieden sich die Mandschus für das kleinere Übel. Sie legalisierten den Opiumhandel, überließen den Engländern die Kontrolle ihrer Zollstationen, fanden sich zu neuen Konzessionen für Vertragshäfen einschließlich einer Vergrößerung der Shanghaier Niederlassung bereit und bewilligten Exterritorialität, das heißt Befreiung der Ausländer von den Bestimmungen der Landesgesetze. Außerdem legalisierten sie die christliche Propaganda und gewährten volle Bewegungsfreiheit für die Missionare, die sich nun ihrerseits, mit wenigen Ausnahmen, gegen die Taiping-Version vom Christentum stellten, die sie eine Irrlehre nannten, die schlimmer sei als das Heidentum.

Zu diesem Zeitpunkt traf der »Westen« seine christliche Entscheidung zum Schutze von ausländischen Interessen, Gerechtigkeit, Zivilisation, freien Institutionen und freiem Handel. Das letztere bedeutete hauptsächlich die uneingeschränkte Einfuhr von Narkotika und ihren Verkauf in China. Französisch-englische Land- und Seestreitkräfte schlossen ein formloses Bündnis mit den Mandschus, das nun allmählich die Rebellen aus ihren Schlüsselstellungen an der Küste und an den Flüssen vertrieb. Mandschurisch-amerikanische Streitkräfte unter Führung des Yankee-Abenteurers Frederick Townsend Ward, in Shanghai zusammengestellt und bewaffnet, marschierten nach Süden und erzielten bemerkenswerte Erfolge. Eine französisch-mandschurische Armee räumte die Küste der Provinz Chekiang und machte sich mit Hilfe englischer und französischer Kriegsschiffe daran, viele Garnisonen der Taipings zu bombardieren, zu plündern und in Ruinen zu verwandeln und Tausende von chinesischen Zivilisten und Soldaten zu töten. Als 1862 Ward selbst den Tod fand, übergaben die Mandschus dem englischen General Charles George Gordon den Befehl über die erheblich verstärkten gemischten Truppen, die im Tal des Yangtze den entscheidenden Angriff vortrugen. Trotz hartnäckiger Gegenwehr fiel eine Stadt nach der anderen dem englischen Kommandeur in die Hände.

Die amerikanische Regierung, die mit dem Bürgerkrieg im eigenen Land vollauf zu tun hatte, beteiligte sich nie offiziell an der Intervention, doch das Parlament bestätigte die Ausleihung aktiver englischer Offiziere und Soldaten und den umfangreichen Handel mit Opium, Waffen und Schiffen. Viele Amerikaner meldeten sich auf eigene Faust, denn es lockten hohe Prämien. Ausländische Schußwaffen waren den in China hergestellten weit überlegen, und gegen diese Ausrüstung und die im Ausland ausgebildeten und von Ausländern geführten Truppen erlitten die Taipings immer schwerere Niederlagen. Soochow wurde genommen. General Gordon nahm die meisten Familienmitglieder des Taiping-Anführers gefangen; sie ergaben sich ihm, nachdem er sich persönlich für ihre Sicherheit verbürgte. Gordon händigte sie nur ungern dem Anführer der Mandschus, Li Hung-chang, aus, der sie zusammen mit Hunderten ihrer Anhänger unverzüglich enthaupten ließ. Erst ärgerte sich Gordon über Lis ungehörige Eile, doch er war bald wieder versöhnt und nahm seinen Marsch an der Spitze der siegreichen Verbündeten wieder auf. Sie zerschlugen die Stellung der Taipings im unteren Yangtze-Tal gründlich und zingelten die Hauptstadt Nanking völlig ein. Besorgt über die potentielle Gefahr, die der Herrschaft der Mandschus von seiten der raublustigen, mit Kriegsbeute beladenen Ausländerarmee bei einer Besetzung Nankings durch Gordon drohte, bestand Li Hung-chang jetzt darauf, daß Gordon seine Truppen auflöste. Als er pflichttreu dieser Aufforderung nachkam, wurden sie reichlich entlohnt, und Gordon kehrte mit Ehrungen überhäuft nach England zurück und sah seinem späteren Schicksal als Held von Khartum entgegen. Nach der Eroberung Nankings durch die von Ausländern ausgebildeten und mit ausländischen Waffen ausgerüsteten Mandschu-Truppen, die nun auch von Mandschus befehligt wurden, beging der »Herrscher des Himmlischen Friedens« Selbstmord, die »christliche Rebellion« brach zusammen, und der endgültige Untergang der Taipings hatte sich schon bald überall vollzogen.

So bewahrte und vergrößerte »der Westen« seinen Einfluß auf die chinesische Zivilisation, denn es gelang der Mandschu-Dynastie anschließend nicht mehr, von ihren Rettern völlig unabhängig zu werden. Der erste chinesische nationale Aufstand wurde damit um über ein halbes Jahrhundert hinausgeschoben. Ist dies alles uralte Geschichte, ohne Einfluß auf Chinas heutige Politik? Vielleicht hat der Westen ein paar Leute in Asien ausgeraubt und gemordet, doch das ist längst vergangen und vergessen. Die Zeiten haben sich geändert, wir leben heute im Atomzeitalter, der Imperialismus ist tot.

Doch die Vergangenheit ist Vater und Mutter der Gegenwart. Unsere Generation ernährt sich vom Aas toter Ängste und Haßgefühle, die gestern noch sehr lebendig waren. Das ist der große Faktor der Subjektivität in der Geschichte, der zu jeder Zeit und an allen Orten den ungeschriebenen Teil der »objektiven« Gegenwartsdarstellung und das unsichtbare Element der Phantasie in jeder Außenpolitik bildet. Weder der enteignete Besitzer noch der freigelassene Sklave vergißt, was vor kurzem noch zwischen ihnen gestanden hat, und darüber streiten sie sich dann auch häufiger als über aktuelle Fragen oder über die Zukunft. Zweifellos verstehen wir heute mehr als nur Gewalt; vielleicht glauben wir sogar, daß auch der Orientale mehr als nur Gewalt versteht. Dürfen wir uns aber wundern, wenn die gelehrigsten Schüler der westlichen Doktrin »Macht geht vor Recht« nicht so recht glauben wollten, daß wir diesem Grundsatz abgeschworen haben sollen?

Jeder chinesische Nationalist, von Sun Yat-sen über Chiang Kai-shek bis hin zu Mao Tse tung, durchlebte noch einmal den Aufstand der Taipings und die Konterrevolution. Als Korrespondent in China entdeckte ich, daß gerade für die Revolutionäre, die letzten Endes den Sieg davontrugen, der Taiping-Aufstand nie geendet hatte. Seine Märtyrer wurden von den jungen Chu Teh, P'eng Teh-huai, Mao Tse-tung und Chou En-lai als Helden verehrt, die Feinde der Taipings wurden zu ihren Feinden, und anstelle eines von christlichen Interventionisten in Mißkredit gebrachten Christentums übernahmen und glorifizierten sie später einen neuen »universellen Glauben« des Westens, den marxistischen Kommunismus. Siebzig Jahre nachdem die letzten Taipings an den Ufern des Ta Tu Ho im westlichen Szechuan eingekesselt und in einem blutigen Massaker vernichtet worden waren, riefen chinesische Kommunisten, die dort gegen die Truppen Chiang Kai-sheks (des Methodisten) einen entscheidenden Überlebenskampf austrugen und siegreich beendeten, im gleichen Atemzug »Shih Ta-k'ai, wan sui!« und »Chung-kuo kê-ming, wan sui!«, also: »Lang lebe Shih Ta-k'ai« (der am Ta Tu Ho gefallene Held der Taipings) und »Lang lebe die chinesische Revolution«.

Schon vor dieser Zeit, anfangs der dreißiger Jahre, sollten die Ansprüche Shanghais zum erstenmal von den Japanern erschüttert werden, die jedem deutlich machten, daß die Mythen einer rassischen Überlegenheit nicht stichhaltiger waren als die vorübergehende technische Überlegenheit, auf die sie sich stützten. Doch vorläufig waren in Shanghai immer noch die *taipans* am Ruder. Shanghai heißt »über dem Meer«, und wirtschaftlich und politisch stand es damals über der Nation. Durch seine Tore gingen die Hälfte des gesamten Imports und ein Drittel des Exports des ganzen Landes. Das Herz der Stadt bildeten die Internationale Niederlassung und die Französische Konzession, auf nur 40 Quadratkilometern lebten hier drei Millionen Chinesen und mehr als die Hälfte der gelernten Facharbeiter Chinas. Die eigentliche Macht lag bei ein paar tausend englischen, französischen, amerikanischen und japanischen Bewohnern und ihren Konsuln.

Die Französische Konzession wurde von einer Handvoll französischer *propriétaires* als geschlossenes Monopol betrieben, und die Niederlassung von einer nicht weniger kleinen Oligarchie. Obwohl Chinesen fast die ganzen Steuern zahlten, konnten sie unter ihrem eigenen Namen kein Land besitzen; sie mußten Ausländer anheuern, die sich als Strohmänner im Grundbuch eintragen ließen. Selbst unter den einige Tausend zählenden Ausländern durften nur die mit umfangreichem Grundbesitz wählen – nie mehr als dreitausend. Erst ganz am Ende wurden einige Vertreter der chinesischen »Gebührenzahler« zum Rat der Niederlassung zugelassen. Bis zur japanischen Periode lag die Kontrolle des Rates immer bei den englischen Großgrundbesitzern, Banken, Versicherungs-, Erdöl- und Schiffahrtsgesellschaften, Textilfabriken und ihren Maklern und in geringerem Maße bei ihren amerikanischen Kollegen.

Was Shanghai stabil und für chinesisches und ausländisches Kapital attraktiv gemacht hatte, das waren natürlich die bewundernswerten englischen Gesetze, die Ordnung und der Schutz des Eigentums, unterstützt durch Auslandsdiplomatie und ausländische Streitkräfte und durch Kriegsschiffe, die im Whangpoo vor Anker lagen. Als all das durch die Angriffe der Japaner geschwächt wurde, zum erstenmal 1932, dann wieder 1937 und schließlich 1941, da waren die Tage des Asyls selbst gezählt. Doch insgeheim hatten ohnehin alle gewußt, daß in dem Augenblick, wo es einer chinesischen Regierung gelingen würde, effektiv das gesamte Land zu vereinigen, die Zeit des ausländischen Interventionisten und *taipan* abgelaufen sein würde.

Lange bevor es dazu kommen konnte, war mir klar, daß es kaum die nationalistische Regierung sein würde, die diese Aufgabe endgültig lösen würde. Denn ihre Kuomintang-Führer störten sich nicht so sehr daran, daß die Menschen in Shanghai regelrecht »aufgefressen« wurden, sondern vielmehr an der Tatsache, daß es der fremde Teufel war, der dieses Auffressen besorgte. Mit einem Austausch der Herren allein würden sich die aufgestauten Energien der Revolution nicht besänftigen lassen. Für die Söhne der Taipings, deren Lehren von einem Chinesen verkündet worden waren, der Christi Bruder und damit diesem ebenbürtig gewesen war, kam nur ein Gründer eines östlichen Zweiges einer neuen Religion in Frage. Und mit dieser Tatsache verknüpfte sich dann später mein eigenes Schicksal, als ich den neuen Messias mit Namen Mao Tse-tung traf und kennenlernte.

Doch zunächst einmal hatte ich eine lange Lehrzeit vor mir, die ich als Herausgeber der *Review* eben erst begann.

5   Als Herausgeber der Review

Ein Abwehroffizier im vierten Regiment der U. S. Marines, groß, mit offenem Gesicht und kräftigen Kinnbacken, kam einmal in der Woche bei mir in der *Review* vorbei, um Informationen auszutauschen. Er hieß Evans Fordyce Carlson. Nach einiger Zeit stellte ich fest, daß ich mich auf seine Besuche freute. Er war ein Mann, der sich später dreimal das Navy Cross verdiente, der sich im Zweiten Weltkrieg mit Ruhm bedeckte und dann an Verwundungen starb, die er sich in Saipan holte – zurück blieb jener einzigartige Beitrag zur Kampfausbildung und -organisation, die Einheiten der Nahkampfspezialisten innerhalb der Marines.
Carlson war eine seltene Mischung aus Idealismus und praktischen Fähigkeiten, so warmherzig wie General Joseph Stilwell, den er bewunderte, und ein ebenso zäher Soldat. (Charakteristisch war, daß Carlson 1938 vorübergehend vom Marine Corps abdankte, um dagegen zu protestieren, daß Amerika den Japanern weiterhin Waffen lieferte, nachdem diese mit der Eroberung Chinas begonnen hatten, und daß er dann für Chinesische Industrielle Genossenschaften arbeitete.) Die Basis unseres gegenseitigen Vertrauens wurde im Büro der *Review* gelegt, wahrscheinlich an dem Tag, an dem er mir die Kopie eines Dossiers über mich zeigte, das Pat Givens angefertigt hatte, ein Ire, der die politische Abteilung der Polizei innerhalb der Internationalen Niederlassung in Shanghai leitete. Dem Dossier zufolge hieß mein richtiger Name so ähnlich wie »Lavinsky« – irgendein von der Polizei in Los Angeles gesuchter ehemaliger Sträfling. Dieser »Snow« war ein gefährlicher Agitator, der wegen einer angeblichen Verwicklung in den Fall Tom Mooney eine Gefängnisstrafe abgesessen hatte. Und nun reiste ich angeblich mit einem gefälschten Paß und war »vermutlich ein Agent der Dritten Internationale«.
»Sehr komisch«, sagte ich und gab Evans die Papiere zurück. »Dieses Bild schmeichelt mir zwar, aber in Wirklichkeit war ich während der Affäre um Tom Mooney ein zwölfjähriger Pfadfinder in Kansas City. Und was die Dritte Internationale angeht, so habe ich kaum angefangen, mich mit der Zweiten zu befassen.«
»Ich weiß«, grinste er. »Es wäre aber trotzdem gut, Givens aufzuklären. Bekanntlich sprechen sich diese Dinge herum.«
Ich war jung und naiv und zu stolz, um das für wichtig zu halten. Als ich nicht lange danach für *Current History* einen Artikel über den chinesischen Kommunismus schrieb, ging ich zu dem irischen Polizisten, um mir verschiedene Auskünfte zu holen. Givens stellte einige Fragen zu meiner

Person, und ich antwortete ihm kurz und bündig. Meine Antworten machten offenbar nicht viel Eindruck, denn ich sollte von diesem, im Laufe der Zeit mit weiteren Lügen ausgeschmückten Dossier noch viele Jahre lang und an den entlegensten Orten hören. Wir fanden heraus, daß die Quelle ein auf Honorarbasis arbeitender weißrussischer Informant war, der sich oft in den Räumen der *Review* aufgehalten hatte. J. B. Powell warf ihn eigenhändig hinaus, als er zugab, sich das ganze Märchen ausgedacht zu haben, »um Pat einen Streich zu spielen«.

Givens war zweifellos für die Verhaftung von mehr chinesischen Studenten und Arbeitern in Shanghai verantwortlich als irgendein anderer Beamter. Viele Tausende von ihnen, die von der Polizei in der Niederlassung als kommunistische Verdächtige festgenommen worden waren, wurden der chinesischen Garnison in Lunghwa überantwortet, wo die Hinrichtungsquote hoch lag. Als sich Givens schließlich zur Ruhe setzte, erhielt er eine gute Pension vom Rat der Niederlassung und von Chiang Kai-shek den Orden »Leuchtende Jade« und andere Auszeichnungen.

Die *Review* verfolgte eine stark antikommunistische und antiimperialistische Linie in der besten liberalen Tradition. Sie unterstützte die Forderungen der chinesischen Nationalisten, mit den ungleichen Abmachungen Schluß zu machen, die Internationale Niederlassung und andere ausländische Konzessionen auf friedliche Weise wiedereinzugliedern und die Exterritorialität abzuschaffen. J. B. Powell war ein entschiedener Bewunderer Chiang Kai-sheks, und er unterstützte ihn von Anfang an als den Führer der nationalistischen Revolution gegen die alte Regierung in Peking. Fatalerweise tat die Elite Shanghais seine Ansichten als »prochinesisch« ab, eine Todsünde in den Augen eines jeden echten Engländers. Auch mich fanden sie bald schuldig, da ich ständig Umgang mit ihm hatte. Die meisten amerikanischen Geschäftsleute hielten Powell ebenfalls für »zu radikal«. Vor der Revolution der Nationalisten war er der beliebte junge Schriftführer der Shanghaier Handelskammer gewesen. Als sich die *Review* für Chiang Kai-shek einsetzte, wurde »J. B.« rausgeworfen. Unser damaliger Botschafter, John Von Antwerp MacMurray, und führende amerikanische Geschäftsleute zogen die korrupten und schwachen Warlords aus dem Norden vor. Powell galt als »Verräter an seiner Klasse und an seiner Hautfarbe«. Obwohl die *Review* mit ihren Nachrichten und Kommentaren ohne Frage das einflußreichste amerikanische Blatt in China war, hätte sie ohne chinesische Anzeigen und Abonnements nicht überleben können. Ausländische Geschäftsleute sahen kaum einen Unterschied zwischen Chiang Kai-shek und den Kommunisten; viele waren der ehrlichen Überzeugung, Chiang sei selber Kommunist. Sie sollten sich noch wundern! Dazu kam es jedoch erst bei der japanischen Invasion, als die Einsichtigeren unter ihnen zugaben, Chiang sei möglicherweise doch das »kleinere Übel«.

Einen großzügigeren Mann und Herausgeber als »J. B.« kann man sich kaum vorstellen. Seine bereitwillig offerierte Freundschaft war für einen Anfänger von unschätzbarem Wert. Obwohl unsere Ansichten über China später auseinandergingen, stimmte ich ihm anfänglich zu, weil er eine solche Integrität ausstrahlte, weil mich seine zehnjährige Erfahrung beeindruckte und vielleicht auch einfach deshalb, weil wir beide aus Missouri stammten. Er hatte ein patriotischeres Verhältnis zu China als mancher Chinese. Einmal wurde er zusammen mit Miß Lucy Aldrich, der Schwägerin von John D. Rockefeller jun., von Banditen gewaltsam aus dem Blue Express entführt und bis zur Zahlung eines Lösegeldes viele Tage lang in den Bergen von Shantung festgehalten. Die Geschichte steht in seiner Autobiographie *Twenty-five Years in China,* er erwähnt dort aber nicht, und das ist bezeichnend für seine Bescheidenheit, daß ihm die chinesische Regierung Orden und ein hohes Schmerzensgeld anbot und daß er beides ablehnte. Ja, sein Schicksal wollte es, daß er für China starb. Als Folge der grausamen Bestrafung, die ihm die Japaner als Vergeltungsmaßnahme für die »prochinesische« Linie seiner Zeitschrift zudachten, holte er sich während des Zweiten Weltkrieges in einem Gefängnis in Shanghai eine tödliche Infektion.

»J. B.« war selbst der Schützling eines eher noch gebildeteren Mannes aus Missouri, der auch mich unter seine Fittiche nahm: Thomas Fairfax Millard, Chefkorrespondent der *New York Herald Tribune* und jahrelang der am besten informierte Journalist im Fernen Osten. Millard war auch zufällig ein Bundesbruder von mir, wir gehörten beide der Studentenverbindung Beta Theta Pi an. Powell und Millard stießen bei mir zweifellos auf Gefühlsregungen, die bei vielen Leuten aus dem Mittelwesten latent vorhanden sind, darunter auch die Bereitschaft, sich mit dem Schwächeren im Kampf mit dem immer noch mächtigen Britischen Weltreich zu identifizieren. Später wurde meine Einschätzung der Engländer teilweise korrigiert, als ich nach und nach erkannte, was sie – neben all dem Schaden, den sie anrichteten – mit ihrer politischen Begabung dennoch zum geordneten Fortschritt in Richtung auf eine Einigung der Welt beigetragen haben. Dieser Lernprozeß begann für mich genaugenommen durch eine Freundschaft mit Sir Archibald Clark-Kerr; doch in den Jahren vor Pearl Harbor wurden britische Tugenden von einer konsequent rückschrittlichen Politik in Asien zugedeckt, wie die besten Briten auch prompt zugaben. Mir fällt dabei auch ein, daß die harten Töne über den britischen Imperialismus, die ich als Kind von meinen irischen Verwandten – die sehr stark mit der Sinn-Féin-Partei sympathisierten – zu hören bekam, meine Überzeugung mit geprägt haben müssen, daß die Moral ebenso auf seiten der Rebellion lag wie Gott, solange nur Britannien der Oberherr war.

Die *Review* bekämpfte einerseits die soziale Diskriminierung der Chinesen, vor allem in ihrem eigenen Land, und verspottete andererseits die ewiggestrigen Reaktionäre der Herrenrasse. Zum Teil war die *Review* dafür verantwortlich, daß die Sperrklausel in den Klubs, in den Parks und in den Gärten am Bund aufgehoben wurde. In manchen Bürohäusern mußten Chinesen sogar einen gesonderten Eingang benützen, so zum Beispiel im Cable Building, in dem sich die Räume der *Review* befanden. Während meiner Zeit als verantwortlicher Herausgeber wurde eines Tages einem offiziellen chinesischen Besucher die Benutzung des Aufzuges im vorderen Teil des Hauses – reserviert für Weiße – verwehrt. Ich schrieb darüber einen satirischen Leitartikel, und die englischen Besitzer des Gebäudes änderten daraufhin die Benutzungsvorschriften für den Aufzug. Doch als der Mietvertrag der *Review* auslief, konnte Powell keine Verlängerung durchsetzen und mußte ausziehen. Obwohl er den Grund kannte, bekam ich von ihm nie ein tadelndes Wort zu hören.

Keinen belustigte ein solcher Kreuzzug mehr als unseren Umbruchredakteur. Er war ein exzentrischer amerikanischer Individualist namens George Missemer, der sich im Selbstunterricht Chinesisch und ein halbes Dutzend weitere Sprachen beigebracht hatte. Er war in der ganzen Welt herumgekommen und hatte seine Reisen dadurch finanziert, daß er immer eine Ladung alter Zeitungen oder eine gebrauchte Druckpresse mit sich herumschleppte, Artikel, die sich nach seinen Worten überall sofort mit Gewinn verkaufen lassen. George war eine unterhaltsame, wandelnde Enzyklopädie; er hätte es als Geschäftsmann weit bringen können, doch er zog das Dasein eines halben Landstreichers vor und lehnte jede ernsthafte Verantwortung ab. Obwohl ich ohne ihn die *Review* nicht hätte herausbringen können, wollte er mit der Redaktionsarbeit nichts, was über ein paar Stunden Umbruch und Korrekturlesen am Tag hinausging, zu tun haben; dann verschwand er wieder, um sich glücklich mit seiner russischen Geliebten herumzustreiten.

Es war mir ein Rätsel, wie die chinesischen Setzer ohne die geringsten Englischkenntnisse die Zeitung setzen, geschweige denn die von Missemer hingekritzelten Korrekturen lesen konnten, doch solange er da war, hatte die *Review* kaum Druckfehler. Wenn einmal ein Schnitzer passierte, dann war das Ergebnis oft sensationell. Da war die Sache mit den Damen Darling, Estes und Wolfe, die das amerikanische Luxusbordell in der Soochow Road betrieben. Eines Tages verschickten sie die diskrete Nachricht von der Wiedereröffnung ihres Hauses nach kurzen Ferien und Renovierungsarbeiten. Irgendwie bekam der chinesische Setzer diese Nachricht in die Hände und brachte sie in der Gesellschaftsspalte unter. Zwar erlitt Shanghais Moral keinen großen Schaden, doch einige Missionare kündigten ihr Abonnement.

Missemer redete voller Zynismus von der Kuomintang (der nationalistischen Partei) und nannte sie »dieselbe alte Gangstertruppe mit neuen Titeln«. Er wies mich als erster darauf hin, daß Tu Yueh-sheng, ein führender Mann in der mächtigsten Geheimgesellschaft der Shanghaier Unterwelt, die den Opiumhandel kontrollierte (die *Ch'ing pang*), für den General des Nordens, Chang Tsung-chang, gearbeitet hatte, bevor er Chiang Kai-shek seine Sympathien schenkte.

Von unserem chinesischen Redakteur erfuhr ich auch, wie Tu Yueh-sheng Shanghai vor den Kommunisten gerettet hatte. Im März 1927, also vor der Spaltung von Nationalisten und Kommunisten, inszenierten linksgerichtete Organisatoren der nationalistischen Revolution einen Aufstand und zwangen die Warlords des Nordens, sich aus den von Chinesen beherrschten Teilen Shanghais zurückzuziehen, bevor revolutionäre Streitkräfte die Stadt erreichten. Die Arbeiter hatten nur 300 Gewehre, aber fast die gesamte Arbeiterklasse war organisiert und bereit, Chiang Kai-shek willkommen zu heißen. Weiter stromaufwärts war jedoch Chiang im Begriff, die Kommunisten aus der Kuomintang auszustoßen, so daß ein Bürgerkrieg drohte. In diesem Stadium verhandelte Sterling Fesseden, ein vom Rat der Niederlassung angestellter Stadtdirektor, heimlich mit Tu Yueh-sheng in dessen Hauptquartier in der Französischen Konzession. Er bot ihm 5000 Gewehre, Panzerkampfwagen und freies Geleit durch die Niederlassung an, damit er die »Kommune«, die das umliegende Gebiet besetzt hatte, angreifen und vernichten konnte. Chiang Kai-sheks Anhänger unter den chinesischen Bankiers in Shanghai finanzierten das Unternehmen, das zu einem vollen Erfolg wurde. Von ausländischer Polizei begleitet, drangen Tus bewaffnete Banditen in einem nächtlichen Überraschungsangriff in die Wohnungen und Fabriken der Arbeiter ein. Zwischen fünf- und zehntausend junge Männer wurden getötet, darunter viele Kommunisten und Sozialisten (Nationalisten des linken Flügels). Mehr als zwanzig Jahre sollten vergehen, ehe Chou En-lai, der bei diesem Massaker in Shanghai nur durch pures Glück dem Tod entging, zurückkehrte, um die Rechnung zu begleichen. Doch inzwischen war Mr. Tu in Hongkong in Sicherheit und der Generalissimus in Formosa.

Die Chinesen sind nicht ohne Sinn für hinterhältige Ironie. Ich glaube, es war Lin Yu-tang, der mich zuerst darauf aufmerksam machte, wieviel Humor darin steckte, daß Chiang Kai-shek mit Tu Yueh-sheng ausgerechnet den Mann zum Chef der »Behörde zur Abschaffung des Opiums« machte und mit dem Orden »Leuchtende Jade« auszeichnete, der praktisch das Monopol im Opiumgeschäft am Unterlauf des Yangtze hatte.

Tu Yueh-sheng und seine Gangster hatten die Unterwelt sowohl in den ausländischen als auch in den chinesischen Gebieten Shanghais so fest im Griff, daß kein Bordell Kundschaft anlocken, kein Opiumraucher in Frieden vor sich hinträumen, kein Ladenbesitzer einen redlichen Gewinn einstreichen konnte, ohne daß auch die *pang* mitkassierte. Mitte der dreißiger Jahre konnte man für Geld alles bekommen: Entführungen, Mordanschläge, Kuppelei. Diese Bandenchefs saßen in Aufsichtsräten und taten sich bei wohltätigen Unternehmungen hervor. Mr. Tu war außerdem ein Patriot. Während des Krieges gegen Japan ging er nach dem Verlust Shanghais ins Landesinnere und ließ einen Stellvertreter zurück, der für die Japaner arbeitete; auf diese Weise konnte er auf beiden Seiten seinen Anteil an den Schmuggelgeschäften kassieren, die zwischen dem freien und dem besetzten China getätigt wurden.

In den dreißiger Jahren waren wir Ausländer und angesehene Chinesen gleichermaßen der Ansicht, Mr. Tu und Mr. Chiang haben China vor dem »Mob« gerettet. Nachdem ich mich mit Geschäftsleuten und mit J. B. Powell darüber unterhalten hatte, kam ich zu dem Schluß, daß das Opfer notwendig und die von der *Review* verfolgte Linie richtig gewesen sei. Powell glaubte, allein diese schnelle entschlossene Aktion habe »China vor den Kommunisten gerettet«. Mit China meinten wir natürlich nichts anderes als Shanghai.

Leider stellte sich dann heraus, daß es nur vorübergehend gerettet war, und zwar für die Japaner. Ich war damals, so wie Mr. Dulles dreißig Jahre später, davon überzeugt, daß das moralische Recht auf der Seite Chiang Kai-sheks lag. Ich mußte erst noch lernen, daß man in der Politik wie in der Medizin zuerst die Diagnose stellen muß, bevor man Rezepte ausschreibt, und daß in diesem Falle China und nicht die Außenstehenden der Patient war, und daß das politische Verhalten einer Nation letzten Endes nicht so sehr durch moralische Urteile aus Übersee bestimmt wird, sondern vielmehr durch die praktischen Forderungen ihrer tiefsten inneren Bedürfnisse, die sie von innen heraus motivieren.

6 Missouri-Tage

Während meiner Kindheit in Kansas City kannte ich nur einen einzigen Chinesen. Er hatte eine winzige Wäscherei nicht weit vom Lebensmittelgeschäft. Wir Kinder schlichen uns immer an und riefen einen Spottvers, den wir von Crazy Mary, unserer schwarzen Waschfrau, gelernt hatten, die für ihren schlitzäugigen Konkurrenten nichts übrig hatte:

> Chinese, Chinese,
> Iß tote Ratten!
> Beiß auch gut rein,
> Schmeckt wie Lebkuchen so fein!

Wenn wir den armen Kerl dazu brachten, herauszustürzen, seinen Stock zu schwingen und uns gräßliche Flüche entgegenzuschleudern, dann war das ein Erfolg. Als er dann lernte, uns zu ignorieren, verlor das Spiel seinen Reiz. Jahre danach mußte ich an ihn denken, als mir manchmal auf den Dorfstraßen in China kleine Jungen nachrannten und schrien: »Fremder Teufel, fremder Teufel! Mit der großen, großen, großen Nase!« Auf chinesisch reimte sich das, und es hatte auf die kleinen Burschen, die so das Andersartige, Furchterregende herausforderten, dieselbe Wirkung. Dieser kleine Wäschereibesitzer hatte wahrscheinlich nichts damit zu tun, daß ich später nach China ging, doch zwei Erlebnisse aus meinem 14. Lebensjahr scheinen mich in dieser Richtung bestärkt zu haben. Zum einen ging ich in diesem Sommer von zu Hause weg und fuhr nach Kalifornien, und zum anderen las ich »Les Misérables«.

Mein Vater hielt es für wichtig, daß mein Bruder und ich samstags und in den Ferien arbeiteten, »um zu lernen, daß Geld Arbeit bedeutet«. Mit neun Jahren half ich zum erstenmal Pakete von der »Snow Printing Company« zum Kansas City Star zu tragen, einem prachtvollen Bau mit einem großen lebendigen Kern im Maschinensaal. Dort bewunderte und verehrte ich die Redakteure aus der Ferne: George B. Longan, Henry Haskell, Earl McCullum und Roy Roberts. McCullum sagte, ich schaffte mein Pensum »besser als die meisten Zeitungsleute«. Ich hörte auf, für meinen Vater zu arbeiten, als ich ein besseres Angebot bekam: zwölfeinhalb Cents die Stunde als Eisverkäufer in Worthman's Drugstore. Im Sommer darauf arbeitete ich als Laufbursche für die »Katy«-Eisenbahngesellschaft, wo ich Freikarten bekam, mit denen ich am Wochenende in die Ozarks-Berge fahren konnte. Und so erwachte mein Interesse am »Reisen«.

In dem Sommer, in dem ich vierzehn wurde, verbrachte ich mehrere Wochen mit dem Aufstellen von Garbenhaufen auf den Getreidefeldern in Kansas; das Geld, das ich dabei verdiente, verhalf mir zu einem Ausflug nach Kalifornien. Dorthin fuhren nämlich meine Schulkameraden Robert Long und Charlie White in Bobs neuem Auto, einem »Model T«-Tourenwagen. Ich schaffte es, meine Eltern über dieses Abenteuer so lange im unklaren zu lassen, bis wir ein gutes Stück von zu Hause weg waren. Wir waren zwei Wochen unterwegs, wenn ich mich recht erinnere. Den größten Teil der Strecke folgten wir der damals noch unbefestigten Santa-Fe-Route, die sich immer wieder über lange Strecken im Sand und zwischen den Felsen verlor. Bob blieb bei seinen Eltern in Santa Monica; Charlie und ich mußten, nachdem wir unser ganzes Geld verbraucht hatten, irgendwie kostenlos nach Hause kommen. Hätte ich in jenem Sommer nicht den Pazifik gesehen, hätte mich vielleicht nie dieser unbändige Ehrgeiz gepackt, ihn zu überqueren. Und hätte ich mich nicht auf Güterzügen die kalifornische Küste entlang nach Norden durchgeschlagen (und anschließend durch die Schluchten des »Feather River Canyon« und des »Royal Gorge« in Colorado), dann wäre ich nicht so frühzeitig dem rauhen Abenteuer auf den Geschmack gekommen, der unendlichen Vielfalt von Natur und Mensch und der Freundlichkeit, die Fremde einem Heranwachsenden entgegenbrachten, der eben dabei war, zu entdecken, daß er die Muskeln, wo nicht den Verstand, hatte, in der Welt seinen Mann zu stellen.

Und noch etwas lernte ich: die Bedeutung des Glücks – und der geistigen und physischen Koordinierung – für das Wunder menschlichen Überlebens. Wie viele Leben sind doch manchem von uns gegeben! Einmal hockte ich in einem fahrenden Zug auf der Kupplung zwischen zwei Güterwagen und hielt mich mit den Händen an den beiden eisernen Leitern fest. In dieser Stellung schlief ich ein. Als ich aufwachte, war ich in Schweiß gebadet und lag unter dem Rad eines Wagens; ich mußte so hingefallen sein, als der Zug hielt. In einer dunklen Nacht wurde ich in einem Bahnhof aus dem Gepäckwagen eines Schnellzuges vertrieben. Als der Zug anfuhr, wollte ich wieder aufspringen, doch er beschleunigte so schnell, daß ich es nur noch mit Mühe schaffte, mich an die Außenplattform des letzten Wagens zu klammern. Unmittelbar danach schossen wir über eine hohe Brücke aus Strebepfeilern, und ich schaute in eine tiefe Schlucht hinab, in die ich, wäre ich nur einen Augenblick länger hinter dem Zug hergelaufen, hinuntergeschleudert worden wäre, dem sicheren Tod entgegen. Dann war ich wieder in Kansas. Schlafend lag ich auf einem Haufen Alteisen in einem offenen Güterwagen, als ich durch einen Stoß gegen die Brust geweckt wurde. Zwei »Erntebanditen« richteten ihre Pistolen auf mich. Sie nahmen mir nur fünfzig Cents ab (ich hatte fünf Dollar im Schuh), doch sie plünderten über einhundert Wanderarbeiter im Zug aus und nahmen ihnen das ganze Geld weg, das sie den Sommer über verdient hatten. Für mich stellten sie die gemeinste Sorte von Dieben dar, denn sie beraubten die Armen. Mir wurde klar, daß ich unter diesen Umständen einen Mann erschießen würde, wenn ich das könnte.

Jack London war mein Held gewesen. Als ich in diesem Herbst wieder die High School besuchte, entdeckte ich in *Les Misérables* einige »fremde« Charaktere, die mich an verschiedene Arbeiter und Arbeitslose – nur »Landstreicher« für ehrbare Leute – erinnerten, die ich im Verlauf meines abenteuerlichen Sommers kennen- und schätzengelernt hatte. Hugo eröffnete mir eine unbekannte neue Welt voller Ideen und großer moralischer und politischer Fragen und erweckte mein Interesse an Geschichte in einer weit entfernten und bewegten Zeit. Bis dahin hatten wohl Bücher wie *Robinson Crusoe*, *The Swiss Family Robinson* und *Die Schatzinsel* die Lust in mir angestachelt, fremde Länder zu sehen. Erst jetzt wurde mir das Lesen zu einem Ersatz fürs Reisen, zu übertreffen nur durch seine Realität. Mein frühes *Wanderjahr* und seine Folgen trugen wahrscheinlich mehr dazu bei, mein Leben zu formen, als meine ganze Schulbildung. »Das Leben eines Menschen«, so sagt das chinesische Sprichwort, »ist eine Kerze im Wind.«

Solange Powell in der Mandschurei und in Rußland war, war ich die *Chicago Tribune* in China. Dies war nicht so verhängnisvoll, wie es leicht hätte sein können, da ich für den Job außergewöhnlich jung war; aber ich konnte mir ständig bei Tom Millard Rat holen, und häufig halfen mir auch Morris Harris, Leiter des Büros der Associated Press, und Frank Oliver von Reuters im Haus nebenan. Das Wohlwollen, das sie mir als einem Anfänger entgegenbrachten, gehörte zur Tradition der Zeitungsleute im Fernen Osten.

Neben der aktuellen täglichen Berichterstattung schrieb ich auch längere Darstellungen für die *Tribune*, die jedoch selten verwendet wurden. Die Zeitung hatte kein Interesse an Hintergrundinformationen, die dazu beitragen konnten, die lakonischen telegrafischen Depeschen verständlich zu machen. Sie servierte ausschließlich die Nachgeburt, die Katastrophe selbst, aber nie die Ursachen. Meine kurze Zeit mit der *Tribune* brachte mir vor allem eine Erkenntnis, daß sich nämlich jeder Korrespondent den Lebensunterhalt verdienen konnte, wenn er sich darauf spezialisierte, die schlimmsten Dinge über ein fremdes Land für Zeitungen zu berichten, die nicht im Traum daran denken würden, die schlimmsten Dinge über das eigene Land zu veröffentlichen.

Wie »die größte Zeitung der Welt« während jener Epoche des großen Erwachens über China dachte, zeigt eine Nachricht, die Colonel McCormick während des Aufstands der Nationalisten an Powell schickte. »Schicken Sie uns ein paar Geschichten«, schrieb er, »über diese China-Waschfrau Chiang Kai-shek.«* An seiner verächtlichen Einstellung änderte sich bis Pearl Harbor nichts. Wenige Monate vor jenem schweren Schlag kam er zu dem Schluß, daß seine wichtige, aber launisch geführte Zeitung, die für Millionen im Mittelwesten das Evangelium war, durch zuviel »prochinesische Propaganda« verstopft sei. Daraufhin schloß er kurzerhand das Büro in China und war nun in der Berichterstattung über die Ereignisse, die schließlich zum Überfall auf Hawaii führten, ganz auf seinen Korrespondenten in Japan, einen Japaner, angewiesen. Powell, der über zwölf Jahre lang hervorragend gearbeitet hatte, hatte nun keine Möglichkeit mehr, sein reiches Wissen an den Mann zu bringen; nicht einmal ein Dankeschön hörte er von diesem lächerlichen Hurraschreier und Hanswurst, der König George haßte, sich selbst jedoch für »einen der Könige dieser Erde« hielt. Zweifellos würde das bei der heutigen *Tribune* nicht mehr passieren; sie zeigt heute weit mehr Verantwortungsgefühl gegenüber ihren Mitarbeitern und Lesern als unter Berties Regiment.

---

* In den USA wird ein großer Teil der Wäschereien traditionell von Chinesen betrieben. (Anm. d. Ü.)

Während ich weiterhin Chikago belieferte, fand ich eine Möglichkeit, meine informativeren Berichte unterzubringen, und zwar in dem zur *New York Herald Tribune* gehörenden wöchentlichen Magazin, das ziemlich lange, ernsthafte Artikel über fremde Länder veröffentlichte. Jahrelang war ich dort Mitarbeiter. Als Tageszeitung bekundete die *Herald Tribune* ein weitreichendes, vorurteilsloses Interesse an Asien und war für eine Anerkennung des Kuomintang-Regimes, lange bevor unser damaliger Botschafter die Hoffnung aufgegeben hatte, die Warlords des Nordens noch einmal an die Macht bringen zu können. Tom Millard, seit dem russisch-japanischen Krieg ihr Chefkorrespondent in Asien, hatte entscheidenden Einfluß auf die redaktionelle Tendenz seiner Zeitung.

Millard gründete die *Review* und die *China Press*, lange Zeit die beste amerikanische Tageszeitung in Asien. Er wurde auch zum väterlichen Ratgeber für eine ganze Reihe von Absolventen der Journalistenschule von Missouri, die im Fernen Osten arbeiteten, Amerikaner ebenso wie Chinesen. Ihre Zahl war so groß, daß sich Konkurrenten oft über »das Monopol der Zeitungsleute aus Missouri« beklagten. Jahrelang stammten die Vertreter der großen Pressedienste und vieler amerikanischer Zeitungen ebenso aus Missouri wie die Redakteure der wichtigsten englischsprachigen Zeitungen und Magazine zwischen Tokio und Bangkok. Die meisten von ihnen bekannten sich auch zu den von Millard so nachdrücklich vertretenen Ansichten: gegen ein Kolonialsystem, gegen den Imperialismus, für die Selbständigkeit, für die Gleichheit der Nationen, für die Republik, für die Selbstbestimmung – und für Amerika. Jede Ähnlichkeit zwischen seinen und meinen Meinungen ist daher nicht rein zufällig.

Als ich eines Abends gerade einen Leitartikel für die *Review* zu Ende schrieb, kam Millard herein. Er zog eines seiner Bücher aus dem Regal und sagte: »Hören Sie mal einen Augenblick zu.« Er las einen Abschnitt vor; dann lächelte er und sagte: »Ich war nicht viel älter als Sie, als ich das schrieb. Heute würde ich mich nicht mehr genauso ausdrücken, aber damals war es richtig. Nichts ist für alle Zeiten gültig, aber was einmal richtig war, trägt einen Keim in sich, der in einer anderen Wahrheit wieder aufgehen wird.«

Ich nickte, prägte es mir ein und tippte weiter.

»Denken Sie immer noch an Madras oder wohin auch immer Sie gehen wollten?«

»Nach Madagaskar. Aber erst später. Zuerst möchte ich sehen, wie es zwischen hier und dort aussieht. In Zentralasien, Indien, Persien.«

»Würden Sie auch nicht hier bleiben, wenn Sie eine Stelle als Auslandskorrespondent hätten?«

»An der *Tribune*? Aber ›J. B.‹ kommt doch in ein paar Wochen aus Rußland zurück.«

»Ich rede von der New Yorker *Tribune* – der *Herald Tribune*.«

Ich hörte auf zu tippen. Bot Tom mir den Job eines Reporters an, der das Material für ihn zusammenzutragen hatte? Das wäre allerdings nicht schlecht.

»Ich habe hier ein Telegramm vom Chef«, machte er weiter, »in dem er mich ermächtigt, meinen eigenen Nachfolger zu bestimmen. Sie können anfangen, sobald ›J. B.‹ wieder zurück ist.« Er faltete das Telegramm zusammen und lächelte, als sei damit alles geregelt.

»Wieso denn Nachfolger? Sie hören doch nicht etwa auf?«

Ich sah ihn mir genau an: makellos angezogen, mit silberweißem Haar, weise, welterfahren und, wie ich zum erstenmal bemerkte, alt. Plötzlich wurde mir klar, daß er annähernd siebzig sein mußte. Er war für mich immer sehr viel jünger gewesen, weil er im Grunde ein moderner Mann war und blieb. Aber *seinen* Platz einnehmen? Wie könnte ich das?

»Ich werde nicht jünger, und ich habe zu oft mit ansehen müssen, wie meine Kollegen sich an ihren Job klammern, obwohl ihre Reporterbeine nicht mehr mitspielen«, sagte er. »Ich hatte ans Aufhören gedacht; ich würde gerne eine Weile durch Europa reisen; doch C. T. Wang hat mir die Entscheidung erleichtert. Er hat mir einen Posten als sein Berater im Ministerium für auswärtige Angelegenheiten angeboten, und ich habe akzeptiert. Ich habe Ihre Arbeit verfolgt. Sie werden dazulernen. Der Job gehört Ihnen. Die einzige Bedingung ist, daß Sie sich verpflichten müssen, mindestens drei Jahre hierzubleiben.«

Drei Jahre! Das kam mir vor wie ein ganzes Menschenleben. Ich bat um zwei Tage Bedenkzeit, und die nächsten zwei Nächte konnte ich nicht schlafen. Abgesehen davon, daß mir die Qualifikation fehlte, mußte ich die Freiheit haben, überallhin zu reisen, die Welt zu sehen, über alles zu schreiben, was mich irgendwie interessierte. Nach zwei Jahren in Shanghai, die ich größtenteils bei der *Review* hinter dem Schreibtisch verbracht hatte, wußte ich, daß ich mehr reisen, mehr beobachten, mehr erfahren, mehr begreifen, irgendwie tiefer eindringen mußte. All das konnte ich nicht, wenn ich in Shanghai Wurzeln schlug. Und anders ging es damals nicht, denn in Shanghai endeten die Kabelwege.

»Ich glaube, Sie machen einen Fehler«, sagte Tom, nachdem er mir geduldig zugehört hatte. »Was sich in den nächsten zwanzig Jahren in China abspielt, wird zur bedeutendsten Geschichte der Welt werden. Doch wenn Sie immer noch die Wanderlust in sich spüren, ziehen Sie eben los. Und viel Glück. Sie kommen bestimmt wieder.«

Und ich kam eines Tages auch wieder, und schließlich landete ich sogar wieder bei der *Herald Tribune*. Doch im Moment hatte ich keine Ahnung, was ich als nächstes tun würde. Es blieb mir gar keine Zeit, meine Entscheidung zu bereuen; nur wenige Wochen danach wurde mir unerwartet ein anderer Job angeboten, der dazuhin meinen Vorstellungen genau entsprach.

Drew Pearson und David Lawrence telegrafierten und baten J. B. Powell, für die Consolidated Press Association, einen neuen Auslandspressedienst für ein Dutzend Großstadtzeitungen, einen Vertreter im Fernen Osten zu finden. Es waren hauptsächlich die *New York Sun* und die *Chicago Daily News*, die dahinterstanden. Sie wollten einen Mann, der ledig war, der unabhängig genug war, daß er ganz Asien durchstreifen konnte, der die üblichen Tagesnachrichten ignorieren und über Ereignisse von großer Tragweite nur berichten sollte, wenn er zufällig in ihrer Nähe war. Sie wollten, mit anderen Worten, einen fliegenden Korrespondenten. Ich beschloß, daß ich es war, den sie suchten. Verglichen mit dem Job bei der *Herald Tribune* war die Bezahlung bescheiden, aber es bestand Aussicht auf freie Zeit für eigene Erkundungen, genügend Freiheit für Reisen und eine Erlösung von jener Zeitverschwendung, die das stundenlange Lesen von Verlautbarungen und Propaganda- und Agenturmaterial bedeutet. Ich las das Telegramm und telegrafierte Powell (er war immer noch in Moskau), er möge mich empfehlen. Ich wurde »ernannt«. Zur gleichen Zeit wurde mein Freund Edward Hunter der Vertreter der Consolidated Press in Peking und begann so seine ereignisreiche Karriere als Korrespondent.

Der neue Job ließ sich gut an. Nach Powells Rückkehr reiste ich mehrere Monate lang durch Zentralchina und berichtete über ein paar kleinere Gefechte. Dann plante ich eine ehrgeizige Reise in das Gebiet von Russisch-Turkestan. Das Hauptbüro war einverstanden; mir fehlte nur ein sowjetisches Visum. Da die diplomatischen Beziehungen zwischen Nanking und Moskau immer noch unterbrochen waren, mußte ich nach Tokio fahren. Der russische Botschafter hieß mich herzlich willkommen, fragte mich zwei Stunden lang über chinesische Angelegenheiten aus, nahm meine zwanzig Dollar für die Telegrammgebühren nach Moskau und versprach mir eine rasche Antwort. Er hielt Wort; es war die prompteste Antwort, die ich jemals von einer sowjetischen Botschaft bekam. Innerhalb einer Woche wurde mein Antrag abgelehnt, vor allem wegen meiner Beziehung zur *Review*, wo wir nach Powells Rückkehr aus Moskau seine extrem antisowjetischen Berichte veröffentlichten.

Nachdem also Herr Stalin meine Pläne vereitelt hatte, wendete ich mich dem Süden zu und entwarf eine Reiseroute, die Formosa, die chinesische Küste, Indochina und Yunnan umfaßte. Ich hatte vor, *zu Fuß* von China nach Birma zu gehen, den Mekong und den Saluen zu überqueren, die Dächer von Tibet zu sehen und den Irrawaddy hinunter nach Birma zu fahren. Dann nach Indien, und dann immer weiter. Die *New York Sun* und die *Chicago Daily News* waren wieder einverstanden. Sie brachten eine lange Serie unter dem Titel »Die Welt heute«, die durch Consolidated Press an viele Zeitungen ging. Meine »Expedition« sollte diese Spalte viele Monate lang füllen.

Kurz bevor ich Shanghai verließ, stand ich eines Tages mit einer in Shanghai geborenen Amerikanerin an der Bubbling Well Road und wartete auf ein Taxi. Als aus einer Nebenstraße laute Schreie kamen, liefen wir hinüber, um nachzusehen. Chinesen strömten aus einem Gebäude, gefolgt von großen Rauchwolken. Plötzlich kam ein brennendes Rad herausgeschossen, und ich sah, daß es ein Mann war, der in Flammen stand. Er brach fast genau vor meinen Füßen zusammen. Starr vor Entsetzen oder Neugier machte niemand in der Menge auch nur eine Bewegung. Es blieb nichts anderes übrig, als schnell meinen neuen Kamelhaarmantel um ihn zu wickeln, und das tat ich dann auch; es tat mir zwar leid um den Mantel, aber ich hatte keine Wahl. Das Feuer war schnell gelöscht, aber es schwelte immer noch. »Shui! Shui!« rief ich; schließlich erschien ein Kuli mit einem Eimer. Ich schüttete das Wasser auf die Überreste. Die Menge kam näher, und es wurde erregt diskutiert. Feuerwehrautos kamen angerast, und ein Krankenwagen nahm endlich den immer noch atmenden Körper auf.

An den Händen hatte ich zwar nur leichte Brandblasen, doch mein Mantel lag in schwarzen Fetzen da. Als ein Rikscha-Kuli darum bat, warf ich ihn ihm zu. Dann zerrte der Kuli, der das Wasser gebracht hatte, an meinem Ärmel. »Sie zahlen mir Wasser, Herr, Sie zahlen mir Wasser!« Angewidert riß ich mich los. Geld – für Wasser, das ich über einen brennenden Menschen schüttete! Ein weiteres halbes Dutzend lief hinter mir her und verlangte »Kumsha!«, Almosen. Darunter war auch der Mann, der die verkohlten Fetzen meines Kamelhaarmantels hatte. Er ging mir so sehr auf die Nerven, daß ich ihm den Lumpen entriß, ihn verfluchte und sie alle verfluchte. Sie lachten und wandten sich ab, und ich ging weiter, aber nicht in Frieden. Sie hatten ihre Würde eingebüßt, und mit ihnen die ganze Menschheit, wie ich meinte, und ich war ein Teil von ihr und haßte sie in diesem Augenblick.

An der nächsten Ecke fand ich das amerikanische Mädchen, in sich gekehrt, wartend, mit einem leicht gelangweilten Ausdruck auf ihrem hübschen Gesicht. »Was für ein elendes, elendes Land ist bloß China!« rief ich aus, bevor mir klar wurde, daß Washington Wu genau diese Worte gebraucht hatte.

»Das hätte ich Ihnen vorher sagen können, dann hätten Sie sich den Ärger erspart«, sagte das Mädchen, das ihre Kindheit in Shanghai verbracht hatte und diesen Mangel an Mitgefühl gewohnt war. »So geht das immer, wenn ein Außenstehender versucht, sich in China dem Schicksal zu widersetzen«, fügte sie gutgelaunt hinzu. »Sie sehen zu, wie einer die Finger verbrennt, nehmen ihm dann den Mantel ab und wollen dafür noch bezahlt werden.«

»Sehr geistreich«, sagte ich wütend, »aber ich hoffe, ich werde nie so zynisch.« Ich sah sie nach diesem Abend nie wieder.

Was mich so ärgerte, war natürlich, daß sie mich wie einen sentimentalen Narren aussehen ließ, und ich hatte wahrscheinlich erwartet, als Held angesehen zu werden. Ich war damals noch nicht lange genug im Osten, um zu wissen, daß jeder gegen das alltägliche Leiden anderer so abgehärtet werden kann, daß er kein Mitgefühl mehr empfindet. Zum Abwehrmechanismus des weißen Shanghai-Bewohners gehörte die Überzeugung, daß die beiden Rassen nicht derselben Spezies angehörten.

Später kam mir die naheliegende Antwort. Es spielte keine Rolle, was andere empfanden. Es kam vielmehr darauf an, was ich empfunden hätte, wenn ich meinen Nächsten hätte verbrennen lassen. Und dieses Gefühl der Anteilnahme am Nächsten war, das sollte ich noch entdecken, kein Monopol des Christen und weißen Mannes.

8 Die Töchter des Bankiers

Auf einem kleinen, aber gutgeführten japanischen Schiff der O.S.K.-Linie setzte ich von Shanghai nach Formosa über. Unter den Passagieren war ein japanischer Geschäftsmann und seine Frau, begleitet von ihrer sehr attraktiven Tochter. Sie war noch ein Teenager, sehr zurückhaltend und bescheiden und hielt ihre Augen ständig niedergeschlagen oder abgewandt, so wie das damals von einer wohlerzogenen jungen japanischen Frau erwartet wurde.

Als der Zahlmeister einmal sah, wie ich sie musterte, grinste er und sagte: »Sie nicht wie japanische *modan garu, sodesu-ka, ne?* Sieht keinen Mann an.«

»Nein, bestimmt nicht. Aber sie ist sehr hübsch.«

»Sie kennen irgendeine *modan garu* in Japan?«

»Ob ich eine kenne? Aber klar.« Er war überrascht, als ich fortfuhr: »Bei meinem ersten Japanbesuch vor zwei Jahren lernte ich welche kennen. Sie waren die Töchter eines Bankiers.«

»Wi-irklich?« Er blickte ungläubig drein und wartete auf weitere Erklärungen. Ich sagte: »Sicher, und es waren sehr nette Mädchen«, und überließ ihn seiner Verwunderung...

Larry J. war es gewesen, der mich den Töchtern des Bankiers vorgestellt hatte. Er war ein Zeitungsmann, den ich kurz nach meiner Ankunft in Japan kennengelernt hatte.

»Hast du schon mal eine Verabredung mit einem japanischen Mädchen gehabt?« fragte Larry. »Ich meine, mit einem netten, anständigen Mädchen.«

»Ich war noch mit überhaupt keinem japanischen Mädchen verabredet«, antwortete ich. »Wie packt man das denn an?«

»Ich kenne zwei, da würden dir die Augen aus dem Kopf fallen. Sie sind die Töchter eines angesehenen Bankiers. Eine von ihnen spricht sehr gut Englisch.«

»Ich hab' immer gehört, anständige Mädchen seien hier viel zu streng bewacht, als daß sie sich mit Fremden einlassen könnten.« (Im allgemeinen waren sie das damals auch.)

»Wußtest du denn nicht, daß gerade eine Rebellion im Gange ist? Sie wird vom *modan garu* angeführt, wie sie es nennen. Für dich, mein Junge, heißt das ›modernes Mädchen‹. Das hat es hier noch nicht gegeben. Emanzipiert. Mit kurzen Haaren, Rouge und Lippenstift, scharf auf Jazz und aufs Tanzen. Die Alten haben sie ganz schön auf die Palme gebracht. Was ist, soll ich sie anrufen?«

»Warum auch nicht?« Ich hörte ehrfürchtig zu, wie Larry am Telefon viel *hai-hai* und *moshi-moshi* verteilte. Er war etwa fünf Jahre älter als ich und hatte bereits einige Jahre in Japan verbracht, so daß er sich ganz gut auskannte und Spaß daran hatte, einen Neuling im Orient zu beeindrucken.

»Geht in Ordnung«, sagte er, nachdem er den Hörer aufgelegt hatte. »Ich hol' sie und bring' sie hierher. Warte auf mich.« Er fuhr los und kam eine Stunde später mit Chiyeko und Seiko in seine Wohnung zurück.

Larry hatte nicht zuviel versprochen. Sie waren ganz besondere, puppenähnliche Wesen, deren prächtige Kimonos, leuchtende Obis und kunstvolle Frisuren in der Tat einen Stil repräsentierten, den sich nur ein Bankier leisten konnte. Wir tranken Tee und tanzten dann zu einigen uralten amerikanischen Schallplatten. Seikos Englischkenntnisse waren, wie sich herausstellte, äußerst beschränkt, aber sie konnte sie erstaunlich ausdrucksvoll einsetzen. Ich hatte noch nie Mädchen gesehen, die eine verwirrende Situation so leicht und charmant mit Gelächter überspielen konnten.

Am späten Nachmittag lud uns Seiko zu sich nach Hause zum Abendessen ein. Mit Larrys Wagen fuhren wir aus Yokohama hinaus, auf einer Straße, die sich an einer schroffen, mit japanischen Nadelbäumen bewachsenen Küste entlangzog und dann immer wieder ein Stück ins Land hinein führte, wo die Schwertlilien in voller Blüte standen. Es fing an zu dämmern, als der Wagen in ein Zedernwäldchen einbog.

»Kommen Sie in mein Haus, bitte«, sagte Seiko mit einer Verbeugung. »Sie sind jetzt mein Gast.«

Wir folgten ihr und Chiyeko einen mit Laternen ausgestatteten Weg hinauf, der durch eine Hecke und in einen gepflegten Garten führte; in der Mitte befand sich ein tiefliegender Teich, wo zwischen großen Lotosblüten goldene Karpfen hin und her flitzten. Auf der *tatami* einer Hütte mit Papierfenstern nahmen wir in Hörweite der Brandung das Abendessen ein, bedient von einer *neisan*, die kicherte, weil ich mich mit den Eßstäbchen so ungeschickt anstellte. Als wir gegessen hatten, redete Larry sie auf japanisch an, und sie sagte »*Hai*« und blickte mich an und kicherte noch einmal in aller Höflichkeit. Dann bat Larry, ihn zu entschuldigen, er wolle mit Chiyeko ein wenig spazierengehen. Zurück kam er allerdings nicht mehr.

Allein mit Seiko und einigen Sakebechern, in deren winzigen Kammern Blättchen aus echtem Gold schwammen, blätterte ich verzweifelt in meinem Taschenwörterbuch und versuchte, ihr die Wunder Amerikas näherzubringen. Doch wer möchte in dieser Lage über Amerika reden? Denn die *neisan* war wiedergekommen, hatte mit der Stirn den Boden berührt und dort zwei dünne baumwollene Kimonos bereitgelegt.

»*Ofuro wo kudasai, suki desuka?*« sagte sie, und Seiko fügte sanft hinzu: »*Basu* jetzt bereit.«

Nachdem wir die leichten Kimonos und die Strohsandalen angezogen hatten, führte mich Seiko wieder in den Garten. Ein anderer von Laternen beleuchteter Weg brachte uns zu einem roten Pavillon, in dem hinter Glaswänden ein großes, mit Fliesen ausgelegtes Bassin stand, von dem aus man die Brandung hören und sehen konnte. Ein halbes Dutzend hoch aufgetürmter, glänzend schwarzer Haartrachten waren über das ganze Bassin verteilt und krönten die Häupter von würdig aussehenden jungen Japanerinnen, die zufrieden dampften, während sie mit japanischen Gentlemen plauderten, die neben ihnen im Wasser saßen. Ich fragte mich, ob Seikos Vater darunter war; aber sie machte keine Anstalten, mich ihm vorzustellen.

Statt dessen ließ sie ihren Kimono fallen und setzte sich auf einen niederen Holzschemel; ein Badejunge goß Wasser über sie und schrubbte ihr kräftig den Rücken. Dann stand sie auf und ging aufs Bassin zu und forderte mich auf, ihr zu folgen. Und da paßte ich mich den Bräuchen des Landes an und überließ mich der Bürste und der kalten Dusche, ehe ich feierlich in das tiefe Becken stieg. Nachdem wir eine geziemende Zeit in der wohltuenden Wärme verbracht hatten, führte mich Seiko zurück in die verzauberte Nacht. Schweigend gingen wir durch die duftenden Wäldchen, hinunter zu der felsigen Küste, und dort standen wir dann und warfen Kieselsteine in den ruhelosen Pazifik. Die Nachtluft wurde kühl, und wir beeilten uns, wieder in jene schlichte Hütte zu kommen, in der wir vorher gegessen hatten. Weiche Decken waren nun auf der *tatami* ausgebreitet, und ein Teekessel dampfte über einem glühenden *hibachi*. Und auch das war alles wie ein Traum von einem fernen Land, der sich nie wiederholen würde und der nur dieses eine Mal Wirklichkeit war.

Am nächsten Morgen sah ich, daß es noch ein weiteres halbes Dutzend Hütten gab, diskret in dieser geschickt gestalteten Uferlandschaft versteckt. Larry hatte alle Einzelheiten in dieser kleinen Verschwörung geregelt, damit ich die Täuschung, mit der er mich an der Nase herumführte, nicht merkte und so die japanische Kurtisane in ihrer besten Form auf mich wirken lassen konnte, eine Künstlerin in einem uralten Gewerbe, das dort eines köstlichen äußeren Rahmens für wert befunden wird. Seiko und Chiyeko waren Töchter von Bankiers, nicht die Töchter irgendeines bestimmten Bankiers, sondern eines zu der Zeit berühmten und neuartigen Geishagartens. In Wirklichkeit gab es natürlich zwischen ihnen und den Bordellen in der Twelfth Street in Kansas City lediglich einen zeitlichen, räumlichen und kulturellen Unterschied; die grundlegenden ökonomischen Gesetze waren dieselben. Doch darüber zerbrach ich mir damals nicht den Kopf.

9 Südchina

Als ich zum erstenmal Formosa (Taiwan) besuchte, war es schon fünfunddreißig Jahre in den Händen der Japaner. Es war natürlich eine Kolonie, doch in der Verwaltung schien es keine Korruption zu geben, und die Leute schienen in ihren Häusern und in ihrem Besitz sicher, solange sie sich an die Gesetze hielten. Das Land war sauber und wohlhabend, es gab kaum Bettler, der öffentliche Dienst einschließlich der Gesundheitsfürsorge war gut, es gab zahllose Schulen, und Formosa hatte einen höheren Lebensstandard und einen geringeren Prozentsatz an Analphabeten als irgendeine Provinz in China.

Ich habe selten eine so friedliche, idyllische Gegend gesehen wie die niederen, mit Zuckerrohr überzogenen Hügel im zentralen Formosa, durch die unser Zug kroch, hinauf zum Jitsugetsutan-See, umgeben von Gipfeln, die hinter Regenbogenschleiern lagen, ganz wie die schönen Igorot-Berge im nördlichen Luzon. Tatsächlich waren die Ureinwohner in jener Gegend nahe Verwandte der Igorots, allerdings auf einer niedereren Kulturstufe. Sie boten mir ein merkwürdiges Konzert, das sicher einen der ersten menschlichen Versuche darstellt, Orchestermusik zu spielen; ihre Instrumente bestanden einfach aus Stangen von unterschiedlichem Gewicht und unterschiedlicher Länge, die von Spielern gehalten und abwechselnd, *ensemble*, auf flache Steine von unterschiedlicher Größe geworfen wurden, die über Löchern im Boden lagen.

Und doch wurde diese so friedliche Grenzstadt am Rande der Reservate, in denen die Japaner jene wilden Bergmenschen eingesperrt hielten, nur eine Woche nach meinem Besuch zum Schauplatz des blutigsten Eingeborenenaufstands des ganzen Jahrzehnts. Fast jeder Japaner in Jitsugetsutan wurde im Schlaf ermordet. Der äußere Schein ist trügerisch, wenn man ein Land erst seit kurzem kennt.

Von Formosa reiste ich gemächlich weiter, die südchinesische Küste entlang nach Kanton.

Die Nationalregierung in Nanking war drei Jahre alt, doch die Stadt Kanton und die Provinz Kwantung waren schon viel länger von der Kuomintang regiert worden. »In Kanton«, so hatte mir Dr. Sun Fo gesagt, »werden Sie sehen, wie eine progressive und moderne Stadt von unserer Partei geführt werden kann.« Suns Vater, Sun Yat-sen, hatte dort 1920 die Macht übernommen. Von Kanton aus hatte Chiang Kai-shek mit Unterstützung der einheimischen Kommunisten und der Russen den Feldzug nach Norden gestartet. Doch inzwischen waren die Kommunisten längst in die Berge vertrieben worden, und die Flagge der Kuomintang wehte nun über dem größten Teil Chinas. Ich wußte, daß die Autorität der Zentralregierung weithin eine Scheinautorität war, aber ich mußte erst noch lernen, in welchem Ausmaß die »Revolution« in Kompromissen mit alten und neuen Generälen und Gangstern geendet hatte, mit deren Hilfe sich der Generalissimus als Staatsoberhaupt behaupten konnte.

Bei kurzen Aufenthalten in Foochow, Amoy und Swatow hörte ich den Erzählungen unserer Konsuln und anderer Ausländer zu, die Bestechungen, korrupte Beamte, illegale Beschlagnahmen, Verhaftungen und Hinrichtungen ohne vorhergehenden Prozeß, Unterdrückung der Gewerkschaften und offiziell geförderte Fremdenfeindlichkeit als ganz alltäglich darstellten. Aber ich sagte mir, daß meine Informanten gegen eine Regierung voreingenommen seien, die es sich zur Aufgabe gemacht hatte, ihnen ihre Privilegien wegzunehmen. In Kanton, der Geburtsstätte der nationalistischen Revolution, würde ich länger bleiben und eine andere Geschichte hören, so dachte ich.

In jenem großen, lärmenden Hafen an der Mündung des Perlflusses wurde ich von Kan Teh-yuan erwartet, einem in Honolulu geborenen Chinesen, der Sun Yat-sen und Sun Fo in Hawaii kennengelernt hatte. Nun brachte er eine Zeitung heraus, die sich *China Truth* nannte und durch Dr. C. T. Wang, den Außenminister in Nanking, von der Kuomintang unterstützt wurde.

»Dr. Wang«, erklärte er nach vielen Bechern Wein bei einem Essen, »sagte mir, ich solle gegen Aggression und Imperialismus der Ausländer schreiben, aber nicht über unsere eigene Regierung. Manchmal gewinnt der Journalist in mir die Oberhand, und ich setze mich in die Nesseln. Schon viermal wurde ein Haftbefehl gegen mich ausgestellt.«

Ein »dreifacher Schutz« rettete ihn. Zuerst konnte er an Dr. Wang appellieren und ihn bitten, einzugreifen. Dann konnte er auf der winzigen Insel Shameen Zuflucht suchen, die damals noch eine ausländische Konzession und durch eine Brücke mit dem Ufer in Shanghai verbunden war. Und wenn die Situation einmal wirklich ernst wurde, konnte er immer noch mit dem Flußdampfer über Nacht nach Hongkong fahren und eine Zeitlang unter den britischen Imperialisten leben. Im Augenblick wurde Mr. Kan in Ruhe gelassen; er kochte innerlich, wenn er an die Korruption innerhalb der Politik in Kanton dachte, und er wollte mir unbedingt die Fakten zur Veröffentlichung an die Hand geben.

»Jeder Beamte hier bereichert sich durch die üblen Steuermachenschaften«, beklagte er sich. »Daran hat sich seit Sun Fos Zeit als Bürgermeister überhaupt nichts geändert.«

»Sun Fo? Ich dachte, er habe einer ›Musterverwaltung‹ vorgestanden?«

»Ein Muster für schnelles Reichwerden! Ich sage Ihnen, er hat Schande über alle in Honolulu geborenen Chinesen gebracht. Sein eigener Vater enthob ihn wegen Bestechung und Unterschlagung seines Postens. Er schaffte es sogar, aus der Kampagne gegen den Aberglauben Profit zu schlagen! Ließ Tempel beschlagnahmen und einreißen, verkaufte dann die Grundstücke und behielt das Geld! Ohne einen Pfennig kam er an und reiste als Millionär wieder ab.«

Ich war enttäuscht, denn Sun Fo war, wenn auch auf unbedeutende Art, mein Gönner gewesen. Doch Mr. Kans Fakten waren – das erfuhr ich von unserem Konsul, Mr. Ballantine – nur allzu wahr.

Kan klärte mich über das abwegige Steuersystem in einer Stadt auf, in der die Pflichten des Steuereinnehmers von privaten Syndikaten übernommen wurden, die aus Beamten, Kaufleuten, Bankiers und Gangstern bestanden. Konzessionen für Steuern, die für Grundbesitz, Verkehrsmittel, Salz, Tabak, Wein, Prostitution und andere Vergnügungen bezahlt werden mußten, wurden alle in Pacht gegeben. Zu den einträglicheren gehörte die Restaurantsteuer. Kan zeigte mir veröffentlichte Berichte, denen zufolge sie für 600 000 Dollar im Jahr verkauft worden war, doch nun protestierte der Verein der Restaurantbesitzer, das Syndikat schlage einen Gewinn von zweihundert Prozent heraus.

Ein Monopol, das neu zugeteilt wurde, galt dem, was die Engländer euphemistisch »nächtlichen Dreck« nannten – als ob es nur im Dunkeln einen Stuhlgang gäbe. Die Regierung verkaufte das Sammelprivileg an *hongs*, die dadurch gute Gewinne erzielten, daß sie das Produkt an Gemüsegärtnereien in der Umgebung verkauften, wo es als Dünger gefragt war.

»Hier kann einer nicht mal ein *ta-pien* (wörtlich: große Erleichterung) machen«, wie sich Mr. Kan ausdrückte, »ohne daß irgendein Beamter Bestechungsgelder damit verdient.«

Diese Information wurde mir von einem jungen Amerikaner namens G. Edward Lyon bestätigt, dem einzigen vom Advokatenverband Kantons anerkannten ausländischen Anwalt. Er sprach den Kanton-Dialekt fließend und kannte Kanton in- und auswendig. Nach seiner Aussage kam es bei der Vergabe an die Syndikate nicht einmal zu einem Wettbewerb. Man mußte erst Beamte und Militaristen bestechen, um sicherzugehen, daß eine Bewerbung Erfolg hatte.

»Natürlich holen sich die Steuermonopolisten das Bestechungsgeld zurück, indem sie soviel wie möglich aus den Steuerzahlern herauspressen.«

»Gibt es denn niemand, der sich gegen seine Steuerveranlagung vor Gericht wehrt?«

»Das ist nur sinnvoll, wenn ein Steuereinzieher allzu gierig wird oder wenn man gute Beziehungen hat. Andernfalls kostet es einen am Ende nur noch mehr. Die meisten Auseinandersetzungen werden einfach von der Polizei geregelt. Und die Polizei wird von den Steuereinziehern bezahlt.«

Ich nahm damals an, daß es dieses System ausschließlich in Kanton gebe, doch auf späteren Reisen stellte ich fest, daß Varianten davon überall in China existierten. In den meisten *hsien*-(Kreis-)Regierungen war die Bezahlung der Grundsteuer und anderer Abgaben traditionell eine Angelegenheit, die zwischen den Landbewohnern und den Steuereinziehern ausgehandelt wurde. Durch die Machtübernahme der Kuomintang änderte sich daran nichts. Der Steuereintreiber behielt einen ordentlichen Anteil für sich selbst und teilte einen weiteren Teil mit dem *hsien*-Gouverneur und anderen Beamten. Nach allgemeiner Übereinkunft wurde der Rest als offizielle Steuer registriert.

Straffällige Steuerzahler wurden oft sogar nach einem Freispruch wieder verhaftet und im Gefängnis behalten, und noch häufiger kam es vor, so wurde mir gesagt, daß Leute ohne formelle Anklage festgehalten wurden. Lyon stellte sich gut mit den höheren Beamten der Stadt, die uns einen Besuch im *Hon Sao-so*, einem lokalen »Modellgefängnis« für Frauen, gestatteten, wo wir Insassen befragten. Drei Gefangene standen unter der Anklage, sich ohne Lizenz als Prostituierte betätigt zu haben; mehrere Ehefrauen waren im Gefängnis, weil es Klagen (!) gegeben hatte, sie hätten Ehebruch begangen; eine war eine Konkubine, die einem zwanzig Jahre älteren Mann davongelaufen war; drei waren angebliche Kommunisten; und die übrigen saßen ein, weil sie ihre Steuern nicht bezahlt hatten. Die »Kommunisten« waren seit drei Jahren im Gefängnis, aber noch nicht vor Gericht gebracht worden. Nur zwei von einem Dutzend Frauen, die wir persönlich befragten, hatten jemals vor einem Gericht gestanden. Die anderen waren alle ohne vorherige Verhandlung ins Gefängnis gesteckt worden.

Bei alledem war Kanton eine sehr interessante, lebendige, vitale Stadt, mit seinen Läden voll prächtiger Seide, mit seinen kleinen Gäßchen, in denen Handwerker ausgesuchte Kostbarkeiten herstellten und mit Jade, Elfenbein und Halbedelsteinen verzierten und aus Schwarzholz herrliche Möbel schnitzten, mit seiner von Menschen wimmelnden Hafengegend, bei Tage ein verwirrendes Chaos aus Rikschas, Straßenbahnen, rauchenden Bussen, Schubkarren, menschlichen Packeseln mit gewaltigen Lasten auf ihren nassen geduldigen braunen Rücken, und bei Nacht in ein Bild aus einem alten chinesischen Wandschirm verwandelt, wenn Tausende von Lichtern auf unzähligen auf den blassen Fluß hingesprenkelten Sampans auf und ab tanzten, wenn die bunten Lampions der Vergnügungsboote wie eine Perlenkette am Kai entlang aufgereiht waren, wenn das fröhliche Lachen und die hohen Stimmen der »singenden Mädchen« lockten, wenn sich der Geruch von Opium mit dem Duft der Kamelien auf den Blumenbooten vermischte und der Geruch von Knoblauch und Sojasauce und allen möglichen Gerichten überall aus Tausenden von Holzkohlenfeuern aufstieg, die in der warmen, fruchtbaren, bezaubernden südlichen Nacht glühten.

Nach Kanton konnte ich mich über die kleine portugiesische Kolonie Macao nicht mehr richtig entrüsten. Als ich den Sekretär des Gouverneurs aufsuchte, gab er mir gegenüber offen zu, daß die Staatseinkünfte der Kolonie größtenteils aus Glücksspiel, Opium und Prostitution stammten. »Mais, monsieur«, beteuerte er allen Ernstes, »Sie müssen verstehen, daß wir diese Geschäfte erlauben, weil die Leute sie wollen. Wir können doch nicht gegen den Willen der Leute handeln, n'est-ce pas? Das wäre ja Imperialismus. Was uns angeht, die Portugiesen, da ist alles défendu. Wenn ein Portugiese spielt oder Opium raucht oder was mit Huren hat, wird er sofort nach Hause geschickt, deportiert.«

Die bedeutendste Familie in diesem Monte Carlo des kleinen Mannes hieß Loo. Seit drei Generationen kontrollierten sie die Opium- und Glücksspielkonzessionen. Die Loos zahlten ansehnliche Gebühren an hohe portugiesische Beamte, die einen bestimmten Betrag selbst einsteckten und den Rest nach Lissabon schickten, als Tribut aus Portugals winzigem Reich. Loo Chook-sum, zu der Zeit der Kopf der großen Familie, war ein sanftmütiger Gentleman mit einer außergewöhnlichen Liebe zu Blumen. Ich trank einmal Tee mit ihm. Während wir durch den schönsten Garten in ganz Südchina wandelten, erzählte er mir von seinen zahlreichen wohltätigen Interessen und Spenden. Darunter war auch ein Heim zur Behandlung Opiumsüchtiger.

Der Vater Loos war stolzer Besitzer eines Harems von sechs Frauen gewesen, die achtundzwanzig Söhne für ihn produzierten. Kurz vor seinem Tode bekehrte er sich zum Katholizismus und ließ alle seine Kinder taufen. Doch die neue Religion hatte nicht den geringsten Einfluß auf die geschäftlichen Aktivitäten der Familie. Allein ihr Opium- und Glücksspielmonopol brachte ihnen jährlich bis zu einer Million amerikanischer Dollars ein. Doch ein großer Anteil davon, so klagte Loo, müsse für »Geschenke« an Staatsbeamte ausgegeben werden. Er sagte, als Reingewinn bleibe ihm davon wahrscheinlich nicht viel mehr als ein Drittel...

So sahen also die merkwürdigen Stützen aus, die die Verwaltung in der drittgrößten Stadt Chinas, Kanton, und ihrer Umgebung zusammenhielten, und ich sah auch bei späteren Besuchen nie eine wesentliche Verbesserung. Ich glaube, es gelang schließlich, in Kanton wie auch andernorts, das Opiumrauchen fast ganz auszurotten, doch die Japaner führten es dann wieder ein. Kanton war jedenfalls nie ein beispielhaftes Muster der Kuomintang-Demokratie, denn vor dem Zweiten Weltkrieg wurde hier nicht ein einziger Beamter in sein Amt gewählt; trotzdem wurde Geld verdient, Leute wurden geboren, sie litten, sie lebten und sie liebten. Kanton florierte inmitten seiner Korruption und bewies, daß zu Recht gesagt wurde: »Chinesen können unter fast allen Bedingungen überleben, es sei denn, sie werden geradewegs gehängt.« Und die Besitzenden lebten wirklich verhältnismäßig gut. Schlimmeres kam erst noch.

Zumindest wurde Kanton von Kantonesen verwaltet. Und das war, wie ich anschließend in Indochina entdeckte, von einiger Bedeutung.

10 Civilisatrice

Schafe, Reis und chinesische Deckpassagiere waren die hauptsächliche Fracht auf dem französischen Tausend-Tonnen-Schiff, das mich die 450 Meilen von Hongkong nach Haiphong schaukelte, von wo ich mit dem Zug durch Tongking im nördlichen Indochina nach Yunnanfu fahren wollte. Ein französischer Parfümhersteller, der im Nebenberuf Flugzeuge verkaufte, und eine englische Dame mit einem wunderschönen rothaarigen Kind waren außer mir die einzigen Kabinenpassagiere. Drei Tage lang nahmen wir zusammen an einem runden Tisch in dem winzigen Salon die Mahlzeiten ein. Coudray, der Franzose, führte meistens das Wort. Er sprach fließend Englisch.

»Wenn Sie nach Tongking kommen«, sagte Coudray, »werden Sie sehen, weshalb Frankreich mit seinen Kolonien soviel Erfolg hat. Wir behandeln die Eingeborenen wie Menschen, wir mischen uns nicht in ihre Kultur ein, wir haben keine Vorurteile. Civilisatrice, darin sehen wir unsere Mission. Erst zivilisieren wir sie, dann heiraten wir sie. Voilà! Die Eingeborenen bleiben glücklich und zufrieden.«

Auch wenn Coudray zum erstenmal nach Indochina kam, so hatte er doch von der wohlwollenden französischen Kolonialpolitik und der Dankbarkeit der Eingeborenen gelesen. Ich für meine Person war's zufrieden, erst einmal abzuwarten, bis ich mir selbst ein Urteil bilden konnte.

In Haiphong überrannte ein Schwarm von Eingeborenen das Schiff, erpicht auf die paar Pfennige, die sie verdienen konnten, wenn sie unser Gepäck an Land trugen. Wütend und erhitzt setzten die französischen Zollbeamten lange geflochtene Peitschen ein, um die Kulis zurückzuhalten, und schrien dabei: »Canailles! Cochons!« Obwohl sie kaum einmal richtig zuschlugen, schien mir das doch eine unwürdige Methode der civilisatrice.

Wir wurden auf einen Tumult aufmerksam, der sich weiter oben am Kai um ein französisches Postschiff abspielte. Hohe Beamte und Offiziere der Armee mit Hüten wie Hochzeitskuchen bewegten sich über die Landungsbrücke auf einen Knäuel aus gestikulierenden Europäern zu, die weiße Tropenhelme trugen. Im Hintergrund wurde eine große Menschenmenge von Soldaten und Wachtposten mit Peitschen auseinandergetrieben. Die flinken braunen Menschen machten sich schnell davon, und viele lachten dabei – ganz unergründlich, denn es war in jenen Tagen höchst selten, einen Bewohner Tongkings auch nur lächeln zu sehen.

Es stellte sich heraus, daß das Schiff bereit gewesen war abzulegen, und der prominente Passagier an Bord war kein Geringerer als M. Pasquier, Generalgouverneur von Indochina. Musikkapellen spielten, Hüte und Taschentücher wurden geschwenkt, Freunde riefen *bon voyage*. Dann gab der Kapitän seine Befehle, und nichts tat sich. Bestürzte Maschinisten kamen nach oben und berichteten, daß wesentliche Maschinenteile zertrümmert worden waren.

»*Sabotage!*« wurde unter den Franzosen gemurmelt. »*Les rebelles! La sédition!*«

»Sie haben sich also mit einer Revolution auseinanderzusetzen?« fragte ich.

»Unmöglich!« rief Coudray aus. »Es gibt hier keine Schwierigkeiten, sonst hätte ich davon gehört.«

Es gab sie aber doch. Ich blieb 14 Tage in Haiphong und Hanoi, um der Geschichte auf den Grund zu gehen, und ich erfuhr darüber noch mehr, als ich zurückreiste, hinauf zur gebirgigen chinesischen Südgrenze in Yunnan.

Nach außen hin war Hanoi die europäischste Stadt in Ostasien, und nur wenig erinnerte daran, daß sie vor dem Krieg von 1885 jahrhundertelang unter chinesischer Oberhoheit gestanden hatte. Ihre breiten, von Bäumen begrenzten Boulevards und Prachtstraßen, ihre modernen Läden und Schneidergeschäfte, das Opernhaus und die öffentlichen Gebäude und vornehmen Privathäuser in duftenden Gärten und Parks hätten Teil von Neuilly in Paris sein können, hätten da nicht die mausähnlichen Eingeborenen gestört, die die irritierende Angewohnheit hatten, unter ihren ausladenden Pilzhüten hervor lange Strahlen aus knallrotem Betelsaft verstohlen auf jede weiße Fläche zu spucken, die sich ihnen auf Gehwegen oder Hauswänden darbot.

Sowohl Haiphong als auch Hanoi erweckten den Eindruck stabiler und selbstsicherer Machtverhältnisse. Die Eingeborenen waren so demütig und demoralisiert, daß jeder Gedanke an Revolution in ihren Köpfen unmöglich schien. Die drei oder vier großen Städte waren die dürftigen, oberflächlichen europäischen Schaufenster eines Landes, das zwar größer war als Frankreich und potentiell genauso reich, dabei aber rückständiger als China und im Vergleich mit Japan stark unterentwickelt; es hatte bis dahin nicht einmal eine einzige transnationale Eisenbahnlinie. In den Tausenden von verwahrlosten, überfüllten Dörfern warteten, im Dreck begraben und in Armut, Krankheit und Unwissenheit versunken, 20 Millionen Eingeborene nach einem halben Jahrhundert französischer Herrschaft noch immer auf die *mission civilisatrice*.

Natürlich fingen die Franzosen an, die Annamiten zu unterrichten, und sie wählten einige wenige aus, die in Frankreich studieren durften, und diese akzeptierten sie tatsächlich als gesellschaftlich gleichrangig. Doch dieses Furnier aus Loyalität, das die Marionettenprinzen bedeckte, war allzu dünn und berührte das Leben der Massen überhaupt nicht. Und die Franzosen konnten auch nicht genügend Eurasier produzieren, um mit der Fruchtbarkeit der Eingeborenen Schritt zu halten, so wie das die Holländer auf Java systematisch tun wollten, ohne daß es ihnen jedoch gelungen wäre. Diejenigen, die Annamiten heiraten wollten, taten das auch. Doch die französisch-annamitische Biologie spielte sich größtenteils außerhalb der Ehe ab, etwa im Haus der französischen Madame, zu dem mich eine Zufallsbekanntschaft aus einer Bar in Hanoi mitnahm. Dort servierten eurasische Mädchen, nur in einheimische Seidenhosen gekleidet, den Gästen Opium und/oder Äther. Es ist Aufgabe und Privileg eines Zeitungsmannes, sich alles anzusehen (und ein Zehntel davon wiederzugeben), doch an dem Abend wurden meine Pläne durchkreuzt. Ich hatte das Shanghaier Opium einmal versucht, und zwar in einer Überdosis, die mich sterbenskrank machte, und der Äthergeruch rief mein schlimmstes Trauma von einer Mandeloperation in meiner Kindheit wach. Ich mußte das Haus gleich wieder verlassen, ohne Madames Bericht über französisch-annamitische »Rassenmischung« gehört zu haben – ein Gebiet, auf dem sie, wie mir mein Bekannter versicherte, eine Autorität war.

Das »Metropole« wurde die »kleine Hauptstadt« Hanois genannt, so wie Hanoi selbst die »kleine Hauptstadt« Indochinas genannt wurde. Die große Hauptstadt war Saigon. Im Hotel konnte man die Offiziere, Beamten und Geschäftsleute der Kolonie mit ihren französischen Frauen oder eurasischen Geliebten sehen. Am Abend gab es fröhliches Gelächter und Champagner, während ein Orchester nostalgische Lieder aus Paris spielte. Wie bizarr und auf seltsame Art unwirklich schien doch dieser Glanz und Reichtum im Kontrast zu den verschmutzten Dörfern, durch die uns unser Weg von der Küstenebene herauf gerade erst geführt hatte, als Coudray und ich am ersten Abend ins Hotel kamen! Ein Angestellter aus Marseille schrieb uns ein und rief zwei grauhaarige annamitische »Boys« herbei, die zwar Uniformen mit Goldlitzen trugen, aber keine Schuhe. Sie reagierten nicht sofort; vielleicht hatten sie sein sehr schnelles Französisch nicht verstanden.

»*Dépêchez! Imbéciles!*« kreischte er. Er kam hinter seinem Schalter hervor und packte die kleinen Männer am Kragen. Er schüttelte sie, zog sie an den Haaren und stieß sie schließlich mit den Köpfen zusammen. Dann versetzte er ihnen einen Stoß, daß sie auf unser Gepäck zuflogen, und mit der Würde, die ihnen noch verblieben war, hoben sie es auf.

Coudray blickte mich verlegen an und fragte den Angestellten, ob das nötig gewesen sei. Überrascht hob der Mann Hände und Schultern. »*Messieurs, vous ne connaissez pas les indigènes*«, sagte er. »Man kann mit ihnen nicht vernünftig reden. *Les enfants!* Es sind einfach dumme Kinder.«

Später kam ich zu dem Schluß, daß es der Triumph der Methode und des Systems über die menschliche Persönlichkeit war, der den Kolonialismus so erniedrigend machte; nur wenige Menschen konnten ihm widerstehen. In Tongking beobachtete ich das bei einem gereizten kleinen Franzosen, einem Eisenbahnschaffner, der durch den Wagen ging und ab und zu Eingeborene ohrfeigte, die ihre Fahrkarten nicht schnell genug vorzeigten. Die Opfer waren nicht nur Männer, sondern gelegentlich auch Frauen. Sie nahmen es mit verschlossenen Gesichtern hin, und doch würden diese »Kinder« nichts vergessen, und die Kinder ihrer Kinder auch nicht.

Vielleicht war gerade zu dem Zeitpunkt eine derartige unfreundliche Gemeinheit häufiger anzutreffen, da die Rebellion die Franzosen – für sie ein nutzloser Akt ungebührlichen Ungehorsams – vorläufig eher wütend machte als alarmierte.

»Es ist notwendig, ihnen eine Lektion zu erteilen, *monsieurs; regrettable, oui, mais ils sont enfants*«, sagte mir der Generalgouverneur, der immer noch auf eine Fahrgelegenheit nach Frankreich wartete, im Interview. *La sédition*, sagte er, habe mit der Meuterei an der Yen-Bucht in der Nähe der chinesischen Grenze begonnen, als annamitische Truppen ihre französischen Offiziere entwaffneten und die Garnison übernahmen. Sie verloren die Nerven, als Fremdenlegionäre zur Verstärkung anrückten, und ergaben sich, ohne auch nur einen einzigen Schuß abgefeuert zu haben. Monsieur Pasquier räumte ein, daß sie mit ihrer Vergeltung »ein bißchen streng« gewesen seien. Etwa 60 Annamiten wurden dort hingerichtet. Darauf folgte eine ganze Serie von Erhebungen und Aufständen, alle sehr unbedeutend, »aber verständlicherweise lästig«. Und nun hätten Verhaftungen und Verhöre einen weitverbreiteten, aber kindlichen Plan für eine Revolution aufgedeckt, die »Unabhängigkeit« versprach. Lächerlich? Aber natürlich. Den Leuten könne man allerdings keine großen Vorwürfe machen. Sie würden von ein paar cleveren Kommunisten und vielleicht sogar von einigen französischen Verrätern am Ort ausgenützt.

Mußte aber einer ein Kommunist sein, so fragte ich mich, nur weil er sein Land und die Freiheit liebte und es haßte, von Außenstehenden herumgestoßen zu werden?

Das Herz der Rebellion befand sich im besten Reisanbaugebiet von Annam (Viet-Nam), wo die Revolutionäre eine Reihe von Bezirken erobert und eine sogenannte »Republik« eingerichtet hatten. Auf einer Studentendemonstration in Dalat hatten die Franzosen scharf geschossen und eine Anzahl unbewaffneter Menschen getötet. Übertriebene Darstellungen von dieser Aktion gelangten in die Dörfer, und die Studenten organisierten eine unbewaffnete Prozession, die nach Dalat marschierte, um dem Marionettenkönig Bao Dai, der noch im Kindesalter war, eine Petition mit den einzelnen Beschwerden zu überreichen. Die Franzosen verloren wieder den Kopf und schickten Flugzeuge los, die die Prozession bombardierten und mit Maschinengewehren beschossen und dabei eine große Zahl Annamiten töteten. Nun mußten sie noch mehr Truppen ins Land holen.

Durch einen chinesischen Kaufmann lernte ich einige Annamiten mit französischer Schulbildung kennen; sie besorgten mir Abschriften der »Bedingungen«, die die Rebellen Hanoi präsentiert hatten. Ihre »höchste Forderung« war eine verfassungsmäßige Regierung und eine in allgemeiner Wahl zu wählende gesetzgebende Versammlung mit Vetorecht des französischen Generalgouverneurs. Weitere Forderungen waren die Abschaffung der Leibeigenschaft (damals noch eine legale Einrichtung), Abschaffung der Polygamie, Herabsetzung der Grundpacht und Beseitigung der Marionettenmonarchie zugunsten einer republikanischen Regierungsform.

Als Antwort suspendierten die Franzosen die wenigen Bürgerrechte, die es gab, und erklärten jede Art der politischen Besprechung oder Versammlung zum kriminellen Akt. Die Guillotine war laufend im Einsatz. Die Köpfe von Rebellen oder angeblichen Rebellen wurden in der Umgebung von Dalat, Hué, Touraine und anderen Zentren der Unzufriedenheit öffentlich ausgestellt. Es gab mehr als 700 Enthauptungen. Die Franzosen hielten diese grausame Maßnahme für gerechtfertigt, denn sie nahmen an, sie würden damit den abergläubischen Eingeborenen einen furchtbaren Schrecken einjagen, weil diese sich zwar nicht viel aus diesem Leben machten, dem nächsten Leben aber nicht ohne weiteres als kopflose Geister entgegengehen könnten.

Diese erste große Rebellion, ein Kampf à la Don Quichotte, verfrüht, mit unzureichenden Waffen und unzureichender Organisation, wurde naturgemäß durch das mächtige Frankreich zerschlagen. Nachrichten davon unterlagen einer strengen Zensur. Meine eigenen kärglichen Berichte mußten über Hongkong hinausgeschmuggelt werden, und sie waren, glaube ich, die einzigen in ganz Amerika. Ich selbst sah nicht viel, aber es reichte aus, um Zweifel in mir zu wecken, ob Frankreich noch viel Zeit hatte, die *mission civilisatrice* im Sinne von *liberté, égalité, fraternité* durchzuführen und seine braunen »Kinder« zu echten Brüdern zu machen.

Auf den Rümpfen der gefallenen Führer würden neue Köpfe wachsen. Sie würden immer warten, schrieb ich, »warten darauf, daß die Wachsamkeit der Franzosen nachläßt, warten darauf, daß Frankreich anderswo in ernste Schwierigkeiten gerät, warten auf Waffen, auf den nächsten Weltkrieg, unermüdlich warten...«

11   Der Steinesammler

Ich war gespannt, welche Wirkung meine Enthüllungen über Indochina auf unsere Politik haben würden, wenn sie zu Hause in den Zeitungen erschienen. Kurz bevor ich Hanoi verließ, um nach Yunnan zu reisen, rückte eine amüsante Begegnung meine Proportionen wieder zurecht. In der Lobby des »Metropole« lernte ich einen Ölmann aus Texas kennen, der sich auf einer ausgedehnten Weltreise befand. Er besuchte zwar hier und da die Niederlassungen seiner Firma, doch seine eigentliche Leidenschaft waren Steine. Er sammelte aber nicht etwa Edelsteine, sondern große Steinbrocken, Steine einer ganz besonderen Sorte. Von früheren Reisen hatte er Stücke der Sphinx, der Cheops-Pyramide, vom Parthenon, von Gibraltar, von Stonehenge und vom Colosseum mit nach Hause gebracht. Nun hatte er seiner Sammlung Steine vom Fujiyama und von der Großen Mauer hinzugefügt und war unterwegs nach Kambodscha, um dort einen Fremdenführer zu bestechen, ihm ein Stück des Tempels Angkor Wat zu besorgen.

»Und was machen Sie dann mit Angkor Wat?« fragte ich.

»Das wird ein Sessel. Ein hübscher Sessel aus Stein.«

»Versteh' ich nicht.«

»Daheim in Texas haben wir eine riesige Terrasse mit 'ner offenen Feuerstelle und allem Drum und Dran«, erklärte er. »Da brate ich dann öfter mal so'n richtig guten Texasochsen und lade die Jungs dazu ein, und wenn die dann alle rumsitzen, sag' ich: ›Weißt du überhaupt, Bill, was du da unter deinem fetten Hintern hast? Das ist Kee-ops, Mann, *Kee*-ops!‹ Zu einem anderen sag' ich: ›Jim, du hockst auf den Ruinen von *Pom*-pei!‹«

Ich verstand ihn immer noch nicht richtig.

»Herr Gott, sind Sie aber schwer von Begriff! Was meinen Sie, was die für Gesichter machen, wenn sie wissen, daß sie *auf Geschichte sitzen*!«

In jenen Jahren eines weit verbreiteten Isolationismus waren Asien und Europa für uns Amerikaner ein Museum voller unbeseelter Ruinen. Die Geschichte, deren Augenzeuge ich damals wurde, konnte man nicht mit nach Hause nehmen, man konnte nicht »auf ihr sitzen«. Die lebende Menschlichkeit in der Alten Welt war viel wichtiger als ihre Relikte, und ihre Probleme würden Leben und Schicksal unserer Söhne auf viele Jahre hinaus beeinflussen.

Eine beschwerliche Reise lag vor mir.

Yunnan, das zehn Jahre später zu unserem wichtigsten Luftstützpunkt in Ostasien werden sollte, war während meines ersten Besuches vom übrigen China aus immer noch ausschließlich zu Pferde oder zu Fuß zu erreichen. Diese abgelegene Hochebene, so groß wie Deutschland und Polen zusammen, hatte nur eine einzige moderne Verbindung zur Außenwelt, und das war die von Franzosen gebaute Eisenbahnlinie von Hanoi zur Hauptstadt Yunnanfu. Selbst auf diesem Umweg brauchte man von Hongkong aus eine Woche für die Reise. Touristen wagten sich meist nicht einmal bis zur Kopfstation der Bahn vor, denn Züge wurden häufig von Banditen angegriffen.

Es war Teil meiner Arbeit, »Abenteuer zu erleben«, und der Name »*Yün-nan*«, das heißt »südlich der Wolken«, schien vielversprechend. Die Lage Yunnans auf der Landkarte gefiel mir, eingekeilt zwischen Tibet, Indien, Birma und Indochina. Dies war die Grenze, über die die mongolische Kavallerie unter Kubilai Khan einst im Triumphzug das Yakschwanzbanner hinunter in den Golf von Bengalen trug. Soviel wußte ich von Marco Polos Reisen. Es war sein Bericht von seiner eigenen Reise durch dieses hohe gebirgige Grenzland in Tibet, Jahrhunderte vorher, der in mir den Ehrgeiz weckte, in seine Fußstapfen zu treten und auf diesem Wege nach Birma zu gelangen.

»Ihr müßt auch wissen, daß die Menschen in diesem Land (Yunnan) ihr Fleisch roh essen«, berichtete Marco. »Roh, so wie wir Fleisch essen, das vorher zubereitet wurde.«

Marco sprach wahrscheinlich von den Stammesvölkern, von denen es in Yunnan, ihrer eigentlichen Heimat, so viele gibt. Es war für China viele Jahrhunderte lang weitgehend so eine Art südliches Sibirien, in das in Ungnade gefallene Beamte verbannt wurden. Das erklärt zum Teil, warum seine Bewohner nicht irgendeinen südchinesischen Dialekt sprachen, sondern Mandarin, die Sprache des Nordens. Außer den Eßgewohnheiten hatte sich seit Marcos Zeiten in Yunnan kaum etwas geändert, höchstens vielleicht zum Schlechten.

Eine Verbesserung war die Eisenbahn selbst, ein frühes Wunder an Unternehmungsgeist und technischem Können, von Frankreich den Chinesen gegen ihren Willen aufgezwungen. Peking hatte aus gutem Grund die politischen Konsequenzen gefürchtet, die sich ergeben mußten, nachdem Frankreich Indochina selbst aus dem Reich der Mitte gelöst hatte. Nach drei Tagen und über 200 Tunnels erreichte man schließlich Yunnanfu, fast 2000 Meter über dem Meeresspiegel. Jenseits der Hauptstadt bewegte sich der ganze Verkehr über uralte, mit Steinen gepflasterte Karawanen-»Straßen«, die seit den Tagen des Großen Khan nicht mehr erneuert worden waren und so treffend den chinesischen Aphorismus illustrierten, der von Straßen im allgemeinen sagt: »Gut für zehn Jahre, schlecht für zehntausend.«

In Yunnanfu, auch als Kunming und Tien bekannt, hatte ich schnell heraus, daß die vierhundert Meilen lange Tour über die Berge und Flüsse nach Oberbirma kein Unternehmen war, an das sich ein Laie so ohne weiteres wagen konnte. Ich hatte für eine solche Expedition weder das Geld noch die wissenschaftliche Ausbildung. Außer Neugier und einem Verlangen nach ungewöhnlichem Nachrichtenstoff hatte ich nichts vorzuweisen. Unser Konsul in Yunnanfu, Harry Stevens, war mir wochenlang ein freundlicher Gastgeber und tat alles, mir die abenteuerliche Expedition auszureden. Er hatte Angst davor, sich mit einem weiteren »Zwischenfall« befassen zu müssen, wenn mich diese Rohfleisch essenden Banditen in ihre Gewalt bekommen würden. Und er war keineswegs der einzige.

»Sicher, man wird Sie umbringen, ha, ha!« polterte Mr. Kuo Ping-kan, der massige Bevollmächtigte der chinesischen Salz-Monopolgesellschaft in der Hauptstadt, als ich ihm von meinen Plänen erzählte. »Letzte Woche wurden drei unserer Studenten auf dem Weg von Birma hierher von Banditen überfallen, ausgeraubt und auf der Straße umgebracht. Einer unserer Salztransporte wurde in der Nähe von She-tze überfallen; es stellte sich heraus, daß die begleitende Wachmannschaft aus Banditen bestand, ha! Und nun kommt heute morgen mein Hausherr zu mir und sagt, er habe gerade seinen Transportwagen in Lufeng verloren. Das liegt nur drei Tage von hier.«

Mr. Kuo selbst stammte aus Shantung, für ihn waren die Einheimischen nur armselige Kopien der richtigen Chinesen. Er vereinigte in sich die Überzeugung eines Rotariers, daß die eigene Provinz jedem anderen Teil der Welt überlegen sei, mit guten Sprachkenntnissen: er sprach fließend Französisch und Umgangsamerikanisch. Dabei war er nie außerhalb Chinas gewesen. Fremdsprachen hatte er auf Missionsschulen »daheim im Osten« gelernt. Natürlich hatte auch seine Provinz Shantung ihre Banditen; wie wir gesehen haben, machten sie Powell und Mlle. Aldrich zu ihren Gästen; doch nach Kuos Meinung konnte man die Banditen in Yunnan einfach nicht mit denen in Shantung vergleichen.

»Hier«, bellte er und hielt mir eine Kiste Havannazigarren aus Havanna hin, »rauchen Sie eine Zigarre, frisch hereingeschmuggelt, ha!« Er steckte sich selbst eine in den grinsenden Mund und zündete sie an. »Warum sollte ich sie wohl nicht rauchen? Ich arbeite für die Salz-Monopolgesellschaft, nicht für den Zoll. Außerdem sind sie ein Geschenk des Gouverneurs!«

In Yunnan, so erklärte er, bestehe der einzige Unterschied zwischen einem Banditen und einem Beamten darin, daß der Beamte ein erfolgreicher Bandit sei. Er selbst verdanke als Beamter einer Monopolgesellschaft, die teilweise immer noch unter ausländischer Kontrolle stehe, seine Anstellung nicht lokalem Einfluß, sondern Shanghai direkt.

»Wir haben ein altes chinesisches Sprichwort: ›Große Fische fressen kleine Fische, kleine Fische fressen Krabben, Krabben fressen Dreck!‹ Das trifft hier bestimmt zu, mein Freund, sagen Sie aber keinem, daß ich das gesagt habe, ha! Die einfachen Leute sind die Krabben, die kleinen Fische sind die Banditen, die großen Fische sind die Beamten!«

»Hat denn die Revolution nichts daran geändert?«

»Die Revolution? Die Kuomintang? Ich bin Mitglied, daß Sie mich nicht falsch verstehen, aber hier ist es einfach eine neue Fahne für die alten Generäle. Denken Sie nur an jene Expedition aus Yunnan, die Chiang Kaisheks Feldzug gegen Kuangsi unterstützen sollte.* Wissen Sie, worum es dabei ging? Die Generäle aus Yunnan ärgerten sich über die Provinz Kuangsi, weil diese die Opiumstraße nach Kanton sperrte; mit gewaltsamen Methoden warben sie Leute für eine Armee an und unternahmen diesen Feldzug für die »drei Volksprinzipien«, und mit sich nahmen sie 2500 Maultierladungen Opium, um es dort unten zu verkaufen. Sobald sie das Opium losgeschlagen hatten, kamen sie nach Yunnan zurück und kauften mit dem Erlös französische Piaster. Dann entließen sie die Hälfte ihrer Truppen ohne Bezahlung. Deshalb haben wir jetzt nur noch mehr Banditen.«

Trotz allem war Mr. Kuo ein guter Politiker. Ein paar Tage danach war ich sein Gast bei einem abendlichen Bankett zu Ehren von Chang Fêngchung, dem Standortkommandanten von Yunnanfu und stellvertretenden Vorsitzenden der Kuomintang. Das Essen bestand aus nicht weniger als 24 Gängen, die mit französischen Weinen und Champagner hinuntergespült wurden. Anschließend wurden wir von General Chang ins Theater eingeladen. Er hatte seinen Schützling aus Shanghai mitgebracht, einen Schauspieler namens Hu Han-ling. Das Theater war in einem Garten voller Magnolien, mit einem von bemalten Lampions umsäumten märchenhaften See. Das bezaubernde Schauspiel wurde nur durch einen Haufen unbewaffneter Soldaten beeinträchtigt, deren zerfetzte Uniformen nicht dazupaßten. Sie hielten sich in der Nähe des Eingangs auf, um die Ankunft der Schauspieler und Neumandarine zu beobachten. Als wir hineingingen, stießen die persönlichen Leibwachen des Generals sie beiseite.

Die Sitzplätze waren in mehrere Sektionen unterteilt, getrennt durch erhöhte Plattformen, auf denen ambulante Händler heiße Fleischrouladen,

---

* Pai Chung-hsi und Chang Fa-kuei, »linke« Kuomintang-Generäle im Südwesten, waren wieder einmal in einer oppositionellen Stimmung gegen den Generalissimus, der die Provinz Kuangsi nie ganz unter seine Kontrolle brachte.

Orangen, Erdnüsse und Wassermelonenkerne verkauften. Während der ganzen Vorstellung trotteten sie, wie sie das gewohnt waren, hin und her, begleitet von kleinen Jungen, die mit einem geschickten Wurf knapp über die Köpfe hinweg jedem ein dampfendes Handtuch zukommen ließen, der eins haben wollte. Es war ein altes klassisches Stück, das gegeben wurde, und jeder – von den Ausländern einmal abgesehen – kannte es auswendig; doch Hu Han-ling, der eine von einem erregten taoistischen Gott verfolgte Kurtisane darstellte, führte eine Neuerung ein. Als die Ballettszene kam, wurden die Lichter ausgemacht, und Hu jonglierte fingerfertig mit zwei Zauberstäben, die mit Taschenlampen versehen worden waren. Mitten in seinem Akt brach hinten im Theater eine große Unruhe aus. Die Lichter gingen wieder an, und der Eigentümer kam nach vorne und wandte sich an General Chang Fêng-chung. Dann sah ich, wie der Führer seiner Leibwache mit einigen seiner Männer hinausstürzte.

»Diese Exsoldaten, die wir draußen herumlungern sahen, wollen sich hier Zugang verschaffen«, erklärte Kuo mit seinem überraschend idiomatischen Englisch. »Chang läßt sie vertreiben.« Bald hörten wir ein paar Minuten lang das Bellen von Maschinengewehren, das die hohen Falsettschreie auf der Bühne, den Lärm der Schlaginstrumente und das Wimmern der chinesischen Violinen übertönte. Als wir nach Ende der Vorstellung hinausgingen, war von den entlassenen Soldaten nichts mehr auf der Straße zu sehen, doch im Schatten einer Mauer lagen drei zusammengesunkene Gestalten.

General Chang war in der Stadt als »Zehn-Frauen-Pockennarbe« und als »Sechsunddreißig-Pferde-Chang« bekannt, Anspielungen auf die zwei Ställe, die er sich hielt. Er versuchte offenbar immer noch, beide zu vergrößern, denn solange ich dort war, versuchte er, eine junge Christin zu annektieren. Als ihre Eltern ablehnten, schickte er seine Leibwache, um sie gewaltsam zu entführen, doch sie entkam, indem sie über die Mauer kletterte, die das Grundstück umgab, und sich in der anglikanischen Mission versteckte. Dort war sie abgeschirmt, bis Dr. John Watson, der Leiter der Mission, sie persönlich per Eisenbahn nach Indochina in Sicherheit brachte.

»Zehn-Frauen-Pockennarbe« glaubte an eine schnelle Aburteilung von Missetätern. Konsul Harry Stevens erzählte mir, Chang habe kurz vor meiner Ankunft 53 »Konterrevolutionäre«, darunter mehrere Frauen, öffentlich hinrichten lassen; nicht einem von ihnen war ein öffentlicher Prozeß gemacht worden. Chang lud den amerikanischen Konsul und andere Konsuln als Zeugen ein, und zwar aus Gründen der Staatsräson. Einige der Konsuln hatten per Post ausländerfeindliche Literatur und Drohbriefe erhalten. Chang wollte ihnen klarmachen, daß sein Regime nichts damit zu tun hatte und an Recht und Ordnung und den Schutz des privaten Eigentums glaubte. Der zweite Grund war, daß der frühere amerikanische Konsul die altmodischen Enthauptungen als zu barbarisch angeprangert hatte. Chang wollte zeigen, daß moderne zivilisierte und menschliche Methoden adoptiert worden waren. Diesmal wurden die Aufwiegler in den Hinterkopf geschossen.

13 Leben unter »Drachenwolke«

Chang Fêng-chung war einer der drei »großen Fische« in Yunnan. Die anderen beiden waren Gouverneur Lung Yun, dessen Name »Drachenwolke« bedeutet, und sein Cousin, General Lu Han, »Befriedungskommissar«. Die großen Fische hatten alle einmal als Krabben angefangen und waren dann zu »kleinen Fischen« geworden. Sie waren von früheren Herrschern als Banditen gebrandmarkt worden, bevor sie als regionale Anführer der Kuomintang die Oberhand gewannen. Lung Yun war auch als »Tiger hinter Gittern« bekannt, weil er einmal von einem Rivalen gefangengenommen, in einen Käfig gesperrt und durch die Straßen geführt worden war, damit das Volk Steine nach ihm werfen und ihn anspucken konnte – ein Brauch, den ich für ausgestorben gehalten hatte, der aber, wie ich später erfuhr, im Bürgerkrieg zwischen den Kommunisten und der Kuomintang noch oft wiederholt wurde. Lung wurde befreit und entging dem Tod. Er sollte eines Tages wieder verraten werden, und zwar von seinem Cousin La Han, den Chiang Kai-shek bei einem anderen Coup unterstützte. Dieses mörderische Komplott machte Lung Yun so wütend, daß er die Kommunisten in ihrem Kampf gegen Chiang unterstützte. Doch im Augenblick arbeiteten die drei großen Fische sehr gut zusammen und wurden gemeinsam reich. Eine Hauptquelle der mühelosen Bereicherung war, wie ich von Konsul Stevens und anderen erfuhr, die halbstaatliche Bank Fu Tien Yin-hong, die sie fest in der Hand hatten. Gar nicht so viele Jahre vorher hatte Yunnan noch sehr gutes Silbergeld, doch nun war hier alles in Papiergeld verwandelt worden; nur im äußersten Westen waren immer noch die alten kaiserlichen Münzen im Umlauf, die schönsten in ganz China. Hinter dem Papiergeld stand überhaupt nichts mehr außer Gewalt, so daß es nur noch dort akzeptiert wurde, wo die Militaristen imstande waren, den Tod für »Konterrevolutionäre« als Alternative anzubieten. Während des letzten Abschnitts der Kuomintang-Ära sah die Situation schließlich fast überall so aus. Das gilt auch für die folgende Masche, die sich in Yunnan zu einer hohen Kunst entwickelte: Die großen Fische waren alle Direktoren der Staatsbank, gleichzeitig jedoch am privaten Geschäftsleben als Kaufleute, Hausbesitzer und Spekulanten beteiligt. Sie kontrollierten zum Beispiel den Ausstoß der Zinn- und Opium-Monopolgesellschaften, den sie mit Darlehen von der Bank aufkauften und dann wieder verkauften, ohne auch nur einen Pfennig aus eigenem Vermögen ausgegeben zu haben. Vor jedem neuen Wertverfall des Papiergeldes, der, wie sie genau wußten, unvermeidlich war, kauften sie andere Waren oder Devisen. Während der vorübergehenden Stabilisierung verkauften sie alles. Später warfen sie dann ihr Papiergeld erneut auf den Markt, kauften andere Sachwerte, verkauften mit beträchtlichem Gewinn und brachten weitere »Ersparnisse« in ausländischer Währung auf die Seite. Dieser einfache Prozeß wurde später während des chinesisch-japanischen Krieges und während des Zweiten Weltkrieges in der Zentralregierung ungeheuer populär, als die Vereinigten Staaten versuchten, den einer wilden Inflation ausgesetzten Yuan, die Währung der Kuomintang also, dadurch zu stützen, daß sie ihm, in amerikanischen Dollars ausgedrückt, einen falschen Wechselkurs gaben. Auf solche Weise wurden von den herrschenden Familien und ihren Trabanten Millionen amerikanischer Dollar in überseeischen Banken deponiert.

In Yunnanfu roch es überall nach Opium; Pfeifen und Lampen wurden auf allen Märkten feilgeboten; die Droge war so einfach zu kaufen wie Reis. Auf den Straßen konnte man Mütter sehen, die ihren kleinen Kindern anstelle eines Schnullers ein mit Opium beschmiertes Stück Zuckerrohr gaben. Die Demoralisierung und Verarmung zeigte sich besonders deutlich im Mißbrauch von Kindern, die zwar überall in China ausgebeutet wurden, aber nirgends so skrupellos wie in Yunnan.

»Es gibt wahrscheinlich eine halbe Million Sklaven in der ganzen Provinz«, steht in einem Interview, das ich mit Richard Lankester führte, dem englischen Leiter einer Missionsschule der *Church of Christ.* »Zwanzigtausend allein in der Hauptstadt, würde ich vorsichtig schätzen. Sie machen die ganze Dreckarbeit in den Läden, Werkstätten und Privathäusern. Ihre Besitzer und Besitzerinnen tun mit ihnen, was sie wollen. Sie sind wirklich *ya-t'ou* oder ›Jochköpfe‹, wie man sie nennt, sie werden behandelt wie das Vieh. Unsere Missionsdamen eröffneten ein Heim für die Ausreißer und versuchten, einige prominente Chinesinnen zur Mitarbeit zu gewinnen, aber es stellte sich heraus, daß selbst die christlichen chinesischen Familien hier alle selber junge Sklavinnen hatten!«

In diesem Heim für Sklavenmädchen unterhielt ich mich mit etwa zehn Kindern zwischen acht und sechzehn Jahren. Ich weiß noch, wie stolz sie ihre persönlichen Besitztümer vorzeigten. Es gab ihnen gewaltig Auftrieb zu wissen, daß solche Dinge wie Zahnbürsten, Eßstäbchen, Reisschalen und die billigen Kleider, die ihnen geschenkt worden waren, wirklich ihnen gehörten. Bevor sie ins Heim geflüchtet oder von ihm aus der Sklaverei freigekauft worden waren, hatten selbst die Fetzen, die sie auf dem Rücken trugen, ihren Besitzern gehört. Ein neunjähriges Kind war von der Hüfte abwärts gelähmt, nachdem es mit einer Eisenstange verprügelt worden war. Ein anderes Kind hatte einen so heftigen Schlag auf den Kopf bekommen, daß es beinahe taub war. Ein fünfzehnjähriges Mädchen war bereits viermal ge- und verkauft worden. Ihr letzter Besitzer hatte sie eine Woche lang hungern lassen und sie dann an den Daumen aufgehängt, um sie für ihre »Faulheit« zu bestrafen.

Die Verarmung der Landbevölkerung wurde durch eine forcierte Opiumproduktion und dessen weitverbreiteten Genuß noch beschleunigt. Die Veräußerung von Grund und Boden an nicht ortsansässige Eigentümer nahm immer mehr zu; noch nicht einmal jeder dritte Bauer auf dem Hochplateau von Yunnan besaß damals die Farm, die er bewirtschaftete. Ein Mädchen, das öffentlich auf dem Marktplatz verkauft wurde, brachte damals – in amerikanischer Währung – nur etwa fünf bis zehn Dollar, doch das war mehr, als ein Landarbeiter mit einem Einkommen von vier Cents am Tag in einem ganzen Jahr zusammensparen konnte. Die Armut zwang, wie wir gesehen haben, auch in anderen Teilen Chinas die Allerärmsten, dazu, ihre überzähligen Töchter zu verkaufen, doch ihre Söhne verkauften sie höchst selten, es sei denn, sie waren unmittelbar vom Hungertod bedroht. In Yunnan jedoch gab es eine große Zahl von Jungen, die als Sklaven arbeiteten.

Zu den kriminellsten Vorgängen gehörte ihr Einsatz in den Zinnbergwerken von Kochiu, einem halbstaatlichen Unternehmen. Waren sie einmal dort, zogen sich die Jungen oft Rachitis, Krätze und Beriberi zu. Die Schächte und Tunnels in den Minen waren sehr klein, kaum so groß, daß ein Junge mit dem vollen Tragkorb auf dem Rücken auf Händen und Knien rein- und rauskriechen konnte. Die Folge davon war, daß viele zu Krüppeln wurden, die man dann hinauswarf. Ein amerikanischer Missionar namens Baker spezialisierte sich darauf, die kleinen Wracks zu bergen, und er und seine Frau pflegten viele von ihnen wieder gesund und brachten ihnen ein nützliches Gewerbe oder Handwerk bei.

Auch wenn Yunnanfu in menschlicher Hinsicht abstoßend war, war seine natürliche Umgebung schön, und die historische, von alten Mauern umgebene Stadt besaß die ganze Farbe und den Reiz einer rauhen Pionierstadt, Endstation von Bahn und Straße und Ausgangspunkt der Karawanen. Pferde und Maultiere stolperten durch die steinernen Portale; auf den schmalen Straßen wimmelte es von Menschen; es war ein buntes Durcheinander von gerissenen Händlern und auswärtigen Chinesen, von sonnengebräunten Männern und Frauen aus einem Dutzend verschiedener Stämme mit ihren charakteristischen farbenprächtigen Kleidern, die oft mit herrlichen Stickereien versehen waren. Große Tibetaner mit nackten Schultern, so zottelhaarig wie ihre Hunde, gingen umher und bestaunten mit offenem Mund die minderwertigen Waren, die die Zivilisation im Tiefland zu bieten hatte, etwa solche Wunder wie elektrische Lichter, die so schwach waren, daß sie von der Helligkeit der Kerosinlampen überstrahlt wurden, ein Kino und Dampflokomotiven. Und in der Ferne lagen stets die blau umrandeten Berge einer Region, die mit potentiellem Reichtum und Naturschönheiten ausgestattet war und die in jeder Hinsicht zu gefallen wußte; einzig und allein der Mensch schien hier schlecht.

Trotz der Gefahr, die von den Banditen drohte, setzte ich meinen Weg nach Birma fort. Vielleicht wäre es nie dazu gekommen, wenn ich nicht Dr. Joseph F. Rock, den Naturwissenschaftler und Forscher, kennengelernt hätte. Rock hatte Yunnan unter Botanikern bekannt gemacht, denn er bewies, daß die kartographisch noch nicht erfaßten westlichen Gebiete Yunnans die wahren Paradiesgärten dieser Erde waren und daß es dort Hunderte von im Westen unbekannten Pflanzenarten gab. Er gehört zu jener Handvoll von Amerikanern in Yunnan, die nichts mit irgendeiner Mission zu tun hatten. Er war eben dabei, zu einer weiteren von der *National Geographic Association* finanzierten Expedition aufzubrechen. Zu seiner persönlichen Begleitmannschaft gehörten sechs oder sieben gut bewaffnete Männer vom Stamm der Nashi (Nosu). Als er mich einlud, mich ihm anzuschließen, verloren Konsul Stevens' Einwände ihre ganze Wirkung. Ich akzeptierte, besorgte mir ein Pony, mietete ein paar Maultiere und kaufte Proviant. Dann suchte ich nach einer Waffe und stöberte schließlich eine Browning Automatik auf, die ich – ausgerechnet – einem Missionar abkaufte.

»Sie gehen also doch!« rief Mr. Kuo, als ich ihn aufsuchte, um ihn zu bitten, mir über das Büro der Salzgesellschaft in Talifu im westlichen Yunnan Geld zu überweisen. »Keine Sorge, ich werde schon dafür sorgen, daß Ihr Lösegeld bezahlt wird, wenn die Banditen Sie erwischen, ha, ha!« Er bat mich um Kopien von allen Bildern, die ich unterwegs aufnehmen würde, und gab mir noch ein paar letzte Ratschläge, während er mich zu meinem Pferd an die Tür begleitete.

»Nicht vergessen«, sagte er, »Banditen sind wie Geschäftsleute, ihnen geht es nur ums Geld. Nicht widersprechen, einfach das Geld geben, dann tun sie Ihnen nichts.« Dann zog er eine Stange Capstan-Zigaretten aus seinem langen Gewand und sagte: »Hier, nehmen Sie die auch mit. Die rauchen nämlich auch gern! *I-p'ing hao-lu* [Friedliche gute Straße], wie wir auf chinesisch sagen. Viel Glück. Ha, ha!«

Ein lustiger Vogel, dieser Mr. Kuo. Er gefiel mir.

14 Karawanengeschichten

Zwei Wochen lang mußten wir an die Banditen denken und im Schritt auf vorgezeichneten Pfaden reiten, ehe wir zur Pracht des schneebedeckten Ts'ang-Gipfels kamen, der jenseits des Talifu-Sees lag, wo sich die Wege kreuzten, die Yunnan, Tibet und Birma miteinander verbanden. Mit Dr. Joseph F. Rock zu reisen war ein lohnendes Erlebnis. Niemand kannte sich in diesem entlegenen Teil Chinas und im östlichen Tibet besser aus als er; hier hatte er viele Jahre lang Pflanzen gesammelt und seine Forschungen betrieben. Auch die jetzige Expedition galt wieder der Pflanzensuche. Rock, der als erster den höchsten Berg Chinas, den von ewigem Schnee bedeckten und einem Everest oder Katchenchunga ebenbürtigen Minya Konka vermaß, war Botaniker, Forscher, Kartograph, Ethnologe, Schriftsteller und Fotograf. Die Sträucher und Bäume an unserem Weg waren für ihn Freunde, deren lateinische Bezeichnungen er kannte; zum Teil hatte er sie ihnen selbst gegeben. Er hatte Dutzende neuer Blumen- und Pflanzenarten »entdeckt«, darunter viele Rhododendren, die in der westlichen Welt unbekannt waren. Bei Xiengmai hatte er Samen des Chaulmoogra-Baumes gesammelt, mit nach Hawaii genommen und dort zum erstenmal außerhalb Asiens liebevoll großgezogen. Die Chaulmoogra-Nuß enthält ein Öl, das lange als einziges Heilmittel gegen den Aussatz galt, eine Krankheit, die so alltäglich war wie Kröpfe, und die waren in Yunnan in der Tat alltäglich. Rock hatte immer einen kompletten Arzneikasten und eine Tasche mit medizinischen Instrumenten dabei, und er war außerdem ambulanter Zahnarzt. Als Agnostiker empfand er für Evangelisten nur größtmögliche Verachtung, doch trotz alledem war er selbst so etwas wie ein Missionar.

»Wozu Geld verschwenden und Seelenretter hierher schicken, wenn sie doch nur eine neue Art von Ignoranz der bereits vorhandenen hinzufügen?« sagte er. »Manche von denen sollte man nicht einmal zu Hause frei herumlaufen lassen, geschweige denn hierher kommen lassen, um Chinesen zu ›retten‹. Nehmen Sie nur diesen Burschen namens Joseph Brown. Weil die Christen noch nicht genug Konfessionen und Sekten haben, mußte er seine eigene gründen. Den Briefkopf ließ er auf chinesisch drucken, für die Anhänger von Browns Seelenrettungslehre, und was meinen Sie, wer den Vorstand bildete? Präsident: Gott, Vizepräsident: Jesus Christus, Kassier: Joseph Brown! Welche Schande!«

»Und trotzdem«, warf ich ein, »ist das für die in Yunnan herrschenden Verhältnisse ein harmloses Banditentum.«

»Harmlos? Solche Leute sind schlimmer als Banditen. Ein Mann kam einmal mit seiner Frau nach Likiang herauf, um für seine Sekte, die *Holy Rollers*, zu werben. Dieses Ehepaar war zusammen im Bibelunterricht gewesen, als sie eine Vision hatten und ein Engel ihnen sagte, sie sollten hierherkommen und die Chinesen und Tibetaner ›retten‹. Sie glaubten, Gebete könnten alles heilen, und wollten mit Arzneimitteln oder Chirurgie nichts zu tun haben. ›Sei gläubig‹, predigten sie, ›und dein Glaube wird alles heilen.‹ Wie kann man nur Leute mit Tuberkulose, Syphilis oder Aussatz so behandeln! Da können sich die Tibetaner genausogut an ihre eigenen Priester und Lamas halten. Jedenfalls haben sie niemand bekehrt, nur die Bettler holten sich ihre freie Suppe ab.«

»Nun ja«, sagte ich, »der Glaube ist ja selbst schon ein Wunder, trägt er denn nicht wenigstens zur Heilung von Geisteskrankheiten bei?«

»Ihr kleiner Junge wurde jedenfalls nicht geheilt. Eines Tages hörte ich, er sei sehr krank, und ich ging hin, um nach ihm zu sehen, auch wenn ich wußte, daß sie nicht auf mich hören würden. Das Kind litt an Amöbenruhr und sah bereits aus wie ein Skelett. Ich sagte ihnen, ich hätte etwas Emetin, mit dem ich den Jungen heilen könnte, doch sie erlaubten nicht, daß ich ihn behandelte. Da verlor ich die Geduld. ›Sie sind Verbrecher!‹ schrie ich beim Weggehen. ›Kaltblütige Mörder sind Sie!‹ Sie sagten: ›Wenn der Herr es will, wird er leben. Der Herr hört unsere Gebete.‹ Bei *dem* Chinesisch, das die sprachen, war es kein Wunder, daß der Herr sie nicht verstand. Zehn Tage später schickten sie dann schließlich nach mir. Als ich ankam, sagten sie: ›Wir haben nachgedacht. Vielleicht hätte der Herr nichts dagegen, wenn Sie seine Arbeit unterstützten.‹ Doch dafür war es zu spät. Ihr Kind starb eine Stunde später. Sie weinten nicht einmal. ›Es ist der Wille des Herrn‹, sagten sie immer wieder. ›Der Herr wollte ihn, und er hat dafür seine Gründe.‹ Wie kann ein Mensch nur so eingebildet sein zu glauben, Gott habe ihn zu seinem Sprecher gemacht? Als ob Gott nicht für sich selbst sprechen könnte!«

»Und was ist mit Dr. Watson in der anglikanischen Mission in Yunnanfu? Nach meinem Eindruck ist das ein Missionar, der Positives leistet.«

»Er ist auch Arzt, das ist was anderes. Ich rede von den Seelenrettern. Denken Sie nur an diese jungen Evangelisten mit ihren Säckchen voll *Trockenfutter*, die wir in Yunnanfu umhergehen sahen!« Er schnaubte verächtlich. »Die sind einfach verrückt.« Er meinte die zwei Adventisten, denen wir begegnet waren, als sie gerade zu ihrer ersten Tour durch die Provinz aufbrachen. Außer einer selbst zusammengestellten Mischung aus Nüssen und Dörrobst hatten sie keine Nahrungsmittel dabei und auch kein Bettzeug. Sie sagten, sie wollten »direkt vom Land leben, wie die anderen Leute auch«.

»Glauben Sie, daß Chinesen auf sie hören werden? Die werden sagen: ›Seht nur, was diese fremden Teufel essen. Dieses Christentum kann nicht viel wert sein, wenn seine Priester Zeug essen, das wir unseren Schweinen füttern!‹« Erneut schnaubte er voller Verachtung. »Diese Burschen können von Glück sagen, wenn sie da lebend wieder herauskommen.« Und leider hatte er mit seinen düsteren Ahnungen nicht ganz unrecht. Zwar kehrten die »Burschen« selber heil zurück, doch sie mußten feststellen, daß während ihrer Abwesenheit ihre Frauen in Yunnanfu ermordet worden waren. Ihr Koch hatte ihnen, von Opium und Wein berauscht, eines Nachts im Schlaf die Kehlen durchgeschnitten – im China jener Tage ein höchst seltenes Schicksal für Ausländer.

Rock ging grundsätzlich nicht in chinesische Herbergen, sondern schlug sein Lager immer im Wald oder in einem Tempel auf. Er schleppte alles mit, was sich irgendwie auftreiben ließ, darunter auch eine zusammenklappbare Badewanne und eine komplette Küche. Während des Marsches teilten sich seine zu einem Stamm gehörenden Gefolgsleute auf und bildeten eine Vor- und eine Nachhut. Wenn der Vortrupp, angeführt von einem Koch, einem Kochgehilfen und einem Butler, eine geschützte Stelle mit guter Aussicht erspähte, wurden der Tisch und die Stühle aufgeklappt und auf einen Teppich aus Leopardenfell gestellt; dann breiteten sie ein sauberes Tischtuch aus und legten Geschirr, Besteck und Servietten aus. Wenn wir dann ankamen, war das Essen fast schon fertig. Abends setzte es sich aus mehreren Gängen zusammen und wurde mit Tee und Likören beschlossen. Wenn wir in einer bewohnten Gegend rasteten, hockte sich das ganze Dorf hin und schaute uns aus einiger Entfernung zu. Wenn wir in einem Tempel Station machten, und das ließ sich mit einem kleinen Trinkgeld für die Priester leicht arrangieren, staubten Rocks Nashi-Gefolgsleute zuerst einmal den Kriegsgott oder die Göttin der Barmherzigkeit ab und putzten schließlich alle Böden, bevor sie unsere Feldbetten unter den Idolen aufstellten.

»Wenn man in dieser Wildnis überleben will, muß man die Leute davon überzeugen, daß man eine bedeutende Persönlichkeit ist«, sagte Rock. Es schien – bei ihm – zu funktionieren, auch wenn es teuer war. Eingeborene, die ihn kannten, nannten ihn »den fremden Prinzen«.

In Laoyakuan trafen wir auf eine Karawane von Tibetanern, die am Tag vorher von Banditen überfallen worden waren und einige Ladungen Pelze eingebüßt hatten. Die Tibetaner behaupteten, sie hätten die Banditen verjagt, nachdem sie vier von ihnen getötet hätten. Sie ärgerten sich darüber, da sie zu Drachenwolke (dem Gouverneur Lung Yun) unterwegs waren, um ihm Geschenke des Dalai Lama zu überreichen. Später überholten wir eine große Salzkarawane, die ebenfalls überfallen worden war. Jede Siedlung, die wir sahen, war entweder gerade erst von »Eisenwache«, dem führenden Straßenräuber, befreit worden oder lebte in ständiger Angst vor ihm. Ein Dorf, in dem wir einen Aufenthalt einlegten, wurde um vier Uhr morgens angegriffen, und am nächsten Tag führte uns unser Weg hinter den Provinztruppen her, die halbherzig die Verfolgung aufgenommen hatten.

»Die sind nur darauf aus, ihren Teil von der Beute zu bekommen«, sagte Rock verächtlich.

Provinzbeamte stellten dem »fremden Prinzen« und mir zwischen zwanzig und fünfzig Soldaten als Leibwache zur Verfügung, und als Vorsichtsmaßregel bezahlten wir sie gut mit *ya-p'ien ch'ien* oder Opiumgeld. Auch unsere eigene kleine Gesellschaft war mit Waffen gut versorgt. Rock glaubte nicht an das Wohlwollen der Banditen, und ich selbst, wenn ich ganz ehrlich war, auch nicht. Es war einfach eine Tatsache, daß Rocks Karawane aus sechzig Maultieren und Pferden ein lohnender Fang gewesen wäre. Er hatte eine gewaltige Menge an Vorräten und wertvolle wissenschaftliche Geräte dabei, und dazuhin noch zehntausend Dollar in Silbermünzen, wie ich erst erfuhr, als wir bereits unterwegs waren. Er rechnete damit, mindestens ein Jahr lang »in der Wildnis« zu sein, wie er sich ausdrückte. Diese Verantwortung ließ ihn das Risiko jedes einzelnen Tages sehr sorgfältig abwägen. Mehr als einmal war er nach einer Konferenz mit seinem Nashi-»Stab« über die Sicherheitslage bereit, haltzumachen oder umzukehren. Doch dann vergrößerten wir die Leibwache um einige Leute und marschierten weiter.

Die lokalen Banditen waren keine »roten Banditen«, wie Chiang Kai-shek damals die Kommunisten nannte, sondern waren das, was die Roten »weiße Banditen« nannten: zugrunde gerichtete Bauern und arbeitslose Soldaten, die keine besondere Ideologie hatten, außer zu rauben, um leben zu können. Diejenigen unter ihren Anführern, die nicht umgebracht werden konnten und immer mächtiger wurden, kaufte man einfach mit Geld und gab ihnen die Kommandogewalt über eine Truppeneinheit in der Provinz. Später gesellten sich auch in anderen Provinzen viele solcher Bandenanführer zur Kuomintang, und manche wurden »bekehrt« und stießen zu den Kommunisten. Auf diese Weise waren auch schon im China der Vergangenheit zu schwierigen Zeiten immer wieder Armeen zusammengestellt worden. Vier Jahre, nachdem ich über diese Wege geritten war, wurde Yunnan für die chinesischen Roten zum Schauplatz großer Kämpfe, bei denen es um ihr Überleben ging, als sie Nachhutgefechte gegen Truppen der Zentralregierung austrugen, die sie auf ihrem Langen Marsch von 5000 Meilen verfolgten.

Die Yunnanesen hatten eine Redensart, die besagte: »Den Chinesen gehören die Ebenen, den Stammesvölkern gehören die Berge, den Banditen gehört die Straße.« Doch in Wirklichkeit war es der Schlafmohn, der Yunnan beherrschte. Auf den Ebenen zwischen Yunnanfu und Tali war die Hälfte der Anbaufläche dem Opium vorbehalten. Auf Jahre hinaus waren Opiumsteuern der unterschiedlichsten Art die Hauptquelle der öffentlichen Einkünfte. Die Beamten eines Ortes setzten gewöhnlich fest, wie groß die Anbaufläche für Mohn zu sein hatte, und dieser Prozentsatz hing von der Höhe des Betrages ab, mit dem sie sich ihren Posten erkauft hatten. Oft konnten die Bauern den Mohnanbau nur vermeiden, indem sie eine »Strafe« bezahlten – an die »Behörde zur Opiumbekämpfung«! Alle unsere Maultiertreiber rauchten sich abends in den Schlaf, doch Rock achtete darauf, daß seine Nashis dem Opium fernblieben. Unsere stärksten Süchtigen waren die Sänftenträger aus Szechuan. Rock hatte sie eingestellt, als er periodisch auftretende Malaria bekam und nicht mehr auf seinem Pferd reiten konnte. Die Sänfte war eine Konstruktion aus Bambus und Weidenruten, die auf einem Gestell aus vier Stangen ruhte, für jeden Träger zwei; der mit einem Öltuch bedeckte Sitz befand sich in der

Mitte. Es war das bequemste Transportmittel im straßenlosen China – jedenfalls für den Passagier.

Aus irgendeinem Grund waren die Yunnanesen, die sonst für Geld alles taten, nicht bereit, sich zu bücken und eine Sänfte zu tragen, und so war das ein Monopol der Szechuanesen. Wir hatten vier Träger für Rock, zwei Teams, die sich abwechselten. Auf ihren nackten Schultern hatten sie gut zwei Zentimeter dicke Schwielen, und ihre einzigen persönlichen »Wertsachen« waren die Opiumpfeifen, die an ihren Baumwollgürteln hingen. Am Abend aßen sie nur ein klein wenig klebrigen Reis, bevor sie rauchend in Coleridges* Traumland entschwanden. Und doch besaßen sie eine erstaunliche, unermüdliche Kraft und Anmut, wenn sie Stunde um Stunde leichten Schrittes ihren Weg gingen. Tagsüber machten sie Rock wütend, wenn sie gegen den Wind spuckten, aber auch er mußte über die Lieder lachen, die sie improvisierten.

»Die Yunnanesen sind Hunde«, rief etwa der, der vorne ging. »Sie kratzen ihre Läuse mit ihren Füßen.«

»Nicht wie Menschen«, kam das Echo von hinten, »sie reden, aber sie reden nicht wie Menschen.«

»Geht zur Seite«, sang der erste, »ein großer Mann kommt.«

»Ach, dieser Sohn einer Schildkröte ist nur ein Beamter! Schändet seine Großmutter!« rief der zweite zurück.

Oder einer fing einfach an zu heulen: »Ai, ai, ai, ya, ya, yah«, und der andere antwortete: »Im Bett – zu – liegen – mit – der – kleinen – Schwester.« Denn »kleine Schwester« und »großer Bruder« waren im Chinesischen auch Koseworte.

Wenn sie nicht anderweitig beschäftigt waren, sangen einige der Maultiertreiber Opernarien, die sie in Yunnanfu aufgeschnappt hatten. Sie konnten sich aber nicht an den Text erinnern, und so sangen sie die ganze Melodie auf ein einziges Wort, den Fluch *ma-ti*, ganz so wie L'Oursin von Elliot Paul (in »The Last Time I saw Paris«) »Stille Nacht« ganz durch auf das eine Wörtchen *merde* sang. *Ma-ti* ist der am weitesten verbreitete Fluch in China. In voller Länge heißt er *wo ts'ao ni ma-ti p'i*, und das bedeutet wörtlich: »Ich habe deine Mutter geschändet.« Er läßt sich jedoch auch auf Zukünftiges oder Vergangenes, auf alle Verhältnisse und Schichten und überhaupt auf alle Dinge anwenden. Seine Abwandlungen und Verkürzungen sind komplizierter und doch einfacher, eleganter und doch vulgärer als die angelsächsische Entsprechung. Aber ich brauche dieses faszinierende Thema nicht weiter zu verfolgen, denn Lu Hsun, der berühmteste moderne Schriftsteller Chinas, widmete der Geschichte,

---

* S. T. Coleridge (1772 – 1834), engl. Dichter, versuchte mit suggestivem Realismus und klangreicher Wortkunst das Übersinnliche zu sinnlicher Anschauung zu bringen.

Verbreitung und Virtuosität des *ma-ti*-Fluches einen klassischen Essay. Wer an chinesischer Soziologie interessiert ist, findet ihn in einem Buch* mit englischen Übersetzungen der Arbeiten Lu Hsuns, das ich später zusammenstellte, als wir Freunde wurden.

Allmählich empfand ich unseren Luxus und die bestens bewachten Besitztümer angesichts der ringsum herrschenden Armut als peinlich, und ich war erleichtert, als Rocks Fieber zurückging und er die Sänftenträger nicht mehr brauchte. Warum glaubte ich eigentlich, daß sie so unglücklich waren, wie sie aussahen? Lehrte nicht der Taoismus den Bettler, seine Gedanken und sein Schicksal einer höheren Vernunft unterzuordnen und als vollkommen natürlich hinzunehmen? Und sollte ich die Tatsache ignorieren, daß diese Sänftenkulis überzeugt waren, daß sie als Szechuanesen den Yunnanesen überlegen waren, von den »fremden Teufeln« wie mir ganz zu schweigen, die nicht mal »wie Menschen« reden konnten? War denn das noch nicht beruhigend genug?

»Natürlich wird es in diesem Land eine Revolution geben«, sagte Rock. »Sie muß eines Tages kommen, und es wird die blutigste sein, die die Geschichte kennt. Ich möchte dann nicht hier sein, aber ich mache ihnen keinen Vorwurf. Denken Sie an den jungen Burschen, der bei uns ist und den wir nach Likian zurückbringen. Er war vierzehn, als er mit Gewalt zur Armee verpflichtet wurde, um einen anderen Jungen zu ersetzen, dessen Mutter die Offiziere bestechen konnte. Mit einem Seil um den Hals führten sie ihn ab und gaben ihm ein Gewehr, und jetzt kommt er mit diesem verkrüppelten Arm aus Kuangsi zurück. Er mußte auf eigene Faust nach Yunnanfu zurückkriechen, und als er zu mir kam, war sein Arm voller Maden! Denken Sie an den anderen Fall, von dem ich Ihnen gestern erzählte – jene alte Dame, die ins Wasser ging, nachdem General Chang Fêng-chung ihre beiden Söhne mit Seilschlingen um den Hals abschleppte – und sie dem Hungertod auslieferte! Wie lange werden sich die Leute eine solche Behandlung noch gefallen lassen?«

15   Weiter nach Birma

Das Land wurde lieblicher und friedlicher, je weiter wir von der Hauptstadt wegkamen. Am zwölften Tag ritten wir auf die historische Stadt Hungai zu, in der vor siebzehnhundert Jahren der unsterbliche Chuko Liang mit seinen Argumenten und seiner Armee ankam, um das Shan-Königreich zu unterwerfen. Den ganzen Morgen ging es in wolkenbruchartigem Regen steil bergauf; gegen Mittag rasteten wir dann auf der Paßhöhe, 2700 Meter über dem Meer. Dann schlitterte und rutschte unsere

---

* »Living China«, New York 1936.

Karawane den halsbrecherischen Zickzackweg hinunter, wo sich nun eine schlammige Flut über das ergoß, was einst Kubilai Khans Heerweg gewesen war.

Manchmal ging ein Maultier mit seiner Last zu Boden, und der Treiber fluchte und zerrte es wieder auf die Füße. Gelbe Öltücher waren über die Ladung gebreitet, und die Treiber trugen breitrandige Strohhüte, die mit dem gleichen Material umwickelt waren, so daß sie wie riesige Sonnenblumen im Regen aussahen. Nur die Sänftenträger blieben barhäuptig, fast nackt und barfuß, und ihre melancholischen Gesänge übertönten das Geklingel der kleinen Glocken, die das mit Bändern geschmückte Leittier trug. Nach einem langen Abstieg kamen wir, tausend Meter tiefer, zur Ebene von Hungai, wo aus strohbedeckten Hütten Rauchkringel aufstiegen und früh angezündete Lampen durch papierene Fenster flimmerten. Windböen zogen ihre Finger im Zickzackkurs durch nasse Reisfelder. Wir waren nun unterhalb der dunkelgrünen Bergvorsprünge und kamen schließlich zu einem buddhistischen Tempel, wo wir zuschauten, wie ein junger Mönch aus nassem Ton einen neuen Gott formte.

Am nächsten Tag durchquerten wir die Ebene von Tali, und vor uns sah ich die hoch aufragenden Gipfel des T'sang Shan. Mit ihrer weißbemützten Symmetrie waren sie ehrfurchtgebietend und schön, eine brütende Stille über der uralten befestigten Stadt. Die tiefer liegenden Abhänge waren von Tausenden von Gräbern umgeben, darunter vielen kunstvollen Sarkophagen aus Marmor, mit Pforten, die alle in die Richtung zeigten, in der der blaue, von Eukalyptusbäumen umsäumte See lag. Inschriften in Shan, Arabisch, Mongolisch, Mandschu, Tibetanisch und Chinesisch bedeckten diese Grabmäler, die so ganz anders aussahen als die Erdhügel in Ostchina. Sie gehörten zu den wenigen erhaltenen Zeugnissen von Standespersonen aus den Jahren vor und nach der großen Zeit Talis, das tausend Jahre vorher ein selbständiges Königreich gewesen war. Auf den mit Kopfsteinen gepflasterten, frisch gereinigten Straßen der alten Hauptstadt begegneten wir einem riesenhaften grünen und roten Drachen von dreißig Meter Länge. Das chinesische Neujahr hatte eben begonnen, die Läden waren zu, man beglich seine Schulden und bekam dazu kleine runde Kuchen und süßen Reis, und vor den Küchengöttern wurde Räucherwerk abgebrannt. Blaßgesichtige Händler in schwarzen Seidengewändern und Jacken und in weichen Filzschuhen trugen runde Hüte und verbeugten sich voreinander; in den Händen hatten sie blankpolierte Stücke aus Jade, die sie gegen die Innenseite ihrer langen Ärmel rieben, und dazu lächelten sie, während sie ganz leicht nach Wein und Opium rochen. Rotwangige Knirpse in wattierten Jacken und aufgeschlitzten Hosen, die den kalten Hintern unbedeckt ließen, ließen Drachen steigen und kreischten dabei vor Vergnügen. Frauen, die bestickte Kleider trugen und ihre Füße auf unvergleichliche Art und Weise in

Schuhe gezwängt hatten, die nicht mal so groß waren wie eine Menschenhand, standen herum und schwatzten, während ihre Jüngsten mit großen Augen an knallroten Äpfeln oder Reiskugeln lutschten; alte Männer saugten an ihren Wasserpfeifen aus Messing oder Silber, während sie in der Sonne hockten. Betrunkene Tibetaner mit nacktem Oberkörper ritten mit ihren wilden Pferden durch die Menge und stießen Schreie aus wie Cowboys, und Maultiertreiber klammerten sich verzweifelt an ihre verängstigten Tiere, um zu verhindern, daß sie ihre Traglast abwarfen, dabei fluchten sie über die Verzögerung, die sie dem lärmenden Fest fernhielt. Und durch all das schlängelte sich der zappelnde Drache, der sein legendäres Versteck im Talifu-See für den alljährlichen Neujahrsbesuch verlassen hatte und dessen langer Leib mitsamt dem zerbrechlichen Pappmachékopf nun auf dem Rücken der Stadtbewohner durch die Straßen getragen wurde.

Die Läden in Tali verkauften Jade, Jadeit und Bernstein zu einem Bruchteil des Preises, den man anderswo in der Welt dafür bezahlte. Berühmt war außerdem ihr *Tali-shih*, ein aus Steinbrüchen dieser Gegend stammender, sehr schön geäderter Marmor, der – zu Plaketten verarbeitet – im ganzen Osten hochgeschätzt war, weil er auf so natürliche Weise an phantastische Landschaften oder menschliche Gestalten erinnerte. Ich hatte allerdings Schwierigkeiten, einen Händler zu finden, der bereit war, mir auch nur ein paar Souvenirs aus *Tali-shih* zu verkaufen. Jade und Bernstein – weiter im Süden kaufte ich einige zu Halsketten verarbeitete Stücke – wurden während der Festtage verborgen gehalten und waren nirgendwo zu sehen oder zu kaufen.

Von Tali an war ich mir selbst überlassen, denn hier führte Rocks Weg nach Westen und Norden, meiner aber nach Süden. Zum Glück war die Straße nach Birma, von den ersten zwei oder drei Tagereisen abgesehen, frei von Banditen. Ich hatte meinen eigenen »Koch«, einen in einer Missionsschule ausgebildeten Jungen, der ein wenig Englisch sprach, und wir brachten unsere vier Maultiere, ein paar Ponys und zwei Maultiertreiber zusammen, mit denen wir uns einer gut bewachten Handelskarawane anschließen konnten, die nach Tengyueh unterwegs war. Während Tali noch seinen Neujahrskater ausschlief, verabschiedete ich mich von Rock; ich glaubte nicht (es kam dann allerdings anders), daß ich ihn noch einmal sehen würde. Dann rief ich *Tsou!*, denn so sagte man, wie ich gelernt hatte, für: Vorwärts! Und los ging die Reise hinunter in das Land der »Goldzahn-Menschen«, wie es Marco Polo genannt hatte, zu dessen Zeiten die Bewohner offenbar aus rein ästhetischen Gründen ihre Zähne mit Goldkronen schmückten.

Ich wollte, ich könnte in aller Ausführlichkeit die wilde, grandiose Schönheit der Gegend beschreiben, in der die Hauptwasserscheide zwischen den majestätischen Flüssen Mekong und Salween liegt und die ich im Schnekkentempo in den nächsten zwei Wochen durchquerte: das dichte grüne Zeltdach des Waldes, immer wieder von flammend roten Bäumen unterbrochen, die kilometertiefen Malariaschluchten, die dämmrigen Wege zwischen gewaltigen Bambusrohren, die eine ganz besondere, unheimliche Musik machen, und die farbenprächtigen Sittiche und Affen, die im Dschungel des Tieflandes wie wild schnatterten, als wir uns Birma näherten. Ich könnte von den Techniken und der Organisation einer Karawane erzählen, von der Kameradschaft der Straße, von den schmutzigen, fast elisabethanischen Gasthäusern, die ich nun, da Rock nicht mehr dabei war, aufzusuchen begann, und von dem kurz vor Morgengrauen herrschenden Frieden – dem wohltuenden Geruch von Holzrauch und Leder und Schweiß und Holzkohlenfeuern. Ich könnte von dem alten Herrn bei Yungchang berichten, der sich zum Frühstück von einer Amme stillen ließ, von den Aussätzigen, die bei Yungpi um Arzneimittel bettelten, von dem Maultiertreiber, der seine Syphilis »kurierte«, indem er sich ein Stück Schnur ums Bein band, von dem Gastwirt in Kanai, der mir gastfreundlich seine Tochter anbot, von den chinesischen Arabern und Juden, denen ich begegnete, und von ihrer Geschichte. Dieses ganze Land südlich des Mekong wurde mit jedem Tag grüner und fruchtbarer, seine Ureinwohner wurden malerischer, und seine Täler bargen mehr Reis und Wohlstand.

Am Ende der Reise war ich entschlossen, eines Tages in dieses anthropologische Wunderland zurückzukehren und mehr über die Männer und Frauen der Stammesvölker zu erfahren, deren uralte Heimat wir streiften: die fleißigen Miaos, die aufrührerischen Kachins (die *Nats* anbeten und deren Gott das Leben jedes Menschen an einem unsichtbaren Faden hält), die Nungs, deren stattliche Frauen mit entblößtem Oberkörper umhergingen, und jene sanftmütigen Vettern der Siamesen, die Shans – alles kleine Reststämme dreier ausgeprägter Kultur- und Sprachgruppen, die sich hier seit vielen Jahrhunderten dagegen wehrten, von den Chinesen geschluckt zu werden.

Doch mit all dem könnte ich ein weiteres Buch füllen – ein Buch über Yunnan, das ich einmal angefangen, aber nie zu Ende geschrieben habe.

Der Südwesten war in mancher Hinsicht einzigartig, aber es waren weithin dieselben politischen Fakten, die, wie ich noch lernen sollte, die meisten Provinzen des Westens und Nordwestens prägten. Innerhalb der nächsten paar Jahre wurde die Produktion von Opium eingeschränkt, da die Ernährungsprobleme ernster wurden; unbefestigte Straßen von ein paar Meilen Länge wurden gebaut; und das erpreßte Geld wurde gerechter zwischen den Beamten und den Banditen aufgeteilt, denn die letzteren wurden zum großen Teil von der Armee absorbiert. Sonst änderte sich an den Verhältnissen nicht viel, bis dann Yunnanfu im Zweiten Weltkrieg zu einem amerikanischen Luftstützpunkt wurde.

Als ich am Stadtrand von Bhamo mit einem Blick auf den in der Ferne schimmernden Irrawaddy den grasbewachsenen Dschungelpfad verließ, konnte ich noch nicht wissen, daß ich nur wenige Jahre später dieses ganze turbulente Land mit all seinen Quellflüssen und aufreibenden Wegstrecken in einem Flugzeug der Armee in zwei Stunden überfliegen würde, ein Land, für dessen Durchquerung ich mit der Karawane gerade über einen Monat gebraucht hatte. Doch der reiche Lohn des Reisens fällt nicht dem zu, der am schnellsten ist, und so war ich es denn auch zufrieden, einfach einer der ganz wenigen Amerikaner oder Europäer zu sein, die jemals zu Fuß von China nach Birma gegangen waren.

Ein letzter Zwischenfall beeinträchtigte den Abschluß meiner Reise, ein Zwischenfall, für den ich mit verborgenem Glanz entschädigt wurde.

16 Batalá

Wenn wir älter werden, mag eine beiläufige Jugendliebe nicht mehr viel bedeutsamer erscheinen als die Erinnerung an einen herrlichen Tag. Doch gelegentlich kann einem eine nur die Gefühle ansprechende Begegnung ein ganzes Volk lieb und wert machen, und das ist dann etwas anderes. Batalá war etwas anderes.

Eines Morgens wachte ich zwischen sauberen Bettlaken und wieder in einem richtigen Bett auf – und mit einem brennenden akuten Schmerz im Knie. Ich hatte Fieber; doch gleichzeitig schien sich auch etwas Wunderbares zu ereignen. Eine blumenähnliche Erscheinung in einer frischen weißen Organdybluse über einem azurblauen seidenen *longyi*, der um eine fast unwirklich feine Figur gewickelt war, saß neben mir. Gekrönt wurde das alles durch einen dichten schwarzen glänzenden Haarschopf, befestigt mit einem kleinen Jasminzweig und einer Drachenspange aus grüner Jade. Auf ihrem ovalen Gesicht spielte ein erfrischendes und süßes Lächeln.

»Thakin«, sagte sie, »Sie fühlen sich besser? Was macht Ihr Knie? Soll ich neue Kompressen holen?«

»Wer sind Sie?« Als ich den Mund aufmachte, rechnete ich damit, daß sie sich in nichts auflösen würde.

»Ich bin Ihre Pflegerin, Batalá. Haben Sie vergessen?«

Langsam bekam ich einen klaren Kopf. Ich war im Haus der Bezirksregierung in Bhamo, direkt am Irrawaddy, wo mich der britische Kommissar freundlicherweise untergebracht hatte. An der Grenze zwischen Yunnan und Birma hatte ein Maultier, gereizt durch die Angewohnheit meines Ponys, bei jedem vor ihm gehenden Tier am Hinterteil zu knabbern, plötzlich mit beiden Hufen ausgeschlagen. Es hatte zwar den Kopf seines Peinigers verfehlt, dafür aber einen Volltreffer an meinem Knie gelandet.

Die Schmerzen und das Anschwellen hatten an dem Tag eingesetzt, an dem meine Reise zu Ende war, und ich hatte befürchtet, die Kniescheibe könnte gebrochen sein. Ein junger englischer Beamter, der im Haus wohnte, holte einen indischen Arzt. Er verordnete kalte Umschläge – und Batalá, eine ambulante Krankenschwester und seine Helferin.

Nachdem ich monatelang ohne Kontakt zu meinem Chefredakteur gewesen war, hätte ich eigentlich bestrebt sein müssen, nach Rangoon weiterzureisen. Und das war ich zunächst auch gewesen. Als ich aber Batalá hatte, begann ich zu fürchten, mein Knie könne zu schnell heilen. Und nun war mir das willkommene Fieber zu Hilfe gekommen. Ich war schwer an Malaria erkrankt.

»Ich muß wohl Fieberphantasien gehabt haben«, sagte ich.

»Allerdings, Thakin. Vor einer halben Stunde hatten Sie vierzig Grad Fieber.« Die Vision kühler Lieblichkeit legte mir eine ruhige Hand auf die Stirn. Sie blickte stolz auf ihre goldene Armbanduhr und fütterte mich mit Chinin.

»Was habe ich denn gesagt?«

»Sie redeten viel«, sagte sie, »über Betty. Wer ist Betty? Ihre Frau?«

»Aber nein! Ich bin nicht verheiratet. Betty ist nur – eine Bekannte von zu Hause – eine Freundin.«

Ich sagte das viel zu entschieden. Sie lachte, und ich merkte, daß ich rot wurde. Was war nur los mit mir? Ich mußte daran denken, wie ich gleich nach meiner Ankunft meinen Bart abrasiert und dann in den Spiegel geschaut hatte. Ich war mir irgendwie fremd und fehl am Platz vorgekommen. Nachdem ich so lange nur mongolische Gesichter gesehen hatte, vor allem während der letzten Wochen unter den freundlichen, anmutigen Shans, konnte ich verstehen, warum Europäer so absurd aussahen. Unsere großen Nasen, unsere bläßlichen Gesichter, unsere vorstehenden Unterkiefer, unsere buschigen Augenbrauen! Die kleinen, regelmäßigen Züge dieser rundgesichtigen Menschen, ihre seidenglatte, haar- und geruchlose Haut – so sollten eigentlich, wie mir nun schien, alle Männer und Frauen beschaffen sein.

Ich kam mir viel zu groß und grobschlächtig vor, ein Yahoo unter den Houyhnhnms, als Batalá die kalten Umschläge von meinem geschwollenen, haarigen Knie nahm. »Es ist schon viel besser«, bemerkte sie fachmännisch und viel zu unpersönlich.

»Es tut immer noch sehr weh.«

»Sie werden in einigen Tagen gesund sein«, sagte sie, »ein so starker Mann wie Sie.« Mit einem glockenreinen Lachen beugte sie die Muskeln ihres zarten nackten Armes. Und ich war tatsächlich stark, nachdem ich wochenlang geritten und geklettert war. Doch was wollte sie damit sagen? Konnte es sein, daß dieses Gedicht aus Farbe und Seide mich verlassen wollte?

»Sie –« Ich benahm mich wie ein Idiot. »Sie bleiben bei mir, bis das Fieber weg ist, nicht wahr?«

»Ich habe auch noch andere Patienten, Thakin.« Mit einem schelmischen Lächeln entblößte sie die weißen Zähne. »Aber ich werde jeden Tag herkommen, solange Sie mich brauchen.«

Batalá hielt Wort.

In einer Woche war mein Fieber weg, und ich konnte wieder aufstehen. Sie war eine einzige Überraschung für mich. Warum hatte ich nie etwas von Birmas Frauen gehört, die zu den charmantesten und emanzipiertesten Frauen dieser Welt gehörten? Ich entdeckte, daß sie sich in Gesellschaft mit einer Sicherheit und Freiheit bewegten, die zu der Zeit in China oder Indien oder in irgendeinem anderen Teil Asiens, den ich bereist hatte, unbekannt waren. Verschiedene Erklärungen dafür beriefen sich auf Überreste des matriarchalischen Systems ihrer eigenen tibetanischen Vorfahren. Außerdem entstammte ihr gesellschaftliches Prestige einer relativ reinen Form eines kastenfreien Hinayana-Buddhismus, der unter den Völkern Birmas jahrhundertelang vorherrschte. Birmanische Frauen konnten sich sogar von ihren Männern scheiden lassen, und einer Wiederverheiratung der Geschiedenen haftete kein Makel an. Seit uralten Zeiten waren sie bei Dorfversammlungen stimmberechtigt. Unter dem buddhistischen Gesetz hatten sie in fast allen Dingen, auch in Erbangelegenheiten, gleiches Recht. Sie beteiligten sich auch an allen Arbeiten. Sie waren nicht weniger gebildet als ihre Männer und führten genauso viele Läden und Geschäfte.

Batalá nahm mich zu einem *pwé* mit, einem ausgelassenen Fest mit viel Tanz und Akrobatik, und anschließend lernte ich ihre Mutter kennen. Sie war zur Hälfte chinesisch, eine Halbinvalidin, die lange Stumpen rauchte. Batalá hatte zwei jüngere Brüder, für deren Schulausbildung sie aufkam. Sie stammten ursprünglich alle aus einem Dorf bei Mandalay, wo sie einmal eine Farm besessen hatten. Doch Batalás Vater hatte sie einige Jahre vorher in einem wochenlangen Glücksspielmarathon verloren. Daraufhin verschwand er, wie das birmanische Ehemänner so an sich hatten. Ein Onkel hatte dafür gesorgt, daß Batalá zur Schule gehen und Englisch und Krankenpflege lernen konnte. Und nun war sie mit ihren 22 Jahren eine Philosophin, eine buddhistische Philosophin.

»Die Schwäche meines Vaters war seine Spielleidenschaft, aber er war ein guter Mensch«, sagte sie. »Er hatte ein reines Herz. Jeder Mensch hat irgendeine Schwäche, doch eine Schwäche ist nicht böse, solange sie anderen Lebewesen nicht wehtut. Mein Vater hat uns ein wenig wehgetan, doch er wird nach seiner Wiedergeburt mehr leiden. Das ist traurig. Wir reisen alle in demselben Boot, und manche von uns müssen immer wieder die gleiche Reise machen. Manche überwinden jedoch ihre Schwäche und brauchen nicht mehr wiedergeboren zu werden. Entscheidend ist, daß man den Menschen nicht wehtut, sondern ihnen hilft. Deshalb habe ich auch soviel Freude an der Krankenpflege.«

Sie schien überhaupt keine Neidgefühle zu kennen und begehrte nichts. Sie sagte etwas, das ich nicht vergessen konnte. »Die Jade und die Rubine des Lebens sind ein starker Leib und eine starke Seele, nicht die Güter, die es auf dem Markt zu kaufen gibt. Viele werden mit Gütern geboren, die ihnen weggenommen werden können, doch sie haben nicht jene Reichtümer, die man behalten kann, sie sind die eigentlichen Armen.«

Batalá verzauberte mich. Ich war ein einsamer Fremder gewesen, und sie tröstete mich. Ich war krank und müde gewesen, und sie richtete mich wieder auf. In einer feinen klaren Stimme sang sie mir wehmütige Volkslieder vor, während ein gelber Mond über dem Himalaja aufstieg. An einem Nachmittag saßen wir im Schatten einiger Bambuspflanzen am farnbewachsenen Ufer des Irrawaddy. Sie übersetzte mir alte birmanische Gedichte, voll von wunderlichen Gestalten, von Drachen, Donner- und Naturgöttern. Ich las ihr einige Sonette aus Richard Le Gallienes Anthologie vor, die ich mit mir durch Yunnan gebracht hatte, und ihre Schönheit bewegte sie.

»Ich mag das ›thee‹ und das ›thou‹«, sagte sie. »Ich werde Sie jetzt mit ›thee‹ anreden.« Und als sie es tat, war das wie eine Segnung.

Doch der Tag kam, an dem ich Bhamo verlassen und nach Rangoon aufbrechen mußte. Ja, wir versprachen, uns zu schreiben.

17   Theebaws Reich

Von Bhamo ging es südwärts, hinunter durch die »Talschluchten« des Irrawaddy nach Mandalay; unterwegs gab es zahlreiche Aufenthalte in Marktflecken, wo die Ankunft der SS *Taping* das Ereignis der Woche war. An den Anlegestellen ging es lebhaft zu; es wimmelte von glücklichen, heiteren Menschen, die für den Tag, an dem das Schiff kam, ihre besten Seidengewänder angezogen hatten. An den Ufern, die mit dichtem Dschungel bewachsen waren, standen immer wieder ganze Gruppen aus gepflegten goldgestriften Pagoden, deren glitzernde, mit Juwelen besetzte Spitzen in den warmen, freundlichen Himmel ragten, von wo in der entsprechenden Jahreszeit üppige Regenfälle auf ein Land fielen, das so viele Schätze besaß. Wir kamen an mächtigen Flößen aus Teakstämmen vorbei, unterwegs auf ihrer zweimonatigen Reise nach Rangoon. Jedes Floß hatte seine kleine Binsenhütte, aus der in paradiesischer Nacktheit die Kinder des Flößers strömten und zu uns herüberriefen und winkten und fröhlich in unserem Kielwasser schaukelten.

Unter den Passagieren war Douglas Parmentier, ein ehemaliger *Harper's*-Redakteur, der es satt war, dem irdischen Erfolg nachzujagen und der nun hierher gekommen war, um im Osten die Weisheit zu suchen. Irgend etwas sagte ihm, er würde sie möglicherweise in einem der buddhistischen Länder finden. Merkwürdigerweise war sogar ein amerikanischer Missionar an Bord, der selbst schon halb bekehrt war.

»Vor drei Jahren kam ich hierher, um diesen Menschen das Wort Gottes zu predigen«, sagte er. »Doch zuerst mußte ich ihre Sprache und ihre Religion studieren, um den Fehlern in ihrer Lehre auf die Spur zu kommen. Inzwischen habe ich sie also studiert, und nun bin ich fast überzeugt, daß Gautama Buddha und Christus dieselbe Botschaft brachten, daß sie im Prinzip denselben Glauben nur mit verschiedenen Zungen verkündeten. Ich gehe nach Hause, und wahrscheinlich werde ich nicht zurückkommen. Jedenfalls nicht als Missionar.«

Doch nicht jeder an Bord gab sich damit zufrieden, über Gott, die heitere Schönheit des Flusses und das geheimnisvolle Dunkel seiner grünen Ufer zu meditieren. Ein indischer Passagier, Vertreter für Singer-Nähmaschinen, blieb fast während der ganzen Reise in seiner Kabine und störte den Frieden mit Geräuschen aus seinem Reisegrammophon, das er kurz vorher bei einem Besuch in Amerika gekauft hatte. Seine Schallplattensammlung war äußerst begrenzt, und es war »The Maine Stein Song«, was die meiste Zeit aus seiner Kabine dröhnte.

»Ich wünschte nur«, sagte ich eines Tages, als jener aufrechte Mann in Maine zum hundertsten Male sang, »er würde zur Abwechslung mal auf seiner Singer-Nähmaschine spielen.«

Inzwischen entfaltete sich Birma rings um uns, friedlich und reich, als wir immer weiter stromabwärts fuhren, vorbei an unermeßlichen Beständen aus wertvollem Nutzholz, hinunter in die fruchtbaren Reisfelder, die eine der großen Kornkammern Asiens bildeten. Von der Natur reich ausgestattet und groß genug, um eine doppelt so große Bevölkerung zu ernähren, breitete sich Birma vor uns aus, ein blühendes Reich, in dem die englischen Herren mit ihrem höherentwickelten Rechtsbegriff einen echten Beitrag geleistet zu haben schienen, denn sie hatten damit Queen Supiyalats wirre Mißregierung durch Frieden und Einheit ersetzt, und das hatte nun schon fünfzig Jahre angehalten. Die Birmanen mochten die Briten als Individuen, vor allem die Schotten, und britische Beamte kamen mit ihnen besser zurecht als mit den Indern; und doch war es der unbeugsame Glaube der Briten an »Recht und Ordnung«, der letztlich jene Regierung stürzte, die den Einheimischen erst diesen Glauben eingeimpft hatte.

In Rangoon fand ich die gleiche Unzufriedenheit über die Fremdherrschaft und unter der Jugend die gleiche aufrührerische Stimmung und Sehnsucht nach nationaler Freiheit, die nun rasch jede Kolonie im Osten erfaßte. Die Intellektuellen in Birma verlangten ganz offen die Selbstverwaltung, die Trennung von Indien und die Wiederbelebung der nationalen Kräfte. Diese Leute hatten angefangen, die völlige Unabhängigkeit in die Wege zu leiten. An der Universität von Rangoon organisierten Studenten wie beispielsweise U Nu, der später der erste Ministerpräsident im unabhängigen Birma wurde, die Thakin-Partei. Die Bezeichnung war an sich schon in subversiver Weise nationalistisch, denn *thakin* (Herr) war eine für Europäer reservierte respektvolle Anrede gewesen, und nun konnte jeder Birmaner sich und seine Freunde spöttisch *thakin* nennen.

U Nu, Aung San, U Kyaw Nein und andere bildeten schon bald den Kern einer sozialistischen Bewegung; sie fing mit Diskussionen in einem englischen Buchladen an, der dem geliebten J. S. Furnivall gehörte, einem Freund der Birmaner und der birmanischen Freiheit. Jahre danach, als Furnivall längst mein Freund und der erste ausländische Berater der jungen Republik geworden war, erzählte er mir, wie er diesen aufrührerischen Studenten geholfen hatte, einen Buchklub auf die Beine zu stellen, der sich mit dem von Victor Gollancz, Harold Laski und John Strachey geführten einflußreichen »Left Book Club« in England verbündete. Ohne diesen Einfluß hätte die birmanische Revolution vielleicht denselben Verlauf wie die kommunistische Revolution in China genommen, anstatt sich schließlich für eine stufenweise Verwirklichung im Sinne der Fabier-Gesellschaft* zu entscheiden.

Doch bei meinem ersten Besuch konnte ich das noch nicht wissen; und noch viel weniger konnte ich ahnen, daß in dem noch gar nicht existierenden Buchklub von Rangoon nur wenige Jahre später meine eigenen Bücher im Mittelpunkt heißer Debatten stehen würden. Die Briten konnten zu dem Zeitpunkt nicht glauben, daß diese jungen Studenten jemals eine Bedrohung für ihre Dividenden werden könnten. Wie fest schienen da noch Zinn, Holz, Öl, Transportwesen und andere Monopole des Landes in britischen Händen! Das gab es sonst nirgends, daß sich die Gewinne derart rapide anhäuften: Nicht selten erzielten die Investierenden (so wie heute in Arabien) zweihundert Prozent in einem einzigen Jahr. Nicht diese Industrieunternehmen, die (wieder wie in Arabien) trotz ihrer maßlosen Profite auch den birmanischen Arbeitskräften beträchtlichen Gewinn brachten, waren es jedoch, die das Ende der britischen Herrschaft einleiteten. Es waren vielmehr ihre Gesetze, die die stabilen Besitzverhältnisse in der Landwirtschaft Birmas kaputtmachten. Der schwere Fehler Englands bestand darin, daß es zuließ, daß eine Horde von Wucherern (hauptsächlich indische Einwanderer) die besten Reisanbaugebiete unter ihre Kontrolle brachte und eine große neue Klasse birmanischer Pachtbauern schuf. Bevor die Engländer das Land beherrschten, war der ganze Grund und Boden nominell im Besitz des Thrones, in der Praxis aber im

* 1883 gegründete Gesellschaft engl. Sozialisten, benannt nach dem röm. Feldherrn Fabius Cunctator, dessen durch Geduld und Abwarten erfolgreiche Taktik sie bei der Vergesellschaftung der Wirtschaft anstrebten.

Kollektivbesitz des jeweiligen Dorfes. Der Bauer brauchte sich deshalb keine Sorgen um sein Zuhause oder das Ergebnis seiner Arbeit zu machen. Kein Außenstehender konnte ihn dadurch ruinieren, daß er ihm das Land abkaufte oder weiterverkaufte. Aufgliederung des Landes und individueller Grundbesitz wurden erst unter britischem Recht eingeführt. Leichtlebige birmanische Bauern sahen sich mit der Illusion eines neuen Wohlstandes konfrontiert und erlagen bald en masse der Versuchung, ihren Grundbesitz zu verpfänden und importierte Luxusgüter zu kaufen oder sich im Glücksspiel zu versuchen und sich mit aufwendigen Festen einen Namen zu machen. In großer Zahl verloren sie ihre Farmen an Geldverleiher, die zu Tausenden über das Land herfielen und sich in kürzester Zeit ein Vermögen verdienten. In den dreißiger Jahren war bereits weit über die Hälfte des besten Reisgebietes in Nieder-Birma in den Händen indischer Grundbesitzer, und die einheimischen Bauern mußten nun das Land, das seit undenklichen Zeiten ihr Eigentum gewesen war, für Ausländer bearbeiten.

Aus dieser neu geschaffenen Masse von grundbesitzlosen Bauern rekrutierte Saya San seine fanatischen Anhänger, die 1930 Birmas erste Agrar-Revolte inszenierten, deren Wildheit die selbstzufriedenen Briten mehr konsternierte als die Schatten, die sie auf die Zukunft warf. Anders als die Inder glaubten die Birmanen, wenn es zum offenen Widerstand kam, nicht an Gewaltlosigkeit. Da ich im Lande war, als die Revolte begann, blieb ich noch einen Monat dort, um die einzigen ausführlichen Berichte darüber zu schreiben, die in Amerika veröffentlicht wurden. Nicht einmal die britische Presse nahm Notiz davon. Ein Korrespondent der Londoner *Times* in Rangoon erzählte mir verbittert, er habe davon berichten wollen, doch seine Redaktion habe ihm kurz und bündig telegraphiert: »Kein Interesse an nebensächlichen Episoden.« Gandhi in Indien reiche ihnen. Doch dieser Aufstand und seine Bedeutung machten mir schon frühzeitig klar, daß die Enteignung und erneute Verstaatlichung einfach kommen *mußten* und daß Saya San, der später ermordet wurde, Teil eines modellhaften Prozesses war, der sich rasch überall in einem kurz vor der sozialen Revolution stehenden Asien verbreitete.

Angesichts dieser blutigen Ereignisse empfand ich die Verstaubtheit der Briten in meinem Hotel als ärgerlich. Ich mochte die Briten und befreundete mich mit einigen schwer arbeitenden Beamten in den Bergen, doch die englischen Geschäftsleute in Rangoon, die nur ans schnelle Reichwerden dachten, erinnerten mich zu sehr an ihre Landsleute in Shanghai. Ich fand es anstößig, daß die Leitung des Hotels darauf bestand, daß sich die Gäste zu den faden Mahlzeiten in Schale warfen, doch die anderen begrüßten das. »Wir dürfen uns jetzt nicht gehenlassen, alter Knabe«, sagten sie, wenn ich ihnen zu leger gekleidet war. »Immer dran denken: vornehme Kleidung dient dem weißen Prestige.«

Notgedrungen fügte ich mich in diese Ordnung, einfach weil ich nicht zulassen konnte, daß irgendein kleinbürgerlicher englischer Snob glaubte, ein Amerikaner könne sich keine seidenen Rockaufschläge leisten. Doch bei Tisch sehnte ich mich oft nach der sauberen Luft in den Bergen Yunnans und nach den Lagerfeuern zurück.

Ich empfand es deshalb teilweise als wohltuend, daß die qualvollen Schmerzen in meinem Knie wieder auftraten. Ich hatte einen Grund, mir das Essen von dem Träger aufs Zimmer bringen zu lassen. Eine Röntgenaufnahme ergab, daß nichts gebrochen war; vielmehr hatte ein verschobenes Band im Knie eine schwere Entzündung ausgelöst. Wieder mußte ich über eine Woche lang liegenbleiben, und wieder bekam ich Malaria. In einer Welt aus Schmerz und Delirium lag ich eines Abends im Bett; auf kleinen Pferden galoppierte das Fieber durch mein Blut und hinterließ tiefe Spuren, und weiße und goldene und rote Bildfetzen stürmten auf mich ein. Ich schlief ein und wachte völlig durchnäßt unter dem Zimmerfächer wieder auf, und vor mir sah ich das Trugbild einer lächelnden Batalá. Ich machte die Augen auf, es war kein Traum. Das Rascheln von Seide und der Jasminduft waren Wirklichkeit.

»Ich habe Ihren Brief bekommen«, sagte sie. »Ich wußte, daß Sie mich wieder brauchen würden.«

Rangoon sah auf einmal ganz anders aus. Als es mir wieder besser ging, nahm mich Batalá zum kleinen strohgedeckten Haus ihrer Tante mit und tischte mir köstliche, mit Curry zubereitete Mahlzeiten auf. Abends besuchten wir birmanische Theater und Tempel. Tagsüber zeigte sie mir, wo es die feinsten Seidenstoffe gab, und wir kauften *longyis* und birmanische Sandalen. Ich sah, wie aus den elfenbeinernen Stoßzähnen der Elefanten vorzügliche Schnitzarbeiten entstanden und wo es die reinste Jade und die reinsten Rubine zu kaufen gab. Es war die Zeit des Wasserfestes, und so herrschte eine ausgelassene Stimmung. Von Balkonen herunter wurden ständig Krüge mit Wasser auf uns entleert, so daß wir ganz durchnäßt wurden – in den trockenen, staubigen Tagen unmittelbar vor der Regenzeit in Rangoon ein nicht unangenehmes Erlebnis.

Als mein Knie wieder stark genug war, bestiegen wir eines Abends die Shwe-Dagon-Pagode. Wir sahen zu, wie fromme Pilger Räucherwerk abbrannten oder mit Blattgold den hohen eleganten Schaft verzierten, an dessen leuchtendem *hti* unter dem weichen südlichen Himmel Rubine, Smaragde und Diamanten glitzerten. Ich sah keinen anderen Europäer dort. Das buddhistische Gesetz in Birma verlangte, daß man sich aus Respekt vor der geheiligten Stätte die Schuhe auszog. Doch als ich dort war, wurde die Haltung der Europäer durch Edward, damals noch Prinz von Wales, bestimmt, der sich geweigert hatte, das Gebot zu befolgen: »Kein Engländer legt für einen Menschen oder für Gott die Schuhe ab.« Und dann tat er es doch – für die Handelsbeziehungen: 15 Jahre später befolgte der britische Premierminister Clement Attlee fügsam das Gebot. Briten, die ich in Rangoon kannte, blickten mit neidischem Mißfallen auf Batalá und bezeichneten mich als Monstrum, aber da ich Amerikaner war, machte das nichts aus. In den Dörfern konnten weiße Männer offen mit einheimischen Frauen ausgehen, und in früherer Zeit war es auch vorgekommen, daß britische Gouverneure sie heirateten; doch nun war Rangoon durch und durch britisch, ganz wie Indien. In Gesellschaft einer Birmanin gesehen zu werden, hieß, sich totaler gesellschaftlicher Isolierung auszusetzen: Es reichte, um einen jungen Engländer umgehend nach Hause zu schicken oder um einen Amerikaner aus dem Gymkhana Club auszuschließen. George Orwell, der selbst in Birma gelebt hatte, nannte England »das am stärksten klassenbewußte Land unter der Sonne«, voll von »Snobismus und Vorrechten, weitgehend von den Alten und den Dummen regiert«. Für England ein wenig hart, aber nur zu wahr für Rangoon.

»Wir herrschen hier nicht durch Gewalt, sondern durch Prestige, und wir können nur herrschen, solange die Eingeborenen überzeugt sind, daß wir ihnen überlegen sind.«

Mein junger Freund aus Bloomsbury mochte damit recht haben, aber was bedeutete mir schon britisches Prestige angesichts der fröhlichen Gesellschaft Batalás? Was »*bloomin' idols made o'mud*« betraf, so hatten die natürlich nichts damit zu tun.

Trotz allem verließ ich Rangoon entsprechend dem neuen Plan, den ich meiner Redaktion geschickt hatte. Batalá und ich hatten miteinander ein paar Stunden genossen, »errettet von jenem ewigen Schweigen«, und das war genug. Henry Adams überkam, als er zum erstenmal »Mandalay« las, eine nostalgische Sehnsucht nach dem Osten, und er bekannte, er habe »die Poesie vor dem Poem gekannt – wie Millionen anderer Wanderer, die die Welt genau so empfinden, wie sie ist«.

Ich hatte zuerst das Poem gekannt, doch nun kannte ich auch die Poesie, und sie stimmte, sie stimmte vollkommen.

18   Ein erster Blick auf Indien

Ich blieb bei diesem ersten Besuch über vier Monate in Indien, und wenn man bedenkt, wie unermeßlich groß und vielfältig dieses sagenhafte Königreich der Königreiche ist, dann sah ich eine ganze Menge. Ich reiste von einem Extrem zum anderen, vom dampfenden Kalkutta zum rauhen Khyber-Paß, vom kühlen Simla zum geschäftigen Bombay und vom fürstlichen Rajputana zu den uralten Tempeln von Madras und Madura, und schließlich hinüber nach Ceylon und wieder zurück. Ich kam später noch mehrmals nach Indien, für längere und für kürzere Aufenthalte, und doch blieb ich stets Tourist, und noch nicht mal ein besonders weitgereister Tourist. Denn kein Land ist so vielfältig, so kompliziert, so heterogen, so unnahbar für einen Außenstehenden und so lohnend als Gegenstand einer Untersuchung über die Geschichte menschlicher Plackerei und Mühsal.

»Wer in ein fremdes Land reist, bevor er einen gewissen Zugang zu dessen Sprache hat«, sagt Francis Bacon, »geht zur Schule und nicht auf Reisen.« Die Informationen über Indien, die nach Übersee geschickt wurden, ließen sich eher mit einem Maßstab der Ignoranz als des Wissens beurteilen. Lediglich die Tatsache, daß die Briten Englisch als *lingua franca* für die gebildeten Inder eingeführt hatten – eine der nützlichen Seiten des Vermächtnisses, das der britische Imperialismus dieser ungeheuer vielsprachigen Gemeinschaft hinterlassen hat –, machte es möglich, daß ein Außenstehender überhaupt etwas von Indien versteht.

Gegenüber dem Touristen, der direkt aus dem Westen anreist, hatte ich den Vorteil, in China gelebt zu haben. Das gewährte mir zumindest einen gewissen Zugang zum emotionalen und intellektuellen oder gesellschaftlich-politischen Leben Indiens, sofern es um Probleme ging, die beiden Ländern gemeinsam waren. Ich merkte jedoch bald, daß Indien und China nicht einfach asiatische Schwestern waren, die zusammen fast die Hälfte der Menschheit ausmachten, sondern daß es getrennte Welten waren, die in ihrer Geschichte und Entwicklung weitgehend selbständig waren. Obwohl China zu bestimmten Zeiten durch die religiöse Denkweise und Kunst Indiens sehr stark beeinflußt worden war (viel stärker als in umgekehrter Richtung), waren ihre Verbindungen nur von einigen wenigen Reisenden geknüpft worden; als Nationen blieben sie einander fremd.

Der herrische Himalaja, die abweisenden Wälder und Dschungel, die Wüsten Turkestans, die unerforschten wilden Quellgebiete großer Flüsse, die China und Indien voneinander trennen, waren einem engen Kontakt genauso hinderlich wie jeder Ozean. In der Entstehung eines modernen Nationalismus waren Indien und China Zeitgenossen, aber es gab zwischen ihnen keinen echten Kontakt. Ich kann mich erinnern, wie bestürzt ich war, als ich zum erstenmal mit Mahatma Gandhi über China sprach und erkennen mußte, daß er von den jüngsten Ereignissen dort kaum etwas wußte und sich nur ganz oberflächlich dafür interessierte. China blickte nach Osten, während Indien ganz auf den Westen fixiert schien. Um die Mitte des Jahrhunderts änderte sich die Blickrichtung ein wenig und entsprach damit der abnehmenden Macht des Westens, der Erneuerung uralter Neigungen, die die beiden wichtigsten kulturellen Strömungen Asiens in einen subtilen Kampf um die Vorherrschaft in Ostasien verwickelten, und dem rapiden Zusammenschrumpfen der Erde im Atomzeitalter, das dazu geführt hat, daß heute jedes Land zu »seines Nachbarn Hüter« geworden ist.

Indien war ein religiöses Land, das sein Leben nach der Religion ausrichtete und durch die Religion zerrissen wurde. Nicht so China. China wurde, von seinen Randvölkern einmal abgesehen, durch eine gemeinsame Schrift und geschriebene Sprache zusammengehalten. Indien hatte elf Hauptsprachen und benützte viele verschiedene Schriften, von den 225 Dialekten ganz zu schweigen. Die gesamte chinesische Bevölkerung ist mongolisch; sie ist anthropologisch eine Einheit. Für den Hindu ist ein Mongole ein Außenstehender. Ich weiß noch, wie ich mich über eine Bemerkung wunderte, die Sarojini Naidu, jahrelang Mitglied in Gandhis Arbeitsausschuß, machte, als sie Mme. Chiang Kai-shek kennengelernt hatte und von ihrer Schönheit alles andere als beeindruckt war. »Die sieht ja aus wie irgendein gewöhnliches Mädchen aus Nepal.« Und damit schien für sie bereits alles gesagt. Die Nepalesen sind Mongolen.

Auch wenn sie größtenteils Kaukasier sind und demselben Rassentyp angehören wie die Europäer, haben die »Inder« doch – im Gegensatz zu den Chinesen – eine bunt gemischte Ahnenreihe. Indien war ein Land, in dem es hinsichtlich Kultur, Kleidung und Sprache schon immer Gegensätze und oft auch Konflikte gegeben hat. In China dagegen hatte der blaugekleidete taoistisch-konfuzianische Bauer des Nordens seinen Bruder im blaugekleideten taoistisch-konfuzianischen Bauer des Südens. Indien hat zwar die höchsten Berge der Welt, die mit ewigem Schnee bedeckt sind, es hat sowohl regenlose Wüstengebiete als auch die regenreichsten Regionen der Erde, doch im wesentlichen ist es ein »heißes Land«, in dem man die meiste Zeit mit einem Lendenschurz oder einem Sari aus Baumwolle auskommt. In China dagegen sorgen ein fast einheitlich gemäßigtes Klima und die gleichmäßige Verteilung der Niederschlagsmenge für eine größere natürliche Homogenität.

Was diesen beiden Ländern jedoch gemeinsam war und was sie schließlich zur bisher größten Herausforderung für eine fortgesetzte Vorherrschaft des Westens werden ließ, das war nicht der Kommunismus oder irgendeine andere Ideologie oder Religion. Es waren vielmehr ihre riesigen, unterernährten, ungebildeten, besitzlosen Massen; ihre rückständigen, habgierigen Klassen von Grundbesitzern; der verletzte Stolz ihrer Intellektuellen, die als Erben uralter Zivilisationen als minderwertig gebrandmarkt worden sind, nur weil sie in der wissenschaftlichen Technologie und in der Modernisierung von Landwirtschaft und Industrie ein Jahrhundert zurückgefallen sind; ihre gemeinsame Suche nach einem kürzeren Weg, um diese alarmierende Lücke zu schließen; und schließlich eine auf nationalen Wahn hinauslaufende Entschlossenheit, den europäischen Imperialismus für alle Zukunft aus ihren Häusern zu verbannen.

Indien half mir, China zu verstehen und das ganze Panorama des sich erhebenden Asien kennenzulernen. Zunächst war es eher ein Assimilationsprozeß als das Ergebnis einer methodischen Erforschung. Nach meinen Tagebuchaufzeichnungen zu schließen, war mein damaliges Leseprogramm vom Zufall bestimmt, um nicht zu sagen chaotisch. Es umfaßte Übersetzungen der »Bhagavadgita« und der »Upanishaden«, Abbé Du Bois' klassisches Werk über die Verhaltensmuster der Hindus, eine Geschichte von Benares, Gandhis »Die Geschichte meiner Experimente mit der Wahrheit«, Andrews' »Mahatma Gandhi« und eine zweite Biographie von Romain Rolland, eine Auswahl von soziologisch-politischen Büchern ausländischer Autoren von so unterschiedlicher Prägung wie Katherine Mayo und Fenner Brockway, Nehrus Reden in Pamphletform und einen mit Widmung versehenen Band von Gedichten Sarojini Naidus.

Zu meiner Lektüre in Indien oder kurz nach meiner Abreise gehörten weiterhin: »The Essentials of Marx«, Lenins »Staat und Revolution«, Engels' »Ursprung der Familie« – und das »Ananga Ranga« und das »Kamasutram« des Vatsyayana! Mein Interesse am Menschen als einem politischen Wesen schloß offenbar meine Neugier an seinem Zwillingsbruder, dem »Engel der geschlechtlichen Liebe«, dem »wirren Chaos aus Denken und Leidenschaft«, nicht aus. Ich war weit davon entfernt, die Enthaltsamkeit des *brahmacharya* zu akzeptieren, als ich zum erstenmal Mr. Gandhi zuhörte. Das griechische Ideal der Mäßigung in allen Dingen und der chinesische »goldene Mittelweg« schienen mir eher erreichbare erwachsene gesellschaftliche Ziele als ein totaler Verzicht. Das gilt für mich auch heute noch. Doch für Gandhi war *brahmacharya* Teil einer Hingabe, die weit über das gewöhnliche sterbliche Trachten hinausgeht. Ich hätte mir bei meinem Versuch, Gandhis Ansichten in geschlechtlichen Dingen mit seinen politischen Ansichten in Einklang zu bringen, gar nicht so viel Mühe zu machen brauchen. Er war, wie Nehru sagte, »Indiens größtes Paradox«.

Als Amerikaner fand ich schnell Freunde unter den jungen Indern. Glücklicherweise hatten wir in den Augen der »unterdrückten Völker« Großbritannien in seiner Rolle als größter Übeltäter unter den Reichen noch nicht abgelöst, und Amerikaner erfreuten sich immer noch einer freundlichen Wertschätzung. Unser Versprechen, den Filipinos die Freiheit zu geben, hatte als Kontrast zu dem unnachgiebigen Imperialismus Europas auf viele indische Intellektuelle Eindruck gemacht. Asiaten sahen uns als ein junges, etwas unreifes Volk, doch wir hatten einmal um unsere Unabhängigkeit von den Engländern gekämpft. Das machte uns geistig zu Verbündeten.

Bald nach meiner Ankunft suchte ich Rabindranath Tagore auf. Bei ihm in Santiniketan lernte ich einen begabten jungen indischen Dichter namens Sundaram kennen, der mein erster Führer durch das Labyrinth der indischen Politik wurde. Er war Sekretär bei Pandit Modan Malaviya, dem Präsidenten der Benares Hindu University und Führer der umstrittenen, aber mächtigen Hindu Mahasabha. Malaviya, der immer bereitwillig auf alle Fragen einging und immer gastfreundlich war, faszinierte mich mit seiner Gelehrtheit und Großzügigkeit. Er war nicht nur den meisten Herrschenden im Lande intellektuell eindeutig überlegen, sondern darüber hinaus auch einer der am besten aussehenden Männer. Sundaram selbst brachte mir eine Freundschaft entgegen, die mich in ihrer Herzlichkeit fast erdrückte, bis mir dann klar wurde, daß eine gewisse Überspanntheit in der Sprache unter feinfühligen jungen Indern, die einander sympathisch fanden, durchaus normal war. Etwas außergewöhnlich war höchstens, daß Sundaram ein Brahmane war, und zwar so überzeugt, daß ich, wenn ich bei ihm zu Hause eingeladen war, das Essen für mich allein serviert bekam, getrennt von ihm und seiner Frau. Ich bekam sie nie zu Gesicht. Er trennte seine orthodoxe Strenggläubigkeit vollkommen vom kosmischen Geist seiner Liebe zur Menschheit.

Heute würde man natürlich nur noch wenige Brahmanen finden, die so streng sind. Doch die indischen Frauen fingen erst an, in der Öffentlichkeit in Erscheinung zu treten, angeführt von Nehrus reizender Frau und seinen Schwestern, von Mrs. Gandhi, von Sarojini Naidu und anderen. Ich kann mich erinnern, wie erstaunt ich war, als ich zum erstenmal eine Massenversammlung der Nationalisten besuchte und eine aus schwarzem Baumwolltuch bestehende Wand von gewaltigen Ausmaßen erblickte, die dazu diente, die Frauen und Mädchen in der Zuhörerschaft, einschließlich der immer noch dicht verschleierten Moslemfrauen, vor dem bösen Blick der Männer abzuschirmen.

Als ich in Benares war, lud mich Pandit Malaviya ein, mit ihm und Sundaram nach Simla zu fahren, um dabeizusein, wenn Gandhi mit Lord Irwin verhandelte, in der Hoffnung, eine Übereinkunft zu treffen, die die große Kampagne des bürgerlichen Ungehorsams von 1930 beenden würde. Ich ging mit dem größten Vergnügen mit, mußte aber schon bald feststellen, daß »Europäer« praktisch als subversiv galten, wenn sie gemeinsam mit Indern reisten und diese als Gleichgestellte ansahen. Es gab zwar keine gesetzliche Rassentrennung, doch in der Praxis verlangten »Europäer« eine getrennte Unterbringung. Die Zugschaffner setzten einen Inder nicht zu Europäern, selbst wenn es in anderen Abteilen keinen Platz mehr gab. Außerdem wurde Malaviya trotz seiner konservativen Grundhaltung als Rebell eingestuft; er war natürlich auf der Seite Gandhis. Als wir schließlich in Simla ankamen, stand ich bereits unter besonderer Beobachtung der C. I. D. (Criminal Investigation Department), die für politische Fälle zuständig war.

In Malaviyas Hauptquartier in der Sommerresidenz traf ich auf viele Führer der indischen Nationalisten und ihre Anhänger. Mitglieder der Jugendliga sprachen leidenschaftlich über Gandhi und über das, was sie mit der Freiheit anfangen wollten. Ich machte mit ihnen lange Spaziergänge durch die Anhöhen, wo Affen in den Zedern umhertollten. Über uns thronten gottähnlich die eisigen Gipfel des Himalaja, und in der Ferne tönten die Glöckchen tibetanischer Karawanen, die von den weißen, windigen Paßhöhen herunterkamen.

»Unser Land ist das schönste Land der Erde«, rief Sundaram aus, »aber solange wir Sklaven sind, können wir kein Menschengeschlecht hervorbringen, das würdig ist, hier zu leben. Die Briten müssen gehen!«

Als wir zur Stadt zurückkamen, mußte ich daran denken, um wieviel besser die schöne, neue Welt sein würde, gemessen an Simlas in Kasten gezwängter Gesellschaft, in der sowohl Inder als auch Engländer ihren festen Platz hatten, denn an ihrer Spitze standen die weißen Über-Brahmanen, die Sahibs und Memsahibs aus der Umgebung des Vizekönigs. Die wirtschaftlichen Fakten waren eigentlich einfach. Ein paar tausend britische Kuponschneider bezogen aus einer ursprünglich kleinen Investition enorme Dividenden, und ein paar tausend andere lebten als Geschäftsleute und Verwaltungsbeamte in bequemem Komfort. Man brauchte nur den aufwendigen Lebensstil, den sie und ihre korrupten und verschwenderischen einheimischen Prinzen pflegten, mit dem nackten Elend der großen Mehrheit der Bevölkerung, die nie genug zu essen bekam, zu vergleichen, dann wurde einem klar, daß dieser Anachronismus nicht mehr viel länger fortbestehen konnte.

Würde aber die »Unabhängigkeit« für das Los der unglückseligen, geknechteten Menschheit eine echte Verbesserung bringen? Die Inder selbst, Moslems und Hindus, Bourgeoisie und Intellektuelle, waren sich in diesem Punkt nicht einig. Der Kommunismus war nicht das Problem, aber eine »zusätzliche Silbe« mußte, wie Nehru sagte, hinzugefügt werden – »Kommunalismus«. Religiöse Differenzen lieferten den vergifteten Boden, in dem sich die britische Herrschaft mit der uralten Devise »Teile und herrsche!« behauptete. Dem hatte Gandhi nichts entgegenzusetzen als »Wahrheit«, »Liebe« und die Verehrung der unbewaffneten Hindumassen, denen er die Waffe der Gewalt versagte.

Ich mußte ihn kennenlernen und mit ihm reden.

19 Gandhi und Nehru

Pandit Malaviya stellte mich dem Mahatma vor. Er hatte wichtige Besprechungen mit dem Vizekönig, Lord Irwin, dem späteren Lord Halifax. Da Gandhi viel zu sehr beschäftigt war, als daß er sich mit jungen Grünschnäbeln hätte abgeben können, bekam ich zu dem Zeitpunkt kein formelles Interview mit ihm. Statt dessen mußte ich mich damit zufriedengeben, hinter ihm dreinzulaufen, wenn er seine Mitarbeiter oder die Residenz des Vizekönigs aufsuchte.

Gandhi war schon über sechzig, aber er lehnte es prinzipiell ab, in einer Rikscha zu fahren. Er ging überallhin zu Fuß; er bewältigte die steilen Straßen in Simla mit jenen festen und behenden Schritten, mit denen er vorher quer durch Indien bis ans Meer gegangen war, wo er in symbolischem Widerstand die Bauern dazu veranlaßt hatte, sich des Wassers zu bemächtigen und ihm das Salz des Herrn zu entnehmen, über das die britischen Herren das alleinige Eigentumsrecht beanspruchten. Diese geschickte Taktik hatte die ganze Nation erschüttert und mobilisiert wie noch nie zuvor eine Bewegung, die mit »bürgerlichem Ungehorsam« kein geringeres Ziel anstrebte als *swaraj*, Unabhängigkeit. Gandhi wurde zusammen mit Zehntausenden seiner Anhänger ins Gefängnis geworfen. Und nun hatte man ihn und Nehru zusammen mit Malaviya und einigen anderen freigelassen, um mit ihnen die Bedingungen eines »Abkommens« auszuhandeln.

Ich bekam bei unseren fragmentarischen, im Gehen geführten Gesprächen nicht viel heraus, das mir erlaubt hätte, den Kern von Gandhis Methode, seiner »seltsamen Mischung« aus Religion und Politik, zu begreifen. Dazu kam es erst viel später. Die Tatsache, daß er seine politische Inspiration und seine persönliche Autorität über die Massen aus seiner Auffassung von der vedantischen *ahimsa* – der Identität von Liebe und Gewaltlosigkeit als Aspekte der Grundwahrheit – ableitete, überstieg einfach meinen Verstand und mein Begriffsvermögen. Mir schien das zu den harten Tatsachen der indischen Revolution keinen echten Bezug zu haben. Ich konnte nicht begreifen, wie er dadurch irgend etwas zu erreichen glaubte, daß er – so wie ich das sah – an der Schwelle zum Erfolg über die Kapitulation verhandelte.

»*La politique*«, sagte Talleyrand, »*c'est l'art du possible*«, und Gandhi vermischte sie unnötigerweise mit der Religion, der Kunst des Unmöglichen. Was ich damals nicht verstanden hatte, war, daß dieser eine Aphorismus die Politik des Status quo kommentiert, daß aber eine revolutionäre Politik in der Tat einen Künstler des Unmöglichen verlangte. Gandhis Versuch, die beiden in seiner aufrichtigen Wahrheitssuche zu vereinigen, war der Nexus seiner Genialität.

Wenn ich Gandhi eine Frage stellte, die diese Zweifel offenbarte, gab er mir den freundlichen Rat, ich solle mich »noch etwas mehr damit befassen«. Auch Jawaharlal Nehru war nicht frei von Zweifeln, als sich Gandhi damals dafür entschied, die Forderung nach Unabhängigkeit fallenzulassen und die Kampagne für bürgerlichen Ungehorsam abzublasen, weil die Briten als Gegenleistung versprachen, über eine begrenzte verfassungsmäßige Regierung mit sich reden zu lassen.

In seiner Autobiographie erinnert Nehru an die Fragen, die ihn damals beschäftigten: »Ist das das Ziel, für das sich unsere Leute ein Jahr lang so tapfer eingesetzt hatten? Sollten all unsere mutigen Worte und Taten

so enden? Der Unabhängigkeitsbeschluß des Kongresses, das immer wieder erneuerte Gelöbnis? In meinem Herzen war eine große Leere...«
Doch schließlich beugte sich Nehru »nicht ohne großen seelischen Konflikt und physische Schmerz« jener seltsamen Kraft, »jenem unbekannten gewissen Etwas an Gandhi«, so wie er das später noch oft tun sollte. »Während wir vielleicht logischer denken, kannte Gandhi Indien viel besser als wir, und ein Mann, der eine so ungeheure Zuneigung und Loyalität hervorrufen konnte, mußte einfach etwas in seinem Innern haben, das mit den Bedürfnissen und Sehnsüchten der Massen übereinstimmte.«
Aufgrund seiner unerklärlichen politischen Intuition wußte Gandhi irgendwie, daß Indien für *swaraj* noch nicht reif war. Er mußte die Leute noch gründlicher unterweisen, und zwar sowohl die Briten als auch die Inder.
Mir schien jedoch Nehru der realistischere Führer, der »praktische« Politiker. Mir gefielen sein dynamisches Vorgehen, seine Direktheit, die Eile, mit der er die Unabhängigkeit haben wollte, um die eigentlichen Probleme seines verzweifelt rückständigen Landes anpacken zu können. Ich stimmte ihm aus ganzem Herzen zu, als er sagte, es sei ihm »nicht möglich, so wie das Gandhi zu tun scheint, die derzeitige Gesellschaftsordnung, die auf Gewalttätigkeit und Konflikten beruht, zu akzeptieren«. Diese tief sitzende paradoxe Haltung des Mahatma blieb ihm bis zuletzt ein Rätsel und verlieh der indischen Revolution einen nachhaltigen Eindruck.
Nehrus Wunsch nach umgehenden sozialistischen Lösungen für alle Probleme Indiens und seine scharfe Absage an Gandhis Idealisierung der Armut und solche Fetische wie die Verehrung der Kuh und Erhaltung des Tempels und seiner Institutionen stimmten mit meinem eigenen wachsenden Bewußtsein von der Unvermeidlichkeit schneller und grundlegender Veränderungen überein.
»Ich würde das Kastensystem vollkommen abschaffen, die Feudalprinzen beseitigen, das Grundherrentum einschränken oder ganz abschaffen und Indiens Wirtschaft von Grund auf industrialisieren und wiederaufbauen«, sagte mir Nehru bei unserem ersten Interview in Bombay. »Was den Hinduismus betrifft, so überwiegen seine schädlichen Auswirkungen bei weitem seine guten Seiten. Ich will mit keiner Religion etwas zu tun haben, die dafür sorgt, daß sich die Massen damit zufriedengeben, in Armut, Dreck und Ignoranz zu leben. Ich will mit keiner religiösen oder andersgearteten Ordnung etwas zu tun haben, die den Leuten nicht beibringt, daß sie fähig sind, auf dieser Erde glücklicher und zivilisierter zu werden, daß sie fähig sind, zum wahren *Menschen* zu werden, der Meister seines Schicksals und Herr seiner Seele ist. Um dies zu erreichen, würde ich auch Priester einspannen und Tempel in Schulen verwandeln. Je eher man den Leuten Erziehung und Wissen vermittelt und dadurch

den Aberglauben und die sinnlosen Trostsprüche des *Gita* ersetzt, desto besser werden sie dran sein.«

Die tatsächlichen Ereignisse und tiefe menschliche und historische Zwänge machten schließlich Gandhi und Nehru – zwei stark im Widerspruch zueinander stehende Persönlichkeiten – füreinander immer unentbehrlicher. Und ich sollte noch verstehen lernen, daß Nehrus und Gandhis Worte gleichzeitig mehr und weniger bedeuteten, als sie mir sagten. Von da an hatten jedenfalls das Wissen und die Leidenschaft, die in Nehrus Ansichten steckten, einigen Einfluß auf mein eigenes Denken.

Die Summe all dessen, was ich in Simla und Delhi sah und hörte, überzeugte mich von der Gerechtigkeit des indischen Anliegens, und ich wurde zu seinem Parteigänger. Die Briten hatten ihr Werk getan, das, wie man zu gegebener Zeit wohl anerkennen würde, nicht ohne geschichtliche Größe war, doch nun mußte jeder vernünftige Beobachter erkennen, daß es ihre Pflicht war, sich zurückzuziehen. Die Vorstellung, ein riesiger, reicher Subkontinent, ein uraltes Kulturvolk, zu dem mehr Leute gehörten, als in ganz Europa lebten, könne noch lange von einer Handvoll Weißer niedergehalten werden, denen zufällig zu einem frühen Zeitpunkt das Monopol für neue Waffen und Erfindungen zugefallen war, diese Vorstellung war so absurd wie es heutzutage absurd ist, zu glauben, irgendeine Macht könne auf die Dauer über ein Nachbarland gegen dessen Willen die Herrschaft ausüben.

Ich behielt diese Meinungen weithin für mich und diskutierte sie höchstens mit Jim Mills und Bill Shirer, den einzigen anderen amerikanischen Korrespondenten, die dort waren. Ich dachte, sie seien sonst für niemand von Bedeutung oder Interesse. Bald bemerkte ich, daß ich im Irrtum war.

20   *Abenteuer in Bombay*

In einem Abteil zweiter Klasse folgte ich Gandhi nach Bombay. Als ein Inder die Tür öffnete und schüchtern fragte, ob er bei mir Platz nehmen dürfe, bat ich ihn herein. Er schien ein leutseliger Mensch zu sein, und es dauerte nicht lange, bis wir uns recht zwanglos unterhielten. Er war der einzige Inder, den ich getroffen hatte, der nicht sofort die »indische Frage« anschnitt, so daß ich Gelegenheit hatte, mit meiner Reise von Yunnan nach Birma zu prahlen. Er interessierte sich sogar für meine Bilder von den Stammesangehörigen. Als er aufstand, um in Agra auszusteigen, war ich enttäuscht.

»Ich dachte, Sie fahren nach Bombay«, sagte ich.

»Das hatte ich auch vor, aber ich habe es mir anders überlegt. Um ehrlich zu sein, ich hätte Sie verhaften müssen, wenn Sie der Mann wären, den wir suchen.«

»Sie wollten *mich* verhaften?«

»Ja«, sagte er und zeigte mir seinen Ausweis. »Ich bin bei der C. I. D. Aber ich bin sicher, daß da ein Fehler passiert ist. Sie sind nicht der Mann.«

»Woher wollen Sie das wissen?«

»Der Mann, den wir suchen, ist ein Exsträfling und Opiumschmuggler. Dafür sind Sie zu jung.« Er grinste. »Zu jung und zu gesprächig. *Salaam, sahib.*« Der Zug fuhr wieder an. Er gab mir rasch die Hand und sprang ab.

Wahrscheinlich hatte er damit sagen wollen, kein Krimineller könne so naiv sein. Doch wenn ich mir's recht überlegte, mußte ich zugeben, daß es ein paar Dinge gab, die nicht leicht zu erklären waren. Ich war nie von der indischen Einwanderungsbehörde kontrolliert worden; sie war an der Grenze Yunnans gar nicht stationiert gewesen. Birma war damals verwaltungsmäßig ein Teil Indiens, und als ich erst einmal dort war, wollte niemand mehr meinen Paß sehen. Mein Visum war nicht abgestempelt worden. Und das Opium? Vielleicht war das eine zusätzliche kleine Information, die jener alte weißrussische Informant in Shanghai sich ausgedacht hatte.

In Bombay traf ich Sarojini Naidu wieder, und zwar fast jeden Tag, denn wir wohnten beide im Hotel Taj Mahal. Sie war gerissen und geistreich und schon damals die ergebene Dienerin Gandhis, von dem sie respektlos als »Mickymaus« sprach. Sie nannte sich gerne »Indiens größte öffentliche Frau«, denn so war sie einmal auf einer Massenversammlung der Kongreß-Partei von einem übereifrigen und ungeschickten Redner vorgestellt worden. Sarojini entstammte der bemerkenswerten Familie Chattopadyaya, wie auch ihr Bruder Harindranath, ebenfalls ein Dichter, ferner eine Schwester, die die erste moderne Mädchenschule in Indien (nach dem System Maria Montessoris) leitete, und der berühmte Naturwissenschaftler Dr. Chatty Chattopadyaya, der mit Agnes Smedley in Deutschland verheiratet gewesen war. Ihr Vater und ihr Großvater waren am Hof von Hyderabad offiziell als Alchimisten angestellt. Sie erzählte mir, der alte Nizam, der damals im Ruf stand, der reichste Mann der Welt zu sein, sei noch immer vollauf damit beschäftigt, den Geheimnissen des synthetischen Goldes nachzuspüren.

Sarojini brachte mich mit denjenigen unter den Nationalisten in Bombay zusammen, die nicht mehr im Gefängnis waren. Nach einigen Schwierigkeiten stöberte sie auch ihre im »Untergrund« lebende jüngere Schwester Suhasini für mich auf, die, nach dem Urteil Sarojinis, »sogar noch mehr von einem Alchimisten an sich hatte als ihr Großvater«.

Suhasini war der erste Kommunist, den ich in Indien traf. Sie war, soweit ich mich erinnern kann, der erste, den ich in Asien traf. Suhasini, eine junge intelligente und tüchtige Person von erstaunlicher Vitalität, war für sich allein schon eine Ein-Mann-Revolutionsbewegung. Obwohl sie später aus der Partei austrat, hatte sie damals dem bürgerlichen Leben vollkommen den Rücken gekehrt, Gandhis ganze Lehren als fromme Heuchelei abgelehnt, ihre Schwester als hoffnungslosen Fall aufgegeben und für die Macht des Lichtes einen schnellen Sieg vorausgesagt. Als ich trotz der Überzeugungskraft ihrer glühenden Argumente nicht genügend auftaute, nannte sie mich »Mr. Eisberg« und sagte, sie würde mich bald zum Schmelzen bringen. Sie nahm mich in die Distrikte der Fabrikarbeiter mit, und dort sah ich, was sie meinte.

Die Tausende von Arbeitern in Bombay wohnten in winzigen, stickigen Zellen; auf den dunklen Korridoren befanden sich offene Latrinen, in denen nackte Kinder spielten. Diese Arbeiter wurden miserabel bezahlt, sie waren unterernährt, konnten weder lesen noch schreiben, hatten Tuberkulose und andere Krankheiten und wurden auf die klassische Art und Weise des frühen Maschinenzeitalters ausgebeutet, das Marx im »Kapital« als Ausgangspunkt für seine Beobachtungen dient. Die Bedingungen waren in den indischen Unterkünften genauso schlecht wie in den britischen, und auch zwischen den Zuständen in indischen und britischen Fabriken bestand kaum ein Unterschied. Nur einige wenige Arbeiter mit ganz besonderen Fachkenntnissen konnten sich wenigstens einen Raum für ihre Familie allein leisten. Alleinstehende Arbeiter wohnten in Räumen voller Betten, die in Reihen übereinander angeordnet waren, und suchten Trost bei den indischen Sklavinnen, die in Gitterkäfigen in den sonnenlosen Gassen der käuflichen Liebe auf sie warteten.

Der andere, der sich eine Zeitlang als mein Führer betätigte, war »Adi« Adhikari, der Sekretär einer Liga für junge kommunistische Arbeiter war und zu einer wichtigen Figur in der Partei wurde, aus der er später ebenfalls austrat. Er hatte immer eine abgewetzte Streichholzschachtel mit der Aufschrift »Made in the U. S. S. R.« bei sich, deren Originalinhalt wahrscheinlich schon lange – wie Buddhas Zähne – an treue Kameraden verteilt worden war. Wegen der vielen Berührungen waren die Buchstaben kaum mehr zu entziffern, doch die Schachtel war eine heilige Reliquie. Sie half, so sagte »Adi«, die Armen in Indien davon zu überzeugen, daß das, was er ihnen über ein Land erzählte, in dem die Arbeiter ihre eigenen Fabriken besaßen und leiteten, keine erfundene Geschichte war, sondern Wort für Wort der Wahrheit entsprach. Ich fragte mich, wie Adhikari sich seiner Sache so sicher sein konnte, denn er konnte zwar lesen, war aber selber noch nie in Rußland gewesen. Ich mußte erst noch lernen, daß Rußland eine Frage des Glaubens war; man mußte daran glauben, und weil man es sich so wünschte, war es so. Für die Chinesen war der Marxismus eher ein ethisches System und eine Philosophie, für die Inder eine Religion. Den jungen Brahmanen, die ihre Priester und potentiellen Bürokraten werden sollten, gefiel der Glaube um so besser, je mehr er auf dem Dogma beruhte. Wer keinen indischen Kommunisten gesehen hatte,

hatte nicht gesehen, wie die »historische Notwendigkeit« auf einer Nadelspitze tanzte.

Aber schließlich erlernten auch diese indischen Kommunisten aus der Erfahrung »die Kunst des Möglichen«. Durch Suhasini und Adhikari wurde mir klar, daß es nicht nur eine, sondern zwei Revolutionen waren, die um ihre Entstehung und um die Macht über die Menschen rangen, sowohl in Indien als auch in China.

Zweifellos hatte mich die C. I. D. auf diesen Exkursionen beobachtet, aber ich war doch etwas verdutzt, als ich davon erfuhr. Eines Abends saß ich mit Sir Percy Phillips in der Bar des Taj Mahal, als ein junger englischer Offizier, Jimmy Parker, hereinstürmte und mich für ein Gespräch unter vier Augen beiseite nahm. Zufällig war Jimmy ein Freund meines Bruders, den er in New York kennengelernt hatte. Deshalb hatte er mich aufgesucht, nachdem er in der Zeitung gelesen hatte, daß ich in Bombay war. Er hatte mich ein paarmal zum »Club« mitgenommen und war ein netter Kerl, ohne jedes Interesse an der Politik, aber sehr gewandt im Umgang mit Damen.

»Tolle Dinge, alter Junge, man hält Sie für einen gefährlichen Roten!« flüsterte er, sehr erregt.

»Was sagen Sie da?«

»Der Polizeichef ist ein Freund von mir. Er hat uns neulich zusammen gesehen und ließ mich heute zu sich kommen, um mich zu warnen. Wenn das nicht aufhört, muß ich zum Verhör kommen, sagte er. Die haben Sie offenbar seit Wochen verfolgt, und jetzt glauben sie, daß ihnen ein großer Fisch ins Netz geht. Der hat mir erzählt, daß Sie ein Exsträfling und Opiumschmuggler sind, unter falschem Namen reisen, zwei falsche Pässe haben, illegal über die Grenze gekommen und Agent der Komintern sind! Gott im Himmel!«

»Aber Jimmy, Sie wissen doch genau, daß das Quatsch ist!«

»*Ich* schon. Das habe ich dem Polizeichef auch gesagt. Ich habe denen gesagt, ich kenne Ihren Bruder sehr gut. Sie gleichen sich wie Zwillinge. Die haben sich da eine tolle Geschichte ausgedacht. Herrgott noch mal, der hält mich tatsächlich für blöd. Die begreifen gar nicht, daß auch andere clever sind! Er sagte mir, das mindeste, was Ihnen passieren wird, ist, daß Sie deportiert werden. Die tragen ganz schön dick auf, würd' ich sagen.«

Ich erzählte Jimmy die Geschichte von dem gefälschten Dossier und von meinem Grenzübergang nach Birma. »Aber die müssen doch wissen, daß ich unter meinem eigenen Namen Artikel für die Consolidated Press geschrieben habe und daß mir ihr eigenes Pressebüro ein Beglaubigungsschreiben ausgestellt hat.«

»Die glauben nur noch, was in ihren verdammten Dossiers steht. Es ist Zeit, daß Sie hingehen und mit dem Polizeichef sprechen, bevor alles noch schlimmer wird. Er sagte mir auch, daß bereits ein Haftbefehl gegen Sie rausgegangen ist. Da könnte sogar *ich* noch Schwierigkeiten bekommen!«

Ich weigerte mich, zur Polizei zu gehen. Warum sollte ich auch? Um aber Jimmy zu besänftigen, versprach ich ihm, die ganze Geschichte am nächsten Tag unserem Generalkonsul zu erzählen. Und das tat ich dann auch. »Sie haben uns vielleicht vor einer peinlichen Lage bewahrt«, sagte dieser Herr steif. »Schließlich sagen Sie selbst, daß bei Ihnen einiges schwer zu erklären ist. Aber lassen Sie von nun an mich die Sache in die Hand nehmen.« Ich hörte nie mehr etwas davon, aber ich möchte wetten, daß dieses höchst phantasievolle Dossier heute noch in den Aktenschränken jeder britischen Kolonie, die es auf der Welt noch gibt, Staub ansammelt – und vielleicht sogar beim F. B. I.

Kurz bevor ich von meiner Redaktion ein Telegramm bekam, das mich nach Shanghai zurück beorderte, kam es zu einem beispiellosen Ereignis. Während Gandhi in Bombay war, lud ihn eine »radikale« Gruppe, die sich »Junge Europäer« nannte, ein, zu ihnen im Taj zu sprechen und zu erklären, welchen Standpunkt er bei der kommenden »Roundtable«-Konferenz einzunehmen gedenke. Gandhi, in das übliche weiße Tuch gewickelt, kam im Schlepptau Sarojinis an. Er setzte sich an einen Tisch, ganz gelassen und entspannt, und fing an, den Jungen Europäern, die vornehm im Smoking und gestärkten Hemd erschienen waren, zu erzählen, daß die totale und endgültige Unabhängigkeit zusammen mit einem »Sozialismus« sein festes Ziel sei. Die meisten von ihnen waren schockiert. Bis dahin hatten sie »diese Roten« nicht ernst genommen.

Unter den britischen Korrespondenten, die diese Veranstaltung mit einem »Verräter« boykottierten, war der frühere Amerikaner Sir Percival Phillips, Korrespondent der Londoner *Daily Mail.* »Ich habe hier eine ganz bestimmte Arbeit zu erledigen«, sagte er mir immer wieder. »Die *Mail* setzt sich immer und überall in erster Linie für die Wahrung der britischen Interessen ein. Wir können mit solchem Gesindel wie Gandhi keine Geschäfte machen.«

Nichtsdestoweniger gewann Phillips' Stolz als Journalist die Oberhand über seine Würde als Ritter des Königreiches. »Ich konnte es mir nicht verkneifen, einen Blick auf den kleinen Aussätzigen zu werfen«, gab er zu. »Ich stand auf einem Stuhl draußen vor der Tür und hörte durchs Oberlicht jedes Wort.« Viel näher kam kaum einer von uns an den reden-den Gandhi heran, solange er noch am Leben war.

Meine erste Reise quer durch Südostasien hatte über ein Jahr gedauert. All meine Erlebnisse sollten mein Leben und meine Arbeit in einem Ausmaß formen, das meine Vorstellungskraft weit überstieg. Ich war im Begriff, meine gute jugendliche Ahnungslosigkeit einzubüßen, und fing an, ein klein wenig über das »Nicht-Wissen« zu wissen. Das ging gut, solange ich die Entdeckung vor meiner Redaktion geheimhalten konnte.

Auf dem traditionellen Seeweg um Singapur herum kehrte ich nun an Bord des N.Y.K.-Linienschiffes »Chichibu Maru« nach China zurück.

21 »Köstliches Fragment«

In China war ich nun kein Tourist mehr. Tom Millard hatte recht: China würde zur »großen Story« meiner Generation werden. Ich wollte dabeisein, wenn es soweit war, und ich wollte nach Möglichkeit ein bißchen davon wissen, bevor es soweit war. Die Berichterstattung über die »Krise« in der Mandschurei und die darauffolgende japanische Invasion waren die ersten Aufgaben, die mir sofort nach meiner Rückkehr übertragen wurden. Doch es waren weniger die rein physischen Aktivitäten im Rahmen der Berichterstattung über diese »ersten Schüsse des Zweiten Weltkrieges«, die mich die künftigen Ereignisse ahnen ließen, als vielmehr die persönlichen Begegnungen, die ich in jener Zeit hatte. Die herausragende unter ihnen war die Freundschaft mit Mme. Sun Yat-sen.
Den Generalissimus und Mme. Chiang hatte ich bereits auf Pressekonferenzen kennengelernt, als ich mich um ein Gespräch mit Soong Chingling bemühte. Mrs. William Brown Meloney, verantwortlich für das der *Herald Tribune* beiliegende Magazin, hatte mich beauftragt, ihr Porträt zu schreiben. Ich wußte, daß sie Dr. Suns »Kindfrau« gewesen war, doch auf ihre Jugendlichkeit und Schönheit war ich nicht vorbereitet. Sie war Mitte Dreißig, sah aber zehn Jahre jünger aus; sie war immer noch das blasse, zierliche »köstliche Fragment der Menschheit«, als das sie Jimmy Sheean einige Jahre vorher bezeichnet hatte. Wie Sheean fand auch ich »den Kontrast zwischen ihrer äußeren Erscheinung und ihrem Schicksal« bestürzend. Mme. Sun war das Gewissen und das treue Herz einer »immer noch unvollendeten Revolution«.
Sie hatte überhaupt nichts Gewichtiges an sich. Sie war eine bescheidene und auf natürliche Art zurückhaltende Person. Es gehörte für sie großer moralischer und physischer Mut dazu, dem starken Druck, der auf sie ausgeübt wurde, zu widerstehen und ihre eigene Auffassung von der Rolle, die die Geschichte ihr zugewiesen hatte, kompromißlos zu vertreten. Sie war nicht hochtrabend; aufrichtigen Menschen gegenüber war sie die Einfachheit in Person, doch Heuchlern begegnete sie mit schneidender Schärfe. Leuten, die nicht wußten, daß sie eine vorzügliche Schauspielerin war, entging oft ihre Scharfsinnigkeit und geistige Beweglichkeit, und sie verwechselten ihre große Fähigkeit, sich zu verstellen, mit Naivität. Sie sprach fließend Englisch und etwas Französisch und Deutsch, das sie auf dem Wesleyan College in Georgia gelernt hatte, und sie gehörte zu jenem Kreis, dessen Mitglieder Marty Sommers »echte Damen« nannte.

Es war nicht leicht, Ching-ling zu Gesicht zu bekommen. Viele Fremde zu sehen war ihr lästig. Zum einen wurde ihr Haus ständig von Geheimpolizisten der Kuomintang und von der französischen Polizei bewacht und beobachtet. Das geschah angeblich zu ihrem Schutz. War sie nicht die Witwe des Heiligen und auch weiterhin sein Sprachrohr und dazuhin die Schwägerin des Erstgeborenen Chiang selbst? Zum andern war ihre Abgeschlossenheit auch ein Schutz gegen alle möglichen Leute, die aus zweifelhaften Gründen ihre Zeit in Anspruch nehmen wollten. Aus diesem Grunde wählte sie, als sie zum erstenmal einer Unterredung mit mir zustimmte, als Treffpunkt ausgerechnet das Schokoladengeschäft an der Bubbling Well Road in der Internationalen Niederlassung. Wir aßen gemeinsam zu Mittag und blieben bis zum Tee. Als es Zeit wurde zum Abendessen, hatte ich das Gefühl, daß ich allmählich anfing, sie zu verstehen. Ein paar Tage danach besuchte ich sie zum erstenmal in ihrem bescheidenen zweigeschossigen ausländischen Haus in der Rue Molière in der Französischen Konzession. Zusammen mit seiner ausgezeichneten englischen und chinesischen Bibliothek war es praktisch der einzige Besitz, den Dr. Sun Yat-sen ihr hinterlassen hatte. Viele Millionen waren für die Sache der Revolution durch seine Hände gegangen, doch er war als armer Mann gestorben.

Das China, an das Ching-ling glaubte, war auch ein China der Armen, ein China, in dem sich der einfachste Kuli als vollwertiger Mensch fühlen konnte, und doch ein weltoffenes China, nicht das eingeschlossene China hinter der Großen Mauer, jedes Haus eine Mauer gegen seinen Nachbarn und jeder sein eigener Herr, und den letzten beißen die Hunde. Und es waren nicht die Rechte nach draußen, sondern die Interessen der, wie es damals immer hieß, vierhundert Millionen (die Kommunisten sollten dann später sechshundert Millionen entdecken), die ihr am Herzen lagen. Das schien auch mir das berechtigte erste Anliegen all der Leute, für die China die Heimat war.

In kleinen, aber einflußreichen amerikanischen Niederlassungen gehörte es lange zum guten Ton, daß man glaubte, man müsse – ganz gleich, wie lange man im Ausland lebte – immer der Überzeugung treu bleiben, daß die amerikanischen Interessen – die »harten Interessen« in der Sprache der Journalisten – überall Vorrang vor den Interessen der Einheimischen hatten, denen man wohl nur »dehnbare Interessen« zugestand. Wenn man im Ausland arbeitete, kam man an der Feststellung nicht vorbei, daß von 16 Menschen auf der Erde 15 keine Amerikaner waren. Die Wahrscheinlichkeit war groß, daß diese 15 sich so verhielten, als seien ihre eigenen Interessen wichtiger als diejenigen unter unseren Interessen, die zu ihnen im Widerspruch standen. Und das machte einem auch deutlich, daß nie irgend etwas so ablaufen konnte, daß 100 Prozent der Amerikaner oder 100 Prozent der Chinesen oder Russen oder Franzosen völlig damit einverstanden waren. Statt dessen mußte es immer in der Weise ablaufen, in der die Geschichte entsprechend ihrem eigenen schwer bestimmbaren Plan diese Rivalitäten zu verschmelzen beliebte.

Der Versuch, herauszubekommen, wie die »dehnbaren Interessen« anderer Leute wirklich aussahen, wie diese Leute über ihre eigenen Probleme und über ihre Stellung in der Welt empfinden und denken, schien mir unerläßlich, wenn wir irgendeine Vorstellung davon haben wollten, in welcher Richtung die Geschichte auf jenen Kompromiß zuging, den wir Weltgemeinschaft – um nicht zu sagen: Frieden – nennen.

Soong Ching-ling brachte mir einiges über das Nicht-Wissen bei. Durch sie lernte ich das Denken und Fühlen Chinas von seiner besten Seite kennen. Im Lauf der Jahre machte sie mich mit jungen Schriftstellern und Künstlern und Kämpfern bekannt, die noch Geschichte machen sollten. Später arbeitete ich mit ihr zusammen, um unter Tausenden von Flüchtlingen kooperative Genossenschaften aufzubauen, um für Waisen, die der Krieg oder die Hungersnot zurückgelassen hatten, ein Zuhause zu finden, um Krankenhäuser einzurichten und um jungen Leuten zu zeigen, wie sie neue und nützliche Wege gehen konnten, um ihrem alten Land zu dienen. Von Ching-ling lernte ich viel über die Kuomintang, über Sun Yat-sen und seine nicht schriftlich festgehaltenen Hoffnungen, über ihre eigene Familie, die Soongs, und auch über ihre Weigerung, deren Rolle unter Chiangs Herrschaft mitzuspielen, und über viele andere Fakten, die ich nie aus Büchern hätte lernen können.

Die Bekanntschaft mit Ching-ling machte mir schon früh klar, daß die Chinesen imstande waren, ihr Land radikal zu verändern und es von seinem hinteren Platz schnell auf den Rang zu hieven, der ihm aufgrund seiner Geschichte und der Zahl seiner Menschen in der Welt zustand. Jahrelang konnte sie ihre Ansichten nicht offen vertreten und auch nicht erlauben, daß ich sie im Ausland zitierte. Wir nahmen uns vor, gemeinsam an ihrer Biographie zu arbeiten, und ich machte mir Aufzeichnungen zum privaten Gebrauch. Nachdem sie mich ins Vertrauen gezogen hatte, wußte ich genau, welchen Standpunkt sie einnahm und warum.

Heute, da ihre Position klar ist, kann ich einiges davon sagen, ohne ihr Vertrauen zu mißbrauchen.

22   Christ und Kommunist

Was ist ein Christ? Die Meinungen darüber gehen auseinander, vor allem in China, wie wir im Falle der Taipings gesehen haben. Tom Millard sagte immer in Anlehnung an Carlyle, daß man Jesus Christus, wenn er nach Shanghai kommen würde, nicht kreuzigen und nicht zum Essen einladen würde; die Leute würden ihm einfach einen Drink spendieren, sich seine

Geschichte anhören und ihn dann der Polizei der Niederlassung übergeben. Doch als ich für Mr. Menckens alten *American Mercury* einen Artikel in diesem Sinne schrieb, schickten die Stadtväter Briefe an die Presse, in denen sie darauf bestanden, erst das Christentum habe Shanghai zu dem gemacht, was es sei. Ich persönlich wäre nie so weit gegangen.

»Sie sind die chinesische Mrs. George Washington«, sagte ich eines Tages zu Ching-ling, »aber die Leute fragen sich, ob auch Sie Christin sind.«

»Ich bin durch Geburt und Taufe Christin – und noch dazu eine Methodistin! Ich gehe nicht in die Kirche, und die Missionare halten mich nicht für eine Christin, wie mir gesagt wurde. Doch sie halten den Generalissimus dafür.« Sie gab dem Wort immer eine etwas sarkastische Betonung: Gen-eral-*issi*mus.

»Sie halten ihn nicht dafür?«

»Wie ich gehört habe, liest er jeden Tag in der Bibel. Ist das denn kein Beweis?«

»Ich habe mir sagen lassen, Ihre Mutter habe ihm das Versprechen abgenommen, sich mit der Bibel zu beschäftigen, bevor sie seine Heirat billigte?«

»Das stimmt«, sagte Ching-ling. »Er hätte sich auch zu den *Holy Rollers* bekannt, um Mei-ling heiraten zu können. Er brauchte sie, um ein Herrschergeschlecht zu gründen.«

Ching-ling kannte die Sekte der *Holy Rollers* aus ihrer Zeit in Georgia, und sie kannte Chiang, weil sie mit ihm zusammen gearbeitet hatte. Nach Dr. Suns Tod im Jahre 1925 hatte Chiang durch einen chinesischen Mittelsmann zuerst ihr einen Heiratsantrag gemacht. Sie vermutete dahinter Politik und nicht Liebe und lehnte ab. Drei Jahre später schloß Chiang dann mit ihrer jüngeren Schwester Mei-ling die Ehe, und ihr Verdacht bestätigte sich. Chiang hatte, bevor er Mei-ling heiratete, eine Frau und eine legale Nebenfrau. Ching-ling machte ihm deshalb keinen Vorwurf. Sie hatte selbst einen geschiedenen Mann und Vater eines Sohnes in ihrem Alter geheiratet. Was sie nie verzieh, das war Chiangs »Verrat an der Revolution« im Jahre 1927 und der »Verrat« ihrer Schwester, der darin bestand, daß sie den Namen der Soongs dafür hergab.

»Er hat China um Jahre zurückgeworfen«, sagte sie, »und die Revolution viel kostspieliger und schrecklicher gemacht, als nötig gewesen wäre. Letzten Endes wird er aber trotzdem eine Niederlage erleiden.«

Zur Zeit der Hochzeit befand sich Ching-ling im russischen Exil. Als sie zwei Jahre danach nach China zurückkam, gratulierte sie dem Bräutigam und der Braut nicht. Chiang hatte in der Zwischenzeit so viele jugendliche Revolutionäre umgebracht, die nach Ching-lings Überzeugung den Idealen ihres Mannes am nächsten standen, daß sie Chiang für einen Mörder hielt. Mei-lings Handlungsweise war auch ein persönlicher Schlag ins Gesicht. Als ich Ching-ling kennenlernte, sagte sie, die Ehe gehe bei beiden auf Opportunismus zurück, mit Liebe habe das nichts zu tun. Und doch sahen einige andere in den Ehen der Schwestern gewisse Parallelen. Konnte es nicht sein, daß Mei-ling, eine aufrichtige Konservative, genauso überzeugt war, Chinas Retter zu heiraten, wie Ching-ling, eine aufrichtige Radikale, das gewesen war, als sie Dr. Sun geheiratet hatte? Die geschwisterliche Rivalität zwischen den beiden »First Ladies« in China war schon immer sehr stark entwickelt gewesen. Heute, da Mme. Sun als Stellvertretende Vorsitzende des Nationalen Volkskongresses in einer Pekinger Regierung sitzt, die Dr. Sun immer noch als »Gründer der Republik« verehrt, befindet sich ihre Schwester im Exil auf Formosa, und ihre Rollen scheinen auf dramatische Art vertauscht.

Nach Mme. Suns Rückkehr nach China trafen sich die Schwestern jahrelang fast gar nicht. Erst nach Ausbruch des chinesisch-japanischen Krieges söhnten sie sich zum Teil wieder aus, und Mme. Sun änderte auch ihre Meinung über Mei-lings Ehe ein wenig.

»Anfänglich war da keine Liebe«, sagte Ching-ling 1940 zu mir in Hongkong, »aber ich glaube, das hat sich geändert. Mei-ling liebt Chiang jetzt von Herzen, und er sie.

Ohne Mei-ling wäre er vielleicht noch viel schlimmer gewesen.« Sie hatte für den Generalissimus nach wie vor nichts übrig und betrachtete ihn weiterhin als eine nationale Tragödie.

Schon vorher, in den dreißiger Jahren, als Mme. Sun in Shanghai lebte, unterstützte sie jede Art von Opposition, die unter Chiangs Diktatur existierte. Dazu gehörte auch einmal ihr Stiefsohn Sun Fo, der Chiang offen als einen »unrechtmäßigen Machthaber« brandmarkte, der »die Partei ruiniert« habe. Nach seinen Worten war unter Chiang »jede Gemeindeverwaltung, jede Provinz- und Stadtverwaltung durch und durch korrupt«. Sun Fo warf Chiang vor, er »verrate alle Prinzipien der Partei« und verspottete Ansprüche, er sei Dr. Suns »auserwählter Nachfolger«, indem er darauf verwies, sein Vater habe Chiang »nie vertraut«. Doch Sun Fo legte den Streit bei und übernahm unter Chiang wieder einen Posten, und Ching-ling brach auch die Beziehungen zu ihrem Stiefsohn ab.

Ich weiß nicht, ob Mme. Sun damals ein Mitglied der kommunistischen Partei war. Vielleicht hielt sie sich in ihrer Arbeit an die Disziplin der Partei, ohne ihr anzugehören, denn als Dr. Suns Witwe hatte sie ihre erste Verpflichtung ihm gegenüber. Indem sie ihre Mitgliedschaft im Zentralen Exekutivkomitee der Kuomintang beibehielt, personifizierte sie nach eigenem Empfinden jene brüderliche Zusammenarbeit zwischen den beiden Parteien, die Dr. Sun in den letzten Jahren seines Lebens ganz entschieden bejaht hatte. Vielleicht war es das, was sie ausdrücken wollte, als ich sie fragte, welche ihrer Leistungen ihr selbst am meisten bedeute.

»Die Tatsache, daß ich gegen Dr. Sun von dem Tag, an dem ich ihn kennenlernte, bis zu seinem Tod loyal gewesen bin«, antwortete sie ohne zu zögern. »Und ich bin es auch heute noch.« Ich hörte sie ihren verstorbenen Mann nie anders nennen als Dr. Sun.

Solange im Untergrund eine »Linke Kuomintang« existierte (sie war sozialistisch, nicht kommunistisch), blieb Mme. Sun ihr treu, zusammen mit vielen früheren Weggefährten Dr. Suns. Nachdem ihr Führer, Teng Yen-ta, anfangs der dreißiger Jahre von Chiang Kai-shek verhaftet und hingerichtet wurde, hörte sie praktisch auf zu bestehen. Für Dr. Sun war Teng einer seiner liebsten jungen Anhänger gewesen, und Mme. Sun bereitete sein Tod tiefen Schmerz.

Nicht lange danach wurde ein anderer enger Freund von ihr, Dr. Yang Ch'uan, auf den Straßen Shanghais von Kuomintang-Killern ermordet. Yang, ein im Westen geschulter Wissenschaftler, war Sekretär der Academia Sinica, zu deren Mitgliedern Dr. Hu Shih, Dr. Lin Yu-tang und andere hervorragende Gelehrte, Schriftsteller und Wissenschaftler gehörten. Yang, Hu und Lin hatten alle einer Bürgerrechtsliga in Shanghai angehört; ihr Präsident war der Kuomintang-Veteran Tsai Yuan-pei, ihre Vorsitzende Mme. Sun. Der Zweck der Liga bestand darin, für einige der »50 000 politischen Gefangenen«, die damals mutmaßlich in verschiedenen Städten eingesperrt waren, einen fairen Prozeß zu erreichen. Lin Yu-tang entdeckte, daß Tu Yueh-shengs Gangster Yang Ch'uan auf Chiang Kai-sheks Befehl hin erschossen hatten und daß sein eigenes Leben in Gefahr war. Lin trat aus, die meisten anderen ebenfalls. Die Liga löste sich bald auf.

Die Zeit für Bürgerrechte war in China noch nicht gekommen.

Nun war Ching-ling fast allein in ihren Protesten gegen fortgesetzte Ermordungen, Verhaftungen und Hinrichtungen. Sie stand allen Revolutionären zur Seite und rettete durch ihre persönliche Intervention vielen das Leben. Von den Fällen, in denen ihr das mißlang, betrübte sie am meisten die Opferung von sechs jungen chinesischen Schriftstellern im Jahr 1932. Sie waren Mitglieder eines Bundes linker Schriftsteller – Historiker, Romanciers, Short-Story-Autoren und Dichter, geführt von Lu Hsun, Chinas größtem zeitgenössischen Schriftsteller. Eine der Hingerichteten war die begabte Romanschriftstellerin Feng Kung. Shanghais Fremdenpolizei hatte 24 junge Männer und Frauen festgenommen, denen Mitgliedschaft in dieser Organisation vorgeworfen wurde, und lieferte sie der Kuomintang-Garnison in Lunghwa aus. Sechs der bekanntesten wurden gezwungen, sich ihre eigenen Gräber zu schaufeln. Dann wurden sie gefesselt, in die Gruben geworfen und lebendig begraben – eine alte Form der Bestrafung für Umstürzler in China.

Diese Einzelheiten waren genau verbürgt und erschienen in ausländischen Zeitungen, in den chinesischen wurden sie allerdings unterschlagen. Doch von uns ausländischen Christen in Shanghai wurde nichts unternommen. Einige der Opfer waren wahrscheinlich Kommunisten, und brachten sie – die »roten Banditen« – nicht Leute im Landesinnern um? Ich kannte jedoch Lu Hsun und Yang Ch'uan sehr gut; sie waren genausowenig Kommunisten wie Lin Yu-tang. Sie waren alle nur westlich orientierte liberale Individualisten – ein Anachronismus in China, damals wie heute.

Nicht lange nach diesen Morden diskutierte ich sie mit Mme. Sun, als ich »Living China« zusammenstellte und auch Geschichten von einigen der hingerichteten Schriftsteller mit hereinnahm. »Das«, sagte Ching-ling bitter, »ist unser christlicher Generalissimus – unsere besten jungen Leute begräbt er bei lebendigem Leib. Offensichtlich ist er bei seinem Bibelstudium noch nicht bis zu den Korintherbriefen vorgedrungen.«

»Sie meinen, daß er persönlich darüber informiert war?« fragte ich.

»Er ist für all die Morde verantwortlich. Bei der Konterrevolution fing er damit an. Deshalb werde ich nie in einer Kuomintang-Regierung sitzen, solange er Diktator ist. Und deshalb bin ich, wenn er Christ ist, keiner.«

Ob er nun »verantwortlich« war oder nicht, es gibt natürlich keinen kirchlichen Kanon, der besagt, ein »Konterrevolutionär« könne kein Christ sein. Man braucht nur an Franco zu denken und an Hunderte vor ihm. Doch was Ching-ling betraf, so würde kein »Konterrevolutionär« jemals die zwölf Himmelstüren passieren – jedenfalls nicht, solange Dr. Sun sie bewachte.

»Wäre Dr. Sun heute noch am Leben«, sagte sie, »würde er die Kuomintang eher entrechten und auflösen als zusehen, wie sie dazu mißbraucht wird, Ermordungen von Schriftstellern und Patrioten zu sanktionieren.«

Das sei es bestimmt nicht, so sagte sie, wofür sie vor Jahren ihr bequemes und sicheres Leben aufgegeben habe, um zu Sun Yat-sen ins Exil nach Japan zu gehen.

»Wie war das eigentlich genau, als Sie sich in Dr. Sun verliebten?« fragte ich sie, als wir bereits einige Jahre befreundet waren.

»Ich habe mich nicht in ihn verliebt«, sagte sie langsam. »Es war Heldenverehrung aus der Ferne. Als ich ausriß, um für ihn zu arbeiten, war das der Einfall eines romantischen Mädchens – aber es war ein guter Einfall. Ich wollte helfen, China zu retten, und Dr. Sun war der eine Mann, der dazu imstande war, und so wollte ich ihm helfen. Auf meiner Fahrt vom Wesleyan College zurück nach Hause besuchte ich ihn im Exil in Tokio und bot ihm meine Dienste an. Er schickte mir dann bald die Nachricht nach Shanghai, daß er mich in Japan brauche. Meine Eltern waren damit überhaupt nicht einverstanden und versuchten, mich einzusperren. Ich stieg aus dem Fenster und floh mit Hilfe meiner Dienerin.«

Das war damals ein riskantes Unternehmen für ein junges chinesisches Mädchen aus gutem Hause, ein Vergehen nicht nur gegen die Pietät des Kindes gegenüber den Eltern, sondern auch gegen den elementaren

Kodex: erst die Familie, dann das Land. Dr. Sun selbst, dem klar war, daß eine unklare Beziehung falsch ausgelegt werden würde, hatte alle Vorbereitungen zur Hochzeit getroffen.

»Vor meiner Ankunft«, sagte sie, »hatte ich keine Ahnung, daß er ein Scheidungsverfahren hinter sich gebracht hatte und daß er die Absicht hatte, mich zu heiraten. Als er mir seine Bedenken erklärte, daß man mich andernfalls seine Konkubine nennen würde und daß das der Revolution schaden würde, war ich einverstanden. Ich habe es nie bereut.«

Am Tag nach ihrer Ankunft wurden sie in aller Stille getraut. Sie war kaum zwanzig, er etwa achtundvierzig; zehn Jahre hatte er noch zu leben. Am nächsten Tag wurde sie seine Privatsekretärin, fing an, Geheimschrift zu lernen, und chiffrierte und dechiffrierte schon bald seine gesamten geheimen Texte.

Suns ziemlich obskure Scheidung war vor allem deshalb durchgeführt worden, um dem Widerstand der Soongs und anderer christlicher Familien die Spitze zu nehmen, doch die erwünschte Wirkung blieb aus. Ching-lings Vater hatte jahrelang Sun Yat-sen unterstützt. Nun hatte er das Gefühl, sein bester Freund habe ihm seine Lieblingstochter gestohlen.

»Mein Vater kam nach Japan und machte Dr. Sun bittere Vorwürfe«, sagte sie. »Er versuchte, die Ehe für nichtig erklären zu lassen, mit der Begründung, ich sei noch nicht volljährig und habe ohne Zustimmung der Eltern gehandelt. Als ihm das nicht gelang, brach er alle Beziehungen zu Dr. Sun ab und enteignete mich.«

Die Christen machten in China weniger als ein Prozent der Bevölkerung aus, doch für Sun waren sie wichtig, denn er war von britischen Christen erzogen worden und war in seinem Denken halb chinesisch und halb christlich-abendländisch orientiert. Doch Ching-ling wurde als Mme. Sun in christlichen Kreisen nie ein herzlicher Empfang bereitet. »Sie nannten mich eine Abenteurerin«, sagte sie voller Verachtung. Gleich, ob ihr nun wegen der Haltung der Familie Soong von Dr. Suns alten Missionsfreunden die kalte Schulter gezeigt wurde oder ob es einfach die spontane Reaktion der damaligen puritanischen Missionsgemeinde war, jedenfalls verbitterte diese Einstellung Dr. Sun und machte es ihm wahrscheinlich leichter, später atheistische Kommunisten als Weggefährten zu akzeptieren. Als Mei-lings Ehe unter ähnlichen Umständen in einem christlichen Zeremoniell gesegnet und von den Missionaren beim anschließenden verschwenderischen Empfang mit Beifall bedacht wurde, war Mme. Sun geneigt, ihre einstmaligen Missionsfreunde als Heuchler abzuschreiben. Sie war der Meinung, ihre neue Einstellung sei eher auf Chiangs reaktionäre Politik zurückzuführen als auf eine echte Bekehrung zu einer liberalen Auffassung von der Scheidung.

Es kam nie zu einer vollständigen Aussöhnung zwischen Dr. und Mme. Sun und der Familie Soong. Nach Suns Abkommen mit den Russen im Jahr 1923 ging T. V. Soong nach Süden, um sich mit der reorganisierten Rebellenregierung zusammenzuschließen, die von der neuen Koalition aus Kuomintang und Kommunisten gebildet wurde und die zu dem Zeitpunkt nur eine einzige Provinz im Süden kontrollierte. Eine Zeitlang war T. V. Soong, Ching-lings jüngerer Bruder, der kurz vorher sein Studium der Volkswirtschaft an der Harvard-Universität abgeschlossen hatte, der einzige Soong, der sich mit ihr traf. Nach Chiangs Bruch mit den Kommunisten schwankte T. V. zunächst, unterstützte dann aber Chiang, doch er blieb der eine treue Freund Ching-lings innerhalb der Familie. Er erreichte eine kleine Pension für sie und schlug sich hin und wieder politisch auf ihre Seite.

Chiang konnte Mme. Sun nie dazu bewegen, ein Amt unter seiner Regierung zu übernehmen, aber er holte sich die gesamte übrige Familie, bis die Regierung scherzhaft »Soong-Dynastie« genannt wurde. Er sorgte dafür, daß die Staatskasse immer in den Händen seiner beiden Schwäger T. V. Soong und H. H. Kung blieb. Dr. Kung, ein früherer Y. M. C. A.-Sekretär, hatte Mme. Suns ältere Schwester Ai-ling geheiratet, die treueste Kirchengängerin in der Familie. Die Soongs, Kungs und Chiangs wurden – mit Ausnahme Ching-lings – sehr reich. Mme. Kung selbst war eine bedeutende Finanzexpertin und Industrielle, und zwar schon vor den großen amerikanischen Zuschüssen im Zweiten Weltkrieg, die die Aufgaben der »Kapitalbildung« für alle Freunde der Dynastie gewaltig vereinfachten.

Mit einer Mischung aus Verachtung und Bewunderung erzählte mir Ching-ling Einzelheiten über Ai-lings Manipulationen mit Devisen. »Ai-ling ist sehr clever«, sagte Ching-ling. »Sie geht nie ein Risiko ein. Sie kauft und verkauft nur, wenn sie von Komplizen im Finanzministerium im voraus über irgendwelche Änderungen in der staatlichen Steuer- und Geldpolitik informiert worden ist. Ein Jammer, daß sie das nicht für anstatt gegen das Volk tun kann.« Sie empfand zunehmend die Ironie einer Situation, in der ihre Verwandten die Ehrfurcht der Nation vor dem Namen ihres Mannes zur persönlichen Bereicherung und zur Bereicherung ihrer Freunde ausnützten, während ihre Landsleute hungerten.

»Amerika kann sich vielleicht reiche Leute leisten«, sagte sie einmal, »aber China nicht. Man kann hier ohne kriminellen Betrug und Mißbrauch politischer Macht, gestützt durch das Militär, unmöglich ein Vermögen anhäufen. Jeder Dollar kommt direkt aus dem Blut unseres armen Volkes, das selten genug zu essen hat. Eines Tages werden sich diese Leute erheben und sich alles zurückholen.«

Nächstenliebe ist nicht nur eine christliche, sondern auch eine buddhistische Tugend, doch die konfuzianische Betonung des Vorrangs der Familie führte dazu, daß ihre Ausübung an und für sich in China relativ selten war. Ching-ling gab sich nicht der Illusion hin, daß die Verteilung von Almosen das Problem der Armut lösen könnte. Für sie waren die Armen »das Volk«, und weil das Volk arm und schwach war, war China arm und schwach. »Das Volk« mußte wohlhabend und stark gemacht werden, bevor China als gleichrangig in der Welt anerkannt werden würde. Daß sie selbst in relativer Sorglosigkeit aufgewachsen war, gab ihr vielleicht in dieser Hinsicht ein Gefühl der Schuld, das eher methodistisch als chinesisch war. Sie fühlte sich von reichen Chinesen abgestoßen, die angesichts der Erniedrigung »des Volkes« keine Scham empfanden, und in einer demonstrativen Zurschaustellung von Wohlstand sah sie eine vulgäre Beleidigung der Nation. Es war bezeichnend, daß sie ihren Erbanteil an dem sehr wertvollen Juwelenschmuck ihrer Mutter größtenteils zur Unterstützung der einen oder anderen »guten Sache« verkaufte oder hergab. Doch Ching-ling mochte schöne Dinge und wählte die wenigen Gebrauchsgegenstände in ihrem Leben mit untrüglichem Geschmack aus. Ihr Haus war immer sehr sauber und strahlte Wärme und Einfachheit aus. Sie hatte ein paar kostbare Gemälde und Schriftrollen, und ihre Räume waren gewöhnlich voll farbenprächtiger exotischer Blumen. Bei ihrer Kleidung bevorzugte sie einen jugendlichen Stil und gedämpfte Farben, und sie erschien immer äußerst gepflegt, das pechschwarze Haar streng nach hinten gekämmt und in einem Knoten zusammengefaßt, so daß ihr feinknochiges Gesicht wie eine kunstvolle Skulptur wirkte. Außer einer Haarnadel oder Spange aus Jade trug sie selten irgendwelchen Schmuck. Ching-ling hatte eine Vorliebe für westliche Opern und besaß eine hervorragende Schallplattensammlung. Sie tanzte gern und gab gelegentlich Parties für junge Leute, auf denen sie sich vollkommen entspannen konnte und sich bestens unterhielt. Sie glaubte fest an die Gleichheit der Geschlechter. Sie lebte ganz dem Andenken an Dr. Sun, und diese Hingabe verstärkte in ihr das Bewußtsein, daß ihre historische Rolle ihr Privatleben überstieg, und hielt sie von einer Wiederverheiratung ab.
In ihrer Schulzeit war Ching-ling von der Geschichte der Jeanne d'Arc stark beeindruckt worden. Obwohl sie keine Mystikerin war, die sich selbst in der Rolle der Jungfrau von Orleans hätte sehen können, war doch ihre Identifizierung mit den Kräften, die sie für die wahren Befreiungskräfte in einem unterdrückten China hielt, wahrscheinlich ihre hauptsächliche Entschädigung für ein oft einsames Leben. Sie war eine sanfte und liebevolle Person, die darunter litt, keine eigenen Kinder zu haben, und die diejenigen mit Liebe überhäufte, die in den von ihr immer geförderten Waisenhäusern unter ihrer Obhut standen. Die Grausamkeiten der ganzen chinesischen Katastrophe müssen ihre Seele verhärtet haben,

doch die niedrigste Einschätzung, die man für ihre persönliche Verantwortlichkeit für die Revolution in Vergangenheit und Gegenwart gelten lassen kann, ist das, was sie über den Einfluß ihrer Schwester Mei-ling auf Chiang Kai-shek sagte. Ohne sie hätten die Exzesse »viel schlimmer sein können«.

»Dr. Sun war nie gegen jemanden, der für die Armen war«, sagte sie mit Bestimmtheit, »und nie für jemanden, der für die Reichen war. Er war selbst ein sehr armer Junge gewesen und hatte bis zu seinem 14. Lebensjahr nie ein Paar Schuhe besessen. Er vergaß nie, daß es 80 Prozent unseres Volkes genauso ging. Auch meine Vorfahren waren arme Leute.«*

Ching-ling hatte eine feine, seidenweiche Haut von blaß elfenbeinerner Tönung und wunderschön geformte Hände. Vielleicht war das der Grund, weshalb sie nicht persönlich unter dem Rassenvorurteil gelitten hatte, das dunkelhäutige oder »gelbe« Kantonesen in Amerika oft zu spüren bekamen. Sie sprach nur selten von ihren Tagen am Wesleyan College, und mir fällt eigentlich nur ein Punkt ein, der darauf schließen lassen könnte, daß sie daran irgendwelche sentimentalen Erinnerungen hatte. Ihr Taufname war Rosamund, und sie ließ sich immer noch gerne von Freunden mit dem Kosenamen aus ihrer Schulzeit, »Suzy«, anreden, was mir neben dem musikalischen »Ching-ling« immer unangemessen vorkam. Unglücklicherweise war die eine Erinnerung an Amerika, die sich ihr tief eingeprägt hatte, die Diskriminierung gegen Orientale und die Herabsetzung der Neger im Süden. Diese Erfahrung blieb ihrer Schwester Mei-ling, die die Universität in Wellesley besucht hatte und viel stärker amerikanisiert worden war, erspart. In Ching-lings Augen waren das schwere Schandflecke in der christlichen Praxis. Sie stellte sich auf eine Ebene mit der Arroganz und Verachtung, mit der Ausländer Chinesen in deren eigenem Land begegneten, auch wenn sie selbst ihre Enklaven der Macht als politische Zufluchtstätte benützte.

»Die Russen behandeln Farbige nicht als rassisch minderwertig«, sagte sie, als ich sie fragte, was ihr bei ihrem Aufenthalt in der Sowjetunion gefallen habe. »Amerikaner lassen farbige Jungen und Mädchen nicht mit ihren Kindern in die Schule gehen, und doch nennen sie sich Christen. Das ist einer der Gründe, weshalb sich schließlich Dr. Sun Rußland mehr verbunden fühlte als Amerika.«

»Dr. Sun starb aber als Christ, nicht wahr? Und besorgten Sie ihm nicht eine christliche Beerdigung?«

---

* Anläßlich der letzten Durchsicht von »Roter Stern über China« korrigierte und erweiterte Edgar Snow seine Darstellung von Mme. Sun Yat-sens Herkunft unter dem Eindruck weiterer Gespräche mit ihr während eines Besuches der Volksrepublik China (1970/71). Vgl. die biographischen »Notes in Red Star Over China«, London 1972. – Lois Wheeler Snow.

»Doch, das war sein Wunsch. Er hatte viele gute Freunde, die Christen waren, und auch ich habe solche Freunde. Er sah nie einen Widerspruch zwischen den Lehren Jesu und seinen eigenen. Soziale Revolution war für ihn praktisches Christentum.«

Dann glaubte er also nie richtig an den Kommunismus?«

»O doch! Aber nicht von Anfang an. Er meinte, unsere Revolution solle einen anderen Weg gehen als die russische. Nach 1923 glaubte er jedoch, wir könnten im gleichen Gleis fahren.«

»Eine Menge Aussagen in seinen Schriften scheinen das aber glatt zu bestreiten.«

»Ach, Sie meinen diese Vorträge!« Ching-ling lächelte und warf den Kopf in den Nacken. »Er dachte sich das alles spontan aus. Das hing immer von der politischen Situation und von der Zuhörerschaft ab. Ich war dabei nervös wie eine Katze, wenn ich neben ihm auf dem Podium saß und nie wußte, was als nächstes kommen würde. Aber er war immer Sozialist. Er las Marx und akzeptierte ihn etwa zur selben Zeit, als auch Lenin ihn akzeptierte. Er hatte ganz klare Ziele im Kopf: der Boden denen, die ihn bearbeiteten; Verstaatlichung der Produktionsmittel; industrielle Modernisierung, gleiche Bildungs- und Berufschancen für alle; und natürlich ein Ende des ausländischen Imperialismus.«

»Und die Diktatur des Proletariats?«

»Er glaubte, daß sie eines Tages kommen wird, auch wenn in seinen Büchern nichts davon steht. Er vertrat einen konservativen Standpunkt denen gegenüber, deren Hilfe er brauchte, und seine Bücher wurden so bearbeitet, daß seine Anhänger sich nicht spalteten. ›Wir müssen die Dinge sehr behutsam anpacken‹, warnte er mich immer. ›Geh auf chinesische Art vor – auf Umwegen – und nie direkt aufs Ziel zu.‹«

War also der große Sun nichts anderes als ein Meister in der Kunst des Kompromisses? Von Ching-ling gewann ich den Eindruck, er sei ein Idealist gewesen, der sich die Hände mit der Politik und dem Krieg schmutzig machte, der aber nie zuließ, daß die Macht Vorrang vor seinen Träumen hatte. Er scheint einer jener Fälle gewesen zu sein, von denen Dostojewskis Polizist sagt, sie seien »wirklich schreckliche Menschen«, nicht einfach Atheisten und Revolutionäre, sondern viel schlimmer: »Sozialisten, die sich auch zum christlichen Glauben bekennen.«

»Denken Sie doch nur daran, wie das China aussah, mit dem Dr. Sun arbeiten mußte«, rief Ching-ling, »ein Land, das hundert Jahre lang von jedem als Türmatte benutzt worden war. Selbst kleine Staaten wie Portugal und Holland behandeln uns als minderwertig. Zum Teil ging das auf den lächerlichen Stolz und die Ignoranz der Mandschus zurück, doch Ausländer benützten sie, um uns zu unterdrücken. Als die Republik eingeführt war, verwalteten die ausländischen Mächte China immer noch wie eine Kolonie. Dr. Sun versuchte immer und immer wieder, Unterstützung in

London, Washington und Paris zu bekommen, um seine Pläne für eine internationale Entwicklung Chinas durchführen zu können. Er wurde immer geringschätzig behandelt, ausgelacht und abgewiesen.«

»Rußland war seine letzte Chance?«

»Man könnte sagen, seine letzte Wahl.«

Es ist eine Tatsache, daß Dr. Sun selbst noch nach seinem Abkommen mit den Russen einen letzten Appell an den amerikanischen Minister in China, Jacob Gould Schurman, richtete und eine internationale Intervention in so großem Umfang vorschlug, wie sie selbst Rußland nie versuchte. Großbritannien, Frankreich und die Vereinigten Staaten sollten China fünf Jahre lang besetzen, die Generäle ausschalten und gemeinsam mit der Kuomintang eine ehrliche Verwaltung aufbauen, das Land industrialisieren und modernisieren und das Volk auf demokratische Wahlen vorbereiten.

Mr. Schurman nahm diesen wilden Traum nicht ernst. Dafür aber die Russen. 1923 verbündeten sich die Bolschewiken mit Sun. Sie halfen, seine Partei und seine Armee zu finanzieren, zu reorganisieren, neu auszubilden und neu auszurüsten, und sie unterstützten die nationalistische Revolution – bis Chiang Kai-shek sie hinauswarf.

»Ist es verwunderlich, daß Dr. Sun über dieses Abkommen überglücklich war? Rußland war die erste Macht, die China als gleichrangig anerkannte«, sagte Ching-ling. Rußland war in der Tat das erste Land, das seine Konzessionen aufgab, auf die Exterritorialität verzichtete und mit China einen »Vertrag zwischen Gleichberechtigten« schloß. Bis heute profitiert Rußland von dem Kapital, das Lenin in die chinesische Revolution investierte.

»Dr. Sun glaubte, die Russen wollten aufrichtig ein vollkommen unabhängiges China mit einer Regierung von dem Volk, durch das Volk und für das Volk«, sagte Ching-ling. »Daran glaubte er bis zu seinem Tod. Die letzte Botschaft, die er unterzeichnete, ging an die Russen und versprach, daß wir immer zusammenarbeiten wollten, um die endgültige Befreiung Chinas zu erreichen.«

»Sie meinen also, es besteht gar kein Zweifel, wie sich Dr. Sun gegenüber Chiang Kai-shek verhalten haben würde?«

»Überhaupt kein Zweifel. Seit der Zeit, als die Kommunisten ihm Beistand leisteten, sah er, daß sie auf seiten der Armen waren. Die anderen waren das nicht.«

Ist dies ein gutes Beispiel einer »objektiven« Zusammenfassung von Geschichte? Wahrscheinlich nicht. Aber es war der Kern der Geschichte, wie Ching-ling sie sah, und die »Wahrheit«, für die dann Millionen von Chinesen starben. Wer war ich denn schon, daß ich der chinesischen Mrs. George Washington Unterricht in Geschichte erteilen durfte, wie sie vielleicht ein Professor sehen würde? Was im amerikanischen Raum-Zeit-

System des Verstehens »wahr« war, war vielleicht in China nicht wahr. Hu Shih, einer der berühmten Dialektiker Chinas, »demonstrierte« – vor 2000 Jahren –, daß Zeit nicht absolut ist. Man kann in der Beurteilung von Ländern, die vom eigenen weit entfernt sind, nicht immer ganz sicher sein, was für eine *Zeit* Geschichte wirklich darstellt.

Als sich Ching-ling den Kommunisten und Rußland zuneigte, dachte sie fraglos, sie verhalte sich so, wie Dr. Sun, der christliche Sozialist, sich verhalten hätte. Doch sie akzeptierte die Linie der Partei nicht ohne Vorbehalte. Als ich einmal irgend etwas an Trotzki kritisierte, lächelte sie plötzlich und ging zu ihrem Bücherregal. Sie zog Trotzkis neu herausgegebenes Buch »Die verratene Revolution« heraus. »Da steht viel Wahres drin«, sagte sie und gab es mir. »Lesen Sie's.«

1936 wurde der Generalissimus von Marschall Chang Hsueh-liang im Rahmen einer Meuterei, in der sich Chang mit den chinesischen Roten verbündete, festgenommen und zwei Wochen gefangengehalten. Unvermutet verurteilte Moskau die Festnahme als »projapanisches Komplott«(!) und verlangte Chiangs sofortige Freilassung. Ching-ling erzählte mir, während Chiangs Gefangenschaft sei ihr Schwager H. H. Kung zu ihr gekommen und habe sie gebeten, sie solle – nachdem Stalin seinen Standpunkt klargemacht habe – eine Erklärung unterschreiben, in der Marschall Chang verurteilt und zur Freilassung des Generalissimus aufgefordert wurde.

»Was Chang Hsueh-liang getan hat, war richtig«, gab sie ihm, wie sie mir erzählte, zur Antwort. »Ich hätte an seiner Stelle genauso gehandelt. Nur wäre ich weiter gegangen!« Offenbar war, sofern es um Chiang Kai-shek ging, von ihrem methodistischen Mitgefühl nicht mehr viel übrig.

Zu dieser Art von Härte und Selbständigkeit kam bei Ching-ling eine unerwartete koboldartige Eigenschaft, die sich etwa darin äußerte, daß sie es gerne sah, wenn eitler Pomp ins Lächerliche gezogen wurde oder daß sie sich gern über jeden lustig machte, der blasiert, selbstgefällig, chauvinistisch oder überheblich war. Sie war eine vorzügliche Imitatorin und liebte es, alberne Bemerkungen von chinesischen und ausländischen Diplomaten und Politikern und deren Frauen zu zitieren. Als der huldvolle Dr. Kung, der denselben Familiennamen hatte wie Konfuzius (Kung Futzu), verkündete, er sei auch tatsächlich der »direkte Nachkomme« des alten Herrn, war er für Ching-ling von da an nur noch »Der Weise«. Wenn sie für die chinesischen Kommunisten war, so hieß das nicht, daß gegenüber deren Schwächen ihr Sinn für Humor versagte; vielmehr war sie der Meinung, daß sie »zum Wohl des Volkes« arbeiteten und nicht zu ihrer privaten Bereicherung.

Einmal sagte sie: »Ich habe nie irgendeinem chinesischen Politiker vertraut außer Dr. Sun Yat-sen. Und er hatte keine chinesische Seele. Er hatte eine Weltseele.«

»Sie trauen keinem einzigen chinesischen Politiker von heute?« fragte ich erstaunt.

Sie schüttelte den Kopf. Dann fügte sie hinzu: »Ich mißtraue Mao Tsetung weniger als den anderen.«

24 Fußnote zu einer vergessenen Schlacht

Es war dunkel, spät nachts am 28. Januar 1932.

Plötzlich peitschte japanisches Gewehr- und Maschinengewehrfeuer über die Jukong Road, die ich, vom Hauptbahnhof im Norden Shanghais kommend, entlang eilte. Ich sah, wie eine Gestalt stehenblieb und dann umfiel. Dahinter ging ein chinesischer Soldat in die Knie, kroch dann in einen Hauseingang und fing an zu schießen. Die Straße leerte sich wie ein Abflußrohr; Rolläden aus Eisen schlossen sich, als seien die Häuser von Muscheln bewohnt, und das letzte Licht ging aus. Während das *p'ing-p'ing* die Luft erhitzte, glitt ich die Mauern entlang, und ich hatte keinen anderen Anhaltspunkt als die allgemeine Richtung, in der die Niederlassung und damit die Sicherheit lag; wie man in Deckung geht, wußte ich noch ganz vage aus meiner kurzen unrühmlichen Zeit in der Nationalgarde.

Ich tastete mich um eine Ecke und in eine schmale Gasse; dort legte ich mich fluchend auf den Boden und fragte mich: »Warum willst du in einem Krieg draufgehen, der gar nicht dein Krieg ist? Was hast du von einer Story, wenn du nicht mal lange genug lebst, um sie deiner Redaktion zu schicken?«

Denn das war nun wirklich Krieg, nicht nur das Davonjagen und Besetzen, das ich als Berichterstatter bei der Eroberung der Mandschurei durch die Japaner erlebt hatte. Erst wenige Wochen vorher war ich von dort zurückgekommen. Wie so mancher hatte auch ich geglaubt, die Chinesen würden nie kämpfen. Doch nun, in dieser dreckigen Gasse, begann die »größte« Schlacht, die seit dem Ersten Weltkrieg ausgetragen worden war.

Was mir durch den Kopf ging, war die Frage, ob wohl Cheng Pao-chen, Betriebsdirektor der Shanghai-Nanking-Eisenbahnlinie, seine Leute und seine Waggons aus dem Hauptbahnhof weggeschafft hatte, denn der wurde jetzt ganz offen angegriffen. Ich war dort hingegangen, um zu sehen, was sich abspielte, und hatte alles normal gefunden. Nachdem ich den Vorsteher, der sich dann als Mr. Cheng herausstellte, gefunden hatte, erzählte ich ihm, ich sei eben erst bei Admiral Shiozawa im Hauptquartier gewesen und habe dort erfahren, daß er seine Marineinfanteristen nach Chapei verlege. Das war das Herz des von Chinesen beherrschten Viertels von Shanghai, des großen Industrie- und Geschäftsviertels im Norden des Soochow und der Internationalen Niederlassung.

Um uns her im Bahnhof wimmelte es von Menschen, es herrschte das übliche friedliche Chaos: Männer und Frauen, die sich mit viel Gepäck und Bettzeug abschleppten, Körbe mit frischem Obst und Fisch in Weidenkörben, hohe Gestelle mit Töpfen und Pfannen in mehreren Reihen übereinander, Kleinkinder mit nassen Windeln und alte Männer mit Kampfgrillen und Ziervögeln in ihren Käfigen. Während diese Leute zu Hunderten ahnungslos warteten, setzte ich mich mit Cheng auseinander, einem an amerikanischen Schulen erzogenen Chinesen, der mich nie gesehen hatte, bevor ich ihm meine Ausweispapiere zeigte.

»Sie müssen diese Leute hier wegschaffen«, sagte ich. »Die Japaner sind auf dem Weg hierher. Ich habe die Marineinfanteristen aufbrechen sehen.«

Er lächelte. Ob ich denn nicht wisse, daß General Wu Teh-chen, Bürgermeister des chinesischen Teils der Stadt, am Nachmittag allen Forderungen der Japaner nachgegeben habe? Chinesische Truppen hätten bereits ihren Rückzug eingeleitet. Daraufhin zog ich die Kopie einer lakonischen Erklärung heraus, die Admiral Kenkichi Shiozawa nur wenige Minuten vorher Bürgermeister Wu zugestellt hatte. Ein japanischer Korrespondent hatte sie mir gegeben. Darin wurde einfach bekanntgegeben, japanische Truppen würden sofort Chapei und andere chinesische Gebiete besetzen, um den chinesischen Rückzug zu überwachen und »Recht und Ordnung zu verteidigen«.

»Das wird unweigerlich zum Zusammenstoß führen. Sie wollen ›der antijapanischen Neunzehnten Feldarmee eine Lektion erteilen‹, wie sie sich ausdrücken. Wollen Sie denn nun nicht Ihre Leute hier fortbringen?«

»Die *Leute*?« Es war klar zu sehen, daß sich Cheng nun Sorgen machte. »Und was ist mit unseren *Zügen*? In unseren Schuppen hier stehen die besten Lokomotiven, die diese Strecke befahren. Das ist meine erste Pflicht: sie zu retten. Was ist aber, wenn Sie sich irren?«

»Es ist so, wie ich Ihnen sage. Die Entscheidung liegt allerdings bei Ihnen.«

»Wenn ich handle und es war ein falscher Alarm, kostet es mich meinen Kopf«, sagte der erregte Mann. »Wenn ich nichts unternehme und Sie hatten recht, kostet es mich meine Lokomotiven *und* meinen Kopf!«

Ich überließ ihn seinen Bemühungen, Bürgermeister Wu telefonisch zu erreichen; er hatte jedoch keinen Erfolg, die Leitung war unterbrochen. Als nächstes suchte ich den Regimentskommandeur der chinesichen Wachmannschaft auf. Auch er hatte nichts von den Plänen der Japaner gehört. Als ich seine Truppen besuchte, die immer noch am Rande von Hongkew innerhalb der Internationalen Niederlassung stationiert waren, hörte ich das Lärmen vieler Glocken und Dampfpfeifen. Wurden Lokomotiven und Waggons in Bewegung gesetzt? Und was war mit den

Leuten? Doch dann war ich, ohne die Antwort zu wissen, die Jukong Road hinunter geflüchtet...

Jetzt brauchte ich eine halbe Stunde, bis ich mich zum Soochow-Kanal durchgeschlagen hatte und wieder in der westlichen Welt der Niederlassung war. Dann gab ich den ersten Augenzeugenbericht des »Krieges« durch, der dann wochenlang die Titelseiten beherrschen sollte.

Es war unvermeidlich, daß meine Geschichte mit den Worten begann: »Blutig rot sind heute abend die Straßen in Shanghai.« Ein gnädiger Nachrichtenredakteur schrieb jedoch einen neuen Anfang. Meine Exklusivmeldung war ein durchschlagender Erfolg. Sie trug mir herzliche »Glückwünsche« von Redakteuren unserer wichtigen Zeitungen ein, von Keats Speed von der New Yorker *Sun* und Hal O'Flaherty von der Chikagoer *Daily News*. Anfangs schien mir das das Bedeutsamste, was diese seltsame und törichte Schlacht bewirkt hatte.

Später schrieb ich dann ein Buch über den großen »Krieg ohne Kriegserklärung« in Shanghai und in der Mandschurei mit dem Titel »Far Eastern Front« (New York, 1933). Heute scheinen die Einzelheiten so bedeutungslos wie jene aus den späteren Schlachten bis hin zum und im Zweiten Weltkrieg. Was bleibt, ist die Erinnerung daran, daß Leute einfach deshalb sterben mußten, weil sie »am anderen Ufer des Flusses« lebten, wie Pascal sagte. Später gewöhnte ich mich an die Obszönitäten des Krieges, die ich an anderen Flüssen zu sehen bekam, doch diese ersten Bilder verfolgten mich ewig.

Da war zum Beispiel die frische Leiche eines gefallenen japanischen Piloten, dem, ganz kurz bevor ich ihn entdeckte, ein chinesischer Soldat das rauchende Herz herausgerissen hatte (vielleicht, um es zu braten, meinte J. B. Powell, der auch dabei war); zurück blieb eine tiefe dunkle Wunde in der Form eines vollkommenen Kreuzes, das Werk eines Bajonetts; oder der Gestank von rauchendem Fleisch, von den Leibern nackter junger Männer, die gegen die stählernen Flanken eines ausgebombten Truppenzuges geschleudert worden waren; nun, da ihre Kleider fortgeweht worden waren und sie am Stück geröstet wurden, waren sie rundlicher als je zuvor in ihrem unterernährten Leben. Ich erinnere mich auch an die surrealistischen Männer, die in ihren derben, blau gefärbten Kattunkitteln wie Stoffpuppen dahingen, dort, wo die Japaner sie zurückgelassen hatten, nachdem sie sie zu Bajonettübungen benutzt hatten. Und ich erinnere mich an die Hitze, die über einer Stadt lag, die der große Brandstifter einen Monat lang brennen ließ, um »Recht und Ordnung aufrechtzuerhalten«, während im Schongebiet der Niederlassung getanzt wurde wie immer.

Ausländische Nachrichtenoffiziere telegraphierten die bedeutende Entdeckung nach Hause, daß eine einzige Bombe, abgeworfen von jenem miserablen chinesischen Piloten, der das japanische Flaggschiff knapp verfehlte und die Niederlassung traf, *tausend* hilflose Menschen töten konnte. Diese Bombe ließ die Nanking Road aussehen wie einen mit allerlei Abfällen gefüllten Whangpoo-Strom, dem plötzlich das Wasser abgelassen worden ist, oder wie ein Bild von Picasso aus seiner Guernica-Periode. Und dann waren da die Magenkrämpfe, als sich Maschinengewehrkugeln Löcher durch einen Holzzaun brannten, fünf Zentimeter über meinem Kopf, und als ein kleines chinesisches Mädchen, das ich in einer Ruine schreien hörte, sich merkwürdig leicht anfühlte, als ich es von seiner blutdurchtränkten Decke hob und dann feststellte, daß die Beine weggerissen worden waren. Und jetzt weiß ich auch, warum mir Floyd Gibbons, der gleich nach seiner Ankunft im Hotel Cathay abstieg, um von dessen gut bestückter Bar aus über den Krieg zu berichten, erzählte, daß es kein besseres Plätzchen gebe, um den Krieg zu erleben. Gibbons hatte dieses kleine Mädchen bereits in einer früheren Inkarnation gesehen, als ich noch feucht hinter den Ohren war.

Es war also dieser Krieg, der meinen Widerwillen gegen Kriege weckte, doch er warf Fragen auf, auf die sich nur schwer eine andere Antwort finden ließ als noch mehr Krieg.

Wenn die Manöver aus den Schlachten der letzten Saison so tot sind wie ihre Leichen, dann bleiben doch sicher die politischen Fragen aktuell? Ja. Wie sahen sie aus? Wofür Japan zu kämpfen glaubte, wofür die heroische Neunzehnte Feldarmee starb und was die westlichen Mächte glaubten, das waren sehr unterschiedliche Vorstellungen. Und das Ergebnis war noch einmal etwas anderes. Nicht nur verfehlten Kriege die Ziele, deretwegen die Menschen sie austrugen, sondern sie führten auch zu neuen unvorhergesehenen Kriegen in der Zukunft. War der Krieg eine »Philosophie der Aufklärung anhand eines Beispiels«, dann lag die Schwierigkeit darin, daß diese Methode immer noch größere Beispiele erforderlich machte. Jeder Krieg wurde zum Erzeuger des nächsten Krieges.

Und doch ist das etwas anderes, als zu sagen, die kriegerische Auseinandersetzung verändere nichts. Sie verändert alles. Aber nicht in der von den Aggressoren geplanten, sondern gewöhnlich genau in der entgegengesetzten Richtung.

Nehmen wir das »Beispiel« des »Krieges« um die Mandschurei und um Shanghai, der oft als der eigentliche Beginn des Zweiten Weltkrieges bezeichnet wird. Am 18. September 1931 flogen angeblich ein paar Meter des Bahngleises der Südmandschurischen Eisenbahn in die Luft – in praktischer Nähe der japanischen Garnison von Mukden. Zwar fuhr kurz darauf ein Schnellzug über die Stelle, ohne Schaden zu nehmen, doch der »Zwischenfall« diente als Vorwand für eine Strafaktion, die mit der japanischen Eroberung der Mandschurei, des reichsten Teils Chinas, endete. Doch der »Mukden-Zwischenfall« war nicht so sehr ein Anfang als vielmehr das Endprodukt einer Handvoll von früheren Kriegen und deren

»unerwarteten« Ergebnissen und »Entscheidungen«. Vielgestaltige soziale und politische Kräfte, die sich in der japanischen Aggression entluden, vermengten sich mit den moralischen und politischen Überzeugungen von Leuten, die an die göttliche Mission glaubten, uraltes Unrecht wiedergutmachen zu müssen. Wie tief dieses Unrecht in der von allen Asiaten geteilten politischen Gesinnung verwurzelt war, wurde im Amerika des Jahres 1931 – oder 1941 – kaum verstanden.

Japan ging es zwar um den eigenen Ruhm, doch historisch bildete es auch die vorderste Linie im Kampf des asiatischen Nationalismus gegen den europäischen Imperialismus. Als es zur fortschrittlichsten Industrienation Asiens geworden war, waren für Japan die Wege einer ungehinderten Ausdehnung – bis dahin immer Ersatz für die Lösung seiner schwierigen internen Probleme – versperrt. Indien, Birma, Indochina, Malaya und die Philippinen wurden immer noch von weißen Herrschern regiert, die, mit Ausnahme der Vereinigten Staaten, keine Bereitschaft erkennen ließen, freiwillig zu weichen. Die riesigen unterentwickelten Gebiete von Sumatra, Celebes und Borneo waren unsinnigerweise an die winzigen, weit entfernten Niederlande gefallen, die der japanischen Macht klar unterlegen waren, während sich die Briten die gesamte australische Welt angeeignet hatten. Orientalische Einwanderer waren ausgeschlossen. 1931 war Japan stark genug, es mit allen Kolonialmächten aufzunehmen, doch seine Führer erkannten, daß die vollkommene Hegemonie über China eine unabdingbare Voraussetzung war. Sie schätzten auch die moralische Schwäche und Uneinigkeit des Westens richtig ein. Außerdem war ihnen klar, daß Frankreich und Großbritannien den »Kommunismus« mehr fürchteten als irgendeinen anderen Rivalen, der sich an die allgemein anerkannten Regeln des Imperialismus hielt. Sie nützten fleißig die im Westen vorhandenen Illusionen aus, Japans Übergriffe auf das Festland geschähen in der Absicht, Rußland einzukreisen und einen heiligen Krieg vom Zaun zu brechen, und zielten nicht etwa darauf ab, dem europäischen Kolonialismus ein Ende zu bereiten.

Ohne die Vereinigten Staaten hätten die Japaner in Ostasien vielleicht alles viel früher so haben können, wie sie sich das vorstellten. Sie hatten jahrelang gewartet, um zu sehen, welche Entscheidung die Amerikaner letztlich treffen würden: Ob sie auf ihren Anteil an der europäischen Oberherrschaft über China verzichten und es den Kolonialmächten überlassen würden, sich auf eigene Faust aus Asien zurückzuziehen; oder ob sie die Rolle des führenden Oberherren annehmen und zum uneingeschränkten letzten Verfechter des Kolonialismus werden würden; oder ob sie sich mit Japan aussöhnen und es unterstützen würden, weil sie in ihm die letzte und beste Hoffnung auf eine imperialistische Führung und auf ein Gegengewicht gegen die »drohende Gefahr Rußland« sahen. Die japanische Eroberung der Mandschurei war die große Prüfung. Damit mußten sich die Vereinigten Staaten abfinden oder jedes Mitspracherecht an der Zukunft des westlichen Pazifiks verlieren.

Auch der Generalissimus wartete ab. In der Vergangenheit hatten wir uns den Luxus geleistet, »ständig den britischen Imperialismus zu verdammen, gleichzeitig aber unseren Nutzen daraus zu ziehen«, wie Prof. John Fairbank schrieb.* Nun konnten wir nicht auf einmal prinzipiell gegen die genauso vorgehenden Japaner Stellung beziehen. Amerika war unschlüssig und traf keine Entscheidung, damals nicht und bis zum Vorabend von Pearl Harbor nicht. Als Amerika 1931 nicht viel mehr tat, als Japan die Moral zu predigen, tat auch Chiang nichts. Seine Politik hieß Widerstandslosigkeit und »Vertrauen auf den Völkerbund«. Marschall Chang Hsueh-liang, der Herrscher in der Mandschurei, gehorchte Chiangs Befehlen und zog sein großes Heer nach Süden bis hinter die Große Mauer zurück und überließ so seine reiche Domäne kampflos den Japanern. Auch der Völkerbund tat nichts. Von da an wurden die Völkerbundsatzung und der Briand-Kellogg-Pakt ignoriert. Italien und Deutschland, die aufstrebenden neuen Aggressoren des Westens, nahmen diesen Wink aus dem Osten auf.

Doch China und die Chinesen, die wie ein Aas dem gefräßigen Adler hingeworfen worden waren, spielten nicht ganz die ihnen zugedachte Rolle. Trotz Chiang Kai-sheks Politik begannen spontane antijapanische Gesellschaften und populäre chinesische Boykottbewegungen dem Handel Japans wehzutun. Tokio verlangte von Chiang, solche Aktivitäten zu unterbinden, vor allem in Shanghai, das im Mittelpunkt der japanischen Interessen auf dem Festland stand. Der Generalissimus willigte ein. Nun versteifte sich Japan darauf, die chinesischen Truppen in dieser Gegend, die Neunzehnte Feldarmee, seien zu antijapanisch eingestellt. Japan verlangte ihren Rückzug und die »Entmilitarisierung« weiter Gebiete um Shanghai. Wieder gab der Generalissimus nach. Und trotzdem stürzten sich die Japaner, die der leichte Sieg noch nicht zufriedengestellt hatte, kopfüber in die Schlacht um Shanghai; niemand ahnte, welche moralischen und politischen Folgen sich daraus ergeben sollten.

»Die Chinesen«, sagte Admiral Shiozawa, »respektieren nur Gewalt.« Ein paar tausend seiner Matrosen könnten der »antijapanischen Einstellung« Chinas ein Ende machen, und zwar ohne Hilfe des Heeres, dem ohnehin schon der Ruhm in der Mandschurei in den Kopf gestiegen sei. Nun würde die Marine mehr Schiffe, mehr Leute und mehr Macht für die endgültige Auseinandersetzung mit dem Westen bekommen. Shiozawa dachte an alles, nur nicht an die Neunzehnte Feldarmee. Wer hätte auch geglaubt, daß sie von tapferen und stolzen Männern angeführt wurde, die nicht davonliefen, wenn sie angegriffen wurden – nicht mal, nachdem

* »The United States and China«, Cambridge (Mass.) 1948, S. 313.

Chiang Kai-shek mit seiner Regierung von Nanking nach Loyang geflohen war?

Die »Neunzehnte« war die beste Armee im unteren Yangtse-Tal, eine »neue« Armee, das Produkt der nationalistischen Revolution. Ihre Befehlshaber hatten sich für den Generalissimus und gegen die Kommunisten entschieden, doch sie hatten ihr eigenes System aus linksgerichtetem Nationalismus, politischer Unterweisung und Kampfgeist. Obwohl Offiziere und Mannschaft gleichermaßen empört waren, als sich Chiang dem Shanghai-Ultimatum beugte, gehorchten sie als gute Soldaten den Befehlen und fingen an, sich zurückzuziehen. Als die Japaner jedoch angriffen, machten sie auf der Stelle kehrt und kämpften leidenschaftlich für ihre Selbstverteidigung. Es dauerte nicht mal zwei Tage, bis ihnen das ganze Land beispiellos moralische Unterstützung gewährte. Tausende von Jugendlichen strömten zusammen, um sich freiwillig zu melden. Um jede Straße und um jeden Häuserblock der Metropole wurde gekämpft. Erst nach 34 Tage dauernden Kampfhandlungen mit einem großen Teil der japanischen Flotte, zahllosen Bombenflugzeugen der Marine, 65 000 japanischen Soldaten und weit ausholenden Angriffen auf die Flanken der Stadt trat die Neunzehnte Armee den Rückzug an – noch etwa die Hälfte der ursprünglich fast 45 000 Mann war übriggeblieben.

Für die Chinesen war diese militärische Niederlage ein unglaublicher moralischer Sieg. Das erstaunlichste war, daß er im wesentlichen von einer einzigen Armee errungen wurde, denn Chiang Kai-shek selbst griff nie in die Schlacht ein. Ja, die »Neunzehnte« wurde später vom Generalissimus liquidiert, nachdem sich die versprengten Überreste nach Süden in die Provinz Fukien abgesetzt hatten. Dort hielt Chiang sie unter Verschluß; er weigerte sich, für die Menschen- und Materialverluste Ersatz zu leisten, und hielt sie unter sorgfältiger Beobachtung. Nach einigen Monaten meuterten ihre verärgerten Befehlshaber und organisierten eine »reformierte« und »revolutionäre« Kuomintang. Sie bemühten sich sogar um ein antijapanisches Bündnis mit der chinesischen Roten Armee, die im benachbarten Kiangsi Japan bereits formell den Krieg erklärt hatte.

Doch die Kommunisten machten einen groben Fehler und retteten dadurch Chiang. Gespalten wegen einer engstirnigen Streiterei über die Frage, ob man einem solchen Bündnis trauen könne, verloren sie wertvolle Zeit. Chiang Kai-shek trommelte rasch seine besten Truppen zusammen, die er in Shanghai nie eingesetzt hatte, griff überraschend an und zerschlug die Neunzehnte, bevor sie eine Chance hatte, sich wieder zu bewaffnen, ihre dezimierten Einheiten wieder aufzufüllen und sich mit den Roten zu vereinigen. Nun konnte er seine ganze Energie auf die Unterdrückung der Roten verwenden, die er jetzt als seinen »ersten und schlimmsten Feind« bezeichnete.

Trotz allem aber hatte der Krieg um Shanghai seine nachhaltige und unumstößliche Wirkung auf die öffentliche Meinung in China. Er überzeugte eine große Zahl junger Chinesen davon, daß China unbesiegbar werden konnte, wenn es sich im patriotischen Kampf vereinte. Chinesische Truppen konnten, wenn sie von selbstlosen, aufrichtigen Männern geführt wurden und richtig geschult und angemessen ausgerüstet waren, so gut um ihre Freiheit kämpfen wie die Truppen irgendwelcher anderer Länder. Diese »Entdeckung« ließ den nachlassenden Kampfgeist wieder aufleben und schaffte schließlich ein politisches Klima, das Chiang Kaishek letzten Endes keine andere Wahl ließ, als mit seinem »ersten und schlimmsten Feind« einen Kompromiß einzugehen und sich ihm im Kampf gegen Japan anzuschließen. Diese Tatsache und nicht das äußere Ergebnis der Schlacht war es, die die Geschichte Asiens auf ganz entscheidende Weise veränderte.

Nach der Schlacht fragte ich mich manchmal, was nun eigentlich mit Mr. Cheng im Shanghaier Hauptbahnhof passiert war. Eines Tages rief mich mein Freund Robert Ward, ein amerikanischer Konsul, an, um mir zu sagen, ein chinesischer Bekannter von mir wolle mich mit einem Bankett ehren – »für einen erwiesenen Dienst«. Neugierig ging ich zu Ward und traf dort Cheng Pao-chen. Er habe meine Warnungen befolgt, sagte er, und in jener Nacht Material von Millionenwert gerettet. Und die Leute? Er hatte auch die meisten von ihnen fortschicken können, bevor der Bahnhof bombardiert wurde und in Flammen aufging. Cheng war befördert worden und hatte eine Geldprämie und einen Orden für »außergewöhnliche Tatkraft unter Beschuß« erhalten.

25 Nym

George Bernard Shaw sagte, alle Autobiographien seien Lügen. Das hinderte ihn aber nicht daran, seine eigenen »Self-Sketches« zu schreiben. »Kein Mensch ist schlecht genug, um während seines Lebens die Wahrheit über sich selbst sagen zu können«, sagte er, »und dazu gehört zwangsläufig auch die Wahrheit über seine Familie und seine Freunde und Kollegen.« Diese Hemmungen sind besonders stark, wenn es um die Ehefrau oder gar um die ehemalige Ehefrau geht.

Wenn ich schon nicht die ganze Wahrheit über mich selbst und über Nym Wales erzählen kann – denn ich teile mit Mr. Shaw »die zusätzliche Schwierigkeit, daß ich die Wahrheit über mich selbst noch nicht ermittelt habe« –, sollte ich wenigstens über mein Leben mit der sehr ungewöhnlichen Frau berichten, die während meiner nächsten acht Jahre in Asien meine häufig quälende, oft stimulierende und immer ungeheuer kreative und treue Mitarbeiterin, Begleiterin und Kritikerin war.

Der Haken an der Sache war, daß Nym nicht heiraten wollte. Zumindest sagte sie das bei unserem ersten Kennenlernen, nicht etwa, weil ich das Thema angeschnitten hatte, sondern als eine Art allgemeine Warnung. Sicher sollte ein Nomade wissen, daß der am schnellsten reist, der allein reist. Und ich hielt es mit meinen 26 Jahren immer noch mit der Theorie, daß ein Mann nur deutlich machen mußte, daß er »im Liebeswerben flink, im Heiraten ohne Hast« war, um die Last der Verteidigung der anderen Seite aufzubürden. Ich war noch ein unreifes Bürschchen und mußte erst noch lernen, daß eine Frau selbst entscheidet, wann und wo und unter welchen Umständen sie ihren Mann findet.

Helen Foster war ihr richtiger Name; sie war die Tochter eines Rechtsanwalts in Utah und keine Mormonin. Sie hatte sich zu Hause mit China befaßt, bis sie, wie sie selbst sagte, eines Tages beschloß, hinzufahren und »Kaiserin von Asien zu werden«. Vorübergehend hielt sie der Staatsdienst davon ab: Sie arbeitete auf dem amerikanischen Generalkonsulat in Shanghai.

»Man braucht einen Kaiser, um zu einer Kaiserin zu kommen«, sagte ich. »Wie war das mit dem Nichtheiraten?«

»Das mit der Kaiserin«, lachte sie, »ist nicht so wörtlich zu verstehen.« Sie gab sich jedoch wie eine Kaiserin, als sie Leute, die sich um sie scharten, um sich möglicherweise über dieses Thema mit ihr zu unterhalten, abservierte. Sie schien, kurz gesagt, eine griechische Göttin in dieser Stadt und war in jeder Umgebung ein reizender Anblick. Sie war zweiundzwanzig und hatte eine adrette, sportliche Figur und tanzende blaue Augen. Es war irgendwie überraschend, eine solche Kombination von Schönheit und Intelligenz zufällig auf der Bubbling Well Road zu treffen. Bei ihr war »zufällig« nicht das richtige Wort; sie war zielstrebiger als ich. Sie hatte ungeheuer viel gelesen, und das hatte ihre Neugier und Vorstellungskraft und ein intensives Interesse am Lernen entflammt. Sie wäre leidenschaftlich gerne eine Schriftstellerin, sagte sie, doch das gehe nicht.

»Warum nicht?« fragte ich. »Jeder kann irgend etwas schreiben. Schauen Sie mich an.«

»Mein Name eignet sich nicht als Name einer Schriftstellerin.«

»Das werden wir bald haben«, sagte ich. Wir erfanden also ein Pseudonym für sie, das sich aus einer Figur Shakespeares – Nym – und aus der Heimat ihrer Eltern zusammensetzte. Und sie schrieb ihre erste veröffentlichte Arbeit und ihr erstes Buch als Nym Wales und blieb bis heute bei diesem Namen.

»Hätten Sie Lust, Soochow mit mir anzusehen?« fragte ich sie, kurz nachdem wir uns kennengelernt hatten.

»Wenn das als schickliches Angebot gemeint ist, sehr gerne«, willigte sie ein.

Es wurde eine höchst sittsame Angelegenheit daraus – aus diesem ersten unserer Ausflüge zu alten Städten der Umgebung. In Yangchow und Hangchow und Wusih und anderswo genossen wir in jenem Sommer und Herbst hinreißende Mahlzeiten unter grünen Weiden und in friedlichen Tempelpavillons; wir machten lange Spaziergänge auf den schmalen Wegen durch Reisfelder und durch Maulbeerhaine im Seidendistrikt, bis hinunter ans Meeresufer; wir segelten in Drachenschunken über die blauen Seen und fuhren im Mondschein unter Bogenbrücken hindurch in Sampans durch den Großen Kanal. Erschöpft vom Tagesausflug fielen wir dann im nächstgelegenen chinesischen Gasthaus – und es gab damals in solchen Orten noch ordentliche Gasthäuser – todmüde ins Bett.

»Ting hao!« rief ein grinsender Straßenkuli in Hangchow unter seiner schweren Last und wies mit einem braunen Daumen in Nyms Richtung. »Hao k'an-ti t'ai-t'ai?« Und wir winkten zurück und amüsierten uns über den Irrtum, denn sie war nicht meine »schöne Frau«, wie der freundliche, uns wohlgesonnene Mann annahm. Wir waren ein Liebespaar, doch mit einer wunderlichen Beharrlichkeit sorgte sie dafür, daß es eine platonische Liebe blieb.

Die Romanze entwickelte sich auf einer Ebene über jenem verborgenen Duell. An hundert verschiedenen Orten redeten wir über große abstrakte Themen; so fragten wir uns etwa, was ist Wahrheit, wo hören die Sinne auf und wo fängt die Vernunft an, was ist Realität und was Illusion, Sokrates gegen Kant, Marx und der dialektische Materialismus gegen die Mataphysik, und meine eigene »Erfahrung« gegen ihre »reinen Ideen« und Ideale. Auf einer Ebene unterhalb all dieser nichtfunktionalen Erforschung unserer Unschuld und Unwissenheit tobte die wilde Schlacht um die Befriedigung der alten yin und yang (der Prinzipien des Männlichen und Weiblichen), das einzige Interesse, das die Natur an unserer Affäre hatte.

Ich weiß nicht, wie lange diese Geduldprobe noch gedauert oder wie sie schließlich geendet hätte, wenn nicht Nym eines Tages Dr. Victor Frene entdeckt und mitgebracht hätte. Er war ein exzentrischer deutscher Professor, der ein paar Jahrzehnte lang ausschließlich bei Chinesen gelebt hatte, das letzte davon als Leiter einer Privatschule für hoffnungsvolle chinesische Jungen, die unter der Schirmherrschaft des alten Yen Hsi-shan, des »Mustergouverneurs« von Shansi, stand. Frene war wohlbeleibt, ein wenig ungepflegt, zum Teil kahlköpfig, mit einem merkwürdigen Gang, der davon herrührte, daß er dauernd chinesische Stoffschuhe trug, ein leicht verrückter genialer Professor, der mehr als genug sinologisches Wissen besaß, um den Lehrstuhl an der Universität von Oxford zu übernehmen, den er angeblich abgelehnt hatte. Er war halb Mönch und halb Messias und schrieb und predigte eine »neue Erziehung«, die die »Sinneskraft des Westens« mit der »Verstandeskraft Chinas« verbinden sollte, wobei sich die Vitalität der Sinneskraft durch die dem jüdisch-

christlichen Denken innewohnenden repressiven Lehren und Ideen der
Sünde entwickelten, während bei der chinesischen Verstandeskraft die
Sinne laut Frene wegen übermäßiger sexueller Betätigung abstarben. Aus
dieser Ost-West-Heterosis glaubte er den universalen »höchsten Menschen« gewinnen zu können, der sich ausschließlich der Perfektion
menschlicher Intelligenz widmen würde; die Schönheit überwindet die
Häßlichkeit, der Geist die Materie.

»Nein, ich will nicht den Übermenschen«, betonte er hartnäckig. »Nur
den *Menschen*. Bis jetzt ist er immer noch eine Idee.«

»Was fehlt eigentlich China?« wollte Dr. Frene von mir wissen, kaum daß
Nym uns bekanntgemacht hatte. »Warum konnten die Chinesen alles erfinden und nichts weiterentwickeln? Warum geriet die chinesische Zivilisation in die Wechseljahre? Was ist aus Chinas *Schöpferkraft* geworden?«

»Vielleicht ist China aus Mangel an Wettbewerb verkümmert«, äußerte
ich unsicher.

»Unsinn!« schrie er milde. »In China wurde die Beständigkeit dadurch
erreicht, daß das Individuum erstickt wurde. Die Gesellschaft lebt, aber
die schöpferische Persönlichkeit stirbt. Taoistische Passivität und Fatalismus einerseits, Pseudokonfuzianismus andererseits: Ahnenkult, Verehrung der männlichen Nachkommen, Anbetung des Phallus! Auf der einen
Seite eine Reglementierung des Verstandes durch die Klassiker, auf der
anderen Seite Vergeudung der Sinneskraft und frühes und fortgesetztes
Zusammenleben der Geschlechter. Der Verstand wird zu einem perfekten
mechanischen Instrument, bleibt aber eine Niete, weil die Sinne, die ihm
dienen und ihn stimulieren sollten, tot sind!«

Als überzeugter Anhänger des Zölibats war Frene selbst natürlich unverheiratet, und er war darauf aus, gleichgesinnte Lehrer zu rekrutieren, die
ihm dabei helfen sollten, seine Ideen in die Tat umzusetzen. Es wurde offensichtlich, daß er in Nym eine ideale Helferin sah. Sie war, mit seinen
Worten, »ein Naturtalent von unverdorbener Sinneskraft«, und er war
entschlossen, sie vor der Couch und vor mir zu retten. Was er für sie
plante, war eine Ehe, wie Shaw sie geführt hatte, eine Ehe, in der »Sex
keine Rolle spielte«, außer als sekundäre Triebfeder für eine gesteigerte
Arbeitsleistung.

»Das«, sagte ich nach dem ersten Zusammentreffen zu Nym, »ist ein
übler Trick.«

»Was meinst du damit?«

»So einen Typ wie Frene zu erfinden. Das ist Hexerei und nichts anderes!
Ich glaube nicht, daß du ihn noch einmal herbeizaubern kannst.« Aber
sie konnte. Wochenlang stritten wir uns zu dreien in Gesprächen, die
gleichzeitig auf mehreren Ebenen geführt wurden. Rückblickend erscheinen die Einzelheiten, um die es ging, ausgesprochen weltfern, doch da-

mals war uns das alles todernst. »Wir müssen Männer und Frauen so behandeln«, sagte Emerson, »als seien sie real. Vielleicht sind sie es.« Die Liebe beschäftigt natürlich viele Sinne, aber der Sinn für Humor geht ihr ab. Zuerst war ich selber von Frenes Gelehrsamkeit überwältigt, besonders als er in einem Anflug von Großzügigkeit anbot, sogar mich für seinen Ashram anzuheuern. Während ich selbst noch nicht bereit war, Mönch zu werden, kam ich an der Feststellung nicht vorbei, daß ich Nym wenig zu bieten hatte, wenn sie den Wunsch verspürte, Nonne zu werden. Ihr intellektueller Hunger war unersättlich, und hier war die aus einem einzigen Mann bestehende »gelehrte Gesellschaft«, die imstande war, diesen Hunger auf unbegrenzte Zeit zu stillen. Wer war ich denn schon, daß ich sie davon abhalten konnte?

Und doch spürte ich, je länger ich mich dieser Herausforderung gegenübersah, den unwiderstehlichen Drang, Frenes Theorien zu widerlegen – vor allem seine fanatischen Ansichten von Sex und Sinneskraft. Mit seiner außergewöhnlichen Einstellung war er der raffinierteste und hartnäckigste unter allen meinen Rivalen und vielleicht der einzige, der meinen Altruismus bis zu dem gefährlichen Punkt einer Eheschließung hätte erregen können.

»›Wer Weib und Kinder hat‹, zitierte mein Mephistopheles, als sich die Debatte auf der unteren Ebene bewegte, aus Bacon, ›hat seinem Schicksal Geiseln in die Hand gegeben; denn sie sind ein Hindernis für große Unternehmungen.‹ Bacon sprach von der Ehe nur in sexueller Hinsicht«, fügte Frene noch erklärend hinzu, damit mir ja der springende Punkt nicht entging.

»Und was ist mit Bach und seinen *zwanzig* Kindern?« hielt ich ihm entgegen, wobei mich schon der Gedanke an ein solches Chaos fast erstarren ließ, aber ich war fest entschlossen, Frene unter allen Umständen aus der Fassung zu bringen.

»Ja«, gab er zurück, »und wissen Sie auch, wer die meisten der großen Werke Bachs vernichtet hat? Seine eigenen Söhne.«

»Trotzdem, hätten wir je einen Bach oder einen Bacon gehabt, wenn nicht in uns allen der alte Adam steckte?«

Ich verbrachte Stunden damit, einleuchtende Beispiele von Alexander bis zu Cellini und Puschkin aufzustöbern. Ich erwähnte, daß sich Gandhi merkwürdigerweise erst dann fürs Zölibat entschied, als er eine große Familie hervorgebracht hatte. Ich stürzte mich voller Ungestüm auf Freud und Huxley, Russell, Dorsey, Robinson und andere Berühmtheiten der Zeit, in der Hoffnung, dem Professor auf seinem ureigenen Gebiet ein Bein stellen zu können, denn er war Neu-Behaviorist.

Bei diesen Studien kam ich darauf, daß niemand genau wußte, wie die endokrinen Drüsen und das autonome Nervensystem funktionierten, wenn sie in der Hirnrinde letztendlich den phantasievollen oder schöpferischen

Denkprozeß gestalten. Außerdem konnte niemand beweisen, daß die Kopulation, in Maßen betrieben, schädlicher auf diese Stirnlappen wirkte als irgendeine andere Art der Muskelbetätigung. Und noch weniger ließ sich nachweisen, daß eine unnatürliche Unterdrückung der Keimdrüsenfunktion zur Entstehung großer Gemälde oder zur Erfindung des Mikroskops beigetragen hatte.

Es war eine seltsame Brautwerbung, ein heilloses Durcheinander aus Leidenschaft und Vernunft. Und schließlich wurde die Zitadelle nicht durch irgendwelche wissenschaftlichen Argumente genommen – wann wird sie das schon? –, sondern vom unbesiegbaren Odeur des Lebens selbst. Denn nie hat ein kluges Mägdlein mit mehr Geschick ihren Gegenspieler den Wortstreit gewinnen und dabei das Herz verlieren lassen, verlieren an die uralten wahren Bedürfnisse eines Mannes und einer Frau nach organischer – und rechtmäßiger – Vereinigung.

Eines schönen verzauberten Tages fand ich den Zugang plötzlich entriegelt, und wir beschlossen, den Weg gemeinsam zu Ende zu gehen. Zu den ersten Freunden, denen ich davon erzählte, gehörte Soong Ching-ling, die ein kantonesisches Bankett im traditionellen Stil für uns arrangierte und uns eine in Amerika hergestellte silberne elektrische Kaffeemaschine verehrte. Es gelang uns nie, sie mit der chinesischen Stromstärke in Gang zu setzen.

Nym und ich entkamen Dr. Frene und landeten schließlich in Tokio, wo wir am Weihnachtstag heirateten. Nichts hätte absoluter sein können, denn wir machten drei Zeremonien durch. Mein früherer Zimmergenosse in Shanghai, John Allison, besorgte uns einen Pfarrer für die erste; in der Botschaft wurden wir noch einmal zusammengefügt; und schließlich ein drittes Mal auf dem japanischen Standesamt – alles gute und gesetzliche Hüter der menschlichen Freiheit.

Was Dr. Frene betrifft, so erwähnte ihn Nym nach unserer Heirat nie wieder.

26   Die südlichen Meere

Mein Chef, Horace Epes, hatte meine Reise nach Japan, wo ich einige Interviews machen wollte, genehmigt, aber ich versäumte es, ihn davon zu informieren, daß ich zusammen mit einer neu hinzugekommenen Kollegin noch eine zweimonatige Fahrt geplant hatte, von Japan durch die südlichen Meere – durch die Sulu-, die Celebes-, die Java- und die Flores-See – hinunter nach Bali und dann zurück über Singapore. In einem Brief an Epes schwärmte ich über das reichhaltige Nachrichtenmaterial, das, wie ich behauptete, entlang dieser bezaubernden und für Schlagzeilen ungeeigneten Route nur darauf wartete, aufgelesen zu werden. Erst im Postscriptum erwähnte ich: »Übrigens, ich heirate an Weihnachten.« Ein Grund, warum ich die Consolidated Press, solange sie existierte, nie hätte verlassen können, war Epes' charakteristische Antwort. Er telegraphierte mir sofort: »Reise genehmigt, Geschichte hört sich fabelhaft an: P. S.: Übrigens, schöne Flitterwochen!«

Niemand hatte je einen verständnisvolleren Chef.

Wir fuhren mit der japanischen O.S.K.-Linie, die diese abgelegenen Orte mit einer Reihe von Frachtern anlief. Unser erstes Schiff war die »Canada Muru«, die so wenig auf Passagiere eingestellt war, daß wir die Kabine des Steuermannes bekamen; offenbar konnte die »Canada« ohne weiteres auf den Steuermann verzichten. So hatten wir das halbe Kapitänsdeck ganz für uns, als wir in der günstigen Jahreszeit gegen Jahresende bei idealem Wetter ausliefen. Nach Formosa war die Luft angenehm und warm, das Meer eine weite Fläche aus schimmernder Seide, und die Sonnenuntergänge waren lang anhaltende glanzvolle Sinfonien. Bei Nacht ließen die Tümmler rings um uns her weiße Spitzenmuster aufblitzen, und das Kreuz des Südens stieg mit jedem Tag höher.

»Wenn alle Männer Astronomen wären«, sagte Nym, als sie beobachtete, wie die Sterne näherkamen, »gäbe es keine Kriege.«

»Mr. Wells macht eine Philosophin aus dir«, sagte ich. Wir lasen einander aus seiner »Outline of World History« vor. Bevor wir nach China zurückkehrten, lasen wir auch James Harvey Robinsons »Why We Behave Like Human Beings«. Diese Bücher trugen zusammen mit Wells' »The Work, Wealth and Happiness of Mankind« und Shaws »Intelligent Woman's Guide to Capitalism and Socialism« dazu bei, daß Nym in ihrer Philosophie vom Idealismus zum Realismus fand. Unsere Beobachtungen auf dieser Reise bestärkten sie auch in ihrer antikolonialistischen Einstellung, die die meisten jungen Amerikaner damals als Teil ihres natürlichen Erbes empfanden.

Als die einzigen weißen Passagiere spürten wir auch noch etwas anderes. Wir waren unter lauter Japanern, mit denen wir täglich unsere Mahlzeiten einnahmen und uns unterhielten. Als Asiaten erster Klasse, die sich uns ebenbürtig fühlten – hatten sie uns nicht gerade erst in der Mandschurei überlistet? –, verbargen die Japaner keineswegs die grenzenlose Verachtung und Unzufriedenheit, die sie darüber empfanden, daß die reichsten unterbevölkerten Teile Asiens »schlecht verteilt« worden waren und von den weißen Herren falsch oder gar nicht genutzt wurden. Der Kapitän wies mich höflich, aber fortwährend darauf hin, daß sich der Fortschritt und der Wohlstand Formosas unter japanischer Herrschaft von den riesigen leeren Räumen und schlafenden Reichtümern der südlichen Meere stark abhob. Ich spürte auch seinen Unmut, wenn er daran erinnerte, daß sich die amerikanische Zivilisation kaum auf das primitive wirtschaftliche Niveau des Durchschnittsbewohners der südlichen Philippinen ausgewirkt hatte. Ihre enormen potentiellen landwirtschaftlichen und industriellen Möglichkeiten lagen fast unberührt da, während die fleißigen Japaner, auf ihre feinen, aber kleinen Stückchen Land im Norden beschränkt, um ihre Existenz rangen.

Hätten die Philippinen eine fünfmal so große Bevölkerung ernähren können, so hätte auf Borneo und Celebes eine hundertmal so große Bevölkerung ihr Auskommen finden können. Als Inselkontinente, auf denen Holland zwanzigmal Platz gehabt hätte, waren sie hinter dem Küstenstrich und der Randzone des Waldes immer noch urzeitlich, und ihre rückständige Bevölkerung und ihre fast vollkommen unerschlossenen Naturschätze wurden – wie die amerikanischen Indianer in ihren Reservaten – von ein paar tausend ausländischen Scharfschützen niedergehalten.

Ein Teil des nördlichen Borneo war einschließlich der eingeborenen Dajaks bis vor kurzem gänzlich im Besitz einer einzigen britischen Firma gewesen und auch von ihr verwaltet worden. Sie schöpfte nur die leicht greifbaren Naturprodukte und Rohstoffe wie Kokosnüsse, Holz und Gummi ab, die für die Aktionäre im fernen London riesige Jahresgewinne abwarfen. Der größere Teil Borneos wurde immer noch von den Holländern unter Verschluß gehalten, und sein gewaltiger potentieller Reichtum über und unter der Erde lag brach. Inzwischen warteten die Besitzer in aller Ruhe ab, wie die einheimischen Arbeitskräfte anderswo ausgebeutet wurden, und förderten so den langsamen und verheerenden Prozeß der »Kapitalbildung« für die Kuponschneider in Übersee, die kaum eine Ahnung hatten, wie die Gewinnanteile erwirtschaftet wurden.

»Eins scheint klar«, sagte ich zu einem britischen Rugbyfanatiker, mit dem ich, mitten unter den Photographien aus seiner Schulzeit, in einem einstöckigen Haus saß, in dem er als stellvertretender »Resident« in Tawao in Nordborneo amtierte, »Asien macht sehr viel raschere Fortschritte als diese Insel. Sie ist ein ökonomisches Vakuum, das nicht überdauern kann. Die Japaner oder die Chinesen oder Javaner werden bald hiersein und Sie verdrängen.«

»Glauben Sie das mal nicht!« antwortete er. »Hier würden morgen die Orang-Utans wieder herrschen, wenn wir verschwinden würden. Der Orientale ist noch weit davon entfernt, über unsere Zivilisation Herr zu werden, er ist noch hundert Jahre davon entfernt.« Innerhalb eines Jahrzehnts sollte ich genau die gleichen Worte aus dem Munde des zweitletzten britischen Vizekönigs in Indien hören.

»Was meinen Sie«, sagte er belustigt und nippte an seinem Whisky-Soda, »diese Leute stehen doch den Affen näher als uns. Wissen Sie, was Orang-Utan bedeutet? Es ist malaiisch und bedeutet ›der Mann aus dem Wald‹. Neulich fragte ich einen Malaien, der für uns arbeitet, ein kluges Bürschchen, ob er wirklich glaube, daß diese Affen Menschen seien. ›Aber ja‹, sagte er, ›sie sind unsere Vettern.‹ ›Deine Vettern vielleicht, nicht meine, Kleiner‹, sagte ich. ›Wenn es Menschen sind, warum reden sie dann nicht?‹ ›Oh, Orang-Utans können reden, Sir‹, gab er mir zur Antwort. ›Warum tun sie's dann nicht?‹ fragte ich. ›Sie sind viel zu schlau‹, sagte er. ›Wenn sie reden, müssen sie Kopfsteuer bezahlen.‹«

Wenn dies eine vergleichende Untersuchung von Imperialismen wäre, wäre es vielleicht interessant, darüber zu berichten, wie erbärmlich niedrig der javanische Lebensstandard in den dreißiger Jahren war, als die Holländer den Vorrang der »besten Kolonialverwalter der Welt« beanspruchten. Doch es braucht hier beiläufig nicht mehr gesagt zu werden, als daß selbst in Java die holländische »Modernisierung« nur gerade weit genug gegangen war, um die Struktur des alten Feudalismus und des alten Produktionssystems und der wirtschaftlichen Unabhängigkeit aufzulösen. Sie erreichte nur, daß bei den Pachtbauern und der kleinen Klasse aus eingeborenen Intellektuellen und Bürgerlichen, die aus der Vernichtungsaktion hervorging, die Herde der unvermeidlichen Rebellion angeheizt wurden.

Die Holländer wirtschafteten erfolgreicher als die Briten und Franzosen, und sie zogen sogar noch üppigere Dividenden aus den winzigen Einsätzen, die ihre Piraten im ursprünglichen Kolonienpoker gesetzt hatten. Doch für den Eingeborenen bestand kaum ein Unterschied zwischen den verschiedenen Varianten des Imperialismus. Auch die Holländer sagten gerne: »Diese Leute, sie sind Kinder, es ist zu ihrem eigenen Vorteil, daß wir sie regieren.« Ich sah jedoch selbst auf dieser kurzen touristischen Reise entlang der Küste von Borneo und Celebes und bei einem längeren Aufenthalt in Java genug, um zu wissen, daß die »Kinder« anderer Meinung waren. Man brauchte kein Prophet zu sein, um zu sehen, daß sie bei der ersten Gelegenheit die Holländer hinauswerfen würden und daß Japan, ohne es zu wissen, im Begriff war, ihnen diese Gelegenheit zu verschaffen.*

Doch auf der Insel Bali war das anders.

Aus verschiedenen Gründen, zu denen der stolze und unabhängige Charakter der Balinesen, ein höchst einträgliches Geschäft mit dem Tourismus und ein Monopol der balinesischen Exporte gehörten, hielten die Holländer ihre Ausbeutung und ihre Einmischung in die örtlichen Besitzverhältnisse, Gesetze, Bräuche und in die Agrarwirtschaft auf ein Minimum beschränkt. Fremde durften kein Land kaufen, und ausländische Investitionen blieben unbedeutend. Bali blieb ganz und gar ländlich und idyllisch, bis auf die kaufmännische Betriebsamkeit, die sich hauptsächlich auf Buleleng und Umgebung konzentrierte. Die Widersprüche, die darin liegen, daß der weiße Mann auf Kosten der Erniedrigung einer alten

---

* Ich schrieb darüber in *The Saturday Evening Post* vom 26. August 1933.

Gesellschaft Gewinne einstreicht, ohne eine neue Gesellschaft zu formieren, traten nicht offen zutage. Die holländische Oberhoheit wurde zurückhaltender und geschickter ausgeübt als im übrigen Indonesien, und das führte dazu, daß die alte Kultur dieser homogenen Gesellschaft eine ungewöhnliche Ausnahme in der Kolonialwelt blieb.

Es war das einzige Gebiet im ganzen Osten, in dem es etwas gab, das der »guten Gesellschaft« des buddhistischen goldenen Zeitalters nahekam, etwas, das in der Praxis wahrscheinlich so selten erreicht wird wie die legendäre »gute Gesellschaft« des Mittelalters in Europa.

27 Du sollst nicht essen deinen Nächsten

Früh an einem Januarmorgen 1933 wachte ich in Den Pesar im Osten von Bali auf, und mir wurde langsam bewußt, daß ein dunkelhäutiger junger Mann am Fußende des Bettes stand und vorsichtig an meiner großen Zehe zerrte.

»Sir oder Madame, Ihr Tee«, sagte er sanft und stellte das Tablett auf dem Nachttisch ab.

Er hatte einen großen goldenen Ring in der langen Nase, das Haar auf seinem hübschen Kopf war zu einem Knoten gebunden, er trug keine Schuhe und war bis auf einen *kain* aus gelbem Batikstoff nackt. Er kam aus einem Papua-Stamm auf Neuguinea.

»Danke, Matté. Wieviel Uhr ist es?«

»Sieben Uhr jetzt. Will erinnern Sie mit Hauptmann Karsen gehen heute Jangar-Tanz sehen.«

»Sie sind ein bemerkenswerter Mann, Matté. Wecken Sie alle Leute mit der Tagesordnung auf?«

»Alle wie wünschen.«

»Wie viele Sprachen verwenden Sie dabei?«

»Oh, sprechen Javanisch, Balinesisch und Deutsch sehr gut. Französisch etwas wenig und Englisch nur etwas. Aber zum Wecken nur Zeh ziehen, nicht sprechen.« Er grinste, wobei er gesunde weiße Zähne zeigte, verbeugte sich und verließ das Zimmer auf leisen weichen Füßen.

»Ich möchte bloß wissen«, sagte ich, »ob man auf englisch genauso leicht Menschen essen kann wie auf papuanisch.«

»Ich wüßte keinen Hinderungsgrund«, meinte Nym. »Soviel ich gesehen habe, ist Englisch nicht unbedingt eine Vegetariersprache.«

Ich hätte das zigmal hören können, ohne es zu glauben, wenn ich nicht Matté kennengelernt hätte und später dann in den Hügeln im nördlichen Luzon einen Igoroten namens Dr. Clapp, dessen Vater ein Kopfjäger gewesen war. Er war als Kind zusammen mit dem Wilden aus Borneo bei der Weltausstellung in St. Louis ausgestellt worden; ein Missionar hatte ihn dort herausgeholt, ihm einen Namen gegeben und für seine Ausbildung gesorgt. Dr. Clapp wurde ein vorzüglicher Chirurg und ging zurück und leitete in seinem Heimatort ein Krankenhaus.

Nach Hauptmann Karsens Aussage hatte Matté zwar Menschenfleisch gegessen, hatte aber selber zu diesem Zweck niemanden getötet. Er hatte keine Gelegenheit dazu gehabt. Karsen war sein deutscher Herr. Er hatte den Jungen im Dschungel Neuguineas aufgelesen und ihn adoptiert, nachdem Mattés Vater, der im Lauf seines Lebens eine Reihe von Menschen gegessen hatte, eines Tages von seinen Feinden getötet und gekocht worden war. Und nun war Matté erster Angestellter in Karsens kleiner Pension »Satrya« in Den Pesar. Mattés Frau, eine attraktive Javanerin, war seine Stellvertreterin. Abends zog er ein weißes Jackett und weiße Hosen an und wurde zum Oberkellner, die Würde in Person, trotz seiner großen schwarzen, stets nackten Plattfüße.

Dieser sanftmütige Papuaner und Dr. Clapp legten sichtbar Zeugnis davon ab, daß Zivilisation nicht nur an der Oberfläche sitzt, sondern auch in einer einzigen Generation zu überbrücken ist. Das soll nicht heißen, daß die Genetik keine Rolle spielt; aber offenbar kann man einem primitiven Kind das ganze menschliche Wissen beibringen. Und genausogut könnte man aus dem Sohn eines Nobelpreisträgers einen Menschenfresser machen, wenn man ihn früh genug erwischte.

Matté genoß unter den Balinesen höchstes Ansehen. Eines Tages kam Prinz Karem aus Asam, um ihn zu besuchen, und sie setzten sich zu einem Imbiß in die Küche. Karsen machte uns miteinander bekannt und erklärte mir, daß Karem der letzte Überlebende des balinesischen Königshauses war. Die anderen Familien hatten absichtlich Selbstmord begangen, indem sie bei der endgültigen Eroberung ihrer Insel im Jahr 1911 geschlossen in das Maschinengewehrfeuer der Holländer liefen. Karems ungezwungene praktische Demokratie im Umgang mit Matté war typisch für den Unterschied zwischen dem balinesischen und indischen Kastensystem.

Bali war die erste geplante Gesellschaft, die ich sah, und die einzige Kolonie, die ich kannte, in der die Menschen wirklich glücklich waren. Mit einer Zivilisation, die auf einer von allen verstandenen und akzeptierten komplizierten religiös-philosophischen Ideologie beruhte, schien es ein fast perfekter Kommunalstaat. Seine wirtschaftlichen und kulturellen Äußerungen an Gruppenaktivität wurden fest in das Ganze einbezogen und oft buchstäblich zu Musik gemacht, während das Einzelverhalten weitgehend durch Übereinkünfte vorherbestimmt wurde, die das Gemeinwohl und Harmonie und die Einheit des Ganzen im Auge behielten. Bali schien wie eine einzige große kooperative Genossenschaft, die Zusammenarbeit in Gruppen machte jede Aufgabe leicht, mit einem Minimum an Spannungen, Frustrationen, Neurosen und Konflikten. Die glockenhelle Musik des *gamelon* erfüllte die Luft den ganzen Tag und einen großen Teil der Nacht und schien ein gewachsener Bestandteil der üppig blühenden Schönheit und fruchtbaren Fülle, die sich über die grünen Hügel und Täler ergoß, bis hinunter zu den silbernen Stränden und dem satten Türkisblau des Meeres. Hier lebte eine Million Menschen von unterschiedlicher rassischer Abstammung in einem Garten Eden, der zweimal so groß war wie Rhode Island; sie machten das Leben zu einem Kunstwerk.

In Bali lernte ich, daß es für Menschen nicht weniger »natürlich« ist, gemeinsam zu arbeiten, als wie Raubtiere miteinander umzugehen. Und das war im Jahr 1933 eine wertvolle Lektion. Herbert Spencer irrte sich.

Bali war keine primitive idyllische Gesellschaft aus Insel-Polynesiern, die unter dem Ansturm des weißen Mannes mit seinem Opium, seinen Maschinen und seiner Syphilis zusammengebrochen wäre. Es war ein höchst fortschrittlicher und komplizierter Organismus, der durch seine geographische Lage lange genug geschützt war, daß er sich über viele Generationen hinweg entwickeln und anpassen konnte. Der Buddhismus kam erst vor etwa tausend Jahren nach Bali, und der Hinduismus noch später. Beide kamen friedlich ins Land und beide wurden von der viel älteren balinesischen Kultur, die ihren einzigartigen *esprit humaine* unversehrt beibehielt, einfach absorbiert. Elementare Begriffe wie Ein Gott (Tintya) und ein Kalender aus 210 Tagen, der als eine Art Generalplan verwendet wurde, der jedes bedeutende Ereignis in der Gemeinschaft bestimmte, überlebten als lebendiger Kern der balinesischen Kultur.

In allen Dörfern, die wir sahen, stießen wir immer wieder auf dieselbe Art von Ordnung, die nicht auf irgendeinem aufdringlichen System aus »Anordnungen« beruhte. Das mußte selbst den durchreisenden Touristen beeindrucken, das Fehlen irgendwelcher gewalttätiger Streitereien, die Höflichkeit und die unbefangene Anmut der Menschen, die entzückenden, würdevollen, nackten, glücklichen Kinder, die sauberen, ebenmäßig proportionierten Häuser und die sauberen, wunderschönen Menschen, die in ihnen wohnten, zusammen mit ihren unglaublich sauberen Schweinen – den einzigen sauberen Schweinen, die ich je gesehen habe.

Der balinesische buddhistische Hinduismus teilte die Gesellschaft in vier Kasten, die aber nicht wie in Indien Unterscheidungsmerkmale für eine soziale Diskriminierung und Trennung waren. Die Kasten waren eine zweckmäßige Erleichterung bei der Organisation und Einteilung von Gemeinschaftsarbeit, die erledigt werden mußte, ganz ähnlich wie im Mittelalter die Gilden in Europa.

Es gab keine Unberührbaren, keine Parias, keine bettelnden »Heiligen« und keine Ausgestoßenen. Anders als in Indien mit seinen endlosen Tabus waren in Bali Ehen zwischen Angehörigen verschiedener Kasten nicht ungewöhnlich; die meisten künstlerischen und handwerklichen Berufe standen allen offen, und Frauen konnten ebenso wie Männer Priester oder Ortsälteste werden. Obwohl Priester für die bezaubernden Tempel zuständig waren, wurde zwischen kultischen und irdischen Belangen klar unterschieden. Ein Ältestenrat regelte die wirtschaftlichen Angelegenheiten in jedem Dorf; er entschied in Fragen wie der Verpachtung von dörflichem Grund und Boden an Bauern, der Ausbildung und dem Einsatz von Künstlern und Musikern, dem Erwerb und der Pflege von Musikinstrumenten, die ebenfalls allen gemeinsam gehörten, und so fort.

Unsere Tage in Bali waren viel zu kurz, doch dank Karsen und anderen Freunden sahen wir, daß der balinesische »Kalenderplan« wirklich glatt und mühelos funktionierte; er regelte das Pflanzen, Ernten, Bauen, Feste, Gottesdienste, Tänze und dramatische Darbietungen, Sinfonien, Hochzeiten, Feierlichkeiten und die Verbrennungen, die für jedermann zu fröhlichen und höchst kunstvollen Ereignissen wurden. All dies war Teil einer buddhistischen Auffassung vom Leben als einem endlosen Zyklus aus Wiedergeburt und Tod, einem zeitlosen Prozeß der Verwandlung des Menschen, der stufenweise bis zur eigenen »Gottwerdung« aufsteigt.

»Sie werden in Bali nie erleben, daß ein Kind geschlagen wird«, sagte Karsen. »Das hat es noch nie gegeben. Denn wer ein Kind schlägt, könnte damit möglicherweise seinen eigenen Großvater schlagen, da man nie weiß, in welchem Stadium der Entwicklung sich eine Seele befindet.«

Die Erziehung war in Bali philosophisch und praktisch ausgerichtet, und nicht mystisch; sie begann schon beim Kleinkind, dem ganz bestimmte gesellschaftliche Pflichten übertragen wurden. Die Kinder, die fast unmittelbar, nachdem sie sprechen lernten, als Erwachsene behandelt wurden, lernten schnell, die ihnen zugewiesenen Aufgaben mit Anmut und Würde zu übernehmen.

»Ein Junge von fünf oder sechs Jahren ist hier schon ganz schön beschäftigt«, sagte Karsen zu mir. »Wenn Sie sich etwas näher damit befassen, werden Sie sehen, daß jeder etwas zu tun bekommt, das ihn an sein Dorf binden wird. Ein paar Jahre später lernt er, zu zeichnen oder zu malen oder zu schnitzen oder ein *gamelon* zu spielen oder Bauer zu sein. Es ist das Dorf als Ganzes, mit Platz für jeden und mit jedem an seinem Platz, das zählt. Das Individuum ist zweitrangig.«

Wir sahen kleine Mädchen von drei oder vier Jahren, denen bereits die schwierigen Bewegungen balinesischer Tänze beigebracht wurden. Nach und nach lernten sie, alle Teile ihres Körpers mit einer unglaublichen Kontrolle und Disziplin zu beherrschen, um so die grundlegenden Ideen der Einheit und Harmonie auszudrücken, die der gesamten balinesischen Kunst zugrunde liegen. Nur Jungfrauen durften an den heiligen Tänzen teilnehmen, aber es gab auch andere, an denen die ganze Gemeinschaft aus Jungen und Mädchen mitmachte. Über das Dorf hinausgehende Darbietungen von Tänzen und sinfonischer Musik waren fest im Kalender verankert.

Die balinesische Einstellung zur Sexualität war anders als irgendwo sonst in Asien und stand in schroffem Gegensatz zu den Bräuchen im Westen. Das Tabu der Promiskuität wurde streng beachtet; früher war Ehebruch mit der Todesstrafe bedacht worden, doch die Holländer hatten das abgeschafft, zusammen mit der Sitte des *suttee*. Es gab keine Kinderheirat bei den Balinesen. Die Frauen wurden schon früh geschlechtsreif und heirateten normalerweise mit fünfzehn oder sechzehn. Oft ging der Hochzeit ein romantisches Liebeswerben voraus, doch fast immer bedurfte sie der Zustimmung der Gruppe. Von der Pubertät bis zu ihrer Verheiratung schliefen die Mädchen für sich und unter der Obhut einer älteren Person. Im Alltagsleben bewegten sich balinesische Frauen und Mädchen mit nacktem Oberkörper und badeten täglich in den Tempel- oder Waldweihern oder Grotten. Am schönen Koeta-Strand bei Den Pesar, mit seinen fünf Kilometern Korallensand der bezauberndste Strand in den Tropen, ließen Männer und Frauen einfach ihre *kains* fallen und badeten so, wie Gott sie schuf. In einem solchen Land gab es keine »Sex-Geheimnisse«, die man den Kindern vorenthielt, und auf diese Weise sammelten diese früh und natürlich und ohne Scham ihre Kenntnisse. Der Brauch, Frauen während der Menstruation und Schwangerschaft als unrein zu isolieren, in primitiven asiatischen Gesellschaften und sogar in Teilen Indiens weit verbreitet, war in Bali unbekannt. Jungen und Mädchen konnten zusehen, wie der Leib der Mutter anschwoll, und die Tage bis zur Ankunft eines Brüderchens oder Schwesterchens zählen, genauso, wie sie sich mit Hilfe des balinesischen Kalenders ausrechnen konnten, wann sie selbst für den Zyklus des Lebens reif sein würden.

Die Balinesinnen sind klein, anmutig und gut gebaut. Die offene Zurschaustellung von Brüsten in allen Größen, Formen und Farbtönen, von den zarten Rosenknospen der Pubertät bis zu den dunklen, Milch spendenden Brustwarzen blühender junger Mütter und den verwelkten Säkken der Greisinnen, war zunächst einmal überraschend, doch dann machte allein schon ihre Mannigfaltigkeit und Allgegenwart diese Sitte selbst für einen Fremden ganz und gar unerotisch.

»Einmal schickten die Holländer einen neuen Gouverneur hierher«, erzählte mir Karsen, »dessen Frau ziemlich prüde war. Sie war schockiert, als sie all die nackten Brüste sah, und forderte ihren Bürgermeister auf, anzuordnen, daß die Frauen ihren Oberkörper zu bedecken hätten. Als sie am nächsten Sonntag in ihrer Kutsche zur Kirche fuhren, säumten Hunderte von Balinesinnen die Straße und warteten auf sie. In jedem Dorf hoben dann die Frauen, sobald die Kutsche auftauchte, ihren *kain* hoch über den Kopf, um ihre Brüste zu bedecken – und entblößten auf diese Weise die untere Körperhälfte.«

»O ja, sie haben sehr viel Sinn für Humor. Sie machten ein Schauspiel aus der ganzen Geschichte. Der Gouverneur wurde so gründlich ausgelacht, daß die Holländer ihn zurückrufen mußten. Sie haben nie wieder versucht, seine Anordnung durchzusetzen.«

Balinesische Kinder hatten, ob sie nun arbeiteten oder spielten, ein wunderbares Gefühl für alles Lustige. Mit zehn oder zwölf waren sie oft schon gute Künstler, deren Erzeugnisse zusammen mit denen ihrer älteren Familienmitglieder ausgestellt und gelobt wurden. Wir hatten das Gefühl, daß fast jeder ein Musiker war. Nach der Arbeit des Tages versammelten sich die Bauern und Handwerker in den Dörfern und wechselten sich bis spät in die Nacht an den *gamelons* und Trommeln ab, wobei sie alte Themen wiederholten und sich immer wieder neue ausdachten.

»Sie werden feststellen, daß jeder etwas tut und daß man sich gegenseitig nicht zu übervorteilen sucht«, sagte Karsen, als wir wieder einmal aufs Land hinausfuhren. »Niemand ist in Eile. Ich könnte heute in keinem anderen Land mehr leben.« Er war selbst ein Experte für Mußestunden, in erster Linie jedoch, weil er alles Matté überließ.

In den Feldern konnte man häufig junge Mädchen sehen, die Früchte und Kokosmilch für die arbeitenden Männer brachten; für eine Erfrischungs- oder Rauchpause im Schatten fand sich immer Zeit. Obwohl niemand gehetzt schien, war niemand, nicht mal die Alten, längere Zeit untätig. Ihr Kalender war eher eine allgemeine Richtlinie als ein genaues Ziel. Die Balinesen hatten keinen Sinn für Pünktlichkeit, und nichts fing jemals zur vorgesehenen Zeit an. Wie die Quäker warteten sie darauf, daß jedermann erst in die richtige Stimmung kam, bevor sie anfingen. Wir erfuhren, daß in einem Dorf ein strohgedecktes Haus einen neuen Standort erhalten sollte, und gingen hin, um zuzuschauen. Der ganze Tag verging, ehe sie anfingen, doch dann halfen alle Familien mit.

Einmal gab es eine große Verbrennung, auf die wir endlos warteten, da sie von Tag zu Tag verschoben wurde. Langsam fing der große Pylon an zu wachsen, und jeder, von den winzigsten Kindern bis zu den Alten, trug etwas bei. Als alles bereit war, wurden Körbe mit Obst, Blumen, Nüssen, Wein, gerösteten Ferkeln und Reis und anderen Nahrungsmitteln auf den Köpfen junger Frauen und Mädchen herangetragen, die wunderschöne goldene und silberne Leibchen über den langen, bis zum Boden reichenden, feierlichen *kains* aus Batik trugen. Um sie her spielten unzählige *gamelons* ihre wohltönenden wehmütigen Rhythmen. Es dauerte zehn Tage, bis dieser prachtvolle Pylon aus Bambus und Blumen, Gemälden und Skulpturen aufgebaut und ausgeschmückt war. Dann verbrannten sie alles in ein paar Stunden, in denen getanzt, gefestet und gesungen wurde, um die Seelen ihrer Toten glücklich auf die Reise zu schicken. Was sie taten, geschah aus Freude an der schöpferischen Tätigkeit, und nicht, um etwas für die Ewigkeit zu schaffen.

»Dieses kleine Fest hat wahrscheinlich mehr gekostet als ein paar Mercedes-Benz-Limousinen«, sagte Karsen, »aber es bietet eine sehr viel bessere Unterhaltung für sehr viel mehr Menschen.«

»Verspüren sie je Lust, ihr Paradies zu verlassen?«

»Praktisch nie«, antwortete er. »Einmal ließ sich eine balinesische Tänzer- und Musikergruppe überreden, nach Europa zu gehen, wo sie großen Erfolg hatte. Aber keiner wollte dort bleiben. Ihr Heimweh wurde so stark, daß sie die zweite Hälfte der Tournee absagten und nach Hause fuhren. Sie konnten es kaum erwarten, die Kleider auszuziehen und es sich bequem zu machen. ›Was ist denn mit Europa?‹ fragte ich sie. ›Die Menschen ärgern sich dort ständig‹, sagten sie mir.«

Ein Holländer erhielt die Erlaubnis, in Bali ein Kino zu eröffnen. Eine Woche lang kamen die Leute in Scharen, um sich die Filme anzuschauen, doch niemand ging öfter hin als einmal. Bald kam niemand mehr. Der Besitzer ging zu den Leuten und fragte, was denn los sei. Er bekam stets die gleiche Antwort. »Wir haben das fremde Schattenspiel gesehen, und es ist nicht so gut wie unsere eigenen. Warum sollten wir für schlechte fremde Schatten zahlen, wenn wir selber bessere Spiele mit Musik *machen* können und daran auch noch unsere Freude haben, *ganz umsonst*!«

Aus demselben Grund hatten die Balinesen kein Interesse an ausländischen Stoffen, Schuhen, Radios und ähnlichem.

Kein Wunder, daß sie Matté zivilisiert hatten! Niemand kann sehr lange unter den Balinesen leben, ohne zu begreifen, daß man mit seinem Nachbarn lohnendere Dinge anstellen kann, als ihn zu essen.

Aber es war zu spät, um Bali den weißhäutigen Menschen näherzubringen, selbst denen, die auf den warmen und gastfreundlichen Inseln lebten. Vielleicht war es für Bali selbst schon zu spät, und es konnte nicht mehr lange überleben, höchstens als Idee. Wenn harte nationale Interessen das heute erforderlich machen, kann Bali schon durch eine kleine Wolke mit radioaktivem Niederschlag ausgelöscht werden, wenn der Wind nach Süden dreht.

Ich bin seit 20 Jahren nicht mehr in Bali gewesen, aber ich habe gehört, daß die Frauen während der japanischen Besetzung schließlich doch gezwungen wurden, Hemden zu tragen, daß eine Reihe von *kostenlosen* Kinos eingerichtet wurde und daß die Prostitution Fuß faßte. Weiß der Himmel, was für zusätzliche Verbesserungen die javanischen Oberherren seither eingeführt haben.

Ich bin jedenfalls froh, Bali noch so kennengelernt zu haben, wie es einmal war, und das just in dem Augenblick, als meine Nomadenzeit zu Ende gegangen war.

Zweiter Teil

Das Feuer anzuschüren

> *Auch wenn ich keinen Brennstoff bracht',*
> *Mußt' ich den Wunsch verspüren,*
> *Mit diesen scharf geblas'nen Tönen*
> *Das Feuer anzuschüren.*

> John Donne

1 Zu Hause in Peking

Wir kehrten in den ersten Wochen des Frühjahrs nach China zurück und gingen nach Peking. Ed Hunter war nach Europa abgereist, und ich übernahm die Consolidated Press für ganz China. Peking sollte für die nächsten fünf Jahre unser Zuhause sein.

Peking ist auf einzigartige Weise die eindrucksvollste und interessanteste Hauptstadt in Asien. Als Mittelpunkt einer Zivilisation mit einer kontinuierlichen Geschichte von annähernd 3000 Jahren hat seine zentral gelegene Kaiserstadt etwas von der weiträumigen Schönheit Paris', und ihre alten Tempel und Paläste mit ihren rosafarbigen Mauern vermitteln ein Gefühl klassischen Altertums. Wenn man auf der großen Tatarenmauer stand, bot sich einem über die breiten, zum Winterpalast führenden und mit Akazien eingefaßten Straßen hinweg ein Ausblick auf die goldenen und purpurroten Dächer und Parks und auf die winzigen Seen, in denen sich stets ein azurblauer Himmel spiegelte, bis hin zu den lackierten *p'ai-lou* und dem massiven Mauerwerk der Tortürme, hinter denen gelbbraun in der Ferne die Westberge aufragen.

Wie alle chinesischen Städte war auch das alte Peking ein übermäßig gewachsenes Dorf, jedoch mit einer freundlichen und persönlichen Atmosphäre. Jeder schien jeden zu kennen, wenn die Leute gut gelaunt und zielstrebig über die schmalen *hutungs* in der ummauerten Äußeren Stadt gingen, die größtenteils ungepflastert waren und im Frühjahr zu ansehnlichen Kanälen wurden. Links und rechts von diesen Wegen lagen die immer wieder überraschenden freundlichen Pavillons und Gärten, versteckt hinter den Mauern, die überall die ziegelgedeckten Häuser umgaben. Peking war eine Stadt voll von Höflingen und alten kaiserlichen Soldaten, von Gelehrten und Leuten mit auswärtigem Grundbesitz, von Mönchen und Krämern, die kunsthandwerkliche Produkte verkauften, und von Rikscha-Kulis, die sich einer gepflegten Redeweise bedienten; eine Stadt, die großartig geplant und großartig gebaut worden war, eine Schatzkammer der Kunst, ein Ort mit vornehmer Abstammung, in dem es mehr

Gaunerei als glatte Niedertracht gab; eine Stadt mit warmen, lebensvollen Frühjahrsmonaten, mit schattigen Herbsten und einer auf schneebedeckten Bäumen und zugefrorenen Seen schimmernden Wintersonne; eine Stadt der ewigen Kompromisse und des unbeschwerten Lachens, der Muße und des Familiensinnes, der Armut und Tragödie und Gleichgültigkeit gegenüber dem Dreck; und doch ein Ort voll unerwarteter Gewalttätigkeit, ein Ort, an dem rebellierende Studenten die Kampfslogans einer Nation prägten und über den beißende mongolische Staubstürme aus der Wüste Gobi hinwegfegten und auf den anmutigen Dächern den ältesten Staub des Lebens zurückließen.

Diese leidende Metropole, die in der Vergangenheit so viele Coups und Unterjochungen erlebt hatte, sollte bald heftiger erschüttert werden als je zuvor. Wichtige Vorfälle ereigneten sich schon in der Zeit, als wir ankamen.

Jehol, das letzte »freie« chinesische Gebiet nördlich der Großen Mauer, wurde gewaltsam dem neuen japanischen Reich »Mandschukuo« angegliedert. Anderswo begann man die Rückwirkungen zu spüren. In Rom zog ein ehemaliger sozialistischer Chefredakteur namens Mussolini zynische Folgerungen aus der Unfähigkeit des Völkerbundes, gegen Japan vorzugehen. Er eroberte kurz darauf Abessinien. Und in Berlin hatten die Nazis gerade ihrem aus Österreich stammenden demagogischen Führer die Macht über das Reich verschafft, die er später dazu benutzte, 55 Millionen Menschen zum Tode zu verurteilen. Doch im Augenblick gerieten, wie berichtet wurde, Millionen Deutsche in ekstatische Ohnmacht, als sie ihm ihre Ehre und Freiheit auslieferten.

Aus New York erhielt ich einen verspäteten Brief von meinem alten Schulkameraden Ben Robertson, der für die *Herald Tribune* arbeitete. Er schrieb:

»Ich war in der Wahlnacht mit Al Smith zusammen, als er erfuhr, daß Roosevelt gewonnen hatte. Ich dachte, der ›glückliche Krieger‹ würde anfangen zu weinen. Es war ein schwerer Schlag. Zusammen mit Calhoun und Clay und Webster und den anderen Beinahe-Siegern hatte Smith in dem Augenblick verloren. Doch bald faßte er sich wieder und sagte dann zu uns: ›Weiß der Teufel, diesmal hätte auch ein Chinese gewinnen können!‹«

An dem Tag, an dem Jehol fiel, wurde Roosevelt in sein Amt eingeführt, und Amerikas »Hundert Tage« begannen. Doch in Peking kehrten bald wieder Frieden und Ruhe ein, und plötzlich war der Frühling da. Für einen, der in China lebte, schienen Amerika und seine Depression weit weg und unwirklich. Für die Snows war das wichtigste Ereignis an einem Aprilmorgen, daß wir in Peking ein Haus – nein, ein Zuhause – gefunden hatten.

Anders als Shanghai stand Peking mit seinem Umland vollkommen unter chinesischer Verwaltung, bis auf ein Gesandtschaftsviertel, das etwa ein halbes Dutzend Straßenblöcke lang und von einer eigenen Mauer umgeben war, hinter der die ausländischen Diplomaten lebten. Ihre kleinen Kontingente an Botschaftswachen exerzierten auf dem *glacis* oder trugen Rugby-, Cricket- und Fußballspiele aus oder spielten, wenn das Wetter mitmachte, Polo. Drei oder vier russische Kabaretts und ein halbes Dutzend westliche Hotels klebten am Rand des Viertels und boten das einzige Nachtleben »im Stil der Ausländer«. Unter diesen war das Hotel de Pekin; es hatte große, sonnige Zimmer und so etwas wie eine französische Küche, doch sein größter Pluspunkt war ein Dachgarten, mit einem erregenden Ausblick sowohl auf die Verbotene Stadt als auch auf das Gesandtschaftsviertel. Wir wohnten dort einige Wochen lang, waren aber schließlich froh, als wir – wie die meisten Ausländer in Peking – in ein chinesisches Haus ziehen konnten.

Die Häuser in Peking waren von verputzten Lehmziegelmauern umgeben, die oft über zwei Meter hoch waren, um Staub, Wind und neugierige Blicke abzuhalten. Im Innern waren die Gebäude so angeordnet, daß sie einen Hof oder eine Reihe von Höfen bildeten, die durch weitere Mauern voneinander getrennt waren, in denen sich mondförmige Tore oder noch kunstvoller gestaltete Durchgänge befanden. Wir hatten mehrere Häuser in Peking, bevor wir die Stadt verließen, doch unser erstes war klein und neu. Die äußeren Tore waren rot lackiert, und im ersten Hof hatten wir ein Mondtor. Hinter ihm stand ein authentisches Drachengitter zur Abwehr der bösen Geister, denen man nur geradlinige Fortbewegung zutraute. Auf seiner anderen Seite lag dann ein kleiner, mit Blumen und Obstbäumen gefüllter Pavillon, schon jetzt im April eine Wolke von Blüten.

In Peking wurde die Größe eines Hauses mit *chien* angegeben, den lackierten Balken also, die gewöhnlich in etwa drei Meter Abstand an den Decken zu sehen waren. »Hier kommt Hundert-*chien*-Wang«, konnte man etwa einen Rikscha-Kuli spöttisch ausrufen hören. »*T'a ma-ti!*« Und die Straße entlang kam in seiner silberbesetzten Rikscha ein wichtigtuerischer Kaufmann im Seidenjackett. In meinem Fall hieß es »Zwanzig-Balken-*Shih Lo*«, und »Shih« bedeutete »schenken«, und »Lo« bedeutete »Glückseligkeit«. Das war in der Transkription die blumenreiche Bedeutung meines Namens. »Snow« *(hsüeh)* ließ sich nicht verwenden; es war ein Frauenname und besonders unter Prostituierten beliebt.

Unsere zwanzig *chien* setzten sich zusammen aus Küche, Eßzimmer, Schlafzimmer und Bad, Wohnzimmer, Gästezimmer und einem Arbeitszimmer und Bibliothek – alle mit Papierfenstern und Fliesenböden. Dazu kam noch ein Flügel mit drei Bedienstetenzimmern und einem Bad. Unsere Miete betrug monatlich sechzig chinesische *yuan*, damals etwa 15 amerikanische Dollar. Habe ich schon erwähnt, daß es eine der Attraktionen Pekings war, daß man sich als Zeitungskorrespondent den Lebensstil eines Bankpräsidenten angewöhnen konnte? Unser Koch, ein Hausboy und ein privater Rikscha-Kuli kosteten uns weitere fünfzehn Dollar im Monat. Und unsere Bediensteten waren relativ »wohlhabend«. Mein Rikscha-Kuli besaß zwei Häuser und unterhielt zwei Frauen, eine in Peking und eine andere in seinem Heimatdorf. Ausländer zahlten ihren Bediensteten doppelt soviel wie die Chinesen – und außerdem war da auch noch der »squeeze«, der unerlaubte Gewinnanteil der eingeborenen Diener.

Pekings »westlich« orientierte Köche waren zu Recht berühmt. Wenn man sie ihre eigenen Leute auswählen ließ und ihnen beim Einkaufen von Nahrungsmitteln und allen anderen Transaktionen genügend Spielraum für einen Gewinnanteil einräumte, lieferten sie einem ein hervorragendes Essen und besten Service, und das zu Kantinenpreisen. Die meisten von uns hielten es mit dem System, das »Kostgeld für den Koch« genannt wurde: der *maître de cuisine* verpflichtete sich, zu einem bestimmten Tagessatz für uns zu kochen, wobei es Abzüge gab, wenn der »Herr« außer Hause aß, und zusätzlich Geld, wenn Gäste zu verpflegen waren. Das waren durchschnittlich pro Kopf und Tag weniger als fünfzig Cents. Wir stellten einen von Roy Chapman Andrews' ehemaligen Köchen ein, und er behandelte uns recht gut: unser Küchenbudget überstieg kaum einmal sechzig Dollar im Monat. Weine kamen natürlich noch dazu, aber sie waren auch billig, wenn man sie bei den örtlichen französischen und italienischen Klöstern kaufte.

Auf den zahlreichen Auktionen konnte ein jungverheiratetes Paar für ein paar hundert Dollar genügend Tische, Stühle, Schränke, Truhen, Betten und Kommoden aus Schwarzholz oder Teak kaufen, um seine bescheidenen Ansprüche zu befriedigen. Nym entwarf ihre eigenen Bambus- und Korbmöbel und ließ sie von einem Handwerker fachmännisch ausführen; dieser Mann schaffte es sogar, aus Tafelglas eine Platte in Form einer Staffelei auszuschneiden, was einen exzentrischen, aber höchst praktischen Schreibtisch ergab. Zusammen mit einigen Peking-Teppichen, Seidenvorhängen, Laternen und Lampen und schließlich nach eigenen Angaben gefertigtem Besteck und Porzellangeschirr hatten wir für nur etwas über tausend Dollar unseren Haushalt komplett eingerichtet.

Damit waren wir jedoch so gut wie pleite, als wir uns anschickten, in Pekings einzigartige chinesisch-ausländische »Gesellschaft« einzutreten, die sich sehr ernst zu nehmen pflegte. Die erste Voraussetzung – außer einem Haus – war ein angemessener Vorrat an gedruckten Karten, sowohl für Mann und Frau getrennt als auch für Mr. und Mrs. gemeinsam. Jeder mußte sich diesem Überbleibsel aus Viktorianischer Zeit anpassen, das von den Ausländern in Peking immer noch peinlich genau eingehalten wurde.

Der Neuling mußte überall herumgehen und bei all denen Karten hinterlassen, die er auf gesellschaftlicher Ebene kennenlernen wollte, auch
wenn er sie bereits kannte. Der Herr überbrachte eine Karte für den
Herrn, die Dame überbrachte eine für die Dame, und die gemeinsame
Karte wurde dem Paar überbracht. Man durfte nicht vergessen, falls man
zu Hause niemanden antraf, die richtigen Ecken aller drei Karten umzu-
knicken. Dem unerfahrenen Neuen rieten freundliche alte Hasen, beim
Abgeben der Karten und Umknicken der Ecken auf jeden Fall die richtige
Reihenfolge einzuhalten. Wenn eine Matrone, die sich für die Nummer
Fünf in der gesellschaftlichen Hierarchie hielt, entdeckte, daß Neulinge
vor ihr schon der Nummer Sieben die Aufwartung gemacht hatten,
konnte sie sie dadurch bestrafen, daß sie nun ihrerseits bei den Neuen
keine Karte abgab und sie dadurch aus ihrem »Kreis« ausschloß. Wenn
man gewissenhaft das Ritual einhielt, konnte man mit frühen Einladun-
gen rechnen: zum Essen und Tanzen, zum Marionettentheater oder zu
Schattenspielen oder zu Vorstellungen von Zauberern, in die Häuser von
Botschaftern, Kommandanten, Militär- und Marineattachés, Botschafts-
sekretären und so weiter, die ganze Hierarchie hindurch.
Trotz dieser seltsamen Präliminarien, die an das Scharwenzeln balzender
Vögel erinnerten, war die Pekinger Gesellschaft keineswegs muffig und
verstaubt. Eine herzliche Gemeinschaft nahm den Neuankömmling gastfreundlich auf, mochte er auch noch so arm oder unbedeutend sein – ganz
besonders dann, wenn er eine gutaussehende Frau hatte. Anders als in
Shanghai interessierten sich die meisten Ausländer in der Art von Studenten oder Wissenschaftlern für China, und nur wenige waren einfach
in Peking, um Geld zu machen. Selbst die Geschäftsleute mußten Chinesisch lernen, denn außerhalb des Gesandtschaftsviertels waren europäische Sprachen so gut wie unbekannt. Obwohl Chiang Kai-shek die trüb-
selige Stadt Nanking zu seiner Hauptstadt erklärt hatte, behielten die
fremden Mächte ihre Häuser und Botschaften in Peking bei, und Diplomaten taten dem Protokoll Genüge, wenn sie sich in bestimmten Zeitab-
ständen im Süden sehen ließen. Es war wahrscheinlich ein politischer
Fehler der Kuomintang, Peking zu einem Zeitpunkt herabzusetzen, in
dem die nördlichen Territorien und Chinas Beziehungen zu Rußland und
zu Japan von höchster Wichtigkeit waren, und im Hinblick auf die Bevölkerung war es wohl auch ein psychologischer Fehler. Die meisten Chinesen drückten ihre Meinung dadurch aus, daß sie die Stadt weiterhin *Pei-
ching* (oder nördliche Hauptstadt) nannten und nicht *Pei-p'ing* (oder
nördlicher Friede), wie die Kuomintang verfügt hatte.
Nichtsdestoweniger war das Leben in den letzten Tagen des alten Peking
ohne Zweifel mehr als nur ein bißchen hochtrabend und unwirklich. Die
Pekinger »Gesellschaft« war weiterhin mit der Zustellung von Karten und
ähnlichen Dingen beschäftigt, während gleichzeitig die ganze Umgebung

mit einem großen Krieg und einer Revolution schwanger ging. Auch die Snows machten da zunächst keine Ausnahme. Wir kauften uns schon bald ein geschmeidiges mongolisches Rennpony, beteiligten uns zu 50 Prozent an einem anderen und traten einem Reitklub bei. Wir unternahmen lange Ausritte durch die herbstliche Pracht und besuchten die Tempel und ritten über die Felder und Wiesen zum Sommerpalast und zum See des Schwarzen Drachens in der Nähe der Westberge. Monatelang war das ein ruhiges, ereignisarmes, scheinbar sicheres Dasein, das einem genügend Zeit für allerlei Tätigkeiten ließ, unter anderem auch für meinen ersten ernsthaften Versuch, die chinesische Sprache zu erlernen.

Doch schließlich erreichte die Depression auch uns. Die Consolidated Press machte bankrott, und ich stand ohne Job da.

2 Um Nasenlänge!

Ein paar Tage nachdem ich das verhängnisvolle Telegramm bekommen hatte, in dem mir Horace Epes die traurige Nachricht vom Ende der Consolidated Press mitteilte, saß ich an der Rennbahn von Paomachang, Pekings »Herren-Rennklub«, und schwitzte Blut. Es war ein sonniges Wochenende, und die Tribünen waren voll von ausländischen und chinesischen Spielern und Rennbegeisterten. Nach sorgfältigem Studium der Gewinnchancen hatte ich mein Geld zwischen dem »Handikap« und den »Sweepstakes« aufgeteilt. Doch für mich ging es um mehr als nur Geld.

Mein Problem war, daß ich bereits einen anderen Job hatte und nicht wollte. Mein Freund Jim Mills war mit einem Sonderauftrag der Associated Press in der Stadt; als ich ihm erzählte, was geschehen war, wußte er eine Lösung. Ich könne, so sagte er, das Pekinger Büro seiner Organisation übernehmen, vorausgesetzt, ich verpflichtete mich für zwei Jahre. Danach, so versprach er, könne ich Chef des Büros in Shanghai werden.

Mir stellte sich nun die Frage, ob ich bis zum Ende meines Lebens als Nachrichtenjäger vor Ort tätig sein wollte. Ich hatte lange genug halbtags für Morris Harris und die AP in Shanghai gearbeitet, um den zermürbenden Agenturbetrieb zu kennen: man mußte über alles berichten und ständig Angst haben, von der Opposition auch nur um eine Minute geschlagen zu werden; 24 Stunden am Tag war man ans Telefon gebunden. Ich war verwöhnt. Bei Consolidated hatte ich einen ganz besonderen Job gehabt. Ich hatte mich einen Dreck um herkömmliche Berichterstattung gekümmert und gelesen und Forschungen betrieben, wenn ich Lust dazu hatte, und das, was mich interessierte, lieferte mir den Stoff für Nachrichten. Und was mich interessierte, das waren in erster Linie Menschen, alle Arten von Menschen, was sie dachten und sagten und wie sie lebten;

viel weniger interessierten mich Regierungsbeamte und was sie in ihren Interviews und Erklärungen über das zu sagen hatten, was »die Leute« dachten und sagten. Ich hatte festgestellt, daß nur wenige Beamte oder Bürokraten darüber wirklich Bescheid wußten. Die AP wollte keine Wandervögel, das wußte ich, richtete alle Manuskripte auf denselben Stil aus, idealisierte die Anonymität und ließ nicht zu, daß ein Mitarbeiter ohne Zustimmung der Zentrale auch nur eine Zeile anderswo veröffentlichte. Wenn sich einer den Lebensunterhalt mit Schreiben verdiente, dann doch nur, um ein Mensch in seinem eigenen speziellen Verhältnis zu anderen Menschen zu sein. Doch die AP zahlte regelmäßig, wenn auch nicht besonders gut.

Ich mußte also entscheiden: Sollten wir unsere Jahre der Freiheit gegen diese zuverlässigen Schecks und eine Pension verkaufen? Ich hatte etwas erzählerische Prosa verkauft und glaubte, davon und vom Artikel- und Bücherschreiben leben zu können. Aber ich hatte keinen Grundstock. Ein Freiberufler ohne Kapital ist nur ein hilfloser Sklave. Ich bat Jim um ein paar Tage Bedenkzeit. Dann ging ich zur Bank und hob unser ganzes Geld ab, eine erbärmliche Summe, denn wir lebten gerade zu der Zeit über unsere Verhältnisse. Nym hatte nichts gesagt, um mich zu beeinflussen, aber ich wußte, daß sie Wetteinsätze in Paomachang nicht gutheißen würde; ich sagte ihr also nichts davon.

Entsetzt über mein eigenes Tun, saß ich nun neben ihr auf der Tribüne und schloß die Augen, als das Ausgleichsrennen gestartet wurde, und im stillen sagte ich mir: »Wenn ich verliere, ist die Sache entschieden. Ich gehe zur AP. Wenn ich gewinne...«

Nach dem Rennen machte ich die Augen auf und blickte auf den Kontrollabschnitt in meiner Hand. Mein Pony war Zweiter geworden, und ich hatte mein Geld verdreifacht. Ich sagte immer noch nichts und wartete auf die Sweepstakes. Diesmal behielt ich die Augen offen. Es war unmöglich, wie aus einem Geschichtenbuch, und es passierte mir nur dieses eine Mal, aber da war tatsächlich meine Nummer. Ich hatte irgendein Pferd gezogen, und jetzt gewann dieses wunderschöne kleine Tier.

»Liebes«, sagte ich, als alles vorbei war und ich kassiert hatte, »wir arbeiten nun doch nicht für AP.«

»Es wird reizend sein, mit dir zusammen Hunger zu leiden.«

»Vielen Dank, aber so weit ist es noch nicht. Ich habe nämlich gerade die ganzen Sweepstakes gewonnen!«

Paomachang war eine sehr kleine Rennbahn, und mein Gewinn betrug nur wenig über tausend Dollar, doch Nyms Schoß sah aus wie der Schatz Ali Babas, als ich dort all die neuen Scheine aufgehäuft hatte. Von da an glaubte sie, sie müsse mich täglich im Auge behalten und mich von den Pferderennen fernhalten. Ich wußte jedoch, daß ich nicht klug gewesen war, sondern einfach Glück gehabt hatte. Auch die AP hatte Glück. Ihr

Korrespondent in Peking wurde James D. White, ein junger Mann aus Missouri. Er entpuppte sich als einer der fähigsten Männer, die sie jemals einstellten.

Bald danach rächte sich ein wütender chinesischer Stallknecht, erbost über einen weißrussischen Stallmeister, der ihm fast das ganze Geschäft wegnahm, auf seine Weise: er fütterte über ein Dutzend Ponys, darunter auch unsere eineinhalb, mit Strychnin. Wir waren ohnehin im Begriff, das Reiten mitsamt der ganzen Rennclique aufzugeben. Wir kauften zwei japanische Fahrräder und fanden sie als Transportmittel in Peking in jeder Hinsicht überlegen, abgesehen einmal vom Stil. Dann gab uns Sven Hedin einen schönen weißen chinesisch-russischen Hund namens Gobi. Er war die zweite Generation einer Kreuzung eines Kansu-Windhundes mit einem Barsoi und der schnellste Vierbeiner, der jemals ein zweirädriges Gefährt gezogen hat; begeistert flog er über die ebenen Straßen und zog mein Fahrrad hinter sich her.

Bald kam eine amerikanische Postsendung, und darunter war auch ein Umschlag von der *Saturday Evening Post*. Er war einen Monat lang unterwegs gewesen und enthielt ein Stück Papier, das sich als eine Rechnung über siebeneinhalb Dollar herausstellte.

»Hast du die *Post* abonniert?« fragte ich Nym verwirrt. »Du willst wohl, daß ich nach Paomachang zurückgehe?«

Nym blickte mißbilligend auf den Zettel und zupfte an ihren Augenbrauen. »Natürlich nicht«, sagte sie. »Glaubst du, ich bin verrückt?« Und dann kreischte sie auf einmal: »Das ist ja gar keine Rechnung, das ist ein Scheck! Und es sind nicht sieben Dollar und fünfzig Cents, es sind 750 Dollar! Für dich!«

Immer noch voller Angst, es könne sich um einen Fehler handeln, trabten wir zur Bank und präsentierten den Scheck. Wir waren immer noch ein wenig überrascht, als er ausbezahlt wurde.

»Wir sind reich!« sagte ich zu Nym. »Wir haben unseren Grundstock. Mit dem Gewinn aus meinen zwei Wetteinsätzen können wir hier ein Jahr lang leben.« Und an dem Abend genehmigten wir uns Peking-Ente und Champagner – und Gobi bekam ein Steak Tatar.

Die Erklärung kam mit der nächsten Postsendung. Monate vorher hatte ich der *Post* einen Artikel geschickt, den ich (nach der Lektüre Spenglers) mit »Der Untergang des abendländischen Prestiges« überschrieben hatte. Ich hatte Portogebühren beigefügt und gebeten, das Manuskript im Falle einer Ablehnung an meinen Agenten weiterzuschicken. Da ich nichts mehr davon gehört hatte, hatte ich es vergessen. Doch nun bekam ich einen Brief von George Horace Lorimer persönlich, in dem er mich beglückwünschte und den Artikel kaufte.

Ich holte eine Abschrift meines eigenen Briefes an Lorimer hervor und las ihn noch einmal durch. »Was war ich bloß für ein unverschämter

Trottel!« sagte ich. »Aber wer hätte auch gedacht, daß sich Lorimer selbst damit befassen würde?« Ich hatte praktisch gesagt, die *Post* liege mit ihren Ansichten über den Fernen Osten vollkommen schief, und ihre Autoren hätten den Kontakt mit der Wirklichkeit verloren. Japan sei am Gewinnen und nicht am Verlieren und werde mit jedem Tag reicher und stärker – damals der große Mythos. Natürlich wisse ich genau, daß mich die *Post* nicht drucken würde, fuhr ich fort. Ich sei ein unbeschriebenes Blatt. Aber ich wünsche, daß Lorimer die »Tatsachen des Lebens« im Fernen Osten kennenlerne, bevor er mein Manuskript weiterschicke.

Mr. Lorimer hatte mir auf sechs Seiten höflich geantwortet, um mir klarzumachen, daß ich über ihre Einstellung zu neuen Autoren falsch informiert war. Meine Geschichte gefalle ihm, sie sei ihm 750 Dollar wert; er hoffe auf mehr. Es war der Beginn einer wunderbaren Freundschaft und einer Allianz, die mich in jeden Winkel dieser Erde reisen ließ, ein Vergnügen, für das mir die *Post* im Laufe der nächsten 15 Jahre fast eine Viertelmillion Dollar zahlte.

Mein Artikel war eine gekürzte Fassung des letzten Kapitels aus meinem ersten Buch, »Far Eastern Front«, das kurz danach herauskam. Sein Kern war der folgende Abschnitt:

Es kann in Asien keinen Frieden geben, solange die Früchte der Aggression nicht aufgegeben werden, und zwar nicht einfach in China, sondern im ganzen Orient... Werden die Europäer nun, da Kolonien überall im Osten ihre Freiheit fordern, sich festklammern, oder werden sie den Mut haben, entschiedene Anstrengungen zu unternehmen – gleichzeitig mit den (geforderten) japanischen Anstrengungen –, ihre eigenen Eroberungen zu liquidieren?... Ein solcher Schritt würde mit friedlichen Mitteln und mit nachhaltig zivilisierender Wirkung einen Zustand herbeiführen, der andernfalls mit Sicherheit durch eine Reihe blutiger Konflikte herbeigeführt werden wird.

Bedauerlicherweise lasen jedoch die Leute in London, Paris, Amsterdam und Washington, die die »Könige dieser Erde« waren, offensichtlich nicht die *Post*. Sie lebten weiterhin in dem Glauben, es sei noch viel früher, als es in Wirklichkeit war, bis dann Asien in einer gewaltigen Umwälzung ihre Uhren aus der Kolonialzeit auf immer zerschlug.

3   *Ich versuche einen Kopfstand*

»Wenn Sie China verstehen wollen, Snow«, sagte ein kahlköpfiger, sehr kleiner, mit einer Adlernase versehener Sinologe namens L.C. Arlington und deutete dabei mit einem Finger, von dem die Hälfte fehlte, auf den

Boden, »müssen Sie sich auf den Kopf stellen und sich vorstellen, Sie seien auf den Beinen! Zuallererst gilt es, die Sprache zu lernen – das ist allein schon ein Kopfstand.«

Arlington war damals in den Siebzigern und seit fünfzig Jahren in China. Das Vorwort zu seiner fesselnden Autobiographie, »Through the Dragon's Eye«, war schon ein Epos für sich allein, dabei aber nur der Anfang seiner erstaunlichen Abenteuer in China. Nacheinander war er gewesen: ein im Vollrausch rekrutierter Matrose, Marineberater bei der Mandschu-Regierung, Offizier in der chinesischen Marine (der halbe Finger, den er im chinesisch-französischen Krieg der achtziger Jahre verlor, war, wie er gerne sagte, der einzige Verlust in jener Farce), Beamter der chinesischen Zollbehörde und Fachmann sowohl für das chinesische Theater als auch für die Geschichte Pekings. Er hatte mehr »Adoptiv«-Kinder – die meisten von ihnen brachte er zur Bühne – als irgendein anderer Mann seiner Zeit.

In gewissem Sinn adoptierte Arlington auch uns. Er brachte mir eine Menge über China und Peking bei, und ich fand bald heraus, daß er mit seiner Bemerkung über die Sprache recht gehabt hatte. Ohne gewisse Sprachkenntnisse kann niemand ermessen, wie sehr die Feinheiten der chinesischen Schriftzeichen das Denken und Verhalten der Chinesen beeinflussen. Diese Zeichen haben ein richtiges Eigenleben, das durch die in ihm enthaltenen Hinweise auf Traditionen und Erfahrungen der Vergangenheit bis heute die Gegenwart beherrscht. Dank den im vorhergehenden Kapitel geschilderten Glücksfällen konnte ich mir nun die Zeit nehmen, die chinesische Schrift zu studieren und ein Leben halb als Journalist und halb als Akademiker zu führen.

Ich habe keine natürliche Sprachbegabung, und europäische Sprachen sind für einen, der Chinesisch lernen will, ohnehin keine Hilfe. Zwischen Verzweiflung und Geduld, vor allem auf seiten meines mandschurischen Lehrers Huang Li-shih, der kein Englisch konnte, lernte ich schließlich genügend *kuo-yü*, die von Ausländern »Mandarin« genannte Nationalsprache Chinas, um in einer einfachen Unterhaltung selbst mitsprechen und andere verstehen zu können. Ich erfaßte nie mehr als höchstens 1500 Schriftzeichen, doch das reichte gerade noch aus, um mich ein wenig *paihua* (»einfache Sprache«) lesen zu lassen, die allgemein gesprochene oder geschriebene Volkssprache des Nordens. So blieb es mir erspart, ein völliger *hsia-tzu* oder »blinder Mann«, wie die Chinesen Analphabeten nennen, zu bleiben.

Eine absolute Beherrschung des Chinesischen wird für einen Ausländer zur Lebensaufgabe. In dem großen Wörterbuch *K'uang Hsi*, das vor fast 300 Jahren zusammengestellt wurde, stehen 44000 Schriftzeichen. Seither hat man aber Tausende von neuen Wörtern erfunden, um mit der Flut an Gedanken und wissenschaftlichen Arbeiten aus dem Westen fertig zu werden. Gelehrte sprechen von sechs bis zehn verschiedenen und deutlich unterscheidbaren Formen chinesischer Schriftzeichen, von einer Ära, die über 2000 Jahre vor dem Perikleischen Zeitalter liegt, bis zu den heute üblichen Abkürzungen im freien Stil. Nichtchinesen, die so gut lesen und schreiben können, daß sie sowohl die Klassiker studieren als auch in korrekter Tonhöhe und Aussprache Unterhaltungen führen können, sind äußerst selten. Natürlich braucht man, um als des Lesens und Schreibens kundig zu gelten, nur die modernen Schriftzeichen zu kennen, doch als »modern« kann alles betrachtet werden, was nach dem Kaiser Ch'in (255–207 v. Chr.) kam. Der chinesische Haarpinsel wurde in jener Zeit als Schreibgerät allgemein üblich; er wirkte sich nachhaltiger aus als die Erfindung des Buchdrucks, die in China tausend Jahre danach erfolgte, etwa fünf Jahrhunderte, bevor Gutenberg die beweglichen Lettern erfand.

Um die Sprache annehmbar zu *sprechen*, sollte man wenigstens für ein paar hundert elementare Schriftzeichen auch die vier Tonhöhen (im Kantonesischen neun) wissen. Es gibt im Chinesischen Dutzende von Homonymen (selbst mit identischen Tonhöhen) mit verschiedenen und oft völlig gegensätzlichen Bedeutungen. Für sich allein stehende Schriftzeichen (einsilbige Wörter) sind häufig auch für Chinesen unverständlich. Oft unterbricht einer eine Unterhaltung, um zur Klärung ein Wort aufzuschreiben. Wenn ich in meiner Zeit als »blinder Mann« versuchte, mich in Pidgin-Englisch in Kreisen zu verständigen, in denen niemand ein Wort davon verstand, legte immer jemand Pinsel, Tintenstein und Reispapier vor mich hin und erwartete, daß ich für das, was ich sagte, die Schriftzeichen aufschrieb. Sie gingen einfach von der Annahme aus, daß ich irgendeinen unbekannten chinesischen Dialekt sprach. Die Schrift, die einheitlich und überall gleich war, würde eine Verständigung ermöglichen.

Die alte klassische Sprache ist heute genauso selten zu *hören* wie das klassische Griechisch. Das moderne Chinesisch ist praktisch mehrsilbig, auch wenn die Schriftzeichen getrennt geschrieben werden. Die Komposition dieser einzelnen Schriftzeichen aus den ursprünglichen Piktogrammen, Ideogrammen, Phonogrammen und anderen Formen und das Schaffen »neuer« Wörter aus Kombinationen von Schriftzeichen ist es, was das Chinesische so faszinierend macht wie die Entwirrung des Handlungsablaufs in einem Krimi.

Da dies hier keine etymologische Abhandlung ist, müssen ein, zwei Beispiele ausreichen, um zu zeigen, wie die ganze Geschichte und Psychologie der Menschen auf eine Art und Weise in ihrer Schrift aufgegangen sind, für die es in den westlichen Sprachen keine genaue Entsprechung gibt. Wenn man das Piktogramm für »Familienname« analysiert, stellt man fest, daß es eine Kombination des Piktogramms für »Frau« mit dem

Piktogramm für »wachsen« ist. »Frau« ist aber einfach ein Mann mit draufgemalten Brüsten, ein Piktogramm, das in dem älteren, 800 bis 220 vor Christus gebräuchlichen »Siegel«schriftzeichen noch deutlicher erkennbar ist. Weiter stellt man fest, daß sich das Schriftzeichen »wachsen« aus dem Piktogramm für Erde und zusätzlich etwas Sprossendem entwickelt hat.

Wie kommt es aber, daß »Frau« und nicht »Mann« die Wurzel oder den Stamm des Schriftzeichens »Familienname« bildet? Die Antwort kann nur sein, daß in der Gesellschaft, die dieses Zeichen erfunden hat, Kinder ihre Familiennamen von ihren Müttern übernahmen. Und das stellt sich auch tatsächlich als historisch richtig heraus. In sehr alter Zeit war in China Polyandrie üblich, und Kinder konnten nur mütterlicherseits ihrer Herkunft sicher sein. Daher erhielten sie den Familiennamen der Mutter, so wie das in Tibet heute noch Brauch ist.

Sehen wir uns schließlich noch das Schriftzeichen *ai* für »lieben« an. Es besteht aus drei übereinander liegenden »Wurzel«schriftzeichen. Das oberste bedeutet »fliegender Vogel« und »erregtes Atmen«, wie bei leidenschaftlicher Erregung; die mittlere Komponente ist das Piktogramm für »Herz«; und die untere Wurzel ist ein »in Würde und Anstand gehender Mann«. Zusammengefaßt bilden sie das Ideogramm, das nicht nur »Liebe«, »abhängig sein«, »begehren« und »bewundern« bedeutet, sondern auch die Vorstellungen seiner Bestandteile beibehält.

Diese Beispiele deuten an, wie schwierig es ist, das chinesische Denken von der Kulturgeschichte des Landes zu trennen oder von außen irgendeine unveränderte Ideologie einzuführen, um mit ihr die Vergangenheit auszulöschen. Selbst die Kommunisten von heute könnten, wenn sie das wollten, an der poetischen Kalligraphie des Wörtchens »lieben« nichts ändern. Es ist nicht vorstellbar, daß zum Beispiel die Schriftzeichen für einen Jungen, ein Mädchen und einen Traktor zusammengefaßt denselben Zweck erfüllen würden.

Chinesisch faszinierte mich, auch wenn ich mich nicht zielstrebig genug damit befassen konnte, da ich mir auch weiterhin den Lebensunterhalt verdienen mußte. Jener erste Scheck von der *Post* und der unerwartete Glückstreffer von Paomachang reichten nicht sehr lange. Als die Consolidated Press aufgelöst wurde, bekam ich von der New Yorker *Sun* den Auftrag, für einen Hungerlohn, der kaum für die Miete ausreichte, eine wöchentliche Kolumne zu schreiben. Ich fing an, für das alte Magazin *Asia* zu schreiben, doch die waren auch in finanziellen Schwierigkeiten und bezahlten sehr wenig. Während der nächsten zwei Jahre, in denen ich studierte, ein Buch schrieb und als Dozent an der Yenching-Universität (die mir nur ein winziges Honorar bezahlen konnte) einige Stunden gab, lebten wir hauptsächlich von einem gelegentlichen fetten Scheck von der *Saturday Evening Post.* Nur *allzu* gelegentlich, damals!

Doch es war in vieler Hinsicht ein gutes Leben – dem der Krieg zu bald ein Ende machte.

Wir fanden auch ein neues Zuhause in der Nähe von Yenching und den Westbergen, das alle Erwartungen übertraf. Ich hatte einen christlichen chinesischen Bankier und Yenching-Absolventen namens Jimmy Chuan kennengelernt.

»Ich habe eine Art Altersruhesitz in Hai-tien gebaut«, sagte er. »Das ist das alte Dorf direkt südlich vom Yenching-Campus. Es dauert noch ein paar Jahre, bis ich in den Ruhestand gehe, und bis dahin möchten wir in der Stadt leben. Möchten Sie das Haus mieten, solange sie an der Yenching-Universität unterrichten?«

Ich erzählte ihm von unserer Lage und meinte, wir würden uns das wohl kaum leisten können.

»Machen Sie sich keine Sorgen wegen der Miete«, sagte er. »Gehen Sie hin und sehen Sie es sich an. Wenn es Ihnen gefällt, zahlen Sie mir das, was Sie jetzt auch zahlen. Sechzig im Monat?« Er lächelte. »Keine Angst, Sie kriegen meins für vierzig.«

Wir fuhren mit dem Fahrrad hinaus und trauten unseren Augen nicht. Innerhalb der Mauern um Chuans Haus lag ein riesiger Garten, es gab Obstbäume und sogar ein Schwimmbecken von beachtlicher Größe. Das halb amerikanische und halb chinesische Haus war U-förmig angelegt und so ausgerichtet, daß man durch das große Wohnzimmerfenster, umrahmt von atemberaubender Schönheit, den Sommerpalast und die Westberge sehen konnte. Es gab separate Unterkünfte für die Bediensteten und einen Stall. Das Haus selbst war funkelnagelneu, und jeder Flügel hatte ein Bad und ein Arbeitszimmer.

Wir zogen prompt nach Hai-tien und lebten nun strenggenommen nicht mehr in Peking. Wir fanden Anschluß im Dorf selbst und bei den chinesischen Studenten und Professoren, die aufgrund von gemeinsamen intellektuellen und fachlichen Interessen mit einigen wenigen westlichen Studenten und Professoren an den Universitäten Yenching und Tsing-hua und anderen benachbarten Schulen zusammenkamen. Hai-tien selbst gehörte nicht zum Yenching-Campus, wo die meisten chinesischen und ausländischen Mitglieder des Lehrkörpers wohnten; vielmehr hatten hier mandschurische Soldaten gelebt, die die nahegelegenen Paläste bewachten, den *Yuan-ming-yuan* (1860 von europäischen Truppen zerstört) und den »Berg der zehntausend Banner« oder Sommerpalast. Die Einwohner Hai-tiens gehörten verschiedenen Klassen an, doch sie sprachen den eleganten Peking-Dialekt, und so war das ein hervorragender Ort für einen, der Chinesisch lernen wollte.

Die Yenching-Universität hatte sich aus einer Missionseinrichtung entwickelt, ging aber nach und nach ganz in chinesische Hände über, in Übereinstimmung mit den liberalen Idealen ihres Hauptgründers, Dr. J.

Leighton Stuart, der später der letzte ständige Gesandte Amerikas in Nanking war, bevor die Kommunisten die Macht übernahmen. Stuart war weitgehend für die Beschaffung der amerikanischen Geldmittel zum Bau Yenchings verantwortlich, aber auch für den bemerkenswerten Baustil, ein schönes Beispiel für traditionelle chinesische Architektur, leicht abgewandelt durch Baustoffe und eine verbesserte Inneneinrichtung aus dem Westen. Yenching wurde teilweise auf dem Gelände des alten *Yuan-ming-yuan* errichtet; ein Teil des ursprünglichen Landschaftsbildes wurde erhalten, darunter auch ein wunderschöner See im Mittelpunkt des gartenartigen Campus. An sonnigen Wintertagen schauten wir oft zu, wie alternde Mandschu-Gefolgsleute aus Hai-tien auf diesem See auf ihren scharfen, vorne abgerundeten, zweiklingigen einheimischen Schlittschuhen faszinierenden Eiskunstlauf vorführten.

Fast zwei Jahre lang lebten wir hier in idealer Umgebung, in Kontakt mit der modernen chinesischen Jugend und mit den Gedanken und Meinungen auf Universitätsebene, und in einer mit dem Fahrrad mühelos zu überbrückenden Entfernung von den geschichtsträchtigsten und schönsten Teilen Chinas. Hier lagen der alte Glockentempel, der Tempel der Weißen Wolke, die Pagode des Jadebrunnens und die Weiße Pagode und jene *Pa-ta-ch'u* genannte Anhäufung von heiligen Stätten, mitten unter den Hainen und bewässerten Tälern der kiefernbewachsenen Westberge – aber auch der Sommerpalast mit seinen im Schatten von Weiden liegenden Promenaden, seinen terrassenförmig angelegten Gebäuden, seinem grünen See und seinem Marmorboot. Diese Stätten waren ebenso wie die historischen Museen und die meisten anderen Gebäude des Winterpalastes, der Himmelstempel und der Ackerbautempel und zahllose andere Wunder der Öffentlichkeit seit 1914 zugänglich.

Und doch war das alles nicht mehr als ein Trugbild, an dessen Oberfläche der Ausländer so gut leben konnte, hatte er doch seinen günstigen Wechselkurs, seine Exterritorialität und seine Illusion, daß sich China nie ändern würde. Dahinter aber brodelte und gärte es in einer alten Gesellschaft, auf dem Weg zu den schmerzhaften Veränderungen einer totalen Revolution.

4   Living China

Noch als ich in Shanghai lebte, begann ich zusammen mit Yao Hsin-nung an einer Übersetzung von Lu Hsuns »Die wahre Geschichte von Ah Queh« zu arbeiten, immer noch das einflußreichste Werk der erzählenden Prosa aus der republikanischen Zeit, genauso wie Lu Hsun ihr bedeutendster Schriftsteller war. Nach meiner Ankunft in Peking lud ich Yao ein, nachzukommen, damit wir die gemeinsame Arbeit fortsetzen konnten. Yao, ein Absolvent der Universität von Soochow, war noch nie im Westen gewesen, aber er hatte recht gute Englischkenntnisse. Und, was unter christlich erzogenen Chinesen seltener war, er kannte auch Chinas klassische und moderne Literatur. Wie alle chinesischen Schriftsteller wurde er für seine eigenen Arbeiten so erbärmlich bezahlt, daß er seinen Lebensunterhalt hauptsächlich mit dem Übersetzen ausländischer Bücher ins Chinesische bestritt – selbst bei Lu Hsun war das nicht anders.

Yao und ich trafen in Shanghai mehrmals mit Lu Hsun zusammen und erhielten seine begeisterte Zustimmung zu unserem Projekt, ein Buch mit englischen Übersetzungen zeitgenössischer Short Stories, geschrieben in der gesprochenen Sprache *pai-hua*, herauszubringen. Es waren Lu Hsun, Dr. Hu Shih, später Botschafter in den Vereinigten Staaten, und Chen Tu-hsiu, später Sekretär der Kommunistischen Partei und danach des Landes verwiesen, die weitgehend jene »literarische Renaissance« von 1919 auslösten, die zum erstenmal *pai-hua* als Nationalsprache fest etablierte – eine literarische Revolution von kaum geringerer Bedeutung als der politische Sturz der Mandschu-Dynastie.

Lu Hsun, der, als ich ihn kennenlernte, schon als Gelehrter, Lehrer und großer Schriftsteller verehrt wurde, war eine dunkle, kleine Gestalt in den Fünfzigern, mit hellen, warmen Augen und nasser Stirn; er litt an einer unheilbaren Tuberkulose und hatte nicht mehr lange zu leben. Überraschenderweise mußte er in der Französischen Konzession im Versteck bleiben, und die meisten seiner Bücher wurden von der Kuomintang-Regierung verboten. Auch wenn die Roten später einen Nationalhelden aus ihm machten, war Lu Hsin kein Kommunist. Nur ein ultrakonservativer Konfuzianer konnte in seiner Satire und seinem Humor etwas sehr Gefährliches sehen.

»Ah Queh« ist die Geschichte eines typischen ungebildeten Kulis, dessen Erfahrungen während der ersten Revolution zeigen, wie vollkommen dieses Ereignis an den Leuten vorbeilief. Ein Beinahe-Gegenstück ist in der westlichen Literatur der tschechische Klassiker »Die Abenteuer des braven Soldaten Schweik«. Doch Schweik hatte wenigstens einen Platz in dem geordneten militärischen Chaos, auch wenn er nicht wußte, warum. Ah Queh hatte überhaupt keinen Platz, und auch er wußte nicht, warum. Er wird dauernd verwirrt, sieht alles durch einen Schleier aus Ignoranz und Aberglauben, kennt die Wörter, aber nicht ihre Bedeutung; so geht Ah Queh von Erniedrigung zu Erniedrigung, doch jedesmal münzt er philosophisch seine Niederlagen in Siege um und steht als »der Übermensch« da. (Siehe Konfuzius, siehe Nietzsche, siehe Walter Mitty.) Selbst als er für ein Verbrechen hingerichtet wird, das er gar nicht begangen hat, geht Ah Queh fröhlich seinem Tod entgegen, auf den Lippen ein Lied aus einer chinesischen Oper, die er nicht verstand: »In zwanzig Jahren werde ich als Held in diese Welt zurückkehren.«

Kommunistische Intellektuelle sahen in Lu Hsuns Geschichte sowohl eine Allegorie auf Chinas Demütigung in der Welt als auch die Botschaft, daß sie selbst die Revolution unter die ungebildete Landbevölkerung tragen und ihnen zum Anschluß an den Hauptstrom des modernen Lebens verhelfen mußten, damit China seine verlorene Größe wiedererlangen konnte.

»Vor der Republik waren die Menschen Sklaven«, sagte Lu Hsun selbst. »Nachher wurden wir die Sklaven von Exsklaven.«

»Nun, da die zweite oder nationalistische Revolution vorbei ist«, fragte ich ihn, »haben Sie da das Gefühl, daß es immer noch so viele Ah Quehs gibt wie vorher?«

Lu Hsun lachte. »Es ist schlimmer geworden. Jetzt regieren sie schon dieses Land.«

»Glauben Sie, daß Rußlands Regierungsform besser zu China passen würde?«

»Ich weiß nichts von Sowjetrußland, aber ich habe viel über das vorrevolutionäre Rußland gelesen, und da gibt es Ähnlichkeiten mit China. Zweifellos können wir von Rußland lernen. Wir können auch von Amerika lernen. Doch für China kann es nur eine Art von Revolution geben – eine chinesische Revolution. Auch wir haben unsere Geschichte, aus der wir lernen müssen.«

Durch Lu Hsun (und Mme. Sun) lernte ich viele der herausragenden jungen Schriftsteller und Redakteure Chinas kennen. Ich entdeckte, daß sie, die im Ausland weithin unbekannt waren, unter den ernsthafteren jungen Leuten in China die beliebtesten und einflußreichsten Autoren ihrer Zeit waren. Viele von ihnen lebten, so wie Lu Hsun, einen großen Teil ihrer Zeit in irgendeinem Versteck oder im Exil, denn ihre Zeitschriften und Bücher wurden immer wieder als ungesetzlich erklärt und unterdrückt. Unter denen, die ich kannte, waren wenige oder überhaupt keine Kommunisten. Ihrer Einstellung nach waren sie Sozialisten, sie wollten genügend Freiheit, um sich für Reformen einsetzen zu können, die im Westen längst durchgeführt waren, und sie schnitten in ihren Texten Fragen an, die die Kuomintang für gefährliches Gedankengut hielt.

Yao und ich hatten gerade erst angefangen, Lu Hsuns Werk zu übersetzen, als er nach Shanghai zurückkehren mußte. Nachdem Yao gegangen war, erforschte ich weiterhin mit der Unterstützung meines Lehrers und einiger chinesischer Studenten Literatur, die in der Umgangssprache geschrieben war. Vom literarischen Standpunkt aus lohnte sich das nicht oft, aber es war ein gründlicher Anschauungsunterricht in intellektueller Unzufriedenheit. Es brachte mir die Denkweise von Chinesen in meinem Alter nahe und verriet mir einiges über die Bedingungen, unter denen Schriftsteller arbeiteten – in ständiger Angst, in einer Mischung aus Verzweiflung und Hoffnung, und fast immer dem Verhungern nahe.

Pearl Buck und ihr Mann Dick Walsh, Herausgeber des Magazins *Asia*, unterstützten mich dadurch, daß sie viele dieser übersetzten Geschichten veröffentlichten. John Day brachte sie unter dem Titel »Living China« in Buchform heraus. Dieses Bändchen mag als Kunst unbedeutend gewesen sein, doch es war ein erstes Anzeichen dafür, daß sich in der chinesischen Literatur zunehmend ein moderner Geist des Protestes und des Mitgefühls bemerkbar machte, ein Ruf nach sozialer Gerechtigkeit im weitesten Maße; zum erstenmal in der chinesischen Geschichte wurde hier die Bedeutung des »kleinen Mannes« erkannt.

Während Nym und ich an diesem Buch arbeiteten, entdeckten wir, daß die Giganten der russischen Literatur in China schon einen viel größeren Eindruck gemacht hatten, als den meisten westlichen Beobachtern klar war. Sie stellten eine bis dahin nicht existierende echte kulturelle Beziehung zwischen den beiden Ländern her. Die russische Flut kam erst nach der europäischen und amerikanischen nach China und erreichte die Intellektuellen hauptsächlich während der nationalistischen Periode, als Puschkin, Tolstoi, Turgenjew, Gogol und Tschechow zum erstenmal übersetzt wurden. Bis zur Mitte der dreißiger Jahre waren nur wenige sowjetische Werke ins Chinesische übersetzt, und vom »Kapital« war erst ein Band herausgekommen. Selbst in den Distrikten der Roten gab es keinen kompletten Lenin.

Nach 1928 wurden fast alle russischen Werke offiziell verboten. So mancher Student wurde verhaftet, nur weil er »Krieg und Frieden« und »Die Brüder Karamasow« besaß. Später wurde der »Index« der Kuomintang erweitert und enthielt Bücher von Dreiser, G.B. Shaw, Erskine Caldwell, Sinclair Lewis, John Steinbeck und eine lange Liste berühmter westlicher Autoren. Wer die gefährlichen Bücher besaß, mußte mit Gefängnis und Schlimmerem rechnen.

Meine eigene wachsende Bibliothek an geheimzuhaltenden Büchern und Zeitschriften wurde bald ständig von Studenten der Yenching-Universität benutzt, die begierig waren, Seltenes oder Verbotenes zu lesen. Nicht daß es an der Yenching-Universität eine strenge politische Zensur gegeben hätte; unter Dr. Stuart waren wir relativ immun gegen die Überwachung, die sich andere Schulen gefallen lassen mußten. Yenching war eine Institution der Oberschicht, deren Studenten in politischen Dingen normalerweise hätten konservativ sein müssen. Doch als sich die nationale Krise vertiefte und der Klassenkampf sich mit den japanischen Eroberungen im Norden vermengte, breitete sich dort nach und nach eine Woge des Radikalismus aus. 1935 war Yenching unerwartet zum Geburtsort studentischer Proteste geworden, die eine das ganze Land erfassende »Rebellion der Jugend« auslöste.

Japan hatte inzwischen in der Mandschurei und der Inneren Mongolei weit über eine Million Quadratkilometer chinesisches Gebiet erobert und sollte bald noch tiefer in den Norden Chinas eindringen. Gleichzeitig drängten japanische Diplomaten Chiang Kai-shek, zum Zwecke einer »Stabilisierung des Friedens im Fernen Osten« ein antirussisches (Anti-Komintern-)Bündnis mit ihnen einzugehen. Das hätte Japan eine legale Position in China verschafft, ähnlich dem Nachkriegsprotektorat Amerikas über Formosa. Tokio behauptete, die Chinesen seien nur aufgrund des kommunistischen Einflusses anti-japanisch eingestellt. Chiang brauche nur zuzulassen, daß Japan ihm helfe, dann könne der Kommunismus rasch zerschlagen werden. Doch der Generalissimus hatte bereits alle antijapanischen Organisationen verboten und behauptete, er stehe kurz vor dem endgültigen Sieg über die Roten, den er seit sieben Jahren anstrebe. Er fürchtete, ein Bündnis zwischen der Kuomintang und den Japanern würde die chinesischen Kommunisten politisch nur stark machen.

Und doch hätten – abgesehen einmal von der ungeduldigen und gierigen Inbesitznahme chinesischer Gebiete durch die Japaner – China und Japan durchaus eine gemeinsame Basis finden können. Ideologisch schienen die beiden Regime nicht weit auseinander. Die Kuomintang war sowohl vom faschistischen Italien als auch von Hitlers Deutschland sehr beeindruckt. Chiang ließ seine Armee von deutschen Offizieren ausbilden und seine Luftwaffe (vor der Zeit des Generals Claire Chennault) von Italienern. Deutsche halfen bei der Aufstellung seiner politischen Schutztruppen, den *Lan I Shc* oder »Blauhemden«, die nach dem Vorbild der Gestapo organisiert wurden. Den Kadetten in den Militärakademien der Kuomintang wurde das »Führer«prinzip einer bedingungslosen Loyalität gegen den »Führer« Chiang eingepaukt, und durch das Jugendkorps der Kuomintang erreichten diese Lehren schon bald alle anderen Schulen.

Die Kuomintang-»Vormundschaft« war immer eine Einparteiendiktatur; es gab keine gesetzliche Grundlage für eine Opposition. Obwohl diese Diktatur unzulänglich und unvollkommen war, war eine Opposition nur unter dem Schutz noch nicht völlig »angepaßter« Militaristen möglich oder aber als offene bewaffnete Erhebung, so wie die, die von der rivalisierenden kommunistischen Partei angeführt wurde. Es gab keine Grundrechte, Tausende wurden ohne Anhörung im Gefängnis festgehalten, und täglich gab es Hinrichtungen; da aber kaum einmal Listen veröffentlicht wurden, konnte man nie genau erfahren, wie viele Menschen eigentlich umgebracht wurden.

Obwohl die Roten nach Westen vertrieben worden waren, wurde argumentiert, die Staatsmacht sei immer noch von innen bedroht, und deshalb seien strenge Maßnahmen gerechtfertigt. Waren die Kommunisten wirklich schlimmer als die nationalistische Diktatur auf der einen und die Eroberung durch die Japaner auf der anderen Seite? Ich wußte es nicht, und ich hatte nach wie vor den Ehrgeiz, aus erster Hand eine Antwort zu erhalten. Noch kein Korrespondent war in den Gebieten der Roten gewesen, aber es war uns bekannt, daß im ländlichen China die Zahl der Todesopfer sehr viel höher war, als die Außenwelt sich klarmachte. Auf Rat des Generals von Seeckt war ein breiter Gürtel um die stark »infizierten Gebiete« im Süden entvölkert, verbrannt und vernichtet worden. Die Zahl der Toten vor der endgültigen Vernichtung der frühen Sowjetrepubliken im Yangtze-Tal belief sich nach verschiedenen offiziellen Schätzungen der Kuomintang auf zwei bis sechs Millionen. Nun, da die einstigen Parolen der Kuomintang zur Landreform (ursprünglich zur Neuverteilung des Landes) erst zurückgewiesen und dann für »subversiv« erklärt wurden, kam die Partei ganz offen auf jene alte traditionelle Allianz zurück, die die Bürokratie und die ländliche Klasse der Grundbesitzer und die Gentry miteinander verband. Die von ihnen angeheuerte *mint'uan* oder örtliche Miliz wurde nun von der Kuomintang mit Waffen ausgerüstet und für den Kampf gegen die roten Banditen ausgebildet.

Während all diese Dinge sich ereigneten, lebten viele Ausländer in Shanghai und anderen Vertragshäfen-Oasen in seliger Unkenntnis der chaotischen Auflösungserscheinungen, die das ländliche China für die gewalttätige Revolution vorbereiteten. Diese Kurzsichtigkeit spiegelte sich in dem Zeugnis wider, das Generalleutnant Albert C. Wedemeyer vor wenigen Jahren vor einem Kongreßausschuß ablegte. General Wedemeyer war nie in China gewesen, bevor er während des Zweiten Weltkrieges General Stilwell dort ablöste, doch er zeichnete den Senatoren ein ziemlich idyllisches Bild von jenem Land in den dreißiger Jahren. »So viele Beobachter, mit denen ich mich im Fernen Osten unterhielt und die viele Jahre dort gelebt hatten«, sagte er, »nennen es das goldene Jahrzehnt – unter Chiang Kai-sheks Regime, wohlgemerkt, und unter annähernd denselben führenden Leuten, die wir heute noch haben.«*

Eine goldene Zeit war es vielleicht für eine Handvoll ausländischer Geschäftsleute und ihre eingeborenen Agenten. Es war auch eine Zeit, in der nie ein Jahr verging, in dem nicht Millionen durch Hungersnot, Überschwemmungen, Epidemien und andere abwendbare Katastrophen ums Leben kamen, eine Zeit, in der Millionen von Bauern ihr Land verloren. Chiang Kai-sheks Regierung in Nanking kündigte immer Pläne zur Verbesserung dieser Situationen an und verschob sie dann wieder, während der überwiegende Teil des Staatshaushaltes für fortwährende Kampagnen

---

* Institute of Pacific Relations, Hearings: Committee on the Judiciary, U.S. Senate, Washington, D.C., 1951. Teil 3, S. 802.

des Generalissimus verwendet wurde, mit denen er das System der Kriegsherren unter seiner alleinigen Herrschaft vereinigen wollte. Hier ist ein für die Mitte dieses Jahrzehnts typischer Bericht aus meinem alten »Katastrophen-Ordner« jener Tage:

Shanghai, den 26. März (1935) – Zwölf Millionen Menschen sind im Yangtze-Tal vom Hungertod bedroht. Diese Nachricht bringt heute John Earl Baker, Sonderbeauftragter (von der China International Famine Relief Commission), der gerade von einer langen Tour durch die betroffenen Gebiete zurückkam... Viele Todesopfer hat es in der Nähe der Hauptstadt (Nanking) unter den Hungernden gegeben, die aus einer Art Bleicherde eine Suppe kochten, um ihren leeren Magen irgendwie zu füllen.[*]

Das ist es, was mir aus dem »goldenen Jahrzehnt« in Erinnerung geblieben ist – das und die wachsende Angst und Reaktion unter rechtsgerichteten Kuomintang-Führern, die als Antwort auf die sich ausbreitende Rebellion eine immer noch massivere Unterdrückung für richtig hielten. In den Städten erweiterten die Blauhemden ihren »Weißen Terror« und verfolgten neben Kommunisten und linken Nationalisten nun praktisch sämtliche Kritiker des Regimes – parteilose Patrioten, Schriftsteller, Lehrer, Redakteure, Journalisten und sogar Geschäftsleute. Es gab heiße Debatten und Auseinandersetzungen an den Mittelschulen und Universitäten, an denen der Faschismus und das »Führerprinzip« Fürsprecher unter Professoren hatten, die dem Generalissimus nahestanden. Yenching war jedoch, bis auf einige wenige Ausnahmen, antifaschistisch.
Natürlich haben diese Begriffe nur eine begrenzte Bedeutung in China, und ich will hier nicht den Eindruck erwecken, Chiang Kai-shek sei ein östlicher Mussolini oder Hitler gewesen, was auch immer sein Ziel gewesen sein mag. Keiner der beiden war in China eine echte Möglichkeit; Europas Probleme waren von ganz anderer Art. China war ein rückständiger Agrarstaat, in dem sich die Wahl zwischen grundlegender Veränderung und Untergang nicht mehr länger hinausschieben ließ. Im historischen Zusammenhang gesehen *brauchte China eine revolutionäre Führung,* so wie es sie schon einmal zum Überleben brauchte, nämlich zur Zeit von Shih Huang-ti, zweihundert Jahre vor Christus. Und was er auch immer sein mochte, ein Revolutionär war Chiang Kai-shek nicht.
Unter Chiang Kai-sheks Regierung wurde ein gewisser Versuch unternommen, eine verfassungs- und gesetzmäßige Grundlage für künftige Regierungen zu schaffen, einige Straßen wurden gebaut, moderne Banken wurden eingerichtet, die Arbeiten zur Hochwasserkontrolle machten – in begrenztem Umfang – Fortschritte, wissenschaftliche Forschungsar-

---

[*] *Peking Leader* vom 27. März 1935.

beit erfuhr eine gewisse Förderung, die schulischen Einrichtungen wurden verbessert, und die Frauen begannen, eine juristische Gleichstellung mit den Männern geltend zu machen. Die Modernisierung machte in dieser Richtung sicher schnellere Fortschritte als unter den vorausgegangenen Regierungen; ohne die Invasion der Japaner wäre es Chiang vielleicht gelungen, das Land unter einer rechtsgerichteten Diktatur zu vereinigen. Doch insgesamt war das Tempo, mit dem Veränderungen angestrebt wurden, viel zu langsam, um mit der tiefen Krise innerhalb der chinesischen Gesellschaft fertig zu werden. In zunehmendem Maße nahm Chiang Zuflucht zum Despotismus, um die immer heftigeren Forderungen nach revolutionären Maßnahmen zurückzuhalten.

Es war allerdings unfair, Chiang einen Despoten zu nennen und es dabei bewenden zu lassen. »Wer absolute Macht, also das, was die Alten Tyrannei nannten, erringen will«, sagte Machiavelli, »der muß alles verändern.« Chiang Kai-shek wollte absolute Macht, aber er wollte eigentlich nicht alles verändern. Es paßt ganz gut, daß sein Name *Chieh-shih* (Kai-shek) »Grenzstein« bedeutet, in der Tat ein starres Bild. In einer äußerst chaotischen Zeit ging es ihm nach außen oft um Form, Konvention und Schicklichkeit, nach innen um die Verhinderung irgendwelcher Veränderungen. Er war kein großer, sondern ein kleinlicher Tyrann; er scheiterte nicht etwa, weil er Cäsar gewesen wäre oder zu viele Leute getötet hätte, sondern weil er zu wenige von den richtigen Leuten tötete; er begriff nie, daß er seine schlimmsten Feinde im eigenen Lager zu suchen hatte. Chiang war nicht resolut, sondern halsstarrig; nicht weise, sondern verkalkt; nicht diszipliniert, sondern gehemmt; nicht originell, sondern unter den Relikten der Vergangenheit stöbernd; und nicht skrupellos, sondern nur eitel – was niemand besser wußte als die habgierigen Schmarotzer, die sich an ihn hängten und ihn letztlich auffraßen.

»Chiang?« lachte eines Tages L. C. Arlington in Peking. »Er wird nicht durchhalten. Er ist hier oben nicht robust genug«, sagte er und deutete auf seinen kahlen Schädel. »Er versteht es nicht, auf dem Kopf zu stehen, und wenn er es einmal schafft, dann kann er nur *runter* denken und nicht *rauf!*«

Daß Chiang China der Achse zuführen würde, schien trotz allem eine echte Möglichkeit, bis die japanische Invasion dieser Überlegung ein Ende machte. Selbst Dr. Stuart, der einige Hoffnung in Chiang setzte, sah eine Gefahr in dieser Entwicklung und sorgte dafür, daß auf dem Campus darüber diskutiert wurde, mit dem Ziel, Lehrer und Studenten über das wahre Wesen des Faschismus aufklären zu helfen. Er forderte mich auf, eine Debatte innerhalb des Lehrkörpers über dieses Thema zu leiten, und bei der Vorbereitung darauf befaßte ich mich zum erstenmal systematisch mit dem Faschismus. Es waren nicht so sehr die Berichte von Gegnern des Faschismus als vielmehr die Arbeiten seiner Befürworter wie etwa Pareto und vor allen Dingen Mussolinis eigene Demagogie über das »Korporativsystem« und Hitlers Fieberphantasien, die einen eingefleischten Antifaschisten aus mir machten. Nun wußte ich endlich, wogegen ich war, und sie repräsentierten den größten Teil davon. Später stellte ich fest, daß sich meine Haltung mit Nehrus damaligen Ansichten deckte, die er in seiner »Autobiography« so zusammenfaßte:

»Wie diese Seiten deutlich machen, bin ich sehr weit davon entfernt, ein Kommunist zu sein. Ich habe eine Abneigung gegen Dogmatismus und gegen eine Darstellung der Schriften von Karl Marx als eine unanfechtbare Offenbarungsreligion und gegen die Reglementierung und die Ketzerverfolgungen, die ein Grundzug des modernen Kommunismus zu sein scheinen. Ich habe auch eine Abneigung gegen viel von dem, was in Rußland vorgefallen ist...«

Ich kam damals auch, so wie Nehru, zu dem Schluß, daß, ganz gleich, wie die letzte Wahrheit über Rußland eines Tages aussehen würde, bei einer Wahl »zwischen dem Nazi-Faschismus und dem Kommunismus meine Sympathien auf seiten des Kommunismus waren«, nicht aus Liebe für seine Freunde, sondern aus Abneigung gegen seine Feinde. Ein Feind auf einmal war mir genug; und es war nicht Rußland, sondern Hitler, der sogar das Prinzip, daß alle Menschen Brüder sind, ablehnte und der Barbarentum und die Reinhaltung der Rasse verherrlichte.

In diesen Jahren las ich einige grundlegende marxistisch-leninistische Texte und beschäftigte mich mit der Geschichte des Kommunismus in Europa und Asien. Nym studierte an der Yenching-Universität Philosophie und hatte unter anderem einen Kurs über Hegel, in dem sie hervorragend abschnitt, obwohl die Vorlesungen ausschließlich auf chinesisch gehalten wurden! In uns beiden wuchs die Überzeugung, daß der Krieg zwischen Kommunisten und Nationalisten in China auf lange Sicht von größerer Bedeutung sein würde als der Krieg gegen Japan. Doch es war weder Marx noch Lenin, weder Stalin noch Mao Tse-tung, der mir die Logik des Sozialismus begreiflich machte.

Auf einer Versteigerung in Peking erwarb ich eine Gesamtausgabe der Werke George Bernard Shaws und las zum erstenmal alle seine Vorreden und Stücke sorgfältig durch. Shaw war es dann auch, der mich überzeugte, daß zum einen der Fortschritt der Menschheit über die Raubtierstufe in der menschlichen Entwicklung hinaus und zum anderen die Abschaffung der existierenden kannibalistischen Wirtschaftssysteme zugunsten einer gezielten Kooperation zum Nutzen der Allgemeinheit – in Übereinstimmung mit dem Grundsatz »Von jedem entsprechend seinen Fähigkeiten, für jeden entsprechend seinen Bedürfnissen« – erreichbare, gute Ziele waren und daß sie darüber hinaus unumgänglich waren, wenn der Mensch überleben wollte. Während ich mir also von dieser Zeit an die fabianische Geschichtsauffassung zu eigen machte, sollte sich meine Auffassung vom Sozialismus im Laufe der Jahre und mit zunehmender Erfahrung immer weiterentwickeln, bis zur allmählichen Verschmelzung mit einer allgemeinen Geschichtsauffassung, die in der Gegenwartsgeschichte nichts anderes sieht als die letzten wilden Improvisationen des Menschen auf dem Weg zu jener Vereinigung der gesamten Welt, die möglicherweise den Beginn der Zivilisation bedeutet.

6 Wir entzünden eine Rebellion

Gegen Ende des Jahres 1935 veranstalteten Studenten der Yenching-Universität spontan eine Straßendemonstration in Peking und lösten damit im ganzen Land Proteste aus, die wahrscheinlich Nordchina davor bewahrten, tatenlos an Japan zu fallen. Idee und Planung dieses Ausbruchs an patriotischer Empörung wurden in unserem Wohnzimmer ausgeheckt.

»Jetzt weiß ich auch«, sagte ich inmitten dieser Ereignisse zu Nym, »weshalb sich in der Vergangenheit immer wieder Zeitungsleute wie W.H. Donald, Putnam Weale, Tom Millard und andere in Chinas innere Angelegenheiten einmischten. Man kann nicht einfach untätig zusehen, wie ein Mädchen, das man liebt, vergewaltigt wird. Und Peking ist in der Tat ein nettes altes Mädchen.«

Die von den Japanern im November gestellten Forderungen waren der Höhepunkt eines monatelangen allmählichen Eindringens in »Nordchina«. Mit dieser Bezeichnung meinten wir damals die Provinzen Hopei und Chahar, die direkt im Süden der Großen Mauer lagen. Nach der Eroberung der Mandschurei und der Inneren Mongolei hatte Japan vorübergehend seinen bewaffneten Vormarsch eingestellt, nachdem der Generalissimus seinen Generalstabschef Ho Ying-Chin anwies, einen Waffenstillstand zu unterzeichnen, der praktisch den neuen Status anerkannte. Das Abkommen besiegelte eine »autonome« Pufferzone, die die beiden großen Nordprovinzen mit ihrer Hauptstadt Peking umfaßte. Aber selbst innerhalb dieses Gebietes setzten die Japaner ihre Truppen dazu ein, zwischen Peking und der Großen Mauer eine »entmilitarisierte Zone« zu schaffen und eine Marionette auf den Thron zu heben. Von dieser Zone aus überschwemmten sie Nordchina mit koreanischen und japanischen Agenten, die Beamte bestachen, nach Belieben Häuser und Grundstücke beschlagnahmten und zahllose Läden aufmachten, in denen sie billige Handelsgüter, Heroin, Morphium und Opium verkauften, die sie vorher frech aus Mandschukuo einschmuggelten.

General Sung Cheh-yuan, ein alter nationalistischer Soldat, hatte die administrative Verantwortung im »autonomen« Rat für die Provinzen Hopei und Chahar. Er war fortwährend einem solchen Druck ausgesetzt, daß er praktisch auf Verlangen der Japaner Beamte und Richtlinien austauschen mußte. Das führte zu verwirrenden Ergebnissen. So hatte beispielsweise eine frühere Anordnung von Opiumrauchern verlangt, sich eine Lizenz ausstellen zu lassen. Hunderte, die dieses Gesetz übertreten hatten, waren vor den Mauern Pekings enthauptet worden, *pour encourager les autres*. Das gehörte irgendwie zur »Erneuerungsbewegung« der Kuomintang. Doch nun mußten plötzlich Hunderte von anderen »Ah Quehs«, die nichts anderes taten als die Enthaupteten, mit Nachsicht behandelt werden, wenn sie die von der Polizei aus Peking und Tientsin so sorgfältig beschützten koreanischen Rauschgifthöhlen frequentierten.

Schließlich beschlossen die Japaner, der Farce ein Ende zu machen und Nordchina der Autorität der Kuomintang völlig zu entziehen. Da sie noch nicht bereit waren, zu diesem Zweck einen Krieg anzufangen, zogen sie ihren Meisterintriganten hinzu, den fälschlicherweise als »Lawrence of Manchuria« bezeichneten General Kenji Doihara, der vorher schon den Mukden-Zwischenfall inszeniert hatte. Dem Vernehmen nach legte Doihara zehn Millionen neu gedruckte chinesische Dollar auf den Tisch und verlangte von General Sung, er solle seine Unabhängigkeit von der Regierung Chiang Kai-shek in Nanking erklären. Und er legte, wie mir Ma Yung-han, einer von Sungs jungen Sekretären, erzählte, auch Dokumente vor, die den Eindruck erweckten, als habe der Generalissimus im Prinzip bereits zugestimmt, Sung zu ersetzen, falls Japan darauf bestehe. Uns Auslandskorrespondenten waren solche Tatsachen mehr oder weniger bekannt; es war uns gelungen, einiges davon an unsere Redaktionen zu telegraphieren. Doch die Zensoren der Kuomintang sorgten dafür, daß in der chinesischen Presse von den Forderungen Japans nichts zu lesen war. Doihara brachte neue Truppen nach Tientsin und in das Gesandtschaftsviertel in Peking.* Dann heuerte er einige berufsmäßige Totschläger, Zuhälter, Rauschgiftsüchtige und alternde ehemalige Beamte der alten Mandschu-Regierung an, die durch die Straßen der beiden Städte zu ziehen und Plakate zu tragen hatten, auf denen die »Unabhängigkeit« Nordchinas gefordert wurde. Japanische Zeitungen meldeten »enorme Unterstützung des Volkes für eine von General Sung angeführte separatistische Bewegung«; tatsächlich tat Sung nichts zur Belebung dieser Idee, hatte andererseits jedoch Angst, etwas dagegen zu unternehmen.

Eines Abends kam mein chinesischer Freund aus Sungs Hauptquartier geradewegs zu mir. Ma war in seiner Erregung den Tränen nahe. Der alte Sung, so berichtete er, war drauf und dran, Doiharas Druck nachzugeben. Er hatte wiederholt nach Nanking telegraphiert und Unterstützung für

---

* Nach dem Boxer-Protokoll von 1900 hatten die Kolonialmächte das Recht, in Peking und Tientsin kleine Schutztruppen zu unterhalten.

seinen Widerstand gegen die Japaner angefordert, doch Chiang Kai-shek hatte nur unklare Antworten geschickt. Sung konnte sich nicht allein einer bewaffneten japanischen Invasion stellen, und es lag ihm nichts daran, ein weiterer Fall für den hilflosen Völkerbund zu werden. Um Japans Streitkräfte fernzuhalten, wollte er nun eine »gesonderte« Regierung für Nordchina einsetzen.

»Es ist ein Jammer«, sagte ich, »denn Doihara blufft nur. Ich bin doch gerade erst zwei Monate in der Mandschurei und in Japan gewesen, und ich bin sicher, daß Japan noch nicht kriegsbereit ist. Wenn es wirklich zu einer Kraftprobe käme, würde Doihara klein beigeben.«

»Genau so ist es«, erwiderte Ma, »aber Sung kann nicht allein pokern. Nun ist alles entschieden. Wir werden bald ein zweites Mandschuko sein – nur ohne japanische Truppen.«

Tags darauf kam einer meiner Journalistikstudenten, Chang Chao-lin, zu mir, um mich zu fragen, ob das Gerücht stimme, daß Sung zu den Japanern übergelaufen sei. Chang leitete zu der Zeit den Studentenverband an der Yenching-Universität, der sich insgeheim wieder formiert hatte, obwohl studentische Organisationen nach wie vor verboten waren. Er war ein großer Mandschu mit einem offenen Gesichtsausdruck, und wie Hunderte anderer junger Patrioten war auch er nahe dran, sich gegen eine Regierung zu wenden, die es verhinderte, daß die jungen Leute ihrem Zorn auf legale Weise Luft machen konnten.

Ich erzählte Chang, was ich wußte, und er fing an zu weinen.

»Weinen hilft nicht«, hörte ich mich sagen. »Wir müssen handeln.«

»Was meinen Sie mit *wir!*« fragte Chang voller Hoffnung.

»Gute Frage. Was meine ich eigentlich damit? Man erwartet von mir, daß ich neutral bleibe.«

»Wir sind aber nicht neutral!« fuhr Nym dazwischen. »Wozu sollen wir uns verstellen? Ed meint, wir wollen helfen – so gut wir können. Und viele andere amerikanische Freunde hier sind nicht weniger wütend als wir.«

»Gut«, sagte er. »Dann können Sie uns vielleicht helfen, dies hier zu veröffentlichen.« Er holte ein Blatt Papier aus der Tasche, und wir machten uns ans Übersetzen. Es war eine ziemlich pathetische Petition, in der Chiang Kai-shek aufgefordert wurde, die Vereinigungs- und Versammlungsfreiheit und das Recht auf freie Meinungsäußerung einzuführen und »mit der Verhaftung von Patrioten Schluß zu machen«. Sie verlangten nichts Geringeres als eine Erklärung der Grundrechte.

»Es ist zu früh, damit an die Öffentlichkeit zu gehen – oder zu spät«, sagte ich. »Nordchina läßt sich damit nicht retten. Zunächst einmal wird es der größte Teil der Auslandspresse einfach als Propaganda abtun, und die chinesische Presse wird nicht wagen, darüber zu schreiben.«

»Aber Sie könnten es doch nach Amerika und Europa schicken.«

»Was würde das nützen? Die Japaner würden es in die Hände bekommen, und einige von euch würden verhaftet werden, weil sie unterschrieben haben. Das wäre die ganze Wirkung.«

»Was können wir denn sonst tun?«

»Ich weiß nicht«, sagte ich skeptisch. »Ein paar Studenten...«

»Eine Handvoll Studenten rief die Bewegung ›Neue Jugend‹ ins Leben, die 1919 China rettete«, sagte Nym. »Das ganze Land wartet nur auf ein Zeichen, daß die Jugend noch lebt; sie werden sich erheben und euch den Rücken stärken.«

Ich war da nicht so sicher. Es stimmte zwar, daß die Erneuerungsbewegung, die 17 Jahre vorher in Peking ihren Anfang genommen hatte, zu einem so massiven antijapanischen Boykott geführt hatte, daß Japan von seinen Ansprüchen auf Konzessionen und Territorien, die ganz China schon damals zum Vasallen Japans gemacht hätten, hatte zurücktreten müssen. Aber jetzt?

Chang wartete noch mit der Herausgabe des »Manifests«. Er war, als er von uns wegging, entschlossen, eine erneute Versammlung des Studentenverbandes einzuberufen und den Versuch zu unternehmen, alle Studenten in Peking in einem einzigen Verband zusammenzufassen. Mit seinen zehn bis fünfzehn Hochschulen und Universitäten und den unzähligen höheren und Grundschulen war Peking immer noch das schulische und intellektuelle Zentrum und Gewissen der Nation, von dem die anderen erwarteten, daß es die Führungsrolle übernahm.

»Was ihr tun solltet«, sagte Nym, als er mit Wang Ju-mei, Ch'en Han-p'o und anderen zu uns zurückkam, um sich mit uns zu beraten, »ist, ein Scheinbegräbnis auf den Straßen zu inszenieren – die Leiche Nordchina, die von den japanischen und chinesischen Beamten zu Grabe getragen wird.«

Ihr Vorschlag schien diesen ernsten jungen Leuten sinnlos; sie waren leidenschaftlich davon überzeugt, daß das Schicksal Chinas allein in ihren Händen lag. Und so erstaunlich das klingen mag: vorübergehend war das tatsächlich so, denn in China spielten die Studenten eine sehr ungewöhnliche Rolle. Jahrhundertelang hatten Studierende, die sich auf kaiserliche Prüfungen und öffentliche Ämter vorbereiteten, höchstes Prestige genossen, und das galt auch noch für die modernen Studenten, denen der weiseste grauhaarige Bauer immer respektvoll und bereitwillig zuhörte. Außerdem hatten die meisten Studenten einflußreiche Verwandte, so daß die Beamten mit ihnen behutsamer umgehen mußten als mit Kulis. Zu einer Zeit, in der keine unbewaffnete politische Partei bestehen konnte, konnte nur noch an Schulen und Universitäten ein friedlicher politischer Protest organisiert werden – so wie sich das 20 Jahre danach auch in Polen und Ungarn bestätigte.

»Ob Begräbnis oder nicht, mit der Demonstration hat Nym jedenfalls recht«, sagte ich. »Ein Auftritt unbewaffneter Studenten, die sich deutlich gegen diese fingierte Unabhängigkeitsbewegung aussprechen, könnte in der Tat die Lage vollkommen verändern.«

»Wenn wir uns so bloßstellen, werden wir nur verhaftet und als rote Banditen beschimpft werden«, sagte Wang Ju-mei nachdenklich. »Die werden uns nie die Straßen überlassen.«

»Nicht, wenn *alle* Studenten Pekings mitmachen«, sagte ich, »und nicht, wenn es euch gelingt, die Polizei – und die Japaner – zu überraschen.«

»Wie soll aber irgend jemand davon erfahren? Die chinesische Presse würde nicht wagen, davon zu berichten.«

»Wenn *alle* mitmachen – für euch, nicht gegen euch –, dann müssen sie darüber berichten«, sagte Nym.

Ich versprach, dafür zu sorgen, daß andere Korrespondenten an den Schauplatz kamen und ausführlich darüber berichteten. Ob sie im fernen Ausland Sympathien erringen würden, würde von ihrem Verhalten und von der Gescheitheit ihrer Parolen abhängen.

Die Namen der Studentenführer, die damals und bei späteren Besprechungen anwesend waren, würden einem Leser im Westen nichts sagen, obwohl sie in China berühmt werden sollten. Sie waren größtenteils Christen oder hatten eine christliche Erziehung hinter sich und repräsentierten die Spitze der nordchinesischen Studentenschaft jener Zeit. Nicht ein Kommunist war unter ihnen, und doch hatten sich dann innerhalb weniger Jahre fast alle den Kommunisten angeschlossen, in ihrem patriotischen Kampf gegen Japan.

In einem lebhaften Hin und Her formulierten die Studenten ihre eigenen Rezepte zur Rettung Chinas. Für die meisten von ihnen war es das erste Mal, daß sie sich konkret überlegten, was ein Krieg mit Japan für sie bedeuten würde. Das Ergebnis war eine Reihe von Forderungen an General Sung und Chiang Kai-shek, Doiharas Ultimatum zurückzuweisen, den Bürgerkrieg zu beenden, alle zum Widerstand bereiten Gruppierungen zu vereinigen, um China zu retten, eine »Massenausbildung und -mobilisierung« in die Wege zu leiten und den Menschen so viel Freiheit einzuräumen, daß sie die Wahrheit erfahren und sich auf das Kommende vorbereiten konnten. China ist ganz auf sich allein angewiesen, verkündeten sie.

Als Datum für die ersten die ganze Stadt umfassenden Studentenstreiks und -demonstrationen wurde der 9. Dezember festgesetzt; am Tag darauf sollte General Sung die »Trennung« Nordchinas vom Süden bekanntgeben. Dr. Stuart wußte, daß seine Yenching-Studenten »irgend etwas vorhatten«, aber er ahnte nicht, daß sie mit Vertrauensleuten an allen anderen Schulen Pekings in Verbindung standen, an denen sich, dem Beispiel der Yenching-Studenten folgend, erstaunlich schnell Untergrund-Studentengruppen neu formiert hatten. Innerhalb weniger Tage wurden Flugblätter, Plakate und Transparente vorbereitet, Teams für die Erste Hilfe zusammengestellt, Kuriere ausgewählt und eingewiesen, und der

Generalstab einer neu gebildeten Studentenvereinigung für ganz Peking legte eine Marschroute fest.

Am Vorabend der größten Studentendemonstrationen Nordchinas blieben Nym und ich fast die ganze Nacht auf, um Übersetzungen der studentischen »Forderungen« abzuschreiben, damit sie am nächsten Tag der Auslandspresse übergeben werden konnten.

7 Es geht los

Am 9. Dezember sammelten sich die Studenten an einem Dutzend verschiedener Tore überall in der Stadt. Von dort bewegten sich ihre Kolonnen auf die Hauptstraßen zu und vereinigten sich schließlich auf der breiten Straße, die zum Winterpalast führt, wo damals ein hoher Beamter der Kuomintang seine Büroräume hatte. Dort wollten sich die Studenten treffen, um der Regierung ihre Petitionen zu übergeben.

Es war für uns alle das erste Mal, daß wir massierten politischen Mut von seiten gebildeter junger Chinesen sahen, und nicht von einfachen Soldaten, die damals immer noch verächtlich behandelt wurden. Es war ein erregendes Schauspiel, und zwar sowohl für Teilnehmer als auch für Zuschauer. Tausende und Abertausende blau gekleideter junger Leute marschierten singend auf die Verbotene Stadt zu, ungeachtet der eigenen Polizei und konservativer Eltern. Das hatte es im China der Kuomintang in acht Jahren nicht gegeben. Nym und ich hatten normalerweise kein Interesse an Umzügen, doch diesmal gesellten wir uns stolz an die Seite der Anführer. Andere Korrespondenten – erwähnt seien Frank Smothers von der Chikagoer *Daily News*, Jimmy White von der *AP*, Mac Fisher von der *UP* und C.M. MacDonald von der *Times* – empfanden wie wir.

Überrascht von der ganzen Aktion und verwirrt durch die Teilnahme von Sympathisanten aus dem westlichen Ausland, machte die örtliche Polizei nur halbherzige und gelegentliche Versuche, einzugreifen. Wenn irgendwo die Festnahme eines Demonstranten drohte, kreiste die blaugekleidete Masse sofort die Polizisten ein, drückte ihnen Flugblätter in die Hände und riefen patriotische Slogans. Gewöhnlich zogen sich die verwirrten Polizisten mit einem verlegenen Grinsen zurück. Waren sie denn nicht auch Patrioten? Dann wurde die gesamte Feuerwehr zusammengetrommelt, und Wasserschläuche richteten sich auf die Demonstranten. Doch die Studenten zogen weiter, naß bis auf die Haut, aber triumphierend.

Plötzlich kamen die von einem Neffen Chiang Kai-sheks angeführten politischen Schutztruppen in schwarzen Lederjacken auf Motorrädern mit Beiwagen und fest montierten Maschinengewehren angefahren und stürzten sich auf die Hauptkolonne. Maschinenpistolen schwenkend, drängten sie sich in die Menschenmenge und schlugen wahllos auf Jungen und Mädchen ein. Mehrere Dutzend von ihnen wurden willkürlich festgenommen. Doch sie waren der Aufgabe nicht gewachsen, und der Zug ging weiter. Für einen spannungsgeladenen Augenblick richteten sie ihre schußbereiten Waffen direkt auf die Demonstranten. Es wurden einige Schüsse in die Luft abgegeben; der Zug kam kurz ins Stocken und ging dann weiter. Korrespondenten und Kameraleute gingen noch näher heran, in der Hoffnung, ausländische Augenzeugen würden ausreichen, eine Tragödie zu verhindern. Wir reichten aus. Ein Offizier warf die Arme hoch und befahl seinen Leuten, die Waffen zu senken.

»Die Kosaken«, schrie Nym, »haben sich den Studenten angeschlossen.« Chinesische Krämer, Hausfrauen, Handwerker, Mönche, Lehrer und vornehm gekleidete Kaufleute applaudierten oder kamen auf die Straße gelaufen, um sich Flugblätter zu holen. Selbst Rikscha-Kulis riefen die verbotenen Slogans: »Nieder mit dem Schwindel der Unabhängigkeitsbewegung! Verhaftet die Verräter! Nieder mit dem japanischen Imperialismus! Rettet China!« Die Schlußversammlung füllte den riesigen Platz am »Tor des Himmlischen Friedens«, und endlich beteiligten sich auch einige der Polizisten ganz offen am Rufen der Slogans.

Die erste Demonstration in Peking machte in der ganzen Welt Schlagzeilen, und überall im Lande trotzten Lokalzeitungen den Zensoren und brachten Berichte davon. China wachte auf. Innerhalb einiger weniger Tage entstanden Jugendorganisationen in Tientsin, Shanghai, Hankow, Kanton und allen größeren Städten, zuletzt sogar in Nanking. Überall im Land kam es zu Demonstrationen. Bald bekamen die Studenten die Unterstützung vieler Lehrer. Am 17. Dezember riß eine zweite massive Demonstration Peking und Tientsin mit sich. Zehntausende von Studenten beteiligten sich diesmal, und die Sache wurde ernster. Viele wurden verletzt und fast 200 festgenommen, und trotzdem wurde eine Woche später eine dritte Demonstration abgehalten, die zum erstenmal ein Ende des Bürgerkriegs in China und eine »Einheitsfront« gegen Japan forderte.

Vergebens hielt Nanking die Schulvorsteher zu verstärkter Disziplin und Kontrolle an und verdoppelte und verdreifachte im Süden das Wachpersonal rings um die Schulen. Inzwischen hatten Sympathie und patriotische Empfindungen unter den Polizisten, Beamten und Soldaten so sehr um sich gegriffen, daß Anordnungen nur noch oberflächlich befolgt wurden und wenige Studenten zu Schaden kamen. Unter dem Schutz einer wachgerüttelten öffentlichen Meinung wurde der lang unterdrückte »Nationale Rettungsbund« wieder ins Leben gerufen, der dann sogar die Unterstützung der Konservativen verbuchen konnte, als erneut ein Boykott japanischer Waren organisiert wurde.

Im Fahrplan der Japaner waren, wie wir vermutet hatten, all diese Dinge nicht eingeplant. Am Tag nach der ersten Demonstration ließ General

Sung Doihara wissen, er könne es nicht verantworten, gegen den Willen der Öffentlichkeit, die »Unabhängigkeit« zu proklamieren. Erschreckt über Doiharas untaugliche Manöver und deren Folgen, pfiff Tokio ihn nun zurück. Sowohl das japanische Außenministerium als auch das Kriegsministerium gaben versöhnliche Erklärungen ab, in denen jede Absicht bestritten wurde, Nordchina mit Gewalt zu annektieren.

Von nun an begegnete Sung allen japanischen Forderungen mit einer Verzögerungstaktik oder indem er, einem alten konfuzianischen Brauch zufolge, verreiste, um »die Grabstätten seiner Ahnen zu säubern«. Es war eine ungewöhnlich ausgedehnte Säuberungsaktion, die letzten Endes die Japaner überzeugen sollte, daß sie ihr Ziel in China nur noch durch eine große Invasion erreichen konnten. Doch inzwischen hätte der Druck von innen und die Ereignisse draußen der Kuomintang keine andere Wahl mehr gelassen, als die Nation auf einen totalen Widerstand festzulegen.

Die Studentenrebellion von 1935–36 war der Anfang vom Ende der chinesischen Politik der Widerstandslosigkeit. Die größte unmittelbare Wirkung wurde bei den in Peking im Exil lebenden Mandschus erzielt. Die Studenten der Mandschu-Universität *(Tungpei)* waren am aktivsten, als es darum ging, die Demonstration von der Stadt aufs Land hinauszutragen. Während ihrer Ferien strömten viele Studenten in die Dörfer, um Tatsachen über die japanische Eroberung ihrer Heimat zu erzählen und die Dorfbewohner zu ermahnen, sich für den Krieg bereitzuhalten. Andere gingen nach Sianfu, wo der im Exil lebende mandschurische Führer Marschall Chang Hsueh-liang stellvertretender Oberbefehlshaber in Chiang Kai-sheks Hauptquartier zur »Unterdrückung der roten Banditen« war. Marschall Chang hieß sie willkommen und stellte sie als Aufwiegler und Propagandisten für seine Truppe ein. Schon bald verlagerte sich die ganze Mandschu-Universität nach Sian, wo sich nicht viel später eine Rebellion abspielte, die schließlich Chiang Kai-shek unwiderruflich in das Lager der Gegner der Achsenmächte zwang.

Wenn auch die Japaner beharrlich die Meinung vertraten, der ganze Studentenaufstand sei von Kommunisten gelenkt worden, so waren in Wahrheit die Anführer von westlichen nationalen und patriotischen Idealen inspiriert worden und nicht von irgendwelcher Propaganda aus Moskau, von der damals noch kaum etwas zu spüren war. Mao Tse-tung hat gesagt, die 1919 einsetzende moderne revolutionäre Geschichte Chinas habe 30 Jahre gedauert und sechs wichtige »Stufen« durchlaufen. Die vierte »Stufe« war die studentische Bewegung des 9. Dezember (1935). Kommunisten sind immer schnell bei der Hand, sich etwas als Verdienst anzurechnen, doch was die »Erhebung der von der Revolutionären Jugend getragenen Bewegung des 9. Dezember« betrifft, so gibt Mao zu, daß seine Partei *keine* führende Rolle spielte. »Das merkwürdigste an allem war«, schrieb Mao, »daß die kommunistische Partei in all den kulturellen

Institutionen in den Gebieten, die die Kuomintang kontrollierte, eine absolut hilflose Stellung innehatte.«*

In Pao-an unterhielt ich mich wenige Monate später mit Mao Tse-tung über die »Erhebung der Revolutionären Jugend«, deren Entwicklung ich von Anfang an verfolgt hatte. Es war mir klar, daß er sehr wenig darüber wußte. Aber es war auch klar, daß er nicht glauben konnte, daß einfache christlich erzogene Patrioten damit angefangen hatten, und dazu noch (ausgerechnet!) an der von amerikanischen »Imperialisten« geleiteten Yenching-Universität. Obwohl ja die Kommunisten Experten im Auflösen von »Widersprüchen« sind, haben sie dafür bis zum heutigen Tag keine rechte Erklärung gefunden.

In Wirklichkeit war es so, daß die Studenten der damaligen Zeit weder pro Kuomintang noch pro kommunistisch waren – sie waren einfach pro China.

Diese Erfahrung lehrte mich, daß unter all den Ursachen einer Revolution der totale Verlust des Vertrauens der studentischen Jugend in die existierende Regierung ein unerläßlicher Bestandteil ist und daß gerade dieser Faktor von den akademischen Historikern, die sich mit dem Phänomen der Revolution befassen, am häufigsten übersehen wird. Die absolute Unfähigkeit der Kuomintang, in dieser kritischen Zeit eine dynamische beispielhafte Führungsrolle zu spielen, machte aus ihr ein Symbol des Pessimismus, der Stagnation und der Repression und trieb in den nun folgenden Jahren der Entscheidung Hunderte der fähigsten und patriotischsten jungen Männer und Frauen zu den roten Fahnen, in denen sie Chinas letzte Hoffnung sahen. Unter ihnen war eine große Zahl von Dr. J. Leighton Stuarts besten und christlich erzogenen Yenching-Studenten.

8 »Wu Wei Erh«

Einige Freunde ermunterten mich dazu, mich um ein Stipendium der Guggenheim-Stiftung zu bewerben, damit ich zwei Jahre lang vor Ort die Agrarkrise in China, vor allem auch im Zusammenhang mit den »roten Banditen«, würde studieren können. Soviel ich weiß, waren die Guggenheims die einzigen, die Stipendien für China gewährten, und zwar maximal eins pro Jahr. Einer meiner aktivsten Förderer war (Jimmy) Yen Yang Chu, Leiter des landwirtschaftlichen Versuchsprojekts in Ting Hsien. Yen wollte demonstrieren, daß sich grundlegende agrarische Reformtechniken auf sozialem, ökonomischem und politischem Gebiet in einem von der Kuomintang regierten China auf friedliche Weise anwenden ließen. Wenn die Kuomintang das nicht schaffte, dann – so glaubte er – würden

* Mao Tse-tung: On the New Democracy, London 1954, S. 260.

die Kommunisten schon bald und mit Sicherheit dieselben Veränderungen durch eine Revolution herbeiführen. Er hatte recht, aber zu wenige hörten auf ihn. Meine anderen Förderer ergaben zusammen eine merkwürdige Gesellschaft: Dr. J. Leighton Stuart, Dr. Amadeus Grabau vom chinesischen Amt für geologische Aufnahmen, Lin Yu-tang, Lu Hsun und – J.P. Marquand, der zu der Zeit in Peking lebte und seine Romane um Mr. Moto schrieb.

Leider zeigte sich die Guggenheim-Kommission wenig beeindruckt. Das Stipendium ging in diesem Jahr an einen Psychologiestudenten für »eine Untersuchung chinesischer rassischer und psychologischer Charakteristika, die der chinesische Gesichtsausdruck erkennen läßt«. Der Psychologe tauchte dann auch tatsächlich in Peking auf und ging wochenlang umher und bemühte sich mit sehr viel Energie, die unergründlichen Chinesen zu ergründen. Er stellte einen Chinesen, einen Bekannten von mir, ein, der den Leuten Geschichten erzählen und so bei ihnen Schmerz, Heiterkeit, Wut, Mitleid, Verlangen usw. auslösen sollte, während der Psychologe fotografierte.

Etwa zu der Zeit ernannte der Londoner *Daily Herald* einen neuen Chefredakteur, der entschied, daß die Zeit gekommen war, den Auslandsdienst in China zu erweitern. Ich hatte seit einigen Jahren als freier Mitarbeiter für den *Herald* geschrieben, doch nun boten sie mir den lukrativen Posten eines Sonderkorrespondenten an. Nach dem Dämpfer, den mir die Guggenheim-Stiftung mit ihrer Ablehnung versetzt hatte, war ich froh, der akademischen Welt den Rücken kehren und mich wieder der »dynamischen Wirklichkeit« oder der Jagd nach Schlagzeilen zuwenden zu können. Wir verließen unser Paradies in Hai-tien und zogen wieder nach Peking, wo wir erneut viel für wenig bekamen, nämlich die wundervolle Villa, die Dr. Stuart bewohnt hatte, bevor die Yenching-Universität an den Stadtrand verlegt worden war. Es war ein mächtiges, weiträumiges Anwesen in der Nähe des alten Fox Tower; seine mit chinesischen Wistarien bewachsenen Mauern umschlossen fast einen ganzen Straßenblock, unter anderem auch einen bezaubernden Garten, einen Tennisplatz und Pferdeställe. Das chinesische Gewächshaus ergab ein kühles Sommeratelier, und ein Einmachhaus diente demselben Zweck im Winter.

Der *Herald* war zwar die offizielle Zeitung der englischen Labour Party, befand sich aber im Privatbesitz der Odhams Press, einer Verlagsgesellschaft mit etlichen Millionen Dollar Jahresumsatz. Zu ihren Erzeugnissen gehörte auch die *Feathered World*, das Organ der höchst patriotischen Geflügelzüchter Großbritanniens. Kurz nachdem wir uns wieder in Peking niedergelassen hatten, erhielt ich von der *Feathered World* den Auftrag, eine Henne dabei zu fotografieren, wie sie ein Ei auf einen Misthaufen legte. Chinesisches Eipulver (von Armour verpackt) bedrohte damals die sichere Stellung des britischen Huhnes, und Odhams führte einen

Kreuzzug mit dem Ziel, das fremde Eiweiß von den königlichen Märkten zu verdrängen. Meine Frau antwortete an meiner Stelle. Aus zwei guten Gründen, so schrieb sie, sei es unmöglich, eine solche Fotografie zu besorgen: keine chinesische Henne künde je von der nahenden Ankunft eines Eies, ohne daß irgendein kleiner Junge herbeilaufe, um die wertvolle Beute noch in der Luft aufzufangen; und da Mist in China sehr wertvoll sei, läge er nie in Haufen herum, sondern werde immer gleich als Düngemittel eingesetzt.

Vom *Daily Herald* erhielt ich keine derartig bizarren Anfragen und auch keine Anweisungen, meine Manuskripte für sie »zurechtzustutzen«. Oft schickte ich dem *Herald* wörtliche Duplikate von Artikeln, die ich für die New Yorker *Sun* schrieb, obwohl sich ihre Standpunkte diametral gegenüberstanden. Die *Sun* änderte nie ein Wort an meinen Manuskripten, während der *Herald* fast alles redigierte oder umschrieb. Diese Praxis schien beide zufriedenzustellen.

Doch wenn wir auf der einen Seite Colonel McCormicks hatten, die glaubten, alle Chinesen arbeiteten in Wäschereien, oder Psychologen, die sich einbildeten, Hunger sehe auf einem chinesischen Gesicht »anders« aus, so hatten wir auf der anderen Seite auch ausgezeichnete amerikanische Lehrer und Forscher, die mit Unterstützung ihrer Universitäten zu überragenden Autoritäten in chinesischer Kunst, Sprache, Geschichte, Geographie und allgemeiner Kultur wurden. In Peking konnten sie mit den besten einheimischen Gelehrten zusammenarbeiten und uneingeschränkt alles untersuchen, was sie in den Archiven, den Museen und in der lebenden Gesellschaft ringsum finden konnten. Und hier baute auch in kaum mehr als zehn Jahren der amerikanische Auswärtige Dienst eine bemerkenswerte Gruppe fähiger junger Berufsdiplomaten auf, die die Landessprache beherrschten.

Die Möglichkeit für amerikanische Berufsdiplomaten, nach China zu gehen, hatte der *Foreign Service Act* von 1924 geschaffen. Dieses weitblickende Gesetz war in der Absicht verabschiedet worden, den Auswärtigen Dienst von Parteipolitik nach Art des britischen Berufsbeamtendienstes freizumachen. Ziel war eine Abschaffung des »Futterkrippensystems«, eines Überbleibsels aus den Zeiten des Amerikanischen Bürgerkriegs, nach dem die besten Posten in Übersee für politische Nutznießer reserviert worden waren, die ihre Ernennung finanziellen Zuwendungen an die regierende Partei verdankten. Solange dieses neue Gesetz noch angewendet wurde, wurden die Kandidaten für den diplomatischen Dienst in China durch schwere Prüfungen und einzig und allein auf Grund der Befähigung, Eignung und allgemeinen Tauglichkeit ausgewählt. Das Fernziel war, schließlich alle politischen Nutznießer abzulösen, auch wenn sie die Chefs von Gesandtschaften und diplomatischen Vertretungen waren, und sie durch diese neue Generation von Diplomaten zu ersetzen, die auf

Grund ihrer Ausbildung die Länder kannten, in die sie geschickt wurden, und die auch wußten, wie Amerikas fundamentale und langfristige Interessen im Rahmen der Auslandsbeziehungen zu sichern waren.

China warf ebenso wie Japan schwierige sprachliche und gesellschaftlich-politische Probleme auf, mit denen sich solche Experten gründlich und ständig befassen mußten, wenn unsere Politik nicht hoffnungslos in Illusionen und Phantasievorstellungen steckenbleiben wollte. Besonders in China zeigte sich schon bald die Berechtigung des neuen Berufsdiplomatentums, und die Qualität und der Korpsgeist unserer Vertreter wurden merklich besser. Nach 1941 sollten unsere mit der Landessprache vertrauten Diplomaten in China endgültig beweisen, daß sie den aus politischen Gründen Ernannten überlegen waren, die oft noch nicht mal die Namen der hohen Beamten aussprechen konnten, bei deren Regierung sie akkreditiert waren.

Männer wie Edmund Clubb, Edwin Stanton, Robert Smythe, John Davies, John Stuart Service, Raymond Ludden, Edward Rice, Robert Spencer Ward, Philip Sprouse, Laurence Salisbury, Arthur Ringwalt und einige wenige andere wurden bald zu einem äußerst wertvollen Korps von Spezialisten. Da die besten von ihnen wegen ihres Urteils in Angelegenheiten, die die Kriegsjahre und die Revolution betrafen, auffallen mußten – denn sie standen damit im Widerspruch zu den Ansichten gewisser Kongreßabgeordneter zu Hause, die nicht die geringste Ahnung von China hatten –, war es unumgänglich, daß das Korps seiner restlosen Auflösung entgegenging. Zwei Jahrzehnte hindurch sollten sie für all die schwere Arbeit, die sie geleistet hatten, mit verleumderischen Attacken von McCarthy und der China-Lobby belohnt werden, bis schließlich kein einziger chinesisch sprechender Berufsdiplomat in jenen Gremien übrig blieb, in denen lebenswichtige Entscheidungen über die Asienpolitik der Vereinigten Staaten getroffen werden.

Nur eine ungeheuer mächtige und reiche Nation kann sich eine so »auffällige Verschwendung« leisten, und selbst für die Vereinigten Staaten gingen diese Zeiten bald zu Ende.

Zu einer Zeit, als kein Amerikaner auf die Idee gekommen wäre, es könnte gefährlich sein, die Wahrheit über China erforschen zu wollen, hatten wir einen Botschafter in Peking, der jeden dazu ermunterte. Nelson Trusler Johnson war seit vielen Jahren unser erster chinesisch sprechender Gesandter in China. Als einer der wenigen Männer in unserem Auswärtigen Dienst, die 1927 im Gegensatz zu unserem früheren Gesandten MacMurray von einer Intervention der Alliierten gegen die Nationalisten abgeraten hatten, sah er auch weiterhin im Generalissimus einen großen Führer und potentiellen Retter Chinas. Doch das oberste Gebot war für ihn Neutralität. Er verurteilte sogar Amerikaner, die gegen Japan Partei ergriffen, und er verfolgte mißtrauisch, was ich mit meinen Studenten machte. Mr.

Johnson glaubte jedoch aufrichtig an den Wert jeglicher Tätigkeit, die dazu beitrug, unser Wissen über China zu vertiefen, auch wenn er eine Vorliebe für Projekte hatte, die sich auf die Ära der *Yin*-Knochen oder auf andere prähistorische Perioden konzentrierten. Doch als ich »Living China« veröffentlichte, das Stories von vielen Autoren enthielt, die gegen die Kuomintang eingestellt waren und die teilweise von für Chiang Kai-shek arbeitenden Killern umgebracht worden waren, schrieb er mir trotzdem einen Brief, in dem er meine Arbeit großzügig lobte und mich aufforderte, meine Bemühungen um die zeitgenössische chinesische Literatur fortzusetzen.

Unter Mr. Johnsons Besitztümern war eine kalligraphische Kostbarkeit, die er von Büro zu Büro mit sich nahm. Es war ein berühmtes taoistisches Motto, »Wu Wei Erh, Wu Pu Wei«, und es bedeutete: »Durch Nichtstun werden alle Dinge getan.« Für ein Amerika, das an seinem starren Isolationismus festhielt, obwohl die Welt im Begriff war, in Flammen aufzugehen, war das ein passendes und zeitgemäßes Motto. Auch ich hoffte inbrünstig, daß wir es schaffen würden, nicht in die Geschehnisse in China verwickelt zu werden. Aber im Gegensatz zu Mr. Johnson glaubte ich nicht, daß wir sowohl von dieser Welt sein als auch über ihr schweben konnten oder daß wir unsere besonderen Privilegien in China behalten konnten und letztlich weder gegen Japan noch gegen China – oder gegen beide – zu kämpfen brauchten, um das ganze System der Vorherrschaft des Westens zu verteidigen.

Diese Überzeugungen brachten mich zunehmend in Konflikt mit Mr. Johnsons Ansichten über das gebührliche Verhalten eines amerikanischen Neutralen. Da er jedoch an das Motto »Durch Nichtstun werden alle Dinge getan« glaubte, unternahm Mr. Johnson nichts, was meine Aktivitäten irgendwie behindert hätte – auch dann noch nicht, als ich bald darauf für Mao Tse-tung die Rolle Boswells spielte.

9   Ich überschreite den Rubikon

In den Monaten bevor ich das rote China betrat und zum ersten Mal den chinesischen kommunistischen Führern begegnete, konnte ich nicht verstehen, weshalb manche Dinge, die für mich offenkundig waren, nicht auch allen anderen einleuchteten. Daß wir in Asien in einen Krieg verwickelt werden würden, schien mir genauso klar wie der logische Weg, diese Entwicklung zu verhindern.

Nachdem ich die Aktionen der Japaner in der Mandschurei und in China selber verfolgt und beobachtet hatte, war ich überzeugt, daß sie China nicht für einen Krieg gegen Rußland haben wollten, sondern als Basis für einen Generalangriff auf das ganze europäische Kolonialsystem. Die Vereinigten Staaten würden »unvermeidlich« hineingezogen werden – ich war dagegen. Denn selbst wenn wir diesen Krieg gewinnen würden, so wußte ich inzwischen, daß wir einfach nicht gerüstet waren, die Zukunft Chinas zu entscheiden. Der einzige Weg, uns aus dem Konflikt herauszuhalten, bestand darin, daß wir auf unsere besonderen Privilegien in China verzichteten und mit den Chinesen ein neues und angemessenes Abkommen aushandelten, so wie das Deutschland und Rußland gemacht hatten, und dazu gehörte auch der Rückzug unserer Kanonenboote und Truppen aus Ostasien. Das hätte die europäischen Mächte dazu verpflichtet, die Bürger in ihren Kolonien auf breiter Basis zu bewaffnen, damit sie sich selbst verteidigen konnten – was nur wirksam gewesen wäre in Verbindung mit Garantien für eine nationale Freiheit, die zu verteidigen sich lohnen würde. Und warum nicht? Stand das vielleicht nicht in Einklang mit unserem amerikanischen Glauben an das Selbstbestimmungsrecht? Diese Ansichten wurden, so merkwürdig das heute scheinen mag, bei der *Saturday Evening unser Post* mit Begeisterung aufgenommen. Sie veröffentlichte auch schon sehr früh meine Prophezeiung, daß es zu einem größeren chinesisch-japanischen Krieg kommen würde, und meine Voraussage, wie dieser Krieg letzten Endes ausgehen würde. In einem Artikel mit der Überschrift »Der kommende Konflikt im Orient« schrieb ich im Juni 1936:

In seinem großen Bemühen, die Märkte und den Reichtum im Landesinnern Chinas unter seine Kontrolle zu bringen, wird sich Japan unweigerlich das kaiserliche Genick brechen. Diese Katastrophe wird nicht etwa die Folge eines automatischen wirtschaftlichen Zusammenbruchs in Japan sein. Sie wird sich einstellen, weil sich die Bedingungen der Oberhoheit, die Japan China aufzwingen muß, als menschlich unerträglich herausstellen werden; sie werden in kurzer Zeit einen Widerstand provozieren, der die Welt in Staunen versetzen wird.

Doch die Vereinigten Staaten waren nicht die Schweiz, obwohl der damalige Kongreß einen Isolationismus befürwortete. Auch wenn wir vielleicht nichts unternehmen würden, um China zu helfen, würden wir nach meiner Überzeugung die Kolonialmächte in Asien auf lange Sicht nicht im Stich lassen. Dieser Überzeugung waren auch die Russen. Ich schrieb damals:

Sie [die Russen] vertrauen darauf, daß die Last der Bestrafung Japans den Amerikanern und Briten zufallen wird, ehe sie unweigerlich den sozialistischen Schultern der Sowjetunion aufgebürdet werden wird. [...] Die Bolschewisten sind überzeugt, daß der Krieg im Osten [mit dem Westen] die chinesischen Kommunisten an die Macht bringen wird. Und ihren

Prophezeiungen, auch wenn sie einem gewissen Wunschdenken entspringen, liegt eine sehr solide historische Logik zugrunde.

Heute scheinen solche Erwartungen nicht unvernünftig, doch damals hatten die politischen Strategen im Westen für beide Überlegungen nur Spott übrig. China, so sagten sie, würde nie kommunistisch werden. Sie erklärten das damit, daß die Chinesen »viel zu individualistisch« seien. Und außerdem: »Die Chinesen werden nie kämpfen. Sie sind ihrem Wesen nach pazifistisch. Niemand kann aus Kulis Soldaten machen.« Sie rechneten damit, daß Japan bei einer größeren Auseinandersetzung mit China einen raschen, totalen Sieg erringen würde – um sich dann gegen Rußland zu wenden.

Einer der wenigen ausländischen Militärexperten, die diese zwei Vorkriegs-Gemeinplätze in Frage stellten, war Joseph Stilwell, zu der Zeit Oberst und Militärattaché in Peking. »Am Menschenmaterial Chinas ist überhaupt nichts auszusetzen«, sagte er wiederholt, »dafür um so mehr an der korrupten Führerschicht. Unter Vorgesetzten mit hohen moralischen und technischen Qualifikationen würden die chinesischen Soldaten zu Kämpfern werden, die es mit allen in der Welt aufnehmen könnten.«

Stilwell hatte das Verhalten der chinesischen Roten gegen Chiang Kaishek beeindruckt; es ließ ihn ahnen, was die Nation auf einer sehr breiten Basis gegen einen ausländischen Angreifer ausrichten könnte. Seit Jahren erhielten sie keinerlei Hilfe von außen, und schon immer hatten ihnen die modernen industriellen Grundlagen gefehlt. Sie verließen sich ganz und gar auf ihr ländliches Wirtschaftssystem. Bei größeren Konflikten waren ihre kleinen ländlichen Gebiete von zahlenmäßig überlegenen Truppen umgeben gewesen, die an Feuerkraft sogar zehn- bis zwanzigmal soviel aufzubieten hatten wie sie.

»Diese Roten mögen Banditen sein, wie Chiang sie bezeichnet«, brach es eines Tages aus Joe, »aber ob Banditen oder nicht Banditen, sie sind jedenfalls Meister im Guerillakrieg. Ich weiß nicht, was sie predigen, aber es sieht so aus, als hätten sie die Führernaturen, die gewinnen. Zum Beispiel Offiziere, die *nicht* sagen: ›Weitermachen, Jungs!‹, sondern › *Vorwärts*, Jungs!‹ Wenn das tatsächlich so ist und wenn sie genügend solcher Leute hätten, dann könnten sie die Japse hier ewig und drei Tage auf Trab halten.«

Doch wir wußten zu dem Zeitpunkt beide nicht, wer die sogenannten Roten eigentlich waren. Wir wußten nicht mal sicher, ob sie »echte« Kommunisten waren. Nach neun Jahren Bürgerkrieg war »Rotchina« in noch stärkerem Maße »Terra incognita« als einst das Arabia Felix. Ich hatte der *Sun* und dem *Herald* vertraulich vorgeschlagen, hinzufahren und zu versuchen, die Blockade um die von den Kommunisten beherrschten Gebiete in Nordwestchina zu durchbrechen. Beide billigten meinen Plan. Der *Herald* bot mir sämtliche Auslagen und eine ansehnliche Erfolgsprämie. Außerdem zahlte mir Harrison Smith, der damals für Random House arbeitete, einen kleinen Vorschuß auf ein mögliches Buch. Mit diesem Rückhalt fuhr ich nach Shanghai, wo ich wieder einmal Mme. Sun Yatsen besuchte. Ich erbat ihre Hilfe, damit ich von den Roten wenigstens als Neutraler und nicht als Spion empfangen werden würde. Und es war Ching-ling, die kurz nach meiner Rückkehr nach Peking im Frühjahr 1936 die Vorkehrungen für mich traf. Durch ihre Vermittlung traf ich mit einem Professor in Peking zusammen, der mir einen Brief an Mao Tse-tung mitgab und mich informierte, wie ich mit dem roten Untergrund in Sainfu Kontakt aufnehmen konnte.

Im Juni 1936, als der Generalissimus gerade Vorbereitungen für einen sechsten »endgültigen Vernichtungsfeldzug« gegen die Roten im Norden ankündigte, trat ich diese einzigartige Reise an, die einen ganz entscheidenden Einfluß auf mein eigenes Leben haben sollte. Der Gedanke an das, was mich erwartete, erregte mich zutiefst, als ich den Expreß nach Sainfu bestieg, und mir war klar, daß ich einen Rubikon überquerte.

Diese eine Mal wenigstens behielt ich absolut recht.

10   *Und durchbreche eine Blockade*

Nach meiner Ankunft in Sian ging ich direkt zum Gästehotel, nahm mir ein Zimmer und wartete auf einen Besucher, der sich einfach als »Wang Mu-shih« – Wang der Pastor – vorstellte, und gab ihm meine Empfehlungsbriefe. Dieser dicke und leutselige englisch sprechende Christ (oder Ex-Christ) war gekommen, um mich abzuholen und mich insgeheim mit den dort im Versteck lebenden chinesischen Kommunisten zusammenzubringen. Da die Pläne, mich in die roten Gebiete einzuschmuggeln, das unmittelbare Wissen und die Hilfe der mandschurischen Armee und ihres Befehlshabers, Marschall Chang Hsueh-liang, voraussetzten, wurde ich zwangsläufig zum Mitwisser einer Sachlage, die sechs Monate später dazu führte, daß Chiang Kai-shek von seinen eigenen Untergebenen in Sian festgenommen wurde.

Chang Hsueh-liang, der frühere Herrscher der Mandschurei, hatte sich 1931 mit seiner gut ausgerüsteten Armee zurückgezogen und damit dem Befehl Chiang Kai-sheks gehorcht, sich der japanischen Eroberung nicht zu widersetzen, sondern sich auf den Völkerbund zu verlassen. Der Generalissimus ließ später Changs Tungpei-(Mandschu-)Armee – 150 000 Mann stark – gegen die Roten kämpfen, doch sie, die im Exil lebten, sahen ihren eigentlichen Feind in Japan. Die Kampf- und Propaganda-Slogans der Roten: »Tötet keine Chinesen! Schließt euch uns an, dann gewinnen wir euer Heimatland zurück!« untergruben schnell ihren Kampfgeist. Als die Kommunisten wichtige Gefechte gewannen und bei einem Überfall mehrere Tungpei-Generäle gefangennahmen, behandelten sie sie wie Ehrengäste. Mao Tse-tung und Chou En-lai versuchten tagelang, sie zu überzeugen, daß sie wirklich den Frieden und eine Einheitsfront gegen Japan anstrebten. Dann begleitete Chou En-lai die Generäle und die meisten ihrer gefangenen Truppen zurück zu ihren eigenen Reihen.

Diese Taktik wirkte wahre Wunder. Die »bekehrten« mandschurischen Offiziere berichteten Marschall Chang Hsueh-liang von all ihren Erlebnissen, der daraufhin von sich aus Abgesandte der Roten nach Sian einlud, um persönlich mit ihnen über ihre Ansichten zu diskutieren. Von diesen frühen Treffen erfuhr Nanking kein Wort – obwohl Chang Hsueh-liang nichts weniger war als Chiang Kai-sheks Stellvertretender Oberbefehlshaber über die gesamten chinesischen Streitkräfte. Chang schloß heimlich einen Waffenstillstand mit den Roten und dachte daran, den Generalissimus dazu zu überreden, sich die Vorschläge der Kommunisten anzuhören, denn auch er war nun überzeugt, daß sie zum Wohle Chinas waren.

Chang Hsueh-liang, der später arg geschmäht und falsch interpretiert wurde, war einer der wenigen hohen Amtsträger auf nationaler Ebene in China, die konsequent aus »reinen« Motiven gehandelt hatten. Sein Charakter durfte nicht an der Tatsache gemessen werden, daß er in seiner Jugend rauschgiftsüchtig gewesen war, sondern an seinem erfolgreich bestandenen Kampf gegen diese Sucht und für eine einschneidende Änderung seines Lebenswandels. Aufgrund seiner Geburt war ihm nach der Ermordung seines Vaters – eines Warlords – durch die Japaner noch in seinen Zwanzigerjahren die oberste Macht über die Mandschurei zugefallen. Von Anfang an hatte er Chiang Kai-sheks Kuomintang-Regierung in Nanking unterstützt, der er auf friedliche Art und Weise die riesigen und reichen Landstriche der Mandschurei unterstellte. Beim Eindringen der Japaner in die Mandschurei war er mit dem größten Teil seiner Truppen gerade südlich der Großen Mauer gewesen, um Chiang Kai-shek bei der Ausdehnung seiner Herrschaft auf Nordchina zu helfen – einer Aktion also, die einer der Gründe für das Vorgehen der Japaner war. In der Folgezeit rettete er die Regierung Chiang Kai-sheks noch bei zwei weiteren ernsten Krisen. Doch als er nun wieder im Nordwesten war, kam er allmählich zu der Überzeugung, daß der Generalissimus auf einen Kompromiß mit Japan abzielte und möglicherweise gar den Achsenmächten beitreten wollte. Um dem Bürgerkrieg in China ein Ende zu bereiten, sollte Chang später zu einem höchst überraschenden und dramatischen Mittel greifen – vielleicht sogar dem einzig möglichen friedlichen Mittel – auf Kosten seiner eigenen Karriere, ja, seiner persönlichen Freiheit für den Rest seines Lebens.

Als ich in Sian ankam, wohnten sogar ein paar wichtige Kommunisten im Haus des jungen Marschalls. Es war kurz nach dem Studentenaufstand in Peking, der anfänglich von Mandschus angeführt worden war; einige von ihnen waren bereits von Peking heruntergekommen, um Changs Truppen über ihre Ziele aufzuklären. Darunter waren auch zwei meiner eigenen Studenten, Chang Chao-lin und Ch'en Han-p'o, die eine Armeezeitung herausgaben.

Die Kommunisten richteten eine begrenzte Verbindung zwischen Sian und Pao-an ein, zu der Zeit die winzige »Hauptstadt« der Roten im Norden der Provinz Shensi. Mit ihrer Hilfe brach ich eines Morgens in einem Armeelastwagen der Tungpei auf, zur Reise in das große Unbekannte.

Die Straße, die uns nach Norden führte, mußte in jedem Chinesen Erinnerungen an die reiche und bunte Vergangenheit seines Volkes wachrufen. In einer Stunde waren wir im Tal des Wei-Flusses. Hier bildeten die frühen Siedler und Ahnen des Konfuzius eine erste Nation, die selbst schon auf uralten Traditionen einer Reiskultur und auf einem System aus ethischen Grundsätzen aufbaute, die Jahrtausende überdauerten. Gegen Mittag passierten wir den legendären Grabhügel des Ch'in Shih Huang-ti, des größten revolutionären Baumeisters in der alten chinesischen Geschichte. Mir schien es damals auf merkwürdige Art passend, daß die Kommunisten ausgerechnet von hier aus das künftige Schicksal Chinas ausarbeiteten, mit Zielen, die nicht weniger radikal waren als jene, die Ch'in Shih Huang-ti 2200 Jahre vorher aufstellte – ein weiterer Hinweis darauf, daß Chinas Revolution von heute in Raum-Zeit-Realitäten wurzelt, die sich von den unsrigen grundlegend unterscheiden.

Den ganzen Nachmittag fuhren wir durch Schlafmohnfelder, die nur darauf warteten, abgeerntet zu werden, bis wir schließlich bei Einbruch der Dunkelheit Lochuan erreichten. Dort wurde ich von Soldaten umringt und durch einen Nebeneingang in ein schmutziges Gasthaus gedrängt, wo ich in einem Raum mit Eseln und Schweinen die Nacht verbrachte. Die Ratten und das Ungeziefer ließen mich nur wenig schlafen. Ich war froh, als wir schon vor Tagesanbruch wieder unterwegs waren, auf einer Straße, die sich durch die spektakuläre Lößlandschaft des Nordwestens wand.

Als organische Substanz, die im Lauf von vielen Jahrhunderten aus den riesigen Wüstengebieten Zentralasiens heruntergeweht worden ist, bildet der Löß einen fetten, etliche Meter tiefen Mutterboden, der jedoch schutzlos der Erosion plötzlicher heftiger Regengüsse ausgesetzt ist, die sich hier mit Perioden ausgedehnter Trockenheit abwechseln. Die Folgen für das Landschaftsbild waren phantastisch. Hügel standen wie Schlösser zwischen Reihen von riesigen Kuchen oder aufeinandergestapelten Küchenherden, zackig und rissig, als seien wütende Hände am Werk gewesen – sonderbare, unglaubliche, furchterregende Formen in einer Welt von fremdartiger surrealistischer Schönheit.

»Wo wohnen denn hier die Menschen?« fragte ich meine Tungpei-Begleiter. Wir sahen kaum einmal ein Haus zwischen den bebauten Feldern.

»Sehen Sie dort!« sagte er und gab mir seinen Feldstecher. »Yao-fang – Wohnhöhlen.« Eingebettet in die Senkungen des Lößes, erspähte ich ganze Dörfer, und ein Netzwerk von Wegen, die über die ingwerfarbenen Hügel führten, verband sie. In diesem baumlosen Land der Höhlenbewohner – ähnlich den Höhlenstädten in Frankreich, von den Cro-Magnon-Menschen im Tal der Loire erbaut – gruben sich selbst wohlhabende Grundbesitzer ihre Häuser, damit sie es im Winter warm und im Sommer kühl hatten und zu allen Jahreszeiten relativ sicher waren.

Diese Nacht verbrachte ich in Yenan, einer in die Berge gebetteten, ummauerten Stadt, die später dafür berühmt werden sollte, daß sie den Roten zehn Jahre lang als Hauptstadt diente. Im Augenblick war sie immer noch in den Händen der Kuomintang. Doch gleich dahinter fing das Gebiet der Roten an – etwa hundert Meilen bis zur Großen Mauer im Norden und zweihundert Meilen nach Westen bis zu den Hochebenen von Ninghsia. Wieder stand ich mit der Sonne auf und verließ das Stadttor in Begleitung eines einzigen Tungpei-Offiziers, der mich an seinem letzten Wachposten vorbei nach draußen brachte. Wir gaben uns die Hand, er salutierte, und ich war auf mich allein gestellt. Nur ein unbewaffneter Maultiertreiber war noch bei mir, der den Auftrag hatte, mich zum ersten Außenposten der roten Partisanen zu bringen. Auf seinem Gerippe von einem Esel befanden sich meine spärlichen Besitztümer – das zusammengerollte Bettzeug, ein wenig Lebensmittel, zwei Kameras und vierundzwanzig Filme. Ich wußte nicht, ob er selbst ein Rot- oder Weißbandit war. Vier Stunden lang folgten wir einem kleinen Fluß, der sich zwischen hohen Felswänden hindurchschlängelte, und sahen nichts, was auf menschliches Leben schließen ließ.

Vermutlich hätten mich die gleichen Gefühle bewegen müssen wie die desertierenden Matrosen beim Betreten des verbotenen Kannibalenlagers in Melvilles *Taipi*, doch ich empfand nichts dergleichen. Ich war nicht festgelegt, weder für noch gegen die Roten. Ich selber hatte sie noch nichts Böses tun sehen, auch wenn ich es unter anderen Machtsystemen erlebt hatte. Man konnte auch Mao Tse-tung und seine Anhänger keine »Verschwörung« nennen. Es war einfach ein offener, mit Waffen ausgetragener Kampf zwischen zwei Bewerbern, von denen jeder nur soviel rechtlichen Anspruch auf die Macht hatte, wie er mit Hilfe seines bewaffneten Anhangs geltend machen konnte – seit unvordenklichen Zeiten die Bedingung des Herrschens in China. Ich war wirklich neugierig zu erfahren, ob die Roten möglicherweise besser oder schlimmer waren – ein Journalist, der hinter einer Story her war.

Mein Maultiertreiber brachte mich gewissenhaft zu einem winzig kleinen

Dorf, unserem ersten innerhalb des Gebietes der Roten. Hier empfing mich der Ortsvorsitzende der Liga der Armen Leute zunächst argwöhnisch. Als er jedoch erfuhr, was ich wollte, bot er mir gastfreundlich ein sauberes Plätzchen für die Nacht an. Am nächsten Morgen weckte er mich früh.

»Es ist besser, wenn Sie jetzt gehen«, warnte er mich. »Ganz in der Nähe sind weiße Banditen, und Sie sollten schnell nach An Tsai weitergehen, dort sind Sie bei unserer Roten Armee in Sicherheit.«

Nachdem ich hastig etwas Tee und eine Schale Reis hinuntergeschlungen hatte, machte ich mich sofort wieder mit einem neuen Führer und Maultiertreiber, die mir die Liga der Armen Leute zur Verfügung stellte, auf den Weg. Nach einer Stunde erreichten wir einen bezaubernden stillen Weiher, und dort sah ich endlich meinen ersten uniformierten roten Soldaten mit einem weißen Pony, das neben dem Fluß graste. Er trug einen Turban, an dem ein roter Stern befestigt war, und an seiner Hüfte hing eine Mauserpistole.

»Wer ist der Fremde?« herrschte er den Maultiertreiber an.

»Ich heiße Shih Lo und bin auf dem Weg zu Mao Tse-tung«, sagte ich. »Er erwartet mich.«

Nachdem er sich versichert hatte, daß ich unbewaffnet war und keinen Überfall plante, lächelte er und sagte: »Kommen Sie mit zum Bezirkshauptquartier.«

Zwei Stunden später kamen hinter einer Kuppe Häuser in Sicht, die ein Dorf von stattlicher Größe bildeten. Genau in dem Augenblick hörte ich ein vielstimmiges Geschrei, das aus der porösen gelben Erde zu kommen schien. Als ich nach oben blickte, sah ich ein Dutzend Bauern, die auf einem Felsvorsprung standen und Speere, Spieße und ein paar altertümliche Schießeisen schwenkten – und unmißverständlich auf mich richteten.

11   Chou En-lai

Ich muß ein entsetztes Gesicht gemacht haben, denn der Soldat in meiner Begleitung brach in Gelächter aus und prustete: »Pu P'a!« Dann sagte er mit einem Blick auf die bedrohlich aussehenden Speerträger: »Keine Angst. Das sind nur Bauern bei einer Partisanenübung. Es gibt hier eine Partisanenschule.«

Als wir in eine kurze, von Häusern flankierte Straße einbogen, kam eine Handvoll Männer in verblichenen grauen oder blauen baumwollenen Uniformen heraus, die keinerlei Ehrenzeichen trugen, außer einem kleinen roten Balken auf jeder Seite des Rockkragens.

»Willkommen«, sagte einer auf chinesisch. »Kommen Sie herein und trinken Sie Tee mit uns.« Es waren alles Offiziere, wie ich entdeckte, als sie sich vorstellten. Der »Tee« war lediglich heißes Wasser – *pai ch'a* oder »weißer Tee«, wie die verarmten Roten ihn nannten. Richtiger Tee war in diesen Regionen ein seltener Luxusartikel. Einen Augenblick später kam eine schlanke Gestalt mit soldatischer Haltung herein, schlug die Hacken zusammen, tippte zum Gruß an seine verblichene, mit einem roten Stern verzierte Mütze und musterte mich mit großen dunklen Augen, die unter buschigen Augenbrauen lagen. Doch dann zeigte er eine Reihe ebenmäßiger weißer Zähne, als ein freundliches Lächeln über sein Gesicht huschte, das zur Hälfte von einem für einen Chinesen ungewöhnlich vollen Bart bedeckt war.

»Guten Tag«, sagte er. »Suchen Sie jemanden? Ich führe das Kommando hier.« Er hatte englisch gesprochen. »Mein Name«, fügte er hinzu, »ist Chou En-lai.«

Dies war der Mann, auf dessen Kopf Chiang Kai-shek eine Belohnung von 80 000 Dollar ausgesetzt hatte. Chou, der zu dieser Zeit die Ostfront der Roten Armee befehligte, sollte 13 Jahre später der erste Premierminister der »Volksrepublik« – des kommunistischen China – werden. Als er mich nun in sein Quartier einlud, sah ich einen kleinen Raum, halb Höhle und halb Haus, ausgerüstet mit ein paar Hockern und einigen Blechkästen für Berichte. Chou hatte seine Papiere auf dem *k'ang* aus Lehm ausgebreitet – einer mit Heizkanälen versehenen rechteckigen Plattform aus Lehmziegeln, die in diesem Teil Asiens als Bett und als Heizanlage dient.

»Es ist uns berichtet worden, daß Sie ein zuverlässiger Journalist sind, der China freundlich gesonnen ist, und daß man darauf vertrauen kann, daß Sie die Wahrheit sagen«, sagte er in einem rostigen Englisch. »Berichten Sie einfach wahrheitsgetreu, was Sie sehen; mehr verlangen wir nicht von Ihnen. Sie werden bei allen Nachforschungen jede Unterstützung bekommen.«

Ich unterhielt mich mit Chou bis spät in die Nacht hinein, und er gab mir auf die meisten Fragen eine offene Antwort. Bei ihm waren vorübergehend auch der einäugige Li K'o-nung, Leiter einer Nachrichtenabteilung der Armee, und Yeh Chien-ying, Chous Stabschef. Li sollte eines Tages Stellvertretender Außenminister der Pekinger Regierung werden und Yeh Chien-ying einer der höchsten Militärkommandeure während der endgültigen Niederlage der Kuomintang.

Chou zeichnete mir in groben Umrissen eine Karte der von den Kommunisten beherrschten Gebiete und schilderte mir ihre politischen und militärischen Ziele für die unmittelbare Zukunft. Diese zielten hauptsächlich darauf ab, den Bürgerkrieg zu beenden und zusammen mit anderen Armeen eine »Einheitsfront« gegen die Japaner zu bilden.

»Dann geben Sie also die Revolution auf?« fragte ich.

»Keineswegs. Im Gegenteil, wir treiben sie voran. Die Revolution wird wahrscheinlich auf dem Umweg über den antijapanischen Krieg stark werden.« Und was war mit Chiang Kai-shek? »Der erste Tag des antijapanischen Krieges«, so prophezeite er, »wird der Anfang vom Ende Chiang Kai-sheks sein.« Die Kommunisten würden siegen, so sagte Chou, weil sie wüßten, wie man in einem patriotischen Krieg die Bauern organisiert und bewaffnet. Chiang wisse das nicht. »Bedeutende Teile der Kuomintang-Armee werden im Laufe des Krieges Chiang verlassen und sich uns anschließen.« Und was war, wenn die Regierung in Nanking nicht gegen Japan kämpfte, sondern Frieden schloß? Die Kommunisten würden trotzdem nach Norden ziehen, um in direkte Berührung mit der japanischen Armee zu kommen, sagte Chou. »In Südchina haben wir nur mit der Unterstützung der Bauern einen erfolgreichen Guerillakrieg gegen Chiang Kai-shek geführt. Gegen die Japaner können wir mit ihrer Unterstützung einen noch erfolgreicheren Guerillakrieg führen.«

Chou analysierte dann Chiang Kai-sheks Stärken und Schwächen als Soldat und Politiker. Er kannte Chiang gut; er hatte drei Jahre lang unter ihm als politischer Kommissar an der Militärakademie von Whampoa gearbeitet, deren Direktor Chiang zu der Zeit war. Das war noch vor dem Auseinanderbrechen des ersten Bündnisses zwischen Kommunisten und der Kuomintang, auf dem Höhepunkt der Nationalistischen Revolution im Jahre 1927.

Ich sollte Chou in Zukunft noch oft sehen und eine kurze Biographie von ihm und seiner hochintelligenten Frau, Teng Ying-ch'ao, schreiben*, doch seltsamerweise wurden Chous erste Bemerkungen über Chiang Kai-shek von ihm selbst widerrufen, bevor ich sie in meinem Buch veröffentlichen konnte. Die Ereignisse hatten inzwischen eine so unerwartete Wendung genommen, daß Chou mir eine Botschaft schickte, in der er mich bat, seine freimütigen und geringschätzigen Äußerungen zurückzuhalten, da er noch einmal Chiang als nationalen Führer anerkennen und mit ihm zusammenarbeiten müsse. Erst vor kurzem ist dieses Interview endlich im Druck erschienen.**

Kaum ein Chinese machte auf die Politiker des Westens einen so vorteilhaften Eindruck wie Chou En-lai während seiner späteren Laufbahn in Chungking, wo er zur Zeit des Zweiten Weltkrieges die kommunistische Delegation leitete. Der Enkel eines hohen Beamten der Mandschu-Dynastie und mit einem Preis ausgezeichnete ehemalige Student an der von Amerika unterstützten Nankai-Universität in Tientsin hatte auch in Europa studiert und sprach ein wenig Französisch und Deutsch. Trotz seiner 38 Jahre und seines Bartes wirkte er jungenhaft, als ich ihn zum erstenmal

* In der *Saturday Evening Post* vom 27. März 1954.
** »Random Notes on Red China«, Cambridge, Mass., (Harvard University Press) 1957.

sah; mit seinem Charme und seiner Intelligenz hätte er, so dachte ich damals, in früheren Zeiten einen vornehmen Mandarin abgegeben. In der weltmännischen Schale steckte ein zupackender, beweglicher Geist, doch ich hatte nie, auch später nicht, den Eindruck, als reiche er ganz an die geistige Gewandtheit, Vitalität und Selbstsicherheit eines Mao Tse-tung heran oder besitze dessen Gespür für das Allgemeingültige.

Zum Abschluß unseres ersten Treffens entwarf Chou auf der handgezeichneten Karte eine Reiseroute für mich, wobei er an jedem Ort Leute und Einrichtungen nannte, die ich besuchen sollte. Er kam schließlich auf eine Reise, die (zu Fuß und zu Pferd) 92 Tage dauern sollte – und das war zu niedrig geschätzt, wie sich später herausstellte. Dann verabschiedete er mich, und ich brach zusammen mit einem Trupp roter Soldaten zu einem dreitägigen Treck nach Pao-an auf, wo ich Mao Tse-tung treffen sollte.

12   Zum Kompott bei Mao

Als unser kleiner Trupp den Gipfel eines Hügels erreichte, zu dessen Füßen Pao-an lag, ertönten Hornsignale, und ich sah, wie unten auf der kurzen Hauptstraße Pferde und Männer wie aufgescheucht hin und her liefen. Jahrelanger Krieg und Hungersnot hatten sowohl die Bevölkerungszahl als auch Anbaugebiete im Norden der Provinz Shensi reduziert. Pao-an (»Wehrhafter Friede«) selbst war die Ruine einer einstmals stattlichen Grenzstadt. Reste seiner alten Befestigungsanlagen, die Dschingis Chan zerstört hatte, waren weit außerhalb der Stadttore zu sehen, durch die wir nun in die Stadt kamen.

»Ein Willkommen dem amerikanischen Journalisten, der Sowjet-China kennenlernen will!« – »Nieder mit dem japanischen Imperialismus!« – »Lang lebe die chinesische Revolution!« Transparente mit englischen und chinesischen Parolen wurden von einer neugierigen Menschenmenge hochgehalten, die sich vor ein paar Dutzend baufälligen Hütten und Läden aufgestellt hatte. Am Ende der Straße erwartete mich eine Gruppe von Chinesen, darunter der größte Teil des Zentralkomitees der Partei und fast das gesamte Politbüro, das sich zu der Zeit in Pao-an aufhielt. Sie stellten sich vor und hießen mich willkommen.

Mao Tse-tung kam erst zur Essenszeit gegen Abend an. Er war damals eine ziemlich hagere blasse Gestalt, für einen Chinesen überdurchschnittlich groß und leicht vornübergebeugt; er hatte große forschende Augen, breite dicke Lippen, eine hohe Stirn und ein kräftiges Kinn mit einem auffallenden Leberfleck. Dichtes und langes schwarzes Haar bedeckte einen wohlgeformten Kopf, für den der Generalissimus 250000 Dollar bot, tot oder lebendig. Nach einem festen Händedruck und einigen höflichen Worten forderte mich Mao mit ruhiger Stimme auf, ihn zu besuchen, wenn ich mit den anderen gesprochen und mich im Ort zurechtgefunden habe. Dann ging er gemächlich die Straße hinunter, dicht bevölkert von Bauern und Soldaten, die einen abendlichen Bummel machten.

In diesem staubigen und nur dürftig mit Proviant ausgerüsteten Lager hatten die Kommunisten das ganze Drum und Dran eines winzigen Staates etabliert: Ministerien für auswärtige Angelegenheiten, Finanzen, Landwirtschaft, Gesundheitswesen, Verteidigung, Erziehung, Planungsaufgaben – nichts fehlte. Eine von Lin Piao (später als »Befreier der Mandschurei« gefeiert) geleitete Rote-Armee-Akademie war in einer Reihe von Höhlen untergebracht, die die Kojen von etwa 800 Studenten aufnehmen konnten. »Druckerhöhlen« brachten Lehrbücher, Zeitungen und Magazine heraus. Vieles davon vervielfältigten sie auf die Rückseite von Propagandaflugblättern der Kuomintang – ganz wie die Mönche im Mittelalter in Europa, die ihre Heiligenleben auf heidnische Manuskripte schrieben. Das Essen bestand hauptsächlich aus Hirse, Kohl und Kürbissen, die am Flußufer wuchsen; Schweine-, Hammel- und Hühnerfleisch blieben ein seltener Luxus.

Das »Quartier des Auswärtigen Amtes« war eine Gruppe von vier einräumigen Lehmziegelhütten, von denen mir eine vorübergehend als Unterkunft diente. Dort nahm ich oft meine Mahlzeit zusammen mit verschiedenen Mitgliedern des Politbüros und ihren Frauen ein, denen ich das Pokern beibrachte. An derselben Straße lag nicht weit weg die einräumige Höhle des »Vorsitzenden« Mao. Sie hatte ein einziges Fenster und eine Tür zu einer Gasse hin, die ein einziger Wachposten im Auge behielt. Und dort verbrachte ich bald die letzten oder auch ersten Stunden eines jeden Tages. Mao lud mich regelmäßig zu sich zum Essen ein; da gab es dann Brot, in das scharfer Pfeffer gebacken war, oder es gab »Kompott«, das Maos Frau aus den sauren Pflaumen dieser Gegend machte. Anschließend unterhielten wir uns dann stundenlang, oft bis zum Morgengrauen. Die schriftlich festgehaltenen Interviews, die ich mit ihm machte, beliefen sich auf 20 000 Worte; außerdem erzählte er mir Dutzende von Geschichten, die ich nicht aufschrieb. Zuletzt erzählte er mir die Geschichte seines Lebens – seine Kindheit und Jugend, warum er ein Radikaler wurde, wie die Rote Armee wuchs, und dann das ganze Epos ihres erst vor kurzem abgeschlossenen 5000 Meilen langen Rückzugs aus Kiangsi, den die Roten den »Langen Marsch« nannten.

In jenen Tagen herrschte im Krieg und in der Politik eine Art Windstille, und so hatte Mao etwas Muße. Vielleicht war es auch die Intensität meines Interesses und meiner Fragen, die eine Reaktion in ihm wachrief. Häufig schob er ganze Stapel von Meldungen und Telegrammen beiseite und sagte Sitzungen ab, um sich mit mir zu unterhalten. Schließlich war ich ein Medium, durch das er zum erstenmal die Möglichkeit hatte, zur Welt – und, was noch wichtiger war, zu den Chinesen – zu sprechen. Der legale Zugang zur chinesischen Presse war ihm versagt, doch er wußte, daß seine Kommentare, wenn sie auf englisch veröffentlicht wurden, trotz der Kuomintang-Zensur bis nach China durchsickern und den meisten lesekundigen Chinesen zu Ohren kommen würden.

Da Mao später zum Oberhaupt des zahlenmäßig größten Staates der Welt wurde und der amerikanischen Politik in Asien große Probleme aufgab, ist es interessant festzustellen, daß die meisten dieser späteren Ereignisse von ihm schon damals in diesen Gesprächen mit mir prophezeit worden sind. Er forderte – und verhieß – ein baldiges Ende des Klassenkrieges in China und eine Einheitsfront aller »patriotischen Elemente« gegen Japan. In weitschweifigen und exakten Einzelheiten entwarf er die Art des »in die Länge gezogenen Krieges«, den er gegen Japan führen würde – und dann auch führte –, und die Art und Weise, in der er der Revolution zum Siege verhelfen würde.

Er sagte auch einen baldigen Angriff Japans auf die europäischen Kolonien und auf die Vereinigten Staaten voraus und war sicher, daß letzten Endes auch Rußland in einen allgemeinen Krieg hineingezogen werden würde, um Japan zu besiegen – und dem Kolonialismus in Asien ein Ende zu bereiten.

Zweifellos spielte bei diesen Prophezeiungen Wunschdenken ebenso eine Rolle wie marxistische Dialektik, auf die Mao alle seine Ansichten zurückführte. Ich muß jedoch bemerken, daß er keinen leichten Sieg voraussagte. Nach seiner Überzeugung war damit zu rechnen, daß Japan alle großen Schlachten gewann, die wichtigsten Städte und Verbindungslinien besetzte und so schon im Anfangsstadium des Krieges die besten Kräfte der Kuomintang zerstörte. Dann würde ein zähes Ringen folgen, in dem die roten Guerillas die wichtigste Rolle spielen würden, denn in dem Maße, in dem die Kräfte der Kuomintang nachlassen würden, würden ihre Truppen stärker werden. Am Ende des Krieges, der seiner Meinung nach vielleicht zehn Jahre dauern könnte, würden die »Streitkräfte der chinesischen Revolution« viel umfangreicher, besser bewaffnet, erfahrener und beliebter sein und als führende Macht in Ostasien dastehen.

Mao verschleierte diese Ziele nicht, und ich versäumte nicht, sie in meinen Berichten hervorzuheben. Er gab nie vor, daß seine Partei weniger anstrebte als die endgültige, absolute Macht. Der Krieg gegen Japan war für ihn nur eine Einleitung zur »Vollendung der bürgerlich-demokratischen Stufe der Revolution«. Er war voll heiterer Zuversicht, daß Japan China diese »Gelegenheit« verschaffen würde – ja, daß die ersten Schritte bereits getan waren. Auch bezeichneten sich Mao und andere Führer der Roten mir gegenüber nie als »Agrarreformer« oder »kapitalistische Reformer« – ein Phantasiegebilde höchst seltsamer Art, das mir später vorgeworfen wurde und dessen Herkunft ich bald aufzeigen werde.

»Die kommunistische Partei«, sagte Mao wiederholt, »wird nie ihre Ziele, Sozialismus und Kommunismus, aufgeben.«

Wort für Wort schrieb ich alles auf, was »der Vorsitzende« der Welt und dem chinesischen Volk zu sagen hatte. Jeder, der sein Programm in »Roter Stern über China« näher angesehen hat, kam einfach nicht an der Erkenntnis vorbei, daß die Kommunisten beabsichtigten, die Bauern in jenem weiten Hinterland zu erreichen und zu mobilisieren, das bald ein politisches Vakuum sein würde, wenn erst die Kuomintang und die westlichen Mächte von den Japanern aus den Vertragshäfen und den Städten vertrieben waren.

Innerlich mußte ich oft über die Überspanntheit der Ansprüche Maos lächeln, die noch naiver schienen als Gandhis Hoffnungen, die Briten durch die »Macht der Liebe« zu bezwingen. Da saß er also, mit ganzen zwei Baumwollhosen in seinem Besitz und mit einer Armee, die aus einem kleinen Haufen schlecht bewaffneter Jugendlicher bestand und in der ärmsten Ecke des Landes einem mißlichen Dasein entgegensah. Und doch redete er so, als habe seine Partei schon ein unwiderrufliches Mandat der »Arbeiter und Bauern« ganz Chinas, tat so, als glaube er daran, und ließ die ausländischen Mächte wissen, in welcher Weise ein freies China der Zukunft mit ihnen kooperieren »könne« und »nicht könne«. »Jeder Mensch ist eine Unmöglichkeit, ehe er geboren wird«, sagte Emerson. Mao war zwar vollkommen real, und trotzdem war er eine Art Unmöglichkeit. Denn »alles ist unmöglich«, so der Rest des Epigramms, »ehe wir einen Erfolg sehen«. Zu der Zeit sah Mao noch wie ein Versager aus.

Doch wenn ich ihn auch anfänglich grotesk fand, so beeindruckte mich sein absoluter Glaube an das eigene Selbst. Mark Twain nannte das »die ruhige Zuversicht eines Christen, der vier Asse auf der Hand hat«. In seinem Fall waren die Asse der asiatische Marxismus, seine Kenntnis Chinas und der chinesischen Geschichte, sein grenzenloser Glaube an das chinesische Volk und seine praktische Erfahrung in der Kunst, »aus Dreck Generäle zu formen«. Sein behutsames, schrittweise vorgehendes Argumentieren ließ mich allmählich glauben, daß er von einer »eben noch möglichen« Realität sprach. Als sich seine Lebensgeschichte vor mir ausbreitete, gedankenvoll erzählt, gut aufgebaut und dramatisch, begann ich zu verstehen, daß es der inhaltsreiche Querschnitt durch eine ganze Generation war, gesehen im Leben eines Mannes, der dessen Bedeutung gründlich analysiert und studiert hatte. Deshalb war dieses Leben eine wichtige Richtschnur zum Verständnis künftiger Ereignisse. Hier war ein Mann, so schrieb ich 1936, in dem man »eine gewisse Schicksalsmacht spürt, so etwas wie eine geballte elementare Vitalität«. Die Bedürfnisse eines bewußtlosen, der Artikulation nicht fähigen Chinas mochten in

»der großen Mehrzahl der Menschen« sein, doch wenn eine soziale Revolution imstande war, »für die Dynamik zu sorgen, die China erneuern kann, dann wird – in diesem tief historischen Sinne – Mao Tse-tung ein sehr großer Mann werden«.

Obwohl also mein Interesse mehr Maos Persönlichkeit als der momentanen Auseinandersetzung galt, war es nicht leicht, ihm die Geschichte seines Lebens zu entlocken. Tagelang trieben wir eine Art Spiel, bei dem ich spürte, daß er sich nicht schlüssig darüber war, ob er mir die Wahrheit über sich selbst anvertrauen konnte oder ob ich sein Vertrauen mißbrauchen und seine Aussagen entstellt oder verzerrt wiedergeben würde. Die Kommunisten hatten es sich zur Gewohnheit gemacht, persönliche Gespräche zu meiden, nicht nur, weil in der Theorie das Individuum als irrelevant galt und nur als treibende Kraft in der Geschichte interessierte, sondern auch, weil die Todesstrafe über allen Kommunisten hing. Die Anonymität war ein wesentlicher Sicherheitsfaktor.

»Wenn Sie aber den Bürgerkrieg beenden und mit anderen Armeen in einer Einheitsfront zusammenarbeiten wollen«, argumentierte ich, »dann muß das Land doch wissen, was für Menschen Sie sind. Seit Jahren schildert die Propaganda Sie als zuchtlose, ignorante, primitive Banditen, die nur Brandstiftung und Mord, Plünderei und freie Liebe kennen. Sie müssen dafür sorgen, daß man lebendige Menschen in Ihnen sieht – und nicht nur politische Parolen.«

Doch er wich mir erneut aus.

Als er eines Abends alle Fragen beantwortet hatte, nahm Mao eine Liste in die Hand, die ich mit »Persönliche Geschichte« überschrieben hatte. Er lächelte über die Frage »Wie oft waren Sie verheiratet?«, die, wie ich entdeckte, falsch übersetzt worden war und nun lautete: »Wie viele Frauen haben Sie?«

»Die Abschaffung der Polygamie ist eine grundlegende Reform in unseren Gesetzen zur Gleichheit der Geschlechter«, sagte er. Als ich den Irrtum aufklärte, war er beschwichtigt, zweifelte aber immer noch, ob man Zeit damit vergeuden sollte, »privaten Klatsch« zu berichten.

»Sagten Sie nicht, daß die Lebensgeschichte George Washingtons und Carlyles Biographien aus der Französischen Revolution Sie inspiriert haben?«

Er nahm wieder meine Fragen in die Hand und las sie noch einmal durch.

»Wie wäre es«, schlug er schließlich vor, »wenn ich Ihnen einfach eine allgemeine Skizze meines Lebens zeichnete? Ich glaube, das wird verständlicher sein, und am Ende werden auch alle Ihre Fragen beantwortet sein, nur nicht genau in dieser Reihenfolge.«

»Genau das ist es, was ich möchte«, sagte ich.

Zu der nun folgenden Serie nächtlicher Interviews brachte Mao Blätter mit seinen eigenen Aufzeichnungen mit. Er präsentierte mir nicht einfach dürre Fakten, denen ich erst Leben hätte einhauchen müssen, sondern eine fast abgeschlossene Selbstanalyse und erklärende Darstellung einer Generation von Revolutionären. Es sollte ein Buch daraus werden, das von Millionen in China gelesen und in jedem Kolonialstaat übersetzt wurde.

Maos Wirkung auf seinen amerikanischen Boswell ist hier Teil meiner eigenen Geschichte.

13 Prophet in einer Höhle

Mao Tse-tung war 43, nur 14 Jahre älter als ich, doch wenn ich zwei Leben hinter mir hatte, dann waren es bei ihm neun. Er konnte mich eine Menge lehren. Er war ein fähiger Soziologe und Psychologe. Wären die Chinesen nicht zu 80 bis 90 Prozent Bauern gewesen und die allermeisten Bauern nicht arme Familien gewesen, denen eine Neuverteilung von Grund und Boden nur zustatten kommen konnte, und wäre die besitzende Klasse in den Städten und auf dem Land nicht gar so klein und ihre Interessen nicht gar so fest an eine Mangelwirtschaft gebunden gewesen, dann hätte die Revolution in China nicht diesen Verlauf genommen. Doch die Tatsachen sahen anders aus, und Mao Tse-tung war ihr Prophet. Er und seine Partei hatten Erfolg, weil sie lernten, die besitzende Klasse zu umgehen und zwischen Chinas revolutionären Intellektuellen und der großen trägen Masse von Bauern, die immer noch in der Eisenzeit lebten, ein korporatives Bündnis zu schließen.

Mao kannte die äußerlichen Konturen des Landes und die Leute, die in ihm lebten, besser als irgendein politischer Rivale seiner Zeit. Er war zu Fuß zehntausend Meilen durch das ländliche China gegangen. Da ich selber ziemlich weit herumgekommen war, machte das großen Eindruck auf mich. Schon als Student war Mao in den Sommerferien von Farm zu Farm gewandert, wobei er sich das nötige Geld durch Arbeiten und manchmal durch Betteln verdiente. Einmal lebte er eine Woche lang ausschließlich von ungekochten Bohnen und Wasser, weil er sich darin üben wollte, »seinen Magen zu beherrschen«.

Maos Vorliebe für solche ungewöhnlichen Exkursionen und seine früh entdeckte Zuneigung zu armen Bauern hatten ihren Ursprung merkwürdigerweise in seinem Haß auf den eigenen Vater, einen reichen Bauern, und in seinen Bemühungen, von ihm wegzukommen. Er erzählte mir, die Strenge seines Vaters sei ein Hauptgrund für seine seit der Kindheit vorhandenen rebellischen Neigungen – so wie er jugendliche Ideale und Gefühle des Mitleids dem buddhistischen Einfluß einer hochherzigen, liebenden Mutter zuschrieb. Einige seiner frühen Erlebnisse können vielleicht helfen, den merkwürdigen Wechsel zwischen »moralischer

Überredung« und Gewaltanwendung zu erklären, der später die Praxis der chinesischen Kommunisten kennzeichnete.

Der alte.Mao verprügelte seine Söhne regelmäßig, um deren bedingungslose Unterwürfigkeit sicherzustellen. Mit neun Jahren lief Tse-tung in »moralischer Auflehnung« gegen einen Lehrer, der ihn ebenfalls verprügelte, von zu Hause weg. Seine Mutter intervenierte, und er wurde an eine andere Schule versetzt. Da er aber von seinem Vater weiterhin Prügel bezog, rebellierte Mao erneut. »Diesmal hatte ich die Unterstützung der Oppositionpartei in der Familie«, sagte Mao mit einem Lächeln, »meiner Mutter, meines Bruders und unseres Lohnarbeiters.« Er lief zum Rand eines Teiches in der Nachbarschaft und drohte, er werde hineinspringen und sich das Leben nehmen, wenn sein Vater nicht verspreche, »sich zu bessern«.

Der »Feind« kapitulierte.

»Auf diese Weise lernte ich«, sinnierte Mao, »daß mein Vater weich wurde, wenn ich meine Rechte in offener Rebellion verteidigte, daß er mich aber nur um so mehr schlug, wenn ich bescheiden und unterwürfig blieb.«

Als Tse-tung 13 war, schloß sein Vater ein Abkommen, seinen Sohn für eine bestimmte Summe mit einer um sechs Jahre älteren Frau zu verheiraten. Wieder lief Mao weg; tagelang wanderte er umher und verdiente sich Essen und Unterkunft, indem er bei Bauern arbeitete. Er wurde von seiner Mutter gefunden und nach Hause gebracht, wo nichts mehr unternommen wurde, um den Ehevertrag zu vollziehen. Von da an lebten Vater und Sohn in einer Art Waffenruhe, aber nicht in Frieden, bis Tse-tung das Elternhaus endgültig verließ.

Eine Ödipus-Tendenz zeigt sich im Leben vieler chinesischer Revolutionäre. Mao schien da nur freimütiger als die meisten anderen. Ein Aufbegehren im frühen Kindesalter lag zweifellos auch seiner chronischen Verstopfung zugrunde – einer Angelegenheit, die in Pao-an so allgemein bekannt war, daß Maos wöchentliche Darmentleerung ein Anlaß war, zu dem er beglückwünscht wurde. Als ich ihn fragte, ob er das relativ seßhafte Leben, das er augenblicklich als »Staatsoberhaupt« führe, dem »Vagabundenleben« beim Kampfeinsatz vorziehe, erwiderte er:

»Mir ist das militärische Leben lieber. Mein Stuhlgang hat nie besser geklappt als während der Schlacht um Changsha.«

Denis Diderot stellte einmal fest, daß »eine unbehinderte Darmentleerung das große Lebensziel in allen gesellschaftlichen Stellungen« sei – vielleicht haben Historiker in ihrem Bemühen um »Objektivität« solchen ordinären Reden zu wenig Beachtung geschenkt. Maos treffende Bemerkung enthüllt jedenfalls Interessantes über seine Persönlichkeit. Hier war ein Mann, der kein Blatt vor den Mund nahm und den jeder Bauer verstehen konnte – ein Mann mit Sinn für Humor oder mit einem Sinn für die richtige Proportion, in der er selbst in seiner Beziehung zur Menschheit zu sehen war.

Bei einer anderen Gelegenheit, als Mao und ich mit Lin Piao redeten, wurde es in der Höhle, in der wir saßen, sehr warm. »*Ma-ti, t'ai jeh-ti!*« (Eine lästerliche Hitze ist das!), sagte Mao, zog sich die Hosen aus und setzte sich wieder so unbefangen hin wie Gandhi in seinem Lendenschurz. Er war immer für einen Spaß zu haben, erzählte gerne Anekdoten und hörte auch gerne zu. Einmal bat er mich, ihm aus Charlie Chaplins Film »Moderne Zeiten« alles zu schildern, an das ich mich erinnern konnte, und dabei lachte er dann, bis ihm Tränen über die Wangen liefen.

Mao war keineswegs nur Bauer. Er war ein guter Schönschreiber und schrieb gerne Gedichte. Er hatte eine romantische Ader, und die verschiedenen Liebesaffären in seinem Leben spielen in seiner Geschichte eine vielsagende Rolle – angefangen bei seiner ersten Frau, Yang K'ai-hui, der Tochter seines Ethikprofessors, die er als Student an der Universität von Peking kennenlernte und die im Bürgerkrieg 1930 gefangengenommen und hingerichtet wurde. Auf dem College hatte er sich in Literatur und Soziologie ausgezeichnet, aber als Propagandist war er ein Meister der schlichten, mit erdnahen Idiomen gewürzten Rede. Wenn er eine Rede hielt, so verwendete er selten durch und durch marxistische Texte, sondern spielte auf Folklore oder alltägliche Geschichte an, mit der selbst Analphabeten vertraut waren. Eines seiner Lieblingsbücher war das *Shui Hu Ch'uan* (»Die Geschichte vom Flußufer«), jenes verbotene Epos über Banditen, die gegen die dekadente Sung-Dynastie rebellieren. Pearl Buck hat eine gekürzte englische Übersetzung davon herausgegeben, die den Titel trägt »All Men Are Brothers« – ein Buch, das uns so viel über den chinesischen Charakter sagt wie »Die Brüder Karamasow« über die Russen. Ich vermute, daß sich Mao mit diesen Bandenanführern identifizierte. Das *San Kuo*, ein nicht weniger großes, halb erdichtetes, halb historisches Epos und fester Bestandteil der chinesischen Folklore, wurde ebenfalls von Mao und anderen Kommunisten ständig und geschickt dazu benützt, marxistische historische Analysen in Form von Erfahrungen aus dem eigenen Lebensbereich verständlich zu machen.

Mao war, mit anderen Worten, ein guter Politiker, der nicht über die Köpfe seiner Zuhörer hinweg redete. Wenn es jedoch um ernste »dialektische« Werke ging, war Mao darin so gut bewandert wie nur irgendein Marxist; er büffelte fortwährend Parteitexte, um im Wettbewerb mit Studenten, die aus Rußland zurückkamen, seine Stellung als führender Theoretiker halten zu können. Er hatte ihnen gegenüber den Vorteil, daß er die chinesischen Zustände bestens kannte und daß er die Fähigkeit besaß, jede »Linie«, die gerade von Moskau ausgegeben wurde, »hinzubiegen« – sie zu adaptieren und auf die örtlichen Gegebenheiten anwendbar zu machen.

Nachdem ich die Technik studiert hatte, mit der Mao Lehrsätze manipulierte, kam ich zu dem allgemeinen Schluß, daß jede politische Macht durch die Probleme ihrer Kontrolle bedingt wird und daß jede Theorie durch die Praxis der Machtausübung modifiziert wird.

Für die Analyse politischer Phänomene hatte Mao mit dem Marxismus eine moderne Methode zur Verfügung, die den wirren, auf die Warlords und Konfuzius zurückgehenden Begriffen Chiang Kai-sheks weit überlegen war. Daß er über die komplizierten Verhältnisse in der Welt außerhalb Chinas keine eingehenden Kenntnisse besaß, war ein späteres Handikap, beeinträchtigte aber seine geschickten Manöver auf dem Schauplatz der chinesischen Politik nicht. Der Marxismus und die dialektische Methode waren für Mao gleichbedeutend mit einer Philosophie und Religion, aber er behauptete nie, den Zugang zur letzen Wahrheit gefunden zu haben.

»In dem großen Strom menschlichen Wissens sind alle Dinge relativ«, sagte er einmal, »und keiner bekommt die absolute Wahrheit zu fassen.« Ich versuchte, für mich selbst herauszufinden, worauf sich Maos Macht in der Partei gründete – mir ging es dabei um seine Persönlichkeit und nicht um seine »objektive« Rolle, wie die Kommunisten sie erklären würden. Er hatte einen komplizierten Charakter, mit scheinbaren Widersprüchen. Wo es ein regelrechter Kult war, daß sich der einzelne dem Willen der Masse unterwarf, war Mao unzweideutig ein Individualist. Das Rauchen galt unter den Kommunisten als Zeichen für mangelnde persönliche Disziplin und wurde nicht gutgeheißen; Mao rauchte unablässig Zigaretten. Fast alle waren in Pao-an bei Tagesanbruch auf den Beinen; Mao arbeitete nachts und war selten vor Mittag wachzubekommen. Er war nicht das einzige Mitglied des Politbüros mit einer Frau – Frauen waren in diesem Lager äußerst rar –, aber nach meiner Beobachtung der einzige, dessen Frau vollkommen unter dem Bann und dem dominierenden Einfluß ihres Mannes zu stehen schien.

Die meisten der Anhänger Maos hatten einen preußisch kurzen Haarschnitt. Mao ließ sich furchtbar ungern die Haare schneiden und trug sie deshalb lang. Sein Gesicht war fast bartlos, bis auf die wenigen Haare, die aus dem Leberfleck an seinem Kinn sproßten und, nach chinesischem Brauch, nie abgeschnitten wurden. Im Gegensatz zu der tadellosen, streng militärischen Haltung Chou En-lais und anderer ging Mao mit gekrümmten Schultern und vornübergebeugt wie ein Bauer. Als ich Bilder von ihm und Lin Piao bei der Musterung von Kadetten machte, salutierte Mao mit der undeutlichsten Imitation eines militärischen Grußes, die ich je gesehen habe. Chou En-lai blickte einem direkt in die Augen; was immer er sagte, es schien ihm immer viel daran zu liegen, daß man ihm glaubte. Mao hatte eine Art, einen von der Seite anzuschauen, während er darauf wartete, daß seine Worte wirkten, in ihrer Logik verstanden wurden und Einwände provozierten. Während er nach außen entspannt, ja gleichgültig schien, verbarg er hinter dieser Maske einen stets wachen und phantasiereichen Verstand.

Mao hatte ein außergewöhnlich gutes Gedächtnis. Er erinnerte sich über viele Jahre hinweg an Daten, Namen und exakte Einzelheiten aus Gesprächen und irgendwelchen Vorfällen. Die Methode, mit der er die Partei lenkte, war nicht offenkundig, sondern indirekt und subtil. Er konferierte stundenlang mit verschiedenen Mitgliedern des Komitees, um ihre Ansichten auszuloten und dann mit seinen eigenen abzustimmen. Wenn er mit jedem von ihnen einzeln gesprochen hatte und sich einer allgemeinen Zustimmung sicher war, legte er seine eigene Ansicht als eine Synthese dar. Er glaubte fraglos daran, daß ihn das Schicksal zum Herrscher bestimmt hatte. In seinen persönlichen Beziehungen war er jedoch entspannt, natürlich und keineswegs affektiert. Mit seiner Loyalität gegen diejenigen, die sich ihm gegenüber loyal verhielten, schaffte er ein Klima des gegenseitigen Vertrauens. Er war auch gegen die Leute großmütig, die nicht mit ihm übereinstimmten. Diejenigen, die gegen ihn und seine Ideen kämpften, verloren im Lauf der Zeit ihren Einfluß, doch sie wurden nicht – wie etwa Stalins persönliche Rivalen – aus der Partei ausgeschlossen oder physisch vernichtet.

Mit Mao konnte man sich immer gut unterhalten. Es fehlte ihm nie an Worten oder an einem Gesprächsthema. Er redete so gern, daß man kaum glauben konnte, daß er auch ein Mann der Tat war. Ein vergleichbarer Fall ist Winston Churchill, und ganz sicher auch Chruschtschow. Mao hatte für seine Verhältnisse wahrscheinlich eine ebenso gute Erziehung und Ausbildung genossen wie diese beiden Herren für ihre Verhältnisse. Seine analytische Fähigkeit war bestimmt ebenso gut entwickelt. Sein Wissen über die Welt jenseits der Grenzen Chinas war auf die Bücher beschränkt, zu deren Lektüre ihm in einem Leben Zeit geblieben war, das in höchstem Grad durch Tun und Denken ausgefüllt war. Seine Schwäche bestand aus der Sicht des Westens darin, daß seine Beurteilung aller kapitalistischen Länder willkürlich den Bedingungen seines Glaubens an die sowjetrussische Interpretation des Marxismus unterworfen war. Doch auch das änderte nichts an seiner tiefen Neugier an der nichtchinesischen Welt. Er bedauerte oft, daß er nicht gleichzeitig eine Revolution in China führen und all die Länder, über die er in seiner Jugend gelesen hatte, besuchen und kennenlernen konnte.

Mao gab zu, daß er sich auf vielen Gebieten nicht auskannte. Er hatte das lebhafteste Interesse an den Vereinigten Staaten. Er war nie außerhalb Chinas gewesen und wußte so aus erster Hand nichts über eine konstitutionelle Demokratie in Aktion. Doch in der Theorie kannte er das amerikanische System und hatte sich sowohl mit unserem Freiheits- als auch mit unserem Bürgerkrieg beschäftigt.

Mao versuchte nie, mich für die kommunistische Partei zu gewinnen. Und auch sonst machte niemand je den Versuch. Einmal fragte mich jedoch Mao, ob ich damit rechne, daß es in Amerika zu einer Revolution kommen würde und ob ich mich dann daran beteiligen würde. Wenn, so sagte ich, mein eigenes Land so arm und rückständig wäre wie China, wenn die Unterdrückung und Ausbeutung so schändlich mit dem Leben der Menschen umgehen würde, wenn amerikanische Kinder als Sklaven gekauft und verkauft würden, wenn mein Land immer eine Tyrannei gewesen wäre und nun von einzelnen militärischen Satrapen ohne Kontrolle durch irgendeine Macht des Volkes regiert würde, wenn Amerikaner kein Stimmrecht hätten und ihre Vertreter weder wählen noch zur Verantwortung ziehen könnten, wenn die Arbeiterschaft nicht die Freiheit hätte, sich zu organisieren und Tarifverhandlungen zu führen, wenn die Mitglieder unserer Regierung ihre privaten Geschäfte mit Hilfe von Staatsbanken finanzieren und der Öffentlichkeit keine Rechenschaft darüber ablegen würden, wenn die Familien der höchsten Regierungsmitglieder die reichsten Profitmacher wären, wenn Ausländer unsere Häfen und große Teile unserer Wirtschaft kontrollieren würden, wenn wir eben ohne Gegenwehr den ganzen nordöstlichen Teil der Vereinigten Staaten verloren hätten, wenn es keine gesetzliche Möglichkeit geben würde, eine politische Opposition zu organisieren – wenn all diese Dinge auf die Vereinigten Staaten zutreffen würden, so wie sie auf China zutreffen, und wenn es keine andere Möglichkeit geben würde, die Politik des Staates oder die Lebensbedingungen selbst zu ändern oder zu verbessern, als durch eine bewaffnete Revolte, dann würde ich mich in der Tat in die Reihen der Revolution eingliedern.

»Amerika«, sagte Mao lächelnd, als er sich das alles angehört hatte, »wird das letzte Land sein, das kommunistisch wird.«

»Wird China auch das letzte Land sein, das demokratisch wird?« konterte ich.

»Nein, wir hoffen, es wird als zweites Land demokratisch werden«, erwiderte Mao.

»Sie wollen sagen – Rußland war das erste?«

»Eine echte Demokratie ist erst möglich, wenn die Klassen abgeschafft sind und die Produktionsmittel in der Hand des Volkes und nicht in der Hand der Kapitalisten sind.«

Mao glaubte nicht blind an alles, was aus Rußland kam. Er sollte noch beweisen, daß er es ebensogut verstand, Stalin zu benutzen, wie Stalin es verstand, ihn zu benutzen. Im privaten Gespräch machte Mao russische Komintern-Agenten für die verheerenden Niederlagen verantwortlich, die die kommunistische Partei während der Konterrevolution im Jahre 1927 hinnehmen mußte. Stalin führte damals die Komintern, und Mao befand sich in Opposition zur offiziellen »Linie« – so wie noch einige Male vor 1934. Erst dann wurde seine Führungsposition in Moskau widerwillig anerkannt.

In seinem Interview mit mir nannte Mao die Sowjetunion seinen »loyalen Verbündeten«. Beim Kompott sprach er ziemlich spöttisch von der »russischen Hilfe, die nie eintraf«. In der Tat mußten die chinesischen Roten noch neun Jahre lang ohne wesentliche materielle Unterstützung aus Rußland auskommen – und in der Zeit nahmen sie an Zahl und auch an Macht gewaltig zu, trotz der Milliarden, die von den Vereinigten Staaten ausschließlich zur Unterstützung Chiang Kai-sheks ausgegeben wurden. Mao zog wichtige Erkenntnisse aus der Geschichte des Amerikanischen Freiheitskrieges und aus Washingtons Guerillataktiken. Obwohl sie immer wieder den Rückzug antreten und Niederlagen einstecken mußten, achteten er und Chu Teh darauf, daß der harte Kern ihrer Armee in diesem Ausdauer- und Abnutzungskrieg intakt blieb, während sie auf die »große Gelegenheit« warteten, wenn sich die Umstände zu ihren Gunsten verändert haben würden.

Zwei Jahrzehnte einer bewaffneten Auseinandersetzung schufen in den chinesischen Roten eine selbständige nationale revolutionäre Tradition, kampferprobt in einer ständigen Feuerprobe der Kameradschaft, denn jeder hatte immer das Leben der anderen als Geiseln in der Hand; all das führte schließlich zu einer Einmütigkeit unter ihren Führern, die in den kommunistischen Parteien der ganzen Welt einmalig ist. In dieser Tradition wurden selbst ihre schlimmsten Niederlagen als moralische Siege des chinesischen Patriotismus verherrlicht. Das wird eindrucksvoll veranschaulicht durch die Art und Weise, in der ihre Niederlage im Süden und der erzwungene Abzug nach Nordwesten in ihrer Folklore als der heroische »Lange Marsch« bekannt wurde. Mao Tse-tung hatte eine Menge damit zu tun. Er schrieb mir selbst ein Gedicht auf, das ich mit Hilfe seines Dolmetschers an Ort und Stelle in ein freies Englisch übertrug:

> Die Rote Armee verachtet, weit marschierend, das Leid,
> zehntausend Gewässer, tausend Gebirge nur Müßiggang.
> Fünf Bergzüge, Schlangenwege, ihr Anstieg ein Wellenspiel,
> das Wu-meng Steinmassiv, ein Abstieg wie Erdgeröll.
> Die Goldsandwasser: Gischt an bewölkte Klippen, erhitzt,
> die Tatu-Brücke: quer an Eisenketten, eiskalt.
> Nur froher geworden im Min-shan; im Tausendmeilenschnee,
> drei Meere: ihr Weg ist zu Ende, gelöst ist ihr Gesicht.*

---

* Zitiert nach der deutschen Ausgabe von Snows »Roter Stern über China«. Frankfurt am Main 1970 (März Verlag) und 1974 (Fischer Taschenbuch Verlag).

Nachdem mir Mao seine persönliche Geschichte erzählt hatte, hatte ich keine Schwierigkeiten, ähnliche Einzelheiten über Dutzende von anderen Führern der Roten zusammenzutragen. Eine sorgfältige Untersuchung dieser Bekenntnisse könnte kaum zu einem anderen Schluß kommen, als daß die ganzen nationalen Erfahrungen Chinas einen kommunistischen Sieg unumgänglich machten, es sei denn, die Kuomintang hätte wie durch ein Wunder eine Wandlung durchgemacht und tiefgreifende, einschneidende und schnelle Reformen herbeigeführt.

Es war einfach so, daß das »Kommunistische Manifest« in China (wie in anderen kolonialen und halbkolonialen Ländern) eine frische und buchstäbliche Autorität besaß, die in Europa längst an die fabische Verzögerungstaktik, evolutionäre sozialistische Bewegungen und die Wirtschaftspraxis J. M. Keynes' übergegangen war. Noch eindeutiger war diese Autorität in einem Amerika verlorengegangen, das sich empirisch aus einer Pioniergesellschaft freier Menschen mit einem freien Wirtschaftssystem hin zu der vollkommenen Mittelstandsgesellschaft entwickelte, die sich als das Ideal des Korporativstaates von heute herausstellte.

Als Marx' aufrüttelnder Ruf zu den Waffen nach dem Ersten Weltkrieg zum erstenmal von jungen Leuten in China gelesen wurde, sahen sie darin keine Analyse der europäischen Zustände aus dem Februar 1848, sondern eine zutreffende Schilderung ihrer eigenen unmittelbaren Umgebung. Der moderne Arbeiter, so sagte Marx, steigt nicht etwa mit dem Fortschritt in der Industrie auf, sondern sinkt immer tiefer, noch unter die Existenz seiner eigenen Klasse. Selbst in Amerika ist eine verhältnismäßig zivilisierte arbeitsrechtliche Gesetzgebung kaum eine Generation alt. In China aber, in dem es zwar Sklaven im Kindesalter und schwer arbeitende Frauen, einen Zwölfstundentag und Hungerlöhne gab, in dem aber ein Schutz gegen Krankheit, Verletzungen und Arbeitslosigkeit ebenso fehlte wie irgendeine Altersversorgung oder eine Möglichkeit zu Tarifverhandlungen, in einem solchen China hatten die Menschen bis 1945 keinen Grund, die Marxschen Prophezeiungen in Zweifel zu ziehen.

Die alte von der Großfamilie und von den Gilden gebotene Sicherheit war zusammengebrochen, und nun war der Habenichts buchstäblich nicht mehr wert als der Preis, den er als »reines Produktionsmittel« auf dem Markt erzielte. Hinter der hilflosen Situation der Arbeiterschaft standen natürlich der Zerfall der alten Agrarwirtschaft unter dem Druck des Westhandels und der durch maschinelle Produkte herbeigeführte Ruin der handwerklichen Fertigung. Vermögensabgaben in Form von ständig steigenden Steuern (die in einzelnen Fällen 60 Jahre im voraus erhoben wurden), wucherische Zinssätze und die fortwährende Plünderung der

Staatseinkünfte durch raffgierige Bürokraten und Militaristen hatten bis zu den zwanziger und dreißiger Jahren die zahlungsfähigen Farmer mit eigenem Grundbesitz auf eine Minderheit reduziert. Zusätzlich unterstützt durch Hungersnot und Krieg warfen sie Millionen von »überzähligen« Söhnen und Töchtern heruntergekommener Bauernfamilien auf den aufgeblähten Arbeitsmarkt der Arbeitsunfähigen. Dieser Prozeß war Jahre vorher von R. H. Tawney prophetisch analysiert worden. Mit dem Hinweis hier möchte ich nur hervorheben, daß die Lebensgeschichte fast jedes roten Soldaten, den ich kennenlernte, ihn als ein unmittelbares Produkt dieses ländlichen Massenbankrottes enthüllte.

Um nur zwei dramatische Beispiele zu erwähnen: Chu Teh, der Oberbefehlshaber der Roten und Maos militärisches zweites Selbst; und P'eng Teh-huai, der stellvertretende Oberbefehlshaber. Chu Teh stammte aus der Familie eines Pachtbauern, in der wegen der großen Armut fünf Kinder unmittelbar nach der Geburt ertränkt wurden. Von den überlebenden Kindern der Familie Chu war er der einzige, der eine Schulbildung erhielt; anstatt ihn zu ertränken, gaben ihn die Eltern einem kinderlosen Verwandten, der es schaffte, ihn in einer Schule für Grundbesitzersöhne unterzubringen.

P'eng Teh-huai wurde (wegen einer unbedeutenden Verletzung der Sohnespflichten) beinahe getötet, nachdem der Familienrat so entschieden hatte, doch die Fürbitte eines Onkels rettete ihm das Leben; er wurde daraufhin als neunjähriger Grubenarbeiter vertraglich an ein Kohlenbergwerk gebunden.

Wenn in einem Land arbeitende Kinder von zehn oder zwölf Jahren nachts oft eingeschlossen wurden und auf Lumpen unter den Maschinen schlafen mußten, die sie bei Tage bedienten – was ich sogar in Shanghai zu sehen bekam, das von Ausländern kontrolliert wurde –, dann gehörte keine besondere Intuition dazu, zu begreifen, weshalb da das »Kommunistische Manifest« als Evangelium gelesen wurde. Man brauchte auch nicht darüber nachzudenken, warum Chinesen, die die westliche Demokratie nur in ihrer Rolle als fremder Polizist und Verteidiger von gewaltsam in China eroberten »Rechten und Interessen« kennenlernten, sofort bereit waren, Marx' höhnische Brandmarkung dieser scheinheiligen Demokratie für bare Münze zu nehmen.

Das zweite, was wir Biographen lernten, war, daß der Nationalismus, das heftige Verlangen, Chinas uralte Rolle als Großmacht wieder auferstehen zu lassen, entscheidenden Anteil daran hatte, daß gebildete Chinesen sich zum Marxismus hingezogen fühlten. Im Westen übte die kommunistische Partei keine vergleichbare Anziehungskraft aus. Im souveränen Amerika mußte, wie ich bereits an anderer Stelle bemerkte, der Kommunist, der sich der Stalinschen Unfehlbarkeit unterordnete, lernen, den »nationalen Patriotismus« zu verachten und durch den »Glauben an einen

Erlöser im fernen Ausland« zu ersetzen. Er mußte im Grunde genommen ein Mythomane sein – und blieb das oft auch noch, wenn er längst zum Exkommunisten geworden war.

In China ließen sich dagegen Patriotismus, Klassenkampf und russophile Neigungen leichter miteinander in Einklang bringen. Am Anfang, als die Parteigründer den Marxismus zunächst einmal akzeptierten, fiel das direkt mit der russischen Bereitschaft zusammen, Dr. Sun Yat-sen bei der Befreiung Chinas vom ausländischen Imperialismus zu helfen. Der Klassenkampf war ohne weiteres annehmbar, da die kleine einheimische Bourgeoisie in Wahrheit weitgehend eine unter dem Einfluß ausländischer Finanziers stehende Klasse aus Mittelsmännern und Kollaborateuren war. Und es fiel den Chinesen leichter, Moskaus Führungsanspruch zu respektieren, da die ersten Gegner Rußlands eben jene westlichen Kolonialmächte waren, die gleichzeitig die direkten Feinde der Unabhängigkeitsbewegungen in ganz Asien und Afrika waren.

Daraus folgte, daß, gemessen an ihren Kuomintang-Rivalen, die prominenten Kommunisten in China nicht in geringerem, sondern in stärkerem Maße westlich orientiert und nicht in geringerem, sondern in stärkerem Maße nationalistisch waren. Sie waren keine Proletarier mit Schwielen an den Händen, sondern kamen zum größten Teil aus dem keine fünf Prozent der Millionenbevölkerung Chinas ausmachenden Kreis derer, die weiterführende Schulen besucht hatten. Die Biographien, die ich sammelte und die später durch die Arbeit meiner Frau erweitert wurden*, zeigten, daß unter den 50 führenden Köpfen der Partei und der Armee nur zwei oder drei aus echten proletarischen Verhältnissen (und nicht aus dem Bauern- oder Intellektuellenstand) stammten. (1945 war das Proletariat schon besser vertreten.)

Das autoritäre Führungssystem hat natürlich in der politischen Geschichte Chinas eine sehr lange Tradition. Es reicht bis weit vor Konfuzius zurück, der nur die ethischen Grundsätze kodifizierte, die in der Folge dazu verwendet wurden, das stabilste System der Welt, das von dynastischer und bürokratischer Macht zusammengehalten wurde, als vernünftig hinzustellen. Soziales Verhalten als Kriterium für die individuelle Vollkommenheit und die Unterordnung des Individuums unter die Interessen, die dem Wohlergehen und Überleben der Gruppe dienen, waren in der Tat Sanktionen des Despotismus, die in Rußland vor allem von den Tataren-Khans eingeführt worden waren, deren politische Berater und deren Weisheit aus China kamen. Wenn auch Marx' Auffassung von der Geschichte als einem ständigen Klassenkampf eine Neuerung war, so hatte doch seine dialektische Methode tiefe und sehr alte Wurzeln im chinesischen Denken. Die Schule chinesischer Dialektiker, die auf Hui Shih

* Vgl. »Inside Red China« von Nym Wales, New York 1938.

(4. Jahrhundert vor Christus) folgte, nahm die Lehren von Fortschritt und Veränderung (die ständig neu gebildete Synthese von Gegensätzen in endlosem Widerspruch) vorweg, die Marx von Hegel übernommen hatte und die Hegel selbst auf dem Umweg über die deutsche Philosophie von den frühen Griechen entlehnt hatte. Aus diesem Grund kamen die auf die moderne Welt angewandten marxistischen revolutionären Grundsätze vielen intellektuellen Chinesen nicht fremdartig oder exotisch vor, sondern schienen ihnen nur neuer Wein in alten chinesischen Schläuchen.*
Diese Leute waren alle in Eile. Ihre eigenen Erfahrungen im Verein mit ihren Kenntnissen der europäischen und amerikanischen Geschichte machten ihnen die Schwäche und Rückständigkeit Chinas und die drohende Gefahr eines totalen Zerfalls schmerzlich bewußt. In ihrem Bemühen um eine Möglichkeit, mit den komplizierten Problemen individuellen und nationalen Überlebens fertig zu werden, wurden tatkräftige und intelligente junge Chinesen und Chinesinnen zu einer autoritären und revolutionären Lehre hingezogen, da alle anderen Mittel versucht worden waren und nichts bewirkt hatten, für ein langsames, bedächtiges Vorgehen keine Zeit mehr blieb und da die chinesische Geschichte schon wiederholt die Revolution als ein rettendes Mittel sanktioniert hatte.
Die üblichen Argumente gegen die Kommunisten als Apostel der Gewalt und Zerstörer der »Freiheit des Individuums« waren für die chinesische Realpolitik kaum von Belang. Freiheit im westlichen Sinne gab es nicht, und politischer Wechsel war immer noch etwas, was sich nur durch militärische Überlegenheit herbeiführen ließ. Aufgefordert, die Machtübernahme der Kuomintang zu einem einzigen Zweck zu beurteilen, billigten ihr nur wenige Chinesen eine moralische Überlegenheit gegenüber den Kommunisten zu, die sich offen im Namen der »Habenichtse« um die Macht bemühten, auf Kosten einer Minderheit von Grundbesitzern, Militaristen, Vertragshäfen-Bankiers und – während der japanischen Periode – ausländischen Eroberern.
Im Gegensatz zu der in Amerika vertretenen Ansicht stellte die Kuomintang den Kommunisten nie eine klare moralische Alternative entgegen, sondern konkurrierte mit ihnen ausschließlich auf einer Basis wirksamer Gewaltanwendung. Für gebildete junge Chinesen, die sich den Kommunisten anschlossen, war es nur eine Frage der praktischen Beurteilung, ob ihre Methode die einzige war, die sowohl eine persönliche Lösung errei-

---

* Interessante Vergleiche zwischen der Philosophie und den bürokratischen Sanktionen der chinesischen Kommunisten von heute und den konfuzianischen und neokonfuzianischen Techniken der Machtausübung finden sich in »A History of Chinese Philosophy« von Fung Yu-lan (Princeton University Press, 1952) und in »The United States and China« von John Kink Fairbank (Harvard University Press, Cambridge 1948).

chen als auch die erschreckende Lücke schließen konnte, die zwischen Chinas industriell-wissenschaftlicher Rückständigkeit und den weit enteilten Nationen dieser Welt klaffte. Diejenigen, die frühzeitig zu dieser Überzeugung gelangten, machten eine Entdeckung, die die ganze bisherige marxistische Theorie durcheinanderbrachte. Sie entdeckten nämlich, daß sie keine Revolte in den Städten brauchten, um die »proletarische Revolution« an die Macht zu bringen.

Maos Glaube an den Bauern als den Hauptmotor einer sozialen Revolution entwickelte sich aus objektiven Erfahrungen und wurde bis zuletzt von den Russen nicht geteilt. Auch anderswo glaubten orthodoxe Marxisten weiterhin, eine kommunistische Bewegung könne ohne ein fortgeschrittenes industrielles Proletariat als wichtigste Kraft keinen Erfolg haben. Ursprünglich war das auch die Meinung der Chinesen. Nach ihren anfänglichen katastrophalen Niederlagen (1927–30) in städtischen Revolten, bei denen die Partei fast völlig vernichtet wurde, hatten sie gar keine andere Wahl, als sich in die ländlichen Gebiete zurückzuziehen, wo Mao Tse-tung und Chu Teh ihre ersten Schutzstätten einrichteten. Von da an sollten die wirklichen Begebenheiten die Bauern praktisch zu ihrem einzigen Potential und zu ihrem massiven Rückhalt machen. Aus ihnen kam die Kraft, die die Kommunisten schließlich die nationale Macht erringen ließ, und das mehr oder weniger ohne Hilfe der unter starker Polizeibewachung stehenden städtischen Arbeiterklasse – und ohne Hilfe der Russen.

»Wer die Bauern für sich gewinnt, wird China gewinnen«, sagte Mao zu mir in Pao-an. »Wer die Landbesitzfrage löst, wird die Bauern für sich gewinnen.«

In Aristoteles' »Politik« heißt es: »Immer und überall steht der Wunsch nach Gleichheit hinter der Rebellion.« Der Wunsch nach Gleichheit nimmt natürlich viele Formen an. Unendlich komplizierte menschliche Bedürfnisse und Bestrebungen bilden einen Bestandteil der Leidenschaften und Energien jeder Revolution. Doch im Osten, wo die Gefahr des Verhungerns immer gegenwärtig war, genügte schon ein ewig leerer Magen, um Millionen Habenichtse gegen die Besitzenden aufzubringen.

Die Roten glaubten nie an eine Neuverteilung des Landes als Selbstzweck. Doch sie erkannten, daß sie nur durch eine vorausgehende »Bodenreform« die Bauern dazu bringen konnten, ein Kampfbündnis mit ihnen einzugehen und später dann ihre eigentlichen Ziele zu unterstützen. In der Theorie blieben die kommunistischen Intellektuellen zwar die Partei des Proletariats, doch in der Praxis wurden sie die Partei der ärmeren zwei Drittel der Bauernschaft, denn die Kuomintang – fest mit den Grundbesitzern, ihren Förderern, liiert – konnte nicht behaupten, daß sie sich für diese Ärmsten einsetzte.

»Ich glaube«, sagte der junge Page in Mark Twains »Persönliche Erinnerungen an Jeanne d'Arc«, »daß man eines Tages feststellen wird, daß Bauern Menschen sind. Jawohl, Wesen, die uns in vielen Dingen ähnlich sind. Und ich glaube, daß auch sie das eines Tages feststellen werden – aber dann! Nun, ich glaube, dann werden sie sich erheben und verlangen, daß man sie als Mitglieder der menschlichen Rasse behandelt, und ich glaube, dann wird es zu Schwierigkeiten kommen.«

Die Kommunisten wurden praktisch zu einem beweglichen, bewaffneten, allgegenwärtigen Propaganda-Feldzug, und sie verbreiteten ihre Botschaft über Hunderttausende von Quadratmeilen in Asien. Für Millionen von Bauern brachten sie die ersten Kontakte mit der modernen Welt. Jugendlichen und Frauen – denn um sie bemühten sich die Roten zuerst und zuletzt – eröffneten sie unerhörte Perspektiven einer neuen persönlichen Freiheit und wichtigen Rolle in der Gesellschaft. Den armen Farmern versprachen sie Land und kündigten das Ende der mörderischen Besteuerung, des Wuchers, des Hungerleidens und des Zerfalls der Familien an. Sie sprachen von gleichen Chancen für alle, in einem neuen Staat, der keine Korruption mehr kannte, der sich um das Wohlergehen der einfachen Leute kümmerte und der auf einer Philosophie des geteilten Wohlstandes und der geteilten Arbeit gründete. *Kung-ch'an-tang*, die chinesische Bezeichnung für »kommunistische Partei«, könnte man mit »Partei-die-die-Produktion-teilt« übersetzen.

Die Gründe, weshalb das Feuer zunächst in China nur langsam brannte, waren genau dieselben, die verhinderten, daß das Feuer ausgetreten wurde. Schlechte Nachrichtenverbindungen und das Fehlen von Straßen, Eisenbahnen und Brücken machten es möglich, Enklaven zu schaffen, in denen bewaffnete Kämpfe ausgetragen wurden, da die zuerst von den westlichen Mächten und dann von der Kuomintang beherrschten modernen Industriezentren sehr weit auseinander lagen. Im Hinterland, in dem die Unzufriedenheit praktisch die ganze Landbevölkerung erfaßt hatte, konnten die Roten eine Führung und feste Ziele anbieten, konnten agitieren und neue Ambitionen wecken und eine Armee aufbauen, die für ihre Ziele kämpfte. Als sie dann tatsächlich das Land verteilten, einige der schlimmsten Ungerechtigkeiten beseitigten, die alte von der Gentry beherrschte Dorfhierarchie auf den Kopf stellten und dabei für sich selbst keinen persönlichen Profit herausschlugen, da fingen die Bauern an, sie zu akzeptieren, um dann schließlich eine völlige Einheit mit ihnen zu bilden.

Für die Bauern, die noch nie mit einer politischen Partei zu tun gehabt hatten, war es auch etwas ganz Neues und Reizvolles, daß sie als »Mitglieder« begehrt waren. War es da überraschend, daß sie anfingen, von den Kommunisten als »unserer« Partei zu sprechen? Da spielte es keine Rolle, daß das neue grundbesitzende Bauerntum später nicht nur die Last seiner eigenen Liquidation als Klasse auf sich nehmen mußte, sondern auch noch die zusätzliche Last, die es bedeutete, für die Revolution zu kämpfen und den Sozialismus aufzubauen. Es spielte keine Rolle, daß der Grund und Boden, der den Vätern gegeben wurde, später den Kollektivfarmen ihrer Söhne einverleibt werden würde. Wichtig war nur die Erkenntnis, daß »Bauern Menschen sind« und daß sie fest an die Partei gebunden wurden – denn die Partei ersetzte den Schutz, den ihnen das alte System der Großfamilie geboten hatte, bevor es durch den Einfluß der gewerblichen Wirtschaft zerstört wurde.

»Das Volk ist das Wasser, und der Herrscher ist das Boot«, sagte der hoch verehrte Philosoph Hsun Tze vor 2200 Jahren. »Das Wasser kann das Boot tragen, aber es kann es auch untergehen lassen.«

»Wir sind die Fische«, sagten die modernen kommunistischen Söhne des Hsun Tze, »und das Volk ist für uns das Wasser des Lebens. Wir überrollen das Volk nicht, sondern schwimmen mit ihm.« Und daraus machten sie Parolen, die die Bauern verstanden.

15 Die Straße nach draußen

Ich reiste weit nach Kansu und Ninghsia hinein und sah die Rote Armee bei der Ausbildung und im Kampf. Dies war zu einem Zeitpunkt, als die Südtruppen unter General Chu Teh ihr Winterquartier in Osttibet verlassen hatten, um sich nun mit der Vorhut im Nordwesten zu vereinigen, die von Mao Tse-tung, Chou En-lai und P'eng Teh-huai geführt wurde. Es war das Ende des Langen Marsches, des großen Rückzuges aus dem Süden, aus dem die Roten einen moralischen Sieg des Überlebens gemacht hatten.

Die Rote Armee unterschied sich gründlich von jeder anderen militärischen Organisation, die ich kennengelernt hatte: durch die Unbestechlichkeit ihrer Offiziere, durch den gleichen Sold und die gleiche Verpflegung für Mannschaft und Offiziere, durch das Gewicht, das der politischen Schulung beigemessen wurde, und die Rolle, die die Armee bei der Organisation revolutionärer Komitees unter den Armen in jedem Dorf spielte. Kurzum, die Roten waren bemüht, jeden Mann, jede Frau und jedes Kind in irgendeiner Organisation zu aktivieren.

Zu den attraktiveren Seiten der Roten Armee gehörten die Hunderte von Kindern, die sie begleiteten – entlaufene Sklaven, Waisen, Lehrlinge oder die Söhne von Soldaten, die man anderswo als kleine Bettler erleben würde. Hier dienten sie als Messejungen, Wasserträger, Schauspieler, Agitatoren, Hornisten, Späher, Spione und sogar als Krankenschwestern. Sie wurden sehr gut behandelt; ich erlebte nie, daß einer geschlagen wurde. Ich konnte unschwer verstehen, warum sie die Armee *fu-mu* (Vater und Mutter) nannten und dieses Leben liebten. Viele Offiziere und

Parteifunktionäre waren bereits aus den Reihen dieses kindlichen Truppenanhangs hervorgegangen, die liebevoll »kleine Teufel« genannt wurden.

Das Opium war verboten, ebenso der Verkauf von Kindern und von Frauen als Ehefrauen oder Konkubinen. Es gab erste Ansätze zu einer Gleichberechtigung der Geschlechter. Frauen waren an der Landverteilung beteiligt. Die Bezahlung der Lehrerinnen, wie die aller Angestellten des Staates, war gleich wie die der Soldaten und Offiziere (fünf rote Dollar im Monat), und die »Regierung« kam für Nahrung, Kleidung, Unterkunft und Sonderausgaben auf. Es war keine »Bürokratie«, in der man sich bereichern konnte. Diese Art des Dienstes ließ sich nur in anderen Begriffen erklären. Aber ich brauche hier das nicht näher zu beschreiben, was zum revolutionären Modell oder Prototyp für ganz China wurde und was seither von vielen anderen gründlich – positiv und negativ – analysiert worden ist.

Wenn ich diese zusammenfassende Darstellung meiner Tage mit den Roten noch einmal überfliege, sehe ich, daß ich nichts über repressive Maßnahmen, mitternächtliches Pochen an der Tür und Konzentrationslager gesagt habe – Dinge also, von denen ich später in Rußland so viel hören sollte. Ich unternahm ausgedehnte Reisen und führte mit vielen Bauern sehr offene Gespräche. Ich führte stunden- und oft tagelang Interviews mit Dutzenden von Kommunisten, die zum größten Teil in ihren Zwanziger- oder Dreißigerjahren waren, einige aber auch in den Vierzigern und zwei oder drei in den Fünfzigern: Kommandeure der Roten Armee und ihre Untergebenen, Partei- und Regierungsbeamte. Ich schrieb einen ganzen historischen Abriß der Partei, der Roten Armee, der kommunistischen Jugend- und Frauenorganisationen, der Staatssicherheitstruppen, der propagandistischen Taktik und Öffentlichkeitsarbeit. Ich interviewte Parteitheoretiker über die politische Linie und die Praxis in Vergangenheit, Gegenwart und Zukunft. Ich beobachtete und untersuchte politische und militärische Schulung und Indoktrination, Methoden der Bolschewisierung in eroberten Gebieten, der Behandlung gefangengenommener Soldaten und der Kriegführung. Die Beobachtungen und Ergebnisse sind an anderer Stelle veröffentlicht worden.*

Tatsächlich sah ich im Nordwesten kaum etwas, das man »Terror« nennen könnte, und ich bezweifle, daß es ihn zu der Zeit gab. Ich muß noch einmal betonen, daß dies in der Politik der Roten eine Periode des Übergangs war: von einem uneingeschränkten Kampf um die Macht und einem kompromißlosen Klassenkampf zu den Taktiken einer Einheitsfront, die bemüht war, alle einzuschließen, bis auf die unversöhnlichsten Elemente der alten besitzenden und herrschenden Klasse. Überredung und

* Vgl. »Roter Stern über China« und »Random Notes on Red China«.

eine Politik der kleinen Schritte waren die Methoden, mit denen die verarmten Bauern dazu gebracht wurden, an der Bodenreform und an der politischen Umgestaltung teilzuhaben. Ich zweifle nicht daran, daß die Roten in einem früheren Stadium im Süden radikaler und weniger kompromißbereit vorgegangen waren.

Die Partei zählte damals im Nordwesten nicht über 40000 Mitglieder. Bevor sie aus dem Tal des Yangtze vertrieben wurden, hatten die Kommunisten 400000 Mitglieder gezählt. Im letzten Jahr, in dem Kiangsi noch Sowjetgebiet war, und im Verlauf des darauffolgenden Rückzuges in den Nordwesten wurden die Parteikader um 90 Prozent reduziert, während die Verluste, die die Rote Armee im Kampf und während des Langen Marsches (1934–35) erlitt, 180000 überschritten, zwei Drittel ihrer gesamten vereinigten Streitkräfte in allen Kommandos. Kurz bevor ich in den Nordwesten kam, hatte die Entwicklung der Kommunisten ihren tiefsten Punkt in fünf Jahren erreicht.

Lo Fu, damals Generalsekretär des Politbüros, erzählte mir, daß zwischen 1927 und 1936 über 50000 Parteimitglieder getötet worden waren. Er schätzte die Zahl der Todesopfer aus den fünf Vernichtungsfeldzügen gegen die Roten, die Chiang Kai-shek im Tal des Yangtze durchgeführt hatte, auf drei Millionen. Was diejenigen betraf, die von der kommunistischen Regierung hingerichtet wurden, als sie noch im Süden war, so beteuerte Lo Fu beharrlich, daß die Zahl der politischen Gefangenen, die vor Gericht gestellt, verurteilt und hingerichtet worden seien, 1000 »Konterrevolutionäre« nicht überschritten habe. Diese Zahl schloß die im Kampf Gefallenen nicht ein und berücksichtigte sicherlich auch nicht die Grundbesitzer, Wucherer und andere in früheren Phasen des grausamen Bauernkrieges mit »Unterstützung« der Kommunisten »von Bauern getöteten Klassenfeinde«.*

Ich kann wirklich sagen, daß die vier Monate, die ich mit der Roten Armee verbrachte, zu einem äußerst erregenden Erlebnis wurden. Die Men-

---

* In seiner Antwort auf meine Anfrage nach den Gesamtverlusten auf *beiden* Seiten während der zwei Bürgerkriege in China schrieb mir Rewi Alley, der Sinologe (und Sinophile) aus Neuseeland, der während des ganzen Konfliktes in China blieb, am 19. Mai 1956 aus Peking: »Ich selbst schätze, daß die Todesopfer durch politische Hinrichtungen, ›Säuberungsaktionen‹ der Kuomintang in Kiangsi, Fukien usw., durch künstlich herbeigeführte Hungersnöte in Hunan, Honan usw., durch ›Zwischenfälle‹ [bewaffnete Zusammenstöße oder ›Grenzkonflikte‹ vor Ausbruch des zweiten großen Bürgerkrieges im Jahr 1948], in der Phase gleich nach dem Abbruch der Waffenstillstandsverhandlungen zwischen der Kuomintang und den Kommunisten, und dann anschließend in der allgemeinen Auseinandersetzung [Bürgerkrieg], daß sich also all diese Todesopfer auf etwa *50 Millionen* belaufen, vom Bruch [Konterrevolution] im Jahre 1927 bis zum Jahr 1948.«

schen, die ich dort traf, schienen die freiesten und glücklichsten Chinesen, die ich je kennengelernt hatte. Ich sollte später nie wieder diese eindrucksvolle Kraft einer jugendlichen Hoffnung, Begeisterung und menschlichen Unbesiegbarkeit zu spüren bekommen, wie sie diese Menschen ausstrahlten, in ihrer Hingabe an eine Sache, die sie als absolut gerecht empfanden. Vielleicht hätte ich davon weniger gespürt, wenn ich gerade erst aus meinem eigenen Land gekommen wäre. Möglicherweise hätte ich dann die Roten eher als Gegner der amerikanischen Grundsätze gesehen oder in ihrer Attacke auf den Status quo eine zukünftige Bedrohung Amerikas erkannt. Doch China war zu der Zeit eine schwache, von fremder Eroberung bedrohte Nation, durch einen Ozean von zehntausend Meilen Ausdehnung von uns getrennt – und durch, wie es manchmal schien, zehntausend Jahre. Es kam mir nie in den Sinn, daß Mao Tse-tung eine ernsthafte Bedrohung der Vereinigten Staaten darstellen könnte.

Ich war hier nicht in Missouri, sondern mitten unter Armut, Ignoranz, Dreck, Brutalität, Gleichgültigkeit; es herrschten chaotische Zustände und eine allgemeine Hoffnungslosigkeit, die ich sieben Jahre lang in Ostasien gesehen und gespürt hatte und die nun weitgehend meine eigene Gedankenwelt beherrschte. Verglichen mit der Korruption und Disziplinlosigkeit der »amtierenden« Oligarchien und der mir bekannten kleinen und habgierigen besitzenden Gruppen, und zwar der weißen wie der braunen, waren die Roten redliche und selbstlose Leute. Verglichen mit ihren Landsleuten, die zwar die Japaner und die Kuomintang auch verachteten, die es aber fügsam hinnahmen, unter ihnen zu leben, waren die Roten wenigstens bereit zu sterben, um den hohen Wert eines Ideals zu bekräftigen, an dem sie mehr hingen als an ihrem eigenen Leben.

Ich fühlte mich aber auch zu ihnen hingezogen, weil sie sich begeistert für die Wissenschaft einsetzten, Gleichheit und Brüderlichkeit unter Männern und Frauen praktizierten, auf der Gleichheit der Rassen bestanden und eine positive Haltung zur Zukunft bezogen. Im Gegensatz zum trägen Fatalismus des alten China schienen mir das alles gute Seiten zu sein. Die Reformen, die sie durchsetzten oder befürworteten, waren beileibe nicht die Ideale politischer Freiheit, wie sie den oberen Zehntausend vorschweben mochten. Sie versprachen jedoch die Befriedigung der Grundbedürfnisse nach Nahrung und Unterkunft und eine Art demokratische Gleichheit für alle – und das waren, wie ich inzwischen wußte, die vorrangigen Ansprüche Asiens. Am stärksten beeindruckte mich als Abendländer vielleicht ihre entschiedene Zurückweisung aller mystischen Ideen und Götter, die die Armen im Stich gelassen hatten, und ihre Hinwendung zum Glauben des Rationalisten an die Fähigkeit des Menschen, mit den Problemen der Menschheit fertig zu werden.

Ihre »Außenpolitik«, die zum einheitlichen Widerstand gegen Japan aufrief, schien mir ebenfalls richtig. Es war nebensächlich, ob dieses Ziel der von Moskau ausgegebenen Linie entsprach, eine »Einheitsfront zum Widerstand gegen Faschismus und Aggression« zu bilden. Japan brauchte nur zu einem beliebigen Zeitpunkt seine militärische Expedition in China abzubrechen, um ein solches Vorhaben zu vereiteln. In Wirklichkeit war es doch einfach so, daß die Chinesen nicht fähig waren, ihre Nation zu verteidigen, solange sie sich gegenseitig umbrachten. Auch wenn die Kommunisten und die Nationalisten politisch zwei verschiedene Gruppierungen blieben, so war die Einheitsfront doch eine notwendige Symbiose, um dafür zu sorgen, daß nicht die ganze Nation zugrunde ging.

So stand hinter der Politik der chinesischen Kommunisten mehr Logik als hinter den Gegenargumenten – und sie nahm damals und später verhältnismäßig wenig Schaden durch die heftigen Widersprüche zwischen dem stalinistischen Absolutismus und den realen Bedürfnissen anderer Parteien, die nach dem Zweiten Weltkrieg die kommunistische Bewegung in Westeuropa lähmten.

Zufällig ergab es sich, daß ich der Mittelsmann wurde, durch den die Kommunisten schließlich mit ihren Vorschlägen für inneren Frieden und Einigkeit an die Öffentlichkeit drangen. Kurz bevor ich Pao-an verließ, rief mich Mao zu sich und übergab mir seine »Bedingungen« für eine »Wiedervereinigung« der Kuomintang und der kommunistischen Partei. Er sagte, kurz zusammengefaßt, wenn – während sich die Nation zum Widerstand gegen Japan formierte – »anderen Parteien« eine gewisse Repräsentanz im Staatsapparat und das gesetzliche Recht zu existieren eingeräumt würden, dann würde die kommunistische Partei ab sofort alle Bemühungen, die Kuomintang gewaltsam zu vernichten, einstellen, die Bezeichnung »Rote Armee« aufgeben, ihre Streitkräfte dem Oberkommando der nationalen Regierung unterstellen und einer überwachenden Kontrolle durch die Kuomintang – selbst auf ihrem eigenen Territorium – zustimmen.

Ich darf hinzufügen, daß mein Gefühl der Zuversicht unter meinen neuen Bekannten so groß war, daß ich, nur Wochen nachdem ich die Blockade durchbrochen hatte, meiner Frau in Peking bestellen ließ, sie möge doch versuchen, sich zu mir in den Nordwesten durchzuschlagen. Sie hatte auf meine Bitte hin vorher schon einen nicht-kommunistischen Yenching-Studenten namens Wang Ju-mei* heruntergeschickt, der rechtzeitig in Pao-an ankam, um mich auf dem letzten Teil meiner Reise als Übersetzer und Dolmetscher begleiten zu können. Nym unternahm den mutigen Versuch, ihm zu folgen, doch sie hatte nicht das Glück, aus Sian herauszukommen. Aus dem Hauptquartier des Generalissimus war Geheimpolizei angekommen, um – als Vorbereitung auf einen neuen Feldzug – die

---

* Wang blieb da, und Dutzende von Studenten der Yenching-Universität folgten ihm nach Yenan. Später wurde er Generalsekretär des Außenministeriums.

Blockade um die roten Gebiete noch undurchlässiger zu machen. Es war ihnen gelungen, die Straße von Sian nach Yenan vollkommen abzuriegeln und nur die Fahrzeuge passieren zu lassen, die sie vorher persönlich inspiziert hatten. Nyms Kontakte zum roten Untergrund wurden abrupt unterbrochen, und sie ging niedergeschlagen nach Peking zurück, um dort auf mich zu warten. Sie kehrte dann im Jahr danach für einen ausgedehnten Aufenthalt nach Yenan zurück; doch als ich nun hörte, daß es ihr nicht gelungen war, durch die Blockade zu kommen, entschloß ich mich, möglichst schnell nach Hause zurückzukehren.

Wir mußten einen großen Umweg in Kauf nehmen, um hinauszukommen. Ein paar Auszüge aus meinem Tagebuch aus jener weit zurückliegenden Zeit können vielleicht etwas von der Atmosphäre in diesem ältesten Teil Chinas vermitteln, der zum Geburtsort der bisher letzten und vielleicht umstrittensten Gesellschaftsform in der chinesischen Geschichte werden sollte:

12. Oktober 1936

Ich habe Pao-an um neun Uhr heute morgen verlassen und mich auf den Weg zur Straße nach Sian gemacht. Mao Tse-tung schlief noch, aber alle anderen kamen heraus und verabschiedeten sich. Sie gingen mit mir durch das Stadttor und begleiteten mich bis zur Roten Akademie, wo General Lin Piao eine Stunde im Freien abhielt. Er und die Kadetten standen auf und riefen: »Eine friedliche gute Straße, *Shih Lo T'ung-chih!* Zehntausend Jahre!« Das *T'ung-chih* hieß »Kamerad« und war eine Höflichkeitsfloskel, aber es deprimierte mich, daran zu denken, daß nicht viele dieser Jungen ein langes Leben vor sich hatten.

Mein Pferd war mager, doch vor ihm lag eine vieltägige Reise, und seine Verpflegung bestand aus Getreidehalmen und Gras. Nun trabte es flott vor unserem halben Dutzend Leibwächtern her, die von einem jungen »Steward« namens Fu Ch'in-kuei angeführt wurden. Den ganzen Tag folgten wir dem schmalen Flußbett des Pao-an und kamen gerade bei Sonnenuntergang zu einem Bauernhaus am Fuße eines riesigen Sandsteinhügels, auf dessen Gipfel ein alter Tempel stand. Der Hügel sah aus wie ein riesiger Bienenstock, denn entlang der einzigen Straße waren neben- und übereinander Hunderte von Höhlen in den Stein gegraben worden.

13. Oktober

Wir sind hier, wie überall, wo wir Rast machen, Gäste der Liga der Armen Leute. Es liegt eine festliche Stimmung über dem Dorf, denn jetzt im Oktober hängen überall auf Schnüren aufgereiht grüne und rote Peperoni, und der grüne Kohl und goldene Kürbisse reifen in den Feldern. Bis jetzt hatten wir kaum etwas anderes als Hirsenudeln zu essen, doch heute abend gab's ein Festmahl: gebackenen Kohl, Kartoffeln (auf meinen Wunsch angeröstet wie amerikanische Frühstückskartoffeln!), Brathähnchen, gedünstetes Brot und Steckrüben. Wie wenig ist doch nötig, um das Herz eines chinesischen Soldaten höher schlagen zu lassen!

»Gut! Ein Genuß!« riefen sie alle.

»K'u? (Bitter)«, fragte lachend ein junger Soldat. »Eßt ihr besser in *Ta-mei-kuo* (Schönes Land – Amerika)?«

»Ich habe selten etwas Herrlicheres gegessen«, sagte ich und meinte es ehrlich. Doch was, fragte ich ihn, war für ihn »wirklich bitter«?

»Gibt es keinen Reis, dann essen wir Brot«, antwortete er. »Kein Brot, dann essen wir Hirse; keine Hirse, dann essen wir Mais; kein Mais, dann essen wir Kartoffeln; keine Kartoffeln, dann essen wir Kohl; kein Kohl, dann trinken wir heißes Wasser, kein heißes Wasser, dann trinken wir kaltes Wasser. Aber überhaupt kein Wasser? Nun, *das* finden wir bitter!«

14. Oktober

Wir haben in einer Hütte hoch oben an einem Berg Quartier gemacht; unter uns lag ein grünes Tal, und ich sah zum ersten Mal seit Yenan wieder Reisfelder. Unsere baufällige Unterkunft gehört einem Mann aus Szechuan, der vor 20 Jahren hierhergekommen ist. Als ich ihn nach der Größe seiner Farm fragte, nannte er sie »20 mou *hoch*« (ein mou = 13,5 Ar), da sie an einem gefährlich steilen Hang liegt. »Man muß schon ein *Einheimischer* sein«, sagte er, wobei ein Einheimischer für ihn ein Mann aus Shensi war, »um ein ebenes Stück Land zu bekommen. Einem Fremden geben sie nur Land am Steilhang. Wie ist das in Ihrem Land?« Er zeigte auf ein herrliches Reisfeld unten im Tal. »Der da hat 100 *mou* richtiges Land«, sagte er neidisch. »Aber ich bin ja nur der arme Chang von der Liga der Armen Leute.«

Der »arme Chang« wartete trotzdem mit mehreren Hühnern, Eiern, Kartoffeln und Kohl auf. Und wieder gab es ein Festessen, vor allem, als Chang eine Suppe brachte, die aus schwarzen Bohnen, Hirse, Bohnenöl und Peperoni gekocht war. Voller Stolz bot er sie mir an und strahlte, als ich um eine zweite Portion bat.

Chang erzählte mir, daß drei seiner Söhne Soldaten waren: einer war Berufssoldat in der Kavallerie; ein zweiter war bei der Roten Garde; der dritte war Stallknecht bei einer Kompanie im Hauptquartier. Er hatte auch noch zwei jüngere Söhne. Die einzige Tochter hockte auf dem *k'ang* neben seiner Frau und seiner Schwester.

Fu-ts'un, 15. Oktober

Heute legten wir zwanzig Meilen in einem wilden Land zurück, ohne an einem einzigen Haus vorbeizukommen. Die Hügel waren hier mit dichten Wäldern bedeckt, und alles war mit dem braunen Rost des Herbstes überzogen. Wir sahen Fasanen, ein paar Rehe und einige wilde Ziegen und wilde Schweine. Über ein Tal hinweg sahen wir, wie zwei Tiger von einem Dickicht zu einem anderen rasten, weit außerhalb unserer Schußweite. Wir schossen alle auf sie, trafen aber nicht. Dann ärgerten wir uns darüber, daß wir Munition vergeudet hatten. Es war ein Tag voller Schönheit und eine ungeheure Wohltat für die Augen, die monatelang nur kahle Berge und dürre Täler gesehen hatten.

An-chia-pan, 16.–19. Oktober
Wir faulenzten hier vier Tage lang, und dabei lernte ich einige neue Wörter. Ich habe auf dieser Reise, auf der meistens keine andere englisch sprechende Person dabei war, mehr Chinesisch gelernt als in zwei Jahren planlosen Studiums.
Der junge Partisanenführer, der das Kommando führt, erzählte mir, daß er seit fünf Jahren in diesem Gebiet als Guerillakämpfer aktiv sei. Er hatte dafür nichts vorzuzeigen – keinerlei »Besitz« außer seiner Frau und seinem Kind, die bei uns in der Hütte wohnen. Da er keinen Wintermantel hatte und meine Armeejacke mit ihrem Schaffellfutter bewunderte, bot ich sie ihm an. Er lehnte ab. Einmal saßen wir auf dem *k'ang* und unterhielten uns drei Stunden lang. Er erzählte mir, daß die »weißen« Truppen immer freundlicher würden. Vor einigen Tagen sei er mit einer Gruppe von Männern und Frauen bis zum Rand eines »weißen« Lagers gegangen und habe mit ihnen Lieder der Roten gesungen, begleitet von einer *shansi*, einer am Ort gefertigten einheimischen Gitarre. Zu zweien und dreien, so sagte er, seien die Soldaten langsam zu ihnen herübergeschlendert, hätten mit ihnen geredet und seien alles andere als feindselig gewesen. Dann kam ihr Kommandeur an, und sie hörten, wie er aus einiger Entfernung rief: »Erschießt sie! Feuer!« Er lachte.
»Schossen sie denn tatsächlich?«
»Ja«, sagte er. »In die Luft. Am nächsten Tag wurden sie alle abgelöst.«

Tungpei-Front, 19. Oktober
Von Pien, dem ersten Offizier, den ich einst auf rotem Gebiet getroffen hatte, heute morgen hierher begleitet. Jetzt führte er mich durch das Niemandsland auf eine Gruppe mandschurischer Soldaten zu, die unten im Flachland auf mich warteten. Wir wurden von einem makellos gekleideten jungen Offizier empfangen, der ein goldenes Schwert und weiße Handschuhe trug und eine Thermosflasche umhängen hatte. Wir grüßten uns. Ich gab Pien die Hand. Als er sich umdrehte und über die Ebene zurückging, warf ich ihm einen letzten Blick auf Rotchina.
Der »weiße« Offizier brachte mich zu seinem Regimentskommandeur, und wir setzten uns gemeinsam zum Abendessen an den Tisch. Am nächsten Morgen fuhr ich – auf einem Armeelastwagen der Kuomintang ver-

steckt – weiter, wieder in Begleitung eines Offiziers mit weißen Handschuhen. Er brachte mich ins Zentrum der Hauptstadt, am Trommelturm vorbei, zu einem Haus in der Stadtmitte von Sian – wo ich auf Anordnung des Marschalls Chang Hsueh-liang einquartiert wurde.

Meine Reise war beendet, aber eine Beinahe-Katastrophe hätte sie ganz zum Schluß fast noch wertlos gemacht. Als ich aus dem Lastwagen stieg, stellte sich heraus, daß meine Reisetasche fehlte – und damit alle meine Interviews, Tagebücher und Notizbücher und die ersten Bilder, die jemals in Sowjetchina aufgenommen worden waren. Die Erklärung war, daß unser Lastwagen mit Jutesäcken voller kaputter Armeegewehre beladen worden war, die zur Reparatur gebracht werden sollten. Um meine Tasche, für den Fall einer Durchsuchung, gut zu verstecken, war sie in einen der Säcke gestopft worden. Und nun waren in der Nacht in einem Waffendepot, das 20 Meilen hinter uns lag, alle Säcke vom Lastwagen geworfen worden.

Nach langem Hin und Her ließen sich die Fahrer und der Offizier überreden, sofort umzukehren, um die wertvollen Dinge zu retten. Ich blieb die ganze Nacht wach und machte mir Sorgen, was wohl geschehen würde, wenn die Tasche von irgendeinem argwöhnischen Polizisten der Kuomintang im Depot entdeckt und konfisziert worden war. Gegen Morgen kamen meine Freunde todmüde, aber mit der unversehrten Tasche, zurück. Ich hatte doppelt Glück, denn kurz nach ihrer Rückkehr wurden die Stadttore geschlossen, alle Straßen nach Sian wurden mit Soldaten aus der Leibwache des Generalissimus besetzt, und der gesamte Verkehr wurde eingestellt. Der Generalissimus wurde zu einer überraschend angesetzten Inspektionsvisite eingeflogen. Für unseren Lastwagen wäre es unmöglich gewesen, auf der Straße, auf der wir gekommen waren, zurückzufahren, denn sie führte direkt am schwer bewachten Flughafen vorbei.

Es stellte sich heraus, daß die Vorsichtsmaßnahmen, mit denen der Generalissimus bei dieser Visite abgeschirmt wurde, ausreichten. Sie konnten jedoch bei einem zweiten Besuch wenige Wochen danach nicht verhindern, daß er von eben den Truppen, die zu seiner Bewachung abgestellt worden waren, gefangengenommen wurde.

Als das geschah, war ich schon wieder in Peking, und meine Geschichte war bereits in vielen Publikationen erschienen.

16   Von Sian zum Krieg

Zwei Tage nach meiner heimlichen Rückkehr nach Peking läutete bei uns das Telefon. Nym ging an den Apparat. Es war Jimmy White, der anrief, um diskret nach mir zu fragen. Während meiner langen Abwesenheit hatte Nym die Geschichte verbreitet, ich nähme an einer Karawane durch die Innere Mongolei teil. Nun fragte Jimmy, wann sie zum letztenmal von mir gehört habe.

»Erst heute habe ich von ihm gehört«, sagte sie, der Wahrheit entsprechend. »Es geht ihm gut.«

»Bist du sicher?«

»Vollkommen sicher. Warum?«

»Wir haben aus Sian erfahren, er sei von den Roten hingerichtet worden. Ehrlich gesagt, die AP hat es bereits nach Amerika durchgegeben. Weißt du was Näheres?«

Ich hatte gehofft, vor meinem öffentlichen Wiederauftauchen in Peking den größten Teil meiner Geschichte so schreiben zu können, daß sie als Artikelserie erscheinen konnte. (Sie sollte durch Boten nach Dairen gebracht und von dort telegraphisch durchgegeben werden, um die Zensur zu umgehen.) Nun konnte ich eine öffentliche Erklärung nicht mehr länger hinausschieben. Ich ging ans Telefon und redete mit Jimmy. Schon bald kamen von Redaktionen in Großbritannien und Amerika telegraphische Anfragen wegen meines mysteriösen Todes. Wenige Stunden danach ging ich hinüber zur amerikanischen Botschaft und enthüllte auf einer Pressekonferenz die wichtigsten Fakten meiner Reise. Was meine Kollegen und ich zu berichten hatten, wurde, nachdem es im Westen veröffentlicht worden war, prompt nach China zurück telegraphiert und überall im Fernen Osten abgedruckt. Ich schickte auch den vollständigen Text der langen offiziellen Interviews mit Mao zusammen mit einer allgemeinen Beschreibung der Zustände innerhalb Sowjetchinas an die *China Weekly Review*, die unter den Studenten und den Kuomintang-Beamten eine große Leserschaft hatte.

Es war eine Sensation – und löste in Nanking Bestürzung aus, wo mein Name seit der Studentenrebellion nicht mehr allzu gerne gehört wurde. Und Nym hatte während meiner Abwesenheit die Stimmung dort nicht gerade verbessert. Sie hatte mich als Korrespondent des Londoner *Daily Herald* und der New Yorker *Sun* vertreten und, solange sie in Sian war, Marschall Chang Hsueh-liang in einem Interview provozierende Äußerungen entlockt. Gleich bei meiner Ankunft zeigte mir Nym triumphierend ihre Geschichte. Der wichtigste Punkt darin war, daß Marschall Chang einer Einheitsfront mit den Kommunisten wohlwollend gegenüberstand – es war überhaupt die erste derartige Aussage von einem hohen Beamten der Kuomintang. Sie berichtete von »Gerüchten«, daß Marschall Chang persönlich »ein Bündnis mit der Roten Armee plane«.

Tokio hatte eine Erklärung verlangt, und das Außenministerium in Nanking hatte sich prompt von dem Interview distanziert. Chang selbst hatte jedoch keinen Kommentar dazu abgegeben.

»Er sagte noch sehr viel mehr, vertraulich«, erklärte Nym. »Er will, daß

Chiang Kai-shek die gefangenen Studenten freiläßt und den Nationalen Rettungsbund legalisiert. Er will einen nationalen Verteidigungsrat, in dem sämtliche Armeen repräsentiert sind. Er ist in höchstem Maße gegen eine neue antikommunistische Offensive, und ich habe in Sian gehört, er habe sogar den Generalissimus gebeten, ihn von der Teilnahme an einer derartigen Offensive ganz zu befreien.«

Was meine eigenen Berichte anging, so brandmarkte Nanking sie zunächst als Schwindel und behauptete, ich sei nie auch nur in der Nähe der Roten gewesen. Als ich zum Beweis einige Fotografien zur Veröffentlichung freigab, drohte mir das Presseamt mit dem Entzug der Pressepriviligien. Dafür schickten mir sowohl die Kuomintang als auch die Japaner Agenten ins Haus, die herausbekommen sollten, wie ich es geschafft hatte, durch die Blockade zu gelangen. Die Fragen der Japaner ließen durchblicken, daß sie den Verdacht hegten, Nanking habe mir geholfen. Der Nachrichtendienst der Kuomintang schien zu glauben, ich sei mit einem russischen Flugzeug eingeflogen worden. Ich erzählte ihnen, ich sei einfach hineinspaziert, von der Mongolei aus. Das könne jeder. Warum sie's denn nicht auch versuchten?

So wurden die Einzelheiten der Vorschläge Maos in ganz China und Japan bekannt. Ihre Logik leuchtete vielen Chinesen ein. Selbst in Nanking räumten etliche Beamte im privaten Gespräch ein, daß Marschall Chang recht hatte, wenn er sagte, zehn Jahre Bürgerkrieg hätten China nicht vereinigen können, jetzt könne nur noch der nationale Widerstand dieses Ziel erreichen. Im November kehrte sich die öffentliche Meinung gegen Chiangs fortgesetzte Beschwichtigungspolitik, als es in Suiyuan, einer Provinz an der mongolischen Grenze, erneut zu japanischen Übergriffen kam. Der Generalissimus lehnte Chang Hsueh-liangs Ersuchen ab, ihn zur Verstärkung des Widerstandes mit seinen Mandschus nach Suiyuan zu schicken. Es kam zu neuen Studentendemonstrationen, unterstützt durch Streiks in Textilfabriken, die in japanischem Besitz waren, und durch Boykottaktionen, die – den Verboten der Regierung zum Trotz – vom Nationalen Rettungsbund angeführt wurden. Die Kuomintang war bestürzt über die offene politische Betätigung weiter Kreise in Städten, in denen es schon seit langem keine kommunistische Partei mehr gab. Chiang antwortete, indem er die Streiks in Shanghai und Tsingtao mit Waffengewalt niederschlug und weitere unbequeme Patrioten verhaftete.

So sah die nationale Szene aus, als sechs Wochen nach meiner Rückkehr aus dem Nordwesten das Duell zwischen Chiang Kai-shek und dem »Jungen Marschall« seinen dramatischen Höhepunkt in Sian erlebte. In den Innenbezirken dieser Stadt hatten die Kuomintang-Schutztruppen, denen Chiang voll vertraute, bereits die Aufgaben der mandschurischen Truppen übernommen, die ihrerseits in die Randgebiete beordert worden waren. Die Nachricht davon, daß es in der mandschurischen Armee eine Infiltration der Roten gebe, war nun bis zu Chiang durchgedrungen. Auf seine Anordnung hin wurden in Sian viele kommunistische Verdächtige – aber keiner der führenden Kommunisten – gefangengenommen.

Am 7. Dezember kam der Generalissimus selbst mit seinem Stab und seiner privaten Leibgarde in Sian an, um persönlich das Kommando im Sechsten Feldzug gegen die Roten zu übernehmen. Mehrere seiner besten Armeen waren auf dem Marsch nach Shensi, wo sie Chang Hsueh-liangs Truppen an der Roten Front ablösen sollten. Viele der jüngeren Offiziere Changs standen auf einer Liste »linker Sympathisanten« und sollten vor ein Kriegsgericht gestellt werden, sobald diese Ablösung vollzogen war.

Vier Tage nach Chiangs Ankunft in Sian kehrten Marschall Changs Truppen in die Stadt zurück und inszenierten um Mitternacht einen Handstreich, bei dem der Generalissimus mit seinem Stab gefangengenommen wurde. Am nächsten Tag erklärte Marschall Chang der Nation, dies sei eine »patriotische Handlung«, denn damit wolle man den Generalissimus dazu bewegen, das Vermächtnis Dr. Sun Yat-sens auszuführen – eine Nationalversammlung zur Wahl einer parlamentarischen Übergangsregierung einzuberufen, den Bürgerkrieg zu beenden und den nationalen Widerstand in die Wege zu leiten, allen »patriotischen Parteien« Legalität zuzugestehen, politische Gefangene freizulassen, die Rechte der Versammlungsfreiheit und der freien Meinungsäußerung zu garantieren und die lange verschleppten Agrarreformen durchzuführen.

Changs Programm entsprach im wesentlichen den Vorschlägen, die Mao mir gegenüber gemacht hatte, und es war nahezu identisch mit einem aus sieben Punkten bestehenden Manifest, das am 1. Dezember, zehn Tage vor Chiangs Festnahme, von der kommunistischen Partei in Umlauf gebracht worden war. Daß die Kommunisten mit dem Jungen Marschall eng zusammenarbeiteten, ließ sich auch aus der Tatsache schließen, daß ihre Truppen in gutem Zusammenspiel mit den nach Süden abziehenden Mandschu-Truppen am 11. Dezember in Yenan einmarschierten, während sie im Süden bis in die Vororte von Sian und im Osten bis an den Gelben Fluß vorstießen.

Ich bin versucht, hier »aus erster Quelle« eine neue Darstellung des Zwischenfalls von Sian zu geben, der für das Schicksal Chiang Kai-sheks so einschneidende Veränderungen brachte. Viele Bücher* haben die Motive erklärt, die Marschall Chang dazu veranlaßten, diesen extremen Schritt zu unternehmen und im Bund mit der Roten Armee den Verteidigungsrat im Nordwesten zu bilden. Doch die Gründe, weshalb er sich entschloß,

---

* Vgl. »Sian: A Coup d'Etat« von Mme. und Generalissimus Chiang Kai-shek, New York 1937; »First Act in China« von James Bertram, New York 1937; »Donald of China« von Earle Selle, New York 1949; »Roter Stern über China«, a.a.O.

dieses Bündnis wieder zu lösen, den Generalissimus zwei Wochen nach seiner Festnahme wieder freizulassen und mit ihm nach Nanking zurückzukehren und sich vor Gericht bringen zu lassen – und damit in die Gefangenschaft nach Formosa – sind nie völlig geklärt worden. Was meine eigene Berichterstattung angeht, so war ich in der Sian-Affäre überdurchschnittlich gut informiert, denn ich stand sowohl vorher als auch während des Zwischenfalls mit dem roten und dem mandschurischen Untergrund in Verbindung. Doch auch meine Informationen waren nur unvollständig.

Erst in jüngster Zeit war ich in der Lage, neue Einzelheiten über Sian zu veröffentlichen*, die die Interpretation dieser Affäre durch die Historiker etwas verändern werden. Doch für die breite Leserschaft brauche ich diese Details hier nicht zu wiederholen.

Wie der Generalissimus in seinem Tagebuch enthüllte, fürchtete er, er könnte von den Roten in einem »Massenprozeß« verurteilt und vielleicht hingerichtet werden – so wie er selber so viele hingerichtet hatte. Statt dessen wurde er dem ausgesetzt, was die Chinesen *ping-chien* oder »Überzeugung durch Waffen« nannten. Als unfreiwilliger Gast mußte er sich anhören, was seine mandschurischen Untergebenen und die Roten von seiner Politik hielten – von seinen aktiv und durch Unterlassung begangenen Verbrechen, und dann nannten sie ihm die Veränderungen, die sie für notwendig hielten, um die Nation zu retten. Außerhalb Sians wartete ganz China, ja, wartete die ganze Welt auf das Ergebnis dieses einzigartigen politischen Experiments.

Was immer Chiang Kai-shek vor seiner Freilassung in Sian den »Nationalen Rettern« versprach oder nicht versprach, das praktische Ergebnis war jedenfalls die Beendigung des Bürgerkrieges. An Weihnachten begleitete der Junge Marschall den Generalissimus unversehrt nach Nanking zurück. Der Generalissimus blies unauffällig den Feldzug gegen die Roten ab und gab seine persönliche Einwilligung zu Verhandlungen mit ihnen. Offiziell verkündete nun die Kuomintang, die erste Aufgabe des Landes sei »die Zurückgewinnung verlorener Gebiete«, wohingegen Chiang vorher immer auf der »Herstellung des inneren Friedens« – Ausrottung der Roten – als der »ersten Aufgabe« bestanden hatte. Kurz darauf wurde eine stille Übereinkunft erzielt; sie sah vor, daß die Kommunisten ihre Parteiorganisation behalten konnten, daß sie aber die Bezeichnung »Rote Armee« aufgaben und als »Achte Feldarmee« Teil der nationalen Streitkräfte wurden; daß die Kommunisten alle Versuche aufgaben, die Regierung in Nanking gewaltsam zu stürzen, daß sie die »Sowjetgebiete« in einen »Besonderen Verwaltungsbezirk« umwandelten und daß schließlich die Kuomintang in Übereinstimmung mit dem Ver-

* Vgl. »Random Notes on Red China«, a.a.O., S. 1–12.

mächtnis Dr. Sun Yat-sens den lange hinausgezögerten »Volkskongreß« einberief, in dem alle Gruppierungen vertreten sein sollten.

Doch die Verhandlungen Chiangs mit den Kommunisten waren im Juni 1937 in eine Pattsituation geraten. Die mandschurische Armee war nach Absprache mit den Untergebenen des Jungen Marschalls friedlich aus Shensi abgezogen. Wieder einmal sahen sich die Roten eingekreist. Mao Tse-tung und Chu Teh wurden informiert, daß auch ihre Streitkräfte »reorganisiert« und als separate Einheiten in verschiedene andere Armeen eingebracht werden müßten – ein Prozeß, der ihre endgültige Auflösung vereinfacht hätte.

Ende Juni erhielt ich einen vertraulichen Brief von Mao Tse-tung, in dem er »Besorgnis und Unzufriedenheit« angesichts des bedenklichen Laufs der Dinge ausdrückte. Vernichtung oder Abzug in die nördlichen Provinzen schienen erneut ihre Alternativen zu sein.

Chang Hsueh-liang hatte die Kommunisten ein erstes Mal »gerettet«. Nun eröffnete ihnen ein zweiter Glücksfall weitreichende und vielversprechende Möglichkeiten. Im Juli wurden sie durch den »schicksalhaften« japanischen Großangriff auf China aus ihrer gefährlichen Lage befreit, denn nun hatte Chiang Kai-shek keine andere Wahl, als alle Pläne für einen weiteren Vernichtungsfeldzug gegen die Roten fallenzulassen. Japans Militaristen waren wütend auf den Generalissimus, weil er bereit war, auch nur vorübergehend seine antikommunistische Kampagne einzustellen, und es ärgerte sie, daß er ihre Forderungen nach einer Allianz ablehnte; so verkündeten sie nun, die Aufgabe, »China zur Vernunft zu bringen« – so lautete damals die Phrase – lasse sich jetzt nicht mehr länger hinausschieben. Mit ihrem unfehlbaren Instinkt für eine Mißdeutung der eigentlichen Bedürfnisse Chiang Kai-sheks und mit der ihnen eigenen genialen Begabung zu politischen Fehlkalkulationen starteten die Japaner die Kampagne, die »China von der kommunistischen Unterdrückung befreien« und »eine Neue Ordnung in Ostasien aufbauen« sollte. Diesmal sollte es niemandem gelingen, den japanischen Moloch aufzuhalten, ehe er Asien verändert und sich selbst zerstört hatte.

Wenige Tage vor der Schlacht von Nanyuan, wo ich den Beginn des achtjährigen chinesisch-japanischen Krieges miterlebte, schrieb ich vor den Mauern von Peking das Schlußkapitel von »Roter Stern über China« zu Ende. In den letzten Absätzen erlaubte ich mir dort ein paar Voraussagen, und es scheint angebracht, hier daraus zu zitieren:

»Nur ein großer imperialistischer Weltkrieg würde die Kräfte freisetzen, die den Massen in Asien die Waffen, die Ausbildung, die politische Erfahrung, die Freiheit, sich zu organisieren, bringen würden und die die staatliche Gewalt im Innern so schwächen müßten, daß die notwendigen Voraussetzungen für einen revolutionären Aufstieg zur Macht in absehbarer Zeit erfüllt wären.«

Die Geräusche, die ich hinter den Kulissen hörte, kündeten in der Tat vom kommenden Einsturz von Imperien. Wenn ich Japans Rolle als Zerstörer des europäischen Kolonialsystems richtig verstand, so war ich doch weit davon entfernt, all die weitreichenden Folgen zu erkennen, in die schließlich auch mein eigenes »neutrales« Heimatland verwickelt werden sollte.

17 Abgang aus Peking

Nach der Besetzung und der Frühphase des japanischen Vordringens war Peking als Nachrichtenzentrum praktisch gestorben. Der *Herald* schickte mich zur chinesischen Seite der Front. Darüber war ich zwar froh, aber ohne meine seit langem vermißte Frau konnte ich nicht weg.

Während ich an meinem Buch schrieb, war Nym nach Sian gegangen, um ein zweites Mal zu versuchen, in die roten Gebiete zu gelangen und Material für ein eigenes Buch zu sammeln. Als sie um Mitternacht über die Umgrenzungsmauer ihres scharf bewachten Hotels stieg, hatte sie das Risiko eingehen müssen, erschossen zu werden, und ich wußte, daß sie nur mit Hilfe eines waghalsigen amerikanischen Geschäftsmannes entkommen war. Drei Monate waren vergangen, und das letzte, was ich von ihr gehört hatte, war, daß sie auf dem Rückweg sei. Dann wurde jede Kommunikation durch den Krieg abgeschnitten. Täglich hoffte ich, sie zu sehen oder eine Nachricht von ihr zu erhalten.

Aber es gab noch andere Gründe, warum ich nicht sofort aufbrechen konnte. Gleich nach der Schlacht von Peking füllte sich mein Haus mit politischen Flüchtlingen, zum größten Teil Universitätsprofessoren und Studenten, die auf der schwarzen Liste des Feindes standen. Unter ihnen war auch der Rektor der *Tungpei*- oder Mandschu-Universität. Bei mir fühlten sie sich sicher; die Japaner hatten noch nicht angefangen, Ausländer zu belästigen. Ich schaffte diese Leute aus Peking, indem ich ihnen half, sich als Bettler oder Kulis oder fliegende Händler zu verkleiden, während andere im Schutze der Nacht über die Stadtmauer kletterten, die unmittelbar hinter meinem Haus vorbeiführte.

Einige meiner früheren Yenching-Studenten waren unter denen, die geflohen waren, um sich den Guerillaorganisationen anzuschließen, die sich in der Umgebung der Stadt rasch formierten. Auf ihre Vermittlung hin erklärte ich mich damit einverstanden, daß einige Mandschus in meinem Haus eine Kurzwellen-Funkstation einrichteten, so daß sie Nachrichten senden und empfangen konnten. So hatte ich für kurze Zeit eine Art Hauptquartier des Untergrunds in meinem Haus.

Ein »Neutraler« war ich nun bestimmt nicht mehr.

Eines Tages schickte mir die Frau eines Professors, der aus der Stadt geflohen war, eine Botschaft, in der sie mich zum Essen einlud. Als ich hinkam, stellte sie mich einer Chinesin mit kurz geschnittenem Bubikopf und einer dunklen Brille vor. Ich wußte auf Anhieb nicht, wer sie war. Da fing sie auf einmal laut an zu lachen. »*Shih Lo T'ung-chih*«, rief sie, »*ni pu jen-shih wo!* Sie erkennen mich nicht!« Als sie die Brille abnahm, erkannte ich in ihr den letzten Menschen, den ich hier erwartet hätte. Sie war Teng Ying-ch'ao – die Frau Chou En-lais, Leiterin der Abteilung für Frauenarbeit in der kommunistischen Partei und Mitglied des Zentralkomitees.

Ying-ch'ao war an Tuberkulose erkrankt, als ich sie das letztemal in Shensi gesehen hatte. Nun erzählte sie mir, sie sei vor Monaten in Verkleidung nach Peking gekommen. Sie habe zurückgezogen in einem einsamen Tempel in den Westbergen gelebt, wo sie durch den trockenen nördlichen Frühling, kräftiges Essen und viel Ruhe fast ganz geheilt worden sei. Da sie von der japanischen Invasion nichts gewußt habe, bis die Truppen plötzlich ihr Dorf erreichten, sei sie über die Felder geflohen, barfuß und mit hochgebundenen Haaren wie eine einfache Bauersfrau, um sich im Haus ihrer Freundin zu verstecken, bis sie mit mir Verbindung aufnehmen konnte.

»Sie werden doch nicht hierbleiben? Die Japaner –«

Nun, sie wußte, daß ihr Leben in Gefahr war. Sie mußte aus der Stadt raus. Ich konnte mich wieder einmal nützlich machen.

Die Bahnverbindung zwischen Peking und der Küste war gerade wiederhergestellt worden; es fuhr ein Zug am Tag, der für die noch nicht mal 100 Meilen zwölf Stunden brauchte. Die Japaner durchsuchten alle Passagiere und verhafteten in Tientsin, am anderen Ende der Strecke, jeden, dessen Gesicht irgendwie auf politisches Denken schließen ließ. Bis jetzt hatten sie jedoch Ausländer und deren Personal noch nicht belästigt. Ich willigte ein, Teng Ying-ch'ao als Dienstmädchen unserer Familie nach Tientsin zu eskortieren und sie sicher durch die Kontrollen zu bringen; dabei sollte mir Jim Bertram, ein neuseeländischer Journalist und guter Freund, helfen.

Ein paar Tage später stiegen wir in einen Eisenbahnwagen, der bereits überfüllt war mit finster dreinschauenden, schweigsamen Flüchtlingen, unter denen sich Ying-ch'ao schnell verlor. Sie sah aus wie das perfekte Dienstmädchen, mit einem geradezu verblüffend verwandelten Bubikopf. In den vollgestopften Waggons konnte sich niemand regen. In Tientsin, das wir nach Einbruch der Dunkelheit erreichten, mußten wir eine spannungsgeladene Stunde lang darauf warten, aus dem Stacheldrahtgehege gelassen zu werden. Wir mußten mit ansehen, wie auf dem Bahnsteig ein Dutzend junger Chinesen aus der Menschenschlange gezerrt und zu den wartenden Militärlastwagen gebracht wurden. Ihre glatten weißen Hände, die in allzu großem Gegensatz zu ihrer groben Bauernkleidung standen, hatten die Japaner mißtrauisch gemacht. Ying-ch'ao verbarg die Hände in ihren Ärmeln.

»Amerikaner«, sagte ich zu dem japanischen Inspektor, »amerikanischer Korrespondent.« Und mit einem Blick auf Ying-ch'ao: »Amah-san (Dienerin).« Sie ließ den Unterkiefer hängen und schaute den mürrischen Japaner mit einem idiotischen Grinsen an. Mit einer schroffen Geste forderte er mich auf, weiterzugehen, öffnete aber Ying-ch'aos Gepäckstücke aus Stroh und kippte den Inhalt verächtlich auf den Boden. Ohne auch nur einen Blick darauf zu werfen, schob er sie dann weiter.

Eine halbe Million Flüchtlinge überflutete die Straßen der kleinen britischen Konzession, und alles wartete auf einen Platz auf einem der wenigen Schiffe, die den »freien« Süden ansteuerten. Tickets gab es nicht. Doch Ausländer genossen als Passagiere der Kabinenklasse das Vorrecht, einen oder zwei Bedienstete als Zwischendeckpassagiere mitzunehmen. Ich richtete es mit Hilfe eines Freundes so ein, daß Ying-ch'ao noch einmal Dienerin spielte, für einen Herrn, den sie nie zu Gesicht bekam, und ich brachte sie auf das überfüllte Zwischendeck.

»Shih Lo«, sagte sie, als ich ging, und Tränen stiegen ihr in die Augen, »gehen Sie nicht nach Peking zurück! Sie werden dort nicht mehr lange sicher sein.«

»Keine Sorge, Ying-ch'ao, ich komme bald nach. Kümmern Sie sich um meine Frau, wenn Sie sie vor mir sehen.«*

Zu Hause in Peking wartete ich ungeduldig auf eine Nachricht von Nym. An einem verregneten Vormittag kam aufgeregt der Verbindungsmann der Guerillas, Wu Ting, zu mir. Er berichtete, es sei ihnen eben gelungen, noch vor den Japanern an eines der Kaisergräber in den Vororten zu kommen (das des Prinzen Kung, wenn ich mich richtig erinnere), und sie hätten dort eine große Menge Diamanten, Rubine, Perlen, Gold, Jade und Kunstgegenstände herausgeholt. Wu wollte nun die Beute zu mir bringen, und ich sollte sie für sie verkaufen.

»Wieviel ist es wert?« fragte ich.

»Der Sohn eines Goldschmieds gehört zu uns. Er sagt, allein die Edelsteine sollten über eine Million Dollar einbringen. Sie müssen an irgendeinen ausländischen Käufer in Tientsin oder Shanghai verkauft werden. Kein Chinese würde das Risiko eingehen.«

»Aber ich wüßte doch gar nicht, zu wem ich gehen oder wieviel ich für das Zeug verlangen soll. Und was ist, wenn ich es für sehr viel weniger hergeben muß – oder wenn ich es verliere?«

* Bei einem Besuch in China (1973) sagte mir Mme. Teng Ying-ch'ao, daß sich mein Mann an diesen Vorfall anders erinnere als sie: sie seien zusammen gereist, und sie habe gewußt, daß er ihr geholfen hätte, wenn es notwendig gewesen wäre. Aber in ihrer Erinnerung sei dies nicht der Fall gewesen. – Lois Wheeler Snow.

»Wir sind mit dem zufrieden, was Sie dafür bekommen. Sie sind der einzige ausländische Freund, dem wir diese Sache anvertrauen können.« Dann fügte er nachdenklich hinzu: »Sie können natürlich zehn Prozent für sich selbst behalten.«

Ich schüttelte den Kopf, und auf Wus häßlichem, pockennarbigem Gesicht zeigte sich die Enttäuschung.

»Nun ja«, sagte er zögernd, »dann – 15 Prozent?«

15 Prozent von einer Million, das war kein Pappenstiel, aber ich hatte noch nie Bestechungsgelder angenommen und konnte schon gar nichts von diesen Freiwilligen nehmen, die für die Sache ihres Landes das Geld dringend brauchten. Der leicht illegale Anstrich störte mich in diesem Fall nicht; da stand einfach eine Gruppe von Grabplünderern gegen eine andere, und die Einheimischen hatten einen älteren Anspruch als die Japaner.

Während ich noch darüber nachdachte, verstand mich Wu immer noch falsch. »Also schön«, flüsterte er schließlich, »behalten Sie ein Viertel von allem, was Sie bekommen. Aber höher gehen wir nicht.«

»Keinen Cent nehme ich davon«, sagte ich. Er sah niedergeschlagen aus. »Aber ich mache euch einen anderen Vorschlag«, fuhr ich fort. »Laßt diese Katholiken frei, dann finde ich einen Käufer für eure Juwelen.«

Ich wußte, daß Wus Guerillas vor kurzem in einem Kloster in den Westbergen mehrere italienische Mönche festgenommen hatten, mit der Begründung, sie seien »faschistische Verbündete« Japans. Da sie dringend Geld und Waffen brauchten, forderten sie nun ein Lösegeld von den Katholiken. Ich hatte ihnen bereits zu bedenken gegeben, daß das üble Machenschaften seien, die der Sache Chinas Schaden zufügten.

»Mögen Sie die Katholiken so sehr?« fragte mich Wu verwundert.

»Ich denke dabei an China«, sagte ich. »Ein Feind auf einmal genügt.«

»Hao!« sagte Wu, »hên hao!« Und wir waren uns einig. Die Klosterbrüder wurden bald freigelassen, und ich fand jemanden, der die Juwelen schließlich an den Mann brachte. Ich erfuhr nie genau, wieviel sie einbrachten, doch wenn heute das Glück mal wieder gegen mich ist, muß ich manchmal denken, was für ein Jammer es ist, daß ich nicht aus einem alten Raubrittergeschlecht stamme. Es wurde mir nie wieder so leicht gemacht, eine Million Dollar zu erbeuten.

Ich sollte jedoch bald die angenehme Entdeckung machen, daß man gelegentlich Geld verdienen kann, indem man über Banditen schreibt, und nicht nur, indem man selber einer ist. Die erste Reaktion auf meine Berichte über die chinesischen Roten war entmutigend. Weder die New Yorker *Sun* noch der Nordamerikanische Zeitungsverband NANA (»North American Newspaper Alliance«), für den ich als freier Korrespondent arbeitete, druckte auch nur einer der 30 Artikel aus meiner Serie. Nachdem sie die Manuskripte zwar behielten, sich aber wochenlang nicht meldeten, gab ich verärgert beide Jobs auf. Ich lag falsch mit meiner Annahme, daß sie die Geschichten einfach zurückhielten, im Gegenteil: Sowohl die *Sun* als auch die *Times* (der New Yorker Vertreter der NANA) wollten die Exklusivrechte, und keiner von beiden war bereit, nachzugeben. Als ich davon erfuhr, lagen jedoch alle Rechte wieder bei mir, und ich bot das Material verschiedenen Zeitschriften an.

The Saturday Evening Post verwendete meine Geschichte als erste. Dann brachte Henry Luce zwei lange Bildreportagen in den ersten Nummern einer Publikation, die unter der Bezeichnung *Life* gerade ihr Debüt feierte. Danach wurde ich mit mehr Angeboten bestürmt, als ich annehmen konnte. Der *Daily Herald* in London brachte meine Serie auf der Titelseite und ernannte mich zum Chefkorrespondenten für den Fernen Osten. Unmittelbar danach kam »Roter Stern über China« heraus und wurde zu einem echten Schlager in England: In wenigen Wochen waren über einhunderttausend Exemplare verkauft. Die Random-House-Ausgabe in New York verkaufte sich besser als jedes andere bis dahin erschienene Sachbuch über den Fernen Osten. Ich sollte später noch einträglichere Bücher veröffentlichen, doch dieser Erfolg verblüffte mich, denn ich hatte nicht geglaubt, daß »Roter Stern über China« auch nur eine entfernte Chance hatte, in Europa oder Amerika »populär« zu werden.

Zum größten Teil erreichten mich diese guten Nachrichten erst Monate nachdem ich Peking verlassen hatte. Inzwischen mußte ich mit der finanziellen Belastung fertigwerden, ein Haus voll Flüchtlinge zu ernähren, während ich auf eine Nachricht von Nym wartete, und mehr als einmal fragte ich mich, ob ich nicht doch ein paar Diamanten aus Wus Beute würde verkaufen müssen, um überhaupt weitermachen zu können. Dann erhielten wir endlich eine verzögerte und verstümmelte Nachricht von Nym aus Yenan – auf unserem eigenen Radio. »Also gut«, lautete der einzige Teil ihrer langen Botschaft, der durchkam, »es ist besser, du kommst her.«

Das genügte. Einzeln brachte ich nacheinander meine Gäste weg und vertraute das Radio Jimmy White an, der zurückblieb. Wenige Tage später trat ich die umständliche See- und Landreise an, die mich schließlich in Sian mit Nym zusammenführte. Dann ging's mit der ständig von Bomben bedrohten Eisenbahn im Schneckentempo zurück zur Küste nach Tsingtao, wo uns für kurze Zeit eine zauberhafte Ruhe gefangenhielt. Der berühmte lange weiße Sandteppich, normalerweise um diese Jahreszeit von Tausenden von Feriengästen bevölkert, wurde zu unserem Privatstrand, denn drei Tage lang begegnete uns nicht ein einziger anderer Badegast. So herrlich hatte diese alte, von den Deutschen erbaute Hafenstadt noch nie ausgesehen; die Tage waren ein einziger Regen aus Gold, und die Nächte wunderbar kühl durch die vom Meer her wehenden Brisen, in die sich, aus dem niederen Bergland herunterkommend, der Duft von

Kiefernwäldern mischte. Doch über den geschlossenen Hütten und der halb verlassenen Stadt hing eine merkwürdige Stimmung, ein ahnungsvolles Warten auf ein kurz bevorstehendes Ereignis. Wir rechneten ständig damit, daß plötzlich hinter der blaugrünen Mauer der Brandung ein japanischer Landungstrupp auftauchte.

Ich wartete nicht, bis sie kamen; nach einer Woche traf ein unwillkommenes Schiff ein, das noch Passagiere nach Shanghai aufnahm, und unsere kurzen Ferien waren vorüber.

18 Das Wesen des Krieges

Chinas Sache war nun meine Sache, und ich verknüpfte damit eine allgemeine Frontstellung gegen jede Form von Faschismus, Nazismus und Imperialismus, egal wo.

Ich machte die niederschmetternde Entdeckung, daß das, was einer schreibt oder sagt, unter gewissen Umständen andere, selbst völlig Fremde, zu Taten veranlassen kann, die möglicherweise zu ihrem raschen Tod führen. Ich fühlte mich den Chinesen gegenüber verantwortlich, deren Leben durch meine Mithilfe – bewußt oder unbewußt – in Gefahr geraten war. Als ich erfuhr, daß Freunde und Studenten im Krieg umkamen, wurde mir klar, daß meine Schriftstellerei zu einer politischen Tätigkeit geworden war.

Es war für einen Amerikaner nicht leicht, eine Menge für China zu tun, im Gegensatz zu dem, was unsere Geschäftsleute für Japan leisteten. Nachdem ich über die Mitte und das Ende des Shanghai-Krieges – jener kostspieligen und nutzlosen Wiederholung von 1932 – berichtet hatte, folgte ich dem Weg, den sich Flammen, Raub und Gemetzel bahnten, quer durch China nach Hankow, nach Chungking, nach Sian und erneut nach Yenan und zurück. Ich schrieb viele Geschichten über den Krieg, aber ich begriff, daß ein am Kampf nicht beteiligter Beobachter, der jederzeit die Flucht ergreifen kann, kein wahrer Gefangener des Krieges – wie der Soldat – ist. Hier spürte ich, was ich später in Europa oft noch viel stärker empfand, daß der Kriegskorrespondent, auch wenn ihn sein schuldiges Gewissen zu törichten Risiken trieb, die kein vernünftiger Soldat eingehen würde, immer nur eine Art Swiftsche Yahoo-Haltung einnahm – voll Schall und Rauch zwar, aber auch im besten Falle waren es nur die Kriegsansichten eines Außenstehenden.

Meine eigenen »Abenteuer« im chinesisch-japanischen Krieg stehen zum größten Teil in einem Buch*, in dem ich beschrieb, was China vor Pearl Harbor widerfuhr. Hier möchte ich nur die *politische Essenz* dieses Krie-

---

* »The Battle for Asia«, New York 1941.

ges aufzeigen, der sich in eine große soziale Revolution verwandelte. Schon ein Jahr nach der japanischen Invasion wurde ein höchst merkwürdiger Tatbestand immer deutlicher: die besiegten Chinesen verhielten sich nicht so, wie das allgemein üblich ist. Niemand war zu finden, der hier die Übergabe vornahm, so wie Pétain in Frankreich oder Horthy in Ungarn. Bis 1939 waren fast all die modernen Städte und die wichtigsten Eisenbahnlinien in den wirtschaftlich am weitesten entwickelten Teilen Chinas in japanischer Hand. Sogar noch vor dem Rückzug der Kuomintang-Regierung nach Chungking hatten die Japaner die Kampfkraft der wichtigsten und regulären Truppen Chiang Kai-sheks zerstört. Von da an blieb er überall passiv, wo die Japaner eine nicht aktive Front stabilisieren wollten. Das merkwürdige war jedoch, daß Japan, obwohl es alle großen Schlachten gewann, nie eine politische Entscheidung erreichen und nie den Krieg siegreich beenden konnte.

Die Situation erinnerte an die verzweifelte Lage Napoleons, der 1812 alle russischen Generäle schlug und trotzdem Rußland nicht erobern konnte. »Nach dem Sieg der Franzosen bei Borodino«, schrieb Leo Tolstoi, »kam es zu keinen wesentlichen Kampfhandlungen mehr; und doch ging die französische Armee zugrunde.«* Der Zar und Kutusow und sein ganzer Stab wußten, daß jeder, der die Niederlage eingestand, einfach nicht mehr mit dem Gehorsam des Volkes rechnen konnte und enteignet wurde. Genauso war es jetzt in China. Als Wang Ching-wei, der zweite Mann in der Hierarchie der Kuomintang, China verriet und Chef der japanischen Marionettenregierung in Nanking wurde, spuckten ihn die Leute an, und sein Einfluß schwand. Dasselbe wäre Chiang Kai-shek passiert, wenn er kapituliert hätte. Darüber war sich Chiang selbst vollkommen im klaren, ebenso wie General Stilwell. Doch sonst hatten das nur wenige Amerikaner begriffen.

Der Irrglaube, wir müßten Chiang zu seinen eigenen Bedingungen bestechen, »um China zum Weiterkämpfen zu bringen«, sollte uns sehr teuer zu stehen kommen. Es war nie sein Wille, der dafür sorgte, daß China weiterkämpfte. Chiang hatte ganz einfach nie die Macht, China aus dem Krieg zu nehmen.

»Mit dem Abbrennen von Smolensk«, schrieb Tolstoi, »nahm der Feldzug in Rußland eine bis dahin in der Kunst des Kriegführens unbekannte Form an. Es kam nur noch zum Abbrennen von Städten und Dörfern und zu Gefechten, denen ein jähes Sichzurückziehen folgte. Der Rückzug nach dem Sieg bei Borodino, das Abbrennen Moskaus, die Verfolgung der Plünderer, die Beschlagnahme des Proviants, der Guerillakrieg – all diese Dinge standen im Widerspruch zu den Regeln militärischer Taktik. Aber es nützt nichts, daß sich die Franzosen über mangelnde Konformität der

* In seinem Buch »The Physiology of War«, New York 1882.

Russen beklagen. [...] Der *mouzhik* hat in all seiner schrecklichen und majestätischen Macht seine Keule erhoben und schlägt nun ohne Rücksicht auf guten Geschmack und die Regeln mit einer stupiden, aber wirkungsvollen Einfachheit instinktiv um sich; er fällt damit über den Feind her und schlägt ihn unaufhörlich.«*

Von 1938 bis zum Ende des Zweiten Weltkrieges wurden die Japaner im entlegenen Westen und Süden Chinas von den besiegten Generälen und Politikern nie ernsthaft belästigt. Es war vielmehr der Bauer, der nimmermüde Guerillakämpfer, der hinter ihren eigenen Linien »seine Keule erhob«; er, der scheinbar nichts und nirgendwo war, wurde für die Eroberer zu einer beklemmenden Zielscheibe des Spottes bei Tage und zu einer allgegenwärtigen Bedrohung bei Nacht, zum steten Wassertropfen auf ihrem Rücken. Mit seinen unorthodoxen und unregelmäßigen Angriffen sorgte der ländliche Partisan für eine Front, die nie zur Ruhe kam; er war ein Feind, der nie zu besiegen war, der zwar nie einen entscheidenden militärischen Sieg gegen Japan erringen konnte, der aber trotzdem die politische Zukunft Chinas bestimmte. Und weil allein die Kommunisten das begriffen hatten, weil sie dem Bauern eine Führungsmannschaft boten, weil sie ihm beibrachten, wie man allein mit Keulen Waffen stehlen konnte, und weil sie revolutionäre Änderungen mit einem nationalen Krieg verknüpften, um ihm etwas zu geben, für das zu sterben sich lohnte – weil sie, mit den Worten Chou En-lais, wußten, wie man die Bauernschaft organisiert, die Kuomintang jedoch nicht –, deshalb standen sie 1945 zehnmal stärker da als je zuvor, die Kuomintang jedoch zehnmal schwächer.

1938 war Evans Carlson, zu der Zeit Hauptmann der amerikanischen Marineinfanterie, außer Stilwell der einzige amerikanische Offizier, den ich kannte, der die Bedeutung dieser erstaunlichen Entwicklung hinter den japanischen Linien begriffen hatte. Nachdem wir einen großen Teil der Shanghai-Schlacht zusammen erlebt hatten, saßen wir eines Abends besonders niedergeschlagen in meinem Hotelzimmer. Im Verlauf unseres Gesprächs faßte er einen Entschluß, der sein Leben veränderte.

19   Carlsons flüchtiger Blick in die Zukunft

Carlson und ich hatten eben mit angesehen, wie ein Journalistenkollege ganz sinnlos das Leben verlor. Die Japaner griffen gerade eines der letzten Gebiete in der Nähe der Niederlassung an, in denen die Chinesen noch Widerstand leisteten, den Stadtteil Nantao. Wir waren zu einem Wasserturm am Rande der Französischen Konzession gegangen, um zusammen

* Op. cit.

mit Pembroke Stephens vom *Daily Telegraph* das Schauspiel zu verfolgen. Und es war ein Schauspiel. In diesem grotesken Krieg um Shanghai brauchte man sich nur einen Platz zu suchen, der gerade noch innerhalb des Asyls eines ausländischen Territoriums lag, und konnte von da aus eine komplette Schlacht im Querschnitt sehen – die exponierte Flanke chinesischer Stellungen auf der einen und der japanischen auf der anderen Seite.

Verirrte oder auch gezielte Kugeln und Granaten schlugen um uns her ein, als wir hinter einer Backsteinmauer in Deckung gingen. Stephens wollte einen besseren Beobachtungsposten für seinen Augenzeugenbericht; er stieg auf den Wasserturm und kauerte sich dort oben nieder. Auf der anderen Seite des kleinen Flusses, der uns vom Gefecht trennte, mußte ihn jemand erspäht haben. Plötzlich hämmerte ein Kugelregen gegen den Turm. Niemand konnte einem Soldaten aus den beiden Lagern einen Vorwurf machen, wenn er nicht wußte, wo die unsichtbare Frontlinie verlief. Blut und Wasser tropften auf uns herunter. Als das Gefecht vorüber war, stieg ich hinter Carlson die Leiter hinauf und kam mit Stephens wieder herunter. Er war tot.

Soong Ching-ling, die im Begriff war, ihr Haus in der Französischen Konzession zu evakuieren, hatte mir in der Woche vorher eine Flasche Napoléon-Cognac geschickt. Sie hatte dazu geschrieben: »Dies ist fast schon der Rest aus dem Keller meines Vaters. Lassen Sie davon nichts den Japanern übrig!« Nun schien der richtige Zeitpunkt, ihrem Wunsch nachzukommen. Wir entkorkten Napoleon, und ich trank auf Stephens.

»Ein tapferer Mann.«

»Tapfer war er«, sagte Carlson finster, »aber er muß über irgend etwas verdammt unglücklich gewesen sein.«

»Meinst du?«

»Wenn einer so leichtfertig sein Leben aufs Spiel setzt, dann trägt er mit sich selbst irgendeinen Kampf aus. Ich muß das wissen, ich habe es selber schon durchgemacht.«

Mut und Wille zur Selbstvernichtung sind zwei verschiedene Dinge. Doch da das ein Mann sagte, der bereits den Ruf eines Helden hatte und der in wenigen Jahren legendäre Heldentaten im Pazifik vollbringen sollte, war es eine Bemerkung, die ich nie wieder vergaß.

»Das ist nicht nur Stephens' Ende«, sinnierte Evans. »Es ist das Ende Shanghais – und vielleicht das Ende des Krieges.«

»Japan hat also gewonnen?«

»China hat inzwischen die Zentren seiner Industrie verloren, und es ist unmöglich, ohne Industrie gegen eine moderne Armee wie die japanische zu kämpfen. Hat aber Japan gewonnen? Ich weiß, wie du darüber denkst, und vielleicht hast du recht. Du wirst mir antworten, Mao Tse-tung hat die richtige Antwort. Guerillakrieg.«

»Du glaubst nicht daran?«

»Ich habe Sandino ein paar Jahre lang kreuz und quer durch Nicaragua gejagt, und ich unterschätze keineswegs die Möglichkeiten, die der Guerillakrieg in einem großen Land wie China hat. Aber es hängt alles von der Qualität der Führung ab – der Führung und der Kampfmoral. Nun habe ich selbst noch nie Chinesen wie die Generäle kennengelernt, von denen du sprichst – Chu Teh und P'eng Teh-huai und Lin Piao. Vielleicht sind die anders. Wenn sie wirklich den Kampfgeist und die Disziplin haben, die notwendig sind – wenn ihre Führer wirklich so einfallsreich sind, wie du sagst – wenn, wenn, wenn. Aber ich will zugeben, daß die Zukunft ihnen gehören *könnte*.«

»Willst du nicht hingehen und dich selber überzeugen?«

Carlsons blaue Augen wurden ganz klein, er faßte sich an der langen Nase und grinste. »Darauf wollte ich noch kommen. Was würden sie wohl tun, wenn ich im Hauptquartier Chuh Tehs auftauchte – mich, wie gehabt, als ›Spion des Imperialismus‹ behandeln?«

»Ich glaube nicht«, sagte ich. »Ich kann ja mal versuchen, das festzustellen.«

»Admiral Yarnell ist natürlich mein Chef, und auch wenn er einverstanden ist, muß er immer noch Washington fragen. Aber bring du mal den Ball ins Rollen, und ich mache mich auf meiner Seite ans Werk.«

Die Achte Feldarmee hatte Vertreter in Shanghai, die, wie ich wußte, in Funkverbindung mit Yenan standen. Auf meine Bitte schickten sie Mao Tse-tung eine Nachricht. Die Antwort war, Carlson sei ihnen willkommen, falls auch Chiang Kai-shek einverstanden sei.

Ein paar Tage danach war Evans unterwegs nach Nanking, mit einem Brief an Chou En-lai, zu der Zeit Verbindungsoffizier der Achten Feldarmee im Hauptquartier des Generalissimus. Yarnell war nur schwer zu überzeugen, und Chiang Kai-shek noch schwerer, doch schließlich gaben sie die Erlaubnis. An einem Tag, an dem alle anderen damit zu tun hatten, Nanking zu evakuieren und den Fluß hinauf nach Hankow zu fliehen, half Chou, zusammen mit dem roten Untergrund, den großen Yankee durch die japanische Front in das Territorium der Guerillas zu schleusen. Er war so der erste und jahrelang der einzige ausländische Militärbeobachter, der die paradoxe Tatsache bestätigen konnte, daß die Roten parallel zum Vordringen der Japaner ihr Einflußgebiet ausdehnten, indem sie ihren Zermürbungskrieg bis tief in das vom Feind besetzte Gebiet hineintrugen.

Hauptmann Carlson lernte General Chu Teh und all seine Kommandeure kennen und marschierte und ritt Hunderte von Meilen mit ihnen zusammen. Er begleitete sie zu vielen kleinen Gefechten und sah zu, wie sie die Bauern organisierten, sie mit erbeuteten Waffen ausrüsteten und im Umgang mit diesen Waffen schulten. Nach drei Monaten war er so voll von dem Gesehenen, daß er mit dem Gefühl herauskam, Amerika mit seinem Wissen aufrütteln zu müssen. Seine Vorgesetzten lehnten das ab, und Carlson, ein Mann von festen Überzeugungen, quittierte vorübergehend den Dienst, um ungehindert schreiben und sprechen zu können.

Die Kommunisten schwächten Carlsons Glauben an die amerikanischen Prinzipien nicht, doch die Schulungs- und Unterrichtsmethoden ihrer Armee machten großen Eindruck auf ihn, wie auch ihre Bereitschaft zur Selbstaufopferung und der hohe Standard der persönlichen Moral und der Tüchtigkeit ihrer Offiziere. Andere amerikanische Militärbeobachter in China verspotteten Carlson wegen seiner Begeisterung. Es irritierte sie ganz besonders, daß er glaubte, *wir* könnten von *irgendwelchen* Chinesen etwas lernen. Doch er hatte einen äußerst interessierten Zuhörer auf höchster Ebene. Er sandte vertrauliche Berichte ins Weiße Haus, die ausschließlich der sehr daran interessierte Präsident zu Gesicht bekam.* Drei Jahre später unterstützte Roosevelt Carlson beim Aufbau jener einzigartigen Organisation aus Nahkampfspezialisten, den »Marine Raiders«. Carlson setzte auf hartes körperliches Training und eine spartanische Lebensweise, zusammen mit einem die Gleichheit aller betonenden Kodex der Bruderschaft zwischen Offizieren und Mannschaft, gestützt auf seine Erlebnisse bei der Achten Feldarmee.

20   Wir bringen etwas in Gang

Den ganzen Krieg hindurch sprachen die Amerikaner von China als einem Teil der »Weltfront der Demokratie«, und sie sprachen von der »nationalen Einheit« Chinas. Solche Begriffe waren weithin Mythen, auf die sich die Alliierten geeinigt hatten. Wir haben gesehen, warum und wie die Kuomintang-Regierung gezwungen war, die Kommunisten im Nordwesten zu tolerieren. Anderswo war die Partei jedoch keine legale Einrichtung. Gesetze, nach denen die Mitgliedschaft mit dem Tode zu bestrafen war, wurden nie rückgängig gemacht. Doch einige wenige Kommunisten hatten die Erlaubnis, in anerkannter militärischer Mission unbehindert durchs Land zu reisen, und die Achte Feldarmee durfte in der Hauptstadt Büros und eine Zeitung unterhalten.

Es war jedoch nicht *ein* Land, das gegen Japan kämpfte, sondern es waren zwei Chinas – die (anfangs sehr kleine) von den Roten geführte »Grenzregierung« und das übrige unbesetzte China, das von den Nationalisten gelenkt wurde. Inzwischen hielt sich unter nicht der Partei angehörenden Patrioten aller Arten ein echter Glaube, es werde sich im Laufe des Krieges

* Ein Kommentar zu dieser Korrespondenz steht in »The Secret Diary of Harold Ickes«, New York 1954, Band 2, S. 327.

eine progressive, unterschiedliche Meinungen repräsentierende Regierung herausbilden, eine Regierung, die sich der Bereitschaft des Volkes zur Hingabe und Selbstaufopferung würdig erweisen würde. Aus einem solchen Glauben heraus erwuchs das originellste und hoffnungsvollste Experiment der »Einheitsfront«-Periode – die industrielle Genossenschaftsbewegung Chinas. Sie gab Zehntausenden von Chinesen Arbeit und eine Ausbildung und wurde in der Tat zum Vorläufer dessen, was eines Tages als die größte produktivgenossenschaftliche Bewegung der Welt dastehen sollte.

Indusco – so hieß die chinesische industrielle Genossenschaftsbewegung im Westen – war in erster Linie die Erfindung von Rewi Alley, Nym Wales und mir. Sie hätte nie Fuß fassen können, wenn nicht am Anfang ein seltsames Paar von Enthusiasten sie gefördert hätte – Soong Ching-ling und der britische Gesandte in China, Sir Archibald Clark-Kerr, der spätere Lord Inverchapel. Wir hätten die Idee nie für realisierbar gehalten, wenn nicht das sogenannte »Freie China« bis 1938 fast ganz auf einen ländlichen Agrarstaat reduziert gewesen wäre. Die Kontrolle über die Mandschurei, Nordchina und das untere Tal des Yangtze hatten den Japanern 80 Prozent der Maschinenfabriken Chinas, je 90 Prozent der Chemie-, Gummi- und Zementindustrie, fast alle Bergwerke und Eisenbahnen und nicht zuletzt die »modernen« Großstädte eingebracht. Über die Hälfte der chinesischen Facharbeiter war allein auf Shanghai zusammengedrängt. Tausende von ihnen waren durch den Krieg vertrieben worden und irrten als Flüchtlinge umher; sie konnten nirgendwo arbeiten, und es gab niemanden, der sie organisierte und einsetzte.

Die generelle Meinung der Beamten und der meisten Beobachter war, daß wenig oder nichts zu machen sei. China fehlte es an der Grundstoffindustrie; ohne sie konnte es keine Maschinen herstellen, und ohne Maschinen konnte es keine Produktion geben. Nach vielen Diskussionen gelangten Rewi, Nym und ich zu der Überzeugung, daß das nicht stimmte. Wir hatten die Antwort. Einer der ersten, die wir verpflichteten, war John Alexander, ein junger Sekretär an der britischen Botschaft, von dem wir wußten, daß er von der genossenschaftlichen Idee begeistert war. John hatte schon bald das Interesse Sir Archibald Clark-Kerrs geweckt.

»Junger Mann«, sagte der Botschafter, als John mich in sein Büro führte, »als ich Sie zum letztenmal sah, waren sie Zeitungskorrespondent. Und was höre ich jetzt, Sie wollen Industrieller werden?« Ich gab ihm eine Kopie des »Programms«, das Rewi und ich entworfen hatten; es enthielt einen Überblick über die Produktionsprobleme der Nation und eine allgemeine, ganz China umfassende Strategie für eine Industrie »im Frontgebiet, im Mittelbereich und im Hinterland« – industrielle Genossenschaften –, um einige dieser Probleme anzugehen. Ich wußte inzwischen, daß der Botschafter, der erst seit einigen Monaten in China war, unter britischen Diplomaten ein Außenseiter war. Er war jedenfalls der erste, der nach seiner Ankunft *mich* aufgesucht hatte.

Während Sir Archibald unseren Entwurf durchlas, studierte ich sein Gesicht und fragte mich erneut, ob es diesen Mann wirklich geben konnte. Schon jetzt war er aus den von seinen Vorgängern geprägten snobistischen Verhaltensmustern ausgebrochen. Er reiste gern; er mochte Menschen; er wollte alles aus erster Quelle erfahren; er war ein Liberaler. Obwohl Neville Chamberlain noch immer Premierminister war, bezog Sir Archibald offen gegen die Achsenmächte, gegen Franco und gegen die Japaner Stellung. Im privaten Gespräch äußerte er sich in diesem Sinne sogar amerikanischen Korrespondenten gegenüber, zu denen bisherige britische Botschafter auf kühler, hochmütiger Distanz geblieben waren. »Meine Freunde«, unterbrach er mich eines Tages, als ich ihn mit »Sir« anredete, »nennen mich Archie.« Er sah auch gar nicht nach einem aufgeblasenen Wichtigtuer aus. Mit seinem gekrümmten Nasenrücken, seinen hohen Wangenknochen und seiner rötlichen Gesichtsfarbe fehlte ihm zum Indianerhäuptling nur noch die Feder auf dem Kopf. Mit einer schwarzen Augenklappe über einem Auge hätte man ihn auch mit einem Piraten verwechseln können — was einer seiner Urgroßväter wirlich gewesen war, wie er immer wieder betonte: Der feine Herr hatte ihm einen 6000 Morgen großen Erbhof in Argyll hinterlassen. Von Lord Allenby in Ägypten geschult, hatte Clark-Kerr 20 Leute, die vor ihm an der Reihe gewesen wären, übersprungen und seinen ersten Posten auf Ministerebene übernommen. Nun hatte er als tatkräftiger junger Mann in seinen Fünfzigern eine glänzende Karriere vor sich.

Der Botschafter legte unsere Pläne für industrielle Genossenschaften aus der Hand, zündete seine Dunhill an und musterte mich mit einem prüfenden Blick.

»Ich hätte es gerne in ihren eigenen Worten gehört«, sagte er.

»Die Idee ist eigentlich sehr einfach«, antwortete ich. »Es besteht ein Vakuum – und wir schlagen vor, es mit etwas Gutem zu füllen, bevor das Schlechte überhandnimmt.«

»Reden Sie nicht wie Dr. Johnson. Weiter mit Ihrer Story.«

»Das Vakuum ist der chinesische Markt. Wir wollen ihn mit chinesischen Waren füllen, bevor ihn die Japaner mit ihren Waren überschwemmen.«

»Schön. Und wo nehmen Sie diese chinesischen Waren her?«

»Genau das ist es. Die Fabriken sind fort, die Arbeiter in alle Winde zerstreut, die Maschinen zerstört oder beschlagnahmt. Aber das unbesetzte China *hat* die Rohstoffe – ein Land, fast so groß wie die Vereinigten Staaten. Was die Nahrungsmittel betrifft, so kann es autark sein. Und es hat eine unbegrenzte Zahl an Arbeitskräften – ein Potential von dreihundert Millionen Menschen.«

»Weiter?«

»Zum erstenmal seit 100 Jahren hat China einen geschützten Markt – von den Vertragshäfen und der ausländischen Konkurrenz, bis auf die Japaner, abgeschnitten. Es gibt nicht viele Werkzeuge, aber sie reichen für den Anfang – nach unserer Methode. Wir wollen die Flüchtlinge in kleinen Gruppen auf genossenschaftlicher Basis organisieren: die einen mit Geld und Arbeitskraft, die anderen nur mit Arbeitskraft. Wir werden sie alle an die Arbeit schicken, mit dem, was sie haben. Unsere Antwort löst, unter anderem, das Flüchtlingsproblem, das Konsumgüterproblem und das Problem der Kriegsproduktion. Unsere »Fabriken« mögen anfangs alles in Handarbeit herstellen, doch wir werden ein Schmuggelkommando organisieren, das laufend neue Werkzeuge besorgen wird. Sie sind zu haben. Alles, was wir brauchen, ist Geld.«

»Warum denn *Genossenschaften?* Soviel ich weiß, sind sie bislang hier bei jedem Versuch gescheitert.«

»Genossenschaften deshalb, damit die Leute direkt am Krieg beteiligt sind – und an ihrer Zukunft. Sicher, Absatz-, Kredit-, Verbrauchergenossenschaften – sie haben alle in der Vergangenheit Schiffbruch erlitten. Aber nicht industrielle Genossenschaften. Sie sind noch nie ausprobiert worden. Und die anderen sind nicht gescheitert, weil sie sich für China nicht eignen würden. Sie sind wegen der korrupten und unfähigen Führung gescheitert – und wegen der nachdrücklichen Sabotage der örtlichen Grundbesitzer, Kaufleute und Militärs. Es gab zwei Ausnahmen. Das Experiment der ›Massenerziehung‹ von Ting Hsien unter der Führung Jimmy Yens bewies, daß Genossenschaften funktionieren. In seinem einzigen geschützten Bezirk funktionierten sie sogar sehr gut – bis ihm die Japaner das Geschäft verdarben.«

»Und die andere Ausnahme?«

»Die roten Distrikte. Ihre ganze Wirtschaft, so wie sie heute aussieht, ist im Grunde genommen eine Kombination aus Staatskapitalismus und Genossenschaften. Schockiert Sie das?«

»Überhaupt nicht. Das war auch meine Folgerung. Aber Genossenschaften sind kein kommunistisches Monopol. Sonst wäre England schon lange bolschewistisch. Und Skandinavien ebenso.«

»Richtig. Sie verkörpern nicht den Kommunismus, sie verkörpern eine industrielle Demokratie. Aber sie können auch unter einem Sozialismus funktionieren. Deshalb bilden ja Kooperativen die logische wirtschaftliche Grundlage für eine Einheitsfront...«

»So habe ich das auch von Alexander gehört. Sie wollen aus China einen genossenschaftlichen Staat machen und dem Klassenkampf ein Schnippchen schlagen. Stimmt's?«

»Die genossenschaftliche Wirtschaft stellt den einzigen nichtkommunistischen Ausweg für China dar. Sie ist wahrscheinlich die letzte Chance für die Nationalisten.«

»Angenommen, wir Ausländer sind uns in diesem Punkt einig. Was ist mit der chinesischen Unterstützung?«

»Die haben wir bereits. Mme. Sun Yat-sen ist hundertprozentig dafür. Ebenso ihr Bruder, T. V. Soong. Ich habe die ganze Sache mit T. V. durchgesprochen, und er hat versprochen, uns als privater Bankier jede erdenkliche Hilfe zukommen zu lassen. Doch weder Mme. Sun noch T. V. will damit jetzt schon an die Öffentlichkeit gehen. Sie wissen schon, warum – der alte Familienkrach und die Eifersüchteleien. Es muß also erst dem Generalissimus schmackhaft gemacht werden – und das heißt Mme. Chiang und Mme. Kung. Die Idee muß dann von ihnen stammen.«

»Mir geht ein Licht auf.« Archies blaue Augen blitzten. »Und für mich haben Sie die Rolle des Überredungskünstlers reserviert?«

Ich nickte und grinste.

»Angenommen, ich mache mit. Haben Sie mir einen Führer, den ich aus dem Hut zaubern kann? Und hat er den chinesischen Mitarbeiterstab, den wir brauchen?«

»Ich freue mich über das ›wir‹, Sir Achibald. Ja, ich glaube, wir haben einen Führer. Er heißt Rewi Alley.«

»Wo finden wir ihn?«

»Er ist städtischer Gewerbeinspektor hier in der Niederlassung, und es gibt wahrscheinlich in ganz China keinen Ausländer, der über die Arbeiterschaft und die Arbeitsbedingungen so gut Bescheid weiß. Außerdem liebt er dieses Land, trotz allem, was er weiß; er hat zwei Waisenkinder, deren Eltern verhungert sind, adoptiert und sorgt für ihre Schulbildung. Er ist irisch-englischer Abstammung, kommt aus Neuseeland, war Kriegsheld im Weltkrieg; seine alten Kriegskameraden haben ihm den Job hier besorgt. Einiges über die Verhältnisse, aus denen er stammt, besagt die Tatsache, daß ihn sein Vater nach Rewi Te Manipoto nannte, einem berühmten Maori-Häuptling, der die britischen Rotjacken mit Guerillamethoden bekämpfte. Doch der entscheidende Faktor ist, daß er an China glaubt. Es ist bei ihm eine Religion. Er spricht die Sprache und mag die einfachen Leute. Flammend rote Haare, großer Kopf, Habichtsnase. Er ist gebaut wie ein Bulldozer, hat Beine wie massive Baumstämme. Er ist großherzig, zäh und intelligent.«

»Hmm. Und wie kriegen wir ihn?«

»Sie können ihn aus seinem Vertrag mit der Shanghaier Stadtverwaltung lösen.«

»Könnte er einen chinesischen Mitarbeiterstab zusammenstellen?«

»Er hat bereits einen rekrutiert – einen kleinen Kreis der besten im Westen geschulten Ingenieure und Fachleute in Genossenschaftsfragen, die in China aufzutreiben sind. Sie würden schon morgen mit Alley ins Landesinnere gehen, wenn die Regierung freie Bahn gäbe. Alley ist eindeutig die Schlüsselkraft für diesen Posten.«

»Und was wird für *Sie* dabei herauskommen, wenn ich fragen darf?«
»Arbeit – und vielleicht eine Story. Meine Frau und ich sind gewillt, so
viel Zeit aufzubringen, wie notwendig ist, um nicht nur in China, sondern
überall, wo China Sympathien genießt, für diese Idee zu werben. Wir
brauchen Geld, und wir brauchen Werkzeuge, dann schaffen wir's. Wir
werden zur Durchführung unserer Ziele überall Komitees gründen.
Amerika kann China nicht mit Alteisen und Feuerwaffen beliefern, so wie
es Japan beliefert. Aber wir können helfen – auf diese Weise. Wir können
durch produktive Unterstützung China helfen, sich selbst zu helfen. Das
ist die Methode, die uns vorschwebt.«
Archie blätterte noch einmal die Seiten unseres Programms durch und
stellte dabei Fragen. Schließlich:
»Sie glauben, daß auch die Kommunisten mitmachen werden? Wir wollen nicht, daß das Ganze als ein britisches imperialistisches Komplott zur
Machtergreifung in China angegriffen wird.«
»In diesem Punkt ist Soong Ching-ling unsere Garantie. Man wird sie
nicht angreifen. Wenn es sein muß, gehe ich persönlich nach Yenan und
lasse mir Maos Segen für das Projekt geben.«
»Also gut«, sagte Archie und schlug dabei mit der flachen Hand auf den
Schreibtisch. »Ich werde helfen, so gut ich kann. Aber ich möchte nicht,
daß irgend jemand von meiner Beteiligung erfährt. Und schicken Sie mir
Alley vorbei.«
Mit einem Drink besiegelten wir unsere Absprache. Und so beteiligte ich
mich an einer Verschwörung mit dem unkonventionellsten und weitsich-
tigsten britischen Diplomaten, den ich kannte. Es war gleichzeitig der Beginn einer reichen, lebenslangen Freundschaft.
Nach ungefähr einer Woche war Alley mit Hilfe des Botschafters aus seinem Arbeitsvertrag mit der Stadt freigestellt, und sein Ruhegeld bekam
er auch gleich in einer Pauschalsumme ausbezahlt. Sie machten sich schon
bald auf den Weg nach Hankow. Dort hielt Archie sein Versprechen und
»verkaufte« Alley an den Generalissimus, Mme. Chiang und Dr. H. H.
Kung, den Premier und Finanzminister. Alley wurde zum technischen
Chefberater ernannt und stellte rasch einen Mitarbeiterstab aus fähigen
und aufrichtigen jungen Leuten zusammen. Er baute eine Organisation
auf, die den von uns entworfenen Richtlinien entsprach: modifizierte genossenschaftliche Prinzipien, die Niedrigzins-Darlehen und private Kredite zur Finanzierung der ersten genossenschaftlichen Einheit vorsahen;
den Arbeitern stand es zu, ihre Anteile zurückzukaufen und die alleinige
Kontrolle zu übernehmen, sobald ihre technische Schulung den dafür
notwendigen Stand erreicht hatte.
Das erstaunliche war, daß das alles funktionierte! Bis 1940 hatten wir im
Ausland ziemlich große Beträge zusammengebracht. Ein Zweimillionen-
dollar-Darlehen, das T. V. Soong privat Alley und mir gewährte, und eine

staatliche finanzielle Hilfe von Dr. Kung versetzten die Indusco in die Lage, mehrere hundert kleine Fabriken, Werkstätten, Kraftwerke, Speditionen und Bergwerke einzurichten. Wir hatten unsere eigenen technischen Schulen, Berufsschulen für Kriegsveteranen und -waisen, Druck- und Verlagshäuser, Kantinen, Kliniken, Kindergärten und Schulen, in denen Arbeiter-Mitglieder und ihre Kinder, die nicht lesen und schreiben konnten, die Schriftzeichen erlernen konnten. Die Indusco wurde allmählich zu einem recht gut funktionierenden Prototyp einer demokratischen, genossenschaftlichen Gesellschaft, die eine Vielfalt von Gütern produzierte, die für den Krieg wertvoll waren. Einige mobile genossenschaftliche Einheiten arbeiteten weit hinter der japanischen Front in Nordchina.

Diese schnelle Entwicklung wurde, von den Finanzen einmal abgesehen, ohne große Hilfe von der Regierung bewerkstelligt. Das administrative und technische Personal bestand fast ausschließlich aus Patrioten, die nicht der Partei angehörten. Unter diesen Freiwilligen waren höchst qualifizierte, in westlichen Ländern ausgebildete Männer und Frauen, oft Christen, die häufig für kaum mehr als für Kost und Logis arbeiteten. Die Organisation, in der es praktisch keine Schiebung und keine Vetternwirtschaft gab, war eine Zeitlang relativ frei von bürokratischer Kontrolle. Genau dieser Umstand, ein historischer Zufall, war es jedoch, der die Indusco bald zur Zielscheibe der Zerstörung durch die reaktionärsten Elemente in dem Regime machte, zu dessen Rettung es hätte beitragen können.

21   Ich werde zum Missionar

Das nationalistische Kabinett hatte der Ernennung Alleys zugestimmt und Mittel für Verwaltungskosten und eine Darlehenskasse bereitgestellt. Bevor wir noch richtig anfangen konnten, mußten wir lernen, daß ein Versprechen noch lange kein bares Geld bedeutete. Nach einer kleinen Subvention zum Auftakt hielt Dr. Kung wochenlang alle Zahlungen zurück. Inzwischen kamen Alley und seine Mitarbeiter nicht nur für ihre eigenen Unkosten auf, sondern sie verbrauchten ihre persönlichen Ersparnisse, um einige der ersten experimentellen Genossenschaften zu finanzieren.

Nachdem Alley erst kurze Zeit in Hankow war, erhielt ich von ihm die dringende Bitte, sofort hinzukommen, »oder das Baby stirbt«. Ich war in Hongkong, wo ich Soong Ching-ling mit ihrer »Liga zur Verteidigung Chinas« half und versuchte, ein gesondertes Indusco-Komitee zu installieren. Ich sprach mit Ching-ling über Alleys Nachricht, und wir beschlossen, daß ich der Sache nachgehen sollte. Es gab täglich nur zwei

Flugzeuge nach Hankow, doch mit T. V. Soongs Hilfe wurde mir für den nächsten Tag ein Platz reserviert. Im letzten Augenblick wurde ich zugunsten irgendeines prominenten Fluggastes ausgebootet. Dieses unglückselige Flugzeug wurde in der Nähe von Kanton von den Japanern abgeschossen, und fast alle Bordinsassen kamen im Perlfluß um, darunter auch der beliebte Hsu Hsing-lo, ein Bankpräsident aus Shanghai und Mitglied unseres ursprünglichen Werbekomitees in Shanghai.

»Was ist das denn für eine Krise?« fragte ich Rewi, als ich seine Wohnung im alten Y.M.C.A.-Haus in Hankow betrat.

»Der Weise rückt keinen Pfennig mehr raus«, sagte Alley und meinte damit Kung. »Das Kabinett hat uns eine Million zur Verfügung gestellt, aber er leistet keine Zahlungen mehr an uns. Ich bin pleite, und meine Jungs sind drauf und dran, mich verärgert im Stich zu lassen.«

»Kung soll ein großer Bewunderer Jeffersons sein, wie ich gehört habe. Erinnere ihn doch mal dran, daß Tom Geld mit Mist verglichen hat – es nützt wenig, solange es nicht verteilt wird.«

»Der Weise glaubt, es sei dazu da, daß Eier draufgelegt werden – wie deine Freunde bei der *Feathered World*«, witzelte Rewi gequält.

»Ich wußte zwar, daß du hier Ärger hattest, aber ich hätte nicht gedacht, daß es so ernst ist. Wenn du nur Clark-Kerr noch einmal hierher holen könntest...«

»Das ist eine Aufgabe für dich«, sagte er.

»Für mich? Ich dachte, du möchtest meinen Namen aus dem Spiel lassen.«

»Na ja, dazu ist es zu spät. Mei-ling hat bereits erfahren, daß du damit zu tun hattest, und das paßt ihr gar nicht. Sie könnte den Weisen auf Trab bringen, aber sie tut's nicht.«

»Und was soll ich dabei? Willst du, daß ich hingehe und einen Kotau vor ihr mache?«

»Ich dachte mir, du könntest besonders nett zu ihr sein – ihr sagen, du wolltest über ihre Arbeit ein Buch schreiben – ihr sagen, wie sehr man sich in Amerika für ihren Plan einer industriellen Genossenschaft für Flüchtlinge interessiert – anbieten, ihr zu helfen – es könnte sie umstimmen. Donald erzählte mir, daß sie dir das nie verziehen hat, was du über den Generalissimus in ›Roter Stern‹ gesagt hast.«

William Henry Donald war damals Mme. Chiangs Vertrauter, Nothelfer und Berater und Rewis einflußreichster Fürsprecher. Dieser bemerkenswerte australische Journalist, der in dem Jahr nach China kam, in dem ich geboren wurde, hatte genauso wie Alley die Fähigkeit, jemandem ein wahrer Freund zu sein. Er war körperlich genauso robust und gesund wie Alley – blond, blauäugig – und genauso ehrlich, furchtlos, freimütig und in China vernarrt. Doch während Alley an die einfachen Leute glaubte und mit ihnen zusammenarbeitete und gelernt hatte, fließend Chinesisch zu sprechen, gehörten Donalds Freundschaft und Hilfe den Herrschenden, und er hatte es immer für unter seiner Würde gehalten, die Sprache zu erlernen. Seine Kontakte beschränkten sich weitgehend auf englisch sprechende Chinesen; unter ihnen übte er oft einen erstaunlichen Einfluß aus. Als Korrespondent für James Gordon Bennetts New Yorker *Herald* hatte er nicht nur von der Belagerung Nankings durch die Rebellen während der Revolution von 1911 berichtet; er bildete auch die Kanoniere aus, die schließlich die Stadttore einschossen. Dr. Sun Yat-sen hatte ihn zum »Außenminister« seiner ersten und kurzlebigen Nanking-Regierung gemacht.

In Shanghai traf Donald schon frühzeitig auf »Charley« Soong, den eigentlichen »Begründer« der Soong-»Dynastie«. Charley war damals ein bescheidener Drucker, der sich gerade anschickte, an chinesischen Bibelübersetzungen ein Vermögen zu verdienen. Donalds Freundschaft mit Soong Mei-ling begann, als sie noch Zöpfe trug. Doch er hatte sich nicht auf ihre und des Generalissimus Seite geschlagen, als die Nationalisten an die Macht kamen. Er hatte seine eigenen Gründe, dem neuen Regime zu mißtrauen. Für Verdienste, die er der vorherigen Regierung geleistet hatte, war Donald mit der Aufsicht über das erste Statistische Amt Chinas belohnt worden. Als nun 1927 die Nanking-Regierung Chiang Kai-sheks gebildet worden war, verlangte der neue Finanzminister, er solle ihm aus dem Fonds des Statistischen Amtes monatlich 5000 Dollar abtreten. Donald trat zurück – und ging in die Mandschurei, um für den dortigen Herrscher, den noch nicht mal dreißigjährigen Marschall Chang Hsueh-liang zu arbeiten.

Zum erstenmal traf ich Donald 1929 in Mukden. Er stellte mich Chang Hsueh-liang vor und lieferte mir genügend Hintergrundmaterial für eine Story, in der ich (vorschnell) voraussagte, Japan werde in Kürze einen Vorwand finden, um die Mandschurei mit Waffengewalt zu erobern. Vor und nach diesem Ereignis blieb Donald dem jungen Marschall Chang eng verbunden, lieh ihm die Kraft und die führende Hand, die ihm half, vom Rauschgift loszukommen, und setzte sich als Mann von Integrität und loyaler Verehrung für China auch später immer für ihn ein, selbst dann noch, als er den Generalissimus verhaftet hatte. In der Zwischenzeit war Donald jedoch aus den Diensten Chang Hsueh-liangs losgeeist und ins Lager des Generalissimus gebracht worden, ein Erfolg der Überredungskünste von Mme. Chiang, die in ihm sofort den guten Öffentlichkeitsarbeiter erkannt hatte. Er arbeitete selbstlos und unermüdlich für sie und für China, ohne damit irgendwelche Privatinteressen zu verfolgen. Und als Sir Archibald Clark-Kerr sich um seine Unterstützung für die Indusco und Alley bemühte, sah er als geübter Propagandist sofort den gewaltigen potentiellen Wert dieser Aktion als ein Mittel, Sympathien für die Sache Chinas – und für die seiner Chefin – zu gewinnen.

Und nun, in Hankow, erzählte mir also Alley, daß Donald steif und fest behauptete, ich müsse irgend etwas tun, um mit Mme. Chiang ins reine zu kommen, falls wir Wert darauf legten, daß sie sich voll für die genossenschaftliche Bewegung einsetzte.

»Ich kann nur sagen, ich habe mir die größte Mühe gegeben, in ›Roter Stern‹ gegenüber Chiang und Mei-ling fair zu sein«, sagte ich zu Rewi. »Ich schrieb sogar, sie hätten sich beide in Sian sehr tapfer verhalten.«

»Es kümmert Mei-ling nicht, was du an Politischem über Chiang geschrieben hast. Sie regt sich furchtbar über deine Darstellung von seiner Festnahme auf, wo er sein künstliches Gebiß verlor, so daß es die Soldaten in der Dunkelheit suchen mußten!«

»Mir schien das damals gut geeignet, die menschliche Note zu betonen – es tut mir leid.« Inzwischen war ich so weit, daß ich fast meine Mutter verkauft hätte, um die Indusco zu retten. Ich sagte ihm, ich würde Madame besuchen und ihr für ihre Kriegsarbeit mächtig Komplimente machen. (Sie tat wirklich sehr viel.) Ich würde ihr sagen, daß ich für englische und amerikanische Leser von ihrer Unterstützung für die Genossenschaften schreiben würde.

Gerade als ich weggehen wollte, um Mme. Chiang aufzusuchen, stürzte in großer Erregung Rewi herein.

»Um Gottes willen«, sagte er, »sag ja kein Wort zu ihr wegen der Genossenschaften! Ich habe gerade mit Donald gesprochen, und er sagt, sie würde deine Hilfe nicht mal mit der sprichwörtlichen Mistgabel anfassen. Sie hat eben erfahren, daß du in Hongkong warst und mit Mme. Sun zusammengearbeitet hast, und jetzt hat sie sich in den Kopf gesetzt, daß du mit üblen Absichten hier heraufgekommen bist – daß du irgendwas ›im Schilde führst‹. Wenn du die Genossenschaften auch nur erwähnst, könnte das unser Todesstoß sein, sagt Donald. Also, kein Wort davon, nicht ein Wort!«

Es war zu spät, meine Verabredung abzusagen. Mme. Chiang war vom ersten Augenblick an in Rage. Eine halbe Stunde lang schimpfte sie über anonyme »destruktive Kritiker« ihres Mannes, ihrer selbst und der Kungs, die doch alles für China opferten. Wie sehr hatten »sie« China »wehgetan« – diese »destruktiven, zynischen Kritiker«! Sie bestritt jedoch, auf meine direkte Frage, daß sie damit mich meinte. Wenn nicht mich, wen dann? Ihre Schwester vielleicht? Ich bekam nie eine Antwort. Ich wagte nicht, irgendwelche Suggestivfragen zu stellen – sie war fast hysterisch. Ich konnte nichts anderes tun, als der Indusco zuliebe meine Zunge im Zaum zu halten und zuzuhören. Ihr Erguß hätte, wörtlich erzählt, eine reizende Story abgegeben, doch sie bat mich, kein Wort davon zu veröffentlichen, und daran habe ich mich auch immer gehalten. Sie war auch im Zorn noch eine attraktive Person.

Mein alter Freund Hollington Tong (ein Absolvent der Universität von

Missouri) war in seiner Eigenschaft als Direktor der Abteilung für Kriegspropaganda bei mir. Während des ganzen »Interviews« sah ich, wie seine Hände zitterten, und zum erstenmal wurde mir bewußt, daß die alte, in den kaiserlichen Erlässen übliche Floskel vom »zitternden Gehorchen« auf die Vasallen der jetzigen Dynastie immer noch wortwörtlich zutraf. Noch stärker zitterte Holly dann, als wir tags darauf dem Generalissimus unsere Aufwartung machten. Doch Chiang blieb während des interessanten Gesprächs – das diesmal zur Veröffentlichung bestimmt war – stets sehr verbindlich. Soweit ich das erkennen konnte, gab er durch kein Anzeichen zu verstehen, daß ich seit unserem letzten Interview ein etwas umstrittenes Buch über China geschrieben hatte. Ich bezweifle, daß er es je gelesen hat.

Diese kleine Episode war typisch für die Schwierigkeiten, die es Alley bereitete, eine »Einheitsfront« innerhalb der Chiang-Soong-Kung-Familie aufrechtzuerhalten, zur Unterstützung seines Projektes, »China zu helfen, sich selbst zu helfen«. Daß letztlich alle drei Soong-Schwestern Ehrenvorsitzende der Bewegung wurden, daß sowohl Dr. Kung als auch Dr. Soong – jeder auf seine Weise – die Bewegung unterstützten, der eine offen und der andere im Verborgenen, und daß ein väterlich wirkendes Porträt des »Gissimus« selbst die Räume der Indusco zierte, war für Außenstehende ein kleines Wunder. Es war in Wirklichkeit eher Clark-Kerrs Diplomatie und Hartnäckigkeit als irgendeinem göttlichen Einwirken zuzuschreiben, daß Kung einen Teil seiner inflatorischen Dollarmengen herausrückte.

Doch diesmal mußten wir eine andere List anwenden. »Es gibt nur eine Möglichkeit«, sagte ich. »Wir müssen jene zwei Millionen anzapfen, die T. V. in der Bank von China für uns bereithält.«

»Du weißt, daß wir die erst holen dürfen, wenn die Bewegung richtig in Schwung gekommen ist«, sagte Alley. »Wenn der Weise davon erfährt, geht er in die Luft. Schließlich kann er Soong nicht ausstehen.«

»Er braucht nicht zu erfahren, woher die Mittel kommen. Für ihn wird es ein Darlehen des Werbekomitees aus Shanghai und Hongkong sein, im Ausland gesammelte Gelder also. Vielleicht wird das Kung, als dem Leiter der Indusco, so schmeicheln, daß er auch noch was dazulegt.«

Im Bewußtsein, daß er nichts mehr zu verlieren hatte, stimmte Alley zu. Und es klappte! Er und ich unterschrieben die Wechsel, und ich beauftragte die Bank in Hongkong, 200 000 chinesische Dollar (damals etwa 40 000 US-Dollar) an unser Komitee zu überweisen. Nachdem der Betrag an Rewi weitergeleitet wurde, konnte er damit die Krise überwinden. Kung erfuhr erst davon, als einige mit diesem Geld finanzierte genossenschaftliche Einheiten bereits voll produzierten. Und tatsächlich war er durch diese »Hilfe von außen« so beeindruckt, daß er nun mehrfach Kredite gewährte.

Ich sollte später mehr über die Soong-Kung-Vendetta erfahren, doch zu dem Zeitpunkt wurde mir klar, daß die gute Publicity, die Kung und Chiang für die Gründung der Indusco erhielten, der Hauptgrund war, weshalb diese überhaupt weiterbestehen durfte, nachdem die ursprüngliche Geste sie, zur Freude Clark-Kerrs, für die Zeitungen interessant gemacht hatte. Am wirkungsvollsten konnte ich helfen, wenn ich Alley unterstützte, indem ich für wachsende Publicity im Ausland sorgte und dann Kapital daraus schlug und ihm auf diese Weise Geldmittel besorgte, an die keine Bedingungen geknüpft waren. Die Bewegung hatte einflußreiche Förderer in Hongkong gefunden. Da diese Inselkolonie im Augenblick noch sicher war, beschlossen wir, sie zum Stützpunkt für unsere Werbung zu machen.

Mit Ching-lings Rat und Hilfe und mit T. V. im Hintergrund organisierten wir nun unter britischem Gesetz ein Internationales Komitee zur Förderung Chinesischer Industrieller Genossenschaften. Das Komitee, das befugt war, finanzielle Kredite und Spenden, Materialien und technische Hilfe anzunehmen, fing an, einen Anleihefonds zu verwalten, dessen Grundstock das Soong-Darlehen bildete. Clark-Kerr gewann die Unterstützung des Gouverneurs von Hongkong, und wir konnten den Bischof von Hongkong, Ronald Hall, einen frommen und außergewöhnlich fähigen Mann, dazu überreden, einen großen Teil seines äußerst arbeitsreichen Lebens den Geschäften des Vorsitzenden zu widmen. Ein imponierendes Aufgebot an chinesischen und ausländischen Bankiers, Geschäftsleuten und Philanthropen trat dem Ausschuß bei oder unterstützte ihn, und die ersten Geldbeträge gingen ein.

Das alles war für meine Frau und mich ein vollkommen neues Betätigungsgebiet; wir legten einen wahrhaft missionarischen Eifer an den Tag. Ende 1938 waren in England und Amerika beträchtliche Summen zu erwarten, und später wurden dort Millionen Dollar gespendet. Die wärmsten und großzügigsten Reaktionen aus dem Ausland kamen zuerst von den Philippinen. Von den großen und wohlhabenden chinesischen Gemeinden auf den Inseln wurden Mme. Sun und ich ständig eingeladen, hinzukommen und für die Indusco zu sammeln und beiläufig auch die Filipinos »aufzuwecken« und auf die japanische Gefahr aufmerksam zu machen.

An einem späten Nachmittag saßen Nym und ich bei Sonnenuntergang in der Repulse-Bucht am Strand, bis die Lichter auf den Sampans der Fischer blinkten, die sich bereit machten, die Netze für den nächtlichen Fang auszuwerfen. Nym sah müde aus. Mir wurde klar, daß auch ich müde war. Hundemüde. Meine Arbeit hatte unter meiner Inanspruchnahme durch unsere »Werbe«maßnahmen so sehr gelitten, daß ich meinen *Herald*-Job an J. B. Powell abgetreten hatte. Auch ich hatte mein eigenes Geld für die Indusco ausgegeben, und unser Bargeld ging langsam zur Neige.

Ich mußte wieder als Autor tätig werden, dachte ich; es gab ein Buch zu schreiben und mehrere Artikel, die ich der *Saturday Evening Post* versprochen hatte. Von unserem Plätzchen am Strand aus schienen mir die Philippinen wie das Paradies – und eine Flucht aus Komitees und Ausschüssen.

»Ist es nicht merkwürdig«, sagte Nym, »daß du in all den Jahren der Beschäftigung mit dem europäischen Kolonialismus nie gesehen hast, wie unsere eigenen Jungs die Philippinen verwalten? Warum sollten wir diese Einladung nicht annehmen und uns dort ein wenig umsehen? China läuft uns nicht weg.«

22 Zwischenspiel in Luzon

Die Philippinen lagen für die Klipperflugzeuge jener Tage nur zwei bis drei Flugstunden von China entfernt. Vom Norden der Philippinen waren es nur 50 Meilen bis zu den Südformosa vorgelagerten Inseln, die zu Japan gehörten. Trotzdem sahen zum damaligen Zeitpunkt nur wenige Filipinos in dem, was sich in China ereignete, das Vorspiel zu einer Katastrophe, die sie selbst treffen würde. Lediglich die chinesische Gemeinde, die über 100 000 Menschen zählte, brauchte kaum erst davon überzeugt zu werden, daß die Philippinen das nächste Land auf der Liste der Japaner waren.

Die philippinischen Chinesen, überraschend homogen und im allgemeinen wohlhabender als die Filipinos, wurden von einer so patriotischen und stets an das Gemeinwohl denkenden Gruppe reicher Männer angeführt, wie ich sie sonst kaum irgendwo angetroffen habe. Sie stammten hauptsächlich aus der Provinz Fukien, aus der auch die Bevölkerung Formosas kam, und waren erst in diesem Jahrhundert oder kurz davor als bettelarme Einwanderer nach Manila gekommen. Nun waren ihre Multimillionäre – Leute wie Dee C. Chuan, Alfonso und Albino Sy Cip und Yu Khei-thai – durch harte Arbeit, Genügsamkeit und geschicktes Geschäftsgebaren in beherrschende Positionen in der einheimischen Bank-, Industrie- und Geschäftswelt gelangt. Vom Augenblick unserer Landung in Manila an nahmen sie uns unter ihre Fittiche. Durch sie entdeckten wir die rührende Dankbarkeit und Freundlichkeit, die Auslandschinesen gegenüber Amerikanern empfanden, die sich ehrlich bemühten, ihrem Land zu helfen. Dee C. Chuan gehörte zu den eindrucksvollsten philippinischen Chinesen; er war ihr anerkannter Führer. Dee erzählte mir, er sei ein barfüßiges Waisenkind gewesen, als ihn ein kinderloser Kaufmann adoptiert habe und ihm so beim Start ins Leben behilflich gewesen sei. Nun galt er als der reichste Chinese auf den Inseln. Seine Fairneß gegenüber seinen Angestellten war sprichwörtlich, und Arbeitskämpfe waren, wie es hieß, in seinen vielen Unternehmen unbekannt. Eines Tages fragte er mich beim Essen nach den Roten und nach meinen Besuchen bei ihnen.

»Wir Chinesen hier in den Philippinen«, sagte er, »sind unvoreingenommen, was die Politik auf dem Festland betrifft. Unserer Meinung nach war Sun Yat-sens Programm gut; wir haben immer an ihn geglaubt, und wir verehren seine Witwe. Wir bedauern, daß das Kuomintang-Regime seine Wünsche nicht ausgeführt hat, und wir kennen die Mängel dieses Regimes. Wir hoffen aber, daß der Krieg zu einem Erwachen führt. Was die Kommunisten betrifft: wenn sie für die Armen sind und jedermann die gleiche Chance geben wollen, dann ist es das, was Sun Yat-sen tun wollte. Ich stimme nicht mit allem überein, was Mao Tse-tung sagt, doch wir achten ihn und seine Anhänger als Patrioten. Da auch sie gegen Japan kämpfen, verdienen sie unsere Unterstützung. Wir wollen den Bürgerkrieg verhindern und zu demokratischen, friedlichen Lösungen ermutigen. Wir möchten China als eine Nation sehen, die von der Welt geachtet wird. Deshalb gefallen uns die industriellen Genossenschaften, und deshalb werden wir sie fördern. Es ist die richtige Idee für China.«

Dee hielt Wort. Als einer der treuesten Freunde der Indusco machte er großzügige Spenden und bürgte mit seinem Geld für Kredite, die dazu beitrugen, sowohl in Kuomintang- als auch in kommunistischen Gebieten Genossenschaften auf die Beine zu stellen.

Bald nach unserer Ankunft gaben Dee und andere führende chinesische Geschäftsleute einen großen Empfang für uns, zu dem auch hohe amerikanische und Filipino-Beamte kamen. Die Fragen, die von Amerikanern und Filipinos gestellt wurden, überraschten mich in doppelter Hinsicht: einmal, weil sie einen allgemeinen Mangel an Information enthüllten, und zum andern, weil sich in ihnen viel Sympathie und Wohlwollen für die tapferen Widerstandsbemühungen des chinesischen Volkes äußerten. Es gab bis dahin keine gemeinsame chinesisch-amerikanisch-philippinische Kriegshilfe-Organisation. Die Indusco schien dafür bestens geeignet – und sie konnte außerdem die Stimmung gegen die japanische Aggression verstärken.

Es war deshalb eine unvermeidliche Folge unseres Einsatzes für die Sache Chinas, daß Nym und ich die Aufgabe übernehmen mußten, das Philippinische Komitee für Chinesische Industrielle Genossenschaften zu organisieren. Die Veranstaltungen, die der Information und der Geldbeschaffung dienten, waren natürlich in ihren Auswirkungen antijapanisch und weckten prompt den Zorn des örtlichen Generalkonsuls. Der Einfluß der Japaner in den Amtsräumen des Präsidenten Quezon – vor allem auf seinen Sekretär José Vargas, der später ein hervorragender Kollaborateur wurde – war so groß, daß es der japanische Generalkonsul erreichte, daß die bereits erteilte polizeiliche Erlaubnis zu einer großen Versammlung im Nationaltheater von Manila, bei der ich sprechen sollte, zurückgezogen wurde. Der damalige amerikanische Hochkommissar Paul V. McNutt intervenierte umgehend, und die Erlaubnis wurde wieder erteilt. Er erzählte mir später, er habe Quezon angerufen und ihm mitgeteilt: »Solange die amerikanische Flagge über den Philippinen weht, genießen die Rechte der Presse-, Versammlungs- und Organisationsfreiheit unseren vollen Schutz.«

Noch mehr ärgerten sich die Japaner, als sich die geringschätzige Meinung, die der Hochkommissar von ihnen hatte, auch in der Tatsache widerspiegelte, daß Mrs. McNutt persönlich den Ehrenvorsitz des philippinischen Indusco-Komitees übernahm – ebenso wie die Frau von McNutts Nachfolger, Mrs. Francis G. Sayre. Auf diese offene Unterstützung hin meldeten sich viele amerikanische und philippinische Freiwillige als Mitarbeiter. Zur Prominenz in Manila gehörten unser Vorsitzender, Hochwürden Walter B. Foley, der später im Krieg in Manila sein Leben lassen mußte, und ein amerikanischer Geschäftsmann, der sich unverblümt gegen Franco aussprach, William R. Babcock, sowie dessen Frau. In der Sommerresidenz Baguio bemühte sich eine von Mr. und Mrs. E. E. Crouter geführte Außenstelle mit viel Erfolg darum, das Interesse amerikanischer Bergbauingenieure zu wecken. 70 dieser Ingenieure schlossen sich Hunderten von anderen Filipino-Amerikanern an, die schließlich das Gesuch an Präsident Roosevelt richteten, künftige Darlehen im Rahmen unseres Hilfsprogrammes für China zweckgebunden für die Entwicklung industrieller Genossenschaften zu geben. Viele dieser Freunde sollten später im Krieg umkommen, und die Crouters selbst verbrachten drei lange Jahre in einem japanischen Internierungslager.

Bis 1940 hatten Eleanor Roosevelt, Pearl Buck und ihr Mann Richard Walsh ein amerikanisches Indusco-Komitee auf die Beine gestellt. Die Bewegung hatte auf den Philippinen so viel zustimmende Publicity erhalten, daß die offizielle chinesische Propaganda daneben völlig verblaßte.

Ich verbrachte aber nicht meine ganze Zeit in den Philippinen damit, für Indusco zu werben. In den wolkenverhangenen Bergen im Norden Luzons entdeckten Nym und ich das hochgelegene Baguio und verliebten uns regelrecht in diese Stadt. Von der Natur mit einer Klimaanlage versehen und von stattlichen Nadelbäumen umgeben, an denen gelegentlich ganze Girlanden prachtvoller wilder Orchideen hingen, kam sie einem tropischen Paradies, à la américaine, so nahe wie wohl kaum ein anderer Ort. Wir beschlossen, uns hier häuslich niederzulassen, während ich abwechselnd an einem Buch arbeitete und im Auftrag der *Saturday Evening Post* Reportagen in den Philippinen und in China machte.

Es ist angenehm, sich an eine Zeit zu erinnern, in der Amerikaner wirklich gern gesehen waren, so wie das damals auf den Philippinen der Fall war. Auch wenn der zur Unabhängigkeit führende Tydings-McDuffie-Act mehr durch wirtschaftliche Interessen – man wollte den zollfreien Importen aus den Philippinen in die USA zu Leibe rücken – ausgelöst wurde als durch irgendeine von der breiten Bevölkerung getragene Forderung nach Freigabe unserer Mündel, so hatte er doch zur Folge, daß man uns überall in Asien großes Wohlwollen entgegenbrachte. Nachdem eine autonome Regierung unter der Verwaltung des Präsidenten Quezon ihr Amt antrat und die Garantie erhalten hatte, bis 1946 die vollkommene Unabhängigkeit zu erlangen, waren die meisten Filipinos bereit, alle positiven Aspekte aus den Jahren amerikanischer Herrschaft anzuerkennen – und die negativen zum großen Teil zu vergessen.

Die überwältigende Mehrheit der einfachen Leute auf den Philippinen zeigte während des gesamten Krieges eine eindeutige Loyalität zu Amerika und seinen demokratischen Idealen. Tausende kämpften vier Jahre lang in einem verbissenen Guerillakrieg gegen die Japaner. Doch schon in der Zeit, als ich noch dort war, zeigte sich, daß sich einige Opportunisten in hohen Ämtern darauf einstellten, im Falle einer Invasion die Republik zu verraten und für einen Sieg der Japaner und der Achsenmächte zu arbeiten.

Auch wenn Amerika bei der Vorbereitung der Filipinos auf die politische Unabhängigkeit ernste Unterlassungssünden begangen hat, so wog doch unser Versäumnis, auch nur annähernd adäquate wirtschaftliche Grundlagen für die Souveränität zu schaffen, sehr viel schwerer. Kein Territorium im Osten – und nur wenige in der ganzen Welt – war besser dazu geeignet, mit einer ortsansässigen modernen Industrie und Landwirtschaft der Bevölkerung ein Leben in Wohlstand zu ermöglichen, als diese stark unterbevölkerten und äußerst wertvollen Inseln. Doch unsere Herrschaft endete damit, daß sie praktisch vollkommen von importierten amerikanischen Gebrauchsgütern abhängig waren, die die Philippinen selbst herstellen oder ohne weiteres entbehren konnten, während man noch kaum damit angefangen hatte, eine Grundstoffindustrie zu etablieren und gruppenweise Techniker auszubilden, die für die Entwicklung eines modernen Staates von entscheidender Bedeutung sind.

Nirgendwo waren die grotesken Folgen einer planlosen Kolonialwirtschaft, in der das Laissez-faire überhandnimmt, besser zu beobachten als an einem Samstagnachmittag in Baguio, wenn die barfüßigen Igoroten für ihre wöchentliche Begegnung mit der amerikanischen Zivilisation von den Bergwerken heraufkamen. Nur mit einem knappen Lendentuch bekleidet, drängten sie sich in gelbe Taxis und überfluteten die Hauptstraße. Dort besorgten sich diese nackten Kinder der Kopfjäger haufenweise Utensilien zur Gesichtsbemalung, amerikanische Schokolade und Coca-Cola – importiert in ein Land, das einen Überfluß an Zucker hatte – und kauften allen möglichen Krimskrams. Dann stellten sie sich vor einem Kino an, um miterleben zu können, wie George Raft sich mit Betrunkenen prügelte oder sich mit anderen Gangstern Feuergefechte lieferte –

importiert aus jener bezaubernden Welt aus Gewalttätigkeit und Sünde, die ihre Abgesandten hinausschickte, um den primitiven Wilden Nachhilfeunterricht zu erteilen. Die Igoroten woben wenigstens noch ihre eigenen schönen Lendentücher, doch praktisch war jeder bearbeitete Artikel, den der Flachland-Filipino trug, aß oder benutzte, zollfreie amerikanische Ware.

Berichte von Rewi Alley und von chinesischen Ingenieuren und Technikern im praktischen Einsatz, die von Sabotage und politischer Unterminierung der Indusco sprachen, für deren ausländische Unterstützung ich immer noch als Publizist und Sprecher verantwortlich war, belasteten schon 1939 mein Gewissen. Ich hatte schließlich nur die hoffnungsvollen Anfänge der Genossenschaften in den besten Tagen der Einheitsfront gesehen, noch vor dem Fall Hankows. Nun hörte ich, daß sich reaktionäre, repressive und demoralisierende Tendenzen in der Regierung breitmachten, die nach Chungking zurückgedrängt worden war. Ching-ling bat mich dringend, zurückzukehren und selbst zu sehen, was los war. Ich unterbrach die Arbeit an meinem Buch und ging nach China, wo mich weitere Reisen durch das Hinterland viele Monate lang festhalten sollten. Nym blieb diesmal daheim, in Baguio.

23 Dynastische Haushaltsführung

»Unser Freund Rewi Alley«, sagte Mme. Sun Yat-sen, als ich sie das nächstemal sah, »scheint wieder in Schwierigkeiten.« Ching-ling blieb so lange wie möglich in Hongkong, um nicht unter ständiger Überwachung in Chungking leben zu müssen, doch ihr eigener Nachrichtendienst sorgte dafür, daß sie über Vorgänge in China gut informiert war.

»Was sind es denn diesmal für Schwierigkeiten?« fragte ich.

»Man könnte von einem politischen Flohbeißen sprechen. Es gibt doch dieses Gedichtchen über große Flöhe, die kleine Flöhe auf dem Rücken haben, die sie beißen, und diese kleinen Flöhe haben noch kleinere auf dem Rücken, und so weiter. Nun, Rewi ist jetzt in den Augen der Kuomintang-Bosse, der Gebrüder Chen, ein großer Floh. Sie nennen ihn einen rothaarigen, großnäsigen ausländischen Imperialisten! Die Indusco ist sehr erfolgreich. Die Reaktionäre möchten sie schlucken.«

»Ich habe davon gehört. Meng Yung-cheng schrieb mir, daß Chen Li-fu schon wieder eine Umbildung im Hauptquartier der Indusco verlangt. Jede Umbildung bedeutet aber mehr Jobs für Nichtstuer von der Kuomintang, die aus dem Etat des Hauptquartiers zu bezahlen sind.«

»Nun ja«, sagte sie sarkastisch, »sie werden sagen, daß es ihr Geld ist und daß sie sich nicht von irgendwelchen ausländischen Imperialisten sagen lassen, was sie damit zu tun haben.«

»Wir bringen im Augenblick mehr Geld für Verwaltungszwecke auf, als die Regierung beiträgt. Doch die Auslandshilfe wird versiegen, wenn auch die Indusco zu einem einträglichen Geschäft für gerissene Parteimitglieder wird. Es wurde uns am Anfang garantiert, daß sich die Bewegung unabhängig von der Bürokratie der Partei entwickeln könne.«

»Die eigentliche Schwierigkeit«, sagte Ching-ling, »liegt vielleicht darin, daß Sie Alley zuviel Publicity verschafft haben. Wie wäre es, wenn Sie einen Artikel über Dr. Kung schrieben?«

»Möchten Sie, daß ich China ganz und gar ruiniere? Ich habe ja, wie Sie vielleicht wissen, Kung aufgesucht, in der Absicht, ihn als unseren Schutzheiligen aufzubauen. ›Ach ja, industrielle Genossenschaften, ich bin ganz dafür‹, sagte er. ›Davon träume ich schon lange. Meiner Frau und mir‹, fuhr er fort, ›hat es noch nie gefallen, wenn unsere unschuldigen Dorfmädchen in die großen Städte gingen, um in den Fabriken dort zu arbeiten. Es verdirbt ihre Tugendhaftigkeit. Mahatma Gandhi hat die richtige Idee: Diese häuslichen Spinnzirkel sind genau das richtige, um die Mädchen ans Haus zu binden und allem Ungemach fernzuhalten. Es geht nicht an, daß wir wegen des Krieges unsere moralischen Ansprüche senken.‹«

»Wußten Sie, daß Mme. Kung versuchte, Rewi dazu zu überreden, die Indusco zu verlassen und eine ihrer eigenen Textilfabriken im von den Japanern besetzten Shanghai zu leiten?« war die geschickte nächste Frage Ching-lings.

»Nein! Na ja, soll ich vielleicht darüber einen Artikel schreiben? Oder über die große Überraschung Kungs, als er erfuhr, daß die Genossenschaften nicht nur mit Werkzeugen, Maschinen und sogar Handgranaten aufwarten, sondern auch mit Gewinnen? Und zu all dem auch noch die Jungfräulichkeit der Mädchen retten!«

»Wenn ich mir unseren Premierminister in einem Lendentuch vorstelle!« Beim Gedanken an ihren Schwager in der Rolle der »Großen Seele« erstickte Ching-ling fast an ihrem Tee.

»Glauben Sie mir, mehr hatte Kung nicht zu sagen; er sieht an der ganzen Sache einfach nicht mehr«, sagte ich. »Soll ich darüber schreiben? Oder über die Devisenspekulationen seiner Frau? Oder über das, was mir Cyril Rogers, der Vertreter der Bank von England, erzählt hat? Er sagt, englische Geschäftsleute beklagten sich alle bei ihm über die wucherischen privaten Provisionen, die Kungs Dienststelle für alle Kriegsbestellungen kassiert, die er bei ihnen aufgibt.«

»Nein, sie sollen nicht darüber schreiben – jetzt nicht«, antwortete sie ernst. »Trotz allem sind Dr. Kung und Mme. Chiang – und Ihre ausländischen Förderer – unsere einzige Chance für das Fortbestehen und die Unabhängigkeit der Indusco.«

Damit hatte sie auch völlig recht, wie ich in den nächsten Monaten feststellen konnte, nachdem ich Chungking besucht hatte und dann Hunderte von Meilen durch das Hinterland reiste, immer auf der »Indusco-Linie« und zeitweilig in Begleitung Alleys.

Anfang Oktober 1940 verteilten sich über 2300 unserer Westentaschen-fabriken über 16 Provinzen, und sie standen unter der technischen Leitung von 70 Filialen des Hauptquartiers. Sie erstreckten sich vom Guerillagebiet hinter den feindlichen Stellungen bis in den tiefen Westen Chinas und vom mongolischen Plateau bis zum Hochland von Yunnan. Handwerk-, Textil-, Druck- und Transportgenossenschaften waren die ersten gewesen, doch nun gab es kleine Erzbergwerke und Gießereien, Kohlen- und Goldminen, primitive Maschinenwerkstätten, Getreidemühlen und Papierfabriken, Zucker- und Ölraffinerien, es gab Fabriken, die Chemie-, Glas- und Elektroartikel und Druckerzeugnisse lieferten, und solche, die Medikamente, Uniformen, Handgranaten, Wagen und Zelte herstellten. Eine Viertelmillion Menschen verdiente sich bereits ihren Lebensunterhalt mit der Indusco. Darüber hinaus waren 40 000 Spinner und Weber damit beschäftigt, im Auftrag der Indusco in Heimarbeit Decken für die chinesische Armee herzustellen.

Diese ganze Aktivität wurde von einem Mitarbeiterstab im Außendienst überwacht, der nur etwa 1000 gebildete junge Leute umfaßte, die nicht der Partei angehörten – ausgebildete Ingenieure, Volkswirtschaftler, Naturwissenschaftler, Rechnungsführer, verschiedene Techniker und Organisatoren; der technische Chefberater unter ihnen war Rewi Alley. Ihre Bezahlung war sehr niedrig, und die Lebensbedingungen waren für sie sehr hart, aber sie hatten ihren Stolz und eine hohe Moral. Sie glaubten daran, daß sie mitwirkten, eine fortschrittliche Zukunft für China zu bauen. Doch in diesem Punkt sollte, zumindest unter der Kuomintang-Regierung, schon bald die Ernüchterung folgen.

Wir müssen uns noch einmal vergegenwärtigen, daß Chiang Kai-shek und seine Kohorten nicht in ihre Ämter gewählt wurden, sondern die Macht einfach an sich rissen. 1938 behauptete der Parteisekretär Chen Li-fu, die Kuomintang habe zwei Millionen Mitglieder, doch die Zahl der Aktivisten betrug nicht mehr als 200 000 – das waren also von 5000 kaum zwei. 80 Prozent der Bevölkerung konnte weder lesen noch schreiben und besaß wenig oder nichts, und die Kuomintang vertrat die Ansicht, diese Leute seien noch nicht einmal für eine örtliche Selbstverwaltung »bereit«. Wahrscheinlich hatten weniger als fünf Prozent der Bevölkerung eine höhere Schule besucht, und nicht einmal jeder tausendste die Universität. Ausländische Besucher, die Mme. Chiang mit ihrer wunderschönen Wellesley-Sprache kennenlernten oder Dr. T. V. Soong mit seinen Harvard-Manieren, gewannen oft den Eindruck, sie seien typisch für die herrschende Klasse innerhalb der Kuomintang. Sie hätten sich nicht gründlicher irren können.

Für die Bauern bestand die »Regierung« einfach aus den von der Partei eingesetzten örtlichen Beamten, die wie eh und je im Einvernehmen mit den Grundbesitzern, der Gentry und ihrer örtlichen Miliz herrschten – fünf bis zehn Prozent der Bevölkerung. Nur durch sie hielten die Kuomintang-Elite und ihre bewaffneten Truppen jenes Ausmaß an zentralisierter Macht, über die der Generalissimus als Staatsoberhaupt verfügte. Als dann das Regime erst einmal von den Japanern von der Küste vertrieben worden war, als es von seinen halb-industrialisierten Stützpunkten in der Metropole abgeschnitten war, als viele seiner Anhänger aus dem kleinen modernen städtischen Mittelstand entweder an den Feind verlorengingen oder sich als Strom bankrotter Flüchtlinge ins Landesinnere ergoß, da war für die Selbsterhaltung der Kuomintang eine pauschale Reform unerläßlich. In der neuen Situation waren etwa 90 Prozent der Bevölkerung Bauern oder von der bäuerlichen Wirtschaft abhängig. Die große Mehrheit besaß wenig oder gar nichts. Die teure, verschwenderische, korrupte und kopflastige Bürokratie und die Armee in alter Manier weiterzuführen, hieß, der Bauernschaft unmögliche Lasten aufzubürden.

»Wo ich bin, da ist die Regierung«, sagte mir Chiang Kai-shek, und er meinte das ganz wörtlich und glaubte daran. Doch die logische Folge war: »Wo ich nicht bin, da ist auch meine Regierung nicht.« Chiangs Mandat setzte sich nicht mal in der eigenen Familie durch und auch nicht bei denen, die am meisten von ihm abhingen. Es war Uneinigkeit, der er die Macht verdankte, und nicht Einigkeit. Indem er dafür sorgte, daß seine Untergebenen schwach und gespalten blieben, erschien er selbst stark.

Die Kuomintang-Regierung bestand hauptsächlich aus dem nationalen und örtlichen Verwaltungsapparat oder der Bürokratie; aus der Militärhierarchie und den Streitkräften, die mit ihr eher verbündet war, als daß sie unter ihrem Kommando stand; und aus der »Palastclique« oder dem, was die Chinesen die »Soong-Dynastie« nannten.

Die Bürokratie wurde von der »C.C.«-Clique kontrolliert, von Chen Kuo-fu und Chen Li-fu, Neffen jenes Generals und Anführers einer geheimen Gesellschaft, der zuerst Chiang Kai-shek innerhalb der Partei gefördert hatte. Selbst nach Chiangs Trennung von den Roten lenkte immer einer der beiden Chens das Organisationsbüro und das Sekretariat der Kuomintang. Durch ihre ausgewählten örtlichen Beamten und die *tangpu* oder Zweigstellen der Partei (in enger Zusammenarbeit mit den städtischen und ländlichen geheimen Gesellschaften – genaugenommen Gangsterbanden) verteilten die Chens Regierungsämter und kassierten von der Gentry und den Geschäftsleuten Abgaben oder »Zuwendungen«.

Doch die Armee hatten die Chens nicht in der Tasche. Die wurde von ihren Rivalen im Hauptquartier des Generalissimus beherrscht, dem

Whampoa P'ai und seinen Klüngeln. Dies war eine Gruppe von Generälen, die an der Whampoa-Akademie ausgebildet worden waren, als Chiang Kai-shek unter russischen Beratern dort das Oberkommando führte. Wenige von ihnen hatten je eine Schlacht gewonnen, doch da sie während der Konterrevolution von 1927 Chiang die Treue gehalten hatten, konnte ihnen in Zukunft nichts mehr passieren. Die Whampoa-Clique und die »C.C.« gerieten häufig über die Aufteilung von irgendwelchen dubiosen Einkünften und einträglichen Ämtern in Streit. Dann vermittelte Chiang und verhinderte, daß eine der beiden Gruppen zu stark oder selbständig wurde.

Drittens gehörten dann zu den wichtigsten Figuren in der »Palastclique« Chiang und seine Frau Soong Mei-ling, ihr Schwager H. H. Kung, Sun Fo, der einzige Sohn Dr. Sun Yat-sens, der älter war als seine Stiefmutter, T. V. Soong, der jüngere Bruder Mme. Chiangs und Mme. Chiangs ältere Schwester, Soong Ai-ling – Mme. Kung. Viele hielten Mme. Kung für mächtiger als Mme. Chiang, weil sie nicht nur auf ihren eigenen Mann einen beherrschenden Einfluß ausübte, sondern auch auf ihre Schwester Mei-ling, durch die sie häufig auf den Generalissimus einwirkte. Ihre erwachsenen Kinder teilten ebenfalls bis zu einem gewissen Grad die Vorrechte der »königlichen Familie«, wie auch die jüngeren Soong-Brüder. Jedes Mitglied der »Dynastie« hatte seinen eigenen »Neben-Hofstaat« aus nahen und entfernten Cousins, Tanten, Onkeln, Freunden und allen möglichen Höflingen und Schmarotzern. Unter ihnen wurde in Rivalität mit den »C.C.« und der Whampoa-Clique um Verträge, Begünstigungen und Schenkungen gestritten. Und auch hier behauptete der Generalissimus in der Rolle des väterlichen Beschwichtigers ein Gleichgewicht der Schwäche.

Chiang benutzte auch die staatlichen und halbstaatlichen Notenbanken dazu, die Abhängigkeit der Cliquen von ihm aufrechtzuerhalten. Die Gebrüder Chen betätigten sich nur in Randgebieten des Bankgeschäfts, wohingegen die Schlüsselpositionen ausschließlich von seinen Schwägern gehalten wurden. Gewöhnlich war entweder Dr. Kung oder Dr. Soong Finanzminister. Chiang zog offensichtlich Dr. Kung vor, der in der Partei kein Prestige hatte und sich nie offen Chiangs Forderungen entgegenstellte. Doch Dr. Kung verstand nichts vom modernen Bankwesen. »Er hat die Mentalität eines zwölfjährigen Kindes«, sagte mir einmal Cyril Rogers angewidert. »Wenn ich unsere Gespräche über das Bankgeschäft aufzeichnen würde, um sie dann in England oder sonstwo vorzuspielen, würde niemand Chiangs Regierung jemals wieder ernst nehmen.« Von Zeit zu Zeit mußte Chiang T. V. Soong hinzuziehen, um das angerichtete Chaos zu entwirren.

»T. V.« hatte sicherlich den am besten geschulten Verstand in der Familie und beherrschte das moderne Bankgeschäft recht gut; er hatte auch eine vage Neigung zu liberalen politischen Ansichten, die Chiang verabscheute. In »Personal History« zeichnete Jimmy Sheean ein sympathisches Bild des jungen T. V., der zwischen dem Sozialismus als seinem Ideal und seinen Neigungen zu Mäßigung, Kompromiß, Bequemlichkeit und Ehrbarkeit in der Praxis hin- und hergerissen wurde. Auch wenn er sich letztlich auf die Seite der Konterrevolution schlug, blieb seine politische Ambivalenz bestehen. Gefühlsmäßig sympathisierte er mit seiner Lieblingsschwester, Mme. Sun Yat-sen, dem einzigen Revolutionär in der Familie. Seine Millionen verhalfen ihm zweifellos zu einem schlechten Gewissen, das er manchmal dadurch beschwichtigte, daß er Ching-ling half und durch sie heimlich sogar linke Anliegen unterstützte. Doch als »praktischer Geschäftsmann« und Harvard-Absolvent hatte er sich mit Chiang Kai-shek abzufinden, dessen Methoden er verachtete.

Westlich orientierte Chinesen und Ausländer stellten sich manchmal im Geiste T. V. Soong als den potentiellen Führer einer »liberalen Partei« vor, die Chiang ablösen könnte. Dieser Traum hatte keine reale Grundlage in der Innenpolitik des Landes. T. V. hätte Chiang nur durch Gewalt verdrängen können, und dann wäre er natürlich kein Liberaler mehr gewesen. Es fehlte ihm an Substanz, um entweder ein Revolutionär oder ein konsequenter Reformer zu sein. Der Liberalismus ist ein Produkt des modernen Kapitalismus, und China befand sich immer noch in einem Stadium des Semifeudalismus. Selbst die Indusco sollte in der stickigen Luft und dem tödlichen Nachtschatten der Kuomintang-Politik eingehen.

Ich habe nie einen Ausländer getroffen, der das labyrinthische Banken-»System« der Kuomintang wirklich verstanden hätte, doch in der Praxis sah es so aus, daß Chiang, Kung und Soong die vier staatlichen Banken leiteten, einschließlich der Zentralbank von China und der Bank von China, bei denen der größte Teil des Hartgeldes lag. Private und halbprivate Banken waren auf Bargelddarlehen und -kredite von diesen Staatsbanken angewiesen, doch dazu waren »Beziehungen« notwendig. Private Bankiers waren so schlau, die Dynastie und ihre Verbündeten mit Kapitalanteilen zu belohnen, so daß die für die Finanzpolitik des Staates Verantwortlichen einmal als Hauptaktionäre der wichtigsten Privatbanken und zum andern als Beteiligte an halbstaatlichen Unternehmen Gewinne einstrichen.

T. V. war sich fraglos der Notwendigkeit bewußt, jede nützliche Art der Produktion und Dienstleistung zu fördern. Während des Krieges finanzierte seine Bank von China viele Unternehmen allein auf dieser Basis. Im großen und ganzen zog er es vor, an irgendeiner tatsächlichen Produktion Geld zu verdienen; sein eigener Moralkodex ließ ihn keine Schmiergelder annehmen. Dr. Kung hatte, einem pfiffigen Tauschhändler auf dem Lande gleich, ein sicheres Gespür für jene privaten Nebengeschäfte, für die er und seine Frau berüchtigt wurden.

Während ich in Chungking war, erzählte mir der Generalsekretär der Indusco, ein in Amerika ausgebildeter Ingenieur namens K. P. Liu, daß Kung schon wieder Betriebsmittel zurückhielt, die das Kabinett genehmigt hatte. Die Mitglieder des Stabes hatten seit drei Monaten keinen Lohn mehr erhalten. Eines Tages forderte Premier Kungs Privatsekretär ganz direkt 50000 Dollar als Bestechungs- oder Abschöpfungsgeld, bevor er mehr Geld herausrückte. Erneut mußte Clark-Kerr intervenieren; doch später, als die Auflösungserscheinungen auf breiter Front einsetzten, wurden die Abschöpfungen zur alltäglichen Praxis. Mich überraschte das nicht, hatte mir doch Rogers erzählt, daß man zu den Kosten für jedes Flugzeug, das China in England kaufte, 5000 Dollar hinzurechnen mußte. Als Kung anfing, in den Vereinigten Staaten einzukaufen, wurde auf den Preis jedes von China erworbenen Martin-Bombers eine private »Provision« von 16000 Dollar draufgeschlagen – jedenfalls erzählte mir das Major (später General) Frank Roberts, unser ehemaliger Militärattaché.

In jenen Jahren, als die nationalistische Regierung verzweifelte Appelle an die westlichen Demokratien richtete, den chinesischen *yuan* oder Dollar zu stützen, zahlten Großbritannien und die USA Millionen von Pfund und Dollar in einen sogenannten »Stabilisierungsfonds«. Damit sollte der Wechselkurs des chinesischen Dollars auf den Märkten in Shanghai, Hongkong und auf dem Weltmarkt gehalten werden. Nur sorgfältig ausgewählte chinesische und ausländische Banken wurden autorisiert, in begrenzten Mengen mit Devisen zu handeln. Natürlich taten die Japaner alles, um Chinas Devisenreserven zu plündern, doch sie hatten in Mme. Kung und ihren Maklern scharfe Konkurrenz. Mme. Kung bemühte bei ihren Devisenspekulationen nicht nur ihre eigene Bank, die »Continental« in der Internationalen Niederlassung in Shanghai, und die amerikanische Maklerfirma Swan, Culbertson and Fritz – sie konnte sich außerdem noch interne Informationen zunutze machen.

Gerüchte von den unverblümtesten Devisenspekulationen Mme. Kungs wurden mir in mehreren Fällen vom Vertreter unseres US-Finanzministeriums in China, Martin R. Nicholson, bestätigt. Nicholson hatte Zugang zu den Büchern der Continental Bank in Shanghai und hatte die Belege für die Transaktionen gesehen.

»Mme. Kung und nicht Japan«, sagte er angewidert, »macht den chinesischen Dollar kaputt.«

Es ging nicht nur um den Dollar; mit dem Geld hätten sich Lebensmittel und Arbeitsstellen für Tausende von Kriegsflüchtlingen beschaffen lassen. Als ich mich schließlich 1941 entschloß, einige der Tatsachen über die Aktivitäten der Kungs zu veröffentlichen, zeigte ich Nicholson mein Fernschreiben, bevor ich es an die *Herald Tribune* abschickte. »Die Fakten stimmen zwar«, gab mir Nick zu bedenken, »aber wenn Sie das abschikken, könnte das Chinas Chancen ruinieren, auch weiterhin von Amerika

Darlehen zu bekommen. Damit wäre keinem geholfen, nur den Japanern. Ich halte Henry Morgenthau auf dem laufenden, und wir werden diesen Dingen ein Ende machen.«

Ich sandte die Story nie ab, aber der eigentliche Grund war, daß ich fürchtete, sie könnte die Indusco zugrunde richten.

Obwohl die Kungs vielleicht mehr als irgendeine andere Familie dazu beitrugen, das ganze chinesische Beamtentum zu zersetzen, und wenn auch ihr egoistisches Verhalten mit zunehmender Dauer des Krieges immer größeren Schaden anrichtete, so fielen sie nur deshalb besonders auf, weil sie an der Spitze des Staates standen. Im privaten Kreis waren sie nette Leute. Mme. Kung war besonders wohltätig und philanthropisch. Sie waren schließlich nur Teil eines allgemeinen Musters, ein Prototyp, dem in einem kleineren, aber noch gemeineren Rahmen in fast jeder Amtsstube nachgeeifert wurde.

Zugegeben, die Tatsache, daß sich so viele Chinesen am Krieg bereicherten, rechtfertigte keineswegs irgendein überhebliches Gefühl moralischer Überlegenheit in Amerika. Einige unserer Geschäftsleute holten sich ihren Anteil an der Kriegsbeute in China, während sie gleichzeitig zu Hause am Krieg verdienten – was mir später wieder in Erinnerung gerufen wurde, als ich meine Arbeit an diesem Buch unterbrach, um für die *Post* eine Story* über die »General Dynamics Corporation« zu schreiben, einen unserer Hauptproduzenten von »Abschreckungswaffen«. Die Aktien der Gründer dieser Firma stiegen von 1939 bis 1956 auf das 17fache, und heute beträgt ihr Wert, verglichen mit der ursprünglichen Einlage, mehr als 30 zu 1. Das ist sogar besser als die 19 Firmen, die während des Krieges in Regierungsbesitz befindliche Schiffswerften betrieben und aus einer Kapitalanlage von 22 Millionen Dollar schließlich 356 Millionen Dollar machten. Wenigstens produzierten die amerikanischen Kriegsgewinnler die Werkzeuge für den Krieg.

Ein anderer Unterschied zu China bestand darin, daß das amerikanische Volk gegen diejenigen, die es ausraubten, etwas hätte unternehmen können, wenn es nur gewollt hätte.

Ich habe nur eine Ecke des chinesischen Augiasstalles gezeigt. Sie entlarvt jedoch zur Genüge die Absurdität jener von der Formosa-Lobby in den letzten Jahren so emsig propagierten Legende, nach der der Verfall und die Korruption in der Regierung Chiang Kai-sheks erst ganz zum Schluß einsetzten. Dies sind natürlich Lappalien, verglichen mit der goldenen Ernte, die chinesische Beamte nach Pearl Harbor von den massierten amerikanischen Leih-Pacht-Gaben abschöpften, doch die moralische Fäulnis war schon lange vorher in einem fortgeschrittenen Stadium. Die-

* In der *Saturday Evening Post* vom 9. September 1956.

ser Fäulniserreger sollte nicht nur die Indusco übermannen, sondern ein paar Jahre später auch zum Sturz General Stilwells führen.

Es waren Stilwells Anweisungen, »die Schlagkraft der chinesischen Armee zu erhöhen«. Zu diesem Zweck mußte er Mindestkontrollen über die amerikanische Hilfe einrichten, um aus einem Klüngel von Feudalhäuptlingen, die der Generalissimus nach seinem Prinzip des »Gleichgewichts der Schwäche« manipulierte, eine zuverlässige, patriotische, gut genährte und gut ausgebildete *National*armee für China aufzubauen. Das machte Stilwell zum Reformer, und das war es im Grunde genommen auch, weshalb er von der Dynastie, den geschäftstüchtigen Generälen und gierigen Schmarotzern von der Spitze bis zu den unteren Rängen nicht mehr hingenommen werden konnte. Doch die Geschichte Stilwells ist anderswo gut erzählt worden, von Theodore H. White und Annalee Jacoby, von Jack Belden, von Brooks Atkinson und Tillman Durdin und anderen, wie auch von Stilwell selbst und von der US-Army.

Hier muß ich zu der Geschichte meiner eigenen »Abenteuer im Pelzhandel« zurückkehren, wenn ich diesen Ausdruck Dylan Thomas' verwenden darf.

24   Weitere Ernüchterungen

Es war ein Tag des Triumphes, als Mme. Sun Yat-sen und Mme. H. H. Kung Chungking besuchten und zusammen mit Mme. Chiang einige in der Nähe liegende Indusco-Werkstätten inspizierten, für Fotos und Filme posierten und gemeinsame Segenswünsche über ihre Bemühungen um »produktive Unterstützung« aussprachen. Es half auch, vorübergehend die von den Japanern in Umlauf gebrachten Gerüchte vom Zusammenbruch der Einheitsfront – gar nicht so sehr aus der Luft gegriffen – zum Verstummen zu bringen.

»Eine ganz gute Show«, sagte Rewi, »aber die beiden Chens werden sich dadurch nicht abhalten lassen, uns weiterhin zu sabotieren. Von ihrem Standpunkt aus sind wir eine ständige Gefahr. Am Anfang hielten sie uns für einen Witz. Nun ist ihnen plötzlich klargeworden, daß wir in Wirklichkeit die größte Organisation der Arbeiterklasse in diesem Land sind – da es keine freien Gewerkschaften gibt. Also nennen sie uns Rote. Wir haben Rote im Hauptquartier, sagen sie, also drängen sie uns mit Hilfe Kungs ihre sogenannten Buchhalter und Rechnungsprüfer auf. Und jetzt versuchen sie, ihre Hampelmänner in unseren Zweigstellen unterzubringen. Bald werden wir überall eine doppelte Belegschaft zu verwalten haben – eine, die die Arbeit tut, und eine zweite, die Wein säuft und sich politische Verleumdungen ausdenkt und an Chen Li-fu und Tai Li weiterleitet.«

»Eine Sicherheit haben wir«, sagte ich. »Sie kommen nicht an die Gelder des Internationalen Komitees ran. Es ist eine feste Bestimmung bei uns, daß nur du zu entscheiden hast, was mit unserem Geld geschieht.«

»Das ist es ja, was sie so wütend macht. Deshalb nennen sie mich einen Imperialisten und einen Roten. Kann ich denn beides sein?«

»Du bist noch viel schlimmer; du bist ein Missionar.«

»Ja, sicher, das wußte ich bereits, als du mich da reingezogen hast. Hab' das vor langer Zeit herausgefunden, als ich für die ›Famine Relief Commission‹ arbeitete. Na meinetwegen, sollen sie doch über uns sagen, was sie wollen, solange sie uns weitermachen lassen. Meine Entschädigung ist der Gesichtsausdruck unserer Burschen, wenn sie Arbeit bekommen. Verlorene, hoffnungslos heruntergekommene Menschen, reine Bettler und Ausgestoßene; dann geben wir ihnen einen Job, bringen ihnen etwas bei, und für sie beginnt ein neues Leben. Sie gehören dazu – sie haben eine Ausbildungsstätte, ein Zuhause anstelle des Dschungels, ein vernünftiges Konzept des Zusammenlebens und Zusammenarbeitens! Verwandelt Tiere zu Menschen! Gewiß, nicht jeder findet daran Gefallen, wir haben noch einen langen Weg vor uns, aber sie irren sich, wenn sie behaupten, Chinesen könnten nicht kooperieren. Sie sind dazu geboren! Nur hat es bisher niemand versucht.«

»Ich höre immer noch Leute sagen, es kann nicht gutgehen. Chinesen sind viel zu große Individualisten, sagen sie. Nelson Trusler Johnson, unser Botschafter, erzählt mir das, wenn ich zu ihm gehe und ihn bitte, beim Gissimus ein gutes Wort für uns einzulegen. ›Snow‹, sagte er, ›bleiben Sie bei Ihren Leisten. *Wu wei erh, wu pu wei;* durch Nichtstun werden alle Dinge getan. Das ist nicht unser Krieg. Das beste, was Sie und ich tun können‹, sagte er, ›ist, uns um unsere eigenen Angelegenheiten zu kümmern und sie nach ihrer Fasson selig werden zu lassen. *Industrielle Genossenschaften*? So weit werden die in hundert Jahren noch nicht sein.‹«

»Gefasel! Nichts als Gefasel!« schnaubte Rewi. »Die Wahrheit ist doch, daß wir, wenn wir Versager wären, jetzt keinen Ärger hätten. Wir haben aber Riesenerfolge, verdammt noch mal, und das paßt ihnen nicht. Ching-ling hat recht: Es ist genau das, was dem alten Sun vorschwebte – es ist sein Prinzip vom Lebensunterhalt, auf den Boden der Wirklichkeit heruntergeholt. Es ist ihre einzige Hoffnung auf Demokratie hier.«

Wenn Rewi auch bei den Parteibonzen auf wenig Gegenliebe stieß, so hatte er jetzt doch Tausende von Freunden in den Werkstätten, die über das ganze Land verbreitet waren. Denen hatte er, von Norden nach Süden, seine Botschaft und Geld und Werkzeuge gebracht. Seine blauen Augen funkelten, als er sich an eine Szene von einer seiner Reisen erinnerte – »das hinreißendste Erlebnis seit Beginn unserer Arbeit«.

»Es war an einem Wintermorgen. Wir verlassen gerade ein Dorf am

Rande der Mongolei, als wir das Geklingel von Glocken hören und im Nebel eine lange Kamelkarawane auftauchen sehen. Es ist so bitterkalt, daß den Tieren der Atem gefriert. Als sie an uns vorüberkommen, erkennen wir, daß das Leitkamel eine riesige seidene Fahne trägt – unsere Fahne – und daß unser Dreieck und unsere Parole *kung-ho* (Arbeitet zusammen!) die großen Frachtkisten schmückt.

Es war, bei Gott, eine Kameltransport-Genossenschaft, die Waren zu den Guerillas beförderte. Ich wußte nicht mal, daß es diese Genossenschaft gab. Meine Begleiter, die aus dem warmen Süden heraufgekommen waren, begriffen plötzlich, daß sie Teil einer das ganze Land umfassenden Bewegung waren.«

Solche Erlebnisse, fuhr Alley fort, sorgten dafür, daß Frank Lem, K. P. Liu, C. F. Wu und Lu Kuang-mien, unsere besten Ingenieure und Organisatoren, trotz aller entmutigenden Vorfälle auf ihrem Posten blieben.

»Es kostet allmählich immer mehr Zeit«, fuhr Rewi fort, »auch nur unsere besten Techniker aus dem Gefängnis rauszuholen.« Er schnitt eine Grimasse. »Das komische ist ja, daß wir, selbst wenn wir uns darum bemühten, gar keinen überzeugten Kommunisten dazu bringen könnten, sich an unserer Arbeit in den Kuomintang-Gebieten zu beteiligen! Die brauchen alle ihre Techniker in ihren eigenen Gebieten. Ihr Interessenbereich liegt in Nordchina, hinter der japanischen Front, und nicht hier.«

»Das kann noch schlimmer werden«, sagte ich, »aber Chen Li-fu und seine Jungs können nicht in aller Offenheit die Indusco ruinieren, solange Mme. Chiang und die Kungs im Ausland dafür Anerkennung und Lob einheimsen.«

»Nein, das nicht«, antwortete Rewi, »aber sie können uns langsam ersticken lassen. Das ist einer der Gründe, weshalb sie dieses sogenannte Genossenschaftliche Kontrollbüro einrichten.«

Das Genossenschaftliche Kontrollbüro wäre ein großer Segen gewesen, wenn es tatsächlich Genossenschaften gefördert hätte, aber es war nur ein weiterer Fall von *yu-ming wu-shih* (Bezeichnung ohne Realität), charakteristisch für die Bürokratie der Kuomintang. Es bot viel »Kontrolle« und viel »Büro«, aber keine Genossenschaften.

Chen Li-fu machte Ansprüche auf einige »landwirtschaftliche Genossenschaften« geltend und wollte nun die Indusco auf das gleiche Muster festlegen. Diese landwirtschaftlichen Genossenschaften sollten theoretisch die Bauern in Kredit- und Absatzgemeinschaften vereinigen.

»Tatsächlich funktionierte das so«, erklärte Rewi, »daß die Chen-Clique den örtlichen *tangpu* [Hauptquartieren] Darlehen oder Kredite für eine Genossenschaftskasse gibt. Die cleveren Parteileute und der Magistrat tun sich mit den Landbesitzern zusammen und bilden eine Art Genossenschaft, die in Wirklichkeit eine Einrichtung für den Geldverleih ist. Bestenfalls verleihen sie das Geld einfach weiter an die armen Bauern und verlangen dafür etwas weniger als den üblichen Wucherzins – sagen wir, 30 bis 40 Prozent anstatt 40 bis 50. Sie verwenden das Geld selber dazu, den jeweiligen örtlichen Markt an Getreide, Stoffen und japanischen Schmuggelwaren aufzukaufen und mit Devisen zu spekulieren. Eine sichere Methode, die Inflation zu beschleunigen.«

T. V. Soong war in Amerika, als die Auseinandersetzung mit dem Genossenschaftlichen Kontrollbüro den kritischen Punkt erreichte. Per Luftpost schickte ich ihm die Details und forderte ihn auf zu vermitteln, mit der Begründung, die wohlwollende Meinung und Unterstützung der Amerikaner für die Indusco würde aufs Spiel gesetzt, wenn man diese den Gebrüdern Chen überlassen würde. Zum Glück war sein Interesse daran groß genug, daß er dem Generalissimus und Mme. Chiang in diesem Sinne telegrafierte. Das Ergebnis war, daß sich die Indusco vorläufig einer »Fusion« mit dem Genossenschaftlichen Kontrollbüro erfolgreich widersetzen konnte. Ein schwerwiegenderes Handikap ergab sich später. Es war der von der Nationalen Kommission für Bodenschätze in großem Umfang organisierte Kauf japanischer Güter, im Tausch gegen Chinas Rohstoffe. Dieses Unternehmen wurde von einer Regierung durchgeführt, die vermeintlich in einem erbitterten Kampf gegen einen Angreifer stand.

Bis 1940 hatte ein großer Teil der West- und Süd»front« in China aufgehört zu bestehen. Die Japaner waren so weit vorgedrungen, wie sie wollten, und versuchten nun unter der von Chiang Kai-sheks früherem Stellvertreter Wang Ching-wei geführten Marionettenregierung in Nanking die politische Kontrolle auszubauen. Nachdem Wang in Hankow abtrünnig wurde, folgten ihm sowohl viele Kuomintang-Bürokraten als auch einige Kuomintang-Kommandeure mit ihren Truppen. Während Wangs Marionetten nun die Japaner begleiteten, erneuerten sie mit einigen früheren Kameraden alte Geschäftsverbindungen in den »Frontbereichen«, die so friedlich wurden, daß Bauern die Feldschanzen umpflügten und anfingen, ihre Äcker wieder zu bestellen. Das sogenannte Niemandsland machte oft blühenden Märkten Platz, auf denen feindliche Güter gehandelt wurden.

Anstatt diese Schmuggelei zu unterdrücken und die Produktion im eigenen Land zu beleben, übernahm die Chungking-Regierung sie in eigener Regie und nutzte ihr Monopol in bestimmten Rohstoffen dazu aus, den Handel zu forcieren. Auf diese Weise konnte Japan große Mengen billiger Konsumgüter im »Freien China« auf den Markt werfen und sich dafür Holzöl, Wolfram, Zinn und andere seltene Metalle einhandeln.

Die Auswirkungen eines derartigen Wettbewerbs auf die Indusco und andere noch in den Kinderschuhen steckenden Industrien waren lähmend, aber noch nicht tödlich. Zusammen jedoch mit der allmählichen Einfrierung der staatlichen Kredite und des Betriebskapitals, mit den politischen Eingriffen, die viele Betriebe oft tagelang lahmlegten, und mit der um sich greifenden Inflation sorgten sie dafür, daß ein weiteres Wachstum der Indusco bald unmöglich wurde und daß sie, um auch nur überleben zu können, auf ausländische Soforthilfe angewiesen war. Die galoppierende Inflation war im China der Kuomintang keineswegs unvermeidlich. Sie wurde jedoch dadurch begünstigt, daß die Regierung kein Interesse an der Produktion zeigte, daß es praktisch überhaupt keine Rationierung gab, daß sich Parteimitglieder, Beamte und Armeeoffiziere in großem Umfang und ungehindert mit Bestechungsgeschichten, mit dem Hamstern von Vorräten und mit Wuchergeschäften befassen konnten, und daß immer mehr Angehörige aller Klassen diesen Praktiken nacheiferten.

Einer der wichtigsten Faktoren beim Zusammenbruch der Landwirtschaft war, daß die Gebrüder Chen die »Farmers Bank of China« kontrollierten, die sie, nachdem sie sich bitter über das Bankenmonopol der Kungs und Soongs beklagt hatten, von Chiang Kai-shek zur Beschwichtigung erhalten hatten. Als die »Farmers Bank« in ihrer Hand war, breitete sich überall in der Landwirtschaft die Korruption aus. Gleich zu Beginn, im Jahre 1940, warfen sie 400 Millionen chinesische Dollar (damals noch so etwas wie Geld) der Gentry in den Rachen – auf dem Umweg über deren »landwirtschaftliche Genossenschaften«, die sich in ein, zwei Jahren einfach aufgelöst hatten. Sie ließen die Druckpressen nicht zum Stillstand kommen und druckten Papiergeld (ohne Deckung), mit dem sie die Taschen ihrer Anhänger füllten, die selber nichts produzierten, sondern das bißchen, was andere produzierten, ebenso aufkauften wie einen großen Teil dessen, was später aus Amerika hereinkam. Durch diese und andere Banken gewährten die Chens am Ende des Krieges »Darlehen«, die es ihnen ermöglichten, vom Staat aus Feindes- oder »Verräter«hand konfiszierte Grundstücke von enorm hohem Wert an der Ostküste an sich zu reißen. Zusammen mit Erwerbungen, die die Chiang-Kung-Soong-Gruppe mit ganz ähnlichen Methoden getätigt hatte – im Namen eines »privaten Unternehmertums« und eines »gesünden Individualismus« –, machten sie wahrscheinlich einen großen Teil der industriellen Vermögenswerte Chinas aus.

Die Hoffnung des Reformers in mir war noch nicht gestorben, als es 1940 offenkundig wurde, daß sich Amerika bald mit Japan im Krieg befinden würde.* Wir würden dann, so glaubte ich, China helfen, den Weg zum »Fortschritt während des Krieges« einzuschlagen. Saul Bellow schrieb irgendwo: »Sobald die Leute frei sind, fühlen sie sich für alles verantwortlich; sie glauben, es sei ihre Sache, für alles zuständig zu sein.« Vielleicht wollte ich für die Art und Weise »zuständig« sein, in der unsere Hilfe in

---

* In »Showdown in the Pacific« (in der *Saturday Evening Post* im Juli 1941) sagte ich voraus, daß 1941 das Jahr sein würde, in dem Japan die Westmächte angreifen werde.

Form von Geld, Ausrüstung und Waffen in China eingesetzt wurde. Was diese Untugend anbetraf, so hatte ich dem schlummernden Amerika, aufs Ganze gesehen, nur wenig voraus; man mußte sich dort erst noch klar darüber werden, daß wirtschaftliche Hilfe eben auch politische Intervention bedeutete. Wirtschaftliche Intervention bedeutete *immer*, den Status quo entweder zu festigen oder zu verändern. Wichtig war, daß man das wußte und gezielte Pläne machte, sie zu steuern.

In der Zeitschrift *Asia* argumentierte ich zum Beispiel im Juli 1941, daß »die Vereinigten Staaten die Pflicht haben, wenigstens auf Mindestgarantien zu bestehen, die für eine effektive Durchführung ihrer Hilfsmaßnahmen notwendig sind«. Würde Amerika dem existierenden Regime umfangreiche, *bedingungslose* Hilfe zukommen lassen, so warnte ich, dann würde das nur dazu führen, daß dieses Regime noch arroganter und korrupter würde, daß es sich von der Unterstützung des eigenen Volkes noch weniger abhängig fühlte, daß es noch weniger Interesse an einer Produktion und Selbsthilfe zeigte und daß es noch mehr vom Gedanken an persönliche Bereicherung beherrscht würde – durch vorhersehbare Schieber- und Wuchergeschäfte bei künftigen »Abkommen« mit Amerikanern.

Das Dilemma war nur zu real. Es sollte sich als der zentrale Widerspruch der gesamten amerikanischen Kriegs- und Nachkriegshilfe für China erweisen.

Was ich mir nicht klargemacht hatte, war, wie weit das amerikanische Volk und der Kongreß von jedem bewußten Verlangen entfernt waren, irgendeine Verantwortung für die politische Zukunft Chinas und Asiens überhaupt zu übernehmen.

Wie ernsthaft plädierte doch dieser zum Reformer gewordene Candide um Verständnis in einem Amerika, das, wie er glaubte, im Begriff war, »die Sache in die Hand zu nehmen«! 1941 schrieb ich:

»Es scheint eigentlich für die kommunistische Partei nicht erstrebenswert, die Kuomintang abzulösen. [...] Die Kommunisten müßten viele der derzeitigen Bürokraten einstellen, um eine Regierung bilden zu können. Wenn sie mehr wollten, als nur einer alten Bürokratie einen neuen Namen zu geben, wären sie gezwungen, das konterrevolutionäre Bündnis der letzteren mit der Gentry zu zerbrechen, und zwar *mit einem rücksichtslosen Terror, der im Ausland weithin falsch verstanden werden würde*. Die kapitalistischen Mächte könnten aktive Schritte unternehmen, um China als Kapitalmarkt vollkommen zu schließen. Das Regime wäre dann ausschließlich auf sowjetrussische Hilfe angewiesen. [...] Nichtsdestoweniger muß der Übergang zu einer ›kompromißlosen‹ Demokratie‹ vollzogen werden, und zwar sehr bald; andernfalls könnte die Kuomintang unter Begleiterscheinungen, die der ganzen Welt weh tun würden, ihr Mandat verlieren. [...] Das Programm eines genossenschaft-

lichen Staates, der sich auf eine echte landwirtschaftliche Genossenschaftsbewegung in enger Verknüpfung mit einer echten genossenschaftlichen Industrialisierung stützt und die beiden in seinen Plänen
koordiniert, scheint mir heute die einzige Chance zu bieten, in China die
wirtschaftliche Grundlage zu einer siegreichen Demokratie zu legen,
ohne daß es erneut zum Bürgerkrieg kommt. *Meiner Ansicht nach würde
auch nur ein China in dieser Form den ausländischen Mächten eine Möglichkeit bieten, in Zukunft einen Markt aufzubauen.*«*

Ich träumte einfach – so wie viele Menschen in China – von einem »Retter
aus Übersee« – in meinem Fall aus Amerika. Nur einer, der von den Gegebenheiten des amerikanischen Lebens so lange abgeschnitten war wie
ich, konnte annehmen, Amerika besitze eine derartig logische und ver-
ständliche Interventionsphilosophie. Amerika hatte keine die ganze Welt
betreffenden ideologischen Ziele und keine perfektionierten Methoden
der Reform oder der Revolution, die es hätte exportieren können. Es gehörte schon Sentimentalität dazu zu glauben, unser Volk, unser Kongreß
und unsere Regierung seien bereit, eine vom Volk und für das Volk gelenkte genossenschaftliche Wirtschaft in China als die einzige Alternative
zum Triumph eines russisch orientierten Kommunismus dort zu unterstützen.

Ironischerweise waren es dann die Kommunisten selbst, die in dem großen Übergangsstadium der Konsolidierung ihrer revolutionären Macht
erkannten, wie nützlich die genossenschaftliche Methode bei der – ihren
eigenen Zwecken dienenden – Organisation des Volkes war.

25   Der Mythos vom »Agrarreformer«

»Schlechte Nachrichten über China sind gute Nachrichten für Japan.« Das
war die Überlegung, die die etwas gewissenhafteren Korrespondenten davon abhielt, während des Krieges die abträglichsten Tatsachen über das
Kuomintang-Regime auszuplaudern. Es gab zwar eine Zensur, doch sie
ließ sich umgehen.

Nach allem, was ich hinter der chinesischen Front gesehen hatte, wußte
ich, daß für jeden Soldaten, der im Kampf fiel, zwanzig an Unterernährung, vermeidbaren Krankheiten, schlecht versorgten kleineren Verwundungen starben. Kein Wunder, daß sie plünderten und davonliefen.
Die halbe Kuomintang-Armee war bereits ohne Schuhe, ohne Mäntel,
ohne Medizin – alles lebensnotwendige Artikel, die China selbst hätte
herstellen können. Den Generälen fehlte nichts, und den Geschäftsleuten
auch nicht. Darüber berichteten nur wenige von uns.

---

* »The Battle for Asia«, New York 1941, S. 367f. Hervorhebung nur hier.

Söhne von Beamten und aus wohlhabenden Familien erkauften sich ihre Freistellung vom Wehrdienst und saßen in Teestuben und Weinlokalen herum, faulenzten oder machten Geschäfte. Bauern wurde ein Seil um den Hals gelegt, und dann wurden sie in die Armee geprügelt. In den Städten in Szechuan konnte man reiche Männer beobachten, die durch die Fenster oder Türen der vornehmeren Restaurants den dreckigen Kindern auf der Straße Speisereste hinwarfen und dann lachten, wenn sich diese wie Hunde darum balgten. Wenn man zuviel darüber schrieb, »half man Japan«.

Eins der Themen, die Auslandskorrespondenten meiden sollten und lange Zeit auch mieden, war die ständige Verschlechterung der Beziehungen zwischen Nationalisten und Kommunisten. 1939 waren die zwei Parteien und ihre Armeen keine treuen Verbündeten mehr, sondern nur noch zwei feindselige Chinas, die im Krieg gegen einen Eindringling standen.

Bei der »Versöhnung« zwischen der Kuomintang und den Kommunisten im September 1937 hatten sich die Roten einverstanden erklärt, ihre Sowjets in »besondere Verwaltungsdistrikte« umzuändern. Sie schafften auch tatsächlich ihre Sowjets ab, änderten die Bezeichnung »Rote Armee« in »Achte Feldarmee«, so wie das Chiang Kai-shek bestimmt hatte, und hörten auf, Grund und Boden zu konfiszieren und neu zu verteilen. Damit hielten sie sich an den Wortlaut der Vereinbarung, aber nicht an ihren Geist, wie Chiang Kai-shek ihn verstand. Denn in den »besonderen Distrikten« führten sie das ein, was sie »die neue Demokratie« nannten, ein System einer Einheitsfront, das sich überall dort ausbreitete, wo sie hinter die japanische Front gingen. Für den Generalissimus war dieses System genauso verhaßt, aber es hatte folgende legale Basis: Jahre vorher hatte das Kuomintang-Regime ein Gesetz veröffentlicht, das vorsah, eine örtliche Selbstverwaltung einzuführen, wann und wo immer ein Provinzgouverneur entschied, daß die Leute »bereit« seien, das Stimmrecht auszuüben und die Einparteien»vormundschaft« zu beenden. Allerdings war noch nie ein Gouverneur der Meinung gewesen, die Leute seien »bereit«. Ausgerechnet jetzt vertraten die Roten genau diesen Standpunkt. Als De-facto-Provinzbehörde übertrugen sie die »Macht« – durchaus auf der Basis des Kuomintang-Gesetzes – an »vom Volk gewählte« örtliche Regimes.

Wer es nicht mit eigenen Augen sah, konnte kaum glauben, daß die Kommunisten in China imstande sein würden, ein solches System einzuführen. Doch sie schafften es. Ich erlebte 1939, daß es funktionierte. Meine eigenen Berichte* wurden durch die Zeugnisse vieler angesehener amerikanischer und europäischer Beobachter erhärtet. Darunter waren Missionare, Priester, Journalisten und Lehrer.

* Vgl. »The Battle for Asia«, S. 251 ff.

Nach einer Regel, die sich die Kommunisten selbst gaben, sollten ihre Parteimitglieder in den Dorf-, Distrikt- und Provinzräten ein Drittel der gesamten Vertretung nicht überschreiten. Im allgemeinen hielten sie sich daran. Kuomintang-Mitglieder durften sich zwar auch beteiligen, aber die Kommunisten als die am besten organisierte politische Gruppierung dominierten ganz klar. Daß sie das eher durch Überzeugungskraft, durch Ermahnungen und durch das persönliche Beispiel eines disziplinierten und patriotischen Verhaltens erreichten als durch Zwang und Gewaltanwendung, ist eine Tatsache, die sich unschwer beweisen läßt.*

Die von diesen »neuen demokratischen« Regimes während der Kriegszeit verwirklichten Reformen stießen selbst im China der Kuomintang auf die Zustimmung breiter Kreise, denn auch dort hatten sich viele liberale Intellektuelle seit langem für dasselbe Programm stark gemacht. Der Pachtzins wurde reduziert (auf maximal 25 Prozent der Ernte), die Vorherrschaft der Gentry wurde beschnitten oder ganz beendet, der Zinswucher abgeschafft, ungenutztes und auswärtigen Besitzern gehörendes Land gemeinschaftlich bebaut, Jugendliche und Frauen in die Politik einbezogen; Arbeitslose wurden in industriellen und landwirtschaftlichen Genossenschaften organisiert, die Miliz der Grundbesitzer durch ein von freiwilligen Bauern gebildetes Selbstverteidigungkorps abgelöst; durch Massenerziehung und Kriegspropaganda wurden aus den Klassen der Nicht-Grundbesitzer neue Führer hervorgebracht. Armee und Bevölkerung wurden eine Einheit, die Korruption durch kollektive Kontrolle und strenge Bestrafung, Ächtung und Schande auf ein Minimum beschränkt.

Zwischen 1944 und 1947 lebten und reisten unsere eigenen Zivil- und Militärattachés überall im Territorium der Roten.

Sie bestätigten, daß es keinen Kommunismus oder Sozialismus gab, sondern ein System, das die Kriegslasten verteilte und eine organisierte Bevölkerung mit Hoffnung für die Zeit nach dem Krieg erfüllte.** Dieser Zeitabschnitt, in dem mit der Taktik des schrittweisen Vorgehens experimentiert wurde, sollte fast ein Jahrzehnt dauern. Erst so wurde dann der relativ rasche und glatte Übergang ermöglicht, mit dem die Kommunisten später das Land Schritt um Schritt von der »Koalitionsregierung« zum Staatssozialismus von heute führten.

In Rußland »ergriffen« die Kommunisten die Macht im Zentrum und dehnten sie dann mit eiserner Faust auf das Hinterland aus. Die Chinesen bewegten sich auf langgestreckten, gemächlichen Kurven auf ihr Ziel zu. Sie bewirkten eine vielfache Einkreisung der Städte vom Land her, bis sie

---

* Vgl. das vom US-Außenministerium herausgegebene »White Paper on China«, Washington 1949.
** Ebenda.

in die Rolle des Machthabers schlüpfen konnten, wobei ihnen die Bauern artig den Schuhlöffel hielten, damit sie anstandslos in die filzbesohlten Schuhe des Landes gleiten konnten.

Manche ausländische Beobachter, die einem Wunschdenken verfallen waren und überhaupt nicht begriffen, was vor sich ging, waren vom »demokratischen Experiment« der Kommunisten während des Krieges so beeindruckt, daß sie sich eine Zeitlang einredeten, die chinesischen Roten hätten »den Kommunismus aufgegeben«. Sie hätten sich »endgültig von Marx und Lenin losgesagt«, hieß es. Eine prominente Vertreterin dieser Ansicht, eine Exkommunistin namens Freda Utley, behauptete in vielen Artikeln und Vorträgen in den Vereinigten Staaten, die chinesischen Kommunisten seien überhaupt keine »richtigen« Kommunisten. Sie seien zu einer »Bewegung von Agrarreformern« geworden. Sie seien »keine revolutionäre kommunistische Partei mehr, sondern eine Partei von Sozialreformern und Patrioten«.*

Miß Utley, eine in England geborene, naturalisierte Amerikanerin, war eine kleine Agentin der Komintern in Japan gewesen. Als Renegatin ging sie mit den Russen hart ins Gericht, gab aber der chinesischen kommunistischen Partei ihren antikommunistischen Segen. Sie redete sich ein, die Kommunisten Chinas hätten sich von der Revolution abgewandt. »Die chinesische kommunistische Partei«, behauptete sie, »hat längst den Traum von der eigenen Diktatur aufgegeben. Sie hat es sich aufrichtig zum Ziel gesetzt, soziale und politische Reformen *nach kapitalistischen Richtlinien* durchzuführen.«**

Miß Utley änderte dann später ihre Meinung so vollkommen, daß sie zu einem wichtigen Gutachter und Berater in Chinafragen für Senator Joseph McCarthy wurde. Das war während der Zeit, als McCarthy mit seiner Demagogie vorübergehend eine große Zahl leichtgläubiger Menschen davon überzeugen konnte, daß »rote Verräter im Außenministerium China an die Russen verkauft hatten«. Miß Utley war inzwischen in der Kuomintang-Botschaft in Washington angestellt und hatte ihren Glauben an die chinesischen Kommunisten als »kapitalistische Reformer« völlig aufgegeben. Statt dessen setzte sie sich nun leidenschaftlich für die Bemühungen der China-Lobby ein, einer Gruppe von Amerikanern, zu denen auch einige Kongreßabgeordnete gehörten, die eng mit Chiang Kai-shek, H. H. Kung und ihren Helfershelfern zusammenarbeitete, um eine bewaffnete amerikanische Intervention gegen die chinesische Revolution zu erreichen.

Ironischerweise war es eben diese Verteidigerin des Mythos vom »Agrarreformer«, die nun als »Expertin für den chinesischen Kommunismus«

---

* Vgl. »China at War« von Freda Utley, London 1939, S. 73 f., 253 f.
** Hervorhebung nur hier.

auch dem Senatsausschuß für Innere Sicherheit diente. Dieses irregeleitete Gremium hielt viele Monate lang Hearings ab, in denen bewiesen werden sollte, daß »amerikanische Verräter« – einschließlich des Außenministeriums und des »Institute of Pacific Relations« – eine »Verschwörung« angezettelt hätten, um die Regierung und das Land zu täuschen und glauben zu machen, die chinesischen Kommunisten seien »keine richtigen Kommunisten«. Die kostspieligen Untersuchungen, die unter der Leitung der Senatoren McCarthy und Pat McCarran durchgeführt wurden, füllten 15 Bände und kosteten vielen aufrichtigen Menschen die Stellung, mit der sie sich ihren Lebensunterhalt verdienten. Sie führten die Nation hinsichtlich der wahren Natur der chinesischen Revolution gründlich in die Irre; aber es gelang ihnen nicht, auch nur einen einzigen Verräter oder »Verkäufer« seines Landes zu finden.

Es muß McCarthy wütend gemacht haben, daß auch General Marshall, »so sehr mit Ehrlichkeit gewappnet«, sich gezwungen fühlte, der Formosa-Lobby in einem anderen weitverbreiteten Mythos eine Lüge nachzuweisen: daß es nämlich die Russen gewesen seien, die interveniert und den chinesischen Kommunisten zur Macht verholfen hätten.

»Ich hatte Offiziere so ziemlich überall in Nordchina, am Yangtze und in der Mandschurei, und ich hatte immer den Eindruck, daß die Berichte, die ich bekam, viel besser waren als die, die dem Generalissimus gebracht wurden«, sagte General Marshall. »Er wurde immer wieder getäuscht [mit Meldungen, nach denen Gefechte der Kuomintang an russische Panzer und russische Soldaten verlorengingen...]. Die ganze Zeit versuchte ich, etwas Hieb- und Stichfestes zu finden, irgendeinen authentischen Hinweis auf sowjetischen Einfluß oder sowjetische Hilfe in dieser ganzen Geschichte; ich stieß nie auf etwas anderes als auf eine Art geistigen Einfluß, wie ich das nennen würde. [...] Was eine unmittelbare sowjetische Unterstützung anging, so bekam ich dafür nie einen Beweis in die Hand. [...] Nach Meinung aller meiner Berater und Nachrichtenoffiziere *gewährten sie* [die Russen] *ihnen keine Unterstützung.*«[*]

Doch ein volles Jahrzehnt, bevor in Amerika dieser Sturm losbrach, hatte Mao – in seinem, wie sich dann herausstellen sollte, letzten Interview mit der Auslandspresse auf viele Jahre hinaus – mir gegenüber jeden Gedanken, daß er und andere Kommunisten den Marxismus oder die Revolution aufgegeben hätten, ins Lächerliche gezogen:

»Wir sind immer Revolutionäre«, sagte Mao, *»und wir sind nie Reformer. Es gibt in der chinesischen Revolution zwei Hauptziele. Das erste besteht darin, die Aufgaben einer nationalen demokratischen* [d. h. anti-imperialistischen und anti-feudalen] *Revolution zu verwirklichen. Das*

---

[*] »Institute of Pacific Relations, Hearings« (a.a.O.), S. 1653f. Hervorhebung vom Autor.

zweite ist die soziale Revolution. Die letztere muß erreicht werden, und zwar vollkommen erreicht werden. [...] Die nationale Revolution wird sich nach einem gewissen Stadium in die soziale Revolution verwandeln.« *

Nach dieser vielzitierten Erklärung glaubten nur noch wenige China-Korrespondenten aufrichtig an den Mythos vom »Agrarreformer«. Paradoxerweise blieb es der offizielle Propagandakurs der nationalistischen Regierung. Kuomintang-Beamte versuchten fortwährend, Diplomaten und Korrespondenten davon zu überzeugen, daß die Kommunisten »als Partei nicht mehr existierten« und den Marxismus aufgegeben hätten. Sir Archibald Clark-Kerr erzählte mir, daß Chiang Kai-shek behauptete, sie hätten »sich ergeben« und es sei falsch, die Führer der Achten Feldarmee als »Kommunisten« zu bezeichnen.

In einem Brief vom 6. Mai 1939 schrieb mir Earl Leaf, damals Chiang Kai-sheks Berater für Propaganda in Amerika: »Bitte hören Sie auf, in Ihren Berichten ›Kommunisten‹ zu erwähnen.« Damit, so behauptete er, »spielt man den Japanern in die Hände«. Er verlangte, »Publizisten und Korrespondenten sollten aufhören, die Achte Feldarmee eine kommunistische Armee zu nennen und Chu Teh und Mao Tse-tung und andere als Kommunisten zu bezeichnen«.

Etwas später, als ich in Chungking war, druckte Chiang Kai-sheks Nachrichtenagentur ein Interview nach, das Chiang einem deutschen Korrespondenten gegeben hatte und in dem er rundheraus festgestellt hatte: *»Es gibt in China keine Kommunisten mehr.«* Daran hielten sich die Zensoren der Kuomintang und strichen das Wort »Kommunist« planmäßig aus vielen Korrespondentenberichten. Inzwischen gab es in Amerika ein paar übereifrige Missionare, die in der Absicht, »Sympathien für China zu gewinnen«, zur Verbreitung dieses Eindrucks beitrugen, um die Befürchtungen konservativer christlicher Gönner zu zerstreuen. Ob diese »Richtung« damals auch in einer raffinierten mündlichen Propaganda von amerikanischen Kommunisten vertreten wurde, kann ich nicht sagen. Einige ihrer Renegaten haben das jedenfalls behauptet. Fest steht, daß sie solche Behauptungen nicht aufstellen konnten, ohne sich des Schwindels bewußt zu sein.

* Der vollständige Text steht in *The China Weekly Review* vom 13. Januar 1940 und in »The Battle for Asia«, New York 1941, S. 289–291. Ich warnte auch in meinen Berichten für die *Saturday Evening Post* wiederholt vor gegenteiligen Mythen. Hervorhebung vom Autor.

Was immer der Generalissimus dem Ausland weismachte, er hatte hinsichtlich der »Existenz« der Kommunisten keine Illusionen. Von weitem sah er zu, wie sie in die Gebiete zurückfluteten, die seine »regulären« Truppen den Japanern hatten abtreten müssen.

Theoretisch gab es keinen Grund, weshalb die Kuomintang die Kommunisten nicht hätten übertreffen können, was das Führen und Organisieren des Widerstandes hinter den feindlichen Linien betraf. Chiang unternahm viele Versuche in dieser Richtung, aber es gelang ihm nie, eine wirkungsvolle Guerillaarmee am Leben zu erhalten. Der Hauptgrund war der, daß Chiang nicht willens oder nicht fähig war, den einfachen Leuten irgendeinen Dienst oder Anreiz zu bieten, der ihre Loyalität und Opferbereitschaft aufrechterhalten hätte – eine fundamentale Voraussetzung im organisierten Partisanenkrieg.

»Chiang glaubt einfach nicht, daß die Menschen zählen«, bemerkte T. V. Soong einmal mir gegenüber im privaten Gespräch. »Seine größte Schwäche ist, daß er sich ausschießlich auf die militärische Macht verläßt.« In einer Zeit der Niederlagen und der Korruption gibt es keine bessere Waffe als den Mann, der sie trägt. Chiang zählte seine Gewehre – und später seine amerikanischen Flugzeuge und Panzer –, als er Menschen hätte zählen sollen.

Chiang konkurrierte nicht mit den Reformprogrammen der Roten, aber 1939 verfiel er wieder darauf, sie zu blockieren. Er zog eine eigene Erste Armee von der japanischen Front ab und stationierte sie südlich und westlich der »besonderen Distrikte« – und ließ damit den Roten nur noch einen »freien« Weg nach außen: in die »eroberten« Gebiete. Über 300000 Mann der am besten ausgerüsteten Kuomintang-Truppen waren auf diese Weise sechs Jahre lang gefesselt, was den Krieg gegen Japan betraf.

Wie ernst es Chiang mit dieser Blockade war, erkannte ich zum erstenmal gegen Ende des Jahres 1939, als ich auf dem Weg nach Yenan Sian erreichte. Ich brauche nur ein paar Details zu erwähnen, die mich damals überzeugten, daß die Zeit für eine Erneuerung in China ohne soziale Revolution endgültig vorbei war. In Sian erhielt ich die Bestätigung für das Gerücht, daß die Kuomintang wieder ihre Konzentrationslager in Betrieb genommen hatte. Sie füllten sich mit Hunderten von jungen Leuten, denen »Subversion« oder »gefährliche Gedanken« oder »Pläne, die besonderen Distrikte zu betreten«, vorgeworfen wurden. Unter den Eingesperrten waren mehrere Mitglieder von industriellen Genossenschaften in Sian und Paochi, die in Wirklichkeit damit beschäftigt waren, Aufträge der nationalistischen Truppen auszuführen. Einer der Jungen war Rewis eigener Adoptivsohn »Mike«, den Rewi vom St. Johns College in Shanghai mitgebracht hatte, damit er als Techniker für die Genossenschaften arbeiten konnte. Dr. Kung persönlich mußte intervenieren, um Mike freizubekommen.

Nur ein- bis zweimal pro Woche durfte ein sorgfältig durchsuchter Lastwagen Sian verlassen, um sich auf den Weg nach Yenan zu machen. Ich wäre unmöglich durchgekommen, wenn ich nicht Briefe von T. V. Soong an den Kommandeur im Nordwest-Hauptquartier des Generalissimus, General Chiang Ting-wen, und an General Tu Tsung-nan, den Kommandeur der Ersten Armee, bei mir gehabt hätte. Ich reiste nicht nur als Korrespondent, sondern auch als Delegierter des internationalen Indusco-Komitees, der den Auftrag hatte, die Niederlassung in Yenan zu inspizieren, die ursprünglich Premier Kung selbst autorisiert hatte.

Ich machte, wie sich hinterher herausstellte, die letzte Reise, die einem Auslandskorrespondenten genehmigt wurde, für *fünf Jahre*!

Wie schon früher stellte ich auch diesmal wieder fest, daß den Kommunisten keine sichtbaren Hörner oder Schwänze wuchsen; sie waren aber auch nicht ohne Fehl und Tadel. In einem Land, in dem es nicht viel zu wählen gab, waren sie für die Armen, die die überwältigende Mehrheit bildeten, das geringere Übel. Die Zeiten ändern sich, die Menschen ändern sich. Es ist durchaus möglich, daß sie heute relativ schlechter sind. Niemand kann ohne Schuld herrschen, und schon gar nicht diejenigen, die die Geschichte zur Eile zwingt. Doch solange Mr. Dulles amerikanischen Korrespondenten verbietet, in China zu arbeiten, ist es für uns schwer zu erfahren, wie es wirklich aussieht. Was ich jedoch über die chinesischen Kommunisten schrieb, solange ich sie kannte und unter ihnen lebte, war die Wahrheit, sofern ein einzelner Mensch zu irgendeinem Zeitpunkt überhaupt die Wahrheit nennen kann. Niemand hat sie widerlegt, und sie bedarf auch heute noch keiner Rechtfertigung oder Reue.

In »The Battle for Asia« schilderte ich für Leute, die historisch interessiert sind, wie und warum die genossenschaftliche Produktion – die der demokratischen Wirtschaftsorganisation am nächsten kommende Produktionsform, die ich in China je sah – in kommunistisch verwalteten Gebieten rascher blühte und gedieh als im China der Kuomintang, wo die materiellen Voraussetzungen so sehr viel besser waren.

Ich brauche hier nur noch aus meinem persönlichen Erleben eine Fußnote anzufügen, die deutlich machen mag, wie »offen« die chinesischen Kommunisten damals für eine alliierte Unterstützung gegen Japan waren und wie die Vereinigten Staaten sieben Jahre lang ihre Chancen ignorierten, als die Yenan-Regierung verzweifelt Hilfe aus dem Ausland gebraucht hätte und von Rußland keinerlei Unterstützung erfuhr.

Obwohl die Chen-Clique die Indusco als »von den Kommunisten angestiftet« attackierte, war es eine ironische Tatsache, daß die Kommunisten ihr anfänglich Argwohn, ja sogar Feindseligkeit entgegenbrachten. Mme. Sun Yat-sen mußte von den Kommunisten harte Kritik dafür einstecken, daß sie die Indusco förderte. Sie sagten ihr, es sei eine »der Ablenkung dienende« Organisation der Bourgeoisie. Es paßte ihnen nicht, daß Gelder ihrer »Liga zur Verteidigung Chinas« für eine Bewegung abgezweigt wurden, die »mit dem Gewinnen des Krieges nichts zu tun« hatte.

1938 schrieb ich Mao und gab ihm eine eingehende Darstellung der Indusco, wie sie angefangen hatte, ihre Ziele und Methoden und wie sie im Guerillakrieg helfen könnte. Ich schickte ihm eine Kopie der Indusco-Satzungen. Angesichts der Einheitsfront und des Eintretens der Kommunisten für eine »Mischwirtschaft«, so argumentierte ich, sollten sie die Indusco aus ganzem Herzen unterstützen. Zu dem Zeitpunkt förderten die Kommunisten immer noch »Erzeugergenossenschaften«, die in Wirklichkeit eine Art staatliche Industrie waren. Ich riet ihnen dringend, ihre genossenschaftlichen Prinzipien formell zu revidieren und denen der Indusco anzupassen.

Dieser Vorschlag wurde auf einer Konferenz von Delegierten der »Erzeugergenossenschaften« im Jahr 1939 zur Diskussion gestellt. Dort wurde mehrheitlich beschlossen, die besonderen Merkmale der Erzeugergenossenschaft abzuschaffen. Die Konferenz stimmte dafür, die Satzungen der Chinesischen Industriellen Genossenschaften in ihrer Gesamtheit zu übernehmen. Man hoffte, diese Änderung würde »industriellen Genossenschaften überall im Land Auftrieb geben und deutlich machen, daß die Kommunisten jede Einheitsfront-Organisation uneingeschränkt begrüßen«.*

Als ich gegen Ende des Jahres 1939 nach Yenan zurückkehrte, steckte die Indusco dort in einer Krise. Unter dem Druck der Kuomintang hatte Chungking die zur Verwaltung der Indusco erforderlichen Geldmittel einbehalten. Gleichzeitig wurden die Erzeugergenossenschaften reorganisiert und den Prinzipien der Indusco angepaßt. Wenn weitere finanzielle Unterstützung vom zentralen Hauptquartier in Chungking ausblieb, drohte der Organisation in Yenan der Bankrott. In dieser Notlage half die Grenzregierung. Sie nahm Kapitalanleihen auf, um Indusco am Leben zu erhalten. Finanzielle Hilfe kam nun auch von Chinesen, die im Ausland lebten. Trotz aller Hindernisse wuchs die Indusco in einem Jahr um das Fünffache.

Im Zusammenhang mit der Werbung um diese wichtige internationale Hilfe für »Genossenschaften im Frontbereich« bemühte ich mich um eine klare programmatische Aussage Mao Tse-tungs. Da die Indusco später zu einer der wichtigsten wirtschaftlichen Waffen wurde, die die Achte Feldarmee in ihrem Kampf gegen Japan und schließlich gegen die Kuomintang-Armee einsetzte, lohnt es sich, Maos Erklärung hier zu zitieren: »Auch wenn die Chinesischen Industriellen Genossenschaften für Front-

---

* »The Battle for Asia«, S. 331–332.

bereiche und die Guerilladistrikte hinter den feindlichen Linien nichts tun können, ist die Arbeit, die sie leisten, doch sehr wichtig, denn sie helfen, die Industrie in unserem Heimatland wieder auf die Beine zu stellen. Am meisten werden jedoch die Industriellen Genossenschaften im Kriegsgebiet hinter den feindlichen Linien gebraucht, und dort werden sie von unseren Truppen, vom Volk und von der Regierung aufs wärmste willkommen geheißen. Auf diesem Wege können wir helfen, eine Reihe von Zielen zu erreichen: 1. das Vordringen feindlicher Güter aus den besetzten Gebieten in die ländlichen Stützpunkte des Guerillakrieges aufzuhalten; 2. Chinas Rohstoffe und Naturschätze für unsere eigene Industrie zu nutzen und zu verhindern, daß Japan sie ausbeutet; 3. wirtschaftlich autarke Stützpunkte des Guerillakrieges zur Unterstützung des langwierigen Kampfes zu schaffen; 4. unsere arbeitslosen und ungelernten Arbeitskräfte zu schulen, so daß Japan sie nicht gegen uns einsetzen kann; 5. die Lebensfähigkeit der Dörfer zu erhalten, indem wir dem Farmer im Austausch für Nahrungsmittel die Fertigerzeugnisse geben, die er braucht.«*

Weit über eine Million chinesische Dollar wurden vor Pearl Harbor von Chinesen auf den Philippinen und in der Südsee aufgebracht, um ein »Internationales Indusco-Zentrum« in den Grenzgebieten zu unterstützen. 1940 wurde praktisch die ganze Arbeit der Indusco in den im Norden von der Achten Feldarmee und im Süden von der Neuen Vierten Armee verteidigten Guerillagebieten mit besonderen Spenden und Darlehen finanziert, die von Chinesen im Ausland und von amerikanischen Geschäftsleuten privat aufgebracht wurden. Geldmittel und Sympathie für die Bewegung wurden später durch die Bemühungen von Indusco-Komitees in Amerika gewonnen, die von Admiral Harry E. Yarnell und solchen prominenten Bürgern wie Henry R. Luce und Arthur Upham Pope angeführt wurden, wie auch von Komitees, die Sir Stafford und Lady Cripps in England organisierten.

Selbst mit dem geringen Kapital, das damals zur Verfügung stand, hatten sich die industriellen Genossenschaften in den Grenzgebieten in Shensi, Kansu und Ninghsia bis zum Oktober 1940 so weit entwickelt, daß nun Erz- und Kohlenbergwerke und Eisenhütten ebenso dazu gehörten wie kleine Maschinenfabriken, Arzneimittelfabriken, Transporteinheiten und zwei kleine Ölquellen. Bis 1942 wurde die Niederlassung in Yenan zu der mit Abstand größten regionalen Zweigstelle im Lande, die so viele Arbeiter hatte wie alle anderen in China zusammengenommen.

Zu der Zeit und in den darauffolgenden Jahren hätten schon wenige Millionen amerikanische Dollar, investiert in Maschinenfabriken und Kleinindustrien (an sicheren Orten in den Höhlenstädten des Nordwestens),

* Einzelheiten in »Random Notes on Red China«, a.a.O., S. 71f.

Japans Schwierigkeiten in Nordchina enorm vergrößern können. Mit etwas Kapital hätten die Rohstoffe und die örtlich verfügbaren technischen Möglichkeiten genossenschaftlich organisiert werden können, um das zum Leben Notwendige zu produzieren, die Moral der Zivilbevölkerung zu stärken und die Guerillatruppen in sekundärem Kriegsgerät – Granaten, Gewehren, Maschinengewehren und Munition – praktisch autark zu machen. Später wäre dann Japan vielleicht gezwungen gewesen, sich noch viel stärker zu verausgaben, um China niederhalten zu können und gleichzeitig im Pazifik zu kämpfen. Private Hilfe leistete einiges in dieser Richtung, doch die Blockade der Kuomintang schnitt Importe aus dem »Freien China« weitgehend ab, und die Indusco in den Guerillagebieten mußte sich ausrangierte Werkzeuge und Maschinen unter großen Verlusten an Menschenleben gewaltsam aus den besetzten Gebieten holen (oder kaufen oder hereinschmuggeln).

Während meines Besuches hieß Mao Tse-tung amerikanische Techniker willkommen und forderte das Internationale Komitee auf, Organisatoren zu rekrutieren und Inspektoren in die Grenzgebiete zu schicken. Er ersuchte Amerika erneut um technische und finanzielle Unterstützung, als wir uns in Chinas Krieg gegen Japan formell zu Verbündeten Chinas machten. Die Blockade des Generalissimus wurde von Amerika erst 1944 kritisiert, als – auf Roosevelts beharrliche Forderung hin – ein paar politische und militärische Beobachter aus Amerika endlich die Erlaubnis erhielten, die Guerillagebiete zu bereisen. Doch während unseres langen gemeinsamen Kampfes gegen Japan gaben wir der Grenzregierung keine einzige Granate und kein Gewehr, ja nicht mal eine einfache Nähmaschine. Unsere ganzen Milliarden gingen ausnahmslos an den Generalissimus. Es überraschte deshalb nicht, daß Mao Tse-tung in der amerikanischen Kriegshilfe für China etwas sah, was die Amerikaner selbst nie sehen konnten: ein neues ausländisches Eingreifen gegen die chinesische Revolution.

Es war allerdings nicht so, daß Amerika von Anfang an bewußt eine solche Rolle spielte. Wenn auch unsere Politik jede Hilfe für die kommunistisch gelenkten Kriegsanstrengungen gegen Japan konsequent ausschloß, so hatte doch schon vorher die Haltung Amerikas ein Wiederaufleben des Bürgerkrieges verhindert. Die Wiedererrichtung einer Blockade im Jahr 1939 hatte diese Gefahr heraufbeschworen. Sie wurde akut, als der Generalissimus noch im selben Jahr in Sian eine »Kommission für die Kriegsgebiete« einsetzte, mit dem Ziel, die für »ungesetzlich« erklärten Verwaltungen im Grenzland zu beseitigen. Versuche, Kuomintang-Truppen hinter den Linien der Roten in Stellung zu bringen, wurden abgewehrt, und entlang der Grenzen des Guerillaterritoriums – sowohl innerhalb als auch außerhalb der von den Japanern besetzten Gebiete – kam es zu sporadischen Kampfhandlungen.

Die Richtlinien der chinesischen Zensur verlangten Stillschweigen über diese für beide Seiten mörderische Auseinandersetzung, und ich versuchte gar nicht erst, die Zensur zu umgehen. Auch andere Korrespondenten, die bestrebt waren, »der Sache Chinas nicht zu schaden«, berichteten vorläufig noch nicht davon. Es mußte erst zu dem »Zwischenfall mit der Neuen Vierten Armee« kommen, ehe 1941 die Außenwelt endlich erfuhr, wie ernst dieser Krieg im Krieg hinter und zwischen den japanischen Frontlinien eigentlich war.

27 Massaker

Der Kern der Neuen Vierten Armee bestand aus kommunistischen Überlebenden, die in »Nestern« in Kiangsi zurückgeblieben waren, als sich die wichtigsten Truppen der alten Roten Armee 1934 in den Nordwesten zurückzogen. Als japanische Truppen das untere Yangtze-Tal überrannten, wies Chiang Kai-shek die verbliebenen Reste an, sich als Teil der Nationalarmee unter dem Kommando der Einheitsfront neu zu organisieren. Sie wurden von einem kommunistischen Veteran, General Han Ying, und einem nichtkommunistischen Whampoa-Veteran, General Yeh Ting, geführt. Die meisten ihrer Kampfverbände lagen hinter feindlichen Linien nördlich des Flusses. Sie hatten ein Basis-Hauptquartier am Südufer, im unbesetzten Territorium, das einige Schulen, ein Krankenhaus und ein paar Werkstätten unterhielt; ringsum standen Truppen der Kuomintang.

Mitte Januar 1941 wurde diese Neue Vierte Armee plötzlich vom örtlichen Kuomintang-Chef der »Kommission für die Kriegsgebiete« aufgefordert, ihren einen sicheren Stützpunkt zu räumen und in die nördlich des Flusses gelegene, von den Japanern besetzte Provinz Anhui zu ziehen. Nach vergeblichen Protesten wurde ein Teil der Streitkräfte im Schutze der Dunkelheit über den Fluß gebracht. Ungefähr 2500 Mann blieben zurück. Der Kuomintang-Befehlshaber bestand darauf, daß auch sie abzogen, und sandte ein Ultimatum. Also machte sich auch diese Nachhut auf den Weg zum Fluß. Da zu dieser Gruppe viele Lehrer, Schüler, Krankenschwestern, Lazarettgehilfen, Handwerker und Hunderte von Verwundeten gehörten, war sie weitgehend unbewaffnet.

Langsam bewegte sich die Kavalkade auf den Yangtze zu. Am späten Nachmittag mußte sie ein enges Tal passieren. Als sie mittendrin war, eröffneten in den umliegenden Hügeln versteckte Kuomintang-Truppen das Feuer aus verborgenen Maschinengewehren; es war ein gut vorbereiteter Überfall, und nicht viele entkamen lebend. General Han Ying selbst wurde getötet und General Yeh Ting schwer verwundet.

Noch vor jedem anderen Korrespondenten erfuhr ich Einzelheiten über dieses Massaker von Liao Cheng-chih, dem Verbindungsoffizier der Nachhut der Neuen Vierten Armee. Mich traf das ganz besonders, denn ich hatte geholfen, im Ausland Kapital aufzutreiben, um ein Internationales Indusco-Zentrum für die Neue Vierte Armee aufzubauen, das Lehrlinge ausbildete und ein paar kleine Werkstätten unterhielt, um Nachschub für die Guerilla herzustellen. Und nun waren viele Menschenleben und wertvolles Gerät verlorengegangen.

Da ich überzeugt war, daß die Geschichte stimmte, entschied ich, daß ich sie weitergeben mußte, ganz gleich, ob sie »China schaden« würde. Sie konnte leicht ein allgemeines Wiederaufleben der Feindseligkeiten zwischen der Kuomintang und den Kommunisten und den völligen Zerfall des chinesischen Widerstandes nach sich ziehen.

Der Zwischenfall mit der Neuen Vierten Armee stellte sich dann auch tatsächlich als ein Schlag heraus, von dem sich die nationale Einheit Chinas nie wieder erholte.

Meine Story wäre nie durch die Zensur in Chungking gegangen, wo ihr hohe Beamte jede Grundlage glatt absprachen, doch es gelang mir, mehrere Sendungen durch Hongkong hinauszuschleusen. Zum erstenmal berichtete ich auch über das wahre Ausmaß der Blockade und über die von mir beobachtete Entwicklung der Lage im Nordwesten, die bereits die Proportionen eines kleinen Bürgerkrieges anzunehmen begann. Die Folge war, daß alle meine Korrespondentenkollegen in Chungking mit Rückfragen zu tun hatten und daß London und Washington ihre Gesandten um umgehende Berichterstattung baten. Die Chungking-Regierung bestritt noch einmal ganz entschieden, daß irgend etwas geschehen war, und strich mir erneut die Presseprivilegien. In Washington verlangte Dr. Hu Shih, der chinesische Botschafter, daß die *Herald Tribune* an bevorzugter Stelle eine Erklärung abdruckte, in der er meine Berichte als vollkommen falsch brandmarkte. Dabei behauptete er, daß es in China ohnehin »keine kommunistischen« Armeen gebe. Er verlangte – ohne Erfolg – eine Entschuldigung von meiner Redaktion.

Mehrere Tage danach konnten britische Diplomaten den Zwischenfall mit der Neuen Vierten Armee bestätigen. Sie berichteten auch nach London, daß eine groß angelegte Offensive der Kuomintang gegen Yenan unmittelbar bevorstehe. Nun kam ein halbes Eingeständnis des Generalissimus, aber er behauptete, die Attacke sei von der Neuen Vierten Armee ausgegangen. Angesichts der Proteste von Chungking-Korrespondenten gegen Versuche, die Tatsachen zu unterdrücken, die auch sie hatten berichten wollen, wurde schließlich die Zensur vorübergehend gelockert. Schon bald kam die ganze Geschichte vom Beinahe-Zusammenbruch der Einheitsfront, die so lange geheimgehalten worden war, ans Tageslicht.

Später erfuhr ich, daß diese Meldungen Washington so sehr interessiert hatten, daß Verhandlungen über ein neues China-Darlehen eingestellt wurden. Mr. Morgenthau hatte sich nicht gescheut anzudeuten, Chungking könne im Falle eines Wiederauflebens des Bürgerkrieges nicht mehr mit der finanziellen Unterstützung der Vereinigten Staaten rechnen.

Es gab also unmißverständliche Anzeichen dafür, daß amerikanische Kriegshilfe für Chiang Kai-shek an dessen Fähigkeit geknüpft war, im gemeinsamen Widerstand gegen Japan eine gewisse Einigkeit aufrechtzuerhalten.

Allerdings wäre es nicht richtig zu glauben, nur die unangenehme anglo-amerikanische Reaktion auf den Zwischenfall mit der Neuen Vierten Armee habe den Generalissimus davon abgehalten, zur Generaloffensive gegen die Roten zu blasen. Er war sich über die Folgen bestimmt besser im klaren als seine hitzköpfigen Untergebenen. Da fast alle kommunistischen Streitkräfte *hinter* den japanischen Linien waren, hätte sie Chiang ohne ein Bündnis mit den Japanern nicht wirksam bekämpfen können. Damit hätte sich aber die Chungking-Regierung schon bald zusammen mit Wang Ching-wei im Lager der Achsenmächte wiedergefunden, und dann hätten nach Pearl Harbor die Kommunisten als einzige auf der Seite der »Demokratien« gegen Japan gekämpft. Es ist nicht vorstellbar, daß Amerika auf der einen Seite im Pazifik gegen Japan hätte kämpfen und andererseits gleichzeitig Chiang und Japan im Kampf gegen die Roten hätte unterstützen können. Die chinesischen Kommunisten hätten dann sicherlich amerikanische Hilfe erhalten, so wie alle anderen, die im Zweiten Weltkrieg gegen die Achse kämpften. Welchen Einfluß das auf unsere späteren Beziehungen zur chinesischen Revolution gehabt hätte, ist nutzlose Spekulation, doch verglichen mit der Geschichte, wie sie sich tatsächlich abspielte, hätte das Ergebnis kaum schlimmer – und vielleicht sogar viel besser – sein können.

Die Regierung der Vereinigten Staaten erkannte nicht – und hat offenbar bis heute nicht erkannt –, daß sich die politische Initiative innerhalb des chinesischen Widerstandes schon vor Pearl Harbor verlagert hatte. Graham Peck scheint einer der wenigen gewesen zu sein, die das einsahen. Nachdem er im Rahmen der Bemühungen der US-Regierung, China zu helfen, vier Jahre lang im Kriegsnachrichtenamt gearbeitet hatte, schrieb er 1950:

»Ich glaube, es ist in der jüngsten chinesischen Geschichte eine grundlegende Tatsache, daß die Jahre von 1937 bis 1941 – vom Beginn der japanischen Invasion bis zu Pearl Harbor – die kritischen Jahre waren. In der Zeit zeigten die Kommunisten, daß sie sich den durch die Invasion hervorgerufenen Notstand zunutze machen und sich ausdehnen konnten, während die Kuomintang an Stärke verlor, weil sie sich an die Probleme der Kriegszeit nicht anpassen konnte oder wollte. Als dann China unser Verbündeter wurde, war der Trend zu einer Umkehr der Mächte bereits so ausgeprägt, daß wir, hätten wir ihn beeinflussen wollen, mehr Stärke und Wissen gebraucht hätten, als wir damals in China besaßen. [...] Zum Zeitpunkt der japanischen Kapitulation waren die Kuomintang so schwach und die Kommunisten so stark geworden, daß nur noch eine uneingeschränkte amerikanische Intervention, die China buchstäblich in eine amerikanische Kolonie hätte verwandeln müssen, die Kommunisten hätte besiegen können.«*

Die Indusco wurde im China der Kuomintang nach und nach vollkommen erstickt. In den von Kommunisten beherrschten Gebieten überlebte und gedieh sie nicht nur, sondern wurde zum entscheidenden Faktor in deren endgültigem Triumph. Teng Chieh, ein führendes Mitglied der Industrieplanungsgruppe in der Pekinger Regierung, erkannte dies an, als er 1953 in *People's China* schrieb:
»Die Chinesischen Industriellen Genossenschaften, die ihre Arbeit 1938 aufnahmen und die verständnisvolle Unterstützung demokratisch gesinnter Menschen zu Hause wie im Ausland gewannen, machten nur in den befreiten [d. h. kommunistischen] Gebieten eine erfolgreiche Entwicklung durch. So wurde viel Erfahrung im Organisieren von handwerklicher Arbeit in großem Maßstab gewonnen. *Dieser Art von Organisation war es weithin zu verdanken, daß die Kräfte, die dazu bestimmt waren, ganz China zu befreien und es einer [modernen] Industrialisierung zuzuführen, imstande waren, sich zu behaupten.*« (Hervorhebung von mir.)
Moral: Die genossenschaftlichen Produktionsmethoden, die den Kommunisten geholfen haben, »ganz China zu befreien«, hätten China für die Kuomintang retten können. Vielleicht wird sich der Kapitalismus nicht überall sein eigenes Grab schaufeln, wie Marx prophezeite, aber Keynes hatte mit Sicherheit recht, wenn er zu dem Schluß kam, daß es eine historische Wahrheit sei, daß keine Gesellschaftsordnung je anders als durch ihre eigene Hand zugrunde gehe. *Wo aber ein Aas ist, da sammeln sich die Adler.*

28   Zeit, nach Hause zu gehen

Ein jegliches hat seine Zeit...
Geboren werden hat seine Zeit, sterben hat seine Zeit;
pflanzen hat seine Zeit, ausreißen, was gepflanzt ist, hat seine Zeit...

Chungkings verspätetes Bekenntnis zu den tatsächlichen Begebenheiten um die Neue Vierte Armee stellte zwar meine Integrität als Beobachter

* In »Two Kinds of Time« von Graham Peck, (Houghton Mifflin Co.) 1950, S. 700.

wieder her, aber es war eine leere Genugtuung. Was es bewirkte, war, daß ich von meinem sehr stark persönlichen Gefühl der Verantwortung für China geheilt wurde. Etwa zur selben Zeit warf schließlich auch ein so vollkommen unheilbarer »Missionar« wie W. H. Donald das Handtuch. Bei einem letzten angestrengten Versuch, Mme. Chiang Kai-shek die zersetzenden Folgen der in ihrer nächsten Verwandtschaft praktizierten Schiebung und notorischen Wuchergeschäfte ins Bewußtsein zu rücken, hatte er sie eindringlich gebeten, dagegen anzugehen. Madame Chiang fuhr ihn wütend an: »Donald, Sie mögen die Regierung und alles andere in China kritisieren, aber es gibt einige Personen, die auch Sie nicht kritisieren dürfen!« In seiner Wut, die die ihrige noch übertraf, ließ Donald sie stehen, flog mit dem nächsten Flugzeug nach Hongkong und beendete damit seine bemerkenswerte Laufbahn in China.*

Ich hatte nun begriffen, daß es keine gemeinsame Basis mehr gab, auf der jugendliche Leidenschaften und Ideale mit der Korruption und dem Zynismus des Alters einen Kompromiß finden konnten, daß es keinen Platz mehr gab, wo sich die Reichen und die Habenichtse, die Diktatur der Rechten und die Diktatur der Linken ohne Mordgedanken im Herzen begegnen konnten. Die japanische Invasion hatte die Flammen des Bruderkrieges nicht gelöscht, sondern nur noch geschürt und ausgedehnt. Sie sollten noch jahrelang brennen und den Krieg selbst bei weitem überdauern. Das war der Kern dessen, was sich damals über China sagen ließ, und es wurde auf mancherlei Art und in vielen verschiedenen Raum-Zeit-Wirklichkeiten gesagt; doch ganz gleich, wie oft wir es sagten, wir konnten es Amerikanern nicht begreiflich machen, und wir konnten auch nicht verhindern, daß sie erstaunt und gekränkt reagierten, als der Vulkan schließlich ausbrach. Ja, einige von ihnen konnten uns nie verzeihen, daß wir frühzeitig die harte Wahrheit beim Namen genannt hatten.

Ich war auch weiterhin für die Sache Chinas; in den wesentlichen Punkten war sie die Sache der Wahrheit, des Rechts und der Gerechtigkeit. Ich war für jede Maßnahme, die den Menschen in China helfen konnte, sich selbst zu helfen, denn nur auf diese Weise konnten sie zu sich selbst finden. Ich war gegen unkontrollierte Geldzuwendungen an die Regierung der Reichen, denn die lebten weiterhin im Überfluß, während die Armen hungerten und starben; das konnte die Mächtigen nur noch überheblicher machen und die qualvolle Zeit bis zum unvermeidlichen Tag der Abrechnung nur verlängern. Aber ich bildete mir nie wieder ein, daß ich persönlich für China mehr sein könnte als ein kleines fremdes Körnchen auf den gewaltigen Wogen der Geschichte, die ihre eigene Logik besaß und die ich nicht zu ändern vermochte noch zu verurteilen das Recht hatte. Doch China hatte einen Teil von mir in Anspruch genommen, auch wenn

* »Donald of China« von Earl Selle, New York 1950, S. 348f.

ich umgekehrt China nicht für mich in Anspruch nehmen konnte. Meine jugendliche Unwissenheit gegenüber der Bedeutung von Wörtern und Statistiken war durch reale Szenen und Persönlichkeiten ersetzt worden – bis schließlich Hungersnot nichts anderes bedeutete als ein nacktes junges Mädchen mit tausend Jahre alten Brüsten und Grausen nichts anderes als ein Heer von Ratten, die sich vor meinen Augen am eiternden Fleisch noch lebender Soldaten gütlich taten, Soldaten, die hilflos und unversorgt auf dem verbrannten Schlachtfeld zurückgelassen worden waren; bis Rebellion nichts anderes bedeutete als die Wut, die in mir aufstieg, als ich mit ansehen mußte, wie ein Kind in einen Packesel verwandelt und dann gezwungen wurde, auf allen vieren zu kriechen, und »Kommunismus« nichts anderes als ein mir bekannter junger Bauer, der kämpfte, um die Hinrichtung von 56 Mitgliedern seiner Großfamilie zu rächen, die man gemeinsam zur Verantwortung gezogen hatte, weil drei ihrer Söhne in die Rote Armee eingetreten waren; bis Krieg nichts anderes war als der aufgeschlitzte Bauch eines Mädchens, das auf den Straßen von Chapei vergewaltigt und dann nackt vor mich hingeworfen worden war, und Mord nichts anderes als der gelbe Leichnam eines unerwünschten Babys, der in einer Gasse in der Nähe des Gesundheitsministeriums beiläufig auf einen Müllhaufen geworfen worden war; bis Japans »antikommunistischer Führungsanspruch in Asien« nichts anderes war als die Füße und Arme von Waisenmädchen, begraben in den Trümmern eines Hauses, das vor meinen Augen bombardiert worden war, und Unmenschlichkeit nichts anderes als das Lachen müßiger, in Seide gekleideter Männer in Szechuan, die zuschauten, wie wegen einer Handvoll Reis, den sie übriggelassen hatten, ein Bettler einen anderen in einem Straßenkampf zu Tode würgte; bis ich an mir selbst düstere, starre Angst und Feigheit erlebte, und Mut und Entschlossenheit an einfachen Männern und Frauen, denen ich mich einst in kindischer Einschätzung überlegen gefühlt hatte.
Jawohl, ich war ein Teil davon. Und ein Teil von mir wird immer an Chinas braungelben Bergen hängen, an seinen terrassenförmig angelegten smaragdgrünen Feldern, an seinen auf Inseln stehenden Tempeln im frühen Morgennebel, an einigen seiner Söhne und Töchter, die mir vertrauten oder mich liebten, an seinen bankrotten, heiteren, zivilisierten Bauern, die mich beherbergten und mir zu essen gaben, an seinen braunen, zerlumpten Kindern mit den glänzenden Augen, an den Gleichgestellten und den Liebenden, die ich kannte, und ganz besonders an dem verlausten, unbezahlten, hungrigen, verachteten, bäuerlichen Fußsoldaten, der mit dem geheimnisvollen Opfer seines eigenen Lebens nun allein allem Leben Wert verlieh und dem Kampf eines großen Volkes um das Überleben und Vorwärtskommen den Stempel der Erhabenheit aufdrückte.
Jawohl, ich war stolz darauf, sie gekannt zu haben, mit ihnen in der Niederlage über den ganzen Kontinent gezogen zu sein, mit ihnen geweint

zu haben und mit ihnen immer noch einen Glauben gemeinsam zu haben. Aber ich war keiner von ihnen und konnte nie einer von ihnen sein. Ein Mann, der sich selbst hingibt und zum Besitz eines fremden Landes wird, sagte Lawrence in seinem Buch »Seven Pillars of Wisdom«, führt das Leben eines Yahoo; und ich hatte es satt, ein Yahoo zu sein. Ich war Amerikaner, sagte ich mir, und nun sah ich mich endlich als das, was ich war, ein Ismael in einem fremden Land, und zog mich zurück, um nicht vom Abgrund verschlungen zu werden.

Die *Herald Tribune* hatte mir angeboten, für sie als Korrespondent durch Siam, Birma und Indien zu reisen, und ich entschloß mich, zuzusagen und auf dem Weg über Europa nach Hause zu fahren. Anfang Februar 1941 buchte ich bei der holländischen Verkehrsgesellschaft eine Passage nach Singapore. Unter Joe Barnes hatte die *Herald Tribune* den vielleicht besten amerikanischen Auslandsdienst jener Zeit aufgebaut, und ich war stolz, Teil davon zu sein. Mit dem tiefsten Bedauern brach ich jedoch diese Beziehung ab und annullierte ganz plötzlich eine Reise, die möglicherweise mein Leben verändert hätte. Auf einmal überkam mich das bohrende Gefühl, in meinem Familienleben allzu viel vernachlässigt und versäumt zu haben. Meine Frau hatte bereits die Philippinen, wo sie zwei Jahre lang gelebt hatte, verlassen und war nach Amerika zurückgekehrt. Vielleicht konnten, wenn ich sofort zurückfuhr, die Wurzeln der Liebe und des Vertrauens auf unserem heimischen Boden wieder zum Leben erwachen. Abrupt telegraphierte ich Joe Barnes, daß ich – nach jenen »sechs Wochen«, die dreizehn Jahre gedauert hatten – mit dem nächsten Clipper nach Hause fliegen würde.

»Sie werden wiederkommen«, hatte Ching-ling bei unserem letzten Treffen gesagt, nachdem sie versucht hatte, mich zum Bleiben zu überreden. »Wo-men suan ni shih ti-ti. Sie sind für uns ein jüngerer Bruder. Sie werden in Amerika nicht glücklich sein. Sie gehören China.«

Als ich nach dem Abheben des Flugzeugs beobachtete, wie unter uns auf dem tiefblauen Wasser vor Hongkong die Sampans und Dschunken zu braunen Blättern schrumpften, erinnerte ich mich an ihre Worte und an ihr immer noch jugendliches und schönes Gesicht, und ihre Aufrichtigkeit bewegte mich. Ich fragte mich, ob sie wohl recht behalten würde, und halb fürchtete, halb hoffte ich es. Asien schien meine eigentliche Heimat und Amerika die große Unbekannte. Mein Körper schien losgerissen von meinem in Asien gebliebenen Geist.

Armut ist ein relativer, von Ort und Zeit abhängiger Begriff, und in der sterbenden Welt westlicher Macht im Orient war kein Weißer jemals wirklich arm. Doch als ich mich nun Amerika näherte, wo der Erfolg eines Menschen der Schatten war, den die Zahlen hinter seinem eigenen Dollarwert warfen, bereute ich, so leichtsinnig gewesen zu sein. Ich hatte meine Ersparnisse mit »Kriegsarbeit«, mit einem Buch, an dem ich nichts verdienen würde, und mit der Aufrechterhaltung zweier Haushalte verplempert. Ich war weniger »wert« als bei meiner ersten Berührung mit Shanghai, 1928, und die Werte, von denen ich in China gezehrt hatte, waren kaum eine Währung, die sich nun in Gold umwandeln ließ. Was brachte ich schon mit mir nach Hause? Ich konnte für meine Jahre keine Ehrentitel vorweisen, nur die körperlichen Entstellungen, die Malaria, Ruhr und Nierenentzündung zurückgelassen hatten – ich brachte noch nicht mal eine ordentliche Wunde als Souvenir zurück. Ich war, so sagte ich mir, ein Versager.

Wer das Glück hat, das besinnliche Alter zu erreichen, weiß, daß ein langes Leben nicht nach Jahren gemessen wird, sondern nach der Zahl von verschiedenen Leben, die man hinter sich gebracht hat. Erst im Rückblick kann man wahrnehmen, wo ein Leben entschwunden ist und ein neues angefangen hat. Als ich nun vornübergebeugt im »China Clipper« saß, ein deprimiertes Bündel verschleppter Tropismen, spürte ich ganz und gar nicht, daß ein neues, erregendes Dasein vor mir lag. Ich war von Traurigkeit und Einsamkeit und einer für mich ganz neuen Lebensmüdigkeit übermannt.

Ohne daß ich es wußte, waren meine nachlassende Willenskraft und meine geistig-seelische Erschöpfung auch auf eine Art langsames Verhungern zurückzuführen; über einen Zeitraum von mehreren Monaten hinweg hatte allmählich eine Vitaminmangelkrankheit Besitz von mir ergriffen. Was ich brauchte, war in erster Linie ein frisches, nahrhaftes Essen. Von meinem früheren Normalgewicht von 75 Kilogramm hatte ich jetzt noch 57. In Kalifornien nahm ich dann innerhalb eines Monats um 14 Kilogramm zu. Dann ging ich auf eine Ranch in Arizona und vergaß alles über China und den Krieg und tat nichts als essen und reiten und schlafen. Eines Morgens wachte ich auf und war ein ganz neuer Mensch. Etwa zu dem Zeitpunkt begann dann eigentlich mein »drittes Leben«.

Dritter Teil

Das andere Ufer des Flusses

> *Eine seltsame Gerechtigkeit, die durch einen Fluß begrenzt*
> *wird!*
> *Kann man sich etwas Lächerlicheres vorstellen,*
> *als daß ein Mann das Recht haben soll,*
> *mich zu töten, weil er am anderen Ufer lebt...*
>
> Blaise Pascal

1   Candides Rückkehr

Ich kehrte gerade rechtzeitig nach Amerika zurück, um eine Botschaft zum Valentinstag 1941 zu lesen, die Mr. Republican persönlich an sein Volk richtete. »Es ist einfach absurd«, sagte Robert A. Taft, »zu glauben, es bestehe auch nur im geringsten die Gefahr, daß Japan die Vereinigten Staaten angreift.« Auch für Herbert Hoover war dieser Gedanke absurd. »Die Gefahren für Amerika sind heute geringer«, so verkündete er im selben Jahr, »als zu irgendeinem Zeitpunkt seit Beginn des Krieges.«* Mr. John Foster Dulles war der Meinung: »Nur Hysterie kann den Gedanken hervorbringen, Deutschland, Japan oder Italien beabsichtigten, gegen uns einen Krieg zu führen.«**

Doch die Republikaner standen keineswegs allein mit ihrem Irrglauben. Im kommunistischen Lager wurde ihnen fröhlich nachgeplappert. »Es steht schlimm um dieses Land«, protestierte Mr. Roosevelt, »wenn eine ganzseitige Anzeige, die von Anhängern der Republikaner aufgegeben wurde, ausgerechnet im *Daily Worker* erscheint.«*** Nicht nur wurden Taft, Dulles, Hoover, das »America First Committee« und die amerikanischen Kommunisten zusammen mit Kongreßabgeordneten wie den prominenten Senatoren Wheeler und Vandenberg dazu benutzt, Roosevelt in seinen Bemühungen zu behindern, das Land auf die drohende Gefahr aufmerksam zu machen. Sie fanden sich auch in der Gesellschaft von so vorbehaltlosen Nazi-Apologeten wie Merwin K. Hart, Father Coughlin, Fritz Kuhn und John T. Flynn wieder. »Eine unheilvolle Kombination aus den extrem reaktionären und den extrem radikalen Elementen«, nannte sie Mr. Roosevelt.

In China war ich mir der entzweienden Wirkungen des Paktes zwischen Nazis und Sowjets nur vage bewußt gewesen, doch sie erklärten vieles an

---

* Am 17. September 1941 in einer Ansprache in Chikago.
** Im März 1939.
*** »Roosevelt and Hopkins« von Robert Sherwood, New York 1948, S. 193.

unserem unsicheren Vorgehen sowohl in Asien als auch in Europa. Erst als mir in einem Rundfunkstudio in Hollywood Theodore Dreiser begegnete, sah ich diese ganze verwirrende Problematik in einer Person verkörpert. Ich war dort, um in einem Radioprogramm interviewt zu werden. Dreiser war direkt vor mir dran.

»Manche Leute sagen, daß, auch wenn das Britische Reich nicht perfekt ist, die britische Demokratie immer noch viel besser ist als der deutsche Nazismus«, deutete der Interviewer behutsam an.

»Um Himmels willen! Um Himmelsherrgotts willen!« schrie Dreiser. »Blödes Zeug, nichts als blödes Zeug! Lesen Sie mein neues Buch, ›America Is Worth Saving‹, dann wissen Sie, wie es wirklich ist! Ist es denn Deutschland oder Großbritannien, das eine halbe Milliarde Asiaten und Afrikaner in der Sklaverei beläßt? Deutschland kämpft nicht gegen uns, es kämpft gegen den britischen Imperialismus. Warum fragen Führer Roosevelt und seine Freunde nicht Englands *Sklaven*, wer die größere Bedrohung darstellt?«

Mit einiger Bestürzung hörte ich zu, wie der Autor von »Schwester Carrie« und »Eine amerikanische Tragödie« Großbritannien als ein »Monster« brandmarkte und nichts gegen Herrn Hitler zu sagen hatte. Wie, so fragte ich mich, konnte nur ein Autor, der sonst so voll von Mitgefühl und Entrüstung war, das von Hitler drohende Unheil dermaßen unterschätzen?

Er muß senil sein (schließlich war er siebzig!), sagte ich mir, als ich ihn voll Verzweiflung über die »verrückten Übereifrigen« in Amerika, die England helfen wollten, immer wieder erregt aufspringen sah. »Nein!« sagte er schließlich, »diesmal kommen die Yanks nicht! Hol's der Teufel...« Der Moderator schaltete sich schnell ein und erklärte die Sendezeit für »abgelaufen«, nachdem er mir zugeflüstert hatte: »Noch eine Sekunde, und wir sind unsere Konzession los.«

Dreiser nahm mich mit sich nach Hause. Hätte ich nicht ein paar Nächte lang mit ihm diskutiert, hätte ich ihn völlig mißverstanden und hätte wohl auch nie sein »America Is Worth Saving« gelesen. (Es ergab mehr Sinn als sein Auftritt im Rundfunk.) Er hatte für Roosevelt und den »New Deal« gestimmt; jetzt war er restlos gegen ihn, gegen den Wehrdienst und auch dagegen, daß wir auch nur einen Finger krumm machten, um England zu helfen oder Hitler aufzuhalten.

»Die Briten, die Franzosen, die Holländer, die Belgier, alle diese Imperialisten, die wollten es ja nicht anders, und jetzt sollen sie's, bei Gott, auch ausbaden!« argumentierte Dreiser. »Wann haben sie je versucht, ihren Eingeborenen so etwas wie Demokratie zu geben? Was haben sie unternommen, um Spanien, Abessinien, China zu retten? Und wer hat Japan aufgerüstet? Der britisch-amerikanische Imperialismus! Wer hat Hitler am Anfang unterstützt? Chamberlain! Daladier! Und warum? Sie haben sich verschätzt. Sie glaubten, Hitler würde gegen Rußland Krieg führen, nicht gegen sie! Und jetzt kommen sie heulend zu uns und wollen, daß wir ihnen helfen, daß wir ihren Krieg für sie austragen, daß wir ihre Kolonien retten. Sie sagen, Stalin habe sie ›verraten‹, als er mit Hitler einen Pakt schloß. Warum sollte er das denn nicht tun? Hat er denn nicht einfach Chamberlains Spiel gespielt, aber mit mehr Erfolg?«

»Das meiste, was Sie da sagen, ist sicher richtig«, stimmte ich ihm zu. »Aber wir haben jetzt 1941. Europa hat Hitler inzwischen sicher. Soll das Britische Reich eben auch fallen, meinetwegen, aber doch nicht an Hitler! Im Augenblick steht Großbritannien allein und kämpft um sein Leben. Und wenn Großbritannien verliert, wer kommt dann? Rußland? Und nach Rußland?«

Ich brauche hier diesen alten Wortstreit nicht weiter auszugraben. Ich hatte jedenfalls das Gefühl, daß ich die Debatte Punkt um Punkt gewann, und darüber erschrak ich. Wie kam es, daß ich mich gegen dieses große Bollwerk eines Intellekts behaupten konnte, dessen Genialität und Lauterkeit für mich ganz außer Frage standen? Je lauter er schrie, desto weniger glaubte ich, daß die Überzeugung, die hinter seinen Worten stand, seine eigene war.

»Alles, was Sie sagen, ist nur logisch und sinnvoll, wenn man von der Unfehlbarkeit Moskaus ausgeht!« warf ich ihm schließlich vor.

»Aber natürlich!« sagte er. »Es gibt in diesem ganzen Chaos nur ein Land, das Hilfe verdient. Rußland! Snow, warum sind Sie kein Kommunist?«

»Sind Sie denn einer?«

»Nein; aber nicht, weil ich nicht gewollt hätte, bei Gott!« antwortete er. »Sie wollen mich nicht. Ich bin ihnen nicht gut genug.«

Gut genug! Hier war der Mann, der dem Bild eines amerikanischen proletarischen Schriftstellers näherkam als alle Autoren, die dieses Land hervorgebracht hatte, und erzählte mir, er sei nicht würdig. »Die Kommunisten nehmen es sehr genau, wirklich«, fuhr er fort. »Seit Jahren tue ich alles, was sie verlangen, aber sie sagen immer noch, ich sei zu individualistisch, zu emotional, zu undiszipliniert. Aber ich habe die Hoffnung noch nicht aufgegeben. Und woran liegt's bei Ihnen?«

»Ich war einmal Katholik, wie Sie. Als ich mich lossagte, gab ich damit den Glauben an *alle* Päpste auf. Stalin ist kein Übermensch, und ich kann nicht jedesmal, wenn er einen neuen Ton angibt, auch meine Melodie ändern. Ich war auch schon vor dem Pakt gegen den Nazismus. Wenn die Kommunisten jetzt von einem ›imperialistischen Krieg‹ reden wollen, dann ändert das für mich nichts am Nazismus.«

Je mehr wir uns stritten, desto weniger konnte ich ihn von irgend etwas überzeugen. In meiner Einstellung gab es natürlich auch Widersprüche. Ich wollte zwar, daß wir China *und* Großbritannien halfen, aber ich wollte nicht, daß Amerika am Krieg teilnahm. Aber ich glaubte, etwas zu wissen, was Dreiser nicht wußte. Japan würde uns in den Krieg verwickeln, ob wir nun einem anderen Land halfen oder nicht.

Meine Jahre im Osten mögen mir das beigebracht haben, aber sie hatten mir nichts über Amerika oder einen Mann wie Dreiser beigebracht. Er blieb für mich die rätselhafte Schlüsselfigur unter all den linksgerichteten Intellektuellen, die der kommunistischen Parteilinie jener Zeit folgten, wenn sie sich Roosevelts Bemühungen, eine Verteidigung zu organisieren und Großbritannien zu helfen, widersetzten und den Pakt und die Aufteilung Polens zwischen Rußland und Deutschland guthießen.

Nicht so einfach war das wohl bei Dreiser, der schließlich 1945, nicht lange vor seinem Tod, doch noch für »gut genug« befunden wurde, um in die Partei aufgenommen zu werden. Er war für mich auch noch ein Rätsel, als ich kürzlich auf einen Essay Lester Cohens stieß, der diesen Akt als eine verzweifelte letzte Unterschrift unter Dreisers lebenslanger Suche nach einem heilen Glauben erklärte. Nachdem er in der realen Welt, die er so gut kannte, keine Hoffnung für den Menschen gefunden hatte, mußte er einfach glauben, daß das absolute Gute irgendwo existierte. Der Glaube an Rußland wurde für ihn, wie für viele andere mit wesentlich geringerem Intellekt, zu einem Glauben an einen Erlöser in Übersee.

In dieser Hinsicht glich Dreiser einem anderen großen nordamerikanischen Künstler, den ich Jahre danach in Mexiko kennen- und schätzenlernte – Diego Rivera. Es waren Menschen mit dem Mut von Löwen, die stürmisch und ungestüm mit dem rohen Material der Kunst und des Lebens kämpften und deren Werke ihre Politik weit überdauern werden, denn sie waren voller Herz, ihr Herzschlag kräftig und aufrichtig.

1941 dachte Dreiser wenigstens an China mit dem Herzen, denn da stand kein Verbot aus dem Kreml im Weg, das ihn hätte verwirren können. Der Widerstand der Chinesen hatte immer noch den Segen Moskaus, obwohl Japan Hitlers Verbündeter war. Dreiser interessierte sich so sehr für die Guerillagenossenschaften in China, daß er half, in Hollywood ein Komitee aus Schauspielern und Schriftstellern zu bilden, um für diese Genossenschaften Geld zu beschaffen. Er machte mich auch mit dem amerikanischen Schriftstellerbund »League of American Writers« bekannt, zu dessen führenden Köpfen er gehörte. Die Folge war, daß ich als einer der Hauptredner zu einem Schriftstellerkongreß im Juni 1941 nach New York eingeladen wurde.

»Unser Leben scheint nichtssagend, und wir legen keinen Wert darauf, es aufzuzeichnen«, sagte Emerson, und der Vorfall, den ich mir jetzt ins Gedächtnis zurückrufe, scheint nichtssagend. Doch er war wichtig für die »Persona«, die wir auf diesen Seiten untersucht haben, im Hinblick auf ihre Verhältnisse zu der Vielzahl anderer einzelner Menschenleben, die

die Gesellschaft darstellen und Regierungen bestätigen und dafür ihrerseits diese beeinflussen oder von ihnen beeinflußt werden.

Dieser Kongreß sollte auf viele Jahre hinaus die letzte Gelegenheit sein, die amerikanische Schriftsteller zum Zweck einer politischen Aussage zusammenführte. Ich war von den berühmten Namen beeindruckt, aber gleichzeitig bekümmert, daß sie eine Plattform unterstützten, die Roosevelt als einen »Faschisten« beschimpfte und jeden Akt des stalinistischen Opportunismus billigte. Sie waren genauso unvernünftig wie Taft oder Dulles. Als ich mich weigerte, ein in solchen Begriffen abgefaßtes Manifest zu unterzeichnen, wurde mir gesagt, es sei »nicht als Zwangsjacke gedacht«. Sie wollten mich auch weiterhin zum Fernen Osten hören. Da sich zu der Zeit die Aufmerksamkeit der Amerikaner fast ausschließlich auf Europa konzentrierte, war ich froh über die Gelegenheit, den Leuten die Gefahr aus dem Osten plausibel machen zu können.

Schließlich durfte ich dann meinen Vortrag doch nicht halten. Einen Tag vorher wurde ich aufgefordert, ein Vorausexemplar meiner Rede abzugeben. Ich verknüpfte in meinem Manuskript den chinesischen Widerstand mit Großbritanniens Kampf ums Überleben und forderte Unterstützung für beide Länder, aus der Überzeugung heraus, daß die beiden Kriege in ein einziges weltweites Ringen gegen den nazistisch-faschistischen Imperialismus münden würden, in das auch Rußland bald hineingezogen werden würde. Es gebe zur Zeit nur eine einzige aufrichtige Haltung, nämlich »jedes Volk zu unterstützen, das gegen die Achsenmächte und für seine Freiheit kämpft«.

Als der Geschäftsführer des Kongresses, Franklin Folsom, las, was ich zu sagen beabsichtigte, veranlaßte er, daß dreimal ein Ausschuß zu mir kam und mich zu überreden versuchte, diese Bemerkungen aus meiner Rede zu streichen. Sie standen, wie sich Folsom in einem formellen Brief ausdrückte, »im Widerspruch zu den fundamentalen Überzeugungen dieses Kongresses«. Ich fragte mich nur, wie ein Kongreß, der dazu einberufen worden war, »in der nationalen Krise vor Intellektuellen Probleme zu diskutieren«, sich schon von vornherein auf seine »fundamentalen Überzeugungen« festlegen lassen konnte.

Ich hatte nicht recht geglaubt, daß, wie in Presseangriffen behauptet worden war, die Kommunisten eindeutig die Richtung bestimmten; ich kannte zu viele der beteiligten Schriftsteller, die keine Kommunisten waren. Nun sah ich, wie ihre natürlichen isolationistischen Antikriegsgefühle einfach dazu ausgenützt wurden, Schlagzeilen zu liefern, die nach Meinung der Kommunisten Moskau gefallen würden. Ich weigerte mich, an meiner Rede etwas zu ändern, und die Einladung an mich wurde rückgängig gemacht. Ich war jedoch oft genug bei den »Diskussionen« dabei, um beobachten zu können, wie die wenigen Versuche, selbständige oder oppositionelle Ansichten zur Außenpolitik vorzutragen, von einer gut organisierten Parteiclaque, die alle Sitzungen beherrschte, einfach erstickt wurden. Von den Kommunisten vorgebrachte Resolutionen wurden für »einstimmig« angenommen erklärt. Der Kongreß endete mit einem großen Trara im Madison Square Garden, bei dem Großbritannien verurteilt wurde, weil es einen »imperialistischen Krieg« führte; Roosevelt wurde als »Kriegstreiber« lächerlich gemacht; gelobt wurde das »friedliebende« Rußland.

Das war am 19. Juni 1941. Zwölf Tage danach drangen »im Widerspruch zu den fundamentalen Überzeugungen des Schriftstellerkongresses« Hitlers häretische Panzer in die Ukraine ein und überraschten damit Stalins Höflinge. Die amerikanische kommunistische Partei tauchte schließlich nach etlichen Tagen intensiver Seelenforschung aus dem Nebel auf und verkündete, der Krieg sei zu einem Kampf aller »freiheitsliebenden Völker« gegen die tödlichste Tyrannei der Menschheitsgeschichte geworden. Den »imperialistischen Krieg« Großbritanniens gab es nicht mehr, und die »League of American Writers« auch nicht. Beide lösten sich einfach in nichts auf.

Ich weiß nicht, wie viele Schriftsteller, die an dieser demütigenden Erfahrung einer intellektuellen Liebedienerei beteiligt waren, daraus folgerten, daß man den amerikanischen Kommunisten auf Grund ihrer totalen Unterwürfigkeit gegenüber dem Kreml jede Fähigkeit absprechen mußte, einen organisierten politischen, sozialen und wirtschaftlichen Fortschritt in den Vereinigten Staaten anzuführen. Ich vermute, daß die meisten zu diesem Schluß kamen, als sie sich erst von dem Schock erholt hatten. Das kurze Zusammentreffen genügte mir, um zu sehen, daß sich die Kommunisten hier letztlich auflösen würden, einfach weil sie unfähig waren, für sich selbst zu denken und eine klare, autonome politische Linie auszuarbeiten.

Tatsächlich ist eine revolutionäre Partei in einem Land, in dem auch nicht annähernd eine revolutionäre Situation herrscht, im Grunde genommen ein politischer Anachronismus. Kein Land nimmt seine Zuflucht zu einer gewaltsamen sozialen Revolution, solange die alte Ordnung nicht alle ihre Möglichkeiten ausgeschöpft hat. Die Auswege, die dem amerikanischen Kapitalismus noch offenstanden, waren gar nicht zu zählen. Man braucht sich nur all die Bedingungen vor Augen zu halten, die in China eine Revolution unumgänglich machten, dann sieht man, daß praktisch keine davon in Amerika existierte, um dieses Mittel zur Veränderung als einzige Alternative übrigzulassen. Die auf den Voraussetzungen der in Rußland gemachten Erfahrungen beruhende marxistisch-stalinistische Lehre mochte in vielen rückständigen, auf dem Stand des 19. Jahrhunderts beharrenden Wirtschaftssystemen zweckdienlich sein. Wenn man sie aber streng auf die moderne industrielle Demokratie der Vereinigten Staaten anwandte, fehlte es ihr an Relevanz. Eine Partei, die auf dem Glauben an einen revolutionären Erlöser in Übersee aufgebaut war, glich deshalb einer Armee, die sich dauernd auf einen Krieg vorbereitete, der in einem anderen Land bereits ausgetragen worden ist, anstatt sich auf den tatsächlich anbahnenden Kampf einzustellen.

Doch 1941 hatte ich mir selber noch nicht klargemacht, daß Kommunisten in *allen* Ländern immer mit dem gleichen Handikap zu tun haben würden wie die Amerikaner. Ich empfand auch nach wie vor viel Sympathie für den Kampf des russischen Volkes um die Erhaltung seiner Selbständigkeit und um das Recht, in Übereinstimmung mit den Gesetzen seiner Geschichte sein eigenes Schicksal zu bestimmen.

Schon bald sollte ich die Gelegenheit haben, diesen Kampf, vielleicht die entscheidende politische Schlacht dieses Jahrhunderts, als Augenzeuge mitzuerleben.

2 Ich begegne der Armee

Unsere besten Köpfe und verdientesten Patrioten unter den »Interventionisten« waren über jeden ungehalten, der die Aufmerksamkeit auf den Fernen Osten »ablenken« wollte. In ihren Forderungen nach einem sofortigen totalen Krieg gegen Hitler ignorierten oder unterschätzten das »Fight for Freedom Committee« und seine mächtigen Verbündeten beharrlich die japanische Gefahr. Nur sehr wenige sahen in Japan eine kontinentale Macht, die nun durchaus in der Lage war, einen lang anhaltenden Krieg gegen *alle* westlichen Länder zu führen. Fast jeder schrieb Japan als »in China festgehalten« ab oder sprach von der »auszehrenden Wirkung« der japanischen Eroberungen oder tat es geringschätzig als Italien des Ostens ab. Evans Carlson war fast der einzige unter den amerikanischen Militärexperten, der uns öffentlich vor der Gefahr eines japanischen Überraschungsangriffs auf die Vereinigten Staaten warnte. Ich habe General MacArthurs Geheimdienstberichte von 1941 zwar nicht gelesen, aber ich weiß, daß er, als ich ihn kurz vor meiner Rückkehr aus Manila traf, überzeugt war, daß Japan die Philippinen nicht anrühren würde, »solange dort die amerikanische Flagge weht«.

»Churchill glaubte wie damals fast jeder Regierende«, sagte Robert Sherwood, »daß der mächtige Hitler derjenige sein würde, der entschied, wann es Zeit war, die Vereinigten Staaten zu attackieren. Die Möglichkeit, daß eine Tat von so unglaublicher Dummheit von den Japanern begangen werden könnte, war kaum einer Überlegung wert, hatte man doch in Washington immer so besorgt darauf geachtet, daß Japan sein ›Gesicht‹ wahrte.«* Das traf auf Beamte in der Hauptstadt genauso zu wie auf Ar-

---

* »Roosevelt and Hopkins«, a.a.O., S. 369

meeoffiziere, die ich im Sommer und Herbst 1941 in großer Zahl kennenlernte.

Schon bald nach meiner Rückkehr fing ich an, ausschließlich für die *Saturday Evening Post* zu arbeiten. Monatelang besuchte ich Truppenübungsplätze und reiste mit der neuen Armee der Vereinigten Staaten. Die lasche Kampfmoral unter unseren Wehrpflichtigen spiegelte die tiefe Skepsis eines Landes wider, das alles andere als überzeugt war, daß uns eine echte Gefahr drohe. Wir hatten gutes physisches Material, unsere Unteroffiziere waren besser bezahlt als japanische Generäle, und es gab nirgendwo besser untergebrachte und besser ernährte Soldaten. Ihnen fehlte die Einigkeit, die ein gemeinsames Anliegen vermittelt, sie sahen sich als die Opfer eines kriegswütigen Präsidenten und eines faulen Schwindels. Wenn dies ein »uneingeschränkter nationaler Notstand« war, warum mußten sie dann »Soldat spielen« und Besenstiele anstelle von Gewehren, Ofenrohre anstelle von Artillerie, Jeeps anstelle von Panzern und Feuerwerkskörper anstelle von richtiger Munition verwenden?

Die Armee fürchtete sich so sehr vor den Wachhunden unter den isolationistischen Kongreßabgeordneten, daß die Tatsachen des Krieges mit den einberufenen Wehrpflichtigen gar nicht erst diskutiert wurden. Nur wenige konnten einem sagen, welches die »Vier Freiheiten« waren. Offiziere ärgerten sich über eine Leih-Pacht-Verordnung, die ihnen »das für ihren Beruf erforderliche Handwerkszeug wegnahm«. Auch *dafür* machten sie Roosevelt verantwortlich. Aber noch mehr haßten sie die isolationistischen Kongreßabgeordneten, in der überwiegenden Mehrheit Republikaner, die es fast unmöglich machten, überhaupt eine Armee zusammenzuhalten. Ich kann mich erinnern, daß mir darüber General George S. Patton den Kopf vollredete, als ich bei Manövern der Zweiten Panzerdivision in Louisiana ein paar Tage lang in seinem Panzer mitfuhr. Als ich mich verabschiedete, sagte er prophetisch:

»Ich habe offen mit Ihnen geredet, Snow. Ich hab' mein verdammtes Maul zu weit aufgerissen, und Sie können mich fertigmachen. Ich kann es in dieser Armee weit bringen, wenn ich nicht zu oft ins Fettnäpfchen trete. Keiner ist in unserer Armee so schnell erledigt wie einer, der sich mit dem Kongreß anlegt. Also, tun Sie, was Sie wollen, aber zitieren Sie mich nicht.«

General L. J. MacNair, der damals die gesamte Geländeausbildung unter sich hatte, erzählte mir im September, wir hätten nur zwei kampfbereite Divisionen.

Und dann ist da dieser Eintrag in meinem Tagebuch, unter dem Datum des 14. August:

War um 8 Uhr 45 bei Brig.General Omar Bradley, dem Kommandeur der Infanterieschule. Während ich noch bei ihm war, kam ein Offizier herein und meldete, Nachrichten über das Roosevelt-Churchill-Treffen kämen im Radio. Wir gingen mit und hörten, wie Ed Murrow aus London berichtete, die Briten seien nicht gerade begeistert. Sie hätten sich eine Kriegserklärung erhofft.

»Nein, eine Erklärung ist nicht die Antwort«, sagte ich. »Sie macht es vollends unvermeidlich.«

»Die gestrige Abstimmung über die Verlängerung der allgemeinen Wehrpflicht – 205 zu 204 – sagt mir sehr viel mehr«, erwiderte Bradley trocken. »Das macht uns Sorge – diese uneinige Führung. Die Probleme mit der Kampfmoral in unseren Camps würden über Nacht verschwinden, wenn das Land und der Kongreß zusammenfinden würden oder sich wenigstens darin einig wären, daß wir eine Armee brauchen.«

Bis Dezember war nichts geschehen, was die öffentliche Meinung Amerikas aus ihrer festgefahrenen Situation herausgeführt hätte. Die Interventionisten hatten nach dem Angriff der Nazis auf Rußland einige Unterstützung von den Arbeiterverbänden erhalten, doch ihr Gewicht wurde leicht von Senatoren wie Harry S. Truman aufgewogen, die nun auf eine Politik hofften, die die beiden bösen Kobolde ermuntern sollte, sich gegenseitig zu vernichten, ohne aber uns in den Krieg hineinzuziehen. Der *dritte* böse Kobold war immer noch »kaum einer Überlegung wert«, auch wenn Mr. Hull jetzt mit Admiral Nomura, dem japanischen Gesandten, verhandelte. Das »America First Committee« erfreute sich eines stärkeren Rückhalts im Kongreß als je zuvor. Oberst Lindberghs Beschwichtigungsreden wurden von Pressezaren wie Colonel McCormick wirkungsvoll nachgebetet, denn ihr Haß auf Roosevelt überstieg bei weitem ihr Gefühl für eine der Nation drohende Gefahr.

Es zeigte sich jedoch, daß der Präsident trotz dieser lautstarken Claque nüchtern mit der Möglichkeit eines erweiterten japanischen Angriffs rechnete. Roosevelts großes Dilemma war, wie er mehr als einmal bemerkte, die Schwierigkeit, den gespaltenen Kongreß rechtzeitig von der drohenden Gefahr zu überzeugen, so daß eine nationale Katastrophe vermieden werden konnte. Es gibt keinerlei Beleg dafür, daß es seine Berater jemals gewagt hätten, darauf hinzuweisen, die Japaner selbst würden sein Problem auf die Art und Weise lösen, wie sie es dann tatsächlich taten.

Es gab für die Japaner ein halbes Dutzend Möglichkeiten, durch eine Strategie fortgesetzter Zermürbung ihre Ziele zu erreichen. Warum entschieden sie sich dann ausgerechnet für den einzigen Weg, der mit Sicherheit mit ihrer Niederlage enden mußte? Auch wenn man eine schlechte militärische Aufklärung und Fehlkalkulationen der obersten Führung Japans berücksichtigt – die Erwartung eines frühzeitigen russischen Zusammenbruchs; der Glaube, Großbritannien sei aus dem Krieg ausgeschaltet; die Überzeugung, die Vereinigten Staaten würden bald von einer unüber-

windlichen, von den Achsenmächten dominierten eurasischen Welt isoliert sein – so bleibt der Angriff auf Pearl Harbor immer noch ein monu-
mentaler »irrationaler Akt«, um Churchills Ausdruck zu gebrauchen. Er
konnte nur von Männern ausgeführt werden, deren Leidenschaften sie
für zwei entscheidende Tatsachen vollkommen blind machten: das gewaltige Kriegspotential der Vereinigten Staaten und die absolute Gewißheit, daß eine durch nichts zu rechtfertigende und durch nichts provo-
zierte Ermordung von Amerikanern auf amerikanischem Grund und
Boden unser Volk auf die Beine bringen und ihm zu einer Einigkeit und
Entschlossenheit verhelfen würde, die durch nichts sonst zu erreichen
war.

War Pearl Harbor »Ignoranz in Aktion« auf nationaler Ebene, so war die
Ignoranz nicht nur auf der einen Seite. Verstanden die Japaner unseren
Nationalcharakter nicht, so verstanden wir den der Japaner auch nicht.
Pearl Harbor war der Gipfel einer Kette von politischen Fehlern, die wir
jahrelang begangen hatten. Es war auch das Ergebnis der Ignoranz, die
hinter jenem anglo-amerikanischen politischen Kurs steckte, das imperialistische Japan mit Waffen auszurüsten, damit es seine schwachen
Nachbarn zerschlagen konnte; es war das Ergebnis der englisch-franzö-
sisch-holländischen Scheinheiligkeit, die Japan zu dem kolonialen Zynismus erzogen hatte und dabei – ganz »irrational« – versäumt hatte, ihre
asiatischen Untertanen zur Stärke, Freiheit und Gleichheit zu führen; es
war das Ergebnis einer zwei Jahrhunderte dauernden praktischen Demonstration für Asien, daß sich der Weiße auf nichts anderes verläßt und
nichts anderes versteht als Gewalt; und es war das Ergebnis davon, daß
der Westen jahrzehntelang den grimmigen, immer stärker werdenden
revolutionären Haß unterschätzte, der einen ganzen Kontinent quälte
und der dann in jener inneren Leidenschaft aufging, die Japan zum maßlosen Selbstmord trieb.

Ähnliche Ansichten sollte ich nun von Präsident Roosevelt zu hören bekommen.

3   Der Oberbefehlshaber

Nicht lange nach jenem schicksalsschweren Dezembersonntag wurde ich
nach Washington bestellt, um beim Nachrichtendienst der Air Force einen Job zu übernehmen. Etwa zur selben Zeit machte mir die *Saturday
Evening Post* ein sehr verlockendes Angebot: als ihr erster Kriegsberichterstatter sollte ich sofort eine Reise nach Indien und China machen und
dann nach Rußland oder »was eben noch übrig ist«.

Als der Tag gekommen war, an dem ich mich entscheiden mußte, wurde
ich glücklicherweise durch eine persönliche »Order« des Oberbefehlsha-

bers aus meinem Dilemma befreit. Ich hatte mich zur wöchentlichen Pressekonferenz im Weißen Haus eingeschrieben und unterhielt mich mit Wayne Coy, einem Sonderberater des Präsidenten. Das Telefon läutete. Es war Steve Early, der ausrichtete, F.D.R. wolle mich sprechen.

Unsere ganze Unterhaltung war vertraulich, doch er äußerte sich zu einigen Themen, über die er sich meines Wissens in dieser Form nie schriftlich ausgelassen hat. Der Präsident begrüßte mich mit einem breiten Lächeln und einem herzhaften Händedruck. Er forderte mich durch einen Wink auf, Platz zu nehmen, nahm sich eine Zigarette und beugte sich vor, um mir Feuer zu geben. Er »kenne mich«, sagte er, durch »Roter Stern über China«, und er wolle mich »interviewen«.

»Wie stehen die Dinge in China? Hat man dort eine gute Meinung von uns?«

Die Chinesen wüßten, daß er persönlich immer versucht habe, ihnen zu helfen, antwortete ich. Ich hielt den Daumen nach oben. »Lo Ssu-fu, ting-hao! Das bedeutet: Roosevelt, sehr gut. So begrüßten mich Leute tief in China, wenn sie hörten, daß ich ein Amerikaner bin – selbst zu einer Zeit, als wir noch Kriegsgüter an Japan verkauften.«

Er grinste erfreut. »Nun möchte ich gerne wissen, was Sie von Chiang Kai-sheks Äußerung über Indien halten.« Der Generalissimus war eben in Delhi gewesen und hatte nun an die Briten appelliert, Indien die unbeschränkte Selbstverwaltung zuzugestehen, um im Hinblick auf den Krieg das indische Volk zu einem Verbündeten und gleichgestellten Parnter zu machen.

Ich hielt das für eine löbliche Idee, aber würde etwas dabei herauskommen? »Hat nicht Churchill Indien als das ›strahlendste Juwel in der Krone unseres Reiches‹ bezeichnet?«

Roosevelt sagte, seiner Meinung nach könne Indien eines Tages zu »unserem Problem« werden. »Ich weiß nicht recht, wie Winston heute zu dieser ganzen Frage steht. Als ich bei dem Treffen, bei dem es um die Atlantik-Charta ging, mit ihm redete, hatte ich den Eindruck, daß er für Indien etwas tun *wollte*, aber nicht wußte, wie.«

Ich sagte, ich könne mir nicht vorstellen, daß wir einen Krieg um die Vier Freiheiten nur in Europa austrugen und dann erwarteten, daß sich auch Kolonialvölker in Asien dafür begeisterten. Wir brauchten auch eine Pazifik-Charta. Wenn sich die Alliierten verpflichteten, den von den Japanern überrannten Kolonien zu einem bestimmten Zeitpunkt nach dem Sieg die Unabhängigkeit zu geben, dann könnten wir vielleicht von den Millionen von Asiaten eine echte militärische Unterstützung bekommen. Ich hatte zu diesem Thema gerade für die *Post* einen Artikel geschrieben. Er bestand darauf, daß ich ihm von diesem unveröffentlichten Artikel eine Zusammenfassung gab, und zu meinem Erstaunen hörte mir dann dieser meistbeschäftigte Mann der Welt geduldig zu.

»Da sind einige Gedanken dabei, die wir verwenden können«, sagte er. »Überlassen Sie mir eine Kopie Ihres Manuskripts, und ich sorge dafür, daß sie sofort Bill Donovan in die Hände bekommt.« Ich würde lügen, wenn ich sagte, daß ich mich nicht geschmeichelt fühlte.

»Snow, was würden Sie tun«, fragte er langsam, so, als habe er einige Zeit darüber nachgegrübelt, »um in Indien unter den derzeitigen Bedingungen eine neue Regierung einzusetzen? Da ist das Moslem-Hindu-Problem, und da sind die Unberührbaren und die Prinzen und die Minoritäten. Die Briten sagen, sie müßten alle diese Menschen voreinander beschützen; sie könnten die Macht nicht übergeben, weil dann irgendwelche Gruppen mit Sicherheit darunter leiden würden. Das ist Churchills Argument. Was meinen Sie, würden Sie eine Regierung errichten, die die Rechte und Privilegien all der verschiedenen religiösen Gruppen, Kasten, Prinzen und so weiter garantiert? Oder würden Sie einfach unter einer Verfassung in einem demokratischen Rahmen Gleichheit für jeden schaffen, so ähnlich wie in unserem Land in der ersten Zeit der Konföderation – würde das überhaupt funktionieren?«

Was für eine Frage – für *mich*! Ich gab ihm die Meinung eines einzelnen: Seit Jahren stagnierte Indien, weil die Briten den großen Damm darstellten, der den Fluß und Verlauf der natürlichen und nationalen politischen Evolution Indiens blockierte. Jetzt war das Problem Indiens, wie es die überlebten feudalen Institutionen loswerden konnte, und *nicht*, wie es mit komplizierten verfassungsmäßigen Garantien für deren Fortbestand sorgen konnte.

»Jede neue indische Regierung müßte auf der Basis einer demokratischen Verfassung organisiert werden«, schloß ich mit einem Ausblick in die Zukunft. »Es wird gewaltige Probleme geben, aber die sollten von den Indern gelöst werden. Je länger die Briten an der Macht festhalten – vorausgesetzt, natürlich, daß es nicht zu einer japanischen Invasion kommt–, desto größer wird die Wahrscheinlichkeit, daß die Inder ihre Klassen- und Religionsunterschiede nicht mehr ohne Katastrophe werden lösen können.«

»Das sind genau meine Gedanken! Ich will Ihnen noch was sagen«, fügte der Präsident hinzu. »Ich glaube, wir müssen den religiösen Fanatismus mit seinem rückschrittlichen sozialen Einfluß nicht nur in Indien loswerden, sondern wir müssen auch in unserem eigenen Land den reaktionärsten religiösen Machtanspruch loswerden. Wir werden schon bald die ganze kirchliche Kontrolle über unser Erziehungssystem ausmerzen müssen. Das gehört der Vergangenheit an. *Alle Schulen sollten unter weltlicher Aufsicht stehen.*«

Ich erinnerte ihn daran, daß einer seiner Vorgänger diesen Prozeß in den Philippinen umgekehrt hatte, nachdem die Filipinos selbst mit dem Vatikan gebrochen und eine unabhängige christliche Kirche – die Aglipayer – gegründet hatten. Es war Präsident W. H. Taft gewesen, der bei einem

Rombesuch den Philippinen-Disput mit dem Papst dadurch beilegte, daß er das von den Nacionalistas beschlagnahmte kirchliche Eigentum zurückgab.

»Nun, die Filipinos können das erneut ändern, wenn sie ihre Unabhängigkeit erhalten«, sagte der Präsident, »und wir halten in diesem Punkt unser Versprechen – wenn wir die Japse rausgeworfen haben. Jetzt blicken alle Asiaten auf die Philippinen und erwarten, daß die anderen Mächte nachziehen. Und wir werden unseren Freunden, den Alliierten, erzählen müssen, daß sie in die Orientalen und ihre Fähigkeit zur Selbstverwaltung Vertrauen haben müssen. Das gilt nicht nur für Indien und Birma und Indochina, sondern auch für Java und Malaya und sogar für Neuguinea.«

Ich setzte mich noch etwas aufrechter hin.

»Nun sagen zwar die Holländer, sie hätten in Java bereits eine Selbstverwaltung und Demokratie, und sie wollten den Leuten dort wirklich die Macht überlassen«, fuhr er fort. »Was aber die Holländer und die Briten und die Franzosen wirklich meinen, ist, daß sie eine Art von Selbstverwaltung wollen, die dafür sorgt, daß die Europäer noch in hundert Jahren fest im Sattel sitzen.«

»Die träumen! Was immer auch geschehen mag, der Krieg bedeutet den Zusammenbruch des Kolonialsystems in Asien.«

»Snow, es sieht fast so aus, als seien die Japse ein notwendiges Übel gewesen, um dem alten Kolonialsystem ein Ende zu machen und die Reformen durchzusetzen, die notwendig waren. Es ist natürlich ein Jammer, daß es die Japse sein mußten«, er grinste, »da die Europäer die Warnzeichen nicht sehen konnten. Ich schätze, ich bin ein wenig gegen die Japse voreingenommen. Ich hab' das von meinem Großvater Delano, der mit Klippern nach China segelte. Er lernte die Chinesen sehr gut kennen und mochte sie gern, aber er hatte immer eine sehr starke Abneigung gegen die Japaner. Es freut mich, daß Sie sagen, die Chinesen mögen uns. Kommen sie mit uns besser aus als mit den Briten?«

Wahrscheinlich seien sie uns gegenüber weniger mißtrauisch als gegenüber den Briten, sagte ich ihm. (Das war damals tatsächlich so!) Wir hätten keine Kriege geführt und ihnen kein Land weggenommen. Trotzdem hätten wir nie auf die Exterritorialität verzichtet; wir nutzten weiterhin die Vorteile des Imperialismus, ohne seine Lasten zu tragen.

Er beschrieb mit den Armen eine Geste, als wolle er etwas vom Tisch fegen, und sagte: »Wir hätten das alles längst abstoßen sollen. Schon 1933 schrieb ich Außenminister Hull, es sei meiner Meinung nach Zeit, die Exterritorialität in China aufzugeben. Hull war auch dafür, aber seine Berater im Außenministerium dachten anders.« Und mit einem sardonischen Grinsen fügte er hinzu: »Natürlich wußte ich darüber nicht genug, um mich gegen das gesamte Außenministerium zu stellen!«

Dann stellte er mir nacheinander eine Reihe ganz verschiedener Fragen.

War ich der Meinung, daß die Chinesen nach und nach die Japaner als eine Rasse »absorbieren« würden? Heirateten sie tatsächlich untereinander? Wenn ein Chinese einen »Japsen« heiratete, war dann das Kind mehr chinesisch als japanisch? Er redete einige Minuten lang über das Funktionieren des Schmelztiegels in Hawaii, wo er als junger Mann den Eindruck gewonnen hatte, daß die Chinesen die am besten aussehenden Eurasier und die besten Bürger hervorbrachten. Er vermutete, es müsse wohl so etwas wie die Koreaner herauskommen, wenn man Chinesen mit Japanern verheiratete. Wie erklärte ich die Tatsache, daß die Japaner die Koreaner nicht hatten absorbieren können? Oder hatten sie sie doch absorbiert? Und würden die Koreaner im derzeitigen Krieg die Japaner unterstützen?

»Nicht, wenn wir schon heute den Koreanern ohne Einschränkung die Unabhängigkeit zusichern«, sagte ich. »Korea ist eine Kolonie, der wir zur Freiheit verhelfen können, und wir sollten das tun, bevor einer unserer Verbündeten Appetit darauf bekommt.«

Er: »Stimmt, wir sollten das tun. Japan wird seine Kolonien abgeben müssen, das ist das wenigste, mit dem es rechnen muß. Sie werden sich etwas anderes überlegen müssen, um mit ihrer Überbevölkerung fertig zu werden. Dieses Problem hat unter anderem Japan in den Krieg getrieben, und es wird vermutlich auch noch nach dem Krieg bestehen, und dann werden *wir* uns damit auseinandersetzen müssen – wohin mit diesem Überschuß?«

Er sinnierte in aller Ruhe über mögliche Lösungen, einschließlich Geburtenkontrolle, und ich blickte verstohlen auf meine Uhr. Nun war ich schon über eine halbe Stunde da, während – so nahm ich jedenfalls an – große und schwerwiegende Entscheidungen in der Schwebe hingen. F.D.R. hatte seinen ärztlichen Betreuer Admiral Leahy und Missy LeHand weggeschickt. Ich wußte, daß andere darauf warteten, vorgelassen zu werden. Ich war zwei- oder dreimal aufgestanden, um zu gehen, aber er hatte mich durch eine Geste aufgefordert, wieder Platz zu nehmen. Nun fragte er mich nach den kommunistisch gelenkten Guerillas und der Art und Weise ihres Vorgehens. Ich erzählte ihm kurz, was ich wußte, und er schien zufriedengestellt. Es sei etwa das gleiche Bild, das er auch von seinem Freund Evans Carlson erhalten habe, sagte er. Sie schienen ihm Menschen von der Sorte zu sein, die Kriege gewinnen. Er wollte wissen, wie wir China am besten helfen könnten.

Ich konnte die Gelegenheit nicht vorbeigehen lassen, ohne ein letztes Mal mit missionarischem Eifer für die Chinesischen Industriellen Genossenschaften Reklame zu machen. F.D.R. hörte zu, während ich ihm in Kürze die Geschichte von den Triumphen und Beschwerlichkeiten der Indusco erzählte, die er zum Teil schon kannte. Dann kam ich zu meinem entscheidenden Punkt: ich machte den Vorschlag, er solle Chiang Kai-shek auffordern, einen Teil unserer Kredite für Darlehen und Betriebskapital der Indusco zur Verfügung zu stellen. Er meinte, so direkt könne er das nicht machen. Er hatte diese ständige Angst, er könne Chiang Befehle erteilen wie ein »Barbarenhäuptling«. Er sagte jedoch, er würde Chiang wissen lassen, daß es sich hier um eine Sache handle, deren Weiterentwicklung wir befürworteten. »Ich werde Chiang bitten, mich persönlich über die Fortschritte auf dem laufenden zu halten. Auf diese Weise muß er doch merken, wie sehr uns an einer Förderung gelegen ist.«

Vermutlich hätte ich ihm sagen sollen, daß Chiang nicht der Mann war, der auf Andeutungen reagierte; er mußte massiv gedrängt werden. Aber ich hatte das Gefühl, daß ich so weit gegangen war, wie ich nur konnte. Ich dankte ihm. Als ich ein weiteres Mal aufstand, fragte der Präsident nach meiner augenblicklichen Beschäftigung, und ich erzählte ihm von meinem Dilemma.

»Sie möchten nach Übersee, nicht wahr?«

»Ich war noch nie in Rußland. Ich glaube, ich könnte etwas Brauchbares für die *Post* schreiben, deren Leser vermutlich weniger darüber wissen als ich. Aber ich werde der Air Force keinen Korb geben, falls das wichtiger ist.«

Er zwinkerte mir zu. »Ach, irgendwie werden die schon ohne Sie auskommen«, sagte er. »Sagen Sie der *Post* zu, leisten Sie ganze Arbeit, und kommen Sie wieder. Der Krieg wird noch lange dauern.«

»Darf ich das als Befehl verstehen, Sir?«

»Das ist ein Befehl!« sagte er mit Nachdruck.

»Ich danke Ihnen. Kann ich irgend etwas für Sie tun, solange ich fort bin?«

»Ja, warten Sie mal, Sie gehen doch zuerst nach Indien, nicht wahr? Wenn Sie dort Nehru treffen, grüßen Sie ihn von mir. Ich möchte, daß Sie Nehru bitten, mir einen Brief zu schreiben und mir genau mitzuteilen, was ich für Indien tun soll. Sie können dann«, fügte er grinsend hinzu, »den Brief mit unserer Diplomatenpost schicken.«

Er hielt mir endlich die Hand hin. »Schreiben Sie mir gelegentlich, wenn Sie etwas Interessantes hören«, sagte er, und der neidische Blick eines Mannes, der um sein Leben gern auf Reisen ging, schlich sich in seine großen blauen Augen, während er seinen mächtigen Kopf hin- und herbewegte. »Sie können das durch die Diplomatenpost an Missy LeHand schicken, dann bekomme ich es. Und wenn Sie zurückkommen, erstatten Sie mir persönlich Bericht.«

Dieses Gespräch machte mit Sicherheit einen besseren Korrespondenten aus mir. Seine geistige Beweglichkeit und Energie und sein gieriges Verlangen nach Informationen und besonderen Kenntnissen aus den bescheidensten Quellen waren außergewöhnlich. Man hatte das Gefühl, daß F.D.R. mit den Fakten einer schnellebigen Welt Schritt hielt; vielleicht hatte seine Entschlossenheit, nicht zurückzubleiben, etwas mit seiner körperlichen Behinderung zu tun. Er war offen, er war zugänglich, sein Verstand sträubte sich nicht gegen neue Ideen. Er war jene seltene Ausnahme in der Neandertalwelt der Politik – ein durch und durch moderner Kopf.

F.D.R.s strahlende Intelligenz und Zuversicht hatten mich mitgerissen, und ich verließ ihn mit der Überzeugung, daß er, wenn der Kongreß und das Volk mitmachten, uns zum Sieg und zu einem weisen Frieden führen würde.

4   Ende und Anfang

Das nächste Jahrzehnt in meinem eigenen Leben und der Teil meiner Arbeit, der einen winzigen flüchtigen Zusammenhang mit den größeren Abläufen der Geschichte herstellte, hätten vollkommen anders aussehen können, wenn es in meiner ehelichen Beziehung bequem und sorgenfrei zugegangen wäre. Ich wäre dann beispielsweise nicht so versessen darauf gewesen, schon so bald wieder nach Übersee zu gehen. Und ich wäre dann nicht so lange in Übersee geblieben und hätte nicht ein zweites Mal »Amerika verloren«.

Sich verlieben heißt auf englisch »to fall in love«, und wenn es mit der Liebe zu Ende geht: »to fall out of it«. Dieses Idiom beschreibt genau die Gefühle am Anfang und am Ende meiner Ehe mit Nym Wales. Zu dem Zeitpunkt, als ich wieder nach Amerika und zu Nym zurückgekehrt war, war das Bild der Liebe bereits aus unseren Augen gefallen. Gegenseitige Übertretungen standen im Brennpunkt, und nicht gegenseitiges Vertrauen. Wir waren nicht mehr in Eintracht zusammen, sondern in einer Polarität, und Bemühungen um eine Aussöhnung waren zwecklos.

Ist der Beginn einer Ehe manchmals *une sottise faite à deux*, so ist ihr Ende oft vernünftiger. Weil wir zu Beginn Narren waren, waren wir nun weiser geworden. Auch wenn ich zu lange dazu brauchte, so hatte ich doch eine Erkenntnis gewonnen: daß keine Institution wichtiger ist als das Leben selbst. Kein Bündnis kann oder sollte aufrechterhalten werden, wenn erst einmal klar ist, daß seine kreativen Möglichkeiten erschöpft sind und daß es in gegenseitiger Zerstörung enden wird. Zu dem Zeitpunkt, als ich im Begriff war, nach Afrika zu reisen, war uns das beiden klar. Ich sollte dann allerdings noch einen letzten Fehler machen: eine Vereinbarung, nach der wir uns formell trennten und jeder für sich so lebte, als sei er »alleinstehend und unverheiratet« – und eine aufgeschobene Scheidung, die die Aufgaben der Wiederherstellung um Jahre hinauszögerte, an die ich mich nur mit Schrecken erinnere.

Ende März holte ich in Philadelphia beim neuen Chefredakteur der *Post*,

Ben Hibbs, meine Ausweispapiere ab. Er gab mir einen Brief, in dem ich einfach als sein »Weltkorrespondent« vorgestellt wurde – denn keiner von uns wußte, angesichts des schnellen feindlichen Vormarsches an allen Fronten, welchen Weg ich später würde nehmen müssen, um wieder nach Hause zu kommen.

Ben hatte die *Post* in einer Krise übernommen, die nicht weit von einer Panik entfernt war. Zu Tausenden gingen Abbestellungen ein, und das Anzeigengeschäft war stark rückläufig. Unter Wesley Stout als verantwortlichem Redakteur hatte die *Post* eine konsequent neutralistische und anti-interventionistische Haltung vertreten. Stout war ein brillanter Redakteur, mutig und unabhängig, doch in seiner Entschlossenheit, sich nicht von der Kriegspropaganda der Alliierten und ihrer einheimischen Werkzeuge täuschen zu lassen, machte er einen groben Schnitzer, der seiner Laufbahn ein Ende machte. Er veröffentlichte eine dreiteilige Artikelserie über Juden, in der versucht wurde, den faktischen Hintergrund des Antisemitismus und die Gründe zu untersuchen, weshalb die Deutschen von diesem Thema so besessen waren. Obwohl die Artikel von einem Juden stammten und größtenteils objektiv waren, waren die meisten Amerikaner nicht in der Stimmung, jemandem zuzuhören, dessen Ansichten dem Rassismus der Nazis auch nur den geringsten Rückhalt gaben. Es kam zu einer der promptesten und unglückseligsten Reaktionen in der Zeitschriftengeschichte. Stout war nach ein paar Tagen draußen, und Ben Hibbs wurde als sein Nachfolger geholt.

Der große, schlanke, aus Kansas stammende Hibbs, Mitglied in der den besten Hochschulabsolventen vorbehaltenen Vereinigung Phi Beta Kappa, war in seiner ruhigen Art ein ungeheuer tüchtiger Mann; er schaffte es in ein paar Jahren, die Zeitung neu aufzubauen und wieder an die Spitze zu bringen. Doch jahrelang veröffentlichte er nichts, was irgendwie mit der »Judenfrage« zu tun hatte.

Wesley Stout hatte mich ursprünglich als Mitarbeiter für die *Post* gewonnen. Mit Stouts Rücktritt hielt ich diese Bindung für gelöst. Ich fragte Ben, ob er auch ganz sicher sei, daß er das Angebot an mich, zusammen mit anderen von Stout ererbten Komplikationen, erneuern wollte. Prompt setzte er einen neuen Vertrag auf und erhöhte darin mein Garantie-Honorar.

Manche Leute fanden es seltsam, daß der Autor von »Roter Stern über China« jahrelang unter den Redakteuren der *Post* zu finden war. Meine Verbindungen zu diesem direkten Abkömmling Benjamin Franklins waren jedoch viel älter als dieses Buch; die Leute vergaßen offenbar, daß die *Post* einen Auszug daraus abgedruckt hatte. Seit der Zeit, als George Horace Lorimer die Radaktion leitete, verdankte ich meine Tätigkeit für die *Post* ausschließlich meinem Ruf, gleichbleibend sorgfältige und genaue Berichte zu liefern.

Daran lag mir viel, und ich war stolz darauf. Meine Berichte standen manchmal im Widerspruch zu den in Leitartikeln und Kommentaren in der *Post* geäußerten Ansichten, doch die Leute von der *Post* bestanden nur selten darauf, daß sich die Tatsachen des Lebens nach den von ihnen vertretenen Überzeugungen richteten. Ben Hibbs und Martin Sommers, jahrelang mein unmittelbarer Chef als Auslandsredakteur, waren überaus umsichtige Freunde und großartige Zeitungsleute.

Als ich 1942 nach Übersee ging, wußte ich nicht, ob ich jemals den Kreml zu Gesicht bekommen würde. Max Litwinow, der sowjetische Botschafter in Washington, hatte alles versucht, um mir ein Visum zu besorgen. Schließlich sagte er mir, es sei hoffnungslos; nach allem, was ich geschrieben hatte, war ich in Rußland zur »unerwünschten Person« geworden. Als letzte Möglichkeit schlug er einen Appell ans Weiße Haus vor, direkt bei Molotow zu intervenieren. Während ich auf das Ergebnis dieser Bemühungen wartete, machte ich mich auf den Weg nach Indien, Birma und China.

Durch Harry Hopkins' Fürsprache kam ich dann schließlich nach Rußland, aber ich sollte mein Visum erst bekommen, nachdem ich bereits Monate in Asien verbracht hatte. Vom Standpunkt des Steuerzahlers aus mag Hopkins' Intervention im Sinne einer umgekehrten Leih-Pacht ein dürftiges Ergebnis gewesen sein. Für mich ergab sich der Vorteil, daß ich Rußland betreten konnte, ohne daß mich ein freundlicher Empfang zu irgend etwas verpflichtete und ohne daß ich für eine Gastfreundschaft dankbar sein mußte, die in so auffälliger Weise ausblieb.

5 Über Afrika verirrt

Ben Robertson wartete darauf, für *PM* nach Kairo zu gehen. Als ich ihm erzählte, daß mir F.D.R. den »Befehl« gegeben hatte, den Auftrag der *Post* zu übernehmen und nicht den Job beim Militär, schien er nicht sonderlich beeindruckt.

»Ich habe daran noch nie gezweifelt, Ed«, sagte er. »Ein guter Kriegsberichterstatter wiegt jederzeit zwei Generäle auf.«

Ben hatte es gar nicht gern, als ich ihn danach General Robertson nannte. Ich habe nie jemanden kennengelernt, der einen so ungetrübten Respekt vor der Presse hatte. Sein Sendungsbewußtsein und sein Pflichtgefühl waren noch genauso unversehrt wie damals, als ich ihn an der Universität in Missouri kennenlernte, wo uns der alte Dean Walter Williams seine Zehn Gebote für den Journalisten predigte. Ben glaubte daran, und er hörte nie auf, daran zu glauben; er versuchte – mit mäßigem Erfolg – zu erreichen, daß sich auch seine Redakteure und Herausgeber daran hielten, ehe er dann ein Jahr später mit einem Klipper vor Lissabon abstürzte.

Glücklicherweise hatte er kurz vor diesem letzten Flug endlich sein »Red Hills and Cotton«, die Geschichte seiner Kindheit, fertig geschrieben. Fast wäre ich Ben noch zuvorgekommen, als ich über Afrika nach Indien flog, nachdem ich eine Generalspriorität ergattert hatte. Das Lufttransport-Kommando bestand zu der Zeit fast nur auf dem Papier. Wir hatten nur neun Verkehrsflugzeuge, die über beide Ozeane flogen, und für jeden Sitz gab es hundert Anwärter. Selbst in Afrika wurden die meisten unserer Flugzeuge und Truppentransporte von Piloten der Pan-American und anderen Zivilisten geflogen. Transatlantikflüge waren immer noch ein Abenteuer; die Flugzeuge hatten keine Ausrüstung für Notlandungen und keine Fallschirme an Bord. Uns packte eine erregende Spannung, wie sie wohl Pioniere empfinden, als wir zu früher Stunde über das Karibische Meer flogen und dann hinunter über die unglaublich breiten Mündungsarme des Amazonas hinweg nach Brasilien, von wo wir mit einem einzigen dramatischen Sprung den Ozean überquerten und nach Liberia kamen.

Ich sollte noch viermal Afrika überqueren, bevor ich wieder nach Hause kam, doch die Wiederholungen waren routinemäßige Vergnügungsreisen, verglichen mit diesem ersten Flug. Unsere Crews hatten außer einem schmalen Leitstrahl nichts, was ihnen die Richtung angab. Manche hatten für ihre Peilungen nur gewöhnliche Touristenkarten von Afrika; wenn sie bei Nacht vom Leitstrahl abkamen, waren sie auf Blindflug in einem ihnen völlig unbekannten Land. Die Flugzeuge waren ganz erheblich überladen, und es kam häufig zu Abstürzen. Ein Bomber startete unmittelbar vor unserer Lockheed in Lagos und fiel unter einem heißen messingfarbenen Himmel auseinander, am dreizehnten Tag des Monats April 1942.

Wir waren am Tag vorher vom Fischersee herübergeflogen, die Elfenbeinküste (damals von der Vichy-Regierung in Frankreich verwaltet) entlang und hinunter nach Dahomey und in das britische Nigeria. Am nächsten Morgen starteten wir in Richtung Kano, gleich hinter jenem Bomber, dessen Passagiere dem Tode entgegenflogen. Als wir die Hälfte der Strecke zurückgelegt hatten, bekamen wir Schwierigkeiten mit den Propellern und machten in der Nähe eines aus einem Haufen Strohhütten bestehenden Dorfes namens Minna eine Notlandung. Der Pilot fand ein Telefon und konnte so Hilfe herbeiholen. Das Ersatzflugzeug – eine Douglas C-47 – kam erst am späten Nachmittag, und es wurde bereits dunkel, als wir erneut abhoben. Wir hatten Rückenwind und kamen gut voran. Als der Kopilot herauskam, um sich ein wenig zu strecken, sagte er, wir würden in wenigen Minuten in Kano sein. Doch irgend etwas lief schief, wir kamen von unserem Leitstrahl ab, und in einer Stunde wußte jeder an Bord, daß wir ziemlich hoffnungslos über Afrika umherirrten.

Kano lag ganz in der Nähe des afrikanischen Grenzgebietes der französischen Vichy-Regierung, von wo die deutsche Luftwaffe ein Zielschießen auf alliierte Flugzeuge veranstaltete. Wir wußten, daß wir in immer größeren, ziellosen Kreisen leicht über die Sahara geraten konnten. Die afrikanische Landschaft unter uns, die bei Tage so ausgesehen hatte, als berge sie keinerlei Leben, war nun ein einziges verwirrendes Netz aus Tausenden und Abertausenden Lagerfeuern der Eingeborenen. Manche drängten sich so dicht zusammen, daß sie wie die Lichter einer Stadt aussahen, und wir ließen uns immer wieder täuschen. Der Himmel selbst war bedeckt, doch die mit all diesen gelben Lagerfeuern übersäte Erde dort unten war wie ein auf dem Kopf stehender Baldachin, in den unzählige Sterne geschleudert worden sind. Und doch gab es dort nur Felsbrocken und Gestrüpp, wenn wir tief genug heruntergingen, um mit Hilfe der Landescheinwerfer das Terrain nach einem nicht unmöglichen Plätzchen für die Nacht abzusuchen.

Ich bin später noch oft genug in Militärflugzeugen ins Schwitzen geraten, und ich kann nur vor allen Piloten den Hut ziehen, aber ich habe nie wieder eine Situation erlebt, in der sich eine Katastrophe so lange und so langsam zusammenbraute. Wir hatten keinen Fallschirm an Bord. Wenn wir diesen Leitstrahl nicht wieder fanden – und die Wahrscheinlichkeit schien etwa so groß wie die, daß ein Blinder auf einem Schreibtischglobus mit dem Finger auf das Örtchen Sleepy Eye in Minnesota tippt –, blieb uns keine Alternative, als eine Bruchlandung zu riskieren. Der Pilot hatte für einen so kurzen Flug nicht alle Treibstofftanks gefüllt und mußte schon bald auf den Reservetank gehen; er war bereit, sofort mit dem Flugzeug herunterzugehen, wenn wir nur irgendein Fleckchen fanden, das uns eine kleine Chance geben würde.

Nach drei Stunden wäre es fast eine Erleichterung gewesen, irgendwo runterzugehen. In den Klappsitzen saßen fünfzehn Männer, deren Furcht immer größer wurde. Es waren kaum erfahrene Flieger darunter. Auch die Mitglieder der Crew waren junge Burschen auf ihrem zweiten Flug über einem fremden Kontinent; die Angst stand ihnen im Gesicht. An Bord waren einige Ingenieure, die im Iran eine Versorgungslinie für die Russen anlegen sollten, verschiedene technische Experten, eine Reihe von GIs, die zu einem Sondereinsatz abkommandiert waren, ein Inspekteur des Auswärtigen Dienstes der Vereinigten Staaten namens George Waring, und ein Kapitän der Marine, Milton E. »Merry« Miles, auf dem Weg nach China, um bei den Guerillas einen Nachrichtendienst und Sabotageakte zu organisieren. Später wurde er ein berühmter Admiral. »Was ist bei einem Flugzeugunglück besser als Geistesgegenwart?« scherzte einer. Ich glaube, es war Waring.

»Körperabwesenheit«, sagte er, als niemand antwortete.

Doch nach einigen Stunden gingen die Witze aus, und die Spannung wurde unerträglich. Einige der jungen Soldaten holten Bilder von ihren

Frauen oder Liebsten heraus und starrten sie schweigend an. Ein gutaussehender Unteroffizier mit weichen, feinen blonden Haaren schrieb einen endlosen Brief an seine Freundin, und er bekleckste dabei jede Seite mit seinen Tränen. Er war noch nie in einem Flugzeug gewesen und war nun überzeugt, daß er auch nie in einem anderen fliegen würde. Einer der Ingenieure schluckte dauernd seinen Speichel hinunter; er hatte einen großen Adamsapfel, der mit unglaublicher Geschwindigkeit auf und ab hüpfte. Ein anderer Ingenieur und Zivilist, verheiratet und Vater, sagte von Zeit zu Zeit: »Bleib ruhig. Bleib ruhig.« Dann öffnete er seinen Sitzgurt und ging im Flugzeug auf und ab und versuchte, seine wertvolle goldene Armbanduhr für fünf Dollar zu verkaufen.

»Ich brauche sie jetzt doch nicht mehr«, sagte er. »Ich brauche sie jetzt doch nicht mehr.« Als sie niemand kaufen wollte, versuchte er sie mir zu schenken.

Die Luft war voller Löcher, und wir flogen durch jedes einzelne von ihnen; einigen der Männer wurde richtig übel, und ein freundlicher Oberst im mittleren Alter beschmutzte sich die Hosen.

»Hm! Wir fliegen immer noch im gleichen Kreis herum«, sagte »Merry« Miles, als das Flugzeug absackte und dann wieder steil nach oben zog.

»Woher wissen Sie das?« fragte ich ihn ganz im Ernst.

»Es ist das dritte Mal, daß wir ins selbe Luftloch fallen«, antwortete er.

»Mich erinnert das alles an das Gefühl, das man im U-Boot hat, wenn ringsum Wasserbomben explodieren. Man weiß nicht, ob man getroffen worden ist, bis man versucht, wieder aufzutauchen.«

Er war immer zu Streichen aufgelegt, und sein Grinsen und sein spitzbübischer Humor hatten ihm den Spitznamen »Merry« eingetragen; nun erzählte er mir von der Zeit, als er im südchinesischen Meer Kommandant eines Zerstörers war und die ganze japanische Flotte mehrere Tage lang »anschmierte«. Die Japaner befanden sich gerade im Angriff auf Hainan, als Miles dazukam. Sie zeigten ihm die Flagge, die »Gefahr« signalisierte, und wiesen ihn an, dem Hafen fernzubleiben. Er fuhr jedoch geradewegs auf den Hafen zu, während er gleichzeitig seine ganz persönliche »Ich pfeif drauf!«-Flagge aufzog, eine von ihm erfundene Zusammenstellung von drei Sternen, drei Fragezeichen und drei Ausrufezeichen. Die japanischen Admirale konnten in ihrem Signalbuch nichts finden und erkundigten sich in Tokio. Tokio erkundigte sich in Washington, und Washington erkundigte sich bei Miles. Bis Miles' Antwort an Washington die Japaner vor Hainan erreichte, hatte »Merry« all das ausgekundschaftet, was er wollte, und hatte sich längst davongemacht.

Während ich »Merrys« Anekdoten zuhörte, beschäftigten mich meine eigenen Reaktionen auf die Situation. Ich war nicht so unbekümmert, wie er das anscheinend war, konnte aber genauso gut »das Gesicht halten«, wie die Chinesen sagen. Als die Stunden verstrichen und mir die geringen

Überlebenschancen bewußt wurden, war es für mich interessant zu entdecken, daß ich, wenn ich schon sterben mußte, den Gedanken an einen Tod in dieser Form akzeptieren konnte. Bis zu diesem Zeitpunkt und danach hätte ich mich vielleicht gegen den Gedanken ans Sterben heftig gewehrt, doch im Augenblick stellte ich fest, daß es mir gar nicht viel ausmachte. Ich fühlte mich vollkommen allein, und ich wußte, niemand war so abhängig von mir, daß ihm mein Tod Schmerz bereiten würde. Ich war zwar noch jung, aber ich hatte bereits ein volleres und freieres Leben hinter mir als die meisten Menschen. Ich hatte in dieser Welt ein paar hochgelegene und windige Gegenden gesehen und hatte den einen oder anderen Freund gewonnen, und nun war ich froh, daß ich gewöhnlich das getan hatte, was mich interessiert hatte.

Trotzdem hielten mich diese Überlegungen keineswegs davon ab, mich sorgfältig zu dem Sitz zu begeben, den ich beim kommenden Absturz für den »sichersten« hielt.

»Ich bin wieder drauf! Ich hab' ihn wieder!« hörten wir alle unseren furchtbar erregten rothaarigen Funker aus der offenen Tür des Cockpits schreien. »Ich hab' den gottverdammten Strahl!« Es war buchstäblich eine Rettung in der allerletzten Minute. Als wir uns Kano näherten, hatten wir keine Schwierigkeiten, den Flugplatz zu orten. Die Jungs hatten ringsum Feuer angezündet, um uns den Weg zu zeigen, obwohl sie uns bereits aufgegeben hatten.

Nach der Landung ging unser Pilot nach draußen, um zu messen, wieviel Benzin in unserem letzten Tank verblieben war. »Vier Gallonen«, sagte er, und er muß ein Yankee gewesen sein, denn dann grinste er und fügte hinzu: »Mehr oder weniger!«

6 Wüstenflug nach Delhi

Jeder, der nicht verstehen kann, was das Projekt des großen Assuan-Staudamms für Ägypten bedeutete und weshalb es eher niederträchtig als klug war, wenn manche Politiker die Darlehen zu seiner Erbauung als Druckmittel verwendeten, sollte sich einmal die lehrreiche Fahrt vom Sudan aus das Niltal hinunter gönnen. Dann wird er – so wie ich auf diesem Flug nach Indien – sehen, wie schockierend schmal diese Basis für die Lebensfähigkeit Ägyptens ist. Dieses lange grüne schmale Band, in dem die Bewässerung für Fruchtbarkeit sorgt und das von Khartum bis zum Meer tausend Meilen mißt, macht ganz allein menschliches Leben in diesen dürren Ebenen möglich. An den meisten Stellen ist diese Lebensader nur ein paar Meilen breit; aus der Luft sieht sie mehr wie eine mitten in der grenzenlosen Wüste angelegte Allee aus. So weit, wie sich die feinen Adern der Bewässerungsgräben vom Nil aus erstrecken, ist die übervölkerte Talebene ergiebig und fruchtbar, doch nur einen Steinwurf von der letzten feuchten Stelle entfernt, beginnt ganz abrupt die reglose weiße, gleißende todesähnliche Wüste, die fast die gesamte Oberfläche Ägyptens überzieht.

Solange man sich nicht klargemacht hat, daß die bebaubare Fläche Ägyptens kaum zwei Prozent des ganzen Landes ausmacht, geben die Umrisse Ägyptens auf Landkarten ein vollkommen irreführendes Bild.

In Kairo, am Rande des fruchtbaren Deltagebietes, würde man Ägypten nicht für ein Wüstenland halten. Und man konnte es während des Krieges auch überhaupt nicht ernsthaft als eine Nation betrachten, auch wenn es nominell ein selbständiger Staat war. Kurz bevor ich hinkam, stellten die Briten dem alten König Fuad ein Ultimatum und rollten mit einem Panzer über die Stufen zu seinem Palast, um ihn zu zwingen, Nahas Pascha als Premier einzusetzen.

Zwei andere Dinge fallen mir ein, die etwas über den Puls Kairos in der damaligen Zeit aussagen. Da war einmal die Tatsache, daß es in »Shepheard's Hotel« in jedem Zimmer immer noch drei Klingeln mit den Aufschriften »Zimmermädchen, Kellner, ›Eingeborene‹« gab. Und das andere war etwas, was ich auf einer Party hörte, die von Sir Miles Lampson, dem britischen Botschafter, der Fuad das Ultimatum überreicht hatte, für den Herzog von Gloucester gegeben wurde.

Die Gartenanlagen der Botschaft umfaßten riesige Flächen eines schönen, kurz gestutzten Rasens, den ich bewunderte und über den ich mit einer hübschen Engländerin sprach. Ich weiß nicht mehr, ob die Ägypter, so wie die indischen Gärtner, die Grasspitzen *mit der Hand* abbrechen; möglicherweise haben sie eine Schere benützt, aber ein fortschrittlicheres Gerät bestimmt nicht.

»Die brauchen ja hundert Leute, nur um diesen Rasen zu pflegen«, sagte ich, »bis der bewässert und geschnitten ist —«

»Na und?« antwortete die englische Dame. »Es sind ja nur Ägypter.« Das entsprach so sehr der Einstellung eines »richtigen« Sahib aus einer Zeit, die ich überwunden glaubte, daß ich sie scharf ansah; aber sie hatte das nicht ironisch gemeint.

Ich traf jedoch in Kairo einen englischen Diplomaten, den jungen Adam Watson, der mir klarmachte, daß aufmerksame Engländer genau wußten, welche Konsequenzen der Krieg für das britische Weltreich haben mußte. An der britischen Botschaft in Moskau sollte Adam später einen der fähigsten Assistenten Lord Inverchapels werden. Was er mir bei unserem ersten gemeinsamen Mittagessen in Kairo erzählte, machte mir, zumal aus dem Munde eines Konservativen, starken Eindruck. Ich machte mir eine Notiz davon:

Watson war beim Gedanken daran, daß Indien nach dem Krieg verlorengehen würde, »unbedingt erleichtert«, wie er sagte. »Vielleicht können wir uns im Nahen Osten halten, wenn Sie uns helfen«, sagte er. »Aber wir wissen natürlich nicht, was Amerika tun wird. Auf jeden Fall wollen wir Afrika. Es sieht so aus, als ob die wichtigste Macht im Nahen Osten die Sowjets sein würden, und Ihr Land. Wir werden zahlenmäßig nie mit Rußland Schritt halten können. Es wird Persien an sich reißen, wenn Sie nichts dagegen tun. Wir sind dazu nicht in der Lage. Vielleicht können wir das Öl in Basra, Abadan und Bahrein retten, aber auch das hängt von Ihnen ab.«

Ein Amerikaner, der mit Watson völlig übereinstimmte, war Karl Twitchell, den ich damals im »Shepheard's« kennenlernte. Als Bergbauingenieur und alter Freund Ibn Sauds kam er nun im Auftrag der Regierung nach Arabien zurück. Arabien hatte mich seit Jahren fasziniert, und als ich nun Karl zuhörte, lebten meine Ambitionen wieder auf, es kennenzulernen. Ich hätte keinen geeigneteren Mann finden können, um bei Hofe eingeführt zu werden. Er war es gewesen, der – vorgeblich auf der Suche nach Gold für Ibn Saud – etwas viel Ergiebigeres für ihn gefunden hatte: die legendären arabischen Erdöllager. Zwei Monate nachdem ich Karl verlassen hatte, erhielt ich auf sein Betreiben eine persönliche Einladung von König Ibn Saud, ihn in der heiligen Stadt Rijad zu besuchen. Ich konnte die Einladung zu dem Zeitpunkt nicht annehmen, aber der Brief des Königs sollte später einen Presseattaché aus mir machen.

Eines Tages zeigte uns Twitchell in Kairo einige schöne Dias von den Arabern, mit einem Projektor, den er als Geschenk für Ibn Saud mitgebracht hatte. Am Schluß zeigte er uns noch einige Schnappschüsse, die an einem herrlichen Oktobertag in New Hampshire aufgenommen worden waren.

»Sie werden Ihren König nicht mehr in der Wüste halten können, wenn er erst mal diesen Herbst sieht«, bemerkte ich.

»Großer Gott«, sagte Karl, »ich denke nicht im Traum daran, dem König diese Bilder zu zeigen.«

»Warum nicht?«

»Ich habe ihm noch nie etwas anderes als die Wahrheit gesagt. Wenn ich ihm diese goldenen Bäume zeigen und ihm erzählen würde, das Laub sei echt, nicht gemalt, dann würde er mir nie wieder ein Wort glauben.«

Eine Woche später aß ich zusammen mit Ben Robertson und Karl. Dann flog ich mit dem britischen Flugboot »Cleopatra« zum Toten Meer und über das Heilige Land, über die schwarzen Zelte Jordaniens und über den dürren Irak, bis wir schließlich dem Schatt el-Arab folgten, hinunter zum glühend heißen Basra, wo sich – nicht weit von Sindbad des Seefahrers Heimat – Euphrat und Tigris treffen. Nach einem eintägigen Flug über den schimmernden Persischen Golf entlang der Küste des ausgetrockneten Iran kamen wir schließlich nach Karachi. Inzwischen war mir klar, was Twitchell mit dem Zauber New Hampshires und dem nicht weit gereisten Ibn Saud gemeint hatte.

Nicht nur Arabien war eine eintönige, öde Sandlandschaft, vielmehr schienen wir seit dem Abflug aus Brasilien mit seiner schönen, nassen, grünen Küstenlandschaft bis zur Landung in Indien nichts als graue und braune Wüste unter uns zu haben. Sicher, es gehörte alles zu derselben Erde, so wie bei einer Kokosnuß alles mit inbegriffen ist, doch bei beiden besteht ein großer Teil aus Abfall. Daß sich die Natur bei der Verteilung der regenreichen Gebiete an einige der dunkelhäutigen Völker geizig zeigte, erklärt bestimmt einiges im Hinblick auf die sogenannten »rückständigen« Männer und Frauen in ihren Ländern, die auf unseren hübschen bunten Landkarten so vielversprechend aussehen.

Ich kam im Mai in Delhi an, in jener Jahreszeit, in der alles erschlafft; die ganze Natur scheint tot oder sterbend, der eigene Körper wiegt eine Tonne, und selbst die sprichwörtlichen tollen Hunde und Engländer meiden die Mittagssonne. Ich interviewte Lord Linlithgow, der so hochnäsig war wie seine große, weit auseinandergezogene Villa aus rotem Sandstein, die sie die »Residenz des Vizekönigs« nannten. (»Es wird eine prächtige Ruine abgeben«, sagte Clemenceau, als er das Haus sah.) Dann fuhr ich mit der Eisenbahn nach Allahabad, um Jawaharlal Nehru aufzusuchen, dem ich eine dringende Nachricht von seinem Verleger und einen Gruß von Mr. Roosevelt zu überbringen hatte. Der indische Nationalkongreß trat zusammen, während ich dort war. Er verabschiedete eine Resolution, mit der jene Vorschläge stolz zurückgewiesen und verdammt wurden, die Churchill durch Sir Stafford Cripps nach Delhi hatte bringen lassen und mit denen er eine halbunabhängige Regierung anbot, wenn der Kongreß dafür die Kriegsanstrengung unterstützte.

Der Kongreß wiederholte seine Forderungen nach einer absoluten, sofortigen Freiheit und forderte die indische Bevölkerung auf, sich Japan nur durch »gewaltlose Nichtbeteiligung« zu widersetzen.

In Bengalen stieß ich auf noch mehr Hitze, Chaos und Defätismus. Ich kam zu dem Schluß, daß die Japaner, wenn sie nur das zu einer Invasion Ostindiens notwendige Truppenminimum aufbrachten, wahrscheinlich durch nichts zu bremsen waren. Weder von den Briten noch von den Indern, und schon gar nicht von Amerika; wir hatten noch nichts dort außer Generälen – und vielen Worten. Es war eine Wohltat, diese deprimierende Szene für ein paar Wochen zu verlassen, als Major Richardson, General Stilwells Pilot, mir anbot, mit ihm das Tal des Brahmaputra hinaufzufliegen, zum Dach der Welt im lieblichen, kühlen Assam, in dem es überall weiße Teerosen und guten Whisky gibt. Von dort flog ich über den »Buckel« des Himalajagebirges und über die Hügel Nordbirmas, mit einem der Dutzend Transporte, die damals unsere einzige Nachschublinie nach China erschlossen.

In Chungking fand ich eine neue, nach Pearl Harbor aufgekommene Einstellung: »Laß George nur machen«, wobei George kein anderer war als

Uncle Sam. Inflation, Hamsterkäufe, Spekulation, Korruption und Bestechung konnten sich ungehindert entfalten. Unter Kuomintang-Beamten, Armeeoffizieren und Bürokraten spielten nun der Krieg und die zum erfolgreichen Bestehen notwendige einheimische Produktion nur eine untergeordnete Rolle; wichtiger waren ihnen die Gelegenheiten zum Geldverdienen, einschließlich des Hamsterns und Spekulierens, ermöglicht durch immer größere Mengen amerikanischer Devisen, durch Vorräte aufgrund der Pacht- und Leihhilfe und durch die Aufträge und die Freigebigkeit der US-Army. Das Tempo dieser Degeneration hatte seit meinem letzten Besuch, etwas über ein Jahr vorher, bedenklich zugenommen.

Korrespondenten in Chungking konnten wegen der chinesischen Zensur von diesen Fakten kaum etwas nach außen dringen lassen. Ich wartete, bis ich wieder in Delhi war, und telegraphierte dann die Geschichte ohne Beschönigungen an die *Post*. Die britischen Zensoren, die es bei der Berichterstattung über China – im Gegensatz zu der über Indien – mit der Wahrheit sehr genau nahmen, ließen meine Story ungekürzt durch. Das hatte zur Folge, daß mich Mme. Chiang aus ihrer Umgebung verbannte; dieser lästige Umstand mußte schließlich dadurch behoben werden, daß General George Marshall im Interesse der Pressefreiheit ein paar Worte mir ihr redete.

Doch die Geschichte, wie wir China »verloren«, kommt etwas später in diesem Buch, und ich brauche hier nicht näher darauf einzugehen.

Ich flog mit Oberst Robert Scott nach Indien zurück, und in der Nähe von Mytkina in Birma jagte plötzlich eine japanische Zero hinter uns her. Wir konnten sie zwar mit Hilfe der Himalaja-Wolken abschütteln, verflogen uns dann aber in der Nähe des Mount Everest und schafften schließlich erst in der Dämmerung eine – trotz extrem tief hängender Wolken – perfekte Landung auf jenem winzigen Flugplatz in Dinjan, der sich in den geräumigen Falten im Rock des mächtigen Katchenchunga versteckt hält. Ich wußte diese von Klimaanlagen gekühlten Teegärten erst richtig zu würdigen, als ich im Juni wieder nach Delhi kam. Als wir zur Landung ansetzten, wurden wir von einer Staubwolke eingehüllt, die die Hauptstadt fast ganz zudeckte. Wir blieben einen Augenblick unter dem Flügel des Flugzeuges stehen, und ich stellte fest, daß ich versuchte, meine Hände dadurch kühl zu halten, daß ich sie in die Tasche steckte. Das Thermometer zeigte 52 Grad im Schatten.

Noch schlimmer ist es in Südpersien in der Nähe der Ölquellen von Abadan, wo die Hitze 65 Grad und mehr erreichen kann. Und auch das gehört zu den Dingen, die man nicht vergessen sollte, wenn man die Menschen verstehen will, die hier in diesen Backofenländern leben müssen.

In diesem Sommer in Delhi schien, bevor dann der Regen kam, die Erde richtig zu brennen. Selbst in den Häusern speicherten Stühle die Hitze von Herdplatten. In dem alten Palast kühlte der Marmor nicht mal bei Nacht ab. Es schien nichts Lebendiges mehr zu geben. Die Kühe auf der Straße ließen sich in jeden möglichen Schatten fallen, um jede Bewegung zu vermeiden, und der Anblick ihrer großen herabhängenden Kiefer reichte aus, um einen vor Durst fast verschmachten zu lassen. Ich trank gut und gern meine sieben Liter Wasser am Tag, ohne auch nur einen Tropfen Schweiß zu produzieren. Und ich lernte, meine Matratze und das Leintuch erst richtig einzuweichen und dann noch naß von einer Dusche ins Bett zu kriechen und mich mit einem weiteren nassen Bettuch zuzudecken und immer unter einer *punka*, einem an der Decke angebrachten Zimmerfächer, zu liegen. Nach nicht allzu langer Zeit wachte ich auf, wieder völlig trocken und heiß und durstig. Wenn ich das Verfahren mehrmals im Laufe der Nacht wiederholte, kam ich schließlich zu meinem erforderlichen Schlaf.

Ein Segen war, daß es zu der Zeit der großen Hitze keine Fliegen und keine Moskitos gab; daran erinnert man sich, wenn die Regenfälle einsetzen. Diese Regenfälle sind in den Backofenländern ein großes Ereignis; sie sollten mit Salutschüssen begrüßt werden. Jedermann wacht auf, selbst wenn es in den frühen Morgenstunden ist, und geht freudig hinaus und überläßt sich der unsäglichen Wohltat dieses ersten Regens. Die Straßen füllen sich mit Menschen, die einen mehr, die anderen weniger angezogen; sie bleiben einfach stehen und überlassen sich der Dusche, schweigend und lächelnd. Im Marina-Hotel kam in der Nacht, in der der Regen einsetzte, auf dem Nachbarbalkon ein würdiger Engländer mit einem mächtigen Schnauzbart heraus und blieb splitternackt stehen, den offenen Mund zum Himmel gerichtet, und jaulte vor Freude.

Zehn Tage nach diesem Ereignis, Anfang Juli 1942, ging ich nach Wardha, um noch einmal Nehru und Gandhi aufzusuchen, bevor ich dann nach Rußland weiterreiste.

7   Debatte mit Nehru

Wie sehr kann doch eine natürliche persönliche Bindung an die Sache des eigenen Landes unser Verständnis für die weiter reichenden Bedürfnisse der Gerechtigkeit verzerren! Nicht nur Amerika und unsere europäischen und russischen Verbündeten, sondern auch das in der Nähe gelegene geliebte China schienen durch Mahatma Gandhis ungelegene »offene Rebellion« bedroht. In Wardha kam es so weit, daß ich Nehrus Entscheidung, die Rebellion zu unterstützen, kritisierte.

Ich hatte den Widerspruch zwischen der Stellung unseres britischen Verbündeten in Indien und unserem gemeinsamen Anspruch, »überall in der Welt« für die Vier Freiheiten zu kämpfen, nicht vergessen. Gandhi hatte oft genug an die Ernüchterung erinnert, die ihm die Briten bereitet hatten. Nachdem sie ihn dazu benutzt hatten, im Ersten Weltkrieg Inder zu rekrutieren, hatten sie ihn anschließend mit ihren Versprechungen hinsichtlich der indischen Freiheit im Stich gelassen. Nachdem Großbritannien 1939 Indien willkürlich in einen Krieg mit Deutschland stellte, ohne mit irgendwelchen zuständigen Vertretern Indiens auch nur gesprochen zu haben, sorgte Gandhi dafür, daß die Kongreßpartei von Großbritannien forderte, es solle seinem Anspruch, ein moralisches Anliegen zu vertreten, dadurch gerecht werden, daß es die indische Unabhängigkeit zu einem festen »Kriegsziel« erklärte. Churchill tat nichts Derartiges, bis die Japaner attackierten. Und dann war es wieder Gandhi, der den Auftrag Cripps' scheitern ließ.

»Das Cripps-Angebot«, sagte Gandhi, »ist ein nachdatierter Scheck einer in Konkurs gehenden Bank.« Tatsächlich hätte die britische Herrschaft ohne amerikanische Hilfe nirgendwo in Asien den Krieg überleben können, und der Mahatma wußte noch nicht, wie er das einzuschätzen hatte. Er wußte nur, daß die Zeit zum entschiedenen Handeln gekommen war, und er forderte die Briten in dem Moment auf, »Indien zu verlassen«, als Japan vor seinen Pforten im Osten stand.

Ich konnte keineswegs das Recht eines Inders in Frage stellen, das zu tun, was seiner Ansicht nach den Interessen der Nation am besten diente, aber ich hielt Nehru das Argument entgegen, dieser Schritt würde Indien nicht die Freiheit bringen und nur den Achsenmächten helfen. Ich behauptete, sie könnten mit der von Cripps angebotenen partiellen Selbstverwaltung immer noch die Leute organisieren, Truppen zusammenstellen und ausbilden und sich darauf vorbereiten, »im richtigen Moment« um die volle Freiheit zu kämpfen.

Was ich nicht so klar erkannt hatte wie Nehru und andere Inder, war Churchills zähe Entschlossenheit, das britische Weltreich zusammenzuhalten, obwohl alle anderen den Eindruck hatten, daß es sich – unabhängig vom Ausgang dieses Krieges – in naher Zukunft unweigerlich auflösen würde. Und ich wußte nicht, wie widerlich (wenn nicht absolut unmoralisch) für intelligente Inder der Gedanke war, zu so später Stunde ihre Treue zur Krone gegen das zeitlich nicht festgelegte »Geschenk« souveräner Rechte einzutauschen, die die Oberherren ihnen mit Gewalt weggenommen hatten.

Als sich die japanischen Attacken gegen die europäischen Kolonialgebiete in Asien richteten, wurden sie für alle betroffenen Völker zu einem Kampf, dem ihre emotionelle, wenn schon nicht ihre intellektuelle Sympathie gehörte. Selbst Nehru bildete da keine Ausnahme. Warum sollten Inder allein aufgrund der Annahme, der braune Imperialismus sei schlimmer als der weiße, den Briten helfen, Japan zu besiegen? Was für eine Würde konnte Gandhi denn für Indien erreichen, wenn es mit seinem historischen »Unterdrücker« gegen den Feind des weißen Mannes kämpfte?

Nehru formulierte es mir gegenüber nie so hart, doch im Lauf der Tage, die ich mit ihm und Gandhi in Wardha verbrachte, machte er mir klar, wie sie empfanden und warum sie, paradoxerweise, ehrlich glaubten, daß die einzige Möglichkeit, Indien vor den Japanern zu retten, in einer Revolte gegen die Briten bestand. In meinem Tagebuch aus jener Zeit finden sich ausführliche Notizen von unseren vertraulichen Gesprächen.

»So wie ich die Lage sehe«, sagte ich eines Tages zu Nehru, »wird das Schicksal der ganzen Welt im Kampf zwischen den Nazis und den Sowjets entschieden. Wenn Rußland zusammenbricht, kommt Indien an die Reihe. Schließlich sind Sie ein Antifaschist, ein Sozialist, ein Internationalist wie auch ein indischer Patriot. Wenn Hitler von Westen und die Japaner von Osten her angreifen würden, wie würden Sie dann als deren Verbündeter gegen die Briten empfinden?«

»Das ist eine komische Frage!« rief Nehru aus.

»Schon möglich«, sagte ich, »aber eine Frage, die Ihnen vielleicht die Geschichte stellen wird.«

Nehru blickte mich, wie mir schien, für eine lange Minute an. Wir saßen auf dem mattenbedeckten Boden in einem kleinen Haus in Wardha, das dem Arbeitsausschuß der Kongreßpartei als Hauptquartier diente, weil er so in der Nähe Gandhis war, dessen *ashram* im Nachbardorf Sevagram stand. Es gab überall große Kissen, gegen die man sich lehnte. Draußen regnete es. Es gab nichts von der Geschäftigkeit und dem Getümmel und dem Durcheinander, die für politische Konferenzen charakteristisch sind. Es gab auch keine Zigaretten, keinen Whisky-Soda, keine deutlich sichtbaren Schreibmaschinen und keine Autos vor der Tür. Wir hatten zu Mittag gegessen: Auf kleinen Blechschalen waren verschiedene, in Würfeln geschnittene Gemüsesorten und Häufchen aus gelblichem süßen Reis serviert worden. Und nun schien es schwer zu glauben, daß die Männer hier, und eine Frau, Sarojini Naidu, in diesem kleinen einfachen Haus die Macht in Händen hielten, eine große Nation auf eine Revolte gegen den Vizekönig festzulegen, den ich inmitten seiner klimatisierten königlichen Pracht in Neu-Delhi zurückgelassen hatte.

Nehru sprach geduldig:

»Ich will Ihnen sagen, warum. Drei Jahre lang hielten wir die Unabhängigkeit nicht für ausgesprochen dringend, doch nun ist es gerade die unmittelbar drohende Katastrophe, die eine vollkommene Freiheit unumgänglich macht. Wir müssen frei sein, um uns verteidigen zu können, verstehen sie? Mit einer britischen Führung können wir in einer solchen Zeit unmöglich gewinnen. Wenn wir uns jetzt nicht entscheidend durchsetzen, wird es Indien so gehen wie Birma und Malaya. Es gibt in unserem Volk ein zunehmendes Gefühl der Sympathie für Japan. Wenn Japan angreift, rechnen wir damit, daß die Briten verlieren – sie haben nicht annähernd die notwendigen Truppen hier –, und nach ein, zwei Schlachten würde sich unsere Bevölkerung einfach passiv fügen.«

»Ich habe aber nicht nur vom Vizekönig, sondern auch von einigen Indern gehört, daß Gandhi die Einstellung des Landes über Nacht ändern könnte, wenn er einen Aufruf zur Unterstützung des Krieges erlassen würde«, sagte ich.

»Glauben Sie nur das nicht«, antwortete Nehru; »Gandhis ganze Stärke liegt in seiner psychischen Empfänglichkeit für die Gefühle der Massen. Er weiß, daß das Volk den Krieg nur unterstützen würde, wenn uns zuerst die nationale Freiheit gegeben werden würde.«

»Aber es ist ja nicht so, daß Sie überhaupt keine Freiheit zu verteidigen hätten«, fuhr ich fort und begab mich damit auf gefährlichen Boden; »Sie haben eine erstaunliche Menge persönlicher Freiheit: Redefreiheit, Pressefreiheit, Vereinsfreiheit, Freiheit von willkürlicher Verhaftung, Gleichheit vor dem Gesetz und all das. Zumindest würde der indische Nationalismus durch einen Sieg der Alliierten mehr gewinnen als durch einen Sieg der Achsenmächte. Ist die absolute Unabhängigkeit zu diesem Zeitpunkt überhaupt eine realistische Forderung? Wie können Sie in einem Vakuum handeln, ohne Rücksicht auf die augenblicklichen Ereignisse in der restlichen Welt? Sehen Sie sich da nicht zu isoliert?«

Nehru fuhr hoch und unterbrach mich sofort. »Isoliert! Der indische Nationalismus ist auch nicht isolierter als irgendein anderer! Unser Sozialprogramm, unser Sozialbewußtsein sind vielen anderen voraus. Wir sind China voraus. Ich selbst halte eine absolute Unabhängigkeit für überholt; wir alle werden immer mehr voneinander abhängig. Doch die Menschen haben das Recht zur Selbstbestimmung. Sie haben das Recht, ihre eigenen nationalen Interessen zu bestimmen. Das ist alles, was wir fordern.«

Welcher Amerikaner könnte dem widersprechen? Ich mußte den Rückzug antreten. Mir blieb nur noch ein praktisches Argument: Auch wenn die Briten die Japaner vielleicht nicht würden besiegen können, so konnten sie immer noch eine indische Kampagne des »bürgerlichen Ungehorsams« niederschlagen. Zu meiner Überraschung stimmte mir Nehru bereitwillig zu.

»Aber das spielt keine Rolle. Worauf es ankommt, ist, *wie* eine Nation untergeht oder sich erhebt. Wenn wir kämpfend besiegt werden, werden wir nicht auf Dauer unterdrückt bleiben. Es ist die einzige Möglichkeit, wie sich hier der Widerstand aufbauen läßt: Man muß den Widerstand gegen die Briten organisieren, und dann können diese Organisationen gegen die Japaner gerichtet werden.«

Einer »internen« Information im Nationalkongreß zufolge glaubte Gandhi inzwischen, daß Japan und die Achsenmächte gewinnen würden. Er glaubte, die Anwesenheit anglo-amerikanischer Truppen in Indien fordere einen Angriff heraus, der andernfalls vielleicht verhindert werden könnte. Nehru gab das mir gegenüber nie zu, und er glaubte offenbar auch nie an einen Sieg der Achse. In Allahabad hatte er sich hartnäckig gegen die von Gandhi nach Pearl Harbor vertretene Politik gewehrt, da sie seiner Ansicht nach mit der »wohlwollenden Haltung, die wir gegenüber den Alliierten eingenommen haben«, nicht zu vereinbaren war und Indien zu einem »passiven Partner der Achse« machen mußte. Doch in Wardha änderte er schließlich seine Meinung.

Bis zuletzt hoffte jedoch Nehru, Roosevelt würde auf Churchill Druck ausüben, um ihn zu einer Wiederaufnahme der Verhandlungen über eine liberal erweiterte Version des Cripps-Angebotes zu zwingen. Er sagte das auch ganz deutlich zu Oberst Louis Johnson, dem Sonderbeauftragten des Präsidenten in Delhi. Selbst als er sich am 14. Juli der »Quit India«-Resolution anschloß, konnte er ihr immer noch den Anstrich eines allerletzten Appells geben, in dem die Amerikaner aufgefordert wurden, zu intervenieren. Die Resolution des Nationalkongresses verlangte zwar die sofortige Freiheit und das Recht, eine provisorische Regierung zu bilden, doch sie versprach auch, daß ein freies Indien mit den Truppen der Alliierten zusammenarbeiten, China unterstützen und den Achsenmächten Widerstand leisten würde.

Nehru war verbittert über die Tatsache, daß in London oder Washington niemand seinen Versicherungen Glauben schenkte oder seine Stimme dafür erhob, die indische Unabhängigkeit zu einem Kriegsziel zu machen. Kein Staatsmann der »freien Welt« kam ihm in dieser Stunde zu Hilfe, als er fast allein stand mit seinem Glauben, Indien könne, als gleichgestellte und souveräne Macht behandelt, zu einer aktiven Unterstützung der Alliierten überredet werden. Und ohne Zweifel bekräftigte diese Erfahrung später für Nehru die Weisheit einer »blockfreien« und »neutralen« Außenpolitik, die in den Nachkriegsjahren westliche Staatsmänner so gründlich verwirrte und enttäuschte, da sie erwartet hatten, Indien werde ihre bipolaren Vorstellungen von einer Welt, die sich dem Kalten Krieg verschrieben hatte, akzeptieren.

Ich fand es höchst merkwürdig, daß in Wardha keine Spur von einem Sprecher des Vizekönigs, ja noch nicht mal von einem inoffiziellen Beobachter zu sehen war, der die Überlegungen der Inder in dieser schicksalhaften Stunde verfolgt hätte. Niemand bemühte sich, die Suche nach einem Kompromiß wieder aufzunehmen. Später wurde mir klar, daß der Vizekönig mit dem Gang der Ereignisse nicht unzufrieden war. Je eher er die indischen Führer hinter Schloß und Riegel bringen konnte, desto eher würden die Briten freie Hand haben, Indien ohne Einmischung der Inder zu retten.

»Tut mir leid, das sagen zu müssen«, sagte mir Vizekönig Linlithgow, als ich nach Neu-Delhi zurückkam, »aber die Inder haben kein politisches

Verständnis. Wenn wir gehen, wird das Land auseinanderfallen. Indien wird in hundert Jahren noch nicht für die Demokratie reif sein. Das einzige, was heute das Land noch zusammenhält, ist die britische Herrschaft und die Armee.«

Statthalter und Soldaten, selbst sehr feinfühlige, sind selten geeignet, revolutionäre Führer, die unter ihren Augen heranreifen, zu beurteilen. (Man denke nur an Pontius Pilatus.) George Orwell, ganz bestimmt kein schlechter Beobachter, vertrat eine Meinung, die der Linlithgows ähnlich war. »Wenn Indien einfach ›befreit‹ werden würde, d.h., wenn ihm der militärische Schutz Großbritanniens entzogen würde«, schrieb er 1941 in »The Lion and the Unicorn« auf der Grundlage seiner Dienstzeit in Indien, »dann wäre das erste Ergebnis eine erneute Eroberung von außen und das zweite eine Serie von gewaltigen Hungersnöten, denen innerhalb von wenigen Jahren Millionen von Menschen zum Opfer fallen würden.« Und doch waren es die zu Ende gehenden Tage der Herrschaft Linlithgows, die eine der unnötigsten Hungersnöte Indiens brachten. Über eine Million Menschen starben, ohne daß eine »erneute Eroberung von außen« dazu beigetragen hätte.

Am Tag, an dem das Oberkommando des Nationalkongresses zu Wardha seine schicksalhafte Entscheidung traf, machte ich mich auf den Weg nach Sevagram, um ein Abschiedsgespräch mit Gandhi zu führen, der zur »offenen Rebellion«, wie er es nannte, aufgerufen hatte und diese demnächst anführen sollte.

8 »Knallerbsen, fangt an zu knallen!«

Ob man Gandhi vor einem Hintergrund des Wohlstandes sah, etwa als Gast im Birla-Haus in Neu-Delhi oder in der Desai-Villa in Bombay oder im Haus eines anderen unterdrückten indischen Millionärs und Untertanen seiner Majestät – immer führte er das gleiche asketische Leben inmitten seiner Ziegen und Spinnräder. Die komplizierte Einfachheit dieser Prozedur war allerdings oft nur durch eine sehr sorgfältige Planung seines Mitarbeiterstabes zu bewältigen. »Gandhiji hat keine Ahnung«, sagte einmal seine geistreichste Schülerin, Sarojini Naidu, zu mir, »wieviel es uns kostet, ihm die Armut zu erhalten.« Doch unten in Wardha, tief in der Mittelprovinz, hatte er eine Art Dauerkulisse, nur für sich, während Sevagram, sein *ashram* und Hauptquartier, für das beschwerliche Leben in den Zehntausenden von staubigen Dörfern typisch war, die die Wurzeln für die Stärke des Mahatma und die Stärke des indischen Nationalismus bildeten.

Wardha selbst, ein Ort mit 30000 Einwohnern, hatte wenig Reize, die einem auf Anhieb aufgefallen wären. Wir wohnten in dem zerfallenen Gerichtsgebäude, wo das Wasser verunreinigt war und erst mit Permanganat rot gefärbt werden mußte, bevor man es trinken konnte. Außerdem herrschte die Prohibition in dem Ort vor. Cholera war epidemisch, Malaria weit verbreitet. Der Boden war sandig, die Landschaft flach und uninteressant. Der einzige Unterschied zwischen einem härenen Hemd und Wardha bestand darin, daß man das erstere ausziehen konnte. All das konnte zweifellos erklären helfen, weshalb Gandhi es als Standort für sein »Musterdorf« auswählte. Vielleicht bin ich auch voreingenommen gegen Wardha; es war nämlich der Ort, an dem ich mir das Denguefieber holte.

Meine indischen Freunde waren gastfreundlich, und der Mahatma mit seiner Freundlichkeit und Güte und seinem Humor war wahrhaftig eine »große Seele«, die ich nun erst kennenzulernen begann. Er war an diesem Tag in einer besonders guten Verfassung, als ich zusammen mit Arch Steele, damals der Korrespondent der *New York Times* und ein alter Freund aus der Pekinger Zeit, auf holprigen Wegen hinausfuhr, um ihn zu besuchen. Wir wurden wie üblich in jenem zweirädrigen indischen Folterinstrument befördert, das *tonga* genannt wird. Gandhi hatte ein ganz besonderes Exemplar, dessen Seiten mit den Gesichtern der Führer der Kongreßpartei bemalt waren. Gandhis eigenes Gesicht befand sich direkt hinter dem Schwanz des Pferdes.

Sevagram, eine Kreuzung zwischen einer drittklassigen Ranch für Großstadturlauber und einem Flüchtlingslager, war eine Kolonie aus Lehmhütten mit Strohdächern inmitten einer kakteengesprenkelten Landschaft. Ein unbefestigter Weg führte durch die Siedlung auf eine Hütte zu, die aussah wie alle anderen, nur daß sie von einem Lattenzaun umgeben war und daß ein *charka* oder Spinnrad als grob gearbeitetes Flachrelief die Lehmmauer verzierte. Eine verdrießlich dreinschauende Kuh kam vorbei, und dürre Hühner stolzierten im Hof herum. Drinnen hockte barfuß auf dem mit Matten ausgelegten Fußboden der zahnlose alte Messias, auf dessen Worte ganz Indien wartete. Er war vierundsiebzig.

Inmitten dieser Ansammlung aus einfachen Häusern, Hühnern und Kühen, an einem von Skorpionen und giftigen Schlangen heimgesuchten Ort, wo freundliche Spinnerinnen und fleißige Arbeiter sein Credo in die Praxis umsetzten, wo er seine Zeit damit verbrachte, zu beten, am Spinnrad zu sitzen oder in seinem Hospital, in dem es nur Gesundbeten und selbst gefertigte Arzneien gab, Abführmittel zur Linderung aller möglichen Schmerzen seiner Patienten zu verabreichen – hier also war Gandhi im Begriff, Churchill ein Ultimatum zu stellen. Er mißtraute der Naturwissenschaft und der Chirurgie ebensosehr, wie er Churchill mißtraute, und ihm war jeder willkommen, der sein ganz persönliches Heilverfahren, eine Schlammpackung gegen hohen Blutdruck, versuchen wollte. Hier gab er auch die Zeitschrift *Harijan* heraus und erteilte vernünftige

Ratschläge sowohl an junge Mädchen, wie sie verhindern konnten, von feindlichen Soldaten vergewaltigt zu werden, als auch an die Alliierten und die Achsenmächte, wie der Krieg zu einem Ende zu bringen sei.

Und als er nun mit leiser Stimme vor diesem Hintergrund sprach, waren seine Worte so ungereimt, daß es uns schwerfiel, ihre Bedeutung zu verstehen. Er saß gegen ein großes weißes Kissen gelehnt; bis auf ein um die Körpermitte geschlungenes großes Seihtuch war sein brauner Leib nackt (wie ich ihn in dieser brennenden, stechenden Hitze beneidete!), und er blickte mal gütig, mal ein wenig mürrisch über den goldenen Rand seiner Brille hinweg. Er werde, so erklärte er, auf breitester Basis eine Massenbewegung des bürgerlichen Ungehorsams anführen, »die größte seines Lebens«, aber sie solle gewaltlos bleiben, so weit er das in der Gewalt habe.

»Und Sie rechnen wirklich damit, daß sich die Briten zurückziehen?« fragte ich.

»Wenn sich die Briten zurückziehen«, sagte er und kratzte sich zerstreut an der Nase, »dann könnten sie natürlich stolz darauf sein. Aber ich lege auf diesen Punkt ganz besonderen Wert: Der Vorschlag läßt keinen Spielraum mehr für Verhandlungen.« Er schüttelte entschlossen seinen kahlen Kopf. »Entweder sie anerkennen die Unabhängigkeit Indiens, oder sie tun es nicht. Danach könnte vieles geschehen. Mit der Anerkennung der Unabhängigkeit würden die Briten die ganze Landschaft verändern.« Gandhi wollte, wie er sagte, einen echten, konkreten Rückzug. »Das weitere wäre dann eine Frage, wer sich durchsetzt, Gott oder die Anarchie.« Gandhis Semantik war oft schwer erfaßbar.

»Sie möchten aber, daß sich ein unabhängiges Indien aus dem Krieg zurückzieht, nicht wahr?« fragte ich.

»Das freie Indien wird mit den Alliierten gemeinsame Sache machen. Ich kann nicht sagen, was passieren würde. Wenn es mir gelingt, Indien zur Gewaltlosigkeit hinzuführen, dann wäre das ein großer Gewinn. Wenn ich 400 Millionen Menschen so beeinflussen könnte, daß sie mit den Mitteln der Gewaltlosigkeit kämpfen...«

»Würden Sie aber den Einsatz militärischer Mittel im Kampf einer freien indischen Regierung gegen Japan ablehnen?« fragte ich ihn, denn ich wollte ihn festnageln.

»Nein, es wäre nicht recht, das zu tun.«

»Dann gibt es also vielleicht doch noch eine Chance, zu einer Verständigung zu kommen?«

»Aber nein«, sagte Gandhi fest. »Es geht diesmal nicht um die Frage einer letzten Chance [für die Briten].«

»Das ist aber in Kriegszeiten ein sehr schwerwiegender Entschluß. Es ist Verrat!«

Während er zerstreut an seinem großen Zeh zupfte und mit seiner kindlichen Miene auf uns herabblickte, feuerte der milde alte Krieger sein schweres Geschütz ab.

»Allerdings«, sagte er und gebrauchte dann zum erstenmal den Ausdruck, der bald das Land und die ganze Welt zudecken sollte, »es ist eine offene Rebellion!«

Dann schwieg er. Er ließ seinen nackten braunen Körper in das Kissen sinken. Er sah sehr müde aus. Die Wangen über dem zahnlosen Kiefer waren eingefallen, und seine Brille war tief auf die Nase gerutscht. Hinter ihm waren zwei Bücherregale, gefüllt mit religiösen Büchern in verblichenen Schutzumschlägen, und mitten darunter stand ein einziger Band mit einer farbenprächtigen Hülle und dem Titel »Modern Armaments«, ein Buch also über Fragen der modernen Ausrüstung und Bewaffnung. Neben ihm lag mein eigenes Buch, »The Battle for Asia«. Eine junge Inderin kam herein und flüsterte mit ihm. Er wurde im Hospital gebraucht. Er nahm mein Buch, und im Hinausgehen drehte er sich um und sagte: »Ihr Reporter seid die Knallerbsen. Fangt an zu knallen!«

Nehru hatte mir erzählt, daß Gandhi mein Buch gelesen hatte. »Ihr letztes Kapitel entspricht genau seinen Vorstellungen«, sagte er, »Gandhiji möchte sich mit Ihnen darüber unterhalten.« Als die anderen nacheinander hinausgingen, blieb ich zurück und starrte auf eine braune Kuh und auf eine Ziege. Ich fragte mich, was ich diesem tapferen alten Herrn sagen konnte, von dem ich im Augenblick einfach enttäuscht war. Meiner Meinung nach verschloß er sich einem Anliegen, das größer war als sein eigenes.

Plötzlich faßte ich einen Entschluß. Ich trat hinaus auf den staubigen Weg und ging fort, ohne mich von Gandhi zu verabschieden.

Die Rebellion begann am 2. August, als Gandhi, Nehru und all die Spitzenleute prompt verhaftet wurden. Es kam überall zu Protestversammlungen und Demonstrationen, die mit Waffengewalt zerschlagen wurden. Tausende verloren das Leben. Sobald Gandhi im Gefängnis verschwunden war, nahm die Bewegung gewalttätige Formen an. Bis zum folgenden Dezember waren 60 000 Inder ins Gefängnis gesperrt worden, 470mal war auf indische Menschenmengen geschossen worden, und 68mal waren Truppen eingesetzt worden. Erst als Gandhi in einen ausgedehnten Hungerstreik trat, hörten seine Landsleute damit auf und warteten mürrisch auf seine nächsten Anweisungen.

Ich war immer noch der Meinung, es sei alles umsonst. Erst viel später erkannte ich, warum es ein notwendiger Teil eines Prozesses war, den mir Nehru geschildert hatte. »Indien«, sagte er, »ist durch Gandhi der Rücken gestärkt worden. Er hat uns den Wert der Einigkeit im politischen Handeln beigebracht, und in diesem Zeitabschnitt hätte wahrscheinlich keine andere Methode zum Erfolg führen können.«

Eines Tages erinnerte ich mich an die Bemerkung Nehrus, daß ein Kapitel aus meinem »The Battle for Asia« den Vorstellungen Gandhis »vollkommen entspreche«. Ich las es noch einmal durch und stellte fest, daß ich über ein Jahr vor Pearl Harbor dafür plädiert hatte, Amerika solle als Preis für eine bewaffnete Unterstützung Großbritanniens die indische Unabhängigkeit fordern. Ich schloß.

»Es wird gesagt werden, die Emanzipation Indiens würde das Ende der britischen ›Einigkeit‹ bedeuten. In Wirklichkeit ist es vielleicht der einzige Weg, der zu ihrer Wiederherstellung führt. Die stärksten Verbündeten, die das demokratische England heute hat, sind Kanada, Australien und Neuseeland, und ohne die Hilfe einer gewissen, südlich von Kanada gelegenen ehemaligen Kolonie wird es möglicherweise überhaupt nicht überleben können. Ein freies Indien könnte für England ein ebenso wertvoller Aktivposten werden wie ein freies Amerika.«

Touché, Mohandas Karamchand Gandhi! In meinem allzu engstirnigen Patriotismus erkannt' ich nicht mein eigen Kind in Indiens brennenden Gefilden!

Als ich im Flugzeug zwischen Indien und Rußland saß, konnte ich nicht ahnen, daß ich sechs Jahre später neben Gandhi stehen und seinen Segen empfangen würde, nur wenige Stunden vor seinem grausamen Tod durch die Hand eines Attentäters.

9   Nach Rußland

Wenige Tage nach meiner Ankunft in Moskau lernte ich eine attraktive junge Frau namens Ilena kennen, mit der ich viele anregende Stunden verbringen sollte. Aber es vergingen Monate, ehe ich sie zu bitten wagte, mich einmal genau nachsehen zu lassen, wie es zu der wunderbaren Wirkung ihrer graublauen Augen kam. Es waren Katzenaugen, mit elliptischen Linsen oder Pupillen. Ich entdeckte, daß das Phänomen, das ihr Sterne in die Augen zauberte, sie auch etwas kurzsichtig machte. Sie hätte das durch eine kleine Operation beheben lassen können, aber sie kümmerte sich nicht darum. Wenn Ilena etwas in der Ferne sehen wollte, dann zog sie die Augenwinkel mit den Fingern nach unten, und mit diesem Trick konnte sie dann alles scharf sehen.

Für einen Anhänger der Freudschen Theorien von den Augenträumen wäre diese Parallele wohl ein Festschmaus, doch für mich waren Ilenas Augen symbolisch für die Art und Weise, in der wir und die Russen einander betrachteten. Die Geschichte hatte uns so geformt oder verformt oder deformiert, daß wir einander wie durch ein Stück dunkles Glas ansahen. Keines der beiden Völker schien daran interessiert, durch kleine Regulierungen die Sicht zu verbessern. In Ilenas Fall wurde der Defekt zu einer seltenen persönlichen Verschönerung, doch für die hartnäckige Kurzsichtigkeit, die sich zwischen den zwei Nationen hielt, gab es keine derartige Entschädigung.

Als ich nach Rußland kam, hing das Schicksal der Welt am Ausgang der Schlacht um Stalingrad. Wäre den Nazis dort der Durchbruch gelungen, hätten wir sie nicht mehr daran hindern können, das mesopotamische Ölbecken und den ganzen Nahen Osten zu besetzen. Gegen alle Wahrscheinlichkeit wurde die deutsche Flut an der Wolga aufgehalten, wo ich den Anfang vom Ende Hitlers in den Augen des Generalfeldmarschalls Paulus und zwei Dutzend deutscher Generäle geschrieben sah, die sich zusammen mit ihm inmitten der Trümmerhaufen und der Zigtausende gefrorener Leichen und Leichenteile ergaben. In diesem Sieg, für den Rußland einen so gewaltigen Preis zu bezahlen hatte, war ganz sicher wenig oder überhaupt keine Selbstlosigkeit. Die Russen starben für Rußland. Es war unser Glück, daß sie ein Rußland hatten, für das sie sterben konnten. Auch wenn es am sowjetischen System viele Dinge gab, die mir mißfielen oder die mein Mißtrauen hervorriefen, so konnte ich doch Stalingrad nie vergessen. Allein in diesem bitteren Winter erlitten die Russen höhere Verluste als sämtliche alliierten Truppen im gesamten Krieg. Vielleicht kam ich mit etwas anderen Maßstäben nach Rußland als meine Kollegen, die nur in Europa und Amerika gearbeitet hatten. Angloamerikanische Zeitungskorrespondenten, die aus erster Hand Kenntnisse von Asien besaßen, waren damals in der Tat rar. Und noch weniger gab es, die etwas über den asiatischen Kommunismus wußten. Meine eigenen Jahre im Orient hatten zweifellos meine Einstellung zu einigen Aspekten des Lebens verändert, die manche Besucher, wenn sie direkt von den Bequemlichkeiten von Badewanne und Bistros kamen, ziemlich schockierten. Es ist ein Gemeinplatz zu sagen, Rußland sei mehr Eurasien als Europa, aber nicht viele von uns verstanden das. Rußland beeindruckte mich als technologisch fortschrittlichste Nation in Asien, und alle Erfordernisse waren vorhanden, um auch in Zukunft einen raschen Fortschritt zu ermöglichen. Viele andere bemerkten nur einen Mangel an Badewannen und die dem Krieg und der skrupellosen Diktatur zuzuschreibenden Entbehrungen. Sie beharrten darauf, es rein als ein rückständiges *westliches* Land zu beurteilen.

Die Sowjetunion ist bekanntlich ein multinationales Gebilde, ein eigener Kontinent aus 16 Republiken, auf einer Fläche, die dreimal so groß ist wie die Vereinigten Staaten, und mit 50 Millionen mehr Einwohnern. Der mit Abstand größere Teil liegt in dem Bereich, den der konventionelle Kartograph Asien nennt. Es gibt etwas mehr Nichtrussen in der UdSSR als Russen. Alle Völker dort haben das gemeinsame Erbe eines jahrhundertelangen Lebens unter Tataren und zaristischer Willkür, ein Erbe, das das russische Verhalten unter Stalin wie unter den Romanows zutiefst beeinflußte.

Da ich all das akzeptierte, erwartete ich nicht, daß Russen genauso dachten und handelten wie Amerikaner, Engländer oder Franzosen. Wenn ich in dem Bild, in dem andere nur Schwarz sahen, etwas Grau entdeckte, dann kam das auch daher, daß ich selbst Rußland mit halb asiatischen Augen betrachtete, Augen, die an Armut, Hunger, Krankheiten gewöhnt waren, an die Ausbeutung von Frauen und Kindern, die als Privateigentum galten, an die von oben verordnete Brutalität und Ungerechtigkeit und an die generelle Unmenschlichkeit in den Beziehungen von Mensch zu Mensch, die im Vorkriegsasien so alltäglich war.

Die Säuberungswellen der 30er Jahre und die Inquisitionen, die Stalin und willfährige Komplizen durchführten, bewahrten mich vor irgendwelchen Illusionen, ich sei dabei, das gelobte Land zu betreten. Und nachdem ich in der Sowjetunion war, wurde mir bald noch etwas anderes klar: daß der dortige Sozialismus in keiner sichtbaren Weise den Wünschen des Individuums entsprach. Dies war eine monopolistische Gesellschaft unter einer souveränen Partei, die eine enorme, fast absolute Macht ausübte, ein Zustand, der ihren einzigartigen und mächtigen Grundzug erst möglich machte, nämlich eine bis ins letzte geplante Wirtschaft, die gleichzeitig solche entsetzlichen und wunderbaren Möglichkeiten in sich birgt, daß sie sich möglicherweise als der entscheidende Faktor bei der Gestaltung der Zukunft für die ganze Menschheit herausstellen wird.

Diese beispiellose Macht, mit der sich das Leben einer Nation planen ließ, und die äußerst komplizierten Probleme, die sich dadurch ergaben, daß die Machthaber erst lernen mußten, ihre Macht in zivilisierter Weise zu gebrauchen, lieferten den Schlüssel zu fast allem Guten und Bösen, was über die Sowjetunion zu sagen war, und sie bildeten die fundamentale Herausforderung der Sowjetunion an die alten ungeplanten Wirtschaften und Gesellschaften in der westlichen Welt. Hier lag die Erklärung für all die unerwarteten Erfolge, die Rußland in der Nachkriegswelt erzielen konnte, bis hin zum Sputnik.

Ein grober Vergleich mag all denen zur Veranschaulichung dienen, die nie in der Sowjetunion gewesen sind: man könnte sie als ein System darstellen, das wir in ähnlicher Form in Amerika erreichen könnten, wenn wir alle wirtschaftliche, politische, soziale, gesetzgebende, administrative und richterliche Macht einer einzigen korporativen Verwaltung unterstellen würden. »Wenn man sich die UdSSR als ein Monopol vorstellt, in dem der Staat jeden Produktionszweig besitzt und jeden Markt kontrolliert«, schrieb ich einmal, »dann entspricht das Politbüro dem Aufsichtsrat einer gigantischen Dachgesellschaft. Er hält die Vollmacht der [Millionen] Parteimitglieder, die man als Aktionäre der Tochtergesellschaften ansehen könnte. Sie [die Parteimitglieder] bilden ihrerseits die

Schicht der Unternehmer oder Obleute, die darauf achten, daß die betriebliche Arbeiterorganisation, in der sämtliche Arbeiter und Bauern organisiert sind, Disziplin bewahren. [...] Sicher, die [sowjetische] Verfassung macht das keineswegs deutlich; sie führt nicht einmal das Politbüro auf – und auch nicht das NKWD. Sie sieht ein System von Sowjets vor, repräsentativen Räten also, bis hinauf zum Obersten Sowjet und seinem Präsidium, dem die Macht zugestanden wird, ein Kabinett zu ernennen. In der Praxis wählt jedoch die Kommunistische Partei alle Amtsträger aus, von der Spitze bis zur Basis. [...]«*

Einige Jahre nachdem ich das geschrieben hatte, kam Milovan Djilas, ein ehemals bedeutender jugoslawischer Kommunist, zu dem Schluß, die kommunistische »Korporation« und ihre Mitglieder bildeten »die neue Klasse«. Ob nun das Wort »Klasse« angemessener war als »Elite«, um die herrschende Partei und Bürokratie (für Djilas gleichbedeutend) zu beschreiben, jedenfalls wurde die Mitgliedschaft beider aus den zwei echten produzierenden Klassen gestellt, den Bauern und Arbeitern. Und diese Mitgliedschaft schien für junge Leute aus diesen Klassen etwas leichter zugänglich als der Aufstieg zur *höheren* Bourgeoisie für ähnliche Klassen in den meisten kapitalistischen Ländern. Djilas' Analyse wäre auch irreführend, wenn in dieser Analogie nicht noch andere wesentliche Diskrepanzen sorgfältig registriert würden.

Wenn die kommunistische Partei sämtliche Besitz- und Kontrollrechte für sich in Anspruch nahm, dann tat sie das als kollektive Körperschaft; kein einzelner »Aktionär« hatte außerhalb dieser Gemeinschaft persönliche Machtmittel. Im Privatkapitalismus kann der Besitzer von Aktien mit diesen handeln, sie verschleudern oder sie dazu verwenden, Produktionsmittel und Arbeitskräfte aufzukaufen, um ohne Rücksicht auf die sozialen Auswirkungen private Gewinne zu erwirtschaften. In der »neuen Klasse« in Rußland wurden »Aktien« an ständig zunehmende Millionen verteilt, wobei sich das Schwergewicht von älteren auf jüngere Leute verschob; doch diese »Aktien« waren nicht marktfähig, nicht übertragbar und nicht vererbbar. Außerdem konnten sie jederzeit »widerrufen« werden; dann blieben dem Individuum keine materiellen Machtmittel mehr. Die Anpassung des Individuums an den kollektiven oder gesellschaftlichen Willen war deshalb sehr viel vollständiger, als das in den Vereinigten Staaten der Fall sein würde, wenn eine einzige Korporation alle Produktionsmittel besitzen würde. In Rußland konnte selbst der größte »Aktionär« in der kommunistischen Partei kein Anlagekapital ansammeln. Daher spielte in seinem Verhalten das Motiv des »Prestige durch Privatbesitz« keine Rolle im Vergleich mit dem Motiv des »Partei-Prestige«.

* Vgl. *The Saturday Evening Post* vom Oktober 1952.

Roosevelt nannte Stalin einmal einen Despoten an der Spitze einer »Diktatur, die so absolut ist wie keine zweite in der Welt«. Stalin selbst gab zu, daß alle Richtlinien und Gesetze von der Partei und ihren Führern kamen, und vergaß dabei nur hinzuzufügen, daß es nur einen einzigen Führer gab. Im allgemeinen war mir das alles klar, bevor ich nach Rußland ging; was ich aber nicht wußte und was niemand wissen konnte, ohne einige Jahre unter Russen zu leben, war, wie das Sowjet-Gewand den Leuten paßte, wie sie es akzeptierten oder zu akzeptieren gezwungen wurden, ob sie es ändern wollten oder konnten, und wie sie dabei vorgehen würden, und welche politische Linie diese Leute ihrer Regierung zugestehen oder nicht zugestehen konnten und wollten.

Letzten Endes kam ich zu dem Schluß, daß die vielleicht gefährlichste aller unserer Selbsttäuschungen über Rußland und seine Völker der Glaube war, Regierung und Partei stünden auf einem Blatt, die russische Bevölkerung aber auf einem ganz anderen. Dort wie überall sonst formten Umwelt und Geschichte den Menschen, der Mensch formte die Gesellschaft, und die Gesellschaft formte die Art der Regierung, unter der dann das Individuum zu leben oder zu sterben hatte. Kein Mensch ist eine Insel; und genausowenig ist die Regierung Rußlands eine Insel. Sie konnte sich durchsetzen und sich halten, weil sie eine feste Grundlage im kollektiven Willen hatte, in den bewußten und unbewußten Bedürfnissen nicht jedes einzelnen, sondern des Volkes als einer Einheit. Jede Regierung spiegelt die Stärken und Schwächen der unter ihr lebenden Menschen, ihre Ignoranz und ihren Glanz oder ihre Weisheit, doch vor allem spiegelt sie ihren Überlebenswillen und ihren Willen, *sich in ihrer eigenen Gestalt immerwährend zu erhalten*, wider. »Es ist die Sinnesart des kleinen Mannes, die das Fundament der Gesellschaft in der modernen Welt ausmacht«, sagte Veblen; und das traf auf die UdSSR genauso zu wie auf die USA. In Rußland hatte das Leben in der riesigen Steppe mit ihren eine Invasion aus Osten und Westen geradezu einladenden offenen Grenzen, die oft auch tatsächlich überrollt worden waren, seit eh und je zu Angst, Mißtrauen und Unsicherheit geführt. Deshalb war oft die Einigkeit der Masse auf Kosten des Individuums die einzige Alternative zum nationalen Untergang gewesen. Jede Bereitschaft der Herrschenden, die Organisation von Macht an der Basis zuzulassen, war ausnahmslos als Schwäche ausgelegt und von Attentätern innerhalb und außerhalb des Landes rasch ausgenutzt worden; die Folge war jedesmal ein Rückschlag gewesen.

Die in der Evolution der Nationen kurze russische Geschichte war im wesentlichen eine Anhäufung von drei Jahrhunderten der Kiewer Tradition, geprägt durch die Identität von Kirche und Staat und durch byzantinische Gesetzgebung und Kunst; von zweieinhalb Jahrhunderten Mongolenherrschaft, die zeigte, welche Vorteile der Despotismus beim Gestalten und Zusammenhalten eines sich rasch entwickelnden Reiches bot; und von drei Jahrhunderten Zarentum unter den Romanows, die dem Volk verstärkt die Lektion einhämmerten, daß sich der einzelne den angeblichen Interessen der Mehrheit zu unterwerfen habe. Von einer modernen Arbeiterklasse, die noch in den Kinderschuhen steckte, und ein paar tausend Liberalen und Intellektuellen des 19. Jahrhunderts, Kindern einer russischen Bourgeoisie, die, verglichen mit der in Westeuropa, erst sehr spät entstand, war weder zu erwarten, daß sie in einer nur wenige Jahre währenden Revolution die grundlegenden Werkzeuge des Staates, die sich in einer tausendjährigen Entwicklung herausgebildet hatten, verändern konnten, noch, daß sie den nationalen Charakter der hinter ihnen stehenden Bauernmassen umwandeln konnten.

Auch der Sozialismus bildet keine Ausnahme von der Regel, derzufolge alle großen politisch-religiösen Bewegungen hauptsächlich zwei menschliche Elemente und Kraftquellen besitzen. Die eine ist realistisch oder rationalistisch, die andere idealistisch oder mystisch. Wenn sich die Machtverhältnisse klären, neigen die Realisten, die in der Bewegung die Oberhand gewinnen, dazu, die Idealisten auszubeuten, nicht nur, um sich selbst zu verewigen, sondern auch, um das Orthodoxe, das zu ihrem rechtmäßigen Interesse geworden ist, zu institutionalisieren.

Es ist jedoch wichtig, daran zu erinnern, daß nicht die Aufrechterhaltung des Despotismus und der Ungleichheit, sondern ihre totale Ausrottung und die Einführung westlicher demokratischer Ideale Ziel und Hoffnung der frühen russischen Idealisten von Bakunin bis Lenin waren. Auch waren die frühen Bolschewisten keine Heuchler, wenn sie sich der Mittel bedienen mußten, zu deren Vernichtung sie ursprünglich in den Kampf gezogen waren. Sie waren überzeugte Anhänger von *liberté, égalité* und *fraternité*, in direkter Nachfolge der führenden Köpfe im europäischen und amerikanischen modernen Sozialdenken: Owen, Saint-Simon, Sorel, Fourier und Proudhon; Jefferson, Paine, Bellamy, Henry George, Lester Ward und Veblen; und in ihrem eigenen Land Kropotkin und Bakunin und viele andere, die in der liberal-revolutionären Tradition standen. Daß sie auf den Despotismus zurückgreifen mußten als der einzigen Möglichkeit, Veränderungen herbeizuführen, die die Abschaffung des Despotismus zum Ziel hatten, durfte nicht überraschen; man braucht nur an die Jakobiner zu denken, die kaum 100 Jahre vorher die Diktatur in Kauf nahmen, da nur sie auf jene Einigkeit hoffen ließ, die zur Verwirklichung der Ziele der Ersten Republik nötig war.

Die hier vertretene Meinung, daß das politische Verhalten einer Nation nur angemessen beurteilt werden kann, wenn man den Maßstab ihrer eigenen Vergangenheit anlegt, ist nicht mein eigenes Gewächs. Nationen kommen von ihrer Geschichte genausowenig los, wie Individuen von ihren Chromosomen und Genen loskommen. Im großen und ganzen neigen alle Länder dazu, an ihren traditionellen Gewohnheiten des Denkens und der politischen Methoden festzuhalten, ganz unabhängig von den herrschenden Parteien und den jeweiligen Einzelzielen. Selbst in revolutionären Zeitabschnitten, wenn es tatsächlich zu tiefgreifenden Veränderungen kommt, die man mit biologischen Mutationen oder großen Sprüngen nach vorn oder zurück vergleichen könnte, werden diese Veränderungen selbst immer noch durch Impulse und Hemmungen abgeschwächt, die aufgrund früherer Erfahrungen mitgeschleppt werden.

Zweifellos war Stalin ein blutiger Tyrann, der sich der meisten Verbrechen schuldig gemacht hat, die ihm offiziell erst nach seinem Tod angekreidet worden sind. Doch die Leute akzeptierten ihn in einer Weise, die von seinen Feinden im Ausland nicht verstanden wird. Daß es seine engsten Anhänger waren, die nun eben diese Anklagen gegen ihn erhoben, die sie zu Stalins Lebzeiten immer als schmutzige Verleumdungen der Bourgeoisie abgetan hatten, spricht einfach dafür, daß sie für seine Methoden mitverantwortlich waren. Joes ganze mörderische Tyrannei wurde von derselben russischen Geschichte gesät, die Generationen von Bojaren hervorbrachte, die für die Sache der Einigkeit und Stärke im Kampf gegen die mongolischen Khans ihre Brüder zum Wehrdienst prügelten, von derselben Geschichte, die später die schrecklichen Iwans in die Welt setzte, den pharaonischen Peter, die lasterhafte Katharina, die halb despotischen, halb liberalen, halb asiatischen, halb europäischen Alexanders.

»Und bist du auch noch so schwach, *du mußt dich vorwärtsbewegen*, und wenn es dich umbringt«, ruft eine von Nikolai Nekrassows Gestalten aus. »So haben es uns die Tataren gelehrt, und zum Andenken haben sie die Knute zurückgelassen.« Der Slawe im Russen mochte sich nach individueller Freiheit mit Verantwortung sehnen. Der Tatar in ihm lehnte sie ab. Das Bemühen um einen Standort in der Mitte, der eigentliche Kern der westeuropäischen Demokratie, war letzten Endes immer beiden fremd, den Herrschenden und der Opposition. In der Praxis hatten beide dafür nur Verachtung übrig. Für den russischen Kommunisten, Exkommunisten oder Antikommunisten, Stalinisten oder Antistalinisten war eine frei gewählte Regierung eine auf Kompromissen beruhende Regierung, eine Herrschaft, die sich eher auf Wahrscheinlichkeit als auf Gewißheit stützte, die eher heterodox als orthodox war, die Schwäche als Entgelt für Stärke erntete. »Verfaulter Liberalismus« wurde die gängige Bezeichnung, die selbst der sensible Lenin, dessen Leben durch die vom Zaren angeordnete Hinrichtung seines abgöttisch verehrten »liberalen« älteren Bruders verändert wurde, allen Evolutionisten entgegenschleuderte.

Für die Bolschewisten – wie auch für Iwan und Peter – *mußte* der Staat ganz einfach Gewalt anwenden, um überleben zu können. »Die Geschichte Rußlands«, erklärte Stalin 1931, »ist die Geschichte von Niederlagen, die auf Rückständigkeit zurückzuführen sind. Rußland wurde von den türkischen Beis geschlagen. Es wurde von den mongolischen Khans geschlagen. Es wurde von den schwedischen Feudalbaronen geschlagen. Es wurde von den polnisch-litauischen Grundbesitzern geschlagen. Es wurde von den japanischen Baronen geschlagen. *Alle* schlugen es, weil es rückständig war. Sie schlugen Rußland, weil es eine einträgliche Sache war und *weil sie es ungestraft tun konnten.*«

Das Sowjet-Regime, das seinen Gegnern und eingebildeten Gegnern grausam, tyrannisch, blutbefleckt und unbarmherzig begegnete, war dennoch das logische Produkt der aufs Ganze gesehen düsteren russischen Vergangenheit, ein Produkt der jahrhundertelangen Versklavung, unterbrochen durch leidenschaftliche Befreiungskämpfe, das Produkt auch der Tatsache, daß viele Völker, die auf ganz verschiedenen Entwicklungsstufen standen, durch eine absolute Macht und einen orthodoxen Glauben zusammengehalten wurden, nach denen sich dieser ganze verletzbare, von den Randgebieten Europas bis zum Pazifischen Ozean 6000 Meilen messende Raum zu richten hatte.

Unter der Herrschaft der russischen Kommunisten, die mit der Knute nachhalfen, wo gute Worte nicht ausreichten, wurde das Versprechen vom »sozialistischen Überfluß« zu einem Krieg gegen die Zeit und gegen die Zukunft. Eine ganze Generation wurde dem Prinzip geopfert: »Marmelade gestern, Marmelade morgen, nur heute keine Marmelade.« Angeführt von dem selbstgefälligen, arroganten, zynischen, ganz der Sache verschriebenen und unendlich schlauen und zähen kleinen Mann, der sich selbst »Genosse Stahl« nannte, prügelte die Partei die rückständigen, störrischen Bauern buchstäblich vorwärts, heraus aus dem Sumpf eines wirtschaftlichen und sozialen Primitivismus, und brachte sie in der kurzen Zeitspanne von 30 Jahren auf das hohe Niveau der großen Industriemächte. Viele der Einrichtungen, die die Partei in diesem Prozeß entwickelte, waren originell und waren in der Terminologie und in der äußeren Erscheinungsform denjenigen erstaunlich ähnlich, die der idealistische Bellamy voraussah und von denen er glaubte, sie würden schließlich den Menschen aus der Barbarei befreien. Der Stalinismus war Sozialismus mit der Knute anstatt mit allgemeiner Zustimmung. Vielleicht wäre er in Amerika oder Westeuropa sanfter ausgefallen. Doch die bloße Tatsache, daß der Sozialismus in Rußland nicht sofort den menschlichen Geist frei machte, war so wenig ein Beweis für ein Versagen des Sozialismus, wie der Rückschritt in den faschistischen Ländern Italien, Japan, Deutschland und Spanien zwangsläufig bewies, daß die Freiheiten der Andersdenkenden in einem kapitalistischen System unweigerlich verlorengehen müssen.

Was der Zweite Weltkrieg bewies, war, daß sich Rußland nicht mehr »ungestraft schlagen ließ«. Nicht mal von Stalin selbst! Auch 1946 war die Sowjetunion, obwohl sie vorübergehend geschwächt und gelähmt war und sich von Wunden erholen mußte, die über das Begriffsvermögen des Auslands gingen, noch immer unbestritten das mächtigste Land zwischen dem Pazifik im Osten und dem Atlantik im Westen. Als eine der zwei großen Mächte der Erde zog Rußland schon bald mit Europa gleich, denn das Land hatte nun endlich die Mittel in der Hand, um seine Flucht aus der Tyrannei einer tatarischen Vergangenheit zu vollenden und sich auf breite, neue Straßen der Entwicklung zu begeben, die mehr oder weniger in dieselben Richtungen führten wie die des Westens, und es war nun imstande, sich auf diesen Straßen viel schneller zu bewegen als viele Nationen, die Rußland so lange mit Spott und Verachtung begegnet waren. Obwohl das sogar schon während des Krieges vorhersehbar war, mußte man, wollte man es verstehen, erst die gewaltigen Hindernisse überwinden, die dem Beobachter von der sowjetischen Regierung in den Weg gelegt wurden, wie die folgenden Seiten zeigen sollen.

11 Stalins Gäste

In den Tagen, als Stalin für alle loyalen Kommunisten immer noch das verehrte Genie aller Genies war, und auch noch nach dem 20. Parteikongreß, auf dem Chruschtschow ihn zum erstenmal als einen mörderischen Paranoiker, einen von Angst und Argwohn gehetzten Despoten und Größenwahnsinnigen schilderte, führte jede unautorisierte oder zwanglose Beziehung zu einem Ausländer (ob Kommunist oder Nichtkommunist) für den Sowjetbürger mit Sicherheit dazu, daß er von der gefürchteten politischen Polizei genauestens überprüft und schließlich auch verhört wurde.

Trotzdem gab es während des Zweiten Weltkrieges und unmittelbar danach eine Zeit relativer Freiheit, als einige Russen Freundschaften mit dem fremden Teufel riskierten. Eine Reihe von Amerikanern und Europäern kam russischen Frauen nahe genug, um sie zu heiraten und es zu Kindern und Schwiegerleuten zu bringen. Ich selbst kam auch mit einigen wenigen Russen zu einem Verhältnis, das von ziemlicher Offenheit, ja von Vertrauen geprägt war; dazu kam es allerdings erst, nachdem ich nach einer vorübergehenden Abwesenheit erneut nach Rußland einreisen durfte, ohne das Vertrauen derer, die ich kannte, verraten oder ihnen sonstwie Schaden zugefügt zu haben.

Natürlich traf und unterhielt ich mich – unter offizieller Überwachung – mit Hunderten von Russen in den Städten und Dörfern: mit Bürokraten, Arbeitern, Lehrern, Studenten, Künstlern, Bauern und Soldaten,

Kommunisten und Nichtkommunisten. Diese Begegnungen liefen gewöhnlich nach einem vorgeschriebenen Schema ab und brachten selten ein lohnendes Ergebnis. Man lernte Komponisten wie Prokofieff und Schostakowitsch kennen, Autoren wie Scholochow, prominente Schauspieler, Schauspielerinnen, Ärzte, Wissenschaftler und andere Akademiker, die im engeren Sinne keine Parteifunktionäre waren; aber man konnte sie kaum einmal als Privatleute treffen. Und natürlich wagten damals Russen, die bekannt waren oder einen offiziellen Posten innehatten, einem Fremden gegenüber nicht, eine private politische Meinung zu äußern. Die einzige Ausnahme war Max Litwinow; über das Gespräch mit ihm werde ich, nun, da er tot ist, zur rechten Zeit berichten.

Im allgemeinen bestand die Taktik des sowjetischen Presseministeriums darin, alles zu versprechen und nichts zu tun. Der ideale Korrespondent war für sie derjenige, der die Berichte der *Prawda* und *Iswestija* nach Hause telegraphierte und mit ein paar gut gewählten zustimmenden Worten garnierte. Das Spiel war allen klar: der Korrespondent wollte eine frische und ehrliche Original-Story, und das Presseministerium nahm sich vor, seine Absichten zu vereiteln. Da alles im Besitz und unter der Kontrolle der Regierung war, waren die Chancen, mit irgendeiner wichtigen Nachricht aufwarten zu können, verschwindend gering. Es war ganz unmöglich, irgendwo die Straße zu verlassen und aufs Geratewohl mit jemandem eine Unterhaltung oder ein Interview zu führen. Es war in der Praxis nicht möglich, ohne vorherige amtliche Vorkehrungen eine Schule, eine Fabrik, ein Krankenhaus, eine Regierungsstelle, eine Gewerkschaft oder irgendeinen anderen Ort zu besuchen, wo man Männer und Frauen bei der Arbeit beobachten und befragen konnte. Zum Teil mögen diese Vorkehrungen als reine Sicherheitsmaßnahmen zu Kriegszeiten ihre Berechtigung gehabt haben, aber das war vor dem Kriege nicht anders gewesen, und nach dem Beginn des Kalten Krieges wurde alles noch viel schlimmer.

Nach und nach wuchs in mir die Überzeugung, daß die Taktik des »Nichtvorzeigens« weitgehend auf die russische Unterlegenheit und Verletzbarkeit und den Wunsch der Kommunisten, diese zu verbergen, zurückging. Deutsche Plünderungen hatten die Grundlage selbst des kärglichen Lebensstandards der Vorkriegszeit zerstört. Die primitiven Improvisationen, mit denen sich das Land behelfen mußte, konnten von leichtfertigen ausländischen Zeitungsschreibern leicht zum Gegenstand von oberflächlichen Spötteleien gemacht werden, und das geschah auch oft. Erst etwa um 1955 schreckte die amerikanische Presse auf, als ihr die Realitäten der erstaunlichen sowjetischen Gesundung bewußt wurden; doch bis dahin brachte sie laufend Vergleiche zwischen der sowjetischen Armut und dem amerikanischen Wohlstand, gerade so, als hätte Rußland nicht den verheerendsten Krieg und die verheerendste Invasion hinter sich, die eine große Nation in der ganzen neueren Geschichte durchzustehen hatte.

In den ersten paar Jahren nach Kriegsende äußerte sich jedenfalls in der übertriebenen Geheimnistuerei Rußlands nicht so sehr das Verlangen, Zeugnisse für seine Stärke zu verbergen, als vielmehr die Angst vor der Entdeckung seiner schwerwiegenden physischen Schwächen. Wenn Chruschtschow zehn Jahre später begann, »das Tor aufzumachen« und der Welt einen Einblick zu geben, dann geschah das nicht nur, weil sich Rußland nach der Herstellung des atomaren Gleichgewichts sicherer fühlte, sondern auch, weil es sich von den schlimmsten Wunden des Krieges erholt hatte und einen Vergleich nicht mehr zu scheuen brauchte.

Natürlich blieb auch weiterhin die russische Sprache eine beträchtliche Barriere zwischen Russen und Nichtrussen. Doch der Ausländer, der ein bißchen Russisch kann oder es gar fließend spricht, fällt mit seinem Akzent und seiner äußeren Erscheinung, die ihn als einen *inostranets* abstempeln, nicht weniger auf als ein Weißer in China.

Ich quälte mich viele Stunden mit der russischen Phonetik, Syntax, Grammatik und den komplizierten Konjugationen und Kasusendungen. Ich brachte es nicht viel weiter als bis zur Fähigkeit, eine beschränkte praktische Unterhaltung zu führen und die langweiligen Spalten der Parteizeitungen – andere Zeitungen gab es nicht – durchzuackern. Einige wenige Korrespondenten, die in Rußland geboren waren oder lange Zeit dort gelebt hatten, waren besser dran. Alexander Werth, Henry Shapiro, Robert Magidoff und Edmund Stevens sprachen hervorragend Russisch. Doch sie alle klagten, daß das nur bedeute, daß sie sorgfältiger überwacht wurden.

Es ist tatsächlich so, daß Korrespondenten in Rußland schon immer in hohem Maße von geschickten Privatsekretärinnen abhängig waren. Es gibt Frauen, die seit der Revolution in diesem Bereich tätig sind. Während des Krieges schafften ein paar »neue Mädchen« den Durchbruch in diesen Berufsstand; einige heirateten einen Ausländer und verließen das Land. Es wurde allgemein angenommen, daß alle Sekretärinnen regelmäßig dem NKWD Bericht erstatteten, wie damals die Staatssicherheits- oder politische Polizei hieß. Diese Annahme galt auch für alle Sowjetbürger, die für Ausländer arbeiteten oder sich offen mit ihnen verbrüderten. Ein paar Sekretärinnen waren offensichtlich Agentinnen; die übrigen waren einfach Frauen, die ihren Lebensunterhalt verdienen wollten. Obwohl sie alle vom NKWD verhört oder eingeschüchtert wurden, zeigten sie kaum Neigungen, aktiv zu spionieren, zu provozieren oder Propaganda zu machen. Sie mußten alle die Genehmigung der Partei haben, um für Ausländer arbeiten zu können, und doch waren unter ihnen einige der bittersten Antistalinisten, die mir je begegnet sind.

Korrespondenten wohnten im Metropole-Hotel, das zur Zarenzeit ein guter zweitrangiger Hotelbetrieb gewesen sein mag. Als ich dort war, wirkte es auf mich eher wie ein großes, abgewirtschaftetes Freudenhaus. Tatsächlich konnte man hier wie auch im anderen großen Hotel für Durchreisende, dem National, russische Callgirls um das Haus streichen sehen. Allerdings waren es in Moskau die Mädchen, die den Kontakt knüpften. Kurz nachdem der einsame Fremde ankam, meldete sich eines Abends eine wohlklingende Stimme am Telefon und fragte auf russisch: Mögen Sie russische Mädchen? Soll ich Sie besuchen? Möchten Sie mich gerne ins Theater begleiten? oder ähnliches. Auch wenn der Fremde vielleicht kein Russisch sprach, so hatte er doch immer gelernt, wie man *da* oder *nyet* sagte, und das genügte.

Die kommerzielle Liebe war offiziell in Rußland verboten, und es gab keine Bordelle, weder mit noch ohne Lizenz. Aber es gab willige Frauen, so wie auch anderswo im Krieg. Sie waren nicht an Geld interessiert, sondern an Geschenken: an Eßbarem, an Strümpfen und Unterwäsche. Es wurde angenommen, daß sie alle als Spione für den NKWD arbeiten mußten; wahrscheinlicher war jedoch, daß die Polizei einfach die Situation tolerierte, da die Mädchen wirklich Hunger hatten und sich mit keiner anderen Tätigkeit zu Kriegszeiten über Wasser halten konnten; es ging ihnen da nicht anders als den Frauen am Piccadilly in London. Manche von ihnen waren ausgesprochen hübsch. Es waren ehemalige Schülerinnen der Ballettschule oder der Fremdsprachenschule darunter, die aus den verschiedensten Gründen entlassen worden waren. Nachdem sie einmal an fremden Dingen Gefallen gefunden hatten, konnten sie nicht zur Fabrikarbeit oder zu ihrem früheren eintönigen Leben zurückkehren. Bevor der Krieg zu Ende war, hörten alle russischen Callgirls auf, Herren zu besuchen.

Die Gästeliste des Metropole umfaßte unbedeutende ausländische Diplomaten, weggelaufene oder nicht mehr unterzubringende Botschaftsangestellte, Flieger, amerikanische Pelzaufkäufer und Korrespondenten, Moslemführer aus Zentralasien, mongolische Stammesangehörige, japanische Zeitungsleute (unsere Feinde, aber nicht die Feinde Moskaus), wichtige auswärtige Parteifunktionäre (in der Stadt zum üblichen Rapport an den Kreml, dem ein verschwiegenes Bacchanal folgte) und einige wenige europäische Rote, die auf Anweisungen des Zentralkomitees warteten, um in den kurz vor der Befreiung stehenden Staaten Satellitenregimes einzusetzen. Jack Margolis, ein einstiger Cockney, der Bolschewist geworden war und eine Russin geheiratet hatte, war der stellvertretende Hoteldirektor. Im Auftrag der in der Lobby herumlungernden stämmigen Burschen in Ledermänteln behielt er uns stets im Auge. Manchmal – nach meinen Beobachtungen wirklich nur manchmal – folgten uns diese strammen NKWD-Männer auf unseren festgelegten Rundgängen. Das war in den ersten Jahren, als Walter Kerr, Bill Downs, John Hersey,

Bob Magidoff, Maurice Hindus, Eddie Gilmore, Ed Stowe, Lee Stowe, Henry Shapiro, Godfrey Blunden, Henry Cassidy, Dick Lauterbach, Harrison Salisbury, David Nichol und andere im Metropole wohnten. Wir saßen in Pelzmänteln und Filzstiefeln an unserer Arbeit und ließen im Bad das heiße Wasser laufen, um die Kälte im Innern ein wenig zu mildern. In einem privaten Speisesaal, in den keine russischen Blicke drangen, aßen wir solche Delikatessen wie Kohlsuppe, Fleisch und Kartoffeln. Zusätzlich wurden uns monatliche Rationen an Brot, frischem Fleisch, Käse, Zucker oder Schokolade, Wodka und Wein aus dem sowjetischen »Diplomatenladen« zugestanden. Damit hätten wir, vom Mangel an frischen Lebensmitteln einmal abgesehen, auskommen können, wenn nur wir selbst davon gelebt hätten. Die meisten von uns versorgten jedoch auch noch Angestellte, und das bedeutete eine oder zwei russische Familien.

Meinem eigenen »Stab«, einer Sekretärin und einem Kurier, zahlte ich ein gutes Gehalt in Rubel, die ich mit amerikanischem Geld zum Diplomaten-Wechselkurs kaufte; der stand allerdings in keinem Verhältnis zur tatsächlichen Kaufkraft, außer für ihre Hungerrationen – vornehmlich Schwarzbrot. Mehr als an den Rubeln war mein »Stab« an dem Brot interessiert, das ich an den Mahlzeiten einsparte, wie auch an meiner Ration an Zucker, Fett, Brot, Wein und Käse. Diese Monatsrationen waren Tausende von Rubel wert, gemessen an den Schwarzmarktpreisen, die während des Krieges in Moskau üblich waren. Wir benutzten Lebensmittel und Zigaretten auch als Trinkgeld für Kellner, Zimmermädchen im Hotel und andere. Ein einziges Stück gefülltes Gebäck galt bereits als königliche Entlohnung.

In meinem ersten Winter in Moskau hatte ich ein einziges Mal Frischgemüse: zwei Kohlköpfe, die ich beim Besuch einer Kolchose erhielt. Ich zog mir einen leichten Skorbut zu, und all meine Zähne wackelten in dem weich gewordenen Zahnfleisch; das kostete mich zwei gesunde Backenzähne. Wenn das schon einem Korrespondenten passierte, dessen Ernährung unvergleichlich besser war als die der Russen, kann man sich vorstellen, in welchem Zustand sich die einheimische Bevölkerung befand. In diesem Winter stellten wir unsere höchst unerfreuliche Lage in einem ergreifenden Schauspiel dar, zu dem wir die relativ gut genährten Offiziere der amerikanischen Militärmission und den Botschaftsstab einluden. Sie hatten sich etwas so Schreckliches gar nicht vorstellen können! Nachdem wir massenweise auf der Stelle zusammenbrachen, geschwächt vom Hunger, den wir der Grausamkeit oder dem Sadismus oder der Gleichgültigkeit unserer Diplomaten verdankten, die Zugang zu der in Murmansk und Leningrad ankommenden Verpflegung für Beamte und Militärs hatten, erweckten wir so sehr das Mitleid des Botschafters, Admiral Standley, daß er uns zu einem Teil der offiziellen amerikanischen

Delegation in Rußland machte. Obwohl die Vereinigten Staaten Herrn Stalin jährlich Sachwerte zukommen ließen, die in die Milliarden gingen, hatten wir erst genug zu essen, als die amerikanische Botschaft Korrespondenten auf ihre eigene Verpflegungsliste setzte.

Diese Erörterung von Ernährungsfragen mag demjenigen widerlich vorkommen, der nie in extremen Notzeiten gelebt hat. Während des Krieges hatten die Menschen in Moskau immer Hunger. Außerhalb ihres zehn- bis zwölfstündigen Arbeitstages konzentrierten sie sich ganz darauf, irgend etwas zu organisieren, mit dem sie die nagende Leere füllen konnten. Solange Deutschland die ukrainische Kornkammer Rußlands besetzt hielt, hatten die meisten Russen nie genug zu essen. Das traf jedoch nicht auf die Festtafeln im Kreml zu. Keiner der dicken Männer des Politbüros verlor während des Krieges an Gewicht. Ja, Schdanow und Schtscherbakow nahmen sichtlich zu, und Fettleibigkeit beschleunigte ihren frühen Tod. Abgesehen von der Elite, den Spitzenleuten der Bürokratie und Verwaltung, wurde jedoch die Verpflegung so organisiert, daß die Streitkräfte absolute Priorität genossen.

Die Kommunisten ließen es erst gar nicht auf eine Wiederholung jener Revolte der hungernden und barfüßigen zaristischen Armee ankommen, die der Oktoberrevolution vorausging. Das Militär wurde in jeder Hinsicht vorrangig behandelt. Ganz allgemein muß jedoch dem Verpflegungssystem zugute gehalten werden, daß es eine ernsthafte, umfassende Hungersnot verhinderte. Irgendwie bekamen die Menschen das zum Überleben und zur Neuproduktion notwendige Minimum. Unterernährung war zwar weit verbreitet, aber außer in den eigentlichen Kampfgebieten erlebte ich nie, daß jemand regelrecht verhungerte. Es gab natürlich immer wieder nicht zu bestätigende Gerüchte, daß Gefangene in den Konzentrations- und Arbeitslagern bestialisch behandelt würden.

Kleinere Regierungsangestellte waren selbst ständig hungrig. Dazu gehörten Zensoren, Dolmetscher, Schreibkräfte und andere Arbeiter des Presseministeriums. Der gefräßigste von allen war unser Pressechef, Nicolai Palgunow, der später zum Leiter der Nachrichtenagentur TASS ernannt wurde. Er war ein nervöses, äußerst kurzsichtiges Individuum, dessen irgendwie an einen Geier erinnernde Erscheinung zu dem Spitznamen paßte, den wir ihm gaben: der Schafskopf. Es war ein beeindruckendes Schauspiel, ihm zuzusehen, wenn er bei den gelegentlichen offiziellen Empfängen, deren niedrige Schwelle auch die Teilnahme von Korrespondenten ermöglichte, am Tisch mit dem kalten Büfett Stellung bezog, der schwer beladen war mit Wodka, Sekt, Burgunderwein aus dem Kaukasus, Kaviar, Stör aus dem Kaspischen Meer und den reichen Gaben der staatlichen Farmen wie Geflügelbraten, Schinken, Schweinebraten, Wildbret und des Schafskopfs Lieblingsspeise: Schokolade. Sobald Molotow und die anderen Volkskommissare sich mit ihren hohen Besuchern oder Gesandten in die Nebenräume zurückzogen, um sich dort in erhabener Abgeschiedenheit an Speis und Trank zu laben, trat der Schafskopf in Aktion.

Er war der einzige Mensch, den ich je kannte, der ohne fremde Hilfe die beiden Enden eines sechs Meter langen Büfettisches nicht nur abschirmen konnte, sondern ihn auch stürmen, besetzen und abräumen konnte, ohne daß ihm dabei irgend jemand behilflich war.

Da seine Schwäche für Süßigkeiten bekannt war, überließen ihm einige Korrespondenten in schöner Regelmäßigkeit ihre monatliche Schokoladeration. Dies geschah in der Hoffnung, daß es eine bevorzugte Behandlung mit sich bringen würde.

Ich entdeckte das erst später und hielt mich dann auch eine Zeitlang an diesen Brauch. Er freute sich über solche Aufmerksamkeiten wie ein kleiner Junge und erneuerte jedesmal seine Versprechungen, für »Verbesserungen« zu sorgen. Manche Leute versprechen einem einmal, einen vernünftigen Wunsch zu erfüllen, doch der Schafskopf war ein Mann von unendlich größerer Geduld. Es machte ihm nichts aus, zehn- oder zwanzigmal dasselbe Versprechen zu geben. Sein Wort war so wertvoll wie der Kriegsrubel.

Ich muß zugeben, daß sich der Schafskopf von Korrespondenten eine Menge Unsinn gefallen lassen mußte, bevor der Erfolg der russischen Gegenoffensiven die Sachlage abrupt veränderte. Von einzelnen Mitgliedern der Auslandspresse wurden unter anderem folgende Verbrechen begangen: eine Schreibmaschine wurde quer durch den Presseraum auf einen Zensor geworfen, ein unglücklicher Beinahe-Treffer; eine jener Superlandkarten nach der Mercator-Projektion, auf denen Rußland so groß ist wie ein Walfisch, während der Rest Europas auf die Größe der Bauchflosse reduziert ist, wurde mit dem Messer zerfetzt; gemeinsam wurde dem Schafskopf eine große Schachtel Abführtabletten präsentiert, die verlockend als Schokoladenbonbons getarnt waren; das Porträt Molotows wurde mit großen Schnauzbärten bemalt; und einmal erhielt der Schafskopf um fünf Uhr morgens telefonisch eine dringende (falsche) Vorladung in den Kreml.

Im Rückblick scheinen diese Possen, darunter auch Akte des Vandalismus und der Sabotage an Staatseigentum, auf die schwere Strafen bis hin zur Todesstrafe standen, nicht amüsant. Doch im Laufe von vier frustrierenden Jahren in Moskau gewannen sie eine ganz bestimmte Würze, die heute noch beim Nacherzählen eine gewisse Genugtuung verschafft. In einer Gruppe von übertrieben abgeschirmten Journalisten, denen ganz normale Kontakte versagt blieben, deren Bewegungsfreiheit sich fast ausschließlich auf das Gettoleben im Hotel Metropole beschränkte und die gezwungen waren, mit einem Haufen unbeugsamer und unbarmherziger Zensoren auszukommen, gegen deren oft blödsinnige Entscheidungen kein Einspruch möglich war, da waren solche kindischen Streiche verständlich. Das hörte 1944 auf.

In dieser Zeit steckte das sowjetische Außenministerium Beamte in neue perlgraue Uniformen mit Zierbändern und Schulterstücken wie in der Zarenzeit. Darin spiegelte sich ein zurückgewonnenes Selbstvertrauen und eine entschlossenere Haltung der Russen gegenüber ihren Alliierten. Von Molotow an abwärts erhielten die Bürokraten militärischen Rang, der ihrer neuen Würde im Dienste eines Rußland entsprach, das sich inzwischen klar auf der Siegerstraße befand. Zusammen mit den vornehmen Uniformen hielt im Presseministerium auch eine neue Disziplin Einzug. Der erste, der dagegen verstieß, war Ed Fleming, der damals die CBS vertrat. In einem Wutanfall zerriß er sein Manuskript für eine Rundfunksendung und warf es, nach den Angaben des Schafskopfs, dem Zensor ins Gesicht, der es eben zusammengestrichen hatte.

»Hitler ist kaputt«, hatte Fleming einen Soldaten der Roten zitiert, den er interviewt hatte.

»Es ist zu früh«, war der einfältige Kommentar des Zensors, als er dieser Aussage mit dem Rotstift zu Leibe rückte, »das zu sagen.«

Dem Zensor seine Arbeit ins Gesicht zu werfen hätte wahrscheinlich an jedem Kriegsschauplatz der Alliierten genügt, einen Korrespondenten auszuschließen, und es war zweifellos unvernünftig von ausländischen Korrespondenten in Moskau anzunehmen, der Zensor sei ausdrücklich eine bolschewistische Erfindung. Es ist ganz lehrreich, sich daran zu erinnern, daß Leo Tolstoi denselben Ärger unter den Zaren hatte. »Sie würden kaum glauben«, rief er aus, »wie mich von Beginn meiner Tätigkeit an dieses schreckliche Zensorproblem gequält hat!« Es ist allerdings nichts davon überliefert, daß er den Zensor tätlich angegriffen hätte. Das habe, so behauptete Fleming, auch er nicht getan. Er beharrte darauf, er habe lediglich die Fetzen seines Manuskripts in die Luft geworfen. Doch Molotow hielt sich an die Aussage des Schafskopfs, und Fleming wurde der Presseausweis abgenommen.

Daraufhin war das Betragen der Korrespondenten in Rußland vorbildlich – solange sie im Pressebüro waren.

12   Cecilia

Russen, die ich gut genug kannte, um sie zu Hause zu besuchen, sie in mein Zimmer einzuladen oder mit ihnen einen Abend im Theater oder ein Wochenende auf dem Land zu verbringen, waren untereinander so verschieden wie Charaktere aus Tolstoi oder Dostojewski. Es gab natürlich eine einheitliche Armut, einen allen gemeinsamen Zustand der Besitzlosigkeit. (Glaube aber niemand, Russen seien weniger »materialistisch gesinnt« als andere Menschen.) Eine Diktatur kann Gehorsam und oberflächlichen Wetteifer erzwingen; sie kann jedoch die Menschen nicht eigentlich entpersönlichen.

Hinter der Fassade einer nominellen Gleichförmigkeit fand man in Rußland – so wie überall – treue Gläubige und Skeptiker, aufrichtige Patrioten und zynische Karrieremacher, die Warm- und die Kaltherzigen, jugendlichen Idealismus und verbittertes Alter.

Es gab natürlich während des Krieges in Moskau mehr körperlich leistungsfähige Frauen als Männer. Nach drei Jahren konnte ich viele Frauen bei ihrem Geschlechtsnamen rufen, kannte jedoch wenige russische Männer gut genug, um die persönliche Anredeform gebrauchen zu können. Wahrscheinlich war meine Erfahrung nicht ungewöhnlich. Rußland gehört zu den Ländern, wo die Männer nur ungeduldig dem Ausländer zuhören, der Mühe hat, sich auszudrücken; die Frau dagegen ist verständnisvoll, begreift intuitiv und hat oft ihren Spaß an einer gräßlichen Aussprache und Grammatik, die der Mann einfach widerlich findet. Ich erinnere mich dankbar an all die liebenswürdigen und hilfreichen russischen Frauen, die ich kannte, allen voran Cecilia. Sie war meine erste Sekretärin in Moskau.

Cecilia Nelson war eigentlich nicht russischer, sondern finnischer Abstammung, doch mehr noch als beides war sie Amerikanerin. Ihre Eltern waren unter dem Druck des Zarentums nach Amerika geflohen. Mitgerissen von der Begeisterung für die Oktoberrevolution nahmen sie Cecilia als Kind mit sich zurück nach Rußland. Zusammen mit Tausenden von anderen repatriierten Finnen trugen sie dazu bei, den autonomen Staat Karelien zu schaffen. Eines Tages wurde dann ihre Farm kollektiviert, und Cecilia, die selbst keine Farmerin war, entschied sich dafür, einen finnischen Jungen zu heiraten, der Posaune spielte. »Toik« hieß er. Er beherrschte sein Instrument gut genug, um in Svassmans Jazzband zu spielen, die damals in ganz Moskau die beste war.

So kam es, daß Cecilia nach Moskau zog.

Mit ihren blonden Haaren, ihren blauen Augen und Sommersprossen blieb sie so sehr ein Produkt des amerikanischen Mittleren Westens wie Cornflakes. Sie tat alles, um sich dem sowjetischen Stil, den Regeln und Prinzipien anzupassen, aber sie war nicht mit dem Herzen dabei. Da es ihr offensichtlich peinlich war, versuchte ich selten, sie in eine politische Diskussion zu verwickeln. Ich verbrachte manchen angenehmen Tag mit ihr und »Toik« in und um Moskau. Sie hatten eine winzige Sommerdatscha, die sie sich mit der Familie eines russischen Zeitungsmannes, Sam Guriewitsch, teilten. Sams Frau war der einzige Psychiater, den ich in Rußland traf; ich habe von keinem anderen auch nur gehört. Während der Schlacht um Stalingrad arbeitete Frau Guriewitsch dort in einem Kriegslazarett. Sie sollte Kriegsneurosen und Schocks behandeln. Ich sah sie jedoch wieder in Moskau, als in Stalingrad immer noch unvermindert weitergekämpft wurde.

»Jetzt brauchen Sie nur noch zu sagen, sie hätten die Bombenneurosen bereits alle geheilt!« sagte ich.

Sie lächelte matt. »Sie gaben mir nur zwei Patienten in der ganzen Zeit, die ich an der Front war. Russische Soldaten kennen keinen Bombenschock wie die Briten und Amerikaner«, erklärte sie. »Das gibt's nur bei der Bourgeoisie!« Sie zog die Augenbrauen hoch. »Da es für einen Psychiater an der Front nichts zu tun gab, bat ich um Versetzung ins Hinterland.«

Ich kannte sie damals noch nicht gut genug, um die Ironie in ihrer Stimme herauszuhören. Ich hatte gar keine Ahnung, wie sehr die kommunistischen Dogmatiker davon überzeugt waren, daß die Psychoanalyse reiner Schwindel war. Was Rußland betraf, so wurde der Krieg ohne jede Hilfe von Dr. Freud gewonnen.

Durch Cecilia lernte ich einige Russen kennen, die tolerant genug waren, mir zuzuhören, während ich ihre Sprache massakrierte. Cecilias eigenes Russisch konnte ich gut verstehen. Sie sprach es mit einem amerikanischen Akzent und fühlte sich im Englischen wohler. Aber sie war eine ausgezeichnete Sekretärin und ein prima Kamerad. Da Toik mit Svassmans Band bis in die frühen Morgenstunden arbeitete, ob sie nun Funkaufnahmen machten oder bei irgendwelchen Veranstaltungen spielten, begleitete mich Cecilia oft ins Ballett oder zum Essen, bis ihr Mann dann später zu uns stieß.

Restaurantpartys in Moskau waren äußerst kostspielig. Man war als Gastgeber praktisch verpflichtet, dafür zu sorgen, daß sich die Gäste betranken. Nachdem ich eine Reihe von Verpflichtungen hatte zusammenkommen lassen, gelang es mir, im Aragvi, einem kaukasischen Restaurant und einem der wenigen während des Krieges geöffneten Lokale, einen Tisch zu reservieren. Ich borgte mir Coupons für Lebensmittel und alkoholische Getränke, bis ich genügend Gutscheine zusammen hatte, um zwei Dutzend Leute mit Schaschlik und Beilagen zu füttern und zum Hinunterspülen eine Menge Wodka und Wein auf den Tisch zu stellen.

Unter den Gästen war auch Zoya Feodorowna, der Filmstar, deren Bruder und Mann beide in der Roten Luftwaffe waren. Sie fielen nicht lange danach; aber an dem Abend war Zoya bester Laune, da sie von einigen Fliegern, die im Aragvi speisten, gute Nachrichten von ihnen erhielt. Einer nach dem anderen kamen sie an den Tisch, um Zoya zu umarmen und mit ihr zu trinken; sie schien jeden Piloten in Rußland zu kennen. Ich weiß nicht mehr, wie viele ich an diesem Abend kennenlernte, aber einen von ihnen werde ich nie vergessen. Er war der ausdauerndste Trinker und Redner; und als sich die Party ihrem Ende zuneigte, wurde er auch noch der zärtlichste von allen. Nicht nur Zoya bekam von ihm wiederholt einen

Gutenachtkuß, sondern nach altem russischem Brauch schloß er unerwartet auch mich in seine kräftigen Arme und verpaßte mir zum Abschied einen Kuß.

Ich erwachte gegen Mittag, als mit ein paar Stunden Verspätung und reichlich blaß und mitgenommen Cecilia kam. Das erste Rätsel gaben mir ein Paar Damenpumps in meiner Aktentasche auf. Ich konnte mich an überhaupt nichts mehr erinnern; ich wußte nicht mehr, wie ich ins Hotel zurückgekommen oder die Treppe hochgestiegen war oder mich ins Bett gelegt hatte, und am allerwenigsten, wie ich zu diesen fremden Pumps gekommen war.

»Keine Sorge«, sagte Cecilia. »Die müssen Zoya gehören; kein anderer könnte sie sich leisten.« Später an diesem Nachmittag rief Zoya tatsächlich an und erkundigte sich ziemlich verzweifelt nach den verlorengegangenen Prunkstücken. Sie war ungeheuer erleichtert, als sie sie wieder gefunden hamte.

Diese Pumps waren nach Maß für sie gefertigt worden, ein Privileg, das sie als »Künstlerin des Volkes« genoß. Auf dem schwarzen Markt hätten sie fünf- oder sechshundert Dollar gebracht. Zoya hatte offenbar bei ihrem etwas benebelten Abgang meine Aktentasche (die vorübergehend als Wodkabehälter diente) mit ihrer eigenen verwechselt und ihre Schuhe hineingestopft, die sie ausgezogen hatte, um auf dem Heimweg ihre *walenki* zu tragen. Die Straßen waren tief verschneit und vereist, und bei 30 Grad minus waren die *walenki*, die kniehohen russischen Filzstiefel, der einzige Schutz gegen die bittere Kälte.

»Wer«, so fragte ich Cecilia, als sie von Zoya zurückkam, »war eigentlich dieser stämmige Pilot, der dauernd alles umarmte? Er hat mir einen Gutenachtkuß gegeben! Irgendwie kam mir der bekannt vor.«

»Kein Wunder«, sagte sie. »Das war Stalins Sohn, Wassily.«

Cecilia wußte über viele Aspekte des sowjetischen Lebens so wenig Bescheid wie ich, und sie stand mir an Interesse und Neugier nichts nach. Vom Argwohn und Mißtrauen der Kommunisten gegenüber Ausländern war bei ihr überhaupt nichts zu spüren. Sie war von Natur aus ein bescheidenes Mädchen und hatte den ganzen Mumm, die dickköpfige Selbständigkeit und den Mut ihrer Landsleute. Ich werde nie den Morgenrock vergessen, den sie dem Schafskopf unter dem Vorwand gab, sie spreche für mich.

Es war gegen Ende meines ersten Aufenthaltes in Rußland. Ich rechnete nicht damit, noch einmal zurückzukommen, und hatte deshalb – außer meiner Fassung – nichts mehr zu verlieren. Bei meinem Abschiedsbesuch begann der Pressechef mit den üblichen höflichen Floskeln, doch ich schnitt ihm das Wort ab. Ich sagte ihm, er habe nicht nur meine Zeit vergeudet, sondern auch verhindert, daß die große amerikanische Öffentlichkeit etwas Nützliches über die UdSSR erfuhr. Ohne ihm die Möglichkeit zu geben, seine Ausreden an den Mann zu bringen, zählte ich jede einzelne meiner Beschwerden auf und nannte ihn einen »Lügner, Heuchler, Miesmacher, Quertreiber und herausragenden Saboteur der sowjetisch-amerikanischen Freundschaft«.

Der Schafskopf konnte zwar ein wenig Englisch; um aber sicherzugehen, daß er jedes Wort verstand, hatte ich Cecilia gebeten, alles simultan zu übersetzen. Die wirkungsvollsten Stellen übten wir sogar vorher ein. Sie war großartig, als ihre Stimme mich nachahmte und sich in Empörung und falschem Mitleid hob und senkte. Auch sie hatte lange darauf gewartet, daß jemand diese Dinge aussprach. Ich überließ dem Schafskopf eine schriftliche Liste mit all den Leuten, Institutionen und Veranstaltungen, die ich, wenn es nach seinen Versprechungen gegangen wäre, hätte besuchen können. Zum Schluß sagte ich ihm, er füge Rußland größeren Schaden zu als selbst Goebbels. Ich hätte mich, so sagte ich ihm, bei Stalin beschwert.

Cecilia war so rot wie eine Tomate, als sie zu Ende gesprochen hatte; der Schafskopf starrte sie sprachlos an.

Ich war schon halb darauf gefaßt, mein Gepäck auf der Straße zu finden, als ich zum Metropole zurückging. In Wirklichkeit hatte ich Stalin noch nicht geschrieben, aber ich hatte einen Brief an Alexander Schtscherbakow geschickt. Er war zu der Zeit in Stalins Politbüro derjenige, der für den gesamten sowjetischen Informationsapparat zuständig war. An diesem Abend rief mich seine Sekretärin an, um mir mitzuteilen, ich solle in sein Büro kommen. Als ich ihn sah, schenkte er mir sein strahlendstes Lächeln und – *reductio ad absurdum!* – fragte mich, ob ich mit meinem Aufenthalt zufrieden sei.

Ich wiederholte alle meine Beschwerden und die anderer Korrespondenten noch dazu. Ich stellte den Schafskopf als einen Gegner der Eine-Welt-Idee hin, der schlimmer sei als die biologische Kriegführung, und das stimmte ja auch. Das galt natürlich auch für Schtscherbakow, wie ich genau wußte. Alle Entscheidungen des Schafskopfs standen im Einklang mit den Direktiven des Politbüros, doch ich tat so, als erzählte ich ihm etwas ganz Neues.

Er hörte mir ungerührt zu. Nur seine kleinen, roten Schweinsäuglein schauten mich durchdringend und höhnisch an. Dem verstorbenen Herrn Schtscherbakow ging der Ruf des unbarmherzigen Zynikers voraus. An Schtscherbakows mächtigem Leib hingen kurze dicke Arme mit weichen schwammigen Händen und perfekt manikürten rosaroten – *rosaroten!* – Fingernägeln. Er war bis in die letzte Einzelheit ein Geschöpf George Orwells. Die Mitglieder des Politbüros scheinen praktisch alle zwanghafte Esser zu sein, bekanntlich ein Symptom für Unsicherheitsgefühle, doch Schtscherbakow war darin allen anderen überlegen.

Am Ende meiner Tirade räumte er ein, daß möglicherweise das eine oder andere Versehen passiert sei. Das würde nun in Ordnung gebracht werden. Wie er jedoch wußte, war ich im Begriff, das Land zu verlassen. Wenn man in jenen Tagen einen reservierten Platz im Flugzeug nicht nutzte, mußte man möglicherweise einen Monat lang warten, bis man wieder berücksichtigt wurde. Mir blieben nur noch zwei Tage. Na schön; er würde sein Bestes tun. Er lieferte zumindest den Beweis dafür, daß ein Wort vom Politbüro ausreichte, um einem alle ansonsten verschlossenen Türen und Fenster in Rußland zu öffnen. Ich hatte schließlich sechs Tage, nicht nur zwei, da sich der Abflug verzögerte: sechs Tage, in denen ich mehr hilfreiche Leute kennenlernte und in meiner Arbeit mehr erreichte als in allen vorausgegangenen Sechstage-Abschnitten.

Als ich schließlich Rußland verließ, machte ich mir Gedanken, ob ich die Lage nicht vielleicht ein wenig falsch beurteilt hatte. Bei meiner späteren Rückkehr nach Moskau versuchte ich sofort, Cecilia wieder dafür zu gewinnen, für mich zu arbeiten. Leider hatte sie inzwischen bei Robert Magidoff einen Job angenommen. Einige Jahre später, als ich Rußland endgültig verlassen hatte, erlebten sie eine schmerzhafte Geschichte.

Bob war selbst ein gebürtiger Russe, der als Kind nach Amerika gekommen war. Er ging nicht wie Cecilia als Mitglied einer aus dem Exil heimkehrenden Familie zurück. Er kam einfach zurück, um zu berichten, was aus dem Land der Pogrome, an das seine Eltern sich erinnerten, geworden war. Er war immer einer der »freundlichen Korrespondenten«, der auf ein besseres sowjetisch-amerikanisches Verständnis hoffte. Er verliebte sich in ein begabtes und schönes russisches Mädchen namens Nila und heiratete sie. Nila hatte ein feuriges Temperament und war einmal Revolutionärin gewesen; als Anhängerin Trotzkis war sie einige Monate im Lubyanka inhaftiert gewesen. Zu der Zeit, als sie Bob kennenlernte, war sie »objektiv« genug geworden, um Sekretärin bei einem Amerikaner zu werden.

Nila Magidoff war während des Krieges in Amerika. In zahllosen Ansprachen warb sie um Kriegshilfe für Rußland und half, die vielen Dollarmillionen aufzubringen, die großzügig zur Unterstützung ihrer früheren Landsleute gespendet wurden. Sie wurde von Amerikanern mit Geschenken und Ehrenbezeigungen überschüttet; in ihren Augen personifizierte sie Rußland im Krieg. Als sie nach Rußland und zu Bob zurückging, war sie eine amerikanische Staatsbürgerin, doch sie erwartete, wenn nicht offiziell belobigt, so doch wenigstens herzlich empfangen zu werden. Statt dessen stieß sie auf Mißtrauen.

Als sich dann das Klima des Kalten Krieges durchsetzte, hatte das Außenministerium keine Verwendung mehr für Leute wie Bob und Nila. Sie wußten zuviel über Rußland, und man brauchte zu viele Polizisten, um sie im Auge zu behalten. Unsere gute Freundin Cecilia wurde unfreiwillig zum Spitzel, der sie erledigte. Der offiziellen Version zufolge schöpfte

Cecilia zum erstenmal Verdacht, als sie unter Bobs Papieren Briefe fand, in denen es um »geheime« technische Informationen ging. Als sie sich daraufhin eingehender mit seinen Unterlagen befaßte, fand sie so schwerwiegende Beweise, daß sie sich gezwungen sah, ihn dem Staat auszuliefern. Bob und Nila, die so viel für Rußland getan hatten, wurden ohne Vernehmung summarisch verurteilt und als »imperialistische Spione« ausgewiesen. Die Ironie dabei war, daß Magidoff bei seiner Rückkehr in die Vereinigten Staaten sowohl von NBC als auch von McGraw-Hill entlassen wurde.

Als ich von Cecilias Rolle in dieser Geschichte las, konnte ich es einfach nicht glauben. Später erklärte es mir Bob. Sie war von der Staatssicherheitspolizei aufgegriffen und im Lubyanka in Einzelhaft festgehalten worden, bis sie sich bereit erklärte, seine Spionagetätigkeit zu »enthüllen«. Offizielle Stellen erklärten, man habe »belastende Korrespondenz« beschlagnahmt, in der Magidoff von McGraw-Hill aufgefordert worden sei, ganz bestimmte Spionageakte zu begehen. Tatsächlich aber waren alle Briefe, die später veröffentlicht wurden, Teile eines ganz gewöhnlichen Schriftwechsels; sie waren mit der öffentlichen Post verschickt worden und betrafen Themen von alltäglichem und legitimem journalistischem Interesse.

Arme Cecilia! Ich war froh, daß sie wenigstens noch das Vergnügen gehabt hatte, den Schafskopf von Angesicht zu Angesicht und mit tiefempfundener Aufrichtigkeit den »herausragenden Saboteur Rußlands« zu nennen, bevor die von ihm angezettelte Demütigung ihre tapfere, heitere, ehrliche Seele zerrüttete.

13 Einige Russen

Irgend jemand hat gesagt, eine Nation sei nur die Vervielfältigung eines Individuums, aber es gibt natürlich keine zwei Individuen, die gleich sind. Deshalb haben Nationen keinen einzelnen, bestimmten Charakter, sondern bestehen aus einer Menge von Widersprüchen, und Rußland hat schon immer einen bevorzugten Platz unter denen eingenommen, die sich nicht vorausberechnen lassen. Die Berichte jedes Korrespondenten über ein bestimmtes Land stehen immer unter dem Einfluß seiner persönlichen Begegnungen mit den Menschen in eben diesem Land. Man mag eine Regierung geringschätzen, und ein ehrlicher Mann mag sich in den meisten Ländern schwertun, die Regierung *nicht* zu geringschätzen, aber niemand kann eine ganze Nation hassen, wenn ihm irgend etwas in ihr gefallen hat.

Der Kreml errichtete eine Mauer zwischen Rußland und der Außenwelt, doch er konnte damit nicht die ganze Wärme ausschalten, die unvermischte Vitalität, die Aufrichtigkeit und die auf so wundervolle Art anziehende Menschlichkeit, die einem begegneten, wenn man das Land betreten hatte, und die den in ganz Rußland zu findenden verwirrenden Paradoxen eine ganz eigene Logik gaben.

Was die kleinen Kinder betraf, so konnten die Meinungen gar nicht auseinandergehen. Sie waren unwiderstehlich. Eines Tages im Winter, als ich mit Cecilia in der überfüllten Straßenbahn fuhr, fanden wir uns neben einem rotbackigen Jungen von neun oder zehn Jahren. Er erinnerte mich an ein weißrussisches Kind, das Nym und ich in Peking praktisch adoptiert hatten. Er war wie einer jener Fremden, auf die man manchmal auf der Straße oder in einem Laden einen flüchtigen Blick wirft und die einem das Gefühl geben, man brauche ihnen nur vorgestellt zu werden, dann würde sich mit Sicherheit eine gute Freundschaft entwickeln. Aber man wird nicht vorgestellt; man geht weiter und wartet darauf, daß man sich in einer späteren Inkarnation wieder begegnet und näherkommt.

In diesem Fall schaute mich der Junge mit großen, wißbegierigen Augen an; er war der ruhige in einer Gruppe schnatternder Schulkinder. Ich sagte ihm guten Tag. Da er einen fremden Klang in meiner Stimme hörte, fragte er höflich, ob ich ein *inostranets* sei und was für einer. Ich sagte ihm, ich sei Amerikaner, und er lächelte und erzählte, er habe »Tom Sawyer« und »Huckleberry Finn« gelesen. Ich sei am Missouri geboren, sagte Cecilia, ganz in der Nähe von Mark Twains Heimat. Seine Augen leuchteten auf.

»Ich heiße Dmitri«, stellte er sich unaufgefordert vor, »und Sie?«

Als ich »Sneg« sagte, lachte er. Snow (= Schnee) ist im Russischen ein komischer Name. Er erinnert die Leute an Väterchen Frost, den russischen Weihnachtsmann. Dmitri nahm meine Hand, schüttelte sie impulsiv und ließ sie nicht wieder los. Seine großen blauen Augen waren so frisch und offen wie der Sommerhimmel über der Steppe. Mir fielen einige Eclairs ein, die ich beim Essen im Hotel übriggelassen hatte, um sie meinem Kurier zu geben. Ich dachte, daß sie Dmitri vielleicht noch mehr bedeuten würden.

»Wann hast du zum letztenmal *pirozhki* gegessen?«

»Das ist so lange her«, antwortete er voll Sehnsucht, »daß ich vergessen habe, wie sie schmecken.«

»Gut«, sagte ich. »Wenn du mit mir kommst, dann erzähle ich dir bei Tee und *pirozhki* über die jungen Burschen in Amerika.«

»Prima!« Seine Augen blitzten.

Als es zum Roten Platz nicht mehr weit war, begann ich, mir einen Weg durch den überfüllten Verbindungsgang zu bahnen. Dmitri hielt meine Hand fest umklammert, aber ich spürte, daß er auf der anderen Seite festgehalten wurde. Ich drehte mich um und sah eine große Frau mit einem spitzen Gesicht.

»Wo willst du hin, Dmitri? Du bleibst hier«, befahl sie. »Ich bin Dmitris Lehrerin«, sagte sie, zu mir gewandt. Und damit war leider aus einem spontanen Kommunikationsversuch eine ziemlich peinliche Angelegenheit geworden. Ich beugte mich über Dmitri und flüsterte ihm meine Zimmernummer im Metropole ins Ohr und lud ihn ein, später zu mir zu kommen. Er hatte jedoch meine Hand noch immer nicht losgelassen. Plötzlich zerrte die Lehrerin – falls sie das überhaupt war – ruckartig an Dmitris Hand und taumelte mit ihm rückwärts gegen die anderen Kinder.

Als ich aus der Straßenbahn stieg, hatte ich das Gefühl, daß die glotzenden Zuschauer des kleinen Dramas etwa zu gleichen Teilen für und gegen meine Seite bei diesem Tauziehen waren. Wahrscheinlich hielten sie uns für ein Ehepaar, das um sein Kind stritt, ein nicht ungewöhnlicher Anblick in Moskau. »Komm mich besuchen, Dmitri, wenn du kannst! Jederzeit!« rief ich beim Abspringen.

»Ich komm' bestimmt«, kreischte er über die angespannten Gesichter hinweg. Er kam natürlich nie.

Besser bekannt wurde ich mit einem 13jährigen Kosakenjungen namens Guy Puschnestikow, bei dessen Familie Alex Werth und ich ein paar Tage verbrachten, als ich in Kotelnikowo war, um die Kämpfe am Don zu verfolgen. Deutsche Soldaten waren bis kurz vor unserer Ankunft fünf Monate lang im Hause der Puschnestikows einquartiert gewesen. In der Zeit hatten die drei Familienmitglieder – Guy, seine Mutter und seine Großmutter; der Vater war irgendwo mit der Roten Armee unterwegs – von ein paar Stück Brot am Tag gelebt und gelegentlich von den Resten auf den Tellern der fünf fremden Soldaten, die sich in den drei kleinen Räumen ihres Häuschens drängten.

»Wie feine Herren haben sie sich nicht gerade benommen, das steht fest«, sagte Frau P. »Andererseits sind wir im Krieg. Woher sollen wir wissen, ob sie nicht vielleicht genauso anständig sind wie unsere Leute, in Friedenszeiten?«

Guys Verbitterung war nicht viel größer. »In ihren Augen waren wir nicht kultiviert oder gleichwertig oder auch nur Menschen«, sagte er. »Wir waren für sie nur Sklaven. Uns Jungen brauchten sie nur dazu, um auf ihre Kühe aufzupassen, und die Mädchen mußten den Haushalt für sie führen und saubermachen. Wenn ein Mädchen hübsch war und mit ihnen schlief, bekam sie besseres Essen, aber da machten nicht viele mit. Wir anderen mußten die ganze Arbeit verrichten, aber uns gaben sie nichts. Trotzdem, wie Motka sagt, so ist das wohl im Krieg.«

Sonst beklagte er sich nie über etwas. Obwohl er so dünn war wie eine Bohnenstange, bat er nie um irgend etwas. Er war stolz. Beim Essen waren Alex und ich Gäste der Roten Armee, und an ihren Tischen aßen wir viel besser als in Moskau. Von Zeit zu Zeit klauten wir Brot, Zucker, Butter und Kartoffeln und brachten sie den Puschnestikows. Sie weigerten sich, etwas außer dem Brot anzurühren, und beharrten darauf, daß wir die Dinge selber brauchten.

»Wir sind es gewohnt, Hunger zu haben«, sagte Motka, »Sie nicht; Sie würden darunter leiden.«

Guy war nach eigener Auffassung in Richtung »Kultur« schon ziemlich weit vorangekommen, und er neigte zu einer gewissen Herablassung gegenüber seiner einfachen Mutter, die kaum lesen konnte. Er kannte Puschkin, Gogol, Turgenjew, Tschechow, Tolstoi – und natürlich Marx, Engels, Lenin und Stalin. Er war bei den Roten Pionieren und würde bald Junger Kommunist sein; und nach seiner Überzeugung war einem Kommunisten alles möglich. Seine Gedanken weilten schon ganz in der Zukunft. Er hatte, nachdem nun die Deutschen fortgejagt waren, überhaupt keinen Zweifel daran, daß er alles werden konnte, wofür er sich entschied. Die meisten seiner Schulkameraden hatten vor, Ärzte, Wissenschaftler, Ingenieure oder Lehrer zu werden. Und er?

»Ich werde die Navigation erlernen und ein Schiff kommandieren«, sagte er zuversichtlich. »Ich habe das Meer noch nie gesehen, aber ich habe viel darüber gelesen. In Geographie bin ich ziemlich gut.«

Auch er hatte Twain gelesen. »Leben auf dem Mississippi« war sein Lieblingsbuch. Einer der Gründe, weshalb er Navigator werden wollte, war sein Wunsch, nach Abschluß seines Studiums in Moskau Amerika zu sehen. Und er war sich ganz sicher, fragte ich, daß er nach Moskau kommen würde?

»Ich bin der Beste in meiner Klasse«, gab er zurück. »Ich sehe keinen objektiven Grund, der dagegen sprechen würde.«

»Objektiv« war sein Lieblingswort. Ich fragte ihn, wen er unter den Lebenden für den größten Menschen halte.

»Das kommt auf die Anforderungen an, die jeder hat«, antwortete der kleine Kosake eiskalt. »Jeder ist für irgend jemand der Größte, doch manche halten niemanden für groß. Ein Wissenschaftler oder Ingenieur würde eine andere Antwort geben als ein Politiker. In wenigen Jahren werden die Leute über die Lebenden ganz anders denken als wir.«

Diese Perlen der Weisheit kamen trotz seines dünnen Stimmchens mit großer Fröhlichkeit und Selbstsicherheit von seinen Lippen. Fünf Monate deutscher Besetzung hatten sein Selbstvertrauen nicht erschüttert.

»Nehmen Sie nur Amerika; für Sie ist der reichste Mann der größte.«

»Wirklich? Und wer ist der reichste Mann?«

»Erst Morgan, dann Ford. Amerika huldigt den Kapitalisten, nicht den Politikern.«

Was immer das System älteren Russen bedeutete, Jugendliche wie Guy sahen darin den besten aller möglichen Staaten. Für mich war es nun selbstverständlich, daß er eines Tages sein russisches Schiff nach New

York steuern und auf einen Besuch bei mir hereinschauen würde. Ich warte heute noch.

Dann erinnere ich mich an einen alten Mann mit einem Holzbein, der mich aufhielt, als ich die dreckige Straße einer Kolchose außerhalb Moskaus entlang ging. Er hatte sein Bein »an den Kaiser« verloren, sagte er, aber er hatte auch danach als fleißiger Bauer im selben Dorf jeden Tag seine Arbeit getan. Jetzt war er über sechzig. Er schob mich in seine spärlich möblierte, aber saubere einräumige Hütte und wies seine Frau an, mir einen Becher frische warme Milch einzugießen. Er hielt mir einen Vortrag über die Kriegslage aus der Sicht eines alten Soldaten und nannte mir ein Dutzend Gründe, warum es unbedingt erforderlich war, daß die westlichen Alliierten noch in diesem Jahr in Europa landeten – das war 1943 –, wenn nicht alles verlorengehen sollte. Am Schluß bat er mich, seine ganze Erklärung, verschlüsselt natürlich, an Präsident Roosevelt zu übermitteln. Es war ihm vollkommen ernst damit.

Ich brauchte lange dazu, um dem alten Herrn begreiflich zu machen, daß ich kein hoher Beamter, ja, überhaupt kein Beamter war, und keinerlei Einfluß auf die Entscheidungen hinsichtlich der Kriegführung hatte.

Auf einmal lachte er laut auf, sagte »Nichevo!« und holte einen Wodka heraus, um mir einen ordentlichen Schluck für unterwegs anzubieten. Ich habe sein Gesicht allein deshalb nie vergessen, weil es in diesem Augenblick jenes warmherzige Wohlwollen ausstrahlte, das allen einfachen Menschen, die den Boden bestellen und mit dem Wachstum von Pflanzen zu tun haben, auf der ganzen Welt gemeinsam ist. Das war der eine Grund, und dann noch sein Trinkspruch. Es war in jenen Tagen fast schon Gesetz, daß der erste Trinkspruch Väterchen Stalin gehörte. Doch der alte Bauer mit dem Walnußgesicht pfiff auf die Konvention.

»Auf den Triumph all dessen«, sagte er voller Leidenschaft und stampfte mit seinem Holzbein auf und sagte es ein zweites Mal, »auf den Triumph all dessen, was an der Menschheit gut ist.« Ich glaube, das war wohl der beste Trinkspruch, den ich in meiner ganzen Zeit in Rußland gehört habe.

Aber ich bekam noch etwas Stärkeres zu trinken: Blut, wie man mir sagte. Russisches Blut.

Die tiefe Liebe des russischen Volkes zu seinem Land wird für mich immer jener kleine Vorfall versinnbildlichen, der sich in einer Höhle am steilen Ufer der Wolga unterhalb von Stalingrad abspielte. Die Nazis hatten eben den gefrorenen Boden der total zerstörten Stadt aufgegeben, und halbtote Deutsche krochen um die schwelenden Trümmer herum, als wir uns zu einem Gespräch mit General Wassilij Iwanowitsch Tschuikow zusammensetzten. Ich kann mich an nichts von dem erinnern, was er über die große Schlacht zu sagen hatte, aber ich sehe noch sehr deutlich Clara Yeramentschenko vor mir, eine junge Ukrainerin und Angehörige der weiblichen Streitkräfte. Diese Frauen waren Freiwillige, wie unsere WAC und WAVES*, doch sie trugen Waffen und kämpften Seite an Seite mit ihren Männern an der Front. Clara, eine ehemalige Lehrerin, hatte den ganzen Kampf um Stalingrad mitgemacht.

Draußen herrschte eine Kälte von dreißig Grad, doch in Tschuikows Höhle war die Hitze unerträglich. Wenn Russen überhaupt einmal heizen, dann schießen sie, wie in den meisten Dingen, gleich übers Ziel hinaus. Da außerdem in meinem Innern der Wodka brannte, stand ich auf, um nach etwas Wasser zu suchen, einem raren Artikel an der Front, wo man entweder Tee oder Wodka trank. Clara Yeramentschenko bot an, Wasser für mich zu finden, und verschwand in der Dunkelheit. Ein paar Minuten später kam sie mit einem vollen Eimer zurück und füllte unsere Gläser. Das Wasser war eiskalt und schmeckte köstlich.

Sie schaute mich seltsam an und sagte: »Besser als Wein, nicht wahr?« Ich nickte, und sie füllte das Glas wieder auf.

»Natürlich ist es besser«, rief sie plötzlich und warf mit wildem Stolz den Kopf in den Nacken. »Es ist heiliges Wasser: die Wolga, gemischt mit unserem russischen Blut!«

Clara war jung und begehrenswert, und sie mußte eine Menge in der Ukraine zurückgelassen haben, für das zu leben sich lohnte. Tausende wie sie, wenn auch vielleicht nicht so hübsch, überlebten diesen Winter nicht. Ich weiß nicht, wie sehr sie Stalin oder die Partei liebte. Doch an der tapferen Art, den Kopf in den Nacken zu werfen, und an dem Feuer, das in ihren dunklen Augen blitzte, als sie »Heiliges Wasser – die Wolga, gemischt mit russischem Blut« sagte, erkannte ich zumindest, wie sie über Rußland empfand.

14   Ukrainische Symphonie

Nachdem ich mich wiederholt an Molotow gewandt hatte, erhielt ich endlich im Winter 1944 die Erlaubnis zu einer »individuellen« Reise in die zurückeroberten Gebiete der Ukraine. Ein Teil dieser Republik war immer noch in den Händen der Deutschen, als ich mit meiner neuen Sekretärin Anna Yermolayewa nach Kiew kam; obwohl es halb zerstört und halb entvölkert war, war es immer noch eine wunderschöne, malerische Stadt, hoch über dem Dnjepr. Die Ukraine war der fortschrittlichste Teil der UdSSR gewesen und sorgte allein fast für die Hälfte der gesamten sowjetischen Industrieerzeugung. Die Kriegsschäden waren hier schwerer

---

* Weibliche Armeeangehörige in den Vereinigten Staaten. WAC = Women's Army Corps; WAVES = Women Accepted for Volunteer Emergency Service. (Anm. d. Übers.)

als in irgendeinem anderen Teil der Union oder in irgendeinem einzelnen europäischen Land.

Von den Millionen sowjetischer Militärs und Zivilisten, die ums Leben gekommen waren, waren wahrscheinlich ein Drittel Ukrainer. Nachdem 1956 neue Zahlen über die sowjetische Bevölkerung bekannt wurden, kamen amerikanische Demographen zu dem Schluß, daß frühere Schätzungen der Kriegsverluste in der UdSSR von der Regierung viel zu gering angesetzt waren. Es ist möglich, daß während des Krieges in Rußland 25 bis 30 Millionen Menschen ums Leben gekommen sind. Ein Beamter in Kiew erzählte mir, daß allein aus der Ukraine zehn Millionen Menschen »verschwunden« seien. In hohem Grade wurde die Ukraine durch die Arbeit ihrer Frauen und Kinder und durch deutsche Gefangene wiederaufgebaut.

Inmitten der Ruinen lernte ich eine ukrainische Geigerin kennen, die mich mit dem Philharmonischen Orchester Kiew bekannt machte. Sie hatte mich im Hotel aufgesucht, nachdem sie erfahren hatte, dort wohne ein »amerikanischer Offizier«. Sie bat mich, ihrer Schwester, die in Amerika war, die Mitteilung zukommen zu lassen, daß sie den Krieg überlebt habe, daß aber alle ihre Verwandten in Leningrad verhungert seien. Ihre Schwester war eine Schauspielerin namens Koryus, die kurz zuvor in dem Hollywoodfilm »The Great Waltz«, der in vielen russischen Kinos zu sehen war, mitgespielt hatte. Ich erklärte mich bereit, ihren Brief mitzunehmen. Dann bot sie an, mich mit dem Dirigenten des Philharmonischen Orchesters Kiew bekannt zu machen. Wir gingen zusammen essen.

»Für Ukrainer«, sagte der Dirigent, »ist die Musik Brot.«

Das Orchester war, einen Tag nachdem die Deutschen aus der Stadt vertrieben waren, wieder zusammengestellt worden. Es gab ein Konzert, als Kiew immer noch rauchte und nach nicht detonierten Sprengkörpern abgesucht wurde; zahlreiche Explosionen wirkten wie eingeschobene Paukenschläge.

Als ich das Datum des nächsten Orchesterauftritts erfuhr, äußerte ich mein Bedauern, daß ich nicht würde dabeisein können. Am nächsten Morgen schickte mir der Dirigent eine Einladung für die Probe am Nachmittag. Als wir in die Konzerthalle kamen, wurde mir gesagt, sie seien zusammengekommen, um uns ein Konzert zu geben, und sie würden jedes Musikstück spielen, das wir gerne hören möchten. Eine solche Herzlichkeit einem Amerikaner gegenüber hatte ich noch nie in Rußland erlebt, und ich nahm an, daß es sich lediglich um eine Geste handelte; sicher rechneten sie nicht damit, daß sie ernst genommen wurde. Doch der Orchesterdirigent sagte, wenn ich nicht annehmen würde, würde sie das kränken.

»Amerikaner sind in der Ukraine beliebt. Ihr habt uns nach der Hungersnot im Ersten Weltkrieg zu essen gegeben. Amerikanische Ingenieure halfen beim Aufbau unserer Industrie. Und jetzt schickt uns Amerika Lebensmittel und Kleidung. Ihr habt uns auch Waffen zum Kampf gegen Hitler geschickt. Eure Jungs sterben neben unseren für eine gemeinsame Sache. Und jetzt haben wir Sie hier, den ersten Amerikaner, den wir nach der Befreiung zu sehen bekommen. Wir wollen Amerika mit einem Konzert unseren Dank abstatten!«

Wer hätte sich dem verschließen können? Anna und ich nahmen als einzige Zuhörer in der riesigen Halle Platz und hörten uns in aller Form ein Programm an, das wir spontan zusammengestellt hatten. Wir wählten, mit Ausnahme Griegs, nur russische und ukrainische Komponisten. Die Musiker waren sichtbar erfreut und spielten prachtvoll.

Anschließend bedrängten mich Orchestermitglieder mit vielen Fragen über amerikanische Musik, Orchester, Theater, den Krieg und Meinungen über Rußland. Ich bedauerte, daß ich so wenig über meine Heimat wußte. Fast alle diese Leute hatten Verwandte und Freunde in den Vereinigten Staaten; sie fühlten sich uns eng verbunden. Viele sagten, sie sehnten sich danach, Amerika zu besuchen.

Schließlich fragte ich, wie ich ihnen ihre Freundlichkeit vergelten könne.

»Es gibt eine Möglichkeit«, sagte der Dirigent nachdenklich, als ich meine Frage wiederholte. »Wir brauchen dringend Saiten. Könnten Sie uns in Ihrem Land Saiten besorgen?«

»Saiten?«

»Geigensaiten, Cello- und Bratschensaiten, Harfensaiten. Und Rohrblättchen für die Blasinstrumente. Wir stellten die Produktion im Krieg ein. Aber in Amerika, vielleicht...«

Es würde leicht sein, sie zu kaufen, dachte ich; problematisch war es, sie herüberzubringen. Dann fiel mir ein, daß Averell Harriman in Washington war und bald nach Rußland zurückkehren würde. Ich versprach, ihm von Moskau aus zu schreiben. Der Dirigent sah so dankbar aus, daß ich glaubte, er würde auf der Stelle eine Dreingabe für uns spielen. Und das tat er auch tatsächlich!

In der Ukraine schienen selbst die Beamten im Gegensatz zu den Bürokraten Moskaus herzlich und vernünftig. Ich verließ diese Republik in der Überzeugung, daß uns hier viel Wohlwollen entgegengebracht wurde. Ich nahm natürlich an, daß die Orchesterdarbietung von der Propagandaabteilung der Partei arrangiert worden war, aber wen störte das? Die Leute waren absolut aufrichtig in ihrer Freundlichkeit; darauf kam es an. Ich fiel deshalb bei meiner Rückkehr nach Moskau aus allen Wolken, als sich der Chefzensor Herr Petrow weigerte, meinen Funkspruch an Harriman weiterzuleiten. Er schickte ihn mir per Boten zurück. Ich ging sofort zu ihm.

»Warum unterdrücken Sie eine so einfache Bitte?« wollte ich von ihm wissen.

»Saiten und Rohrblättchen werden hier nicht gebraucht«, sagte er kühl. »Die sowjetische Produktion ist ausreichend. Wir wollen Botschafter Harriman nicht mit unnötigen Lappalien belästigen.«

»Lieber Himmel, *Sie* belästigen ihn doch nicht; es ist meine ganz persönliche Bitte. Ich bin sicher, daß er mit dem größten Vergnügen helfen würde. Er braucht nur den Telefonhörer abzunehmen, und bestimmt wird jemand die Dinge spenden. Wenn nicht, zahle ich dafür. Und sie werden keinen Platz in seinem Flugzeug wegnehmen.«

»*Nyet*«, wiederholte er. »Selbst wenn das mit der Knappheit stimmen würde, dann wäre das eine wertvolle Information für den Feind. Das kann ich nicht durchlassen.«

»Das ist idiotisch.«

Er blickte mich argwöhnisch an. »Woher haben Sie überhaupt diese Information?«

»Wie bitte?«

»Ich meine, wer hat Ihnen diese falsche Auskunft wegen der Saiten gegeben?«

Ich beschloß schnell, die Sache vorläufig auf sich beruhen zu lassen.

»Ach, ich habe das zufällig während einer Bahnfahrt aufgeschnappt«, sagte ich.

»Sie dürfen nicht alles glauben, was Ihnen irgendein Fremder erzählt«, sagte Petrow mit einem einfältigen Lächeln.

Dieses Erlebnis verstärkte meinen Eindruck, daß die große Moral und schöpferische Kraft der russischen Revolution in dem Maße nachließ, in dem sie in die alten starren Kanäle der Bürokratie gelenkt wurde.

15 Jugend

Olga Mischakowa war stellvertretende Generalsekretärin des Komsomol, der kommunistischen Jugendorganisation. Bei einem Diplomatenempfang versicherte sie mir eines Abends nach mehreren Wodkas, daß es absolut möglich sei, »zu einem ernsthaften Zweck« all die jungen Leute, die ich kennenlernen wollte, zu treffen, ohne erst das Presseministerium einzuschalten. Am nächsten Morgen betrat ich ihr Büro.

Wenn es die Jugend ist, die Revolution macht, dann macht sie auch die Konterrevolution. Wenn nicht der Idealismus der Jugend beschworen und mobilisiert wird, kann sich keine Revolution ereignen und kann keine Konterrevolution Erfolg haben.

Ich erzählte Olga Mischakowa, daß ich sowjetische Jugendliche, Teenager und jüngere, kennenlernen wollte, da es für Amerikaner möglicherweise auf der ganzen Welt keine wichtigere Gruppe von Menschen gab, die sie begreifen mußten. Mit einem kühl abwägenden Blick taxierte sie mich aufs neue. Olga, eine im junonischen Sinne attraktive Frau, hatte karamelfarbene Haare und große blaue Augen, die bei genauerem Hinsehen kalt, streng und gerissen erschienen. Es hieß, daß sie den Platz ihres früheren Vorgesetzten beim Komsomol einnahm, nachdem sie als Zeuge gegen ihn aufgetreten war und er 1938 durch Wyschinskij liquidiert wurde. Jedenfalls war sie bei Stalin sehr gut angeschrieben; und sie hielt ihr Versprechen.

Durch ihre Unterstützung kam ich mit Jugendführern in Schulen, Fabriken und Hochschulen zusammen, und ich bekam mit Vera Andrejewna Smirnowa eine interessante Führerin für diese Reisen.

Vera war eine treue Kommunistin und dabei ein anziehendes menschliches Wesen. Sie hatte eine angenehm tiefe Stimme und weiches, welliges Haar, eine starke Stirn und starke, tüchtige Hände. Sie war ein ruhiger und ernster Mensch und hatte nichts von dem russischen Ungestüm an sich. Sie benützte nie Make-up und gehörte zu jenen seltenen Frauen, die so besser aussehen; sie hatte eine leuchtende milchweiße Haut. Sie trug einfach geschnittene Kleider aus groben Stoffen: einen wattierten Mantel, Baumwollkleider, Baumwollstrümpfe und einfache, derbe Schuhe. Sie war eigentlich nicht schön, hatte aber etwas an sich, das die Blicke der jungen Männer auf sich zog, wo immer sie auftrat, und sie schien sich dessen nicht im geringsten bewußt.

Vera war einundzwanzig, als ich sie kennenlernte, und hatte bereits eine harte Lehre als Maschinistin hinter sich. Während ihres Ingenieurstudiums an einem »Technikum« hatte sie halbtags am Bau der U-Bahn mitgearbeitet. Stolz zeigte sie mir das Fliesenmosaik der Haltestelle, die sie »gebaut« hatte. Als die Deutschen Moskau erreichten, konnte sie die Führung der Kolonnen übernehmen, die in den Vororten Erdwälle aufschichteten. Von der Universität Moskau, wo sie noch ihr Ingenieurdiplom machen mußte, beurlaubt, war sie als Mitglied im Stab der Mischakowa von der Aufgabe, das »Reservekorps jugendlicher Arbeiter« zu organisieren, vorübergehend freigestellt worden, um mich überallhin zu begleiten.

Vera war meine erste echte Begegnung mit einem jener russischen Kommunisten der zweiten Generation, die reinen Glaubens und reinen Herzens waren. Sie war wahrscheinlich ein wenig zu sehr das Musterkind der Leninschen Lehre, als daß sie als typisch hätte gelten können, aber sie war keineswegs ein Einzelfall. Die Eigenschaft, die Vera und einen großen Teil der russischen Jugend auszeichnete, ob sie nun in der Partei waren oder nicht, war eine viel ernsthaftere Hingabe an das Studium und an harte Arbeit, als sie bei amerikanischen Studenten, soweit ich mich erinnern konnte, üblich war. Schulische Weiterbildung war hier immer noch etwas

Neues und wurde deshalb hoch geschätzt. Sie wurde eher für ein Vorrecht als für ein Recht gehalten.

Einige amerikanische Freunde, die mich in Begleitung Veras sahen, fingen an zu grinsen und sagten: »Wie bist du denn zu deinem Aschenputtel gekommen?« Sie begriffen nicht, daß sie in sich schon eine Neuigkeit für mich darstellte. Sie lehrte mich Dinge, die in keiner Zeitung standen, doch nicht das, was sie dachten. Mischakowa hatte ihr gesagt, ich wolle Komsomols treffen. Also gut! Sie brachte mich zu ihnen, der jungen und zukünftigen Elite Rußlands in jedem Tätigkeitsbereich.

Am meisten lernte ich bei meinen Besuchen in den »technikums«, auf deren Vermittlung durch den Schafskopf ich vergeblich gewartet hatte. Diese Schulen ähnelten unseren »High schools«, kombiniert mit Berufsschulen oder technisch-naturwissenschaftlichen Vorbereitungsschulen. Aber eine genaue Entsprechung gab es in unserem Schulsystem nicht. An den »technikums« sah ich, wie ein neues Bildungssystem in die Praxis umgesetzt wurde: schon vom Kindergarten an war die Planung darauf ausgerichtet, die erforderliche Anzahl von Arbeitern, Technikern, Lehrern und Wissenschaftlern zu produzieren, die erst die Industrialisierung und die kulturellen Programme des Staates ermöglichen würden, und dabei wurde bis zu 30 (!) Jahren vorausgeplant.

Allmählich bekam ich einen immer besseren Eindruck vom Realismus des sowjetischen Bildungssystems, das nicht so vom Zufall bestimmt und so ziellos war wie unser eigenes, allerdings auch nicht so frei. Es war eins von den Dingen, die über ein halbes Jahrhundert vorher in Bellamys »Looking Backward« beschrieben worden waren; und zumindest in diesem Fall hätten ihn die Ergebnisse vielleicht zufriedengestellt. Die sozialistische Planung mag in anderer Hinsicht dem russischen Volk aufgezwungen worden sein, doch niemand beklagte sich über die enorm erweiterten Bildungsmöglichkeiten, die jedem offenstanden, und über die garantierten Jobs für Schulabsolventen. Auf diesem Gebiet hatten viele andere Nationen vom sowjetischen Prototyp noch etwas zu lernen.

Trotz der Handikaps des Krieges hielt das sowjetische Bildungswesen mit bemerkenswerter Kontinuität an seinem Programm fest. Rapide änderte sich dadurch die ganze Zusammensetzung der Nation: aus einem überwiegend halbgebildeten Bauernvolk wurden Massen gut geschulter oder wissenschaftlich ausgebildeter Männer und Frauen. Diese Umwandlung der Menschen hatte bereits angefangen, auch das historische Rußland selbst in jeder nur denkbaren Weise zu verändern, wie mir Vera und ihre Freunde deutlich machten. Während ich sie beobachtete und ihnen zuhörte, wurde mir klar, daß das Sowjetsystem keine hundert Jahre, sondern nur ein, zwei Jahrzehnte brauchen würde, um die im Krieg zerstörte Wirtschaft wiederaufzubauen und dann die alten Leistungen bei weitem zu übertreffen. Damit ergäbe sich für Rußland nur zehn Jahre nach

Kriegsende »die Möglichkeit eines höheren Lebensstandards, als ihn jede andere Nation in Europa oder Asien hat«.*

Es würde mich deshalb nicht überraschen, wenn Rußland, angespornt durch den Kalten Krieg, bis 1955 doppelt so viele Wissenschaftler und Ingenieure wie die Vereinigten Staaten ausbilden und einen Produktionsstand erreichen würde, der es hinter den USA auf den zweiten Platz in der Welt bringen würde.

Vera war angenehm, aber sie verhielt sich mir gegenüber sehr sachlich, manchmal fast brüsk. Für Leichtfertigkeit hatte sie überhaupt kein Verständnis. Manchmal ging sie noch für acht oder zehn Stunden zur Arbeit, nachdem sie den halben Tag mit mir verbracht hatte. Sie erhielt weniger zu essen als ich; doch sie lehnte jedesmal ab, wenn ich sie zum Essen einlud oder ihr von meiner Ration etwas anbot. Unsere Beziehungen blieben so förmlich und steif, daß ich zu glauben begann, sie müsse ganz und gar asketisch sein. Dann rief sie eines Nachmittags unerwartet an und sagte, sie hätte einen freien Abend. Hätte ich Lust, sie zum Essen auszuführen? Sie genoß das Essen und eine Flasche Wein und entspannte sich. Dann unterhielten wir uns, und endlich redete sie einmal von sich selbst, bis im frühsommerlichen Moskau der Morgen heraufdämmerte.

Veras eigene Eltern, so erzählte sie mir, waren Arbeiter, die nur mühsam lesen und schreiben konnten; sie waren die erste Generation, die nicht mehr auf dem Land lebte, und Veras Urgroßeltern waren noch Leibeigene gewesen. Ihr Vater starb, als sie zehn Jahre alt war. In der alten Zeit wären sie und ihre ältere Schwester, als Kinder ihrer Klasse, ein Fall der öffentlichen Fürsorge oder vielleicht Prostituierte geworden. Doch beide gingen weiterhin zur Schule und absolvierten mit Unterstützung des Staates auch noch ein erfolgreiches Universitätsstudium. Sie waren gute Studentinnen, so daß es beide schafften, Stipendiaten zu werden. Vera lebte immer noch ausschließlich von ihrem Stipendium. Sie war wirklich der Überzeugung, daß der sowjetische Staat im Interesse der Menschen und *von* den Menschen regiert wurde.

Angesichts ihrer eigenen Erfahrungen war diese Überzeugung leicht zu verstehen. Der größte Schatz in ihrem Leben war ihre Schulbildung. Ihr verdankte sie es, daß sie meilenweit über der Vergangenheit ihrer eigenen Familie stand, und dafür war sie ihrer Meinung nach dem Staat alles schuldig.

»Jeder, der lernen will, kann die beste Schulbildung erhalten, die unser Land anzubieten hat«, sagte sie. »Wäre das unter dem Zarismus möglich gewesen? Meine Eltern waren arme Leute. Ein mittelloses Kind wie ich hätte bestenfalls ein oder zwei Jahre zur Schule gehen können. An der Hochschule war unter den 90 Ingenieurstudenten in meiner Klasse *nicht*

* »The Pattern of Soviet Power«, New York 1945, S. 212.

ein Akademikerkind. Heute können Mädchen alles studieren, was Männer studieren. In meiner Klasse waren 27 Mädchen.

Das Sowjetsystem scheint mir das demokratischste. Ich habe kein anderes System gesehen, das stimmt; aber ich würde gerne eins sehen. Ich würde so gerne nach Amerika gehen, um zu erfahren, wie die Leute dort leben. Und ich *kann* das auch schaffen. Wenn ich fleißig studiere, komme ich eines Tages dorthin.«

Das Studium war für sie die ganze Währung der Freiheit, und sie war überzeugt, daß sie nur zuzugreifen brauchte. In *ihrer* Familie war niemand durch die Säuberungswelle betroffen gewesen.

Säuberungswelle? Sicher, es gab immer noch »schlechte« Menschen in Rußland. Sie konnte nicht sagen, ob jeder, der verhaftet wurde, auch schuldig war. Fehler waren gemacht worden. Aber sie konnte sich nicht vorstellen, warum sie sich gegen das Regime stellen sollte oder daß irgend jemand ihre Möglichkeiten beschneiden konnte.

»Sagen Sie mir, bitte, können Kinder von amerikanischen Familien, die meiner Familie entsprechen, Ingenieure werden? Unterstützt sie der Staat, solange sie studieren? Stimmt es, daß Neger solche Rechte nicht haben? Stimmt es, daß sie nach Abschluß des Studiums keine Anstellung finden?« Ich versuchte, ihr das »Recht auf freie Berufswahl« zu erklären, und sie hörte zu.

»Wenn Sie keine nationale Wirtschaftsplanung haben, wie können dann junge Leute wissen, was sie studieren sollen oder wo sie gebraucht werden?« fragte sie. »Wer sagt es ihnen? Die großen Firmen? Kann dann aber nicht der Besitzer einer Firma einfach aus persönlichen Gründen entscheiden, wer Arbeit bekommt und wer nicht? Haben nicht die wenigen, die die Produktionsmittel besitzen, alles? Und die, die am schwersten arbeiten, haben vielleicht nichts?« Ich stellte die Antwort zurück und fragte sie statt dessen:

»Glauben Sie, daß Sie in der UdSSR vollkommene Chancengleichheit haben?«

»Aber nein. Das wird der Kommunismus der Zukunft bringen, wenn das Prinzip ›Von jedem entsprechend seinen Fähigkeiten, für jeden entsprechend seinen Bedürfnissen‹ vorherrschen wird. Zur Zeit befinden wir uns immer noch in einer sozialistischen Periode. Die Menschen werden ›gemäß der geleisteten Arbeit‹ entlohnt. Nur wer nicht arbeitet, hat vielleicht Schwierigkeiten, genügend zu essen zu bekommen. In den alten Tagen waren es hier oft diejenigen, die überhaupt nicht arbeiteten, die am besten aßen und lebten. Ist das in Ihrem Land nicht heute noch so?«

Die müßigen Reichen? Wir hatten welche, sicher. Die durchschnittliche Arbeiterfamilie in Amerika lebte viel besser als die durchschnittliche sowjetische Familie. Sie konnten sich ein besseres Essen, bessere KLeider, bessere Wohnungen leisten als alle Russen, bis auf die absoluten Spitzenbürokraten. Ich zeigte Vera *Life* und die *Saturday Evening Post* mit all ihren bebilderten Anzeigen für Haushaltsgeräte und Annehmlichkeiten: die modernen Badewannen und Toiletten, Staubsauger, Autos, hundert alltägliche Dinge. Kein sehr feines Vorgehen, zugegeben; aber ich war neugierig, wie sie reagieren würde. Mit großen Augen ging sie die Zeitschriften Seite um Seite durch.

»Wie viele in Amerika könnten sich all diese Dinge leisten, diesen Lebensstil?« fragte sie.

»Der größte Teil unserer mittleren und oberen Einkommensklasse«, sagte ich. »Sagen wir 60 bis 70 von 100 Familien.«

» *Alle* unsere sowjetischen Häuser und Küchen hätten in wenigen Jahren so ausgesehen, wenn es keinen Krieg gegeben hätte«, sagte sie zuversichtlich. »Jetzt wird es eben ein wenig länger dauern.« Sie war sich dessen so sicher, wie sich manche Menschen ihrer Seelenrettung sicher sind.

Ich sprach von der Parteihierarchie als einer privilegierten Klasse in Rußland. Sie lächelte nachsichtig. Wie wäre das denn möglich? War sie nicht auch ein Parteimitglied? Bekamen sie nicht alle das gleiche Essen und die gleichen Wohnungen wie andere Arbeiter? Bei wichtigen Staatsbeamten war das natürlich etwas anderes; doch sie wurden gemäß dem Wert der geleisteten Arbeit entlohnt und nicht aufgrund ihrer Parteimitgliedschaft. Parteimitglieder bildeten keine »Klasse«. Sie waren nicht auf Wohlstand oder ererbte Macht angewiesen, um es zu etwas zu bringen. Hatte nicht ihre eigene Karriere gezeigt, daß jeder in eine verantwortungsvolle hohe Vertrauensstellung aufsteigen konnte?

Und was war mit dem Mangel an persönlicher Freiheit? Vera verstand diese Frage gar nicht, oder sie verstand sie nur ganz unvollständig. War das die Freiheit zu leben, zu studieren, zu arbeiten, eine Karriere zu haben, zu lieben, zu heiraten, Kinder zu bekommen, Rußland zu helfen? Hatte sie denn nicht all diese Freiheiten? Meinungsfreiheit? Aber ja. Jeder hatte die *Pflicht*, Entscheidungen des Staates in vollkommener Freiheit zu diskutieren und zu verstehen.

Veras Antworten lagen genau auf der Parteilinie, ganz ohne Frage, und ich hatte sie schon öfter gehört; doch sie interessierte mich, da ich vor ihr noch keinen erwachsenen Kommunisten gekannt hatte, der seinen Glauben vollkommen *geerbt* hatte. Sie wußte aus eigenem Erleben überhaupt nichts über den Kapitalismus und über die Privilegien, die sich aus dem Besitz herleiten; hinter ihrem Antikapitalismus standen keine persönliche Erbitterung oder Leidenschaft. Ihre Generation, die Generation, die heute die wichtigste produktive Arbeit leistet, hat einfach keine Erinnerungen an eine andere Lebensweise. Für jeden, der heute in Rußland 35 und darunter ist, ist alles, was sich vor der bolschewistischen Revolution, ja, vor der letzten großen Säuberungswelle, abspielte, einfach Vorgeschichte.

Vera gehörte der, wie Koestler sie nannte, »nach der Sintflut geborenen Generation« an. Wie konnte man Leute vom Schlage Veras davon überzeugen, daß Privatbesitz demokratischer oder »idealistischer« war als gesellschaftlicher Besitz? Präsident Eisenhower gestand, daß ihm das im Falle seines Freundes aus der Kriegszeit, Marschall Georgij Schukow, auch nicht gelang. »[In Amerika] kann einer verdienen, was er will, sparen, was er will, kaufen, was er will«, erklärte der Präsident auf einer Pressekonferenz. »Ich glaube das, denn ich glaube an die positive Wirkung der von 170 Millionen freien Menschen entwickelten, in das Ganze eingegliederten Kräfte, wie ich sie einmal nennen möchte. Doch er [der Kommunist – Schukow] sagt: ›Wir sagen zu dem einzelnen, er könne diese Dinge nicht haben, er müsse sie dem Staat geben.‹ Das ist idealistisch, weil sie diesen Leuten den Glauben abverlangen, es sei die größte Befriedigung in ihrem Leben, dem Staat Opfer zu bringen, dem Staat etwas zu geben. [...] Wenn man also dagegen argumentieren will, ach wissen Sie ... ich glaube, es gibt auch Leute, die man nur schwer davon überzeugen kann, daß die Sonne heiß und die Erde rund ist.«*

Etwa jeder sechste oder siebte sowjetrussische Bürger war ein Kommunist oder Komsomolze. Ein Kommunist in Rußland war so angesehen wie ein Diakon in Boston oder ein Rotarier in Sioux City. Ein Mitglied des Zentralkomitees wurde nicht weniger beneidet als ein New Yorker, der Mitglied der Börse oder des Union Club ist.

Der sowjetische Staat mag stark abgeschwächt worden sein, doch ein privater Besitz an Produktionsmitteln wird nie wieder eingeführt werden. Staatlicher Besitz und staatliche Planung sind die granitenen Tatsachen, auf denen das Gebäude des modernen Rußland gebaut ist. Um sie zu vernichten, müßte erst die UdSSR selbst ausgelöscht werden.

Nur wenige unter den vielen Antistalinisten oder Antikommunisten wären bereit, einen so schrecklichen Preis zu zahlen und das Gebäude in Trümmer zu legen.

16   Sehr geehrter Herr Präsident

Keine Frage, Rußland war ein Polizeistaat. Aber es gehörte auch zu den dynamischsten Staaten, und es war in diesen Tagen wahrscheinlich die erregendste und wichtigste, wenn auch die verwirrendste aller Nationen dieser Erde. Rußland erregte oft meinen Zorn, aber nie meine Langeweile. Das rein physische Erlebnis, dort zu leben, machte all die kleinen Ärgernisse mehr als wett: die Art und Weise, wie die eisige Luft sich anfühlte und schmeckte und roch; die tief glitzernden Winter; die langen, kalten,

* Vgl. die *New York Times* vom 17. Juli 1957.

würzigen Nächte und die kurzen strahlenden Tage; die apfelwangigen Kinder; die in Schals und dicke Überzieher gehüllten alten Frauen; die mit Eis überzogenen Gebäude; die tunnelartigen Straßen zwischen den hoch aufgeschichteten Schneemauern; das Gefühl einer stillstehenden Zeit auf dem riesigen, leeren, windigen Roten Platz und ringsum die an Lutschbonbons erinnernden farbigen Kuppeln der Basilius-Kathedrale; die dunkle Moskwa, die still unter den Mauern des Kremls durchfließt und unter seinen nun in der Dunkelheit verborgenen vielfenstrigen weißen Palästen; und das Bewußtsein, immer am Rande der sagenhaften russischen Landschaft zu sein, die sich bis zum Pazifischen Ozean erstreckte und die um uns her einen gigantischen Steppen-Ozean bildete, dessen lange Wellen sich nur an den kleinen Inseln aus weißen Birken brachen und an den Atollen der aus mächtigen Baumstämmen gebauten Hütten; und in ihnen und in den ebenen Städten immer und überall die warmherzigen, vitalen russischen Menschen; ihr Sinn für Umwälzungen, aber auch für einen geradlinigen Kurs und für die Fügungen des Schicksals; das Gefühl, daß sich hier ein entscheidender Zweikampf zwischen der urtümlichen Natur und dem Menschen abspielt; das Gefühl, daß eine heftige Turbulenz gebändigt wird und daß alles gedreht und gewendet und zu bisher noch schwer faßbaren neuen Formen gestaltet und modelliert wird.

Wie gern hätte Mr. Roosevelt die Gelegenheit gehabt, so wie ich die Bewohner Rußlands und ihre gewaltige, verwirrende Welt zu sehen! Da er durch seine Invalidität in seiner Reiselust gebremst wurde, bereiste er die Welt im Geiste und in den Büchern, die andere darüber geschrieben hatten, und in den Briefen, die sie ihm schrieben.

Schreiben Sie mir, hatte er mir zum Abschied gesagt. Und ich schrieb ihm.

Moskau, den 14. August 1944

Sehr geehrter Herr Präsident!

Seit fast zwei Monaten bin ich nun wieder hier, und das ist etwa die Frist für frische Eindrücke – von der Atmosphäre, die hier herrscht, im Vergleich zu meinem letzten Besuch.

Als ich aus Rußland abreiste, war hier Winter, und das kalte, im Halbdunkel liegende Land war weiß vermummt. In Moskau sah man selten einmal die Sonne. Jetzt ist hier Sommer, und der spiegelt sich auch auf den Gesichtern der Menschen. Der Tarnanstrich ist von den Hauswänden abgeschrubbt worden, und auch der finstere, starre Blick scheint weitgehend von den Gesichtern gewischt. Zum Teil ist daran einfach der Sommer schuld, mit seiner Wärme und seinem Licht; der russische Charakter ändert sich mit den Jahreszeiten. Aber es ist auch das Wissen um den Sieg und die Gewißheit, daß das Schlimmste vorbei ist, und die Zuversicht, daß es eine Zukunft geben wird. [...]

Nun, da die Offensive Polen erreicht hat und unsere eigenen Truppen auf Paris zu marschieren, denken die Russen mehr an die Nachkriegsprobleme, auch wenn öffentlich kaum darüber debattiert wird. Der namenlose Bürger denkt jetzt noch zielstrebiger an ein Paar Schuhe, einen Anzug, die Reparatur eines Loches im Dach, einen kürzeren Arbeitstag und etwas freie Zeit, vor allem aber daran, daß er genügend zu essen bekommt. Wie sehr sie sich nach dem Frieden sehnen! Nun, da er nicht mehr fern scheint, wird es schwerer, Entbehrungen hinzunehmen. Sie sind alle müde, müde; und der Unterschied besteht darin, daß heute darüber geredet wird. Leute in den Dreißigern oder Vierzigern, die drei Jahre lang pausenlos gearbeitet haben, sind um zehn oder fünfzehn Jahre gealtert: Zahnausfall, Arthritis, nachlassende Sehkraft, viele Alterskrankheiten treten viel zu früh auf, eine Folge der starken Unterernährung und Überarbeitung.

In Moskau leben jetzt mehr Menschen als vor dem Krieg, obwohl die Stadt mit vier Millionen Bewohnern damals schon überfüllt war. Ein Zimmer zu finden ist fast so schwierig, wie in den Kreml zu kommen. Ich kenne Ehepaare, die auch nach ihrer Scheidung noch jahrelang zusammenbleiben mußten, einfach weil keiner von beiden anderswo ein Bett fand. Auch Krankenhäuser sind überbelegt. Gestern ging ich in den Gorkij-Park, hinaus an die Moskwa, und sah dort Dutzende von Kriegsveteranen, die in den Krankenhäusern nicht mehr unterkamen, auf Feldbetten im Freien liegen. Viele von ihnen probierten neue Krücken und Kunstglieder aus. Es schien dort mehr Menschen ohne Arme und Beine zu geben als solche, die noch unversehrt waren.

Es ist schwer, einen Russen zu finden, der nicht einen ihm nahestehenden Menschen verloren hat. Meine Lehrerin hat ihre zwei Söhne verloren; als ich nun zurückkehrte, erfuhr ich, daß auch ihr Mann tot ist; mit ihren erst 34 Jahren ist sie bereits vollkommen ergraut. Meine Sekretärin hat keine Nachricht von ihrem Mann; er gilt seit zwei Jahren als tot. Die zwei Mädchen, die mein Zimmer saubermachen, sind, wie sie mir erzählen, beide seit kurzem verwitwet. Beide haben auch ihren jeweils einzigen Sohn verloren. Neulich machte ich einen Besuch bei Zoya Feodorowna, einer Filmschauspielerin, und ihrer Schwester. Ihr Vater ist 1941 gefallen, kurz danach folgte ihm ihr einziger Bruder. Während ich weg war, erhielten beide die Nachricht, daß ihr Mann gefallen war.

Zoya und ihre Schwester lernen in ihrer Freizeit begeistert Englisch. An den Mittelschulen ist Englisch jetzt Pflichtfach, und es ist, wie mir gesagt wurde, an den Hochschulen und Universitäten die beliebteste Sprache. Ich habe festgestellt, daß gewöhnliche Russen nun bereit sind, die Bedeutung der amerikanischen Hilfe einzugestehen, ja sogar zu überschätzen. Sie sehen amerikanische Waren in den Ladengeschäften ausgestellt, amerikanische Autos und Lastwagen auf den Straßen, amerikanische Kleidung an Flüchtlingen aus den Kriegsgebieten und überall die Verteilung von Nahrungsmitteln aus der amerikanischen Kriegshilfe. Es ist mir schon von Russen gesagt worden, ihrer Meinung nach seien 80 bis 90 Prozent der gesamten Ausrüstung der Roten Armee von uns gekommen – eine Meinung, die ich ihnen keineswegs auszureden versuche!

Ich sage voraus, daß die Russen mit etwa der gleichen Energie die Aufgaben des Friedens anpacken, mit der sie darangegangen sind, den Krieg zu gewinnen. Nicht nur ein Russe hat mir gesagt: »Wir haben im Verlauf dieses Krieges gelernt, wie man arbeitet. Wir sind Herr über die Maschine geworden. Wir werden nie mehr zu unseren alten Methoden zurückkehren!«

Pierre Cot, der vor dem Krieg dem französischen Kabinett angehörte, ist vier Monate lang durch die zurückgewonnenen Gebiete gereist, um Sanierungsmaßnahmen zu studieren. Ich kenne keinen, der sich so viel ansehen durfte wie er. Er erzählte mir, er sei überzeugt, daß die Russen in *fünf* Jahren die *Industrie*produktion der Vorkriegszeit erreicht haben würden. Er sagte, ihre Wiederaufbaupläne seien generell einem weit in die Zukunft blickenden Schema angepaßt worden, so daß der eigentliche Wiederaufbau all der in Trümmer liegenden Städte 15 Jahre dauern könne.

»Rußland«, sagte er, »wird in 15 Jahren schneller wachsen und sich entwickeln, als ihm möglich gewesen wäre, wenn es nie einen Krieg gegeben hätte!«

Zusammengefaßt:

1) Die Öffentlichkeit will den Frieden. Alle sind müde. Die Öffentlichkeit hat sich mit einem russisch-japanischen Krieg abgefunden, und viele sehen darin einen Teil des Preises, den Rußland für die amerikanische Unterstützung zahlen muß. Russen sind für diese Unterstützung dankbar.

2) Der Verlauf des Krieges selbst, das Vordringen der Roten Armee und die Flucht der Hitler-Sympathisanten, schafft in Osteuropa eine Art politisches Vakuum, in dem eine neuartige Regierungsform entstehen wird, die nicht demokratisch in unserem Sinne und nicht sowjetkommunistisch sein wird, sondern prosozialistisch.

3) Die Russen entwerfen grundsätzliche Pläne im Hinblick auf eine langfristige Zusammenarbeit mit Amerika. Es gibt aber keine Anzeichen, daß dieses Land beabsichtigt, sein eigenes System aufzugeben. Dem Studium des Marxismus wird wieder größerer Wert beigemessen. Es gibt keine Anzeichen dafür, daß sich der Griff lockert, mit dem die Partei jede Phase des russischen Lebens kontrolliert.

4) Eine beunruhigende Veränderung gegenüber früher ist die Ausbreitung eines Antisemitismus. Noch vor einem Jahr hörte man kaum einmal antijüdische Bemerkungen, und ich hörte nie einen Juden über Diskriminierung klagen. Heute gibt es davon eine ganze Menge. Manche fürchten,

daß so etwas Ähnliches wie das alte Quotensystem aus der zaristischen Zeit an den Universitäten, in der Forschung und in den akademischen Berufen wieder eingeführt wird. Ich habe Russen sagen hören, der Jude finde immer eine Möglichkeit, der Front fernzubleiben, der Jude bleibe zu Hause und spekuliere, während der Russe kämpfe, der Jude sei verschlagen usw. Die Tatsache, daß sie solche Bemerkungen einem Fremden gegenüber machen, zeigt, wie alltäglich sie sein müssen. Man schreibt diese Haltung der Effektivität der Hitlerschen Propaganda in den Dörfern des besetzten Rußland zu, wie auch dem Nationalismus der Kriegsjahre, der die Russen so rassebewußt gemacht hat, wie sie es zu keinem Zeitpunkt seit der Revolution waren.

Innerhalb von drei Monaten wurde meine optimistische Ansicht von Rußlands »grundsätzlichen Plänen im Hinblick auf eine langfristige Zusammenarbeit mit Amerika« gründlich korrigiert, und ich erhielt eine direkte Warnung, daß die Offiziellen eher über die Möglichkeiten eines weiteren großen Krieges nachsannen. Ich erhielt sie gerade noch rechtzeitig, um sie Mr. Roosevelt persönlich überbringen zu können. Die Quelle? Überraschenderweise ein Freund des Friedens im Außenministerium!

17   Warnung von Litwinow

Max Litwinow war der einzige hohe Beamte, der mir gegenüber jemals eingestand, daß die sowjetische Pressepolitik unnötig töricht war. Ich kannte Max seit seiner Zeit in Washington. In Moskau konnte ich ihn gelegentlich sogar direkt anrufen und eine Verabredung mit ihm ausmachen. Gewöhnlich war eine Sekretärin dabei, die alles aufschrieb, so wie bei jedem anderen offiziellen Interview. Doch einmal, am 6. Oktober 1944, empfing er mich ganz allein. Unsere Unterhaltung war streng vertraulich, und ich habe sie nie veröffentlicht. Heute kann es niemandem schaden, aus der »Litwinow-Warnung« zu zitieren, die ich dem Präsidenten überbrachte.
Litwinow hatte für mich die Hoffnung verkörpert, daß sich nach dem Krieg vielleicht doch noch eine Möglichkeit finden lassen würde, die »absolute« Wahrheit, die unfehlbare stalinistische Wahrheit, durch irgendeinen brauchbaren Kompromiß mit dem Westen in Einklang zu bringen. War er nicht ein Jahrzehnt lang Außenminister gewesen? Hatte nicht seine Doktrin der »kollektiven Sicherheit« vor dem Pakt zwischen Nazis und Sowjets in der ganzen Welt einen echten Einfluß ausgeübt? Sicherlich kam der Tatsache, daß er immer noch Vizekommissar war, einige Bedeutung zu. Es mußte bedeuten, daß man irgendwo im Kreml noch ver-

nünftig genug war, unsere Beziehungen so zu gestalten, daß eine ehrliche Formel der Zusammenarbeit bei den gewaltigen Aufgaben des Wiederaufbaus in der Nachkriegszeit möglich wurde.

Doch wenn ich meine Aufzeichnungen durchsehe, finde ich keinen stichhaltigen Grund zu der Annahme, daß Max persönlich etwas Derartiges erwartete. Er hatte mehr als jeder andere getan, um das Prestige der UdSSR in der Gemeinschaft der Nationen aufzuwerten und dem Bolschewismus zu einem gewissen Ansehen zu verhelfen. In Moskau wurde seine Leistung nicht verstanden, und er wurde von seinem Nachfolger Molotow, der ihm in jeder Hinsicht unterlegen war, gehaßt und verachtet. Max, der lange in England gelebt hatte (seine Frau stammte von dort), war der einzige Überlebende aus der alten Garde der Bolschwisten, der die westeuropäische Kultur gründlich absorbiert hatte. Der kleine rundliche Mann, der mit seinem weißen Haarschopf und den großen, kurzsichtigen Augen beinahe huldvoll wirkte, war von Natur aus ein warmer, empfindsamer Mensch, der die Menschheit wirklich liebte und die Verschwendung eines, wie er meinte, zur Einführung des Sozialismus oder zur »Rettung« der Menschheit unnötigen Krieges haßte. Er ließ sich durch diese Gefühle nicht in seinem intelligenten Urteil beirren. Was er wirklich voraussah, das waren große Schwierigkeiten für uns alle.

Die Wurzel der Nachkriegskrise, so sagte er voraus, würde wieder Deutschland sein. Wir würden uns nicht einigen können, was mit den Deutschen zu tun sei, und es würde schließlich dazu kommen, daß sie *uns* teilten. Die wesentliche Ursache dafür sah er in der Unfähigkeit der Briten, sich Europa anders vorzustellen als im traditionellen System des Gleichgewichts der Kräfte; nun würden sie die Amerikaner dazu zu bewegen versuchen, es wiederherzustellen.

Die Ereignisse brachten Rußland eindeutig in die Position der stärksten Macht in Europa, sagte er; deshalb waren alle anglo-amerikanischen Hoffnungen, Polen oder Deutschland als »Sprungbrett gegen Rußland« aufzubauen, vergeblich. Die Zeit war vorbei, in der man Rußland »von Europa ausschließen« konnte. Es war kaum zu glauben, aber die Anglo-Amerikaner waren erneut im Begriff, eben das zu versuchen, meinte er.

Ich fragte: »Glauben Sie, daß der Krieg mit der Ausschaltung des Faschismus enden wird, oder wird es dafür auch weiterhin eine Basis geben? Ich kann mir das weder in Osteuropa noch in Deutschland vorstellen. Die einzige andere Möglichkeit ist Frankreich, aber Frankreich wird diese Rolle nicht spielen.«

»Ich habe kein Vertrauen in Frankreich«, sagte er offen heraus. »De Gaulle und all die anderen – die werden die Geschichte des vergangenen Jahrzehnts wiederholen. Und dann gibt es immer noch Franco, und auch in Großbritannien sind genügend Faschisten [Sympathisanten] übriggeblieben. […] Die Franzosen machen unter de Gaulle eine Schau daraus, die Faschisten [Kollaborateure] loszuwerden, aber die schlimmsten bleiben unangetastet. Der alte Haufen wird überleben – und mit ihnen die Korruption, die Intrigen und Kompromisse. Frankreich braucht eine gründliche Säuberung; nichts weiter kann das Land retten. Aber dazu wird es nicht kommen – jedenfalls nicht unter de Gaulle.«

Aber Franco würde doch sicher abtreten müssen, beharrte ich. Wie sollte er sich nach dem Krieg halten können, wenn der Vatikan seine einzige Stütze war.

»Wer soll ihn denn absetzen? Das spanische Volk ist machtlos. Die Franzosen werden keinen Finger rühren. [...] Sehen Sie irgendeinen Fingerzeig, daß die Briten oder Amerikaner mit Franco unzufrieden sind? Nein, er wird am Ruder bleiben.«

»Die Antwort ist also, daß sich Westeuropa tatsächlich als antirussischer Block formieren wird?«

»Ich fürchte, ja, so wie die Dinge auf beiden Seiten liegen. Nehmen Sie die Polenfrage. Die Briten und vor allem die Amerikaner wollen die alte Clique dort erst gar nicht hinauswerfen!«

Ein so offener Pessimismus aus dem Munde eines Russen war zu der Zeit außergewöhnlich, vor allem, wenn er so gut informiert und so klug war wie Litwinow. Bis jetzt, sagte er, hätten es die Alliierten fast vollkommen vermieden, über grundlegende europäische Regelungen zu diskutieren. Wenn es dann schließlich dazu kommen würde, so sagte er voraus, würde es zu spät sein; bis dahin würden unsere gegenseitige Angst, unsere Unkenntnis und unser Mißtrauen unüberwindliche Barrieren errichtet haben.

»Viele Leute sind der Meinung, daß sowohl Sie als auch Maiskij brachliegen«, sagte ich. »Es scheint seltsam, daß Sie als die beiden Männer, die in Rußland am meisten über Amerika und England wissen, keine wichtigeren Rollen spielen. Oder aber – entschuldigen Sie, wenn ich mich da irre – es tut sich möglicherweise allerhand hinter den Kulissen. [...]«

»Nein«, lachte er, »was Sie da sagen, stimmt. Man hat uns aufs tote Gleis geschoben. [...] Dieses Kommissariat wird von nur drei Männern gelenkt, und keiner von ihnen kennt oder versteht Amerika und Großbritannien.«

»Drei? Molotow, Wyschinskij –?«

»Und Dekinasow.«

»Dekinasow?«

»Er war zur Zeit des Paktes Botschafter in Berlin. Er ist der Mann, der ein Jahr lang neben Ribbentrop saß. Das sind seine ganzen Kenntnisse über Europa.«

Nun verstand ich, daß die von ihm vertretene Vorkriegspolitik, nämlich das Bemühen um eine anglo-amerikanische und französische Zusammenarbeit – die Politik der kollektiven Sicherheit –, im Grunde genommen immer noch abgelehnt wurde. Solange Molotow Chef des Außenministeriums war, hieß das, daß der Kreml kaum einen qualitativen Unterschied zwischen dem Nazi-Imperialismus und dem anglo-amerikanischen Imperialismus sah.

»Von außen«, sagte ich, um diese Folgerung ganz deutlich zu machen, »sieht es so aus, als glaube diese Regierung, alles, was geschehen ist, zeige nur, daß ihre Politik 1939 – nämlich der Pakt mit Hitler – richtig gewesen sei, während alles, was darauf hinführte, als Mißerfolg zu betrachten sei. Mit anderen Worten, es wird nicht anerkannt, daß es Ihre Politik vor 1939 gewesen ist, die es weitgehend erst möglich machte, daß wir zu Alliierten wurden – *trotz dieses Paktes?*«

»Das ist richtig. So sehen *sie* es.« Mit »sie« meinte Litwinow in erster Linie Stalin.

Wie wenig Litwinow auch mit Molotows Methoden einverstanden gewesen sein mag, er glaubte jedenfalls fest an die Notwendigkeit, daß Rußland sowohl in Polen als auch in Deutschland »die alte Clique loswerden« mußte. Es sei phantastisch und gefährlich unrealistisch, so sagte er, die russischen Ängste dadurch wiederaufleben zu lassen, daß man darauf bestehe, das zu erfüllen, was er Churchills »absurde Versprechungen« nannte, nämlich die »Londoner Polen« in Warschau wieder an die Macht zu bringen. »Die alte Beck-Clique«, wie er sie nannte, war »erledigt«.

»Polen muß sich mit Rußland gut stellen und die Vorstellung aufgeben, es könne ein Sprungbrett gegen uns sein und auf diese Weise wieder zu dem Reich werden, das es im 16. Jahrhundert war. Vor dem Krieg boten die Becks und Sosnkowskis ihre Dienste in diesem Sinne Deutschland an. Jetzt bieten sie sich Großbritannien und Amerika an. Wir werden das nicht zulassen.«

Selbst wenn wir uns in der Frage Polens einigen könnten, sagte ich, würde der eigentliche Stein des Anstoßes, nämlich Deutschland, bleiben. Sah er die Möglichkeit eines vereinten Deutschlands nach dem Krieg?

»Warum sind Sie so sehr an einem *vereinten* Deutschland interessiert?« fragte er mit einem grimmigen Lächeln.

»Ich möchte gerne wissen, ob Ihre Regierung in absehbarer Zeit die Möglichkeit sieht, daß Deutschland wieder *ein* Land mit einer einzigen Verwaltung wird.«

»Wenn – *wenn* – sich die Alliierten in der Frage der Umerziehung der Deutschen einigen könnten, der Frage also, wie man aus ihnen harmlose und friedliche Menschen macht – dann könnten wir vielleicht ein *kleines*, aber vereintes Deutschland bekommen.«

»Ihre Betonung läßt erkennen, daß wir dazu Ihrer Meinung nach nicht in der Lage sein werden.«

»Nein«, sagte er langsam. »Wir werden uns nicht auf ein gemeinsames Programm für Deutschland einigen können.«

»Die Alternative ist dann die Zersplitterung Deutschlands in kleine Staaten?«

»Nach meiner Meinung, ja.«

»Bedeutet das eine Rückkehr zu all den Staaten, die es vor Bismarck gegeben hat?«

»Nicht alle 35! Aber wahrscheinlich die wichtigsten nationalen Unterteilungen. Vielleicht werden mit der Zeit autonome Republiken daraus.«

»Aber ohne einen Mittelpunkt?«

»Ohne einen Mittelpunkt – zumindest auf lange Zeit hinaus.«

Diese Aussicht beunruhigte ihn nicht im geringsten. Litwinow hatte früher gehofft, das anglo-russische Kriegsbündnis könne sich in einen gesamteuropäischen Verteidigungspakt umwandeln lassen. Diese Hoffnung schwand schnell.

»Großbritannien war nie bereit, eine starke Macht auf dem Kontinent zu sehen«, sagte er. Die Vorstellung, mit einer starken Macht für den Frieden *zusammenzuarbeiten*, ist der Denkweise der Briten fremd. Schon sind sie dabei, in Frankreich, Italien und den Niederlanden unser Bündnis zu unterminieren.«

»Tun Sie denn nicht genau dasselbe in Osteuropa?«

»Doch.« Er grinste. Er fürchtete, daß ich recht hatte. »Wir treiben in die gleiche Richtung. Wenn wir uns nur gegenseitig über unsere Absichten und über die Grenzen unserer Bedürfnisse aufgeklärt hätten, dann hätte eine gute Diplomatie den Konflikt vielleicht vermeiden können. Jetzt ist es zu spät. Das Mißtrauen hat schon zu sehr um sich gegriffen.«

Abrupt schreckte er mich mit einer seltsamen Frage auf:

»Wenn es zu einer Entscheidung im Kriegsfall kommen würde, wenn sich die Vereinigten Staaten zwischen einer Unterstützung Großbritanniens und einer Unterstützung Rußlands entscheiden müßten, ist es da absolut unvermeidlich, daß Sie die Briten unterstützen würden? Würden Sie annehmen, daß sich die Republikaner eher an die Seite der Briten stellen würden als die Demokraten?«

Er lächelte nicht dabei. Ich habe selten aus einer einzigen Frage so viel gelernt.

Man bedenke: das war im Oktober 1944, der Zusammenbruch in Deutschland war immer noch sechs Monate entfernt. Doch im *Narkomindel* (Außenministerium) machte man sich bereits Gedanken über den nächsten Krieg! Ich sagte ihm, ich könne mir vorstellen, daß die US-Außenpolitik auf lange Sicht etwa gleich aussehen würde, unabhängig davon, welche Partei an der Macht sei. Aber ich konnte keinen logischen Grund sehen, weshalb die Vereinigten Staaten in einen Krieg gegen Rußland ziehen sollten. Bisher gab es jedenfalls keinen grundlegenden Konflikt lebenswichtiger Interessen. Es war schwer, schon in naher Zeit einen russischen Angriff auf die beherrschende Stellung der Vereinigten Staaten auf dem Weltmarkt vorauszusehen. Und es gab mit Sicherheit keine direkten Grenzstreitigkeiten. Die wirtschaftliche Rivalität zu den Briten hatte sich dagegen verschärft; vor allem in den Kolonien kollidierten unsere Interessen. Doch es gab starke emotionelle und traditionelle Bindungen, die uns zusammenhielten, und die Briten verstanden es sehr gut, diese auszunützen.

»Ein Krieg gegen Großbritannien oder die Dominions scheint heute eigentlich undenkbar, es sei denn, die Briten machen grobe, undenkbare Schnitzer; und niemand hat es in der vornehmen Kunst, die amerikanische Meinung zu manipulieren, in den letzten 40 Jahren zu einer solchen Meisterschaft gebracht wie die Briten«, schloß ich meine Überlegungen.

»Mit anderen Worten«, sagte Litwinow, »wenn britische Diplomaten so schlecht wären wie unsere, dann könnte Amerika vielleicht gegen Großbritannien kämpfen anstatt gegen uns!« Jetzt lachte er. Doch was er sagte, war nicht gerade zum Lachen.

Über Deutschland dachte er so wie die meisten Russen: daß in seiner Teilung die einzige Garantie für einen Frieden in Europa lag. Von diesem Zeitpunkt an war ich überzeugt, daß Rußland Ostdeutschland nie wieder aus den Händen geben würde. Jedenfalls so lange nicht, bis Rußland die Gewißheit hatte – eine absolute Garantie, gestützt durch eine zuverlässige Streitmacht –, daß das deutsche Volk nie wieder ein feindseliges kriegerisches, gegen Rußland gerichtetes Bündnis unterstützte.

Einiges von dem, was Litwinow über die sowjetische Haltung gegenüber Deutschland gesagt hatte, schien mir so wichtig, daß ich damit unmittelbar zu unserem damaligen Botschafter Averell Harriman gehen wollte, da ich wußte, daß er viel optimistischere Ansichten vertrat. Ich bat um Litwinows Einverständnis. Heute mag sich das komisch anhören; jeder andere sowjetische Beamte hätte es für selbstverständlich gehalten, daß alles, was er einem Auslandskorrespondenten sagte, sofort und im Wortlaut an dessen Botschafter weitergeleitet werden würde. Doch bei Litwinow war das anders; er war im Umgang mit amerikanischen Reportern vertraut genug zu glauben, daß sie ihr Wort hielten, wenn man sie bat, etwas vertraulich zu behandeln.

»Nein, ich muß Sie bitten, sich mit überhaupt *niemandem* in Rußland über unser Gespräch zu unterhalten.

Sie gehen in ein paar Tagen nach Washington zurück. Falls Sie da zufällig mit dem Präsidenten zusammenkommen, können Sie ihm erzählen, was ich gesagt habe. Er ist der einzige Mensch – der *einzige*«, sagte er langsam, »der die Beziehungen jetzt noch verbessern kann.«

Das also, so folgerte ich, war der Grund, weshalb er mit seinen freimütigen Äußerungen Kopf und Kragen riskiert hatte.

Wenige Tage danach kehrte ich nach Amerika zurück und überbrachte dem Präsidenten meine zwölf Seiten umfassenden Aufzeichnungen, in denen ich dieses Gespräch ausführlich festgehalten hatte. Kurz vor seiner Abreise zur Jalta-Konferenz schrieb mir Mr. Roosevelt und betonte, die Aufzeichnungen seien von »ungeheurem Interesse« für ihn gewesen. Ich konnte mit Litwinow nie wieder unter ähnlich freien Bedingungen sprechen. Als ich nach Moskau zurückkehrte, sah ich ihn ein, zwei Mal bei Empfängen, aber er verabredete sich mit mir erst wieder, nachdem Japan kapituliert hatte. Bei der Gelegenheit war eine »Sekretärin« anwesend und schrieb mit. Inzwischen hatten wir unsere Sorgen mit der Atombombe.

»Die Bombe wird die konventionelle Diplomatie oder das militärische Denken nicht verändern«, sagte er. »Es wird alles in denselben alten Bahnen verlaufen: Machtpolitik, Einflußsphären, Gleichgewicht der Kräfte. Sie wird die Denkweise Ihrer Diplomaten nicht verändern oder zu neuen Methoden führen, und die Bombe wird nicht sehr lange ein amerikanisches Monopol bleiben. Auch wir werden sie bald haben, zu unserem Schutz. Und andere Mächte genauso. Wenn alle sie haben, kann keiner sie einsetzen. Das ist dann wie mit dem Giftgas und der biologischen Kriegführung.«

Er war der erste Mensch, von dem ich diese Ansicht hörte.

Eine andere Frage, über die ich bei meinem früheren Interview mit Litwinow gesprochen hatte, war, ob das russische Volk nach dem Krieg nicht »bereit« sein würde, mit gewissen persönlichen Freiheiten umzugehen. Hatten die Leute nicht ihre Loyalität gegen das Regime bewiesen, und würde sich die Partei nicht sicher genug fühlen, auch nur innerhalb ihrer eigenen Reihen echte Redefreiheit zu gewähren?

»Ich glaube schon, daß das gehen würde«, sagte Max achselzuckend. »Aber was ich glaube, zählt nicht. Sie, die anderen, glauben es nicht. Nein, es wird in dieser Hinsicht keine wesentliche Verbesserung geben, bis die anderen Mächte ihre Hoffnung aufgegeben haben, uns durch Gewalt vernichten zu können.«

»Sie meinen, den Kommunismus vernichten zu können?«

»Genau das meine ich.«

Wir hatten den Kreis geschlossen und waren wieder am Ausgangspunkt angelangt: der Angst vor der Einkreisung. Ich erkannte, daß selbst Litwinow in der »Notwendigkeit«, dem ältesten Argument der Tyrannei, eine gewisse Rechtfertigung für die harte Maßnahme sah, dem Volk die Freiheit vorzuenthalten.

18   War es Verrat?

Die Idee der loyalen Opposition hat in Rußland keine Tradition. Soviel ich sehen konnte, würde sie weder gewünscht noch toleriert, selbst wenn eine Oppositionspartei nach dem Krieg an die Macht gekommen wäre. Wir haben gesehen, wie spöttisch die Russen in der Vergangenheit eine »Regierung aufgrund von Kompromissen« von sich wiesen und warum Russen mit jener Art von Demokratie keine Erfahrung hatten, mit der erfolgreiche parlamentarische Systeme widersprüchliche Interessen auf einen Nenner zu bringen suchen. Es schien mir im höchsten Grade illusorisch zu erwarten, daß die Russen plötzlich ein derartiges System annahmen.

»Galja Kaganowa« lehrte mich einiges über die Folgen, die sich ergeben konnten, wenn in der Sowjetunion eine politische Opposition ganz plötzlich für gesetzlich zulässig erklärt wurde. Mit ziemlicher Sicherheit würden einige Leute ihre Freiheit dazu benützen, eine neue Gewaltherrschaft zu errichten – die dann schnell jede Opposition unterdrücken würde.

Galja war nicht ihr richtiger Name; ich muß ihre Geschichte ein wenig tarnen. Trotz der antistalinistischen Wende und trotz der Nachricht, die ich neulich erhielt, daß »Galja« verschwunden sei, scheint es mir geraten, sie gegen jede mögliche Bloßstellung abzusichern. Die dargestellten Tatsachen stimmen in den wesentlichen Punkten; die eine, die gewissenhaft geschildert ist, spiegelt die wahre Person wider.

Sagen wir also, sie sei eine Lehrerin im Fremdspracheninstitut gewesen. Ich lernte sie bei einem jener seltenen »Tees« kennen, die von VOKS, der staatlichen Agentur zur Förderung freundschaftlicher kultureller Beziehungen zu Ausländern, von Zeit zu Zeit beim Wodka vereinbart wurden. Aus Gefälligkeit für einen befreundeten Verleger in New York hatte ich VOKS gebeten, jemanden zu finden, der mir eine Synopse neuer russischer Bücher geben konnte, in der Hoffnung, etwas Geeignetes zur Veröffentlichung in Amerika und zu meiner eigenen Weiterbildung aufzustöbern. Dafür, so erzählte mir der VOKS-Sekretär, sei Galja genau die richtige Person. Wir verabredeten uns auf der Stelle. Von da an traf sie sich mit mir mindestens einmal in der Woche.

Galja sprach gut Englisch, Deutsch und Französisch. Sie war Mitte Vierzig, sah aber älter aus: hager, spröde, schon leicht ergraut, mit einer Pergamenthaut, die sich über ein knochiges Gesicht spannte und vom Knoten der russischen Kartoffelnase zusammengehalten wurde. Sie war wahrscheinlich einmal hübsch gewesen. Obwohl sie inzwischen sehr kurzsichtig war, trug sie keine Brille, hatte aber in ihrer uralten Handtasche eine perlmuttgerahmte Lorgnette, ein letztes gehegtes und gepflegtes Überbleibsel aus der vorrevolutionären Vergangenheit. Wenn sie ihre Lorgnette benützte, war sie ein anderer Mensch. Neues Leben kam in ihre gealterten Wangen; ihre Augen fingen an zu glänzen, und ihre Stimme, sonst so rauh wie eine Raspel, wurde sanft. Ich glaube nicht, daß sie diese Lorgnette oft zeigte. Nach einer oder zwei Begegnungen spürte ich, daß sie ganz verrückt darauf war, zu reden. Zuerst wich sie allen persönlichen

Fragen aus und schien gleichzeitig verlegen und voll Verachtung. Als wir uns das dritte Mal trafen, hatte sie einen Entschluß gefaßt.

»Meine Familie gehörte zur Aristokratie«, sagte sie. »Zur ukrainischen Aristokratie.« Sie blickte mich an, als erwarte sie, daß ich entweder schockiert war oder aber ihr keinen Glauben schenkte.

Um ehrlich zu sein, ich wußte nicht genau, was die ukrainische Aristokratie war. Galja stammte väterlicherseits aus einer wohlhabenden Kaufmannsfamilie; ihre Mutter entstammte dem ukrainischen Landadel. Als Kind hatte sie kurze Zeit in Deutschland gelebt. Sie war in einem vornehmen zaristischen Mädchenpensionat gewesen, als sich die Oktoberrevolution ereignete. Sie hatte zwei gewichtige Gründe, die Roten zu hassen: ihre Familie war durch die Revolution vollkommen zugrunde gerichtet worden, und die Ukraine, die in ihren Augen dem ungeschlachten Rußland kulturell weit voraus war, war »tausend Jahre zurückgeworfen« worden.

Kurz nach Lenins Machtübernahme war es mit Galjas Vater zu Ende gegangen, wie mit einer Figur aus dem »Kirschgarten«; seiner Frau und seinen Kindern hinterließ er eine Villa in Leningrad, aber sonst kaum etwas. Sie lebten eine Zeitlang dadurch, daß sie ihren persönlichen Besitz nach und nach veräußerten. Es dauerte nicht lange, bis ihr Haus enteignet wurde, und als völlig mittellose Ausgestoßene gingen sie nach Moskau, um nach Arbeit zu suchen. Galjas Mutter hatte sticken gelernt, und sie fand eine Anstellung als Näherin. Galja begann als Lehrerin. Sie ließ ihren jüngeren Bruder eine Ingenieurschule besuchen, während sie alle in einem einzigen winzigen Zimmer hausten. Dann heiratete sie einen Professor des Ingenieurwesens, »ein Russe, aber ein absoluter Schentelman«, der eine Stelle unter Kaganowitsch annahm.

Ihre Lage verbesserte sich für einige Jahre. Ende der dreißiger Jahre wurden Galjas Mann und Bruder im Rahmen der Säuberungswelle, die als *Jeschowchina* bekannt wurde, festgenommen. Sie wurden der Sabotage und Verschwörung beschuldigt und hingerichtet. Nach Galjas Aussage waren sie völlig unschuldig, und Kaganowitsch wußte es, weigerte sich aber zu intervenieren. Wyschinskij hatte sie für schuldig erklärt. Wer hätte es schon wagen können, sich mit ihm und dem hinter ihm stehenden Zorn Stalins anzulegen? Nicht lange nach dieser Tragödie nahm Galjas Mutter Veronal und starb.

Irgendwie hatte die Polizei das Interesse an Galja verloren. Sie war nun Funktionär im Gebäudeausschuß ihres Distriktes und hatte so gute Arbeit geleistet, daß die Partei sie aufforderte, Mitglied zu werden, und darauf bestand, daß sie Vorsitzende des Brennstoffausschuß des Distriktes wurde.

»Es kommt einfach daher, daß ich ehrlich bin«, erzählte sie mir. »Es gab sonst niemanden, dem sie den Brennstoff anvertrauen konnten!« Sie akzeptierte die Stellung und schaffte es irgendwie, nicht Parteimitglied zu werden. Das sagte sie jedenfalls, und ich glaubte ihr.

Nach und nach enthüllte sie ihre heftige Abneigung gegen den sowjetischen Staat, gegen den Krieg und gegen die »Verbündeten des Kommunismus«, einschließlich Großbritanniens und der USA. »Ich werde so lange leben, bis ich ihre Niederlage mit ansehen kann«, sagte sie eines Tages und kniff verbittert die Augen zusammen, in denen ein blasses Feuer leuchtete. »Jeder Kommunist sollte abgeschlachtet werden, so wie sie unsere besten Leute abgeschlachtet haben. Ihr Ausländer helft ihnen heute, aber ihr werdet zur rechten Zeit für euren Fehler büßen; denken Sie an mich!«

In Hitlers Sieg sah Galja die letzte große Hoffnung. Für das alte Rußland, das sie geliebt und verloren hatte? Das Rußland des Thrones, der Aristokratie, der französisch sprechenden, deutsch sprechenden Bourgeoisie, der Kluft zwischen den sehr Reichen ganz oben und den Millionen zerlumpter, ungebildeter, brutalisierter Bauern ganz unten? Nein, sie wußte, daß das nicht mehr zurückzubringen war. Aber gerächt konnte es werden! Und die Morde an ihrem Mann und Bruder auch! Nur Hitler konnte das »rote Schwein« aus dem Weg räumen und die ukrainische und weißrussische Kultur in all ihrer Majestät und ihrem Glanz wiederherstellen. Und wenn es tatsächlich bedeutete, eine oder zwei Generationen lang von Deutschen regiert zu werden, was machte das schon? Waren es nicht die Schweden, die Deutschen, die Franzosen, die durch ihre Eroberungen Rußland zivilisiert hatten?

Galja spottete über die Vorstellung, daß es bei diesem Krieg um ideologische Differenzen gehe. Es ging doch nur um die Frage, wer zuerst wen fressen würde. Demokratie? Freiheit? Selbstbestimmung? Quatsch! Erst mal abwarten! In einem Europa, wie Stalin es sich wünschte, bedeuteten diese Worte nichts. Nur Amerikaner waren so naiv zu glauben, dieser Krieg habe etwas mit Freiheit zu tun.

»Lügen! Lügen!« schrie Galja, wenn sie in den Büchern oder den Zeitungen und Zeitschriften wühlte, die ich als Korrespondent bekam. »P-p-propaganda! U-u-u-unsinn!« Wenn von Niederlagen oder Schwierigkeiten der Deutschen berichtet wurde, weigerte sie sich, eine solche Geschichte zu glauben. Sie hatte so viele Jahre lang nur einseitige Nachrichten bekommen, daß selbst die von völlig unabhängiger Seite bestätigten Fakten sie oft nicht überzeugen konnten.

Sie glaubte kein Wort von dem, was sie in der russischen Presse über Hitlers Greueltaten und Vernichtungslager zu lesen bekam. »Pah-rr-opaganda!« schimpfte sie erzürnt. »Übertreibungen! Vielleicht hat Hitler ein paar Leute aus dem Kommunistenpöbel vernichtet. Was ist das schon, verglichen mit den Sklavenlagern hier in Rußland? Warum schreiben Sie und Ihre amerikanischen Kollegen nie etwas von diesen Lagern?«

»Erstens gibt es eine Zensur. Und zum anderen, wer kennt schon die Tatsachen? Zum Beispiel: Wie viele Lager gibt es? Wo? Wie viele Insassen sind es? Wofür sind sie drin?«

»Unzählige – es gibt unzählige Lager. Und Millionen von guten Russen in ihnen. Millionen!«

»Galja, besorgen Sie mir die Fakten nur über ein Lager, wo es liegt, wie es geleitet wird, wie viele Leute drin sind. Dann schreibe ich darüber, wenn ich hier weggehe.«

Doch als es darum ging, Einzelheiten zu liefern, war Galja keine große Hilfe. Vielleicht wußte sie nichts Näheres; vielleicht hatte sie Angst, so weit zu gehen. Das Beste, was sie mir lieferte, war die Geschichte einer Familie in ihrem Häuserblock; ich berichtete darüber sofort nach dem Krieg, und zwar so, daß niemand die Quelle aufspüren konnte.

»Eine Frage, Galja«, sagte ich eines Tages. »Würden Sie, wenn Hitler tatsächlich einmarschieren würde, erwarten, daß er die Konzentrationslager hier abschafft? Würde es denn nicht noch viel schlimmer werden: ein Völkermord von ungeahnten Ausmaßen, und dazuhin noch ideologische Verfolgung?«

»Ach, was sind Sie doch naiv! Glauben Sie, wir könnten den Bolschewismus vernichten, ohne jemanden umzubringen? Natürlich werden die Anführer, die schlimmsten Verbrecher, hingerichtet werden.«

»Wie viele? Tausend? Eine Million? Zehn Millionen? Und auch Komsomols?«

»So viele«, sagte sie bleich, »wie nötig.«

»Die Deutschen sind überall in der Ukraine als Befreier willkommen geheißen worden!« behauptete sie immer. Als ich in die Ukraine kam, kurz nachdem die Rote Armee sie zurückerobert hatte, erfuhr ich eine andere Geschichte. Die Ukrainer waren bereit gewesen, Hitler oder jeden anderen Befreier in die Arme zu schließen, aber der »Führer« ließ ihnen überhaupt keine Chance. Er verhöhnte nationale Empfindungen, riß die großen Produktionsgemeinschaften an sich und überließ sie habgierigen deutschen Bürgern, die sie wie einen Feudalbesitz verwalteten und die Bauern wieder zu regelrechten Leibeigenen machten. Zehntausende von Zivilisten wurden verhaftet, ermordet oder in Konzentrationslager gesteckt. Ein ständiger Strom von Frauen und Jugendlichen wurde in Güterwagen nach Deutschland verfrachtet, um in Lagern, Fabriken, landwirtschaftlichen Betrieben Zwangsarbeit zu verrichten.

Galja zuckte mit den Achseln, als ich ihr nach meiner Rückkehr erzählte, was ich persönlich gesehen und gehört hatte. »Not? Ungerechtigkeit? Vernichtung? Natürlich! Wie könnte es einen Krieg ohne diese Dinge geben? Aber hier haben wir jahrelang dasselbe erlebt – in *Friedenszeiten*!«

Sie selbst war gegen die Tötung von Juden; es sei gegen ihre Religion, behauptete sie. Aber waren sie nicht selber schuld? War es denn nicht eine

Tatsache, daß es die Juden sogar in Rußland immer zu vermeiden wußten, an die Front geschickt zu werden, und statt dessen sichere Jobs im Hinterland ergatterten? Daß sie überall den schwarzen Markt beherrschten und Geld verdienten, während andere dumm genug waren, an der Front für sie zu sterben? Wenn man es sich recht überlegte, wer außer den Juden war denn jetzt noch in Moskau, um mit den Ehefrauen der Soldaten zu schlafen?

Obwohl die sowjetische Presse viele Geschichten veröffentlichte, in denen jüdische Heldentaten herausgestellt wurden, und obwohl Kampfstatistiken auch die anderen Verleumdungen Lügen straften, war Galja in Rußland nicht die einzige, die sie wiederholte und offenbar auch glaubte. Die Pogrom-Gewohnheiten waren langlebig, und das Gift der Hitler-Ideologie trug zu ihrer raschen Wiederbelebung bei. Selbst die schrecklichen Enthüllungen, die voll dokumentierten und illustrierten Greuel aus Maidanek und Dachau konnten dem Antisemitismus in Rußland nicht den Garaus machen. Das sollte Väterchen Stalin persönlich beweisen.

Ich erlebte jedoch nie, daß Galja in der Öffentlichkeit eine unbedachte Äußerung machte. Sie wurde, das wußte ich, im Institut hoch geschätzt: eine ruhige, tüchtige Arbeitskraft. Niemand sonst im Metropole, auch keine der mir bekannten Sekretärinnen, hätte sich träumen lassen, daß sie verräterischen Gedanken nachhing. Ich fühlte mich von ihr gleichzeitig abgestoßen und fasziniert. In einer Hinsicht war sie zweifellos gut für mich; sie war wie Penicillin gegen den endlosen Propagandaschwall. Sie stellte auch ein Problem dar. Waren nicht die Nazis, die sie so liebte, unsere Todfeinde, dieselben Leute, die unsere eigenen amerikanischen Jungs ermordeten? In England oder Amerika hätte ich in Kriegszeiten dafür gesorgt, daß sie eingesperrt wurde. In Rußland lagen die Dinge irgendwie anders; hier schien die Wahrscheinlichkeit geringer, daß sie einen fairen Prozeß erhalten würde.

Ich hatte jedenfalls keinen Beweis dafür, daß Galja und ihre namenlosen »befreundeten Ingenieure« wirklich deutsche Spione waren. Sie sagte mir, sie hörten bei Nacht Kurzwellensendungen der Nazis ab und übersetzten und verbreiteten sie. Allein dafür hätte sie erschossen werden können. Meiner Meinung nach fehlte ihr zur Rolle der Spionin die notwendige emotionale Stabilität. Ich ließ auch den Gedanken fallen, sie könnte ein Lockspitzel sein. Warum sollte sich der NKWD für meine privaten Ansichten interessieren? Warum sollten sie Galja ihre Zeit bei mir verschwenden lassen, anstatt sie in einer ausländischen Botschaft unterzubringen, wo sie wirklich nützlich sein konnte?

Und warum sollten die Kommunisten bewußt ihre eigenen Absichten sabotieren, indem sie mich durch diese Frau zu überzeugen versuchten, daß es keinen neuen russischen Roman und kein Sachbuch gab, das eine Übersetzung lohnte? Denn wir fanden nicht ein einziges geeignetes Buch.

»Wertloses, verlogenes, einfältiges Zeug!« war ihr stets gleichbleibender Kommentar. Und in diesen Dingen war ihr Urteil, soweit ich das abschätzen konnte, auch oft einwandfrei.

Natürlich kannte ich auch andere Russen, die für Ausländer in Moskau arbeiteten und antikommunistisch waren. Aber von einer zweiten Galja hörte ich nie, von einem Russen also, der gegen das ganze »freiheitsliebende Lager«, wie es damals genannt wurde, feindlich gesinnt war, der die Nazis liebte und inbrünstig auf einen Sieg der Achsenmächte hoffte.

»Galja!« sagte ich einmal ungläubig nach einem ihrer Ausbrüche. »Woher wollen Sie wissen, daß ich Sie nicht der Polizei ausliefere?«

»Ha!« schnaubte sie. »Sie sind ein Amerikaner – Sie sind zu weichherzig. Das ist nicht Ihr Streit. Sie werden sich nicht hineinziehen lassen. Ihr Amerikaner! Ihr wißt nichts über Rußland. Keiner von euch!«

Manchmal amüsierte sie mich, und immer hatte ich das Gefühl, etwas über ein Gesicht Rußlands zu lernen, das den meisten Menschen verborgen blieb. Nur manchmal ging mir ihre arrogante Geringschätzung Amerikas unter die Haut.

»Sie werden sehen«, erzähle sie mir. »Wenn Hitler verloren hat, kommt ihr dran. Stalin lacht sich doch ins Fäustchen darüber, daß ihr ihn rettet. Eure Botschafter, das sind doch Narren: die geben damit an, daß sie persönlich ›Einfluß‹ auf Stalin ausüben. Was für Kinder ihr doch seid! Glaubt ihr denn, Stalin wird auch nur eine seiner Versprechungen halten? Natürlich wird er das nicht! Ich prophezeie Krieg zwischen euch: Krieg, Krieg, Krieg!«

Seltsamerweise haßte Galja Stalin nicht persönlich. Sie zollte ihm sogar eine Art widerwilligen Respekt. »Er ist besser als all die anderen«, sagte sie. Hatte er nicht eine große Zahl von Kommunisten getötet? Auf irgendeine merkwürdige, umgestülpte oder paradoxe Art verkörperte Stalin für Galja die große russische Tradition der Führerdespoten. War er eine Übergangsgestalt, ein Ersatz für den Zaren und ihren eigenen, offensichtlich unzulänglichen Vater, während sie für Hitler betete?

Der deutsche Rückzug nahm umfassende Formen an und wurde von überallher bestätigt. Galja wurde immer deprimierter. Während ich zuschaute, wie grüne, rote und blaue Raketen, mit denen die Siege der Roten gefeiert wurden, über den Moskauer Himmel zischten, stellte sie sich mit dem Rücken zum Fenster und weigerte sich, hinzusehen. Als es vorbei war, waren die Adern auf ihrer Stirn angeschwollen, und ihr Gesicht war weiß wie der Tod.

»Hitler hat eine Geheimwaffe«, sagte sie beschwörend. »Sie ist fast einsatzber-r-reit. Meine Freunde, die Ingenieure, wissen, was es ist – schr-r-recklich! Wenn sie kommt, wird hier alles zusammenbrechen und in Staub und Asche sinken. *Wir* werden entkommen; wir kennen das Geheimnis. Dann werden *wir* unsere Feier haben, dann werden unsere Raketen den Himmel erhellen. Wir werden auf den Gräbern der Bolschewisten tanzen!«

So ging das bis hin zu meinem letzten Treffen mit Galja.

Vor einiger Zeit traf ich einen britischen Korrespondenten in Washington, den ich von Moskau her kannte. Ich fragte ihn nach gemeinsamen Freunden; dann fiel mir ein, daß ich ihn einmal mit Galja bekannt gemacht hatte. Ich fragte nach ihr und nannte dabei ihren richtigen Namen. Ich rechnete mit dem Schlimmsten.

»Galja Kaganowa? Aber natürlich, ich sah die alte *blad* immer, wenn ich mit einem Telex ins Nark mußte. Sie ist der schärfste Zensor, der dort arbeitet. Der Pressechef hält eine ganze Menge von ihr.«

Doch erst vor kurzem erhielt ich die Nachricht, daß sie mit einem »Aufenthaltsverbot für Moskau« belegt worden war. Damit war alles denkbar, bis hin zum Äußersten: sie konnte um einen Kopf kürzer gemacht worden sein. Das ist nun mal Rußland.

19 Die »friedliche Revolution«

Noch vor Kriegsende war klar, daß die Rote Armee in Osteuropa nicht den Zustand wiederherstellen würde, der vor Hitler dort geherrscht hatte, sondern in diesem ganzen Bereich »friedliche«, von der Polizei dirigierte Revolutionen begünstigen würde.

»Die Ironie der Geschichte wollte es«, meldete ich meiner Redaktion aus Moskau, nachdem ich aus dem neu besetzten Rumänien und einem Teil Polens zurückgekehrt war, »daß der Nazismus, der sich zum Ziel gesetzt hatte, den Kommunismus zu besiegen, in Wirklichkeit den *Laissez-faire*-Kapitalismus zerstört hat. Osteuropa wird nie wieder so sein wie vorher. Hier wird es den Kapitalismus in der uns bekannten Form nicht mehr geben.«[*]

Weiter konnte ich 1944 in einer Depesche, die die sowjetische Zensur passieren mußte, nicht gehen. Hitler hatte zwar dem Kapitalismus das Grab geschaufelt, doch der unausgesprochene Rest der Wahrheit war, daß die Russen den Leichnam mit großer Begeisterung begruben. Die grundlegenden Tatsachen, die diesen Prozeß diktierten, sahen für die Russen einfach aus. Nicht nur Kommunisten, sondern fast alle Russen waren der Ansicht, daß ihr Land ein moralisches Recht hatte, die Ursachen des Übels nicht nur in Deutschland zu »korrigieren«, sondern auch in benachbarten Bündnisstaaten. Schließlich waren es die Deutschen gewesen, die Rußland angegriffen hatten, und nicht umgekehrt; und es waren die Deutschen gewesen, deretwegen die Armeen Rußlands nach Europa hineinge-

[*] Vgl. die *Saturday Evening Post* vom 11. November 1947.

zogen waren, und nicht die Russen, die Deutschland überfallen hatten. Die Zahl der russischen Todesopfer war mehr als zehnmal so hoch wie die Verluste aller anderen Alliierten zusammengenommen.

»Keine von Menschen gebildete Regierung«, rief Winston Churchill aus, nachdem er einen Teil der Verwüstung gesehen hatte, »war je in der Lage, derart schwere und grausame Wunden zu überleben, wie sie Hitler Rußland zugefügt hat!« Wichtiger jedoch als die der »Regierung« zugefügten Wunden waren den meisten Russen einmal der Tribut an Menschenleben, ein Gebirge aus Schädeln, und zum andern die Tatsache, daß der reichste Teil der Nation zu einem unfruchtbaren Landstrich gemacht worden war. Von den 28 bis 30 Millionen, die während des Krieges in der Sowjetunion zum Militär eingezogen worden waren, waren mehr als 50 Prozent gefallen oder verwundet, zusätzlich zu den fünf Millionen, die gefangengenommen worden waren. Die Gesamtzahl der Toten unter der Zivilbevölkerung und in den Streitkräften überstieg 20 Millionen. Die Nazis ließen die Hälfte der sowjetischen Kohlen- und Eisenindustrie in Trümmern zurück und zerstörten die Hälfte aller russischen Kraftwerke und Industrieanlagen zur Stahl- und Maschinenproduktion. Sechs Millionen Gebäude wurden zerstört. Das entspricht dem gesamten Vorkriegsbestand an Wohn- und Büroraum in Arkansas, Arizona, California, Connecticut, Florida, Maine, New Hampshire, New Mexico, Oregon, Vermont und Washington.

Wie groß auch der Groll der Russen gegen den Stalinismus gewesen sein mag, vorübergehend war er in ihrem Abscheu gegen die Nazis vergessen. Sie erwarteten, daß ihre Armeen die Schuldigen bestraften, einen Teil des Unrechts wiedergutmachten und ganz Osteuropa so umwandelten, daß es nie wieder als Sprungbrett für wahnsinnige Aggressoren dienen konnte. Auch wenn Rußland bei Kriegsende wahrlich erschöpft war und seine Wunden leckte, war es immer noch klar die stärkste Nation in Europa. Nur die USA waren ihr in militärischer Hinsicht ebenbürtig. Diese unerschütterliche Tatsache verbannte jede Erwartung ins Reich der Phantasie, Rußland könnte in Osteuropa ein auf Privatbesitz basierendes System wiederherstellen, das – aus kommunistischer Sicht – ein Monster hervorgebracht hatte, von dem Rußland beinahe aufgefressen worden war.

Die Rote Armee mußte das durch den Zusammenbruch der Nazis entstandene politische Vakuum mit irgend etwas auffüllen. Man kann durchaus argumentieren, daß sie gar keine andere Wahl hatte, als ihre eigene ideologische Ware zu verkaufen. Der Triumph der Roten Armee war untrennbar mit dem Triumph des politischen Systems verbunden, dem sie ihre Entstehung verdankte. Weder die Armee noch die Partei kannte oder verstand irgendein anderes System.

Etwas anderes, was wir bald vergaßen oder ignorierten, war, daß die anglo-amerikanischen Mächte während des ganzen Krieges von den Russen nie ausdrücklich verlangten, sie sollten in den von ihnen besetzten Gebieten verhindern, daß kommunistisches Gedankengut systematisch gelehrt und verbreitet wurde. Später wurde tatsächlich behauptet, Rußland hätte diesbezügliche »Versprechungen« nicht gehalten. In Wirklichkeit verlangte aber das Bekenntnis Rußlands zu den Begriffen »Selbstbestimmung« und »freie Wahlen« niemals, daß es den Kommunismus in diesen Ländern ablehnte oder denen, die für den Kommunismus eintraten, seine Hilfe verweigerte. Wir hatten uns, wie Galja sagte, einfach von unseren eigenen schönen Reden in Bann schlagen lassen und ignorierten die harte Wirklichkeit der verschiedenen Waffenstillstandsabkommen, die die Vertreter der Alliierten in Moskau unterzeichnet hatten. Diese Abkommen autorisierten Rußland ausdrücklich, den Einfluß all der Elemente »auszuschalten«, die »der Roten Armee feindlich gesinnt« waren. Da die Rote Armee in der Lage war, diese Worte zu interpretieren, und selber von der kommunistischen Partei nicht zu trennen war, konnte das offensichtlich nur heißen, daß damit auch die Ausschaltung aller »dem Kommunismus feindlich gesinnten« Einflüsse gemeint war.

Auch konnte diese Vergeltung denjenigen unter den Nichtrussen nicht unlogisch erscheinen, die mit eigenen Augen gesehen hatten, wie die deutsche Macht unter Hitler überall dort primitive Rückschritte erzwang, wo er das Hakenkreuz hintrug, nur von dem einen Wunschbild getrieben, einen Mythos zu erhöhen – die Überlegenheit einer deutschen Herrenrasse, zu bezahlen mit der Ausrottung oder Versklavung aller anderen Kinder Griechenlands und Roms, Judäas und Ägyptens, Hindustans und Moskowiens.

In »Mein Kampf«, sagte Hitler, die Eroberung der Welt durch die Deutschen müsse mit allen Mitteln angestrebt werden. In jedem anderen Land wäre, seit den steinalten Persern, ein solcher Mann durch gewaltiges Gelächter zum Schweigen gebracht worden. Es war bezeichnend für die Anhänger Hitlers in Deutschland – und das waren keineswegs *alle* Deutschen –, daß ihnen jeder Humor abging.

Um das Großdeutsche Reich zu errichten, sagte Hitler, müsse man vor allem die slawischen Nationen vernichten – die Russen, die Polen, Tschechen, Slowaken, Bulgaren, Ukrainer, Bjelorussen; er sehe keinen Grund, der dagegen spreche. Nur Ordnung und Organisation seien erforderlich; es sei stufenweise vorzugehen. Erst seien die »minderwertigen« Rassen – am dringlichsten die Juden – zu vernichten, danach seien die »Untermenschen« Asiens an der Reihe und die Reinigung des mischrassigen Amerika. Und so geschah es dann tatsächlich, daß überall in Europa in den perfekten Todesfabriken der Nazis, in denen »nichts verschleudert wurde«, ungefähr sechs Millionen Zivilisten systematisch hingeschlachtet wurden.

Es war in Maidanek in Polen, wo ich vollkommen begriff, warum Rußland in Osteuropa nie wieder preußische Macht aufleben lassen würde. Dort sah ich zum erstenmal ein Unternehmen, das einzig und allein dem Zweck galt, Männer und Frauen und ihre Kinder aus dem Zustand aufrechter und beweglicher Wesen zu Asche als Dünger für die Gemüsegärten der Nazis zu reduzieren. Später sah ich auch Dachau und Mauthausen in Österreich, doch an nekrologischem Interesse war Maidanek unerreicht. Dieses schauderhafte Schlachthaus verdankte seine Leistungsfähigkeit einer seltsamen Kombination aus den deutschen Bauerntugenden Fleiß, Ordnungsliebe und Gehorsam und der rassischen Arroganz und geistigen Niederträchtigkeit gewisser Deutscher, in einer Art und Weise, die einen perfekten Inbegriff der eigentlichen »Seele« der Nazi-Philosophie abgab.

20 Jacke wie Hose?

»Wer die Germanen nicht gesehen hat, wird nicht glauben, daß es eine Nation gibt, die vornehmlich Grausamkeit und Brutalität verkörpert«, warnte Tiberius, der mit dem Thema bestens vertraut war. Natürlich wissen wir, daß Bösartigkeit kein angeborenes Monopol irgendeines Volkes ist. Es ist trotzdem eigenartig, daß Deutschland 2000 Jahre nach Tiberius immer noch imstande war, Hitler und Himmler hervorzubringen, und mit ihnen Millionen, die ihnen nacheiferten und gehorchten.
Wer sich mit der langen Geschichte befaßte, mußte bei einem Besuch in Maidanek mehr als einmal über das alte russische Sprichwort nachdenken, das besagt: »Der Deutsche mag ja ein netter Kerl sein, aber es ist sicherer, ihn aufzuhängen.«
In Maidanek gab es schließlich weit über eine Million Leichen von Menschen deutscher, österreichischer, polnischer, ungarischer, russischer, ukrainischer, rumänischer, französischer, britischer Abstammung sowie andere, die jüdischer, zum Teil jüdischer oder nur angeblich jüdischer Abstammung waren. Viele politische Gefangene nichtsemitischer Herkunft wurden hier ebenfalls abgeschlachtet. Es war insgesamt eine sich selbst unterhaltende Fabrik. Sie hatte ihr eigenes Kraftwerk, ihre verschiedenen Läden, ihre ausgedehnten Gartenanlagen und ihre kilometerlangen, von Gefangenen gebauten Straßen, die sich zwischen hohen Wachttürmen schlängelten und Mauern und Stacheldraht miteinander verbanden. Sie hatte eine Feuerwehr: niemand durfte vor seiner Zeit verbrennen. Ihre Rohstoffe waren menschliche Minderheiten und deren Arbeitskraft, und ihre Erzeugnisse waren Diebesbeute, Leichen und Dünger.
Alles in Maidanek war durch Sauberkeit, Pünktlichkeit, Ordnung, Zweckmäßigkeit, Wirtschaftlichkeit geprägt; hier hatte sich der Deutsche

als Meister des Details total ausgelebt. Alles, was sich zu Geld machen ließ, wurde aus dem Opfer herausgeholt, bevor es getötet wurde. Wenn der Gefangene in Maidanek ankam, gab er sein Gepäck ab, das oft seinen gesamten Besitz darstellte, da ihm zum Schein versprochen worden war, er solle in einem »neuen Gebiet angesiedelt« werden. Wenn er dann durch Hunger und Zwangsarbeit den Zustand totaler Erschöpfung erreicht hatte, kam die letzte Feinheit: man brach der Leiche Gold- oder Platinkronen und -plomben aus den Zähnen, bevor sie in die Öfen kam, die Tag und Nacht brannten.

All die kümmerlichen persönlichen Habseligkeiten wurden in einem großen Lagerraum, einer ehemaligen katholischen Kirche im Ort, gesammelt. Wir brauchten Stunden, um durch diesen makabren Altkleiderladen zu kommen, der wie ein riesiges New Yorker Kaufhaus wirkte, in dem sämtliche getragene Kleidungsstücke der Third Avenue angeboten werden. Jeder Artikel war bei seiner Aufnahme sorgfältig in eines der Hauptbücher eingetragen worden, und man hatte Buch darüber geführt, ob er verkauft oder an irgendeine bedürftige deutsche Familie in der Heimat oder an deutsche »Pioniere« in der eroberten Ukraine weitergegeben worden war. Bestandslisten enthielten fast jedes denkbare Kleidungsstück für beide Geschlechter und für jedes Alter. Ein Raum war übervoll mit Kinderbekleidung. In einer Ecke war eine ganze Sammlung von Nachttöpfen für Kleinkinder, in einer anderen lag eine große Auswahl an Spielzeug und Malbüchern, die von kleinen Händen vollgekleckst worden waren. Ich sah alte Knöpfe, die in Häufchen aussortiert worden waren, und halbvolle Tuben Zahnpasta. Sogar Lumpen waren desinfiziert und aufbewahrt und in die Hauptbücher eingetragen worden.

Der schauerlichste Ort war das große Nebengebäude, das mit den Schuhen der Toten gefüllt war. Zehntausende von Paaren, die darauf warteten, sortiert zu werden, lagen übereinander. Irgendwie war ihre Aussagekraft noch tragischer als die von dicht gestapelten Knochen oder von den ausgeplünderten nackten Leichen, die ich auf gefrorenen Schlachtfeldern hatte liegen sehen, übereinandergestapelt wie Klafterholz. Hier lagen kleine rote Pantoffeln, goldfarbene Pumps für den Abend, winzige Sandalen, Kinderstiefel, die hochgeschnürten Schuhe älterer Frauen, abgetragene klobige Bauernschuhe, die ausgefransten *valenki* der Russen und Gummischuhe aus Akron in Ohio. Ich las Etiketten aus Moskau, Warschau, Paris, Berlin, Wien, München, Antwerpen, New York, Madrid, Rotterdam! Der Schuh einer verkrüppelten Frau, dessen Spezialsohle fünfzehn Zentimeter dick war, lag neben einem Bruchband und einer Beinprothese.

Nichts wurde verschwendet.

Ich erinnere mich an eine Unterhaltung mit einem kleinen Obersturmführer namens Theodor Scholen. Er war einer von mehreren Nazi-Aufsehern, die in der Nähe des Lagers überrascht und zurückgebracht und von den überlebenden Insassen, die uns herumführten und uns alles erklärten, identifiziert worden waren. Scholen sprach nun ungezwungen über Details des Lagerbetriebs; dazu gehörte auch das Datum des 3. November 1943, als Maidanek einen Rekord aufstellte, den nicht einmal Auschwitz übertraf. An diesem einen Tag wurden über 18 000 Personen vergast oder erschossen oder verbrannt.

Ja, wenn er jetzt zurückblicke, sagte Scholen, müsse Maidanek tatsächlich ein Vernichtungslager gewesen sein; damals habe er einfach angenommen, sie seien alle »schuldig«. In welcher Beziehung schuldig? Woher sollte er das wissen? Der »Befehl« sagte darüber nichts aus. Es war nicht seine Angelegenheit; er behauptete steif und fest, er habe an den eigentlichen Tötungen nie teilgenommen.

»Wer war denn *dann* verantwortlich?« Ich sollte diese Frage später noch Dutzenden von Nazis stellen, bis hin zu Reichsmarschall Göring, als ich unter den Amerikanern war, die ihn bei Berchtesgaden festnahmen: und immer mit dem gleichen Ergebnis.

»Befehl«, sagte Scholen, »Berlin.« (»Hitler«, sagte Göring.) Nicht der Lagerkommandant, nicht Scholen und keiner der 19 jungen Nazis, die unter Scholen gearbeitet hatten. Einfach »Befehl«.

»Ist es Ihnen nie in den Sinn gekommen, daß man Sie als Kriegsverbrecher vor Gericht stellen würde?« fragte ich.

Er schaute mich mit einem gekränkten und überraschten Gesichtsausdruck an. »Ich bin nur ein kleiner Mensch. Ich habe lediglich Befehle ausgeführt.«

General Befehl war der einzige Verbrecher. Doch die Russen waren davon überzeugt, daß Deutschland selbst der Verbrecher war. Zehn Millionen ihrer nächsten Verwandten waren von General Befehl ermordet worden. Sie waren entschlossen, diesmal auf deutschem Boden zu bleiben, bis die Schizophrenie gelöst war. Aus diesem Grund billigten selbst einige Antikommunisten die »friedliche Revolution« in Osteuropa.

Hier kann man sich fragen, ob die Kommunisten nicht an genau derselben Krankheit litten. Bestand ein echter Unterschied zwischen dem stalinistischen Konzentrationslager und der Todesfabrik der Nazis? Zwischen der ideologischen Inquisition, die der NKWD durchführte, und der Inquisition, die die Gestapo durchführte? Zwischen dem Mord in der UdSSR, der als »historische Notwendigkeit« hingestellt wurde, und dem umfassenden Völkermord und der Sterilisierung rassisch »Minderwertiger« durch die Nazis? Wenn Kommunisten und Nazis die gleichen Methoden anwandten, wie konnte dann in den Ergebnissen ein grundlegender Unterschied bestehen?

War das in Wirklichkeit nicht einfach Jacke wie Hose?

Die Antwort ist: Nein, das war es nicht.

Es ist mir vollkommen bewußt, daß ich mich damit im direkten Widerspruch zu der jahrelangen Propaganda des Kalten Krieges befinde, die die russischen Kommunisten und die deutschen Nazis absolut gleichsetzt. Dieser Irrglaube ist in Amerika ganz besonders populär, und er ist gefährlich. Niemand kann die plumpen Verbrechen der russischen Diktatur rechtfertigen oder verharmlosen. Aber niemand kann auch nur im geringsten verstehen, warum kommunistische Werte überlebt und sich in einem großen Teil der Welt ausgebreitet haben, wenn er nicht begreift, daß *trotz* dieser Verbrechen und trotz einer Ähnlichkeit der nazistischen und kommunistischen Methoden quantitative und qualitative Unterschiede bestehen blieben: Unterschiede in den Methoden und Zielen, und ganz offensichtlich Unterschiede in den Ergebnissen.

»Die Art der Methode bestimmt stets die Art des Zieles, das erreicht wird«, besagt ein Axiom in der Mathematik. Doch sobald man diese Formel auf politische Urteile anwenden will, die von subjektiven Maßstäben des »Guten« und »Bösen« abhängig sind, läßt sie sich nicht mehr so absolut aufrechterhalten. Hier liegt die Wahrheit näher bei La Salle als bei Gandhi: »Mittel und Zweck sind so sehr ineinander verschlungen, daß man mit dem einen auch das andere verändert.«

Ein guter Zweck kann nie ein schlechtes Mittel »rechtfertigen«, und es stimmt zweifellos, daß sich ein guter Zweck nie mit einem vollkommen schlechten Mittel erreichen läßt. Aber daraus läßt sich nicht folgern, daß der ethische oder moralische Wert eines Zweckes oder Zieles allein schon deshalb irrelevant ist, weil uns das Mittel »schlecht« erscheint. Ihm kommt vielmehr eine wesentliche Bedeutung zu.

Was an Mittel und Zweck »gut« und »schlecht« ist, hängt natürlich davon ab, wo wir stehen. In einer Welt, in der heute die meisten Menschen in führenden Positionen, gleich wo sie stehen, die Wissenschaft als die Basis für einen zivilisierten Fortschritt anerkennen, läßt sich axiomatisch feststellen, daß all das ein »guter« Zweck ist, was zur Evolution und Aufklärung der Menschheit in ihrer Gesamtheit beiträgt: das generelle Vorwärtsbringen der Rassen, denen zugestanden wird, daß sie biologisch gleichwertig sind und daß sie die Fähigkeit besitzen, sich in gemeinsamem gesellschaftlichen Bemühen für das Gemeinwohl einzusetzen. »Schlecht« ist der Zweck, der die Wahrscheinlichkeit, die Erwünschtheit oder auch nur die Möglichkeit leugnen würde, »daß alle Menschen unter der Sonne Brüder sind«. Und der Tiefpunkt aller schlechten Zwecke oder Absichten, die in die finstere Nacht zurückführen, ist – das wird kaum jemand bestreiten – sicherlich der Ehrgeiz, die Vormachtstellung einer einzigen Nation oder Rasse über alle anderen zu erzwingen und dafür ganze Völker zu versklaven oder gar zu vernichten.

Darin lag der fundamentale Unterschied zwischen Deutschland und Rußland oder zumindest zwischen dem Nazi und dem Kommunisten. Das Ziel des Nazis war es, für sich selbst eine perfekte Welt zu schaffen und andere dafür in eine grenzenlose Finsternis zu stoßen. Das Ziel des Kommunisten, auch wenn es oft durch schlechte Methoden kompromittiert wurde, behielt seinen menschlichen Bezug, sein geradliniges Verhältnis zur Evolution der gesamten Menschheit und zu den Zielen der liberté, égalité und fraternité.

In vielen Ländern außer Deutschland und Rußland haben Tyrannei und Niedertracht und rassische Arroganz zu gräßlichen Verbrechen an den jeweiligen Nachbarn geführt. Doch außer in Deutschland ist es in keiner modernen Nation, nicht einmal in Japan, möglich gewesen, eine so weit verbreitete Bewunderung und blinden Gehorsam für Führer zu gewinnen, die sich öffentlich darauf festgelegt hatten, durch eine systematische Plünderung und Vernichtung ihrer Nachbarn ihr höchstes Wunschbild einer rassischen Vorherrschaft zu erreichen und die anderen Rassen aufzufressen – praktisch ein systematischer Rückfall in den Kannibalismus. Edward Crankshaw definierte diesen Unterschied ganz prägnant:*

Letzten Endes besteht jedoch der deutsche Fehlgriff, der Deutschland so sehr von allen anderen Nationen des Westens, einschließlich Rußlands, unterscheidet, in ihrer »Absage an jene Realität, die auch unseren Nächsten mit einschließt«. Es ist ein heruntergekommener Idealismus; und solange die Deutschen nicht lernen können, eine Realität zu akzeptieren, die Menschen mit einschließt, werden sie mit ihrem rastlosen und wahnwitzigen Streben nach etwas Besserem eine Gefahr für diejenigen bleiben, die sich mit dem Versuch zufriedengeben, aus der Welt, so wie wir sie kennen, das Beste zu machen.

Russische Kommunisten haben oft den Kontakt zum »Menschen« verloren, doch auch in ihren schlimmsten Augenblicken riskierten sie nie eine Zurückweisung des sozialistischen Glaubens an das absolute Eins-Sein der Menschheit oder an die Evolution und die Ziele internationaler Einigkeit und Brüderlichkeit. Das allein schon mußte das Ausmaß beschränken, in dem sich die Partei mit den üblen Methoden eines Polizeistaates identifizieren konnte. Kommunisten konnten nie öffentlich »die Realität, die auch unseren Nächsten mit einschließt« zurückweisen und jede Zurückhaltung ablegen, so wie das Hitlers Leute konnten. So erklärt sich auch die phänomenale Tatsache, daß die kommunistische Diktatur die Freiheit des Individuums im eigenen Land unterdrücken konnte, ohne damit die Anziehungskraft Rußlands ganz und gar zu zerstören; es blieb ein Zentrum der Hoffnung und Befreiung für rassische Minderheiten und Völker, die vom Imperialismus niedergehalten wurden oder sonstwie schwach und rückständig waren.

* »Gestapo« von Edward Crankshaw, New York 1956.

Präsident Roosevelt war sich dieses paradoxen Verhältnisses zwischen Mittel und Zweck in Rußland wohl bewußt. Er kannte natürlich die Mittel, mit denen die Kommunisten Rußland regierten. Da aber kein westlicher Christ und Demokrat ernsthaft an den Bestrebungen der Revolution oder der Befreiung der Menschheit, die der Kommunismus ständig als sein Ziel proklamierte, etwas aussetzen konnte, bemühte sich Roosevelt unverzagt, eine begrenzte Zusammenarbeit mit dem roten Rußland zu Friedenszeiten zu erreichen, ihm die Angst vor der Einkreisung zu nehmen und ihm das Gefühl zu verleihen, daß es zur Familie aller wohlmeinenden Völker gehörte.

Das war der bleibende Eindruck, den ich bald von F.D.R. persönlich erhalten sollte, als ich bei einem kurzen Besuch in der Heimat mit ihm zusammentraf und mich in den letzten Stunden seines Lebens mit ihm unterhielt.

21 Eine »unpolitische« Beziehung

Der Präsident überprüfte ständig die Informationen, die er aus offiziellen Quellen erhielt, indem er persönlichen Kontakt mit Zeitungsleuten und Dutzenden anderer Informanten pflegte. Soweit ich in Erfahrung bringen konnte, wurde dieses Verfahren kaum einmal von Senatoren nachgeahmt. Ich irrte mich allerdings mit meiner Vermutung, sie stünden den Aktivitäten von Korrespondenten völlig gleichgültig gegenüber. Einige von ihnen interessierten sich brennend für unser Privatleben während des Krieges in Moskau. Ich entdeckte das erst, als ich mit freundlicher Genehmigung des Senators James O. Eastland das ausführliche Protokoll der Senatsuntersuchung zu lesen bekam, die sich mit der »Loyalität« John Paton Davies' befaßt hatte.

Ich lernte John Davies vor vielen Jahren in Peking kennen, sah ihn dann oft in verschiedenen Teilen Chinas, erlebte mit ihm zusammen einige kleinere Abenteuer und lernte seine Intelligenz als Angehöriger des Diplomatischen Dienstes schätzen. Während des Krieges kreuzten sich unsere Wege in Kairo, Indien, Washington und schließlich in Rußland, wo er Anfang 1945 eintraf. Seine Laufbahn war ruiniert, als sich erst einmal Joe McCarthy näher mit ihm befaßte.

John war auf dem besten Weg gewesen, einen Botschafterposten zu bekommen, als der Kolumnist Joe Alsop 1950 eine Artikelserie schrieb, in der er in schmeichelhafter Übertreibung ihm, John Stewart Service und General Stilwell den Erfolg der chinesischen Revolution in die Schuhe schob. Anscheinend hatten sie entgegen den Ansichten und Wünschen gehandelt, die Alsop und General Chennault mit China verbanden. Senator McCarthy griff Alsops Anschuldigungen auf und setzte Davies – General Stilwell war inzwischen verstorben – auf seine Liste jener führenden Köpfe im träumerischen Außenministerium, die »China an Rußland verkauft hatten«. Alsop änderte später seine Meinung und räumte mannhaft ein, daß Davies und Service vielleicht doch im Recht gewesen seien; aber es war zu spät, sie zu retten. Service wurde rechtswidrig entlassen und später auf Anordnung des Obersten Bundesgerichtes wiedereingestellt; doch seine Nützlichkeit war inzwischen vertan. Davies sah sich ausgedehnten und wiederholten Untersuchungen ausgesetzt, die in der Hoffnung abgehalten wurden, über die Beschwichtigung McCarthys hinaus plausiblere Gründe für seine Entlassung zu finden. Die Bemühungen waren umsonst, wie sich herausstellte, und der Vorwurf der verräterischen Handlungen wurde schließlich fallengelassen. Er war jedoch für John Foster Dulles ein politisches Hindernis geworden, der daraufhin seine unumschränkten Vollmachten ausnützte und Davies pauschal der Inkompetenz bezichtigte. Davies wurde entlassen, die Pensionsansprüche wurden ihm gestrichen, und das alles kurz bevor sich der McCarthyismus unter dem hellen Licht der Fernseh-Scheinwerfer aufzulösen begann.

Die Vernehmungen Davies' fanden ursprünglich unter Ausschluß der Öffentlichkeit statt, doch seine Aussagen wurden später durch den für die innere Sicherheit zuständigen Unterausschuß des Senats trotzdem veröffentlicht. Nicht viel später machte ein anderer Zeuge unter dem Mantel der Immunität, den Senator Eastlands Ausschuß auch über Verleumder breitete, einige unfreundliche Bemerkungen über mich. Der Zeuge hieß Harvey Matusow und ist inzwischen in einem anderen Zusammenhang des Meineides überführt und zu einer Gefängnisstrafe verurteilt worden. Matusow hatte seine Lügen über mich und andere bereits zurückgenommen, als ich Senator Eastland schrieb und das vollständige Protokoll der Untersuchungen des »Institute of Pacific Relations« verlangte, in dem ich dann Davies' Aussagen niedergeschrieben fand. Als ich in diesem 15bändigen Denkmal für die Kunst des Belanglosen das Register durchsah, entdeckte ich, daß dort in erheblichem Umfang auf mich Bezug genommen wurde.

Offenbar hatte John Davies einmal seinem Chef George Kennan, der die Planungsabteilung im Außenministerium leitete, nahegelegt, er solle mich im Rahmen eines Unternehmens einsetzen, das die Bezeichnung »Baumpieper« trug. Durch die Intervention des Unterstaatssekretärs im Außenministerium, Walter Bedell Smith, blieb es Davies erspart, den Senatoren genau zu enthüllen, welche Leistungen für »Baumpieper« von mir erwartet worden wären. General Smith sagte dem Ausschuß, das Projekt sei so streng geheim – oder »heikel« –, daß es für unsere Sicherheit katastrophale Folgen haben würde, wenn man Davies zu weiteren Erklärungen zwingen würde.

Da die Angelegenheit immer noch der Geheimhaltung unterliegt, kann ich nur raten, was ihm vorschwebte. Wenn man aber von Johns Naturell ausgeht, in dem sich ein Sinn für Satire und eine im Außenministerium keineswegs alltägliche Vorstellungskraft verbinden, scheint die Annahme berechtigt, daß die herausragende Eigenschaft des Baumpiepers, nämlich sein »lautes Singen während des Fluges«, einen Schlüssel zu dem Geheimnis enthält. Vielleicht hat man sich die Hoffnung gemacht, daß ich als wendiger Korrespondent mit angeblichen Spezialkenntnissen über den Feind im Kalten Krieg dazu verwendet werden könnte, der Gegenseite Antwortrufe zu entlocken, die dem Außenministerium helfen würden, die Ziele der Propaganda und des Nachrichtendienstes und die Techniken des Kominform zu analysieren.

Bevor sich der Baumpieper in die Lüfte schwingen konnte, wurde er aufgegeben, aber er lieferte dem Untersuchungsausschuß einen Grund, sich ausgiebig mit meinen privaten Bindungen in Moskau und mit Angelegenheiten zu beschäftigen, von denen ich mir nicht im entferntesten hätte träumen lassen, daß sie die Aufmerksamkeit des erlauchten US-Senats in Anspruch nehmen könnten. Man muß zumindest die weit über das normale Pflichtbewußtsein hinausgehende Hingabe bewundern, die die Senatoren in ihrem leidenschaftlichen Einsatz für unsere innere Sicherheit dazu veranlaßte, sich im heißen August 1951 hinauf zum Zimmer Nr. 424 im Senatsgebäude zu schleppen, um sich John Davies' Erinnerungen anzuhören. Betrachten wir ein paar Bruchstücke:

Mr. Sourwine (Rechtsberater des Senats): Können Sie sich erinnern, ob Sie Mr. Snow jemals einen Brief schrieben?

Mr. Davies: Ja, ich glaube, ich habe ihm geschrieben.

Mr. Sourwine: Wie umfangreich war diese Korrespondenz?

Mr. Davies: Sehr begrenzt. Er hatte eine Freundin in Moskau. Ich erinnere mich, daß er nach ihr fragte und daß ich ihm zurückschrieb, der NKWD hätte sie nicht erwischt, und es gehe ihr gut.

Mr. Morris (ein anderer Rechtsberater): Können Sie uns dieses Mädchen nennen, Mr. Davies?

Mr. Davies: Ich weiß nicht mehr, wie sie hieß. Sie war ein Mädchen, die zu Leuten in der britischen Botschaft Kontakt hatte. Sie war – wir alle erkannten in ihr jemand, den der NKWD auf uns anzusetzen versuchte. Sie war ein leckeres Ding.

Mr. Sourwine: Sie sagen, im NKWD versuchte man, sie auszunützen?

Mr. Davies: Wir vermuteten das.

Mr. Sourwine: Sie sagen, Sie alle hätten sie erkannt?

Mr. Davies: »Erkannt« ist das falsche Wort. Wir vermuteten, daß…

Etwas später fragte Mr. Sourwine: »Hatten Sie sie kennengelernt?«

Mr. Davies: »Ich hatte sie nur gesellschaftlich kennengelernt.«

Mr. Sourwine: Und Sie sagen, sie war Mr. Snows Freundin?
Mr. Davies: Ich glaube nicht – ich glaube, daß –
Mr. Sourwine: Sie drückten sich aber so aus, nicht wahr – seine Freundin?
Mr. Davies: Ich glaube, es war eine unpolitische Beziehung.
Mr. Sourwine: Was verstehen Sie unter einer unpolitischen Beziehung?
Mr. Davies: Eine Beziehung ohne politische Nebenbedeutung.
(Diskussion vertraulich.)

Es kommt einer Folterung gleich, an dieser Stelle vertraulich zu werden, aber schließlich war es ein heißer Tag im August. Wir genießen nicht das Vorrecht zu erfahren, wie exakt die Aufklärung, die Mr. Davies Mr. Sourwine zuteil werden ließ, Dr. Kinseys Befunden über die unpolitischen Aktivitäten des amerikanischen Mannes entsprach. Sie muß sehr reizvoll gewesen sein, denn als die Protokollierung wieder aufgenommen wurde, kam als erstes die Aufforderung an Mr. Davies, so bald wie möglich »ihren« Namen zu liefern. Aus »Mädchen« wurde nun »junge Dame«:

Mr. Sourwine: Warum haben Sie, nachdem Sie doch vermuteten, die junge Dame sei eine NKWD-Agentin, Mr. Snow geschrieben, der NKWD hätte sie noch nicht erwischt?
Mr. Davies: Ein totalitärer Staat verschlingt doch seine eigenen Leute.

Diese Antwort löste jedoch den Widerspruch nicht auf, und da sich die Senatoren möglicherweise immer noch über diese Bedrohung unserer inneren Sicherheit Gedanken machen, darf ich sie hier vielleicht vorstellen. Sie hieß Ilena Sergejewna Jasnowa, obwohl Korrespondentenkollegen und Freunde in verschiedenen Botschaften sie im letzten Kriegsjahr, als sie meine ständige Begleiterin war, unter einem anderen Namen kannten. Da all die Fakten zusammen mit unverbürgten Schlüssen in den Akten des NKWD Staub sammeln, gibt es keinen Grund, diese wissenschaftliche Information unseren eigenen Forschern vorzuenthalten.
Jawohl, sie war attraktiv. Aber eine NKWD-Agentin? Kaum. Es sei denn, man nennt jeden russischen Bürger, der in irgendeiner Weise mit Ausländern offen befreundet ist, einen Agenten. Das würde eine ganze Reihe von »Freundinnen« einschließen, die Amerikaner heirateten und später zu guten amerikanischen Staatsbürgern wurden. Natürlich mußte jeder Russe damit rechnen, plötzlich in den Lubyanka bestellt zu werden, wo er vor möglichen Konsequenzen gewarnt wurde und Fragen beantworten mußte. Im Grunde genommen unterschied sich das gar nicht so sehr von der Art und Weise, in der ein Amerikaner, der zu Hause mit Sowjetrussen Umgang pflegt, zur Zusammenarbeit mit dem FBI aufgefordert werden

kann. In Rußland gab es für einen amerikanischen Besucher nur die Alternative, alle zwanglosen Kontakte zu Einheimischen zu meiden, was überhaupt keine Schwierigkeiten bereitete! Wer das tat, lernte und erfuhr nichts und wäre besser zu Hause geblieben.

Was mich anging, so sah ich überhaupt kein Risiko. Ich war ein rechtmäßiger Korrespondent und Leitartikler, und kein Spion. Ich hatte vor dem YMCA, wie Amerikaner in Moskau den NKWD gerne nannten, keine Geheimnisse zu verbergen. Die Schwierigkeiten lagen auf der anderen Seite. Wenn meine Freundschaft mit Ilena unvorhersehbare Risiken mit sich brachte, weil man in einer grotesken zukünftigen amerikanischen Dschungelwelt schon durch den Umgang mit einem Menschen schuldig wurde, dann sahen ihre Probleme ganz anders aus. Sie war unmittelbar in Gefahr, wie mir ihre Mutter später zu verstehen gab.

Ilena war entschieden unpolitisch, keine Frage. »Jeder weiß, daß ich von Politik nichts verstehe«, sagte sie, wenn ihr irgend jemand eine auch nur entfernt politische Frage stellte, während sie mit mir zusammen war. »Ich bin zu doof. Vielleicht liegt das an meinen Augen, nein? Reden wir von Kunst oder Musik.«

Es war Tanja, die uns miteinander bekannt machte, drei Jahre bevor Davies sie kennenlernte. Tanja, eine ungestüme Frau mit lohfarbenen Haaren, war die Ehefrau und Sekretärin von Ronald Matthews, dem Korrespondenten des *Daily Herald*; und Tanja war alles andere als unpolitisch. Sie hatte Fremdsprachen unterrichtet, und Ilena war eine ihrer Studentinnen gewesen. Nach meiner ersten Begegnung mit Ilena erinnerte ich mich nur noch daran, daß sie außergewöhnlich hübsch war, vor Begeisterung übersprudelte und azurblaue Augen von einer höchst eigentümlichen Form hatte.

Ich sah Ilena erst wieder, als ich Monate später an einem Frühlingstag durch den Kremlpark ging; sie saß dort auf einer Bank und las ein Buch. Da ich etwas Russisch gelernt hatte, gab ich jede Zurückhaltung auf und versuchte, ein paar Worte zu sagen. Sie reagierte sehr nett auf meine Bemühungen. Sie sprach kein Englisch, doch ich fand bald heraus, daß ihr Französisch sehr viel besser war als mein Russisch – und als mein Französisch.

Ilena war zu der Zeit 21 und studierte an der Universität von Moskau, wo sie ein Stipendium erhalten hatte; sie brauchte keine Studiengebühren zu bezahlen und bekam ein paar hundert Rubel im Monat. Ihre Spezialfächer, von der Politik und dem Krieg und dem NKWD denkbar weit entfernt, waren die Theorie und die Praxis, die Geschichte und die Prinzipien der bildenden Kunst. Sie hatte noch ein Jahr bis zum Examen und wollte dann noch weiterstudieren, um den Rang einer *aspirantura* zu erreichen, der mit einem guten Einkommen verbunden war, denn damit war man qualifiziert, für eines der staatlichen Museen der Sowjetunion zu arbeiten. Ilena träumte von einer Stelle als Leiterin der Tretjakow-Galerie; sie würde dann deren langweiligen Brjullows, Lebedews und Repins entfliehen und als Einkäufer nach Frankreich gehen und all die neuesten Picassos auflesen. Außerdem wollte sie die Werke von Künstlern wie Schiaparelli und Dior studieren.

Ilena war das einzige Kind einer orthodoxen und sehr aktiven Parteigängerin, die als Biochemikerin in einem staatlichen Labor arbeitete. In ihrer arbeitsreichen Laufbahn hatte sie nicht so viel Zeit mit ihrer Tochter verbracht, wie sie das gerne getan hätte; um das wettzumachen, hatte sie (so fürchtete sie jedenfalls) Ilena in mancher Hinsicht zu nachsichtig behandelt; deshalb »dachte sie, in einem politischen Sinn, nicht sehr diszipliniert«. Ihr Stiefvater, ebenfalls Naturwissenschaftler, hatte mit seinen eigenen Angelegenheiten zu tun und stand Ilena nicht nahe. Sie konnte sich nicht entsinnen, wie ihr Vater (ein Armeeoffizier) ausgesehen hatte. Er hatte sich, als sie noch ein kleines Kind war, auf immer verabschiedet, indem er seiner Frau eine Postkarte schrieb und ihr mitteilte, daß sie geschieden waren. Nun, viele Jahre später, fühlte sich Ilenas Stiefvater zu einer jüngeren Kameradin hingezogen und wollte ebenfalls eine Scheidung, doch Ilenas Mutter hatte bisher nicht eingewilligt. Die Zeit der Postkartenscheidung war längst vorbei, und nun brauchte man solide Gründe und eine lange Wartezeit, um vor einem sowjetischen Gericht eine Scheidung durchzubekommen. Ilena lebte in der Zwischenzeit bei ihrer Großmutter.

In meinem ersten Jahr in Rußland wußte ich überhaupt nichts von Ilenas Familienangelegenheiten. Sie arbeitete viel für die Schule und hatte in der übrigen Zeit mit dem Komsomol zu tun, mit Krankenhausbesuchen, mit dem Sammeln von Brennholz und anderen Pflichten. Zwischen meinen Reisen in die unmittelbaren Kriegsgebiete ging ich einmal mit ihr und meiner Sekretärin zum Essen aus, aus dem einfachen Grund, weil ich sie über das sowjetische Bildungssystem in Kriegszeiten befragen wollte – wie die Studenten für die Universität und fürs »technikum« eingestuft wurden, wie Stunden- und Lehrpläne aussahen, welche gesellschaftlichen Beziehungen es gab und so fort. Dann reiste ich in den Mittleren Osten und nach Westeuropa.

Als ich zurückkehrte, sah ich Ilena sehr häufig, da sie nach der Schule als Kurier für mich arbeitete. Der Moskauer Kurier war eine Art Hilfskraft, die man seiner Sekretärin zur Seite stellte, damit für sie nicht so viel Zeit damit verlorenging, Botengänge zu machen oder wegen der zugeteilten Rationen Schlange zu stehen oder zu warten, bis die Zensoren eine Depesche zerpflückt hatten. Selbst eine so anspruchslose Arbeit war damals sehr begehrt (und vom Außenministerium gebilligt); die Zeiten waren äußerst schwierig, und die Arbeit für einen Ausländer brachte dringend benötigte gute Lebensmittel. Ilena bekam den Job, meine Sekretärin wies sie in ihre Pflichten ein, und manchmal bekam ich sie tagelang nicht zu sehen. Ich erinnere mich noch, daß ich deutlich den Eindruck hatte, immer fließender russisch mit ihr zu sprechen. Doch dann wurde mir eines Tages schlagartig bewußt, daß sie englisch mit mir redete – mit einem starken Akzent zwar, aber durchaus verständlich und mit angenehmer, ziemlich atemloser Stimme. Ihr Englisch machte sie irgendwie zu einer Person, die mit meiner eigenen Welt identifizierbar war.

Verblüfft fragte ich sie, wie und wo und wann sie Englisch gelernt habe, während ich mich immer noch mit den Anfangsschwierigkeiten des Konjunktivs herumschlug und voller Zweifel war, ob ich jemals die lyrische, einen schier verrückt machende russische Sprache lernen würde. Sie hatte, wie sie erklärte, einfach ihre Sprache *spetsialnost* von Französisch auf Englisch umgestellt. Und nun sprach sie es, noch nicht mal ein Jahr danach, fast fließend.

Nicht lange nach dieser Entdeckung zog ich sie eines Tages ans Fenster, um jenes Phänomen, das ihr buchstäblich Sterne in die Augen zauberte, einer sorgfältigen Inspektion zu unterziehen. Ihre Augen hatten genau die Farbe der blaugrünen Saphire aus Kaschmir und waren vollkommen elliptisch – und elliptisch vollkommen.

»Aber – du bist ja eine Siamkatze!«

»Meine Augen gefallen dir nicht?« fragte sie ganz ernst. »Sie sind aber gut – ich sehe *so* gut mit ihnen. Sind sie häßlich?« Und all das sprudelte in einer überraschend zittrigen Stimme aus ihr heraus, als sei ein Bild, das ich bewunderte, auf magische Weise lebendig geworden.

»Häßlich! Es sind die ungewöhnlichsten Augen, die ich je gesehen habe! *Ochin prikrasni!* Sie sind wunderschön, einfach wunderschön!«

Und das waren sie tatsächlich. Aber es gab nichts, was ich hätte tun können. Nym und ich hatten uns zwar in aller Form getrennt, aber sie hatte sich nicht von mir scheiden lassen. Mir lag besonders viel daran, jede ernsthafte Liaison in Moskau zu vermeiden.

Ich zog mich auf den Posten eines neutralen Beobachters zurück und blieb die nächsten Wochen dort. Dann fing ich allmählich an, Ilena mit ins Ballett, ins Theater und in die Oper zu nehmen, wo sie ganz in ihrem Element war, die bestinformierte »unpolitische« Begleiterin, die ich mir wünschen konnte, und als solche von einigen jungen einsamen Herzen der britischen Botschaft ständig umworben.

22 Du Temps Perdu

Zu den Dingen, die mir in Asien gefehlt hatten, gehörte die Musik eines ganzen Jahrzehnts, denn der Falsettgesang und die wimmernden chinesischen Violinen waren höchstens für die Einheimischen ein angemessener

Ersatz. (Die Musik und die Tänze in Südostasien sind wieder etwas anderes.) In Rußland war die Musik eine zweite Sprache, die einen bequemen Zugang zum emotionellen und kulturellen Leben des Landes bot. Die Menschen in der UdSSR singen sehr viel; das Singen spielt im militärischen wie im zivilen Leben eine wesentliche Rolle, und jede sowjetische Nation trägt ihr Teil zu der großen Vielfalt bei.

Während des Krieges lag Tag und Nacht Musik in der Luft. Die Kommunisten waren klug genug, im Rundfunk ihre langatmigen Parteiergüsse, die unseren Werbespots entsprechen, zu kürzen und sich darauf zu verlassen, daß reine Musiksendungen den Patriotismus weckten. Ganze Sinfonien und Opern wurden ohne Unterbrechung durch irgendwelche Parolen oder politisches Geschwafel übertragen.

Große Verstärker hingen über den Straßen, und es war unheimlich anzuhören, wie sie ganze Ozeane an Musik über die großen, eisüberzogenen, durch die Sperrstunde leergefegten öffentlichen Plätze ergossen und sie mit Gestalten wie Bach, Beethoven, Mozart und anderen Unsterblichen zu überschwemmen schienen. Jedesmal wenn ich Griegs mitreißendes erstes Klavierkonzert höre, muß ich an jenen eisigen Abend denken, an dem ich mit Ilena durch Moskaus Kitai Gorod oder Chinesenviertel ging. Der weiche Schnee und unsere Filzstiefel dämpften unsere Schritte, und außer unseren leisen Stimmen war kein Ton zu hören. Auf einmal platzte ein Niagara an Musik in den weiten offenen Raum des Roten Platzes. Das Klavier schien irgendwo hoch oben im Himmel, als sein mächtiger Donner die Kremlmauer entlang rollte und die Zwiebeltürmchen der Basilius-Kathedrale im Mondlicht tanzten.

Eines der »Diplomaten«vorrechte, die damals ausländischen Korrespondenten eingeräumt wurden, war der Anspruch auf gute Plätze im Bolschoi-Theater. In diesem riesigen, selbst im Krieg in hellem Glanz erstrahlenden Gebäude mit seinem prächtigen, makellosen Plüsch und seinem mit Juwelen besetzten Kandelaber aus zehntausend glitzernden, schillernden Spiegeln konnte man immer noch das beste klassische Ballett der Welt sehen. Der Zauber des Bolschoi-Theaters und die verschwenderische Pracht seiner Aufführungen hob sich von dem ewig eintönigen und grauen Moskau, vor allem dem winterlichen Moskau, ab; wenn man also von draußen hereinkam und plötzlich von all dem Glanz umgeben war, den purpurnen und goldenen Farbtönen und dem eleganten Elfenbein, dann betrat man Rußlands einziges Märchenland, wo jede *towarischtscha* für einen Abend zum Aschenputtel wurde.

»Hierher zu kommen«, sagte Ilena, »heißt für uns, länger zu leben.«

An dem Abend, an dem Stalin mit Churchill das Moskauer Ballett besuchte, sah das Bolschoi aus, als seien noch zusätzlich ein paar Tonnen Goldfarbe und Politur ausgeschüttet worden. Sie saßen in der alten Zarenloge unter dem blitzenden Kandelaber, flankiert von Molotow und

Eden. (In ihrer Nähe saß ganz vorne auf seinem Sitz Nikita Chruschtschow, hinter dessen kriecherischem Lächeln sich zweifellos Mordgedanken verbargen; Joe hätte ihn einen Kopf kürzer gemacht, hätte er Gedanken lesen können.) Churchill freute sich über die Ovation, die ihm bereitet wurde, denn das Publikum repräsentierte die Elite Moskaus. Sein eigener Applaus für Galina Ulanowas großartige »Giselle«, nach Form und Inhalt eines der im strengeren Sinne konventionellen Stücke, war ähnlich enthusiastisch. Als wir das Theater verließen, ging Stalin in der vorübergehend fast leeren Lobby in einem Abstand von kaum drei Schritten an mir vorbei. Ich bemerkte zum erstenmal, wie extrem klein er war, sogar noch kleiner als Churchill. Er mußte in die falsche Richtung gegangen sein; verwirrt blickte er mich an, als warte er darauf, daß ich ihm den Weg zeigte. Dann war auch schon eine Wache neben ihm, und im nächsten Moment waren sie verschwunden.

Beide, Stalin und Churchill, amüsierten sich augenscheinlich gut, und ein gewisses Wohlwollen, das sie einander entgegenbrachten, ließ jedermann kaum merklich aufatmen. »Die beiden Herren unterhielten sich ausgezeichnet«, sagte hinterher Tom Barman. Er war Churchills PR-Chef auf dieser Reise. »Man könnte sogar sagen«, fügte er hinzu, »daß es in ihrer Zustimmung zu ›Giselle‹ zu einem perfekten Einklang zweier Tory-Seelen kam.«

Ilena lachte, bis die Tränen kamen, als ich ihr davon erzählte.

Da sich die Deutschen immer weiter von der Hauptstadt zurückzogen, wurden immer mehr Konzertsäle und Theater wiedereröffnet, und wir besuchten viele Konzerte: die unvermeidlichen Tschaikowski, Borodin und Rimski-Korsakow; und Khatchaturian, Schostakowitsch, Prokofieff und andere moderne Komponisten. Künstler wurden übrigens nicht zum Wehrdienst herangezogen, und die meisten von ihnen blieben den ganzen Krieg über in der Hauptstadt. Prokofieff dirigierte seine eigene Musik, als Ilena und ich ein Konzert von ihm hörten.

Ich kann mich erinnern, daß ich ins Konservatorium ging, um das erste Konzert Rachmaninoffs zu hören, das die sowjetische Regierung nach vielen Jahren genehmigt hatte. Rachmaninoff war vor dem Krieg ein Sympathisant der Zaristen gewesen; erst kurz vor seinem Tod in den Vereinigten Staaten bekannte er sich öffentlich zu einer leidenschaftlichen Unterstützung des Vaterlandes. Als nun seine Musik mit einer aus dem Innersten kommenden Ovation aufgenommen wurde, war das, als kehre ein Ahnherr zurück, um den wuchtigen Chor der Sippe zu leiten.

Ilena hatte eine berühmte Moskauer Schule – ich glaube, es war Nr. 34 – besucht, in die auch die Offiziellen im Kreml ihre Kinder schickten. Unter ihren Klassenkameradinnen war Stalins Tochter Swetlana, mit der Ilena im Kreml gespielt hatte. Sie hatte andere »Vorteile« genossen, war sie doch die Tochter eines »alten Kameraden«, und doch hatte sie in ihrem ganzen Leben noch nie ein Zimmer für sich allein bewohnt. Ihre Mutter und ihr Stiefvater hatten eine spärlich möblierte Wohnung mit einem ganz kleinen Schlafzimmer und einer winzigen Küche; ich machte dort mehrere Besuche. Ilenas zahnlose Großmutter von 82 Jahren hatte es irgendwie geschafft, einen relativ geräumigen Raum im Erdgeschoß einer alten Villa zu behalten. Ihn würde Ilena, wenn alles gutging, erben. Es war vielleicht ihr größter Wunsch. Die alte *babuschka* wußte das und machte sie praktisch zu ihrer Dienerin, indem sie ihr mit Enterbung drohte.

Den meisten Freundinnen und Schulkameradinnen Ilenas erging es nicht besser. Viele wohnten noch nicht mal so gut wie sie. Die Mieten waren in Moskau sogar noch niedriger als in Paris, aber man konnte sich hier nicht, so wie in Paris, Wohnraum durch Schlüssel- oder Schmiergelder besorgen, da alle Quartiere ausschließlich von der Bürokratie zugeteilt wurden. Der Wohnraum war ein wesentliches Kriterium für die Familiengründung. Einmal waren wir zur Hochzeit einer Lehrerin und eines Schriftstellers eingeladen. Kurz vor unserer Ankunft erfuhr der Bräutigam, daß die Zweizimmerwohnung (in die er mit seiner Braut einzuziehen hoffte) der Lehrerin weggenommen und ihrem Exgatten zugewiesen worden war. Sein Traum, aus dem eigenen Rattenloch, das kaum größer war als ein Kleiderschrank, herauszukommen, war schlagartig zusammengebrochen, und er ärgerte sich darüber so sehr, daß er die ganze Geschichte rückgängig machte. Doch die Braut war ihm nicht einmal böse und lud ihn ein, wenigstens zum Hochzeitsessen dazubleiben – hauptsächlich Salami und Wodka, die ein anderer Korrespondent und ich beigesteuert hatten.

Als Freund Ilenas wurde ich überall, wohin sie mich mitnahm, höflich aufgenommen. Wenn ich auch vermutet hatte, daß ihr Leben durch den Umgang mit mir kompliziert wurde, zog ich es doch vor, nicht darüber nachzudenken. Sie wußte von mir alles, und es gab zwischen uns keine Gelöbnisse. Aber man hält Leute nicht davon ab, gemeinsam weiterzugehen, nur weil der Weg deutlich als Sackgasse gekennzeichnet ist. Ich ignorierte einfach das Schild, bis mich eines Tages Mme. Jasnowa aufsuchte und mich darauf aufmerksam machte.

Ob ich denn überhaupt wisse, wie sehr Iljenaschkas Studium »darunter litt«? In ein paar Monaten sei das Semester zu Ende. Wenn ihre Zeugnisse noch weiter fielen, werde sie ihr »Stipendium« verlieren und damit die Chance zu einer Karriere. Im übrigen, sagte sie verlegen, bedaure sie das alles, sie möge mich persönlich, sie verstehe die Situation vollkommen und Ilena auch. Aber politisch sei ich einfach schlecht für sie. Ob ich wisse, daß Ilena nicht mehr im Komsomol sei? Sie sei einfach ausgetreten, weil sie für die Versammlungen »keine Zeit mehr hatte«. Das habe vielleicht nichts mit mir zu tun. Ob aber *sie* das wußten? Sie bestritt, daß man sie offiziell gewarnt hatte; ihre mütterliche Besorgnis konnte also auch ganz unpolitisch sein.

Es stimmte, daß ich in der letzten Zeit wenig über Komsomols gehört hatte. Ich hatte nicht gewußt, daß sie ausgetreten war. Das war ein schwerwiegender Schritt, vergleichbar mit dem Kirchenaustritt in Italien. Hatte ich ein Recht, den ihr vorgezeichneten Lebensweg zu blockieren oder ausweglos erscheinen zu lassen? Sicher, ich hatte nie versucht, ihren Glauben an das Regime zu unterminieren. Was hätte ich schon erreichen können, da ich keine Alternative anzubieten hatte? Aber reichte dazu nicht allein schon unsere Bekanntschaft aus?

Für ein Mädchen wie Ilena, fuhr ihre Mutter fort, sei die Trennung von der Partei ein lebenslanges Handikap. Und dazuhin noch die Freundschaft mit einem Ausländer! Auch wenn Ilena inzwischen eine erwachsene Frau sei, beteuerte ihre Mutter, so sei sie politisch immer noch ein Kind. Vielleicht sei es zu oft nach ihrem Willen gegangen; sie sei hochbegabt, aber dickköpfig; sie lasse sich von ihren Gefühlen lenken und ignoriere die Konsequenzen. Wir seien zwar jetzt enge Verbündete, aber wie würde das wohl nach dem Krieg aussehen? Wie konnte man das wissen?

Wieviel mir an Ilena liege, fragte sie. Genug, um zu versprechen, mich nie wieder mit ihr zu treffen?

Als ich mich plötzlich mit dieser Frage konfrontiert sah, wurde mir klar, daß es unter den bestehenden Umständen nur eine Antwort geben konnte. Ich wußte, daß ihre Mutter recht hatte. Ich konnte nicht Ilena etwas Unwiederbringliches aufgeben lassen, für das ich ihr keine angemessene Alternative zu bieten hatte. Schule, Arbeit, Karriere – Ilenas ganze Zukunft stand auf dem Spiel.

Doch auch Ilena war da, in Tränen aufgelöst. Und Ilena hatte ihren eigenen unbeugsamen Willen. Trotzig weigerte sie sich, dem Pakt zuzustimmen. Ihre Mutter übertreibe in jeder Hinsicht, sagte sie, abgesehen von ihrem Studium. Wenn das Auswärtige Amt nicht wolle, daß sie für mich arbeitete, dann würden sie das schon sagen. Ich konnte Ilena nicht sagen, was sie tun sollte. Und ich wollte auch das Versprechen nicht zurückziehen, das ich der jetzt ebenfalls weinenden Mme. J. gegeben hatte. Eine Stunde lang stritten wir über die festgefahrene Situation; ich konnte der angespannten und tränenreichen Debatte zwischen Mutter und Tochter nicht folgen. Plötzlich herrschte bei Ilena – typisch Ilena – eitel Freude und Sonnenschein. Die beiden umarmten sich; sie hatten einen Kompromiß geschlossen. Also schön, sie würde den Rückstand in ihrem Studium aufholen. Sie würde wieder die Klassenbeste werden. Sie würde sich nicht mehr mit mir treffen, ehe sie nicht ihren akademischen Grad hatte.

Ich gewann und verlor also zugleich. Mme. J. und ich verstanden, daß das das Ende bedeutete. Mutter und Tochter brachen erneut in Tränen aus, doch aus verschiedenen Gründen. Dann umarmten sie sich, wir alle umarmten uns, und sie weinten noch ein Weilchen. Schließlich besiegelten wir den Handel mit etwas russischem Kognak, und sie verabschiedeten sich, mit einem Lächeln!

Romantik – in Moskau? Die Montagues und die Capulets – und am Ende kein Knall, sondern ein Wimmern. Die ganze Szene kam mir unwirklich vor, und ich dachte immer noch darüber nach, als eine fahle Dämmerung die rauhe Moskauer Nacht zu verdrängen begann.

Ilena blieb fort, und ich ging nicht zu ihr. Moskau wurde wieder die Stadt der winterlichen, abgehärmten Gesichter und grauen, frostigen Seelen und der dunklen, vereisten Straßen. Ich war froh, als ich die Gelegenheit hatte, für ein paar Wochen nach England mit seinem Nebel und seinen V-Waffen zu gehen und dann wieder einmal die Heimreise anzutreten. Ich rechnete nicht damit, Ilena noch einmal wiederzusehen.

23   Letzte Unterhaltung mit F.D.R.

Im Februar 1944 wartete ich wieder einmal in Washington auf ein Flugzeug nach Europa, als der Präsident aus Jalta zurückkam. Einen Tag nachdem er in einer gemeinsamen Sitzung beider Häuser des Kongresses seinen Bericht über die Konferenz abgegeben hatte, sandte ich ihm ein kurzes Glückwunschschreiben; ich vermutete, er würde es erst lesen, wenn ich bereits wieder irgendwo in Deutschland war. Das Weiße Haus telefonierte und lud mich noch vor meiner Abreise zu einem Besuch ein.

Jonathan Daniels führte mich ins Ovale Zimmer, wo der Präsident mit Admiral Leahy einige Papiere durchging. Er blickte auf und hielt mir mit einem freundlichen Lächeln seine große Hand hin.

»Sie sind sehr viel mehr auf Reisen gewesen als ich«, rief er aus. »Ihr Buch ›People on Our Side‹ hat mir Spaß gemacht. Sie haben mich damit die halbe Nacht an Bord der ›Quincy‹ wachgehalten.«

Ich erwähne dies nicht aus rein egoistischen Gründen, sondern weil das wichtigste Thema dieses Buches um den Vorschlag kreiste, die USA sollten nach Kriegsende für eine Reihe von Entkolonialisierungen in Asien und letzten Endes auch in Afrika eintreten und sie finanzieren helfen – die einzigen sicheren Alternativen zu einer ganzen Serie von blutigen Kolonialkriegen und sozialen Revolutionen. Ich hatte mich darüber kurz mit dem Präsidenten unterhalten. Ich wußte, daß er die rasche Erringung der Freiheit und Gleichheit für alle Kolonialvölker zu einem Hauptziel der amerikanischen Nachkriegspolitik zu machen hoffte.

Drüben in Afrika habe er, so erzählte er, mit angehört, wie Lord Runciman die Tugenden der britischen Kolonialherrschaft beschrieb und dabei offenbar übersah, daß die sichtbaren Zeichen des Elends unter den Eingeborenen ringsum seine Behauptungen Lügen straften. Schließlich war

Roosevelts Geduld erschöpft, und er warf ein, seiner Ansicht nach hätten die Briten nach dem ganzen Profit, den sie in Afrika gemacht hatten, ein bißchen mehr für die Leute tun können. »Warum stecken Sie nicht einen Teil davon wieder in das Land, um es zu entwickeln? Sagen Sie mal, Euer Lordschaft, wieviel haben Sie wohl für jeden dort investierten Schilling nach England zurückgeschickt?«

Runciman habe kurz nachgedacht, sagte er, und dann kaltblütig zurückgegeben: »Ich würde sagen, der Schilling hat bis jetzt etwa ein Pfund eingebracht.«

»›Und das‹, sagte ich ihm, ›sieht man den Leuten zweifellos an.‹«

Als er nun mit Leahy fertig war, rief mich Mr. Roosevelt zu sich, forderte mich auf, Platz zu nehmen, und fing an, nach einem Briefbeschwerer zu suchen, den ich ihm einmal geschickt hatte, eine Büste von Gandhi. »Wo ist Gandhi?« rief er einem Mitarbeiter zu. »Sehen Sie nach, ob Sie meinen Gandhi nicht finden können.«

Ich war zu diesem Zeitpunkt, im Jahr 1945, hinsichtlich der Zukunft unserer Beziehungen zu Rußland sehr pessimistisch geworden. Der Optimismus des Präsidenten erneuerte meine eigene Hoffnung. Ein, zwei Tage nach diesem Gespräch wurde sein Disput mit Stalin über die Interpretation der Polen-Vereinbarung ernst, und er war auch noch nicht gelöst, als er starb. Manche Kommentatoren vertraten die Ansicht, das habe Roosevelt »ernüchtert« und seine Hoffnungen auf eine fortgesetzte Zusammenarbeit für den Frieden zerschlagen. Mir schienen diese Spekulationen verfrüht. Ich glaube, Roosevelt hätte, innerhalb der Grenzen seiner verantwortungsvollen Machtausübung und seiner Vorstellungskraft als großer Politiker, nichts unversucht gelassen, ein Rüstungswettrennen nach Kriegsende zu vermeiden.

In dem Gespräch, das ich im Mai 1944 mit ihm führte, machte er deutlich, daß er aus ganzem Herzen an die Alternative glaubte, den russischen Riesen als großen und ehrwürdigen Nachbarn zu akzeptieren, zu lernen, mit ihm zu leben und die Weltmacht und Autorität zu teilen, und zu versuchen, ihn zu verstehen, wenn wir schon nicht lernen konnten, ihn zu mögen. Ich hatte damals gerade Forrest Davis' Artikelserie in der *Saturday Evening Post* unter dem Titel »The Great Design« gelesen. Diese Artikel geben uns heute noch einen bemerkenswert guten Einblick in die Art und Weise, wie Roosevelt damals über Rußland dachte: sein Ziel, Rußlands historische Furcht vor dem Ausschluß aus Europa zu zerstreuen; Rußland zu überzeugen, daß kapitalistische Demokratien imstande waren, notwendige Veränderungen durch friedliche Mittel herbeizuführen; der Sowjetunion eine helfende Hand als »Familienmitglied« zu reichen, im Austausch für ihre Kooperation bei der Aufrechterhaltung des Weltfriedens; und breite Möglichkeiten für einen nützlichen Wettstreit der beiden Systeme zu eröffnen, die sich beide einer internationalen Verteidigungsorganisation anschlossen – im Gegensatz zu einer Rückkehr zu den marxistischen Dogmen von der »unvermeidlichen« Gewalt und dem Krieg, die einer revolutionären Veränderung vorauszugehen haben.

Der Präsident sagte, Davis habe »gute Arbeit geleistet«, aber als ich ihn nach Davis' Ausdruck vom »großen Glücksspiel« fragte, mit dem er Roosevelts Politik gegenüber Rußland bezeichnete, sagte er, »Glücksspiel« sei nicht das richtige Wort. War die Kooperation mit dem Ziel eines dauerhaften Friedens ein »Glücksspiel«, wenn unsere einzige Alternative darin bestand, sofort mit den Vorbereitungen für den dritten Weltkrieg zu beginnen?

»Ich bin absolut dafür, nach diesem Krieg einen dauerhaften Frieden und eine Welt zu schaffen, in der wir gemeinsam leben können«, erklärte er, und es war ihm Ernst damit.

Es schien mir klar, daß Roosevelt als praktischer Politiker die Notwendigkeit erkannte, im Interesse eines brauchbaren Friedens Einflußsphären zu definieren. Schon 1944 hatte er nach seiner Rückkehr aus Teheran mir gegenüber Stalins Forderung, »den ukrainischen Teil Polens wieder Rußland einzuverleiben«, als »vernünftig« bezeichnet. Er hielt es auch für vernünftig, Ostpreußen Polen zuzuschlagen. »Wenn Stalin den Grundbesitz dieser Edelleute [gemeint war die polnische Ukraine] haben will und den Polen im Tausch dafür Ostpreußen gibt, so sollte es dagegen nichts einzuwenden geben, oder?« fragte er.

Churchill war gar nicht erpicht darauf, dieser Regelung zuzustimmen, und er weigerte sich hartnäckig, die Vorrangstellung der in Moskau aufgestellten prosowjetischen polnischen Übergangsregierung anzuerkennen. Im März 1945 schien nun Roosevelt mehr denn je sich selbst als Friedensstifter zu sehen, der die Großen Drei zusammenhielt. Er selbst war der Vertreter der Mitte, wie er meinte, während Churchill die Rechte repräsentierte und Stalin die Linke, und er war der Zement, der die Einheitsfront zusammenhielt.

»Ich bin in Jalta einfach großartig mit Stalin ausgekommen«, erzählte er mir fast jubelnd. »Ich habe das Gefühl, daß ich den Mann endlich kennengelernt habe!«

Mir fielen Litwinows Notizen ein, die so voller Pessimismus gewesen waren, und ich fragte ihn nach den Zweifeln, die er ausgedrückt hatte, und ob in Jalta grundlegende Fragen im Hinblick auf eine langfristige Kontroverse geklärt worden seien, vor allem das vorausgesagte Scheitern der Kooperation in Deutschland. Es seien nicht alle Einzelheiten geregelt worden, sagte er, aber im großen und ganzen habe Jalta alles klargemacht.

»Was ist mit den Freien Deutschen und den gefangenen Offizieren in Rußland?« fragte ich. »Glauben Sie nicht, daß die Russen beabsichtigen, diese Leute bei der Verwaltung der von ihnen besetzten Gebiete einzusetzen, und wird das nicht zu zwei Arten von Regierungen dort führen?«

»Natürlich werden sie bei der Verwaltung und Überwachung die Hilfe ihrer Deutschen in Anspruch nehmen«, antwortete er gelassen.

»Ihre Freien Deutschen sind Rote«, sagte ich. »Heißt das, daß es in Deutschland zu keiner gemeinsamen Politik [mit Rußland] kommen wird?«

»Es liegt auf der Hand, daß die Russen in ihren Besatzungsgebieten ihre eigenen Vorstellungen verwirklichen werden. Aber sie werden keine eigene Regierung einsetzen (unabhängig von der Kontrollkommission der Alliierten), die einer für ganz Deutschland getroffenen Regelung den Rang streitig machen würde.«

Eine formelle Kooperation bei der Teilung Deutschlands und nicht eine Identität der mit der Besetzung verfolgten politischen Ziele schien also das, was er damals erwartete. In Wirklichkeit war in Jalta bezüglich der »Regelung« für ganz Deutschland wenig ausgemacht worden, aber ganz offensichtlich glaubte Roosevelt, man würde durch gegenseitige Kompromißbereitschaft in Zukunft alle Fragen regeln können.

»Ich habe den Eindruck gewonnen, daß die Russen jetzt vollkommen zufriedengestellt sind«, sagte er, »und daß wir zusammen alles zuwege bringen können. *Ich bin überzeugt, daß wir miteinander zurechtkommen werden.*« (Die Betonung war von ihm.)

Nun glaube ich, daß der Satz »Es liegt auf der Hand, daß die Russen in ihren Besatzungsgebieten ihre eigenen Vorstellungen verwirklichen werden« in diesem Zusammenhang und vielleicht auch in Roosevelts damaliger Vorstellung von einer russischen Politik die beherrschende Aussage enthielt. War es auch ein Schlüssel zu irgendeiner Entente, die, was Deutschland und Japan betrifft, den Krieg hätte überleben können?

Ich sagte bereits an anderer Stelle, daß wir einen großen Schritt in Richtung einer rechtsgültigen Anerkennung dieses Prinzips taten, als wir die Waffenstillstandsabkommen für die Balkanstaaten unterzeichneten. »In einigen dieser [von den Sowjets kontrollierten] Länder, besonders in Ungarn, Rumänien und Bulgarien«, schrieb General John R. Deane, der unsere Militärmission leitete, als ich in Moskau war, »trug das sowjetische Programm, das durchgeführt wurde, den Stempel der amerikanischen Zustimmung.«* Selbst im Falle Polens ließen – auch wenn in Jalta mit Rücksicht auf die in England lebenden polnischen Emigranten gewisse Konzessionen gemacht wurden – grundlegende Vereinbarungen die Alliierten kaum daran zweifeln, daß die Russen bei der Bildung der polnischen Nachkriegsregierungen auf längere Zeit der wichtigste Einfluß sein würden. Wir hätten vielleicht dem Ausmaß dieses Einflusses und der Art und Weise, wie er ausgeübt werden konnte, ganz bestimmte Grenzen setzen können, wenn wir das vor 1944 versucht hätten. Aber der späteren

* John R. Deane: »The Strange Alliance«, New York, S. 321.

Behauptung, daß wir ihn vollkommen hätten verdrängen oder ausschließen können, fehlte jede Grundlage. Das wäre höchstens mit einem dritten Weltkrieg zu erreichen gewesen.

Die Tatsache, daß diese Realität allgemein akzeptiert wurde – die Entstehung neuer Einflußsphären als ein »natürliches« Ergebnis des Krieges und damit das Vorhandensein von Fundamenten, auf denen der Friede aufgebaut werden mußte – lag sicher dem »Erfolg« von Jalta zugrunde. Das allein konnte für mich den strahlenden Optimismus erklären, der dort offenbar bei äußerst klugen Politikern auf beiden Seiten herrschte, die sich die ganzen Jahre zuvor mißtraut hatten und deren politische Existenz sogar davon abhing, daß sie jede Selbsttäuschung vermieden.

»Wir waren absolut sicher«, erzählte Harry Hopkins nach der Krim-Konferenz Robert Sherwood, »daß wir den ersten großen Sieg des Friedens errungen hatten, und mit ›wir‹ meine ich uns *alle*, die ganze zivilisierte Menschheit. Die Russen hatten bewiesen, daß sie vernünftig und weitsichtig sein konnten, und es gab beim Präsidenten ebensowenig wie bei irgendeinem von uns den geringsten Zweifel daran, daß wir auf lange Sicht, so lange, wie wir überhaupt vorausdenken konnten, mit ihnen würden leben und friedlich existieren können. Ich muß dazu jedoch eine zusätzliche Bemerkung machen: Ich glaube, wir alle machten bei uns den Vorbehalt, daß wir nicht voraussagen konnten, wie die Ergebnisse [von Jalta] aussehen würden, wenn Stalin irgend etwas zustoßen würde.«*

Stalin! Wie merkwürdig, daß es ausgerechnet Hopkins war, der im frühzeitigen Tod Stalins und nicht Roosevelts den Ausgangspunkt für einen möglichen Fehlschlag voraussah! Da wir in einer Demokratie aufwachsen, in der kein Individuum als unersetzlich gilt, fällt es uns schwer zu glauben, daß etwas so Unwesentliches wie die Beziehungen eines Individuums zu einer bestimmten Zeit imstande sein soll, unser Schicksal entscheidend zu verändern. Und auf Roosevelt traf das vielleicht auch gar nicht zu; vielleicht mußte der Kalte Krieg unerbittlich bis zu seinem vorhersehbaren Ende durchgestanden werden – wobei die derzeitige Waffenruhe einzig und allein auf die tiefsitzende, gegenseitige Angst zurückzuführen ist oder auf das, was Churchill selbst endlich richtig als »Frieden durch ein Gleichgewicht des Schreckens« bezeichnete.

Und doch kann man unter gegenseitigen Provokationen, die Roosevelts »großen Plan« sehr schnell zerstörten, ohne weiteres ein halbes Dutzend auf unserer Seite begangene Fehler aufzählen, die er fast mit Sicherheit vermieden hätte.

Gehen wir aber noch einmal zurück; zurück zu Roosevelts Ansichten über Rußland – und über China – und zurück zu Mrs. Moses Taylors Harem in Marokko.

* Robert Sherwood: »Roosevelt and Hopkins«, New York 1948, S. 870.

In Marokko hatte ich einen Abend in Mrs. Moses Taylors berühmtem maurischen Schloß bei Marrakesch verbracht, in dem nur wenige Monate vorher F.D.R. und Churchill Gäste gewesen waren. Dort hörte ich, daß der Präsident darum gebeten hatte, in das Liebesnest hinaufgetragen zu werden, wo man sich auf tiefen Kissen hinter einem diskreten Gitterwerk aus Marmor niederlassen konnte, das den Blick auf ein türkisfarbenes Schwimmbecken freigab; es gehörte zu einem Harem, von dem es hieß, er übertreffe mit seiner prachtvollen Ausstattung selbst den Palast des Sultans.

Als ich im Gespräch mit Mr. Roosevelt meinen Besuch dort erwähnte, sagte er, er habe dazu eine Story für mich, die ich »für meine Memoiren aufsparen« sollte. Hier ist sie nun.

»Haben Sie jemals so etwas gesehen wie diese Baderäume?« fragte er. »Ich hatte keine Ahnung, daß es solche Badewannen überhaupt gibt. Ich bin darin fast ertrunken. Das Problem ist, daß sie nicht groß genug sind, als daß man darin schwimmen könnte, daß man aber, wenn einem die Seife aus der Hand gleitet, tauchen muß, um sie wiederzufinden!«

»Wer ist eigentlich genau Mrs. Moses Taylor?« fragte ich.

»Ich weiß nicht mehr, als daß sie eine amerikanische Witwe ist, die einen Haufen Geld hat. Sie lebt seit Jahren in Frankreich und Marokko und hat eine Abneigung gegen ›diesen Schrecklichen Mann‹!«

»Tatsächlich? Ich dachte, sie hätte als eine Art patriotische Geste ihren Palast der Armee überlassen.«

»Keineswegs. Es war so, daß Mrs. Taylor einen unserer jungen Vizekonsuln kannte. Sie mochte offenbar Pétains Frankreich, doch als die Nazis einzogen, machte sie sich schließlich doch Sorgen und suchte ihren Freund, den Vizekonsul, auf und bat ihn, ihr Schloß in Marrakesch in seine Obhut zu nehmen und es für sie zu beaufsichtigen. Als dann Churchill und ich beschlossen, eine Reise dorthin zu machen, überlegten sie, wo sie uns unterbringen könnten, und der Vizekonsul hatte die Idee mit Mrs. Taylors wundervollem Haus und seinen wundervollen Baderäumen. Uns gefiel es dort großartig, und alle waren mit dieser Lösung glücklich, bis auf den armen Vizekonsul.«

»Er wird doch nicht in den Badewannen verlorengegangen sein?«

»Nein, es war schlimmer. Mrs. Moses Taylor erfuhr von unserem Besuch, und als der Vizekonsul nach Casablanca zurückkam, erwartete sie ihn bereits voll Zorn. Sie kam ins Konsulat und schalt ihn heftig, weil er ihr Vertrauen verraten habe. Er wollte wissen, was er denn getan habe. ›Getan!‹ sagte sie. ›Getan?‹ Junger Mann, ich habe mein Haus in Ihrer Obhut gelassen, im Vertrauen darauf, daß Sie es beschützen würden. Und was haben Sie damit *getan*? Sie haben doch wahrhaftig ein Hotel für gewöhnliche Touristen daraus gemacht, und nicht nur das, Sie haben diesen Schrecklichen Mann in mein *eigenes* Schlafzimmer gelegt! Was meinen Sie, wie mir zumute ist, nachdem *dieser* Mann in *meinem* Bett geschlafen hat! Und als sei das noch nicht genug, haben Sie auch noch Churchill in meinem Haus untergebracht! Dabei weiß jeder, daß sich in England keiner mehr an einen Tisch mit ihm setzt, außer den Kommunisten! Ich will sofort mein Eigentum zurück!‹ Der junge Mann entschuldigte sich vielmals, aber er konnte ihr nicht helfen. An dem Punkt beschloß unsere Armee, Mrs. Moses Taylors Schloß zu requirieren und als Quartier zu verwenden. Seither ist sie fuchsteufelswild!«

Ausnahmsweise konnte ich mal ein Detail hinzufügen. »Als ich dort war«, sagte ich, »waren die Schlafzimmer, in denen Sie und Mr. Churchill geschlafen hatten, versiegelt, auf Mrs. Taylors Ersuchen, wie mir gesagt wurde. Wir nahmen alle an, es sei geschehen, um Ihren Besuch zu *ehren*; aber jetzt verstehe ich das erst richtig!«

F.D.R. zog die Augenbrauen hoch. »Davon wußte ich nichts, aber es überrascht mich nicht. Wahrscheinlich ließ die alte Dame die Räume zuerst ausräuchern, um jede Verseuchung zu verhindern!«

Roosevelt erzählte gerne Anekdoten, und ich hörte sie mir gerne an, so daß unsere Unterhaltung alles andere als systematisch war; wenn es aber ein immer wiederkehrendes Thema gab, bei dem sie weniger unmethodisch war, dann war das China. Die Kompliziertheit der dortigen Ereignisse, die ihm niemand – auch ich nicht – zufriedenstellend erklärte, verwirrte und faszinierte ihn zugleich. Er verstand, daß unsere Kriegshilfe eine Form der politischen Intervention in China war, und er hatte, so folgerte ich, den ehrlichen Wunsch, diese Hilfe so angewendet zu sehen, daß einmal China im Krieg bestehen konnte und zum anderen ein sozialer, wirtschaftlicher und politischer Fortschritt erreicht wurde. 1945 war Chiang Kai-shek als Mann und Politiker für Roosevelt ein größeres Rätsel als je zuvor. Bei unserem letzten Gespräch hatte er gerade vom Scheitern der Verhandlungen gehört, die damals Yenan und Chungking unter Pat Hurleys Leitung führten. Es war eine »sehr enttäuschende Nachricht«, nachdem vorausgegangene Berichte davon gesprochen hatten, daß eine Formel gefunden worden sei. Der Präsident sagte, Chiang Kai-shek habe »einige vollkommen absurde Einwände erhoben«, als die Kommunisten gewisse Garantien für eine Art Erklärung der Menschenrechte forderten, die F.D.R völlig vernünftig« schien. Diese Forderungen waren in einem Abkommen implizite versprochen worden, mit dem die kommunistische Partei gesetzlich zugelassen worden war und das General Hurley als Zeuge in Yenan unterschrieben hatte.*

* Charles F. Romanus und Riley Sunderland: »US Army in World War II. CBI Theatre, Stilwells' Command Problems«, Washington, D.C., 1956.

Mr. Roosevelt fragte mich, was ich von Chiang hielt und ob ich ihn »mochte«. Ich antwortete kurz in dem Sinn, in dem ich mich bereits in »The Battle for Asia« geäußert hatte, nicht gerade sehr schmeichelhaft, fürchte ich. Zur Frage, ob ich ihn »mochte«, konnte ich nur sagen, daß ich ihn zwar mehrere Male interviewt hatte, ihn aber im Grunde genommen nicht persönlich kannte. Er sagte nur: »Hm«, blickte mich nachdenklich an und fuhr fort:

»Ich kam in Kairo nicht dazu, mir über Chiang eine Meinung zu bilden. Als ich später darüber nachdachte, wurde mir klar, daß ich nicht mehr als das wußte, was mir Mme. Chiang über ihren Mann und seine Gedanken erzählt hatte. Sie war immer dabei und formulierte alle Antworten. Sie lernte ich kennen, aber diesen Burschen Chiang! Ich drang kein einziges Mal richtig zu ihm durch. Ich hoffe nur, Pat Hurley wird mir ein bißchen mehr erzählen können, wenn er zurückkommt.«

Inzwischen wußte er von der wachsenden Stärke der chinesischen Kommunisten, die die eigentliche Regierung in den Guerillagebieten bildeten. Er dachte daran, ihnen als politisch zweckdienliche Maßnahme direkte Hilfe gegen Japan zukommen zu lassen. Er mag es auch für nützlich gehalten haben, die Russen dort zu schlagen; er fragte mich, ob sie »echte« Kommunisten seien und ob die Russen sie herumkommandierten. War ihr Ziel eine Diktatur des Proletariats, oder waren sie nur, wie manche Leute sagten, »Agrarreformer«? Ich wiederholte, was ich so oft geschrieben hatte: daß ihr unmittelbares Programm eine Agrarreform sei, die vom Grundsatz der Gleichheit aller Menschen ausging, daß sie aber Marxisten seien, deren letztes Ziel der Kommunismus war.

Der Präsident fragte, was die Achte (kommunistische) Feldarmee mit unserer Hilfe konkret in Nordchina anfangen konnte. Er sagte dann, wir würden, wenn wir näher an Japan herankamen, Vorräte und Verbindungsoffiziere an der nordchinesischen Küste an Land bringen. All das war natürlich vertraulich. Bis dahin hatten wir den kommunistischen Streitkräften keine militärische Hilfe gewährt. Ich nahm an, daß wir im Rahmen eines solchen Kommandounternehmens versuchen würden, auch Kuomintang-Leute zu finden, mit denen wir zusammenarbeiten konnten. Ich überlegte, wie wohl die Roten darauf reagieren würden, die schließlich, von den in japanischer Hand befindlichen Straßen, Eisenbahnlinien und Städten abgesehen, den größten Teil der nordchinesischen Bevölkerung kontrollierten.

»Ich nehme an, unsere Einstellung ist die, daß wir, solange wir Chiang als die einzige Regierung anerkennen, alle Lieferungen auch weiterhin ausschließlich über ihn leiten müssen? Wir können keine zwei Regierungen in China unterstützen, nicht wahr?« fragte ich.

»Nun, ich habe bisher schon mit zwei Regierungen dort zusammengearbeitet.« Der Präsident warf in einer Geste der Entschlossenheit den Kopf zurück. »Ich habe die Absicht, das auch weiterhin zu tun, bis wir sie zusammenbringen können.«

In dieser letzten Unterhaltung spiegelte sich eine gewisse Abkühlung Roosevelts im Verhältnis zu Chiang Kai-shek und ein wachsender Unwille über seinen hartnäckigen Widerstand gegen grundlegende Reformen, die für seine eigene Selbsterhaltung unerläßlich waren. Fünf Monate waren nun vergangen, seit der Generalissimus seinen persönlichen Sieg errungen und Roosevelt gezwungen hatte, General Stilwell zurückzuziehen anstatt ihm die Vollmacht zu geben, durch Reorganisation, eine veränderte Ausbildung und andere Maßnahmen die Mindestverbesserungen durchzusetzen, die notwendig waren, um die nichtkommunistischen chinesischen Streitkräfte und die Regierung selbst vor der totalen Auflösung zu bewahren. Der Generalissimus hatte seinen Kopf durchgesetzt, mußte aber seinen Sieg damit bezahlen, daß der Präsident auf die widerlichsten Einzelheiten der inneren Korruption, Disziplinlosigkeit und Inkompetenz in Chiangs militärischem und politischem Haushalt aufmerksam wurde. Die Autoren von »Stilwell's Command Problems« stellten scharfsinnig fest:

»Im Rückblick erlangt der Triumph des Generalissimus einen Aspekt, den er seinerzeit wahrscheinlich nicht hatte. Es war auf viele Jahre hinaus sein letzter diplomatischer Sieg. Bei der Konferenz von Washington im Mai 1943 hatte Roosevelts Sorge nicht nur China gegolten, sondern auch der persönlichen Stellung und dem Prestige des Generalissimus. Keine drei Monate, nachdem der Generalissimus die Abberufung Stilwells erzwungen hatte, traf sich Roosevelt mit dem Premierminister und Marschall Stalin im Februar 1945 auf russischem Boden in Jalta. Die Einstellung zu den chinesischen Gebietsansprüchen und Interessen, die sich der Präsident dort zu eigen machte, läßt darauf schließen, daß der Triumph des Generalissimus vom Oktober 1944 einer der Schritte war, die im Februar 1945 zur Teilung der Mandschurei führten.«[*]

Wieviel anders hätte das Schicksal des Generalissimus aussehen können, wenn er Stilwell die Kommandogewalt belassen hätte und damit ihn – und durch ihn die USA – für die Unversehrtheit der Mandschurei nach dem Krieg hätte verantwortlich machen können! Der größte Teil der Bedingungen, die Rußlands Eintritt in den Krieg gegen Japan regelten, wäre vielleicht trotzdem akzeptiert worden, selbst wenn Stilwell diese Verantwortung in China gehabt hätte. Das Endergebnis hätte vielleicht vollkommen anders ausgesehen.

Wie sah denn nun Roosevelt, dem in diesem Augenblick die in Jalta ausgehandelten Bedingungen bezüglich der Mandschurei und Chinas noch deutlich gegenwärtig waren, die mögliche Zukunft unserer eigenen Be-

* Ebd., S. 469.

ziehungen zu den chinesischen Kommunisten? Was meinte er eigentlich, als er an diesem Tag sagte: »Ich arbeite mit zwei Regierungen [in China] und habe die Absicht, das auch weiterhin zu tun [...]«? Sah er in der Anwesenheit unserer diplomatischen und militärischen Beobachter in Yenan eine Art De-facto-Anerkennung und ein Faustpfand zukünftiger materieller Hilfe aus Amerika?

Die Antworten auf diese Fragen bleiben nach wie vor rätselhaft.

»Vergessen Sie nicht, zu schreiben«, rief er, als er mich mit einem Händedruck auf den Weg schickte, »und mir zu berichten, was Sie sehen.«

Einen Monat danach war er tot – »friedlich in sein Grab gelegt«, wie Emerson von Washington sagte, und »unbezwungen war bis zuletzt sein Hoffen auf die Menschheit«.

Die Pläne, die eine militärische Zusammenarbeit mit Yenan vorsahen, wurden kurz danach aufgegeben. Damit war unsere Chance vertan, herauszufinden, wie die chinesischen Kommunisten reagieren würden, wenn sie – so wie Tito und Jugoslawien – von den westlichen Verbündeten Hilfe erhalten würden.

25 Als erste in Wien

Ich kehrte nach Deutschland zurück und betrat gerade noch rechtzeitig deutschen Boden, um das Versprechen der *Post*, mich über die letzte Phase Hitlers berichten zu lassen, zu nutzen. Bei unserem schnellen Vordringen von Stuttgart über München nach Österreich hinein entdeckte ich, was für friedliche, gehorsame, schöntuerische Heuchler besiegte Nazis sein konnten. Innerlich bereuten sie nichts, wie Generalfeldmarschall Kesselring aufrichtig und offen erklärte, außer der »mechanischen Unterlegenheit«, deretwegen sie den Krieg verloren hätten. Von einem Scham- oder Schuldgefühl war bei den Deutschen, die ich traf, nichts zu spüren, und auch nicht die Unterwürfigkeit und der tiefe moralische Schock, die ich ein paar Monate später bei den besiegten Japanern finden sollte.

Deutsche im Westen begannen sofort, ihre volle Unterstützung der US-Army gegen Rußland anzubieten, während Deutsche im Osten sich erboten, der Roten Armee bei der Vernichtung der Yankees zu helfen. Wenn die Alliierten nun Deutschland bestrafen wollten, indem sie es zwischen sich aufteilten, war die instinktive Erkenntnis der Deutschen genauso klar, daß ihre eigene Gesundung von ihrer Fähigkeit abhing, die Spaltung der Alliierten im Zusammenhang mit Deutschland aufrechtzuerhalten. Das war meine Folgerung, nachdem ich die ranghöchsten Nazi-Kriegsverbrecher, von Göring bis zu von Rundstedt, interviewt und mich mit vielen Deutschen aus dem »Fußvolk« unterhalten hatte.

Einen Tag nach Unterzeichnung der bedingungslosen Kapitulation war ich in Salzburg und suchte nach einem freien Wagen. Die Deutschen gaben nun alle ihre Verkehrsmittel ab, und ich wollte einen eigenen fahrbaren Untersatz. General J. M. O'Daniel (der »Eiserne Mike«) von der Dritten Division half mir, indem er mir zusammen mit einem offiziellen Nummernschild eine Verfügung ausstellte, die mir den Anspruch auf das erstbeste Auto gab, das ich erwischen konnte. Meine Bedürfnisse waren bescheiden. Ich war nicht scharf auf einen Daimler, Mercedes oder Düsenberg; zu viele von ihnen hatte ich auf der Straße liegen sehen, weil irgendein kleines Ersatzteil fehlte. Ich durchstöberte die Materialdepots auf der Suche nach einem deutschen Ford. Schließlich fand ich auch einen, aber »Kilroy was here«, in Gestalt eines sturen Feldwebels, der sich auf die Besitzansprüche des Finders berief. Während wir uns noch stritten, kam ein junger Offizier hinzu, der für das Wagendepot verantwortlich war, und ich stellte mich vor.

Endlich traf ich auf einen Soldaten, der – außer Ernie Pyle – schon mal von einem Kriegsberichterstatter gehört hatte.

»Sind Sie der *China*-Snow?« sagte er, so unglaublich das auch klingen mag. »Ich glaube, ich hab' wohl alles gelesen, was Sie je geschrieben haben. Ledmann ist mein Name. Kann ich Ihnen behilflich sein?«

Während ich mich noch von meinem Schock erholte, bat ich ihn, mich Ed zu nennen, und zückte meine Verfügung von O'Daniel. »Nur einen – nur diesen einen ganz kleinen Ford«, bettelte ich.

»Okay, Ed, er gehört Ihnen«, sagte er mit einer ausladenden Handbewegung. »Nennen Sie mich Bob. Wissen Sie, in gewissem Sinne sind *Sie* der Grund, weshalb ich in die Armee eingetreten bin. Wollte China sehen! Ich habe an der Universität von California Chinesisch studiert.«

»Und dann hat Sie die Armee nach Deutschland geschickt. Sehr sinnvoll.«

Wir gaben uns die Hand, und der Feldwebel schlurfte verärgert davon. Ich setzte mich in meine »Frau Lizzie« und fuhr zum Schloß Klesheim, dem alten Palast der Habsburger, der vorübergehend als Divisionshauptquartier diente. Zum erstenmal begann ich zu glauben, daß wir den Krieg gewonnen hatten.

In der darauffolgenden Woche fuhr ich durch die österreichischen Alpen, zu Hitlers »Berghof« in Berchtesgaden, nach Innsbruck und an die jugoslawische Grenze, zum Atter- und zum Traunsee und zu einem der Gästehäuser Ribbentrops, wo ich ein geheimes Lager voll Champagner und kostbarer Weine ausheben half. Dann überquerte ich die Donau und besuchte Linz, wo ich mich mit Jack Bell von der *Chicago Daily News* zusammentat. Wir waren die ersten amerikanischen Korrespondenten, die das Konzentrationslager bei Mauthausen erreichten, und wir trafen dort einen Leutnant des militärischen Geheimdienstes namens Jack Taylor. Er hatte bereits auf der Liste der Hinzurichtenden gestanden, hatte aber überlebt, weil er in der Verwirrung der letzten Stunde einfach übersehen worden war.

Taylor war es dann, der mich zuerst auf die Idee brachte, nach Wien zu gehen, obwohl das Betreten der Stadt zu der Zeit verboten war. Niemand wußte genau, was die Russen dort machten, ob sie eine rote Marionettenregierung aufbauten oder ob sie sich an das Abkommen mit den Alliierten halten und helfen würden, in Österreich eine frei gewählte Regierung einzusetzen. Amerikanische Truppen hielten damals den westlich der Enns gelegenen Teil Österreichs besetzt; britische Truppen hielten den Brennerpaß und das österreichische Tirol; und die Russen hielten das östliche Österreich einschließlich Wiens und der hundert Meilen im Westen von Wien bis zum Ostufer der Enns.

Taylor machte mich mit einem österreichischen Insassen, Dr. Hans Bekker, bekannt, einem ehemaligen Kabinettsmitglied der Regierung Dollfuß, den Hitler schon 1938 zum erstenmal festnehmen und nach Dachau hatte bringen lassen. Obwohl Dr. Becker nun endlich frei war, war er, wie viele in Mauthausen, zu schwach, irgendwo hinzugehen. Er hätte jedenfalls nicht durch die russischen Linien gehen können. Aber er wußte von der neuen »Allparteienregierung« in Wien; der Untergrund hatte ihn mit Informationen auf dem laufenden gehalten. Er bat mich inständig zu versuchen, zur Hauptstadt durchzukommen und die Story zu bringen, wie auch eine Nachricht von seiner Frau, die er seit sieben Jahren nicht mehr gesehen hatte.

Ermutigt durch Beckers Empfehlungen an verschiedene Leute in Wien, entschloß ich mich zu dem Versuch, die russischen Linien zu überwinden. Ich ging nach Enns, wo unsere Truppen an einer schmalen Brücke den Russen gegenüberlagen. Oberst William E. Carraway, in diesem Vorposten unser G-2 unter General Reinhardt, sagte mir auf den Kopf zu, das geplante Unternehmen sei unmöglich; die Russen ließen absolut keinen Amerikaner über die Brücke in ihren Teil Österreichs. Er war sicher, daß ich es nicht schaffen würde, aber er würde mich nicht daran hindern, es zu versuchen. Ich hatte die tröstliche Gewißheit, daß er mich als vermißt melden würde, wenn er zwei Wochen lang nicht von mir hören sollte.

Jack Bell wollte mitmachen, und ich war einverstanden. Wir besorgten uns Einsatzverpflegung und Whisky, nicht genügend, aber immerhin etwas. Dann fuhr ich Frau Lizzie an die Brücke und zeigte meinen Paß vor, den mir General Reinhardt ausgestellt hatte. Der Posten schüttelte den Kopf und wollte den Wagen nicht durchlassen, aber ich brüllte »Towarischtsch! Boris!«, und heraus kam sein Vorgesetzter, Hauptmann Boris Melbiakow. Er kannte mich, den Amerikanski, der ein bißchen Russisch sprechen konnte. Ich war am Tag vorher zu ihm hinübergegangen, und wir hatten miteinander getrunken und Trinksprüche ausgetauscht und die ewige russisch-amerikanische Freundschaft beschworen.

Nun holte ich den versprochenen Whisky hervor, und wir gingen ins Zollhaus, um ihn zu probieren. Und wieder erschien die junge Russin, die bei *Gospadin Kapitan* gewesen war; wieder tauschten wir Komplimente; und wieder waren wir Verbündete. Diesmal fragte ich, ob ich nicht die paar Meilen bis zum Habsburg-Palast fahren könne. Melbiakow ging sofort auf Distanz und beharrte darauf, daß seine Befehle besagten, niemand dürfe über die Brücke gehen. Ich versuchte es mit meinem letzten Trumpf. Ich hatte immer noch meinen Moskauer Presseausweis und die Aufenthaltsgenehmigung. Ich hielt sie ihm unter die Augen. Ich erwähnte »meine Freunde«, die russischen Generäle, die ich interviewt hatte – und noch einige dazu.

»Soll das heißen, Kamerad«, sagte ich mit gekränkter Stimme, »daß ich nach allem, was wir einander bedeutet haben, nicht mal einen kurzen Blick auf euren imperialistischen Palast werfen darf?«

»Befehle!« schrie er, aber es klang nicht mehr so überzeugend. Wir tranken noch ein Glas, wir sangen noch ein Lied. Boris rühmte Amerikaner, ich rühmte Russen, wir alle rühmten die Allianz, den Sieg, den Weltfrieden und die Brüderschaft!

»Auch nicht einen ganz kurzen Blick auf euren Palast?« sagte ich.

Vera sagte *potschemu nyet?* zu Boris.

»*Potschemu nyet?*« sagte Boris, und es war eher eine Feststellung als eine Frage. Er griff zum Feldtelefon und sprach mit seinem Kommandeur. Gewaltige Störungsgeräusche waren zu hören. Boris hielt den Hörer gegen mein Ohr. Ich hörte Schnauben, Husten, heftiges Fluchen, dann laute Musik. Auch in ihrer Straße wurde gefeiert. Mein Freund nahm wieder den Hörer, horchte ein paar Minuten lang, blickte mich achselzuckend an, schrie *da da* und *sposiba* und legte auf.

»Macht schnell«, sagte er. »Was ist los! Geht, sag ich! Los, schnell –«
Jack und ich ließen den Whisky zurück und machten uns auf dem schnellsten Weg nach – so hofften wir jedenfalls – Wien. Am meisten bedauerten wir jetzt, als wir losfuhren, daß wir nicht mehr Benzin mitgenommen hatten. Wir hatten noch nicht mal 40 Liter in zwei Kanistern, kaum genug, um nach Wien und wieder zurück zu kommen.

Frau Lizzie lief traumhaft gut. Fünf- oder sechsmal wurden wir an Straßensperren angehalten, die mit den großen blonden Amazonen bemannt oder besser »befraut« waren, die der Militärpolizei angehörten und von der Roten Armee zur Verkehrsregelung nach Europa gebracht worden waren. Wir taten nicht mehr, als meinen Moskauer Ausweis und unsere von der US-Army ausgestellte Akkreditierung zu zeigen, zu lächeln und möglichst idiotisch und verständnislos dreinzuschauen. Außerdem trugen der neue vorschriftsmäßig olivgrüne Anstrich Lizzies mit all den offiziellen Nummern und Aufschriften dazu bei, daß wir überall durchkamen.

Als es dunkel wurde, waren wir in Wien, wo uns Beckers handgefertigter Stadtplan über leere Straßen zur Wohnung von Herrn und Frau Hans Roggenberg führte, die uns verstecken sollten. Es waren in Österreich geborene Kanadier, die sich, als sie bei Kriegsausbruch in Österreich festsaßen, heimlich dem österreichischen Untergrund angeschlossen hatten, während sie nach außen hin ihre Loyalität für Hitler bekundeten. Ihre Wohnung, die ganz oben in einem sechsgeschossigen Gebäude gegenüber dem alten Palast lag, war duch Bomben beschädigt worden und hatte kein Licht. Ein Drittel ihres Daches fehlte. Nachdem sie Beckers Brief gelesen hatten, gaben sie uns ein Plätzchen in einer geschützten Ecke und boten uns Ersatzkaffee an. Dann halfen sie uns, mit dem stillschweigenden Einverständnis der Österreicher, unseren Wagen in der verlassenen amerikanischen Botschaft zu verstecken.

Wir gaben den hungernden Roggenbergs von unserer Einsatzverpflegung und bedauerten erneut, daß wir unseren Ford damit nicht vollgeladen hatten. Nach der einmonatigen Besatzung durch die Rote Armee gab es in Wien keine Pferde, Katzen oder Hunde mehr, die man hätte schlachten können. Die Brotration war auf einen Laib pro Woche reduziert worden. Irgendwie hatten die Österreicher erwartet, die Rote Armee würde sie besser versorgen. Doch sie vergaßen dabei, daß 600 000 von ihnen in der Wehrmacht gekämpft hatten. Sicher, die Alliierten hatten in ihren Erklärungen scharf zwischen Deutschland und Österreich unterschieden. Das letztere sollte unter Viermächte-Kontrolle »in Freiheit und Unabhängigkeit wiederhergestellt« werden. Doch die Russen sonderten die Anhänger der Nazis aus und teilten unsere sentimentale Einstellung gegenüber den Wienern nicht.

Nun war die Rote Armee an der Reihe, am Ende einer langen, grausamen, blutbefleckten Straße, dem 2500 Kilometer langen Marsch aus Stalingrad, der auf jedem einzelnen Kilometer mit russischen Toten bezahlt worden war. Hungrig und durstig waren sie nach Wien gekommen, mit Augen, die der Rauch des Krieges geblendet hatte; sie nahmen, was sie finden konnten, und gaben sich keine große Mühe, die Schuld zwischen dem Deutschen und seinem Vetter aufzuteilen. Österreicher sahen aus wie Deutsche und redeten auch so. Hatten sie nicht Hitler und seinen Augenblick des Triumphs in Rußland bejubelt?

Die erste Tat der Roten Armee bestand darin, Nahrungsmittel, Vieh, Transportmittel und Arbeitskräfte zu requirieren, wobei ihre eigenen Bedürfnisse Vorrang hatten. Kein Wunder, daß jeder Österreicher, den ich traf, eine einzige Frage stellte: »Wann kommen die Amerikaner?« Die guten Amerikaner, die unabhängig und autark in die eroberten Länder einzogen, die den Einheimischen nichts abforderten, die sogar den Sklaven des Feindes in den Konzentrationslagern zu essen gaben.

Die Wiener erinnerten sich an den guten Dr. Herbert Hoover und glaubten, er werde sich wieder großzügig zeigen. Der Lebensmittelbedarf der Roten Armee war nicht der eigentliche Grund für die Hungersnot. Die Deutschen hatten vor ihrem Rückzug die Stadt geplündert, die Roten führten das Werk nur zu Ende. Nun wurde jedoch die Besatzungsarmee auf ein paar tausend Mann reduziert, und der Hauptgrund für die Versorgungskrise lag im totalen Zusammenbruch des Transports, in der Isolierung des städtischen Marktes vom österreichischen Hinterland. Die Russen hatten es nicht eilig, die Lage zu verbessern. Sie schickten jedes Rad und jede Maschine, die sich auf einen deutschen Besitzer zurückverfolgen ließen, nach Hause. Dr. Karl Renner, der alternde ehemalige Präsident der von Hitler eroberten und zerschlagenen Republik, war beunruhigt. Er fragte Marschall Tolbuchin, den russischen Kommandanten, ob sie nicht vielleicht Österreich mit Deutschland verwechselten.

»Keine Sorge«, antwortete der Marschall, »wenn wir mit euch Österreichern fertig sind, werdet ihr immer noch genug haben, um das zu kaufen, was dann von Deutschland noch übrig ist! Und dann werden die Amerikaner kommen und euch mehr geben, als wir euch wegnehmen!«

Es waren die Roggenbergs, die uns von vier amerikanischen Fliegern erzählten, die in der Wiener Universitätsklinik festgehalten wurden. Durch kleine Seitengassen führten sie uns hin. Die Amerikaner waren kurz vor Kriegsende über Österreich abgeschossen worden, und die Russen, die sie zufällig in einem an der Straße gelegenen Verbandsplatz fanden, hatten sie mit dem Lastwagen in die Klinik gebracht. Dann hatten auch sie sie vergessen. Versprochene Sonderrationen kamen nie an. Die Flieger hatten wie die anderen Patienten ausschließlich von Brot gelebt, von ein paar dünnen Schnitten pro Tag. Einer der Burschen zeigte sich von einer Beinamputation immer noch äußerst geschwächt. Die anderen drei waren zwar schwer verletzt und stark unterernährt, konnten jedoch transportiert werden.

»Wie wäre es, wenn wir sie mit uns nähmen?« fragte ich den Direktor der Klinik.

»Verboten! Ich bin dafür verantwortlich, daß sie nicht ohne persönliche Genehmigung des russischen Kommandanten weggebracht werden!«

»Und wenn wir einfach ›höhere Gewalt‹ spielen und sie entführen?« sagten wir. »Was würden Sie dagegen tun können?«

Er zuckte mit den Achseln und lächelte. Er könnte, meinte er, uns den Rücken zukehren. Wir überließen den Fliegern den letzten Rest unserer Einsatzverpflegung und versprachen ihnen, nicht ohne sie nach Enns zurückzufahren.

Während der fünf Tage, die wir bei den Roggenbergs wohnten, sahen wir im geheimen fast jedes Mitglied von Dr. Karl Renners österreichischem »Kabinett«. Wir trafen und interviewten sogar Franz Honner, den Innenminister. Er war Kommunist, verriet uns aber nicht.

Unser Benzinvorrat sank bis zu dem Punkt, wo eine Rückfahrt unmöglich wurde, und Benzin war nirgendwo zu kaufen, zu keinem Preis. Die Russen hatten es zum Kapitalverbrechen erklärt, angesichts der offiziellen Beschlagnahmeorder Benzin zu hamstern, und sie besaßen die einzigen Vorräte. Wir dachten daran, uns ihnen zu enthüllen, sie um Hilfe zu bitten, aber wir hatten ja jetzt auch noch die Flieger, die darauf bauten, mit unserer Hilfe herauszukommen. Was war, wenn uns Tolbuchin wegen illegalen Grenzübertritts oder als Spione ins Gefängnis warf?

Schließlich überredeten die Roggenbergs den Wiener Repräsentanten des schweizerischen Roten Kreuzes, einen Herrn Fern, sich von etwas Benzin zu trennen, das er gehortet hatte, um im Bedarfsfall schnell fliehen zu können: zuerst vor den Nazis und nun vor den Roten. Er füllte für uns einen Zwanzigliterkanister, so behutsam, als gehe es um sein Herzblut. Damit wäre uns möglicherweise besser gedient gewesen. Wir machten nämlich schon bald die Entdeckung, daß sein Benzin stark mit Wasser verdünnt war.

Mit vielen Botschaften beladen, fuhren wir schließlich ab: von den Roggenbergs an den britischen Nachrichtendienst; von Herrn Fern an seine Regierung; von Frau Becker an ihren Mann; von österreichischen Untergrundführern an die Résistance in Paris und an Milovan Djilas in Belgrad. Kardinal Innitzer, den wir heimlich im vom Krieg stark mitgenommenen Stephansdom aufgesucht hatten, hatte uns einen Aufruf mitgegeben, mit dem im Rundfunk um Nahrungs- und Arzneimittel gebeten werden sollte. Seine Ruine war voller Flüchtlinge. Dann holten wir Green, Lawson und Skinner, unsere Flieger, ab. Es war für sie alle äußerst schmerzhaft, ihren Kumpel zurücklassen zu müssen. Wir brausten über die Ringstraße und verließen Wien auf dem Weg, auf dem wir gekommen waren. Es war kaum zu glauben, aber wir wurden wieder nicht angehalten, bis wir ein gutes Stück draußen auf der Landstraße waren.

Auf den letzten sechzig Kilometern waren wir überzeugt, daß Lizzie an Ferns Benzin ersticken würde. Nach jeweils zehn Kilometern mußte ich anhalten, den Vergaser auseinandernehmen und säubern. Keiner meiner Invaliden an Bord konnte helfen. Jack Bell hatte im Ersten Weltkrieg einen Arm verloren und konnte keinen Vergaser reinigen, aber er war der beste einarmige Fahrer, den ich je kannte. Und ein glücklicher dazu, denn bei Einbruch der Dunkelheit krochen wir stotternd auf die Ennsbrücke zu. Ich war erleichtert, daß Boris nicht an der Schranke war. Ein anderer russischer Offizier, mit Anweisungen, niemanden nach *Osten* fahren zu lassen, mußte zugeben, daß er keine spezifischen Anweisungen hatte, uns an der Fahrt nach *Westen* zu hindern. Er ließ uns durch.

Am nächsten Tag gaben wir General Reinhardt und Oberst Carraway einen detaillierten Bericht über unsere Reise; es war für den SCAEF der erste Bericht über das von den Roten besetzte Österreich.

Ich kehrte nach Paris zurück und schickte meine eigenen Storys an die *Post*. Dann fuhr ich mit Frau Lizzie die Loire hinunter und über die zu der Zeit verlassenen Frühsommerstraßen Südfrankreichs. Wir verbrachten zehn Tage auf Kosten der Armee im Carlton-Hotel an der Riviera. Als ich in Cannes in der Sonne lag und mich bräunte, mußte ich wieder denken, daß wir den Sieg endgültig errungen hatten, aber ich sollte seine Früchte nicht sehr lange genießen können. Als ich wieder nach Paris kam, fand ich die Aufforderung von zu Hause vor, auf dem Weg über Rußland schleunigst in den Fernen Osten zu fahren.

Wie hätte ich aber Frau Lizzie aufgeben können? Dieses Problem lösten für mich Bob Capa, Morgan Beatty, Charles Collingwood, Jack O'Riley und Jack Belden, die mich an einem mörderischen Pokerabend um 800 Dollar erleichterten. Ich mußte Liz an Henry Brandon von der *London Times* verkaufen, um aus der Geschichte herauszukommen. Aber das war noch gar nichts: Collingwood verlor am selben Abend seinen Düsenberg *und* seinen Mercedes. O'Riley kaufte wahrscheinlich seine Bucks-County-Farm von dem Gewinn.

Etliche Tage später erfuhr ich über inoffizielle Kanäle des Nachrichtendienstes in Moskau, wie sich der Snow-Bell-Durchbruch nach Wien ausgewirkt hatte. Die Veröffentlichung unserer Berichte in Amerika hatte eine Kette von Untersuchungen ausgelöst, die damit endeten, daß Tolbuchin selbst Nachforschungen anstellte, um herauszufinden, wie es uns gelungen war, uns in seinem Befehlsbereich durchzusetzen, ohne daß er davon erfuhr. Jack und ich waren nicht ein einziges Mal von seiner Sicherheitspolizei angehalten oder verhört worden. Da keiner von uns in seinen Depeschen erwähnte, wer uns beim Betreten und Verlassen des Sperrbezirkes geholfen hatte, und auch nicht, wie die Freunde in Wien hießen oder wo sie wohnten, kam Tolbuchin wahrscheinlich nie hinter unser Geheimnis.

Jack und ich waren sechs Wochen lang die einzigen Zeitungsleute, die über Wien etwas zu berichten hatten.

26   Hiroshima in Moskau

Als ich Moskau zum erstenmal sah, war es immer noch eine teilweise eingeschlossene Stadt: es war Spätherbst und bereits bitterkalt, kein Mond war zu sehen, nachts war alles total verdunkelt, die Straßen mit Eis überzogen, die Gebäude getarnt, und auch die Menschen in Moskau waren verhüllt, nur rote Nasen und angstvolle Augen guckten unter den dicken Baumwoll- oder Pelzmützen hervor.

Drei Jahre danach, als ich von Paris über Stockholm und Helsinki reiste und in Leningrad russischen Boden betrat, war Frühsommer. Makellose

Tage und blaßblaue Himmel gaben etwas von ihrer Heiterkeit an die schwergeprüfte Bevölkerung weiter. Es sind keine unförmigen, dick gepolsterten Bündel mehr, sie sind wieder als menschliche Gestalten zu erkennen; ihre Gesichter, die im Winter so verschlossen sind, wirken jetzt offen und freundlich, und sie lächeln. Leichte, baumwollene Kleider lassen sichtbar werden, daß die Frauen Figuren haben – die jungen russischen Frauen sogar sehr gute. Die langen hellen Nächte lassen den jungen Männern genügend Zeit für Liebesgeschichten; im Norden dauert die Dunkelheit nur drei oder vier Stunden, und jedermann lebt im Freien.

Leningrad vermittelte immer noch ein Gefühl der Schönheit, wenn man den Newskij-Prospekt entlangging. Jahrelange Vernachlässigung, gefolgt von der langen deutschen Belagerung (die die Stadt eine Viertelmillion Menschenleben kostete), machten es jetzt zu einem schlechten Witz, vom »Paris Rußlands« zu reden, als das es sich einmal stolz gerühmt hatte. Leningrad war immer noch das »Fenster nach Europa«, wie sein Erbauer Peter der Große es genannt hatte, aber zur Wiederherstellung seiner vergangenen Größe würde viel Zeit gebraucht werden.

Als ich dann nach Moskau kam, war ich wieder in Asien. Schon bald sollte sich hier eine gefährliche neue Furcht ausbreiten, nachdem die Bombe über Hiroshima abgeworfen war. Aber schon vorher vergifteten Mißtrauen und Argwohn das Klima zwischen den Alliierten.

Kurz nach meiner im Juni erfolgten Ankunft in Moskau traf ich auf einem Diplomatenempfang Max Litwinow. Ich fragte ihn, ob sich die Lage seit unserem letzten Gespräch, vor Jalta, verbessert oder verschlechtert habe. »Verschlechtert«, sagte er ohne zu zögern. »Warum fangt ihr Amerikaner erst heute an, uns auf dem Balkan und in Osteuropa entgegenzutreten? Das hättet ihr vor drei Jahren tun sollen. Jetzt ist es zu spät, und eure Beschwerden erwecken hier nur Verdacht.«

Nur wenigen Amerikanern war damals – oder später – klar, daß Rußland schon im Dezember 1941 begonnen hatte, uns zu Abkommen zu drängen, die nicht nur die Zukunft ganz Osteuropas betreffen sollten, sondern »so weitreichende Themen wie die Zukunft des Rheinlands, Bayerns und Ostpreußens«, wie Harry Hopkins darlegte.* Der amerikanische Standpunkt war, daß das alles erst in einer Friedenskonferenz geregelt werden könne; der Kongreß würde nie geheime Abmachungen ratifizieren. Außenminister Cordell Hulls zögernde Haltung war verhängnisvoll.

Botschafter Harriman war sich dessen schmerzlich bewußt, als er – mit der vollendeten Tatsache der Besetzung des Balkans durch die Rote Armee konfrontiert – den Bedingungen des Waffenstillstandes zustimmte, der den Völkern dort angeboten wurde. Von nun an erwarteten die Russen, daß wir auch andernorts dieses Vorgehen akzeptierten. Als ich Harriman

* Vgl. »Roosevelt and Hopkins«, a.a.O., S. 401.

fragte, ob unser Versäumnis, von vornherein über all diese Gebiete Abmachungen zu treffen, nicht ein Fehler gewesen sei, vertrat er den Standpunkt, daß wir »getäuscht« worden seien und daß unsere Schwierigkeiten ausschließlich dem »Vertrauensbruch« der Russen zuzuschreiben seien. Ich zitiere aus meinem Tagebuch:

Harriman sagte [vertraulich], er habe zunächst die allgemeine Politik unterstützt, die Hilfe für Rußland nach dem Leih-Pacht-System zu erweitern, ohne politische Bedingungen daran zu knüpfen, d. h., ohne im Austausch dafür [konkrete] politische Verpflichtungen zu fordern. Er selbst hatte bei der ersten Harriman-Beaverbrook-Konferenz in der Angelegenheit dieses Prinzip eingeführt. Doch nachdem unsere Lieferungen beträchtlich zunahmen und das Leih-Pacht-System zu einem lebenswichtigen Faktor wurde, änderte er seine Meinung, so sagte Harriman, und wäre nun bereit gewesen, auf Bedingungen zu bestehen, die in Osteuropa »unsere eigenen Vorstellungen durchsetzen« konnten. Nichtsdestoweniger behielt er diese Meinung für sich; er wehrte sich nicht gegen Cordell Hulls Politik, eine ernsthafte politische Debatte bis nach der Friedenskonferenz zurückzustellen.
»Wenn wir natürlich«, sagte Averell, »die Ereignisse vorausgesehen hätten, hätten wir vielleicht anders gehandelt. Doch wer konnte schon ahnen, wie sich die Sowjets in Osteuropa verhalten würden? Niemand!«

In Wirklichkeit sahen viele Leute die Ereignisse voraus, sogar noch bevor wir die später als Richtschnur dienenden Waffenstillstandsabkommen unterzeichneten. Und Harriman war nicht so naiv, wie das hier vielleicht klingt, jedenfalls nicht gegen Ende. So mancher Diplomat muß am Ende seiner Dienstzeit in Moskau die Gefühle verstanden haben, die Tschechow ausrufen ließen: »Wie wäre es, wenn dieses Leben nur ein Rohentwurf wäre? Wenn wir es ganz wegwerfen und auf einem sauberen Blatt Papier neu anfangen könnten?«
Sir Archibald Clark-Kerr, zu der Zeit britischer Botschafter in Moskau, gab mir, auf vertraulicher Basis, dieses Bild von Truman in Potsdam:
»Bei der ersten Begegnung machte Mr. Truman einen sehr guten Eindruck, mit seinen blauen Augen, die unter den Brillengläsern so groß erschienen, mit seiner Energie und Vitalität, seiner Direktheit und Offenheit, mit seiner ehrlichen, subalternen Haltung: ›Tu's oder stirb.‹ Doch im Verlauf der Konferenz wurde seine Unschlüssigkeit immer mißlicher. Er konnte an einem Tag bei irgendeinem Punkt einhaken und sagen: ›Nein, nein, nein!‹ und dabei mit den Handkanten auf den Tisch trommeln. Daraufhin kam alles zum Stillstand. Am nächsten Morgen, nachdem er sich mit seinen Beratern besprochen hatte, kam er dann zurück und gab demselben Punkt mit einem leichten Kopfnicken seine Zustim-

mung. Schon bald nahmen die anderen seine spontanen Meinungsäuße-
rungen nicht mehr ernst.«

Roosevelts tragischer Tod, durch den Churchill in Potsdam plötzlich ohne
seinen engsten Mitarbeiter aus dem Krieg dastand, und Churchills eigene
politische Niederlage und Verabschiedung zu einem so grausam ungün-
stigen Zeitpunkt mitten in der Konferenz, und die Tatsache, daß Truman
erst so kurz im Amt war und daher mit den privaten Gesprächen, die die
Großen Drei in der Vergangenheit geführt hatten, nicht vertraut war –
all das spielte Stalin in die Hände.

Da es eine spezifische anglo-amerikanische Übereinstimmung, die uns bei
der Neugestaltung Europas hätte lenken können, nicht gab, hatte Rußland den unermeßlichen Vorteil, zu wissen, was es wollte, nämlich überall
dort, wo sowjetischer Einfluß etwas ausrichten konnte, die Gesetzmäßig-
keiten des Lebens zu *verändern*. Wie man weiß, spielte Truman arglos
Stalin einen weiteren Trumpf in die Hand, als er Eisenhower anwies, alle
amerikanischen Streitkräfte aus einem großen Gebiet in Mitteleuropa
zurückzuziehen, das diese in den letzten Tagen der Wehrmacht überrannt
hatten. Zu diesem gewaltigen Streifen Land, der 650 Kilometer lang und
bis zu 200 Kilometer breit war, gehörte ein großes Stück von Deutschland
und der Tschechoslowakei, das in einer vorausgegangenen Zonenabspra-
che der Alliierten den roten Besatzungstruppen zugesprochen worden
war. Churchill hatte sich bei Truman dafür eingesetzt, den Rückzug unserer Truppen bis nach der Potsdamer Konferenz aufzuschieben. Er wollte
mit diesem Druckmittel Stalin dazu bringen, den Erwartungen Churchills
hinsichtlich Polens gerecht zu werden und die Bolschewisierung des Balkans zu verlangsamen. Trumans Berater waren anderer Meinung, und
der Befehl zum Rückzug, der in Churchills Brust »düstere Ahnungen
aufsteigen ließ«, wie er uns in seinen Memoiren erzählt, wurde ausgeführt. Nach Churchills Auffassung garantierte diese kostspielige und
voreilige Entscheidung dafür, daß sich Stalin in Potsdam bei den wichtigsten Fragen, die Jalta offengelassen hatte, behaupten würde.

Truman, der sich dabei ganz auf seine Berater verließ, hatte noch einen
anderen Fehler gemacht. Der Präsident hatte nämlich sofort nach dem Tag
der bedingungslosen Kapitulation jegliche Pacht- und Leihhilfe an Rußland gekündigt. Die Vorteile, die eine Fortführung der Pacht- und Leihhilfe für Verhandlungszwecke gebracht hätte, schienen auf der Hand zu
liegen, von humanitären Gründen einmal ganz abgesehen. Als sie auf so
taktlose Weise gekündigt wurde, entstand dadurch nur Mißtrauen und
eine gründliche Verstimmung, und das just in dem Augenblick, da sich
Rußland anschickte, seinen Verpflichtungen gegen uns nachzukommen
und sich am Krieg gegen Japan zu beteiligen. Die Folge dieser Fehler war,
daß die Vereinigten Staaten unnötigerweise ihre wertvollsten Figuren für
die Schachpartie von Potsdam wegwarfen.

Rußlands Alternative war immer in der neuen Stellung mit inbegriffen, die die Rote Armee durch ihren Sieg über Deutschland in Osteuropa gewonnen hatte. Ohne die für den Wiederaufbau nach dem Kriege benötigte amerikanische Hilfe konnte Rußland zu den alten Parolen des Klassenkampfes zurückkehren und die Komintern wiederaufleben lassen, um damit den westlichen Alliierten bei ihren Bemühungen, den Status quo aus der Vorkriegszeit in Europa wiederherzustellen, die größtmöglichen Schwierigkeiten zu machen. Man mußte schon blind sein, um nicht zu sehen, daß sich Rußland in Zukunft nicht mehr »ungestraft« – um noch einmal Stalins Wort zu gebrauchen – würde einkreisen lassen.*

Historiker mögen sich mit der Frage auseinandersetzen, ob nicht ein weiterer entscheidender Fehler darin bestand, die Atombombe aus den Potsdamer Verhandlungen mit Rußland vollkommen auszuklammern. Es war jedenfalls ein Fehler, kurz danach zu verkünden, so wie das Churchill und Truman taten, daß die Geheimnisse ein amerikanisches Monopol bleiben würden, zumal Wissenschaftlern bekannt war, daß sie schon jetzt in Rußlands Reichweite lagen.

Mit dem überraschenden Abwurf der Atombombe über Hiroshima, zwei Tage bevor Rußland Japan den Krieg erklärte, waren wir alle unausweichlich einem neuen und ganz anders gearteten Krieg unter uns selbst ausgeliefert. In Moskau war das in der Luft zu spüren. Von nun an wußten intelligente Russen, daß eine furchtbare und absolut beispiellose Macht in Zukunft über ihr Leben entscheiden würde. Und wieder einmal waren ihre Hoffnungen auf eine echte Entspannung in der Welt zerstört.

Die Atombombe wurde in der sowjetischen Presse heruntergespielt, doch die Armee – und bald auch jeder Soldat – wußte, daß sie sie haben mußten. Auch die müden Arbeiter wußten es. Alle, die der von vergangenen Fünfjahresplänen arg strapazierten Generation angehörten, wußten, daß nun weitere Opferjahre verlangt werden würden, um für ihre Götter Atome zu spalten. Sie wußten, daß dies ein Trick war, den ihnen »die Herren Kapitalisten« nicht im Pacht-Leih-Verfahren weitergeben würden. Naturwissenschaftler wußten, Lehrer wußten und selbst die Kinder in Moskau wußten, daß Rußland im Atomzeitalter nicht hinter uns zurückbleiben durfte. Und doch wußte jeder empfindungsfähige Russe schon bald, fast so bald wie jeder denkende Amerikaner, daß der große Krieg, der Krieg zwischen den Giganten, nun schlichtweg nicht mehr möglich war, wenn die Menschheit überleben wollte.

Alles, was uns der Krieg bis zu diesem Augenblick gelehrt hatte, war ein paar Tage nach Hiroshima überholt. Die noch gar nicht geschriebenen

* In »Stalin Must Have Peace«, New York 1947, S. 182. Ich selber habe darauf hingewiesen, daß der Versuch »mit ziemlicher Sicherheit scheitern« mußte und nur zu einem verheerenden und nutzlosen Wettrüsten führen konnte.

Memoiren der Politiker und Generäle waren bereits veraltet. Kriegslektionen und -verträge bedeuteten nun viel weniger – oder viel mehr –, als die Worte besagten. Die herkömmlichen Vorstellungen von Angriff und Verteidigung, von Pufferzonen und dem Gleichgewicht der Kräfte, von gesellschaftlichen und politischen Systemen waren schlagartig überholt. Das menschliche Wissen von der Natur schien plötzlich verdoppelt oder verdreifacht, und das meiste davon war gewonnen worden, nachdem die Politiker und Staatsmänner, bis auf die ganz jungen, die Schule verlassen hatten. Trotzdem machten wir noch jahrelang im alten Trott weiter, bis sich die Menschen an ein neues Denken und Handeln gewöhnten, das der schrecklichen vom Atom freigesetzten Macht angemessen war.

Eisenhower selbst schien das vorauszusehen, als er mit Marschall Schukow nach Rußland kam. Ike war der erste Ausländer, den Stalin je einlud, sich neben ihn auf das Marmorpodest am Roten Platz, über Lenin, zu stellen. Direkt unter ihnen stand ich an diesem Tag auch fünf Stunden lang und schaute mir die Siegesparade an. Nachdem Ike zusammen mit Schukow eine Kolchose besucht hatte, lud er 17 Generäle zu einem kleinen Imbiß in die amerikanische Botschaft ein. Beim Abschied, am frühen Morgen, sangen sie alle mehrstimmig »I've Been Working on the Railroad« – angeführt von einem NKWD-Offizier! Doch das alles täuschte niemanden über den großen, auf der Zukunft lastenden Atompilz hinweg, wie Ike eines Nachmittags in Moskau eingestand.

»Bevor die Atombombe eingesetzt wurde«, antwortete er mir als Privatmann auf eine private Frage, »hätte ich gesagt: Ja, ich bin sicher, wir können den Frieden mit Rußland aufrechterhalten. Jetzt bin ich mir nicht mehr sicher. Ich hatte gehofft, die Bombe würde in diesem Krieg keine Rolle spielen. Bisher hätte ich gesagt, wir drei – Großbritannien mit seiner mächtigen Flotte, Amerika mit der stärksten Luftwaffe und Rußland mit dem stärksten Heer auf dem Kontinent –, wir drei könnten den Weltfrieden für eine lange, lange Zeit garantieren. Aber nun bin ich nicht mehr sicher. Überall sind die Menschen verängstigt und beunruhigt. Alle fühlen sich wieder unsicher.«

Es ist heute auch interessant, sich ins Gedächtnis zurückzurufen, daß sowohl Eisenhower als auch alle anderen amerikanischen Offiziere, die damals in Moskau waren, sich sehr befriedigt über die bekanntgegebenen Bedingungen des »Bündnisses« äußerten, das Stalin mit Chiang Kaisheks Nationalregierung in China geschlossen hatte. Generalmajor John R. Deane, Chef unserer Militärmission in Moskau, war der Meinung, nun hätten wir »endgültig das interne Problem Chinas gelöst und das Schicksal der chinesischen Roten besiegelt«. Mitte August sagte er mir, nach Geist und Buchstabe schließe das Stalinsche Abkommen jede Möglichkeit einer sowjetischen Hilfe für chinesische Kommunisten aus. Er fuhr fort: »General Wedemeyer [Stilwells Nachfolger als Kommandeur in China] ist völlig überzeugt davon, daß wir unsere Politik der Unterstützung Chiang Kai-sheks realisieren können, und er sollte sich da eigentlich auskennen. Stalin hat das, was er in der Mandschurei will – den Stützpunkt in Port Arthur und seine Eisenbahnlinie –, und er wird das nicht in einem chinesischen Bürgerkrieg aufs Spiel setzen. Und selbst wenn er es tun würde – wir haben bereits einen zu großen Vorsprung. Wedemeyer sagt, wir hätten inzwischen 36 Divisionen für Chiang bewaffnet und ausgebildet, mit Abstand die mächtigste Armee, die es je in China gab. Stalins Abkommen gibt den Kommunisten den Rest. Mit unserer Unterstützung wird Chiang sie zwingen, sich zu ergeben oder in kleine Guerillagruppen und Banditen aufzulösen, die sich einzeln leicht vernichten lassen.

Ich war anderer Meinung. Ich sagte: »Die chinesische Rote Armee ist zu groß geworden, sie kontrolliert einen zu großen Teil Chinas, ein zu großer Teil der Bevölkerung hält fest zu ihr, als daß selbst ein Stalin sie ausrotten könnte.«

John Davies, damals zweiter Botschaftssekretär in Moskau und der einzige in der Botschaft, der China sehr gut kannte, dachte genau wie ich. Wir hatten beide in den Meldungen aus China – die am Ort nicht veröffentlicht wurden – noch etwas anderes zwischen den Zeilen gelesen. Manifeste, die von Mao Tse-tung und Chu Teh aus Yenan kamen, standen in völligem Widerspruch zu den Bedingungen des Stalin-Chiang-Paktes vor seiner Veröffentlichung. Unmittelbar nach Rußlands Kriegserklärung an Japan hatten Mao und Chu Chiang Kai-shek als einen »Faschisten« gebrandmarkt. Sie forderten die japanischen Truppen in China auf, sich *nicht* der Nationalregierung, sondern ihren eigenen roten Kommandeuren zu ergeben.

Moskau hatte Yenan offensichtlich weder über die Bedingungen des Jalta-Abkommens noch über seine Verhandlungen mit Chiang Kai-shek und den chinesisch-sowjetischen Pakt informiert. In beiden Fällen unternahm Rußland nach außen hin nicht das geringste, um sich der besonderen Interessen der Kommunisten Chinas anzunehmen.

»Dies ist nur ein neuer Beweis«, schrieb ich damals in der Zusammenfassung einer Diskussion mit John Davies über dieses Thema, »daß die Politik des Kreml zuerst und zuletzt darauf ausgerichtet ist, die nationalen Interessen Rußlands zu fördern, und daß sie die Interessen irgendeiner anderen Partei nie gleichrangig behandeln kann. Die Folgen werden in diesem Fall nicht die chinesische Partei zerstören, sondern deren Nationalismus und Unabhängigkeit stärken.«

Als Mao Tse-tung verspätet entdeckte, welche umfassende offizielle Unterstützung Stalin Chiang zugesagt hatte, konnte er gar nicht anders, als die Politik Yenans ganz umzustellen und das Angebot des Generals Patrick Hurley, unseres einzelgängerischen Botschafters in Chungking, anzunehmen, der friedliche Verhandlungen mit den Nationalisten vorbereiten wollte. Doch im Grunde seines Herzens hielt Mao – und die heutigen Historiker wissen das genau – nichts von dem Rat, den Stalin seinen chinesischen Genossen gab, nämlich, die bestmöglichen Bedingungen, die sie aus Chiang herausholen konnten, zunächst einmal zu akzeptieren und ihr Territorium wieder seinem Befehl zu unterstellen. Maos erste Verantwortung galt nun nicht Stalin, sondern Chinas eigenen großen, unabhängigen, revolutionären Streitkräften. Nicht einmal die Atombombe sollte sie um einen frühen Triumph betrügen.

27 Süß und bitter

Ich war bereits wieder einige Tage in Moskau, als ich mit Sir Archibald Clark-Kerr beim Essen saß. Plötzlich fragte er: »Warum sind Sie zurückgekommen – ganz ehrlich?«

»Das ist aber eine merkwürdige Frage. Ich gehe immer dahin, wohin ich geschickt werde.«

»Machen Sie mir nichts vor, junger Mann. Ihre Story ist heute China, und das wissen Sie ganz genau.«

»Das stimmt, und ich bin ja auch auf dem Weg dorthin«, behauptete ich, und ich glaubte auch daran. »Sobald Rußland in den Krieg gegen Japan eintritt, mache ich mich auf den Weg, über die Mandschurei nach China.« Wer hätte auch ahnen können, daß sich Japan zwei oder drei Tage nach Rußlands Kriegserklärung ergeben würde oder daß Rußlands Grenze zur Mandschurei immer noch so zugeknöpft war wie eh und je?

Als ich mich von Archie verabschiedete, hatte er immer noch nicht aufgegeben. »Sie können mir nichts verheimlichen«, brummte er. »Man hat mich nämlich im Theater auf sie aufmerksam gemacht. Sie ist sehr charmant, und ich begreife Sie gut.«

In Moskau bleibt anscheinend nichts verborgen, dachte ich, als ich über die Kremlbrücke ging und den dunklen, grauen, angeschwollenen, frühsommerlichen Fluß überquerte. Aber Archie irrte sich. Ich hatte sie seit meiner Ankunft nicht gesehen und hatte auch gar nicht die Absicht, daran etwas zu ändern oder auch nur einen Tag länger in Moskau zu bleiben als notwendig.

Als ich mein Zimmer im Metropole aufschließen wollte, war die Tür gar nicht abgeschlossen, und noch bevor ich hineinging, spürte ich, daß sie drin war. In dem altmodischen Alkoven mit seinen abgewetzten Samtvorhängen, die kühn versuchten, bei Tage aus der Nische ein Wohnzimmer zu machen, saß sie ganz ruhig; ihre stolze, jugendliche Figur steckte in einem Kleid aus Stockholm, und ihr Gesicht strahlte wie der Frühling.

»Iljaschka!«

»*Lubimets!*« Als sie schließlich wieder sprechen konnte und dabei zugleich lachte und weinte, sagte sie: »Die Schule ist aus. Ich bin frei! Ich habe als Klassenbeste abgeschnitten!«

»Das ist – großartig!«

»*Khoroscho?* Und jetzt – bekomme ich meinen Job? Ich will dir helfen.«

»Nein.« Ich bemühte mich, fest und bestimmt zu klingen. »Ich brauche keinen Kurier. Ich finde mich inzwischen selbst zurecht.«

»Das soll ich dir glauben?« Sie zog mit zwei Fingern ihre Augenwinkel nach außen und lachte. »Ich habe dich durchschaut. Kein Kurier? Gut, dann steige ich zur Sekretärin auf.«

»Ilena, du willst doch gar keine Sekretärin sein. Du bist doch, dafür bist du doch viel zu gut. Du bist doch jetzt eine voll ausgebildete Museumsleiterin!«

»Unsinn. Ich gehe zu Herrn Molotow und bitte ihn, mich offiziell beim Narkomindel als Sekretärin einzutragen, ja?«

»Es wird dir trotzdem zum Verhängnis werden.«

»Verhängnis?« Sie wirbelte ein paarmal herum und kam mit ausgebreiteten Armen und fliegenden Haaren zum Stehen. »Also dann, Verhängnis, tu dein Werk! Sofort!«

Sie setzte ihren Willen durch, und ich muß sagen, zu meinem Glück, denn sie war nicht nur eine dekorative Gefährtin, sondern auch eine gute Helferin, die es verstand, Arbeit und Privatleben auseinanderzuhalten. Wir gingen auf Exkursionen, machten Interviews und trafen uns mit einigen Prominenten, an die man in dem kurzen Interregnum des Friedens leichter herankam als vorher; darunter waren Leute wie Iljuschin, der Flugzeugkonstrukteur, und Dmitrij Schostakowitsch, der Komponist, Michail Scholochow, der Romanschriftsteller, und Professor Tsitsin, der Leiter der Sowjetischen Akademie der Wissenschaften.

Tsitsin, ein robuster, extrovertierter Typ, der mich unwillkürlich an Walter Slezak denken läßt, prahlte damals mit einem »winterharten Weizen«, den die Sowjets perfektioniert hätten; es war ein verfrühter Anspruch, wie sich dann herausstellte. Er erzählte uns auch von einem anderen sowjetischen »Geheimnis«: vom Elixier des Langen Lebens, einem seltsamen Fund im Land des plötzlichen Todes. Tsitsin zufolge hatten russische Wissenschaftler bei den Hundertjährigen in der UdSSR Nachforschungen angestellt und waren ihrer Langlebigkeit auf den Grund gegangen. All diese Männer und Frauen über 100, einer war sogar 140, hatten sich ihr ganzes Leben lang hauptsächlich von Honig ernährt. Und nicht nur von Honig, sondern von den *Rückständen* der Honiggewinnung. Sie waren zum großen Teil Bienenzüchter, diese Alten, die es sich nicht leisten konnten, den feinen Honig, den sie produzierten, selbst zu essen, und deshalb nahmen sie den »Abfall« vom Boden des Bienenstocks, wo sich die stärkste Konzentration des Bienenpollens und anderer Ausscheidungen ansammelten. Mitglieder der Akademie befaßten sich nun in eingehenden Forschungsarbeiten mit dem Nährwert verschiedener Arten von Pollen. Für Zyniker klang das nach einem angenehmen Projekt, das erdacht worden war, um Professor Tsitsin stets ausreichend mit Honig zu versorgen. Er gab zu, daß Honig ein fester Bestandteil seines Speiseplans war. Für die Allgemeinheit war Honig in Moskau nicht erhältlich.

»Ich möchte nur lange genug leben«, fügte Ilena später trocken hinzu, »um ein klein wenig vom echten Honig zu sehen; soll Tsitsin den Bodensatz essen und zweimal so alt werden!« Aber Tsitsins Behauptungen machten einen solchen Eindruck auf mich, daß ich für die *Post* eine humorvolle Geschichte über ihn schrieb und ihr den Titel gab: »Werft nie einen alten Bienenstock weg!« Ben Hibbs brachte sie vernünftigerweise gleich zur Ablage in den Keller.

Eines Nachmittags bemerkte ich, daß Ilena beim Hereinkommen gleichzeitig lächelte und zitterte. »Rate mal, wo ich gestern abend gewesen bin!« sagte sie, wobei sie die Augenwinkel nach außen zog und mich geradewegs anblickte. »Im Lubyanka. Ich hatte eine ›Einladung‹ zum Tee. Wer könnte da widerstehen! Sie wollten einiges über dich wissen.«

»Und was hast du ihnen erzählt?«

»Was gibt es da zu erzählen? Was du von Rußland hältst. Was du mir für Fragen stellst. Wie die Politik aussieht, über die wir uns unterhalten.«

»Was hast du gesagt?«

»Daß wir uns nie über Politik unterhalten. Oder tun wir es – oft?«

»Natürlich nicht.«

»Sie interessierten sich für deine frühere Sekretärin, Cecilia. Und Fräulein Hu Tsi-pang, die chinesische Korrespondentin. Sie wollen wissen, was sie auf chinesisch zu dir sagt!«

»Und?«

»Ich weiß nichts von Cecilia, und ich verstehe kein Chinesisch!«

Die Haltung von Ilenas Freunden gegenüber dem Kommunismus erinnerte mich an die Katholiken aus meiner Kindheit und ihre Haltung gegenüber den katechistischen Lehren ihrer Kirche. Hier wurde der Kommunismus schon mit der Muttermilch eingesogen, er war eine Lebensgrundlage. Ilena hatte sich in der Schule jahrelang mit Marx, Lenin und Stalin befaßt, aber ich erlebte es kaum einmal, daß sie einen von ihnen zitierte. Sie war jedoch fasziniert, wenn ich ihr Geschichten über chinesische Kommunisten erzählte, über echte, kämpfende Revolutionäre. Sie waren für sie so fremd und exotisch wie die Gestalten in »Tausendundeiner Nacht«.

In Rußland ein Kommunist zu sein, war nicht unschicklich, sondern ganz und gar schicklich – oder einfach konformistisch. Viele Jugendliche waren mit einzelnen Aspekten des Regimes unzufrieden, und sie haßten Stalin genug, um, sollte sich die Gelegenheit ergeben, gegen ihn zu kämpfen.

Aber sie dachten nicht daran, den Privatkapitalismus wiedereinzuführen. Die Jugend wollte von allem etwas mehr für sich selbst, aber sie zeigte so wenig Neigung, von Millionären oder ihren Bevollmächtigten regiert zu werden, wie Amerikaner bewußt ein Verlangen nach Kommissaren verspüren. Die riesige Lücke zwischen den Ansprüchen sowjetischer Politiker und der gesellschaftlichen Realität war ziemlich offensichtlich, doch es gelang dem sowjetischen Jugendlichen ohne Schwierigkeiten, diese Sachlage mit seinen Ambitionen auf einen Nenner zu bringen, so wie es dem durchschnittlichen Opportunisten in jeder etablierten Gesellschaft gelingt, sich deren Bräuchen anzupassen, um seine eigenen Interessen voranzubringen. Nur in der älteren Generation traf man Leute, die das Verschwinden jenes selbstlosen Idealismus bekümmerte, der für sie der Geist der Revolution gewesen war.

Eine der Tanten Ilenas, ich will sie Katerina Michailowna nennen, hatte mir über die diesbezüglichen Veränderungen einige interessante Dinge zu erzählen.

Katscha ging auf die Fünfzig zu, eine kleine, dunkelhaarige, müde Frau mit schönen schwarzen Augen. Sie verdiente sich den Lebensunterhalt als Lehrerin, sprach etwas Englisch und hatte einmal ein ganzes Jahr in den USA zugebracht. Die glühende Revolutionärin von damals war nach und nach ernüchtert worden. Ihr Vater, ihre Mutter und ihre Schwester waren alle während der großen Hungersnot in Odessa gestorben, die entstanden war, nachdem die Bauern gegen Stalins Kollektivierungsmaßnahmen in den Streik getreten waren und nichts angebaut hatten. Ihr Mann, ein Ingenieur, der auch einmal ein begeisterter Parteigänger gewesen war, war nun so etwas wie ein auf Bewährung freigelassener politischer Sträfling, der gezwungen war, in Kamtschatka zu arbeiten, jedoch die Erlaubnis hatte, einmal im Jahr zwei Wochen in Moskau zu verbringen.

Katscha führte ihren jüngeren Bruder als »typisches« Beispiel eines zynischen jungen Russen an, verglichen mit den Idealisten aus ihrer eigenen Generation von Revolutionären.

»Man kann ihm nicht mal einen Vorwurf machen«, sagte sie. »Er ist zusammen mit meinen Eltern fast verhungert, und als er Waise geworden war, fütterte ihn eine Diebesbande durch. Er schloß sich ihnen an. Sie ermordeten einige Leute und wurden erwischt. Sie wurden samt und sonders hingerichtet, bis auf Piotr. Seine Jugend rettete ihn; er war erst 13. Ich war zu der Zeit in der Partei noch ziemlich angesehen, und es gelang mir, ihn in einer Ingenieurschule unterzubringen. Doch nach drei Jahren wurde er Chauffeur! Kurz darauf wurde er zum Militär eingezogen. Nun hat er den ganzen Krieg mitgemacht, ohne einen Kratzer abzubekommen, und was meinen Sie, was er empfindet? Nichts! Aber er hat in Europa mehr Beutegut zusammengebracht als irgendein anderer in seiner Kompanie. Er erzählte mir stolz, sein Haus in Moldau – er heiratete ein Mädchen dort – sei mit Kriegsbeute von Bukarest bis Berlin so vollgestopft, daß einfach für nichts mehr Platz sei!«

»Es bereitet ihm wohl Genugtuung, an all die Deutschen zu denken, die er beraubt hat«, sagte ich. »Rache ist süß?«

»Nein, nicht Rache. Man muß jemanden hassen, um Rache zu wollen. Und Piotr haßt niemand und liebt niemand, außer vielleicht seine Frau. Er bezieht gegen nichts Stellung, nicht gegen die Nazis und nicht gegen die Kommunisten und nicht gegen die Kapitalisten, er ist nur für Piotr. Er kämpfte im Krieg auf rein materieller Basis und hatte Glück. Er ist niemandem böse. Er hat schließlich seine Beute heimgebracht.«

»Es gibt eine Sache, die in Rußland fehlt und die es in Amerika, wie ich meine, vielleicht noch gibt«, sagte ich. »Ich hätte das nie geglaubt, bevor ich hierher kam, um hier zu leben. Wissen Sie, was ich meine?«

»Liebe? Gibt es in Amerika noch ein paar Leute, die wissen, was dieses Wort bedeutet?«

»Es ist nicht ganz das richtige Wort, zumindest nicht bei uns. Aber es kommt der Sache ziemlich nahe. Das Wort, an das ich gedacht habe, ist ›Barmherzigkeit‹. Ein altbackenes bürgerliches Wort, Barmherzigkeit, aber so, wie Paulus es verwendet, ein Wort, in dem tiefste Brüderlichkeit zum Ausdruck kommt. Der Barmherzige gibt etwas in demütigem Bekenntnis zur Belanglosigkeit jedes lebenden Menschen und seiner Institutionen, jedoch in Anerkennung der gewaltigen Tatsache, daß in jedem Menschen die Ewigkeit lebt. Ich glaube, Katscha, das ist nur in einer Gesellschaft möglich, in der der einzelne wenigstens bis zu einem gewissen Grad das Recht hat, einige Mittel zu seinem eigenen Überleben zu besitzen und zu halten – und mit diesem Recht auch die Macht, in Barmherzigkeit etwas von diesen Mitteln einem anderen zu geben.«

»Nicht jeder ist wie Piotr«, platzte Ilena erregt dazwischen. »Ich erinnere mich an einen Offizier in einem Lazarett, das ich mit einigen Komsomols besuchte. Um irgend etwas zu sagen, fragte ich ihn, ob er nur die Nazis hasse oder ob er die Deutschen überhaupt hasse, als Volk. ›Konetschno!‹ sagte er. ›Morgen sind wir vielleicht Freunde, doch im Augenblick sind die Deutschen Feinde. Ich hasse sie. Im Krieg muß man einen Feind haben, wie könnte man sonst töten?‹ Meine Frage war nicht so albern, weil er so antwortete; er hatte darüber nachgedacht. ›Zu hassen – der Haß‹, sagte er – wie heißt es? *La moralité de la guerre? Oui?* –, also, er sagte: ›Der Haß ist die Moral des Krieges. Einen Krieg zu führen, ohne zu hassen, das ist genauso sinnlos, wie mit einer Frau zu schlafen, ohne sie zu lieben.‹ Er hatte soviel Liebe zu schenken, versteht ihr, und doch mußte er damit jemanden hassen.«

Katscha schaute sie niedergeschlagen an und rauchte schweigend eine Zigarette.

»Er war auf eine Mine getreten, und sie war explodiert«, fügte Ilena nachdenklich hinzu. »Er war – *châtrer un homme* – wie sagt man? Ach ja, kastriert.«

28 Für und wider

»Als ich eine junge Kommunistin war, war es uns gleichgültig, wie wir aussahen oder was wir aßen, wir dachten nicht an feine Kleider und Lippenstift«, sagte Katscha und blickte dabei Ilena von der Seite an, die es trotz des Mangels an Kosmetika und Modemachern immer schaffte, sauber und gepflegt auszusehen.

»Ich bin kein Kind mehr, Katerina Michailowna«, gab Ilena kühl zurück, warf den Kopf in den Nacken und blickte in einen Spiegel.

»Die Sache«, fuhr Katscha fort, während sie ihre *papirosa* ausdrückte und Ilena nicht beachtete, »die Sache, um die es uns ging, füllte uns den Magen, und das reichte uns. Wir waren Idealisten, wir machten eine Revolution, um den Weltsozialismus zu schaffen. Unsere Führer liebten die Menschen, die demütigsten Mitglieder der Menschheit. Und heute? Das Ideal der Gleichheit gilt als altmodisch; Unterschiede in der Bezahlung und auf allen anderen Gebieten sind so wie überall. Jeder hat nur noch das Ziel, nach oben zu kommen, und er kümmert sich einen Dreck um den armen Hund, der ganz unten ist, bis der anfängt zu beißen. Es ist der reinste Kannibalismus, genau wie in Amerika.«

Ich erwähnte den Fall Veras, einer wirklichen kommunistischen Idealistin. Katscha räumte ein, daß es Ausnahmen gab. Aber selbst die Veras, die wahren Gläubigen, bemühten sich um gesellschaftliche Anerkennung in den besseren Kreisen, sie träumten von Karrieren und materiellen Gewinnen.

Es war eine sonderbare Klage, von der nur wenige ausländische Beobachter Notiz nahmen. Die meisten von uns suchten immer noch eifrig nach Zeichen einer beginnenden Revolte gegen das Wirtschafts- und Gesellschaftssystem in Rußland, obwohl die wichtigsten Aspekte des sozialistischen Eigentumsrechtes längst zu tief verwurzelten Denkgewohnheiten der breiten Bevölkerung geworden waren. Es war nicht so sehr die Angst vor prokapitalistischen Verschwörern, die die Strenge der Diktatur so lange bestehend ließ, als vielmehr gewisse innere Notwendigkeiten, die von der Macht selbst – und von der russischen Geschichte – heraufbeschworen wurden.

Trotz der unerfüllten Träume und der anderen Enttäuschungen, die sie einstecken mußte, erkannte Katschas Generation dennoch das stattliche Vermächtnis, das sich für Erben der Zukunft angesammelt hatte. Rußland stand als industrialisierte Nation da, mit einer kostenlosen und allgemeinen Schulbildung und mit ständig wachsenden Möglichkeiten.

Ungleichheiten bestanden auch weiterhin im sowjetischen Staat, aber kein Schmarotzertum: es gab keine müßigen Reichen, keine unverdiente Sorglosigkeit, keine Paschas oder Scheichs, die von der Großmütigkeit fremder Ölgesellschaften lebten; keine Maharadschas, die mit großem Aufwand ihre Harems und Paläste beibehielten, während die von ihnen Abhängigen nackt herumliefen und ihre Kinder durch Rachitis und Würmer ausgezehrt wurden; keine Politiker im Ruhestand, die von im Amt erworbenen Reichtümern lebten, und keine pensionierten Generäle, die als »Direktoren« dankbarer Handelsgesellschaften, die an der Abschreckung verdienten, Aktienbezugsrechte kassierten. Es gab politische Opportunisten, aber keine stimmenkaufenden Lobbyisten im Auftrag von Millionären, die es darauf abgesehen hatten, die der Allgemeinheit gehörenden Vorräte an Öl, Wasser und anderen Naturschätzen immer weiter auszuplündern; es gab von der Partei bestellte Gewerkschaftsbosse, aber keine Ganoven an der Spitze der Gewerkschaft, die sich mit Mitgliedsbeiträgen ein Privatvermögen schufen; und doch gab es hohe Beamte, die ein nicht weniger angenehmes Leben führten als Beamte in einem anderen Land.

Es gab NKWD-Folterkammern. Es fanden immer noch geheime Prozesse und Hinrichtungen statt. Es gab immer noch sogenannte Besserungslager – Straflager, in denen Arbeitskraft für staatlichen Profit ausgebeutet wurde. Auf der anderen Seite gab es keine Zuhälter, keine Leute, die mit Perversionen Geld verdienten, keine undurchsichtigen Strohmänner, keine Hurentreiber und keine Gangstersyndikate in der Unterwelt, die nach den Prinzipien von Großunternehmen geführt wurden. Es gab Leute, die bis zum Überdruß mit irreführender Propaganda hausieren gingen; und die kulturellen Ignoranten, die die Parteilinie kontrollierten, waren ein größeres Hindernis auf dem Weg zur Wahrheit als so manche Werbeagentur. Es gab keine Presse- oder Versammlungsfreiheit; stets brauchte man die Genehmigung der Partei. Dafür gab es jedoch diese Art der Freiheit: Freiheit von Trödlern, die mit verlogenen Kulten und Wunderarzneien Geschäfte machen, mit Schmutz und Schund und Comic Books, mit allerlei Pornographie und mit Klatsch und Bettgeschichten, die als »vertrauliche« Pressefreiheit dargeboten werden. Nicht nur die Regierung, sondern jeder organisierte Sektor des sowjetischen Lebens verwendet mehr Zeit und Mühe auf die Förderung einer kulturellen Massenerziehung als jedes andere Land: man weckt das Interesse und die Aufgeschlossenheit für klassische Vertreter der Literatur, der Musik, des Theaters, des Tanzes und der bildenden Künste.

Die russische Arbeiterklasse kennt seit langem kostenlose Kliniken, Krankenhausaufenthalte, ärztliche Betreuung, Kinderkrippen, Altersheime und Altersrenten. Die gewaltigen Irrtümer der politischen Taktik und Strategie der Sowjets in der Nachkriegszeit, die stalinistischen Ver-

brechen und die Stupidität im eigenen Land und in den Satellitenstaaten
verwischten zunächst diese Tatsachen; doch die Geschichtsschreibung
wird registrieren müssen, daß viele Reformen in der Welt auf sowjetische
Initiative zurückgehen und erst später im freien »Westen« nachgeahmt
wurden.

Diese – keineswegs vollständige – Bestandsaufnahme bedeutet nicht, daß
nun Amerikaner ihre Tugenden und Laster gegen sowjetische eintau-
schen sollen. Sie sollen und werden das nicht tun, und sie können es auch
gar nicht. Einfach deshalb, weil kein Volk seiner eigenen Geschichte und
dem besonderen Eigencharakter seiner Kultur entgehen kann, so wenig
wie sich ein Mann einen anderen Körper borgen und seinen alten dafür
wegwerfen kann. Doch der Körper selbst ändert sich, in Rußland und anderswo. Die neue Prägung der Menschheit ist keine exakte Kopie der alten. Jede Generation – auch wenn sie sich alles erst selbst aneignen muß
– fügt ein neues Glied hinzu. In unserer Zeit wächst diese Gliederkette
schnell an. Die Umwandlung des Menschen, so geringfügig sie auch sein
mag, besteht sowohl aus dem, was er ursprünglich war, als auch aus dem,
was er wird: durch veränderte Umstände und durch die von ihm selbst
den Umständen aufgezwungene Veränderung. Die Nation, die gestern
Rußland war, eine Masse aus ignoranten und rückständigen Bauern, ist
nicht das Rußland von heute mit seinen Millionen von gebildeten und bestens geschulten jungen Leuten, die ungeduldig vorwärtsdrängen und
neue Befriedigungen, neue Freiheiten fordern.

Schließlich ist auch Amerika nicht mehr das ungepflügte Land der Pioniere und offenen Grenzen.

Die ursprünglichen Parolen der Revolution – »Boden! Brot! Freiheit!« –
bedeuteten 1917 für die Bauern in Rußland etwas anderes, als sie heute
bedeuten, und auch etwas anderes, als sie für die aus der Ferne zuschau-
enden Amerikaner in den beiden Generationen bedeuten. Die Erfüllung
für die russische Jugend von heute, die sich darin äußert, daß sie ihr sicheres Auskommen haben, daß sie mehr zu essen und anzuziehen haben als
einst ihre Eltern und daß sie Ausbildungsmöglichkeiten haben, die weit
über alles im alten Rußland Denkbare hinausgehen, macht die sowjetische
Gesellschaft – auf ihrer eigenen Stufe – so dynamisch wie nur irgendeine
Gesellschaft irgendwo auf der Welt.

29   Ein Abschied sollte kurz sein

Ohne Frage besitzt jeder Mensch ein gewisses Maß an »freiem Willen«
und ist für seine Taten verantwortlich. Aber wie eng sind die Grenzen gesteckt! Lassen sie einen den Zeitpunkt eines neuen Anfangs im Leben
freier wählen als den Zeitpunkt der Entsagung? Jeder Akt stellt sich als

genauso kompliziert und unumgänglich heraus, wie es der erste Schritt im Leben eines Menschen für den zweiten und für den letzten ist.

Das war auch etwas, was ich von Ilena lernte. Sie wußte ganz genau, welche Grenzen ihrem Mut, ihrem Selbstvertrauen und ihrer Freiheit gesetzt waren. In einem Land voller Angst trat sie dem Leben mit Begeisterung und Hoffnung entgegen und freute sich über das, was jeden Tag in der von ihr selbst gewählten kleinen Welt geboten wurde, die in einer viel größeren, von ihr nicht kontrollierbaren Welt lag. Deshalb gewann das, was andernfalls vielleicht nur ein kleines Abenteuer am Rande geblieben wäre, tiefere Bedeutung. Es wurde durch das Risiko, das sie damit einging, von einer vagen und undefinierbaren Gefahr verdunkelt. Es war etwas, das man spürte, aber nicht aussprechen konnte, auch dann nicht, als ich ganz plötzlich nach Indien und in den Fernen Osten abreisen mußte.

Das Nordlicht war bereits wieder hinter dem Horizont verschwunden, als ich abreiste. »In einem halben Jahr bin ich wieder da«, sagte ich Ilena, als wir uns verabschiedeten. So kurz nur schien die Sommersonne, daß ihre Haut erst eine ganz matte Goldtönung aufwies.

Monatelang wartete ich gespannt auf eine Nachricht von ihr. Schließlich gelang es ihr, mir über die Diplomatenpost einen langen Brief zu schicken, der mich in Japan erreichte.

Sie arbeitete als Übersetzerin in einer Bibliothek, bis sie die Arbeit wiederaufnehmen konnte, die ihr den Rang einer *aspirantura* bringen sollte. »Wir haben wieder eine Wahl gehabt«, schrieb sie. »Was für ein schöner Tag! Wir hatten uns alle geschmückt, die Straßen waren so fröhlich, Kapellen spielten, und die Leute lachten und waren so freundlich! Entschuldigung, Towarisch, und Verzeihung, *towarisch*. War das wirklich Moskau? Was meinst du, wer der große Sieger war? 99 Prozent stimmten für unseren ›Block der Kommunisten und Nicht-Parteimitglieder‹! Was für ein Sieg! *Ils ne font qu'un!* [Ähnlich wie ein Handschuh dem andern.] Aber wir werden später darüber sprechen.«

Am Schluß ihres Briefes zitierte sie etwas, was ich ihr einmal beigebracht hatte, eine Zeile aus dem Klagelied jenes englischen Seefahrers aus vergangenen Zeiten, den die Windstille verzweifeln läßt: »O Westwind, wann wirst du wieder wehen...« Das war alles.

Ein weiterer Winter und Sommer gingen ins Land, bevor ich wieder nach Rußland geschickt wurde. Doch der Vorhang war bereits im Fallen, und ich hatte in der Zwischenzeit eine Artikelserie geschrieben, in der ich versuchte, beide Gesichter der grundlegenden Probleme der »Koexistenz« zu zeigen, die ich für die einzige Alternative zu einer »Ko-elimination« hielt. Mein Chefredakteur hatte die Serie gutgläubig als den »russischen Standpunkt« angekündigt. Sowjetische Offizielle waren anderer Meinung. In New York ließ mich Andrej Gromyko wissen, die Artikel seien »einwandfrei unbefriedigend« (eine merkwürdige Wortwahl). Vielleicht hatte ich zu sehr betont, daß die Verluste an Menschenleben und Material auf Jahre hinaus einen größeren Krieg für Rußland undenkbar machten, und damit die Schwäche Rußlands »übermäßig hervorgehoben«, während ich mit meinem Hinweis, daß der »Revisionismus« in der Stalinschen Lehre unvermeidbar sei, den Titoismus vorweggenommen hatte.

Eines Tages teilte mir ein Sekretär der sowjetischen Botschaft in Washington rundweg mit, daß ich keine Erlaubnis bekommen würde, in die UdSSR zurückzukehren. Zu der Zeit und für viele Jahre danach gab es in menschlichen Angelegenheiten nichts, was so endgültig und unabänderlich war wie die Verweigerung eines sowjetischen Visums. Was die einzelnen Leute betraf, die »nicht hinein« oder »nicht heraus« durften, hätte Rußland ebensogut ein Planet für sich sein können. An dem Tag, an dem ich erfuhr, daß mich der Kreml nicht mehr »hinein« lassen würde, ließ ich das gleich in einem Telegramm Ilena wissen.

Es war mir nicht möglich, noch einmal nach Rußland zu reisen, aber vor einiger Zeit traf ich einen Kollegen, der eben von dort zurückkam und der etwas Neues über Ilena wußte. Es ging ihr gut, und sie hatte eine gute Stellung – in Tamerlans wunderschöner alter Stadt Samarkand.

Vierter Teil

La Guerre Froide

> *Warum befällt die Seuche der Lust so sehr die Nase...*
> *daß einer schließlich seinen eigenen Gestank nicht mehr*
> *riecht?*
>
> John Donne

1 Ein Visum auf Lebenszeit

Im Herbst 1945 besuchten mehrere Mitglieder des Außenpolitischen Ausschusses des Repräsentantenhauses Rußland; sie kamen mit einem Sonderflugzeug, das für mich zum Fliegenden Teppich wurde. Karl E. Mundt aus Süd-Dakota leitete die Gruppe, zu der die Kongreßabgeordneten Victor Wickersham aus Oklahoma und Walter Horan aus Washington und als einzige Frau die Kongreßabgeordnete Frances P. Bolton aus Ohio gehörten. Ich zog mit ihnen ein paar Tage lang durch Moskau. Als ich drauf und dran war, Rußland zu verlassen und nach Indien abzureisen, luden sie mich ein, sie zu begleiten. Wir flogen die Wolga hinunter und über Stalingrad, hatten einen kurzen Aufenthalt in Baku und folgten dann eine Zeitlang dem Ufer des blauen Kaspischen Meeres bis hinein nach Persien.

Unterwegs diktierte Mr. Mundt seine Eindrücke einem Kongreßsekretär namens »Tex« Convers, und ich verdiente mir meinen Flug damit, daß ich ständig die richtigen Namen und Bezeichnungen einsetzte und darauf achtete, daß die Schreibweise stimmte. In drei Wochen waren sie bereits durch ein halbes Dutzend Länder gesaust; Mr. Mundt war gewissenhaft darum bemüht, alle Ereignisse und Gesichter richtig einzuordnen. Zu der verbleibenden Route gehörten außer Indien Informationsbesuche im Iran, im Irak, in Saudi-Arabien, Pakistan, Birma, Siam, China und Japan. Schon in Delhi waren sie so verwirrt, daß sie sich darauf einigten, den Rest der Reise abzublasen und über Japan direkt nach Hause zu fliegen. Ja, die Reisegesellschaft dachte schon daran, den geplanten Besuch beim Herrn von Arabien auszulassen.

»Sie können alles von Ihrer Liste streichen, aber nicht Saudi-Arabien«, protestierte ich, als ich das hörte. »Sie wären die ersten Kongreßmitglieder in der Geschichte, die Rijad besuchen! Richtige Marco Polos!«

Ich war nicht ganz frei von Eigeninteresse. Erst ein einziger amerikanischer Reporter war bis dahin in Rijad gewesen.

Die Sache war noch immer nicht entschieden, als wir nach Teheran kamen. Unsere Leute bekamen wirklich Heimweh, und in diesem Land würde sich das noch verstärken. In Teheran wartete ein aufgeregter Vertreter des Außenministeriums auf dem Flugplatz, um die Gesellschaft nach Rijad zu führen. Er war angeblich ein Nahost-Spezialist, und er hatte einen so gewaltigen Respekt vor dem alten König und den Ölgesellschaften, daß er buchstäblich zitterte, als der verwegene Vorschlag gemacht wurde, Rijad auszulassen. Ausführliche Vorbereitungen seien getroffen worden, erklärte er. Ein Rückzieher im letzten Augenblick könne zu einem internationalen Zwischenfall führen.

Als Mr. Mundt und die anderen sich daraufhin einverstanden erklärten, hatte der arme Beamte immer noch zwei Probleme: wie er Mrs. Bolton und wie er mich abschieben sollte. Mrs. Bolton mußte ausgeschlossen werden, wie er sagte, weil die Araber bloßgesichtige Frauen verachteten. Der König empfing nie und nimmer eine Frau außerhalb des Harems. Der königliche Sekretär hatte darauf bestanden, so sagte »State«*, daß sich Mrs. Bolton fernhielt. Er hatte nicht mit den Bolton-Frauen aus Ohio gerechnet. Frances verspottete ihn. Wenn die Araber keine Vorstellung von der Gleichberechtigung der Frau hatten, war es höchste Zeit, daß sie ihnen Anschauungsunterricht gab. Der Rest der Gesellschaft unterstützte sie mannhaft; entweder gingen alle mit oder keiner. »State« blieb nun keine andere Wahl, als sie wenigstens bis Dharan an den Persischen Golf mitzunehmen, während er auf den Bescheid aus Rijad wartete. Als das Problem schließlich zu Ibn Saud durchdrang, so hörten wir später, lachte er majestätisch und befahl seinen Frauen, Mrs. Bolton zu empfangen und ihr den Harem zu zeigen.

So kam sie zu der einzigen wirklich exklusiven Story. Wir anderen bekamen nicht ein einziges Mal das Gesicht einer Araberin zu sehen.

Was mich betraf, so verbot mir »State« zunächst rundweg, mitzukommen. Daraufhin ernannte mich Mr. Mundt freundlicherweise für die Dauer der Reise zum (unbezahlten) Ehren-Presseattaché der Gesellschaft, doch unser Nervenbündel hatte immer noch Bedenken. Es sei ganz und gar irregulär; von Washington sei kein Presseattaché autorisiert worden. Zum gegenwärtigen Zeitpunkt würde die Anwesenheit eines Reporters den Monarchen ganz besonders verärgern; er habe vertrauliche Dinge zu besprechen. Und ohnehin könne niemand ohne persönliche Einladung des Königs das Land betreten. Das erfordere eine lange Vorbereitungszeit; es sei ja wohl klar, daß die Gesellschaft nicht meinetwegen aufgehalten werden könne.

»Ich glaube nicht«, sagte ich, »daß ich sie auch nur eine Minute aufhalten werde.« Mit einem Griff in meine Tasche holte ich einen Umschlag her-

---

* »State Department« nennen die Amerikaner ihr Außenministerium. (Anm. d. Ü.)

aus, der das königliche Wappen trug, und entnahm ihm den königlichen Brief. Über der Signatur des Königs Abdul-Aziz Ibn Abdur-Rahman Al-Faisal Al Saud, treuer Diener Allahs, sonst als König Ibn Saud bekannt, befand sich das einzige Visum auf Lebenszeit, das ich je erhalten hatte. »Hören Sie gut zu«, sagte ich und hielt ihm den Brief unter die Nase. Ich las ihm die Übersetzung des geschäftlichen Teils dieser blumenreichen arabischen Mitteilung vor, und da hieß es:

Im Namen des überaus gnädigen Gottes danken wir für die edlen Empfindungen, die Sie unserem Land entgegenbringen, und Ihr Besuch ist uns jederzeit willkommen.

Es war die einzige rundum befriedigende Erwiderung, die ich je einem sich wichtig vorkommenden Mitglied der internationalen Pedanterie gegeben habe.

Der Brief des Königs stammte vom 21. Mai 1942. Der Anlaß geht auf den April jenes Jahres zurück, als ich in Kairo Karl Twitchell kennenlernte – den Mann, der als erster König Saud die frohe Botschaft brachte, daß unter seiner öden Sandwüste Erdöl lagerte, in ungeheuren unterirdischen Meeren, genug, um ihn zum reichsten Mann der Erde zu machen. Der Brief des Königs war gekommen, als ich in Indien war, und ein Kriegsauftrag nach dem anderen hatte mich daran gehindert, einen Nutzen daraus zu ziehen. Doch nun hatte ich endlich die Gelegenheit dazu. »State« zog seine Einwände zurück und flehte mich schließlich nur noch an, nichts »Vertrauliches«, das ich vielleicht hören würde, zu veröffentlichen, um ihn und die anderen in unserer kleinen Gesellschaft nicht in Verlegenheit zu bringen. Ich gab ihm mein Wort.

Wie Mekka war auch Rijad eine verbotene Stadt, die von Ungläubigen nicht betreten werden durfte. Sechs Tage braucht man mit dem Kamel vom Persischen Golf, mit dem Flugzeug ist es nur eine halbe Stunde. Nach unserem Flug, der uns von Persien über Euphrat und Tigris führte, landeten wir im Zentrum der großen Ölkonzession von Dharan, die den Golf umsäumt. Amerikaner hatten schon damals Exklusivrechte an dem bescheidenen Flughafen, der seither zu einem großen Militärstützpunkt ausgebaut worden ist. Als wir hinkamen, bestand Ibn Sauds Luftwaffe aus einer einzigen Douglas C-47, die ihm Präsident Roosevelt gegeben hatte.

In Dharan fanden wir Klein-Amerika in der Wüste. Mehrere hundert Amerikaner, darunter zwei Dutzend amerikanische Ehefrauen, hatten sich in kalifornischen Landhäusern komfortabel eingerichtet; es gab Klimaanlagen und elektrische Kühlschränke, ein Schwimmbad, Kinderspielplätze und nachbarliche Gastfreundschaft. Es war, als lebte man auf einer Insel, sagte einer von ihnen; dort, wo die Straße aufhörte, brannte eine Ölquelle, und unmittelbar dahinter fing die Wüste an. In einer anderen weiter südlich am Golf gelegenen Oase, Qatif, hatten Amerikaner eben begonnen, die ungeheuren Schatzkammern unter der heißen Sandwüste anzuzapfen, und sie halfen mit, zehntausend Arabern beizubringen, wie das Petroleum der Gesellschaft zu gewinnen und zu raffinieren war.

Die »Gesellschaft« war natürlich »Aramco«, die Arabisch-Amerikanische Ölgesellschaft, an der je zur Hälfte die »Standard Oil of California« und die »Texas Company« beteiligt waren. Zusammen hielten sie eine bis 1997 laufende Konzession für das ganze schwarze Gold innerhalb der 400000 Quadratmeilen Saudi-Arabiens. Floyd Ohliger, der Unternehmensleiter, sagte offenheraus, ganz Arabien habe »die reichsten unangetasteten Ölvorräte, die es in der Welt noch gibt«. Er drückte sich vorsichtig aus.

Auf dem Flugplatz von Rijad wurden wir vom Kabinett des Königs empfangen, an der Spitze Kronprinz Faisal, heute König Ibn Saud II. In Röcke gekleidete Wachen servierten den unvermeidlichen schwarzen Kaffee, und wir inhalierten den Rauch von glühendem Sandelholz. Dann stiegen wir in ein paar neue Fords, die mit Wüstenbereifung ausgerüstet waren. Es mag in Arabien keinen Straßenbau geben, aber die Wüste hat ihre eigenen, natürlichen Straßen. Arabische Autofahrer, durchweg noch richtige Kinder, stellten sich zu einem Wettrennen in einer kilometerbreiten Front auf und rasten dann mit voll durchgetretenem Gaspedal und 130 Stundenkilometern auf die weit ausgedehnte Stadt zu.

Die langgezogenen, niedrigen, zweigeschossigen Palastbauten in Rijad schienen mit ihren unebenen getünchten Mauern aus Lehmziegeln ein Teil der Wüste. Wir fuhren schließlich in einen von den Höflingen des Königs umsäumten Innenhof; sie trugen herrliche, feierliche Gewänder, vervollständigt durch karierte und getüpfelte Burnusse. Dann ging es über Treppen, die mit Teppichen belegt waren, in einen großen L-förmigen Raum, einen Ozean aus türkischen und persischen Teppichen, und dann zwischen Reihen aus Pfeilern hindurch, die aus den Stämmen von Dattelpalmen gehauen worden waren. Die Wirkung war die einer rohen barbarischen Pracht. In der Ferse des L waren die Wände mit feinem Brokat und blendenden golddurchwirkten Stoffen behängt.

Dort saß in einem vergoldeten Sessel auf einem niedrigen Podium Ibn Saud, König der Araber.

2 König Ibn Saud

Ibn Saud überragte mit seinen 1,93 m uns alle, als er aufstand, um uns die Hand zu geben. Mit seinem dichten Bart, den langen fließenden Gewändern und den geschmeidigen Bewegungen war er eine wahrhaft majestätische Gestalt. Der ehrfurchtgebietende erste Eindruck, den er erweckte, war teilweise dem starren Blick zuzuschreiben, mit dem er einen fernen Punkt im Hinterkopf seines Gegenübers zu fixieren schien, eine Illusion, wie sich dann herausstellte, die daher rührte, daß er auf dem linken Auge etwas schielte.

Der Duft von Räucherwerk und Rosenwasser hing in der Luft, und bärtige Wachen, an deren Hüften lange Schwerter baumelten, streiften umher. Langsam kam auch die Plauderei in Gang, unter Mithilfe eines Arabers namens Ali Alirezeh, der eben erst durch die Universität von Kalifornien geschleust worden war und dessen Umgangsamerikanisch in dieser exotischen Umgebung unpassend schien. Die Gespräche selbst brauchen uns hier nicht aufzuhalten: Höflichkeitsfloskeln, allgemeine Redensarten, zwischen Seiner Majestät und der Reisegesellschaft ausgetauschte Komplimente – alles nur Vorbereitungen auf die liebenswürdige Anfrage wegen eines Darlehens, die erst später kommen würde und die in den Augen des Königs der eigentliche Anlaß für diesen Besuch war.

Schließlich wurden wir vom Kronprinzen in ein separates Quartier gebracht. Er gab uns einen Teil seines eigenen Palastes mit Blick auf das Schwimmbassin und den Harem, durch dessen Gitterwerk die Kongreßabgeordneten – dicht gefolgt von ihrem »Presseattaché« – von Zeit zu Zeit hoffnungsvolle Blicke warfen. Da es sich aber um keine Produktion Cecil B. DeMilles handelte, herrschte ein großer Mangel an schmachtenden, braunen Badenymphen. Wir erblickten in der ganzen Zeit, die wir im Palast zubrachten, keine einzige arabische Frau, und die wenigen weiblichen Wesen, die uns auf den staubigen Wegen begegneten, hatten das Gesicht verhüllt und waren ganz in Schwarz gekleidet. Nur ihre dunklen spöttischen Augen spähten durch die Schlitze in ihren schweren Schleiern, bevor sie sich abwandten und dem obszönen Schauspiel eines starrenden Mannes schleunigst den Rücken kehrten.

Ali Alirezeh klärte mich über Ibn Sauds Polygamie auf. Er bestritt, daß der König je mehr als vier Frauen gehabt habe, die gesetzliche und moralische Höchstzahl, die jedem frommen Moslem erlaubt ist. Genauer gesagt: vier zur gleichen Zeit. Moslems billigen natürlich die Scheidung, wann immer sie dem Mann gelegen kommt. Ibn Saud hatte einfach diese Regelung großzügig ausgenützt. Gewöhnlich hatte sein Harem aus nur drei Frauen bestanden, von denen prompt eine geschieden wurde, sobald sich der König wieder eine neue Jungfrau zur Braut nahm. Ali zufolge hatte Ibn Saud in dem halben Jahrhundert seiner Mannesjahre nacheinander über 200 Frauen gehabt. Das waren also durchschnittlich nicht mehr als vier Scheidungen im Jahr.

Diese Fülle an Fleischeslust war jedoch weniger mit Liebe als vielmehr mit Politik zu erklären. Die einzelnen Scheichs, die ihm neue Bräute präsentierten, wären gekränkt gewesen, wenn er sie zurückgewiesen hätte.

Durch die Nachkommen kam es zu einer Blutsverwandtschaft mit dem Thron; mit der jeweiligen Heirat wurde einfach ein politisches Bündnis erneuert oder besiegelt. Da der König die männlichen Nachkommen behielt, war das eine Verbesserung gegenüber dem alten System, bei dem die Häuptlingssöhne als Geiseln dabehalten wurden. Verdrängte Frauen blieben im allgemeinen im Palast, um ihre Sprößlinge zu versorgen. Als ich bei Ibn Saud war, hatte er 39 Söhne, vom Kronprinzen bis hinunter zu seinem Jüngsten, einem hübschen dreijährigen Jungen. Auch von den Töchtern des Königs überlebten einige, aber Ibn Saud hatte keine Ahnung, wie viele. *Die* zählte nie jemand. Er erläuterte das mit einer kleinen Geschichte.

Eines Tages kam zusammmen mit der Schwester des Königs eine junge Frau in den Harem und umarmte ihn herzlich. Den König irritierte diese Demonstration, aber er sagte nichts, bis sie gegangen war. Dann wollte er wissen, wer sie war.

»Was, du kennst dein eigenes Kind nicht?« lachte seine Schwester.

»Es stellte sich heraus«, erzählte er uns, daß sie eine meiner jüngeren Töchter war, die ich verheiratet hatte und seit Jahren nicht mehr gesehen hatte. Es ist bei mir keineswegs ungewöhnlich, daß ich den Namen eines Mädchens vergesse, aber diesmal vergaß ich sogar das Gesicht!«

Ich konnte nicht umhin, mich zu fragen, was wohl Freud aus all dem geschlossen hätte. Da das Bild des Vaters hier so fern und so kollektiv war wie der Weihnachtsmann, akzeptierte hier wohl schon das Kleinkind das als normal, was man in einer christlichen Gesellschaft eine »zerrüttete Familie« nennen würde. Was jedoch den durchschnittlichen Beduinen anbetraf, der sich nicht mehr als eine Frau leisten konnte, so beraubte ihn das System lediglich des Vergnügens einer gemischten Gesellschaft. Wo Frauen Leibeigene und Sklavinnen sind, sind auch die Männer Sklaven. Die »Freiheit« des Arabers war, von seiner unmittelbaren Familie abgesehen, auf eine reine Männergesellschaft beschränkt.

Ibn Saud war stolz auf seine väterlichen Errungenschaften und stolz auf sein Schwert: die Gewalt war das Gesetz der Wüste; der Verlierer wurde aufgefressen, und der Sieger trug die Flügel des Adlers. Genüßlich erzählte König Saud, wie er kurz vor der Jahrhundertwende Rijad eingenommen hatte, mit nur 40 Anhängern, von denen 20 desertierten. Bis 1926 brauchte er, um Mekka und Hedschas einzunehmen, König Hussein (den im Ersten Weltkrieg die Alliierten unterstützten) zu stürzen und schließlich in einem vereinigten arabischen Reich, das etwa ein Viertel der Größe der Vereinigten Staaten hat, die Herrschaft der Wahhabiten wiederherzustellen.

Auf einem von den Sternen beleuchteten Dach, unter dem strahlenden Kreuz des Südens, das den purpurfarbenen Himmel über der Wüstenpracht beherrschte, lud uns der König an einen großen U-förmigen Tisch, der zwei Dutzend am Stück gebratene zarte Lämmer zu tragen hatte. Um sie herum waren an riesige Bienenkörbe erinnernde Reis-Pilaus in gesonderten Schüsseln aufgebaut, die die Größe von kleinen Badewannen hatten. Ganze Haufen von mit Curry zubereitetem Geflügel, Fisch, Gemüse, Obst und frischen Datteln schimmerten im Licht der Fackeln. Es gab ungesäuertes arabisches Brot, so plattgewalzt wie Pfannkuchen; an einer Seite war jeweils ein Griff hineingebacken, so daß man auch in diesem Land, in dem man Eßinstrumenten abgeschworen hatte, die Speisen bequem zum Mund führen konnte.

Der König griff zu und brach mit der Faust eine Lammkeule ab, die er Mr. Mundt anbot. 30 Prinzen saßen mit uns am Tisch, so daß jeder von uns mehrere Helfer hatte. Vollgestopft wie Pekingenten wurden wir schließlich auf eine mit Teppichen belegte große Terrasse geführt, wo nun hofgehalten wurde. Tabak und Wein sind für Moslems verboten, doch der allgegenwärtige Kaffee gilt als fast gleichwertiger Ersatz.

Der Ober-Kaffee-Einschenker des Königs, Ibn Abdul Wahid, bewegte sich mit der Eleganz eines Tänzers; sein Dolch funkelte und seine Messingkanne flitzte wie eine Schlange durch die Reihe der Tassen. Eine Tasse faßt nur einen Fingerhutvoll von dem zähflüssigen Gebräu, wie es die Araber trinken. Und davon war noch die Hälfte Kaffeesatz, den Abul immer wieder mit einem extravaganten Schnörkel auf die teuren Orientteppiche kippte. Hinter Abdul kam der königliche Weihrauchträger, gefolgt vom königlichen Parfümträger. Den Schluß bildete der Mann, der des Königs eigenen Kessel mit Wasser aus Mekka trug sowie einen riesigen silbernen Freundschaftsbecher voll Buttermilch, eine den Gläubigen vorbehaltene Delikatesse, die den Gästen glücklicherweise erspart blieb.

Der arabische Monarch plauderte über die allgemeine Lage des Menschen, wie sie sich von seinem Platz aus darstellte. Als einer der absoluten Herrscher der Welt, als unbestrittener Herr, Gesetzgeber und Richter über alles, was er überblicken konnte, sprach der alte Wüstenkrieger herzliche, lobende Worte über die »Demokratie« und »unser gemeinsames Anliegen im Krieg«. (Er hatte es fertiggebracht, bis zuletzt neutral zu bleiben.) Es gab natürlich kaum etwas in seinem Land, das für einen Amerikaner als freies Wirtschaftsunternehmen« gelten würde – abgesehen von Aramco natürlich. Der König und seine Stammesaristokratie besaßen einfach das Land und alle Reichtümer in ihm und unter ihm. Der Tribut an Mekka war auch der Tribut an ihn, und zu dessen Schutz hatte er den Koran als sein Gesetz: ein Leben für ein Leben, ein Auge für ein Auge und eine abgeschlagene Hand für den Dieb. Durch eine strenge, seit tausend Jahren unveränderte Gesetzessammlung und durch eine geschickte Manipulation der Stammespolitik hielt Ibn Saud seine Nation aus etwa sechs Millionen hitzköpfigen Analphabeten und Nomaden zusammen, deren Vorfahren einst die christliche Welt und Asien mit dem siegreichen Schwert des Propheten verwüstet hatten. Dieses Volk, das bis dahin fast völlig von der modernen Wissenschaft und der industriellen Welt isoliert war, war nun im Begriff, davon überrollt zu werden, und kein Mensch konnte voraussehen, welche revolutionären Folgen das nach sich ziehen würde. Noch ein paar Jahre und ein paar Milliarden amerikanische Dollar, Cadillacs und Luxusartikel und Verderbtheit, die sich einige wenige mit Geld würden kaufen können – und die alte Stammesbrüderschaft würde in die Brüche gehen, würde nie wiederherzustellen sein.

Nun sprach der alte König von »Faschismus« und »Nazismus« und »Kommunismus«. Für ihn waren das alles gottlose Glaubensbekenntnisse, die »mit uns Demokratien nichts zu tun« hatten. Er hatte nie ein Land gesehen, in dem eines von ihnen herrschte, doch als er von seinem Zusammentreffen mit Roosevelt sprach, das 1944 am Roten Meer stattgefunden hatte, spielte er kein Theater. Der Präsident, der ein Stammeshäuptling war wie er, hatte ihn tief beeindruckt. Mit Tränen in den Augen erzählte er uns, wie er für den ganzen Palast eine einwöchige Trauer angeordnet habe, nachdem er von Roosevelts Tod erfahren habe.

Mich bewegte zwar diese Entfaltung arabischer Emotionen, aber ich war mir nicht sicher, ob die anwesenden Republikaner, die für ihn offenbar ebenso zum Hof des Präsidenten gehörten, seine Einstellung richtig zu würdigen wußten, als er mitfühlend sagte: »Ich ließ das Porträt mit seinem Autogramm zur Wand drehen. Ich konnte es nicht ansehen, ohne zu weinen.«

Da ich an mein Versprechen, den »vertraulichen« Charakter der Bemerkungen des Königs zu respektieren, moralisch gebunden bin, kann ich hier keine weltbewegenden Enthüllungen machen. Der Kern der »freimütigen Äußerungen« des Königs war, daß er pleite war! Wegen des Krieges waren die Zuwendungen und Gebühren aus den Wallfahrten nach Mekka ausgeblieben; seine Ölquellen hatten noch nicht angefangen, ihn zum reichsten Monarchen der Welt zu machen.

»Ich bin in der peinlichen Lage«, sagte er mit großen Augen, »daß mir mehr gehört, als ich besitze! Wir sind wirklich ein sehr reiches Land, aber es ist alles Öl, und es liegt noch unter der Erde. Die Ölgesellschaft zahlt mir zwar einen Ertragsanteil, aber die Fördermenge ist zu gering. Wir brauchen heute Geld, nicht morgen.«

Der Preis für Fleisch und Reis habe sich auf das Dreifache erhöht, der für Kleidung auf mindestens das Doppelte. Er brauche das Geld nicht für Luxusgüter oder irgendwelchen Firlefanz, sondern um seine Leute mit Kleidung und Nahrungsmitteln zu versorgen. Täglich finde er zweitausend hungrige Beduinen an seiner Tür, so sagte er; und nach allem, was ich sah, übertrieb er nicht. Es war schlimmer als Mekka. »Wenn Sie mir nicht glauben, schicken Sie mir Ihre Rechnungsprüfer herüber«, schlug er vor, »damit wir ihnen zeigen können, wo das Geld hingeht.«

An dem Tag hatte jeder in unserer Gruppe ein arabisches Festgewand und einen Burnus mit Quasten aus dem königlichen Goldfaden erhalten, außerdem eine goldene Uhr und einen mit Juwelen besetzten Dolch. Nun rutschten wir beklommen in unseren vergoldeten Sesseln hin und her. Staatsgeschenke, erklärte Ibn Saud, waren ein großer Posten im königlichen Budget. Er griff an den eigenen goldbestickten Burnus und strich ihn mit den Händen glatt.

»Früher zahlten wir dafür 40 Rial«, sagte er zu seinem Dolmetscher; »heute sind es fast schon 100.« Mrs. Bolton war inzwischen aus dem Harem zurückgekommen; der König hatte sie in einer beispiellosen Geste zu seiner Linken Platz nehmen lassen. Sie trug ihr neues arabisches Gewand und hatte den Schal elegant um die Schultern gelegt. Plötzlich streckte der Monarch die Hand aus und zerrte behutsam an dem Schal. »Oder das hier«, sagte er. »Vor dem Krieg verlangten indische Kaufleute von uns 50 Rial dafür. Heute zahlen wir 100 und mehr.« Dann berührte er ihr Kleid aus weichem Musselin. »Das hat früher vielleicht 150 Rial gekostet. Heute wollen die Kaufleute, diese Räuber, 400 oder 500 dafür. So, meine Herren, sieht die Inflation bei uns aus!«

Schließlich kam dann der König zu seinem eigentlichen Anliegen: er wollte hartes Geld. Überall verteile Amerika Geschenke, Darlehen und Leih-Pacht-Hilfe, nur hier nicht. Warum? Unterstütze arabisches Öl denn nicht ausschließlich die Demokratien? Wir verloren erheblich an Prestige, als unsere Volksvertreter zugeben mußten, daß wir kein Darlehen verfügbar hatten. Sie hatten nur den wenig ermutigenden Trost zu bieten, daß ein Antrag über das Außenministerium wohlwollend geprüft werden würde.

Ali Alirezeh, der angenehm nach Rosenwasser duftete, nahm meinen Arm. »Der König wird jetzt mit Ihnen sprechen«, verkündete er. Er führte mich zu seinem Souverän. Die Kongreßabgeordneten und Mrs. Bolton rückten zur Seite, und der König setzte mich neben sich. Er nahm meine Hand in seine eigene, die sich überraschend weich wie eine Frauenhand anfühlte, und hielt sie während unserer ganzen Unterhaltung fest. Als ich mich setzte, kam es zu einem leisen Rauschen, denn mit mir nahmen hundert Gefolgsleute Platz, und dabei raschelten ihre steifen Gewänder, und ihre Waffen klirrten im Gleichklang. Ihre Blicke wichen keinen Augenblick von mir. Noch nie hatte ich ein auf so seltsame Art öffentliches »Interview« geführt.

Ich fragte nach seinen eigenen Hoffnungen für die Nachkriegszeit im Mittleren Osten. Die Tage aller Kolonien und Mandate in Asien und Afrika seien gezählt, sagte er. Die Versprechungen der Atlantik-Charta bedeuteten, daß das ganze System bald aufgehoben werden müsse: die vollkommene und sofortige Unabhängigkeit auch für Ägypten, Syrien, Libyen und den Irak.

»Alle Araber«, sagte er, »verlangen volle Souveränität für alle Moslem-
staaten, vollkommene politische und wirtschaftliche Gleichheit – und natürlich ein Ende der Einwanderung nach Palästina!«

Er sprach ausführlich über die Bedeutung Palästinas als eines heiligen Ortes für 250 Millionen Moslems in der ganzen Welt. Es sei nicht fair, wenn
die Anglo-Amerikaner Palästina als einzigen Lagerplatz für jüdische
Flüchtlinge aus Europa benutzten. Nicht die Moslems hätten gegen die
Juden gesündigt, sondern die Europäer selbst. Moslems und Juden hätten
in Frieden zusammen in Palästina gelebt und könnten das auch weiterhin
tun, wenn man ihnen Unabhängigkeit und Selbstverwaltung geben
würde. Wenn aber einer versuche, den anderen hinauszuwerfen, oder
wenn den Moslems ein jüdischer Staat aufgezwungen würde, »könnte es
nie Frieden geben«.

»Uns Arabern hat man im letzten Krieg immer wieder Versprechungen
gemacht und uns dann immer wieder hereingelegt«, schloß der König.
»Wenn man uns diesmal nicht zuhört, wird es Blutvergießen geben.
Nicht nur um Palästina, sondern um Afrika. Nicht nur um die Übergabe
der italienischen Kolonien und Mandate, sondern um alle verbliebenen
Kolonialgebiete in Nordafrika.«

Er drückte mir zum Abschied die Hand und sagte: »Besuchen Sie uns wieder einmal. Kommen Sie, wenn Sie etwas länger hierbleiben können. Erzählen Sie den Menschen in Ihrem Land von unserer Freundschaft und
unserer Bedrängnis.«

Wenn ich an diese Szene zurückdenke, an Ibn Saud, der sich erniedrigte
und bei durchreisenden Kongreßabgeordneten, die damals die Vereinigten Staaten nur widerwillig zu irgend etwas verpflichteten, um ein paar
Dollar bettelte, wird mir wieder klar, daß wir noch sehr weit davon entfernt waren zu verstehen, wie sehr wir uns in die Angelegenheiten dieser
Länder, die praktisch auf der anderen Seite des Erdballs lagen, verstrickt
hatten, nur weil amerikanische Ölgesellschaften jene unter dem Sand
Arabiens verborgenen riesigen Meere an kostbarem Öl beanspruchtes. In
absehbarer Zukunft würden wir in dieser rückständigen Monarchie einen
Teil der »freien Welt« entdecken, der nach Verteidigung verlangte. Innerhalb des nächsten Jahrzehnts würden amerikanische Ölmagnaten
mehr als nur ihre ursprüngliche Investition in Arabien hereinholen und
fast eine Milliarde Dollar kassieren, ohne dafür dem König oder Uncle
Sam einen Pfennig an Steuern zu bezahlen. Wenn aber nicht die amerikanischen Ölmagnaten, wer dann? Die Kommunisten? Vielleicht. Doch
schon 1945 hatte ich das Gefühl, daß sich in des alten Monarchen instän-
diger Bitte um Großzügigkeit bereits etwas anderes ankündigte: eine
neue Zeit, in der Arabien – wie der gesamte Osten – den zwei großen
nichtmohammedanischen Lagern die Pest an den Hals wünschen und ihre
Bodenschätze nationalisieren würden, um allein den Arabern den Profit

zukommen zu lassen. Ich stand dabei unter dem Einfluß eines Gesprächs, das ich in Rijad mit Harry St. John B. Philby geführt hatte, dem zum Islam übergetretenen Engländer, der viele Jahre lang Ibn Sauds einziger ausländischer Berater war.

»Ich gebe den Ölgesellschaften noch 20 Jahre«, sagte er. »Dann werden die Araber die Sache selber in die Hand nehmen.«

3 Ein Augenblick in Delhi

Auf dem Willingdon-Flughafen in Neu-Delhi fühlte ich mich wieder auf vertrautem Boden. Von hier war ich nach Kalkutta geflogen, zu den weißen Villen und den palmenumsäumten Ufern von Bombay, ins üppig grünende und vom ewigen Schnee des Nanga Parbat überragte Tal des Jhelum, zum höchsten Stockwerk der Welt in Darjeeling und während des Krieges mehrmals über den Himalaja nach Yunnan. Auf dem Willingdon-Flughafen hatte ich General Stilwell zum letztenmal gesehen, als wir eine Stunde lang in seinem Flugzeug saßen, während er mir in einer schrecklichen Darstellung von seinen Schwierigkeiten mit der »Erdnuß« – so nannte er den Generalissimus Chiang – erzählte, »damit Sie zu gegebener Zeit den Leuten in Amerika wahrheitsgetreu berichten können, wie ihr Geld in China rausgeworfen wurde«. Und später landete ich noch einmal in Willingdon, in einem Indien, das eben erst seine Unabhängigkeit gewonnen hatte.

Ich fuhr weiter nach Alt-Delhi, wo ich in den behaglichen Räumen des gut geleiteten Cecil-Hotels, einem Paradies nach dem Metropole, ohne Mithilfe von Zensoren einen letzten Bericht über Rußland schrieb und nach Amerika schickte. Mein Artikel trug die Überschrift »Rußland mißtraut uns noch immer« und faßte zusammen, was vier Jahre Unterstützung für Rußland nach Ansicht George Kennans, zu der Zeit politischer Berater an unserer Moskauer Botschaft, gebracht hatten. Kennan war dabei, jene Theorie zu entwickeln, die als amerikanische »Politik der Eindämmung« gegenüber der Sowjetunion bekannt wurde – später arg entstellt, weil Amerika allzu einseitig im bewaffneten Vorgehen der Kommunisten die hauptsächliche Bedrohung des politischen Status quo sah, obwohl dieser in vielen Teilen der Welt offensichtlich aus anderen Gründen zerbröckelte. Das Cecil-Hotel steht am Rande Alt-Delhis in einem großen Anwesen inmitten ausgedehnter Rasenflächen und Gartenanlagen; mächtige bengalische Feigenbäume werfen ihre Schatten auf das Hotel, und es wird durch schmucke Tennisplätze und ein großes Schwimmbecken vervollständigt; am Ende eines schmalen Weges liegt, oder lag, ein Park mit zahmen Pfauen. Wenn die Sonne sich zu senken begann, servierten die weißgekleideten Kellner des Cecil-Hotels Tee im

Freien; dann kam es darauf an, daß man die Waffelbrötchen schnellstens in den Mund bekam, bevor einem die Falken zuvorkamen. Stundenlang schwebten diese großen schnellen Vögel bewegungslos und fast außer Sichtweite durch die Lüfte, bis ihre scharfen Augen ein offen daliegendes Stückchen Brot erspähten. Dann stießen sie blitzschnell zu. Ein unvorsichtiger Gast konnte zwischen Teller und Mund leicht das Brot und ein Stück seiner Haut verlieren. Wenn man ein Stück Teekuchen in die Luft warf, stürzte sich ein Falke drauf, noch bevor es zur Erde zurückfiel.

Als ich vor Jahren zum erstenmal nach Delhi kam, wimmelte es von Affen, die gerne die Eisschränke ausplünderten und sich mit den Falken um frei herumliegende Nahrungsmittel stritten. Trotz solcher geringfügigen Gefahren im Freien und gelegentlichen Eidechsen, Chamäleons und Skorpionen im Haus hatte das Cecil in der Regel eine Warteliste. Die mütterliche schweizerische Besitzerin, Frau Hotz, schaffte es immer, für einen Korrespondenten irgendwo Platz zu machen. Sie reservierte für uns einen großen runden Tisch, an dem man ein gutes Essen bekam, das sich meistens um köstliche Currysoßen und Reis-Pilaus drehte. Zu meinen Tischgenossen auf früheren Reisen gehörten: Herb Matthews von der *New York Times*; der hagere und mürrische Bill Chaplin von der N.B.C.; der ruhige und sensible Bill Fisher von *Time-Life*, der eines Tages ins Meer gehen und sich ertränken sollte; der unglückliche John Morris, der sich für einen ähnlichen Ausweg entschied, als er von einem New Yorker Büro der United Press auf die Straße sprang; Preston Gover von der Associated Press; Arch Steele, auch ein Freund aus meinen alten Chinatagen, heute bei der *Herald Tribune*; der nicht unterzukriegende Darrell Berrigan (United Press), der sich allen in Asien Herumirrenden freundschaftlich verbunden fühlte; Ben Robertson, dessen Tod beim Absturz eines Clippers ich bereits an anderer Stelle erwähnte; und der verrückte und hochbegabte Jack Belden, mit dem ich vom Krieg in China berichtet und in einem Hausboot in Kaschmir gefaulenzt hatte.

Nun hatte es die Überlebenden nach Osten und nach Westen verschlagen, aber Indien stand am Vorabend des großen Übergangs und sollte bald wieder ein Mittelpunkt der Nachrichten werden und bleiben. Nachdem die Briten Indien gegen die Japaner gehalten hatten, konnten sie es nun nicht mehr gegen die Inder halten. Gandhi mochte nicht ausgereicht haben, doch die Stimmung der neuen, gut ausgerüsteten und gut geschulten indischen Armee und ihrer Offiziere reichte mit Sicherheit aus. In England war die Labour Party an die Macht gekommen, und ihre Politik hieß Unabhängigkeit, je eher je besser. In diesem Punkt waren die Briten klüger als die Franzosen in Indochina und Nordafrika, klüger auch als die Holländer in Indonesien. Dadurch, daß sie Indien gerade noch rechtzeitig aufgaben, ersparten sie es den Indern, das Empire – oder Commonwealth, wie es nun richtiger hieß – aufzugeben.

Als ich diesmal abreiste, wußte ich, daß Indien nie wieder sein würde wie früher: für die Briten nicht und für alle anderen Weißen auch nicht. Die Zeiten waren vorbei, in denen es Privilegien und Ansprüche auf rassische Überlegenheit gab, die vom Prestige des weißen Oberherren abhingen. Und ein Bild blieb mir im Gedächtnis, das auf kuriose Weise den endgültigen Anachronismus dieser Zeit symbolisierte, in der das Empire auseinanderbrach.

Bei einem Londonaufenthalt während des Krieges war ich in der Downing Street gewesen, um Mr. L. S. Amery aufzusuchen, der die gehobene Position des Staatssekretärs für Indien innehatte. Er saß auf einem hohen geschnitzten Stuhl hinter einem gewaltigen geschnitzten altmodischen Schreibtisch und erklärte mir geduldig, weshalb die Briten nicht imstande gewesen seien, eine Hungersnot in Indien zu verhindern

»Der kriegsbedingte Mangel an Schiffen bedeutete einen Mangel an Lebensmittelimporten. Aufgrund der den Indern angeborenen Neigung zum Horten kommt es natürlich auf dem Markt zu einer Verknappung der Nahrungsmittel, nicht wahr? Unsere Zentralregierung hatte einfach nicht die Macht, die Verteilung auf nationaler Ebene zu organisieren.«

Nein, die hatte sie ganz gewiß nicht, dachte ich. Während er redete, ließ ich meinen Blick durch den Raum schweifen; er war mit dunklem Eichenholz getäfelt, schlecht ausgeleuchtet und kahl bis auf ein paar mit Fliegenschmutz befleckte Porträts von Vizekönigen und ihren Adjutanten. Ich konnte mir nicht helfen, ich mußte an all die vornehmen Hinterteile denken, die hier gesessen haben mußten. Vielleicht sogar Hastings selbst? Sicherlich jedoch Wellington, Minto, Kitchener, Curzon, die schattenhaften Riesen, die Männer, die das Empire geformt hatten.

Als unser Interview zu Ende war, ging ich um Amerys Schreibtisch herum, um ihm zu danken, und ich streckte meinen Arm nach oben – so hoch war sein Stuhl –, um ihm die Hand zu geben. Erst jetzt, als ich hinter dem Schreibtisch stand, bemerkte ich, wie klein Amery in Wirklichkeit war. Ich glaube, er stand deshalb nicht von seinem Stuhl auf, weil er dazu den Schemel hätte benützen müssen, mit dessen Hilfe er vorher auf den Stuhl geklettert war und auf dem nun, ein gutes Stück über dem Boden, seine Füße ruhten. Es kam mir in den Sinn, daß die britischen Gentlemen, die hier als Oberherren über Indien gesessen hatten, seit Jahren gewußt haben mußten, daß sich England nicht mehr hoch genug würde aufrichten können, um von einem so kleinen und fernen Zimmer aus die zweitgrößte Nation der Welt zu regieren.

»Die Freiheit steigt nicht zu einem Volk herab«, besagt jene in den roten Sandstein gemeißelte Inschrift am Palast des Vizekönigs in Indien, »ein Volk muß aufstehen, um der Freiheit gewachsen zu sein.« Die Engländer hörten und beachteten jetzt dieses Aufstehen.

Heute kann man sich kaum mehr eine Versammlung von Nationen ohne

Indien vorstellen. Noch vor kaum einem Jahrzehnt konnten sich Indiens Nachbarn nicht mit Indien auseinandersetzen, wenn nicht ein englischer König seinen Segen dazu gab. Indien war auf der Weltbühne immer noch ein politisches Nichts, und noch nie in unserer Geschichte war ein Inder von seinen Landsleuten dazu ausersehen worden, sie in den Vereinigten Staaten zu repräsentieren.

Zwei Jahrhunderte lang beherrschte England die ungleiche Bevölkerung in diesem weit auseinandergezogenen Subkontinent nach dem Motto *divide et impera*. Nun, da diese Zeit zu Ende ging, kursierte bei den Engländern in Indien ein letzter gequälter Scherz. »Wir haben geteilt und geherrscht«, sagten sie, während sie ihre Klubs schlossen und sich anschickten, das, was als Britisch-Indien eine Einheit gewesen war, in zwei Teilen zurückzulassen – in Pakistan und der Indischen Union. »Und nun«, schlossen sie, »teilen und *verschwinden* wir.«

Doch die Biene, die die Blume beraubt, befruchtet sie zugleich, und Großbritannien hinterließ einige nachhaltige Beiträge zur asiatischen Zivilisation. In seiner glänzenden historischen Studie »Asia and Western Dominance«* nennt K. M. Panikkar, einer der fähigsten indischen Diplomaten mit britischer Ausbildung und ein enger Freund Nehrus, eine Fülle von nützlichen Folgen der langen europäischen Vorherrschaft: die asiatischen Reformbewegungen (einschließlich einer Hindu-Reformation) im 19. und 20. Jahrhundert, »Erziehungsmethoden, Wohlfahrtsprogramme, politische Schulung« und den »ersten modernen Staatsbegriff im asiatischen Denken« sowie »den notwendigen Mechanismus, um ihn beizeiten realisieren zu können«. Panikkar räumte ferner ein, daß der westliche Imperialismus bei aller Übervorteilung und Ausbeutung auch republikanische Ideale förderte, mit denen sich der »orientalische Despotismus« ersetzen ließ, und daß er »ein wirklich großartiges Rechtssystem« brachte. Unter ihm sei die organisierte Arbeiterschaft zu einer neuen gesellschaftlichen Kraft geworden, der Status der Frau habe sich erheblich gebessert, die ganze Welt der modernen Wissenschaft sei erschlossen worden, und es habe eine enorme Bereicherung für Sprache und Kunst gegeben.

Die Kommunisten in Asien wären mit dieser großzügigen Bewertung wohl kaum einverstanden. Dabei war es ebenfalls dem westlichen Einfluß zuzuschreiben, daß der marxistische Kommunismus – dieser höchst brisante und häretische, aber sicherlich direkte Nachkomme des jüdisch-christlichen Gedankengutes – nach Asien kam, um jene in früheren Jahrhunderten von christlichen Missionaren begonnene Herausforderung an das Gedankengut orientalischer Glaubensbekenntnisse und Philosophien fortzusetzen.

* New York (John Day) 1954.

In dieser Synthese privater und öffentlicher Geschichte hatte sich ein Gesichtspunkt allmählich herausgeschält. Mit Anbruch des Atomzeitalters erlebte er jedoch eine plötzliche Änderung.

In Moskau haben wir schon gesehen, daß die russischen Kommunisten unter einem inneren Zwang standen, das veraltete stalinistische Dogma und die stalinistische Doktrin zu revidieren, um mit den stark veränderten Zuständen in Europa fertig zu werden. Als ich nun wieder in Asien war, sah ich, daß die Vereinigten Staaten mit der Notwendigkeit konfrontiert waren, ebenso schnell umzudenken, um dort auf einer neuen hohen und gleichen Stufe den freien Staaten gegenübertreten zu können, die aus den Kolonien hervorgingen und die die Größe der politischen Welt praktisch verdoppeln würden.

In Rußland hatte ich alle Illusionen zurückgelassen, die ich bezüglich der Fähigkeit der Stalinisten, zu einer friedlichen Vereinigung Europas unter einer sozialistischen Gesellschaftsform beizutragen, vielleicht einmal hatte – auch wenn die Gelegenheit dazu noch nie so gut gewesen war. Da die Russen mit ihren eigenen schweren Wunden zu tun hatten und da sie in ständiger Angst lebten, ihre Schwächen könnten von den Alliierten im Westen erkannt und ausgenützt werden, und da sie an einem Schuld- und Minderwertigkeitskomplex litten, der sich nach dem überraschenden Einsatz der amerikanischen Atomwaffe fast zur Paranoia steigerte, ließ der Kreml von nun an fast keinen jener Fehler aus, die die Freunde des Sozialismus im westlichen Europa verletzen und seine Gegner ermutigen mußten. Da sie durch eine feindselige amerikanische Politik (und ihre eigenen diplomatischen Fehler) vom Import an Investitionsgütern, die sie für die gewaltigen Aufgaben des Wiederaufbaus so dringend benötigten, abgeschnitten waren, griffen die russischen Führer zu der harten Alternative: aus den besetzten Ländern wurden erbarmungslos Reparationszahlungen herausgeholt. Damit reduzierten die Sowjets schon bald ihre natürlichen Verbündeten in den Satellitenstaaten, die »einheimischen« Kommunisten, zu reinen Geldeintreibern und Polizisten.

Der frühe Widerspruch der sowjetischen Politik in Osteuropa kam daher, daß Rußland eine doppelte Rolle spielte, als Befreier und Gefängniswärter, als Revolutionär und Ausbeuter, als großmütiger Kamerad und Iwan der Schreckliche, der väterliche Bestrafer. Mit Stalins Versuch, Tito zu vernichten, erreichten die paradoxen Aspekte der sowjetischen Politik gegenüber Bruderstaaten, die von Kommunisten regiert wurden, ihren dramatischsten Punkt der Unvereinbarkeit. Titos erfolgreicher Widerstand gegen die absolute russische Diktatur und gegen das Prinzip der Unfehlbarkeit des Kremls signalisierte den Beginn einer neuen Heterodoxie in der kommunistischen Weltbewegung – ein Prozeß, der durch brutale stalinistische Unterdrückungsmaßnahmen in Osteuropa aufgehalten wurde, der aber heute noch andauert. Als ich mich kurz nach dem Bruch zwischen Jugoslawien und Stalin in diesem Sinne äußerte*, wurde ich wegen meiner Voraussagen von Schreiberlingen der Partei als »imperialistischer Agent« beschimpft; der Weg ins stalinistische Rußland war mir auf immer verbaut.

In Asien mußte das amerikanische Dilemma anders dargelegt werden. Es hatte mit einer Spaltung des Nationalcharakters zu tun, die nicht weniger fundamental war. Der große Reiz des amerikanischen politischen Ideals beruhte schon immer auf der universellen Anwendbarkeit des revolutionären Glaubens des Amerikaners, des Glaubens an das natürliche Recht jedes Volkes auf nationale Unabhängigkeit, souveräne Gleichheit, territoriale Unantastbarkeit und Selbstbestimmung: freie Wahl einer Regierung aus dem Volk, durch das Volk und für das Volk. Diese Prinzipien waren von Zeit zu Zeit in der Außenpolitik der Vereinigten Staaten wiederholt worden, zusammen mit dem zusätzlichen Grundsatz einer Nichteinmischung in die inneren Angelegenheiten anderer Nationen. Nun brachte ein weltweiter Sieg für Amerika die unerhörte Macht und die Versuchung mit sich, sich einzumischen, um die Selbstbestimmung durch andere zu beschleunigen, und zwar in einer Weise, die den Interessen der USA dienlich war.

Die Vereinigten Staaten schwankten zwischen einem historischen Neutralismus (»keine verstrickenden Allianzen«) und dem »offenbaren Willen des Schicksals« (manifest destiny), zwischen der Unterstützung Westeuropas mitsamt dem Status quo seines Kolonialsystems und Tom Paines Sympathien für alle unfreien Völker; während man einerseits allenthalben wortreich für nationale Freiheit plädierte, verfolgte man andererseits Praktiken, die heute die Unabhängigkeit und morgen die fremde Oberherrschaft unterstützten, war man heute Befreier und morgen Verbündeter von Diktatoren, war man heute Isolationist und morgen Interventionist. Diese Schizophrenie in unserer Außenpolitik führte schließlich dazu, daß wir eine neue Folklore akzeptierten, in der der Begriff »freie Welt« nichts anderes bedeutete als »71 Länder außerhalb des Eisernen Vorhangs, die wir irrtümlicherweise als die ›freie Welt‹ bezeichnen«, wie der Abgeordnete Thomas B. Curtis sagte. Mit 41 von ihnen sollten die USA militärische Bündnisse eingehen. »Von diesen 71 Nationen«, sagte Mr. Curtis, »sind 49 [...] Diktaturen oder strenge Oligarchien, und die Mehrheit fällt nicht einmal unter den Begriff der ›wohlwollenden‹ Diktaturen. Von den verbleibenden 22 Nationen haben sicherlich die meisten einen gewissen Anspruch auf das Adjektiv ›frei‹, [...] doch was das Wirt-

* »Can Tito's Heretics Halt Russia?« in der Saturday Evening Post vom 11. Dezember 1949.

schaftssystem bei einigen von ihnen betrifft, so ist es oligarchisch, und ein kleiner Prozentsatz der Bevölkerung lebt auf Kosten der übrigen 99 Prozent.«* Und diese Aufstellung berücksichtigt noch nicht mal die immer noch zahlreichen Kolonien unserer »freien« Verbündeten, die durch die NATO unterstützt werden.

Zwischen zwei Weltkriegen bezog sich der Begriff »imperialistisch« weitgehend auf Großbritannien, Frankreich und die Niederlande. In Europa enthüllte der Streit zwischen dem Titoismus und dem Stalinismus die zaristischen Atavismen hinter der »Kolonialpolitik« Sowjetrußlands gegenüber seinen europäischen Satelliten. Es war bestürzend, mit anzusehen, wie nun im Osten Amerika zu einem neuen Brennpunkt für einen aufgespeicherten Rassenhaß und nationales Ressentiment und Mißtrauen wurde, während das rebellierende Asien tastend nach einem neuen Gleichgewicht suchte.

Revolutionen, die nicht weniger echt und volkstümlich waren als der frühe amerikanische Unabhängigkeitskampf, gärten unmittelbar nach dem Krieg in China, Indien, Birma, Indochina, Indonesien und Korea und Malaya. Nur in wenigen Fällen unterstützten die USA offen die Revolutionäre bei ihrem Kampf um die Macht, und selten einmal zeigten sie echtes Verständnis für die Tatsache, daß Kolonialvölker in ihrer eigenen Befreiung das wichtigste Ziel des Zweiten Weltkrieges sahen. Alle diese Erhebungen waren im wesentlichen eine Angelegenheit der Einheimischen; sie waren antiimperialistisch und sozialrevolutionär und trugen nationalistischen Charakter. Ursprünglich war nicht eine von ihnen antiamerikanisch. Sie erwarteten, wenn schon nicht materielle, so doch moralische Hilfe von Amerika.

Das amerikanische Verhalten in Asien entsprach aber auch nicht der klassischen marxistisch-leninistischen Definition des »Imperialismus«. Ihr Kern war die Ausnutzung von Markt- und Rohstoffmonopolen in den Kolonien, um damit für die ausländische Bourgeoisie Supergewinne zu erzielen. Das merkwürdige an der amerikanischen Außenpolitik war vielmehr, daß oft die aus ihrer Erfüllung erzielten Gewinne fast ausschließlich auf einer Ausbeutung des heimischen amerikanischen Marktes beruhten. Die Regierung kassierte von der amerikanischen Öffentlichkeit die Milliardenbeträge, die sie dann gegen Gewinnbeteiligung an private Industrielle und Bankiers weitergab, die sich zuerst an der Leih-Pacht-Hilfe und später am Waffenhilfeprogramm beteiligten. Dieser »Auto-Imperialismus« entwickelte bei der Verteidigung der Demokratie und der Befreiung von der Furcht vor dem Kommunismus trotzdem seine eigenen verwirrend paradoxen Seiten.

* Protokoll des US-Kongresses vom 18. Februar 1955, zitiert in: K. Zilliacus: »A New Birth of Freedom«, New York 1958.

So sahen sich Amerikaner schon kurze Zeit nach Kriegsende in eine Position manövriert, in der sie Frankreichs Marionettenkaiser und Playboy Bao Dai unterstützten, der einer legitimen Unabhängigkeitsbewegung in Indochina gegenüberstand; sie intervenierten aktiv im chinesischen Bürgerkrieg und versuchten, die Diktatur, die privaten Besitz repräsentierte, vor der Zerstörung durch die Diktatur, die Staatsbestiz befürwortete, zu retten; sie unterdrückten eine beginnende sozialistische (nichtkommunistische) Revolution in Korea, die bereits an der Macht war, als unsere Truppen Seoul erreichten, und sie brachten Mr. Rhee aus seinem langen Exil ins Land zurück, damit er dort einen privaten Polizeistaat errichten konnte; sie finanzierten und bewaffneten den aussichtslosen niederländischen Traum, das unabhängige Eingeborenenregime in Indonesien zu stürzen und die Macht wieder ihrer eigenen Königin zu übertragen; in Thailand unterstützten sie den asiatischen Anführer (Pibul Songrram), der sein Land im Krieg auf die Seite der Achsenmächte geführt hatte; und sie verfolgten in Spanien und auf den Philippinen eine Politik, deren Resultat war, daß sich die Macht der politischen Kollaborateure der Achse stabilisierte.

Ich erlebte, wie die britische Armee mit einem Manöver, das an das trojanische Pferd erinnerte, Saigon einnahm; General Douglas Gracey, ein redlicher Soldat, der politische Hinterlist haßte, fand diese Aktion selbst widerlich; er führte nur Befehle aus. Die Briten versprachen den einheimischen vietnamesischen Revolutionären (damals größtenteils keine Roten), sie würden das Land nur betreten, um die Japaner zu entwaffnen. Nachdem die Eingeborenen sie ohne Blutvergießen an Land gehen ließen, holten die Briten die französischen Beamten der Vichy-Regierung und die Offiziere der Fremdenlegion aus dem Gefängnis. Dann halfen sie den Franzosen beim Versuch, die Vietnamesen wieder zu unterwerfen – dieselben Vietnamesen, die vorher von den Franzosen ohne Kampf den Japanern ausgeliefert worden waren. Zu diesem Zweck bedienten sich die Alliierten ausgiebig der japanischen Truppen, zu deren Entwaffnung sie eigentlich ins Land gekommen waren.

Ich schrieb in der *Post*, daß ich denen, die sich über diesen Betrug beklagten, gesagt hatte: »Wenn ihr Annamiten wirklich eure Unabhängigkeit wollt, dann wartet nicht auf unsere Hilfe. Ihr werdet wie die Wilden darum kämpfen und zu Tausenden sterben müssen, ihr werdet so unablässig und so penetrant Ärger machen müssen, daß für die Franzosen der Aufwand zu einer erneuten Unterwerfung zu groß wird, und ihr werdet die öffentliche Meinung in den Vereinigten Staaten in Bewegung setzen müssen. [...] Und wenn ihr zu solchen Opfern nicht bereit seid, ist es besser, wenn ihr gleich in die Knie geht und das Joch wieder auf euch nehmt.«

Als ich bei einem Wiedersehen in Tokio mit General Douglas MacArthur über diese Dinge sprach, überraschte er mich mit der Heftigkeit seiner Antwort. »Wenn es etwas gibt, was mich rasend macht«, sagte er, »dann ist es das Vorgehen unserer Alliierten in Indochina und Java, die mit Hilfe japanischer Truppen diese kleinen Völker zurückerobern wollen, denen wir die Befreiung versprochen haben. Es ist Verrat von der gemeinsten Sorte, Snow, und er setzt unsere Sache auch überall sonst im Orient aufs Spiel.«

»Heißt das, daß Sie dafür sind, all denen da draußen die Freiheit zu geben?« fragte ich.

»Ganz entschieden bin ich dafür!« Dann ging MacArthur sofort auf eine unausgesprochene Kritik ein, denn er fügte hinzu: »Nehmen wir einmal an, ihre Politik ist tatsächlich korrupt, und nehmen wir an, sie werden keine ehrlichen Wahlen abhalten, so wie mir das Paul McNutt für die Philippinen vorausgesagt hat. ›Paul‹, sagte ich zu ihm, als er neulich Klage darüber führte, ›Sie haben absolut recht. Die werden tatsächlich keine ehrlichen Wahlen abhalten; aber ich will Ihnen gleich noch etwas sagen: die Filipinos werden eine Wahl abhalten, die nicht weniger ehrlich ist als alle Wahlen, die je im Staat Indiana stattgefunden haben!‹ Daraufhin sagte Paul kein Wort mehr. Was hätte er auch sagen sollen?«

Nichtsdestoweniger lieferten wir auch weiterhin Frankreich die Waffen und Schiffe, ohne die es sich nicht mal ein Jahr lang hätte behaupten können; so aber verschwendete Frankreich ein ganzes, verlorenes Jahrzehnt auf jenen Bürgerkrieg in Indochina, in dem Hunderttausende von Menschen, die uns nichts zuleide getan hatten, ihr Leben lassen mußten. Bevor das Abenteuer zu Ende war, hatte Frankreich dafür den Gegenwert jener Leistungen vergeudet, die es von uns im Rahmen des Marshall-Planes erhalten hatte, und Mr. Dulles drohte verwegen, Wasserstoffblitze gegen die Chinesen zu schleudern, wenn sie es wagen sollten, »diesen kleinen Völkern, denen wir die Befreiung versprochen haben«, in gleichem Ausmaß Hilfe gegen die Franzosen zu geben.

Am Ende war es so, daß die Franzosen gingen, die Einheimischen dablieben, und die Amerikaner bezahlten – und sie tun es bis heute.

5   Weiter nach Osten

Drüben in den Philippinen bezahlten die Amerikaner auch, aber mit etwas besseren Ergebnissen. Zumindest mochten uns hier die Leute. Sie sprachen englisch, sie verstanden uns, sie vertrauten unserer Garantie für ihre Unabhängigkeit und warteten zuversichtlich auf unsere Hilfe.

Hilfe kam denn auch in Hülle und Fülle, Milliarden an Geld und Material. Leider war diese Hilfe durch die typischen üblen Aspekte unserer Wirtschaft der »auffälligen Verschwendung« gekennzeichnet, was sie zu einem zweifelhaften Modell für unterentwickelte Länder machte. Auch wenn diese Hilfe den Pflanzer und den Geschäftsmann großzügig unterstützte, so gelangte fast gar nichts davon in die Hände der zugrunde gerichteten kleinen Bauern und der besitzlosen Stadtbewohner, die den größten Teil der Bevölkerung darstellten. Der Mann mit dem Bargeld (oft der Exkolloraboteur) riß bald die ganzen Waren an sich und zog dem Verbraucher die inflationären Dollars aus der Tasche. Als die Unabhängigkeit kam, hatten die Filipinos immer noch nicht gelernt, wie sie aus den sagenhaft reichen und kaum angetasteten Naturschätzen ihres Landes eine autarke Wirtschaft entwickeln konnten.

An einem Wochenende fuhren Darrell Berrigan und ich über die aufgerissenen Straßen in Luzon und hinauf nach Baguio, um mein altes Landhaus inmitten der duftenden und mit prachtvollen Bergorchideen behangenen Kiefern zu besuchen. Von außen schien das Haus noch intakt. Wir standen am Rand einer steil abfallenden Schlucht. Vom Haus aus blickten wir in ein 1500 Meter tiefes Tal hinunter und genossen die atemberaubende Aussicht auf den weit unter uns liegenden weißen Pazifikstrand. Als wir von dieser eineinhalb Kilometer hohen Veranda ins Haus traten, entdeckten wir, daß dort ein ganzes Igorotendorf sein Lager aufgeschlagen hatte. Krieger und Squaws im Homespun und Lendenschurz hockten auf dem Boden. Mit ihren zusammengebundenen Haaren, mit ihrem Lächeln, das weiße Zähne aufblitzen ließ, mit ihren Messern, die sie in den geflochtenen Gürteln stecken hatten, und mit den reizenden schwarzäugigen Kindern zu ihren Füßen boten sie das Bild eines geordneten Durcheinandus in diesem schönen, rauchgefüllten Haus, das von Dean Worcester gebaut worden war, dem ersten Kommissar Amerikas für die nichtchristlichen Stämme in Luzon.

Die ganze vornehme Wandtäfelung aus Naraholz war herausgerissen worden, und die Mahagoniböden waren zum größten Teil zerkleinert und verfeuert worden. Ganz im Innern des Hauses waren im typischen Stil der Igoroten sechs Eingeborenenhütten errichtet worden; jede war eine geschlossene Behausung mit Wänden aus Rinde und Bambus, jede hatte einen eigenen Eingang, der gerade so hoch war, daß man durchkriechen konnte, und seinen eigenen Kamin, aus dem der Rauch in den äußeren Wohnbereich quoll. Diese Igoroten waren durch Bomben oder Brände aus ihrem nebeligen Regenbogenparadies in Bontoc vertrieben worden und waren dann auf der Suche nach einer Unterkunft in Angst und Schrecken hinunter nach Baguio gezogen. Vielleicht hatte sich ein alter Krieger an den gütigen Vater Worcester erinnert und war gekommen, um ihn aufzusuchen. Wie auch immer sie das alte Haus gefunden haben mochten, es muß ihnen mit seiner Wandtäfelung und seinen Böden, die sich als Nahrung für knackende Feuer anboten, auf denen sie den köstlichen braunen Reis von ihren steilen Bergterrassen kochen konnten, wie die

Antwort auf ein Stoßgebet vorgekommen sein. So baute sich der braune Mann sein Zuhause wieder auf – im Innern des vom weißen Mann zurückgelassenen Hauses.

Was Japan betraf, so schien es zunächst, als würde der amerikanische Erfolg dort zu einem dauerhafteren Denkmal für die geschickte Hand des Generals MacArthur, der hier eine Rolle spielte, auf die er sich – so sah es jedenfalls aus – sein ganzes Leben vorbereitet hatte. Es war eine Ironie, daß ausgerechnet MacArthur, im Grunde seines Herzens noch mehr Tory als Winston Churchill, der Mann war, der die wirklich radikalen Richtlinien von Potsdam durchsetzte. Er hielt sich dabei ganz streng an den Wortlaut. Innerhalb von sechs Monaten erlebte ich ein verwandeltes Japan. Die Nation wurde schnell und total abgerüstet, die wichtigsten Kriegsverbrecher vor Gericht gestellt und bestraft, die Unterdrückung durch die Polizei aufgehoben, Oppositionsparteien zugelassen; Gewerkschaften wurden organisiert und begannen sofort mit Tarifverhandlungen, totalitäre Propaganda und Erziehung wurden zugunsten unserer Seite verboten, *zaibatsu*-Industriemonopole wurden zerschlagen, Frauen erhielten den gleichen Rechtsstatus wie Männer, und eine Agrarreform wurde eingeleitet. Schließlich schrieb Prokonsul MacArthur den Japanern eine nagelneue Verfassung, die mit ihren Garantien für all diese Neuerungen selbst Jefferson übertraf. Sie verzichtete für alle Zeiten auf Waffengewalt als ein Instrument nationaler japanischer Politik.

»Ich könnte glatt erschossen werden«, sagte eines Tages beim Mittagessen MacArthur vertraulich zu Marty Sommers, Grove Patterson und mir, »wenn ich einiges von dem, was ich hier mache, zu Hause versuchen würde. Man würde mich einen Bolschewisten nennen, wenn ich Standard Oil oder die US Steel Corporation so zerschlagen würde, wie ich die *zaibatsu*-Monopole hier zerschlagen habe.« Seine eigene – oder Potsdams – Kühnheit schien ihn mit Ehrfurcht zu erfüllen. »Natürlich führe ich nur Befehle aus. Aber es ist praktisch eine Revolution, meine Herren, eine Revolution!«

Und das war es auch – aber eben keine totale Revolution, sonst wäre MacArthur zuletzt nicht noch Präsident der Firma Remington-Rand geworden. Wir schonten den Kaiser, und mit ihm retteten wir sowohl die Grundlagen der gesellschaftlichen Struktur als auch die Struktur der Wirtschaft. Bevor unsere Besatzungszeit zu Ende war, hatten sich die Reformen durch die praktische Anwendung stark abgeschwächt. MacArthur zerschlug die *zaibatsu* und machte kleine Firmen aus großen. Aber niemand sagte ihm, er solle irgend etwas anderes aus ihnen machen. Wir nationalisierten sie nicht; dazu waren wir nicht autorisiert. Wir konnten gewöhnlichen Leuten kein Geld leihen, damit sie sie aufkaufen konnten – nicht mal, als sie sich in industriellen Genossenschaften organisierten, wie ich entdeckte, als ich als Berater hinzugezogen wurde. Es stellte sich heraus, daß niemand das Geld hatte, die industriellen Ableger der *zaibatsu*-Familien zu kaufen – außer den Freunden, Maklern und Verwandten der *zaibatsu* selbst. Und so kamen sie zurück, die Mitsuis, die Sumimotos, die Mitsubishis und all die anderen, schuldenfrei wie die Krupps in Deutschland, und mit ihnen die alten Parteien, die unter neuem Namen wiederauflebten.

Japan hat allen Grund, für das entschlossene amerikanische Eintreten dankbar zu sein, bewahrte es doch das Land vor einer gemeinsamen russisch-amerikanischen Besetzung und dem Schicksal des geteilten Deutschland. Doch in wirtschaftlicher Hinsicht war die japanisch-amerikanische Symbiose im Grunde wahrscheinlich »unnatürlich«. Sie war nur so lange lebensfähig, wie Japan schwach und von amerikanischer Hilfe abhängig war. Als sich Japan von seinen Wunden erholt hatte, geriet es in den Widerspruch zwischen den vom MacArthur-Regiment verbreiteten pazifistischen Lehren, die die Inseln auf eine neutrale Rolle vorbereiten sollten, und den späteren Forderungen der amerikanischen Politik, deren Ziel es war, Japan als Teil eines antikommunistischen, gegen Amerikas frühere Verbündete China und Rußland gerichteten Blockes zu remilitarisieren; dieser Widerspruch sollte in Japans öffentlichem Leben, sowohl im Innern als auch nach außen, noch sehr viel Ärger machen. Nachdem die Japaner bereits einen Krieg und ein Reich in einem »Kreuzzug gegen den Kommunismus« und China verloren hatten, war die Aussicht, bei einem weiteren derartigen Konflikt den vorgeschobenen Befehlsstand darzustellen, für sie wenig verlockend, abgesehen von der massiven amerikanischen Finanzhilfe, die damit verbunden war. Innerhalb eines Jahrzehnts waren das viele Milliarden. Wenn diese Subventionen einmal gestrichen wurden oder die mit ihnen zusammenhängenden Nachteile nicht mehr aufwogen, dann mußte man damit rechnen, daß Japan eher eine Politik nach dem Vorbild Indiens verfolgen würde, als sich einer der beiden Supermächte, die sich beidseits der Formosa-Straße gegenüberstanden, als Werkzeug zur Verfügung zu stellen.

Eine Entscheidung für die Neutralität schien auch für das koreanische Volk, dem die Russen und Amerikaner die Unabhängigkeit versprochen hatten, die klügste Lösung. Doch das Schicksal versagte ihnen eine solche Entscheidungsfreiheit. Die Gründe dafür waren schon 1946 jedem klar, der Augenzeuge unserer und der sowjetischen Versuche wurde, dort jeweils nach den eigenen, einander widersprechenden Vorstellungen eine Regierung auf die Beine zu stellen.

Korea hatte einen fast ebenso hohen Prozentsatz an Lese- und Schreib-kundigen wie die Philippinen. Es war reich an Naturschätzen, und Japan hinterließ eine industrielle Entwicklungsstufe, die der Chinas und Indiens überlegen war, und es gab kaum Kriegsschäden. Der Kern der koreani-schen Tragödie bestand darin, daß bis auf eine einzige Ausnahme sämtli-che Voraussetzungen für einen fast schmerzlosen Übergang von einer Kolonie zu einer auf dem Wege der Modernisierung weit fortgeschritte-nen Republik gegeben schienen. Die Ausnahme war, daß sich Korea einer Besetzung durch die Alliierten aussetzen mußte. Nicht nur einer ameri-kanischen Besetzung oder einer russischen Besetzung, sondern einer Be-setzung durch beide!

Ich erinnere mich an einen traurigen alten Herrn, den wir zum Bürger-meister von Songdo gemacht hatten. Seine Bemerkungen erreichten mich auf dem Umweg über einen koreanischen Dolmetscher, und das hörte sich dann so an:

»Es hatte auch etwas Gutes, von Japan besetzt zu sein. Wir waren ein Land, und wir waren alle zusammen, alle in Haß auf Japan und alle in Hoffnung auf Freiheit.«

In Songdo – einer Stadt auf dem 38. Breitengrad – verbrachte ich Silvester 1945 und die erste Woche des Jahres 1946 bei unseren Truppen, die dort den Russen gegenüberstanden; in jenem Winter zeigten sich die ersten Zeichen einer Unzufriedenheit auf beiden Seiten. Der Bürgermeister fuhr fort:

»Das beste ist, glaube ich, überhaupt keine Besetzung. Wir können die Japaner allein heimschicken, wenn sie den Krieg aufhören. Das ist alles, was wir wollen. Frei sein, wie Mr. Truman sagte. Sie wissen, was er sagte?«

»Ja. Ich weiß. Es ist mir auf dem Weg von Saigon nach Seoul ständig vor-gesagt worden«, antwortete ich. »Er sagte: ›Alle Völker sollten das Recht haben, ohne Einmischung von außen ihre eigene Regierungsform zu wählen – sowohl in Asien als auch in der westlichen Hemisphäre.‹«

»Das ist richtig. Aber wenn wir nicht das Recht haben, dann wollen wir nur *eine* Armee hier – die amerikanische. Aber nicht zwei Armeen. Viel-leicht nur die russische Armee, und dann ist Korea *ein* Land. Aber so wie jetzt, sind wir nie frei.« Der Bürgermeister nahm seinen sonderbaren Hut ab und fuhr sich mit einem Tuch über den Kopf. Dann wischte er sich die Brille, wischte sich über die Augen und schneuzte sich. »*Sah, sah*«, schloß er, »es wird Tränen geben, auf beiden Seiten von uns.«

Der Bürgermeister wußte wie wir alle, daß die Vereinigten Staaten in Ko-rea eine Revolution gestoppt hatten – eine Revolution, die ihn vielleicht ebenso enteignet hätte wie die Japaner.

Die ganze koreanische Untergrundbewegung wurde durch eine linke revolutionäre Koalition angeführt, in der wiederum die Minderheiten der koreanischen sozialistischen und kommunistischen Parteien dominierten. Auch ohne russische Hilfe hätte diese Koalition schnell die Kontrolle über das ganze Land gewonnen, wenn wir nicht eingegriffen hätten. Ein solcher Sieg schien aus zwei Gründen unvermeidlich. Der erste Grund war, daß es im Land keine wirksame konkurrierende Führungsmannschaft gab. Die Sozialisten und Kommunisten hatten all die Arbeiter-, Jugend-, Bauern- und Intellektuellengruppen, die sich während des Krieges am aktiven Widerstand in Korea und in der Mandschurei beteiligten, organisiert und angeführt. Allein in der Mandschurei kontrollierten sie Zehntausende von bewaffneten Guerillas. Sie hatten somit den einzigen Kern einer koreanischen Unabhängigkeitsarmee.

Es gab natürlich vorsichtige Patrioten unter den von den Japanern ausgebildeten koreanischen Beamten, Polizisten und Geschäftspartnern und Helfern der Japaner. Doch das waren »angesehene« Leute, die die japanischen Gesetze eingehalten hatten, um ihr Eigentum zu beschützen. Nach der Befreiung fanden sie ihren natürlichen Platz in den konservativen nationalen Parteien. Gegründet wurden diese von älteren Exilkoreanern wie Syngman Rhee, den wir aus Washington einflogen, und Kim Koo und Kim Kyuh-sik, die wir aus Chungking einflogen, wo sie unter Chiang Kai-sheks Schutz gelebt hatten. Unglücklicherweise hatten diese Leute in Korea kaum eine nennenswerte politische Organisation und konnten deshalb zu dem Zeitpunkt keine bedeutende Rolle spielen, als die Unabhängigkeitsbewegung zum erstenmal den Untergrund verließ und – unmittelbar vor Japans Kapitulation – in Seoul und anderswo auf die Straßen ging.

Anfang August 1945 entschied sich der japanische Kommandeur, einem Aufstand dadurch zuvorzukommen, daß er politische Gefangene in Korea freiließ und den Menschen die bedingte Freiheit gewährte, sich zu organisieren. In wenigen Wochen entstanden an vielen Orten selbständige Gremien. In zahllosen Städten wurden Massenversammlungen einberufen. Sie wählten »Volkskomitees«, die ihrerseits Delegierte für eine zentrale Konferenz wählten, die in Seoul abgehalten wurde. Dort proklamierten die Delegierten die Unabhängigkeit Koreas, errichteten eine »Volksrepublik« und wählten eine »Zentralkommission«, die nationale Wahlen vorbereiten sollte. Die konstituierenden Komitees der »Kommission« breiteten sich sofort über weite Gebiete des Südens und über den ganzen Norden aus, bevor General John L. Hodge ankam, um die amerikanische Militärregierung zu etablieren – einen ganzen Monat nach der Kapitulation.

Inzwischen hatten die Parteien, die die »Volksrepublik« unterstützten, der Nation und der Welt bereits ihr »Gemeinschaftsprogramm« bekanntgegeben. Sie verlangten die Nationalisierung des japanischen Grundbesitzes, die Überführung der japanischen Bergwerke, Fabriken, Industrien, öffentlichen Einrichtungen, Häuser, Läden und Hotels in Staatseigentum und moderne Gesetze zur Regelung der Arbeitszeit und der Arbeitsbedingungen, der Frauen- und Kinderarbeit und der Erziehung.

Die Gruppen, die sich an derlei Aktivitäten beteiligten, machten wahrscheinlich keinen größeren, klar zu umreißenden Bruchteil der Bevölkerung aus als einst die amerikanischen Revolutionäre, die George Washington unterstützten. Es gab sogar in der trägen Masse weniger erkennbare Opposition gegen sie als im Falle Washingtons. Das bringt uns zum zweiten wichtigen Grund, weshalb ganz Korea friedlich der Kontrolle der »Volkskomitees« anheimgefallen wäre, wenn Amerikaner *und* Russen draußengeblieben wären. Die Verstaatlichung bot die praktischste Lösung für eine Nation, deren wichtigste wirtschaftliche Aufgabe darin bestand, ein gewaltiges Vermögen in feindlichem Besitz umgehend zu konfiszieren und in Betrieb zu halten. Die außergewöhnliche Tatsache sah nämlich so aus, daß etwa 85 Prozent der gesamten modernen Industrie Koreas und etwa 95 Prozent der modernen städtischen Unternehmen aller Art in japanischem Besitz waren. Auch auf dem Land nahm das staatliche und private japanische Kapital eine so beherrschende Stellung ein, daß etwa 80 Prozent des *gesamten* koreanischen Vermögens von Japanern kontrolliert wurden.

Man stelle sich einmal vor, in den Vereinigten Staaten wären all die großen Gesellschaften im Besitz einer ausländischen Macht: Eisenbahn-, Telegraphen- und Telefongesellschaften; Reedereien; Bergwerke; Versorgungsbetriebe; Stahl-, Eisen- und andere Schwerindustrien; Banken; Versicherungsgesellschaften; Vertriebsgesellschaften und Dienstleistungsbetriebe; und von einer bestimmten Größe an fast alle Betriebe der Leichtindustrie. Das war Korea. Wie hätten es die Vereinigten Staaten anstellen wollen, ein solches Vermögen auf nicht existierende einheimische Korporationen oder Rockefellers, Fords, Mellons etc. zu übertragen? Es gab nun mal keine koreanische Bourgeoisie; der Begriff ließ sich gegen die Japaner, den ausländischen Feind, austauschen. So deckten sich die Ziele des Nationalismus und der sozialen Revolution in einem Programm der Verstaatlichung der Industrie und des Grundbesitzes. Als Beobachter an Ort und Stelle hatte man den Eindruck, daß es viel schwieriger war, irgendwelche einigermaßen gerechte Wege zu finden, wie der japanische Milliardenbesitz in Privathand überführt werden konnte, als ihn zum Gemeineigentum zu erklären.

In Nordkorea verstaatlichte die »Volksrepublik« sofort den gesamten japanischen Besitz. In unserer Zone gab jedoch General Hodge kein grünes Licht für irgendwelche neuen Schritte, die nach Sozialismus rochen. Seiner Meinung nach sollte darüber erst entschieden werden, nachdem die

Koreaner eine neue, unter unserer Aufsicht zu wählende »parlamentarische Regierung« gebildet hatten. Er glaubte nicht, daß die »Volkskomitees« wirklich die Mehrheit repräsentierten. Als eine seiner ersten Maßnahmen autorisierte General Hodge in einigen repräsentativen Distrikten von Amerikanern überwachte, freie geheime Wahlen zum Bezirksrat. Zu seiner Überraschung gewann die Kandidatenliste der »Volksrepublik« eine überwältigende Mehrheit; nicht ein einziger Konservativer wurde gewählt. Diese Bezirksräte traten ihr Amt nie an, und das Experiment wurde nicht wiederholt. Nach und nach wurden alle »Volkskomitees« in unserer Zone aufgelöst, und mit ihnen auch die »Zentralkommission«. Doch das war erst einige Monate später.

Inzwischen regierten wir Korea mit den von den Japanern ausgebildeten und in ihr jeweiliges Amt eingesetzten koreanischen Helfern. In ähnlicher Weise mußten wir viele von den Japanern eingesetzte koreanische Bürokraten und Polizisten übernehmen, um Anweisungen der Armee durchsetzen zu können. Es waren genau die Leute, die in der Öffentlichkeit als »Kollaborateure« und »Marionetten« galten. General Hodge war darüber keineswegs glücklich, aber es war nicht seine Schuld. Unsere Armee und unser Außenministerium sahen sich plötzlich unvorbereitet vor der Aufgabe, Korea zu übernehmen. Wir hatten japanisch sprechende Offiziere, die bereit waren, in Japan Führungsaufgaben zu übernehmen, aber keinen einzigen koreanisch sprechenden Offizier. Hodge und sein Chef der Militärregierung, General Arnold, hatten gar keine andere Wahl, als unsere japanisch sprechenden Offiziere anzuweisen, Befehle zuerst an die Japaner und dann an die koreanischen »Kollaborateure« weiterzugeben. Wir mußten mit dem Ärger leben, »die Dolmetscher-Regierung« genannt zu werden.

Neben der Tatsache, daß Syngman Rhees offener Haß gegen Rußland und seine Ehrfurcht vor dem Privatbesitz ihn »sicher« erscheinen ließen, zumindest in den Augen des verstörten und verwirrten konservativen Infanteristen Hodge, der sich von niemandem sagen lassen mußte, daß alles, was nach Sozialismus aussah, gegen die Vorschriften war, hatte Rhee auch den Vorteil, daß er englisch sprach und eine amerikanische Frau hatte. Er war für uns das kleinere Übel. Als Hodge und Arnold zuließen, daß Rhee unseren »Staatsbeirat« in Seoul einseitig mit seinen eigenen Kandidaten besetzte, machte sich das Rhee clever zunutze. Unter ihm wurde der »Beirat« bald zu einer Art De-facto-»Übergangsregierung«. Nicht daß General Hodge oder unsere Zivilbeamten in Korea das bewußt so geplant hätten. Sie hatten, soweit ich feststellen konnte, nie irgendwelche eindeutigen Direktiven, abgesehen von dem Auftrag, bis Weihnachten alle nach Hause zu bringen. Es gab einzelne Neigungen und Tendenzen, aber keine eigentliche Politik. Wir mißtrauten einfach »von Natur aus« Leuten, die von Verstaatlichung und sozialen Reformen redeten, und wir stellten sie vollkommen kalt, wenn es um offizielle Ernennungen ging.

Es waren aber nicht die Amerikaner, die letzten Endes die sozialen revolutionären Kräfte in Südkorea zu Fall brachten. Wenn sie ihre frühe Popularität selbst unter ihren engsten Anhängern einbüßten, so lag das nicht an der »natürlichen« Begünstigung, die wir Syngman Rhee und seinen Gefährten im »Beirat« angedeihen ließen. Es lag auch nicht an der Tatsache, daß wir Rhee und Co. halfen, sich mit den »Angesehenen« unter den kleinen Geschäftsleuten, den geldscheffelnden Opportunisten und den »Kollaborateuren« in den Reihen der Bürokratie und Polizei zu verbünden. Wenn Südkorea dem Sozialismus verlorenging, so lag das an der ungeheuerlichen Ignoranz und den Fehlberechnungen der russischen Berater, auf die sich die Nordkoreaner verlassen mußten und die ihre Taktik ihren Verbündeten im Süden aufdrängten. Sie konnten kein anderes Spiel außer ihrem eigenen lernen. Sie konnten nicht glauben, daß man hier das parlamentarische Schachspiel streng nach den Regeln und zu ihrem eigenen Vorteil spielen konnte. Sie verloren, weil sie einfach nicht kapierten, daß Amerika nicht hierbleiben und eine Kolonie errichten, sondern das Land verlassen wollte. Sie bestanden darauf, daß wir »Imperialisten« waren, und mit Imperialisten kannten sie sich aus.

Die Tatsache, daß Rußland bewußt den Norden vom Süden isolierte, die Weigerung der Russen, einen auch noch so kleinen ersten Schritt zu tun und ihre Zone für den Reise- und Handelsverkehr wieder zu öffnen, die frühen Exzesse der nordkoreanischen Führer und die Geschichten von Jammer und Elend, die Zehntausende von zugrunde gerichteten Flüchtlingen in den Süden brachten – all dies kühlte allmählich die Begeisterung ihrer Sympathisanten im Süden ab. Das kostete sie nicht weniger Anhänger als die ungeschickten, halbherzigen und sprunghaften Anstrengungen Amerikas, die Linke zu unterdrücken. Aufs Ganze gesehen scheiterten die Kommunisten, weil sie überstürzt handelten und weil sie keine moderneren Wege zur Macht sehen konnten als die plumpen Methoden des Stalinismus.

Wie veraltet die stalinistischen Verhaltensweisen und Techniken in einer revolutionären Situation waren, sollte später in Korea auf eklatante Weise in Form einer Fehlkalkulation sichtbar werden, die allem die Krone aufsetzte: Es war auf seiten Nordkoreas der Gipfel der Torheit, eine bewaffnete Invasion des Südens zu riskieren und darauf zu spekulieren, daß Amerika und die UN nichts unternehmen würden. Dieser Krieg sollte schließlich eine Million Menschenleben kosten und nach dreijähriger Verwüstung in einer Pattsituation enden. Er ließ Amerika auf dem Kontinent wieder festen Fuß fassen, gab Chiang Kai-shek wider Erwarten einen neuen Pachtvertrag auf das Leben eines ausgehaltenen Generals in

Formosa und machte Südkorea zu einem US-Protektorat. Er machte dadurch, daß er die alten wirtschaftlichen Grundlagen des Landes zerstörte, einen mit amerikanischem Geld finanzierten Wiederaufbau auf privatkapitalistischer Basis unvermeidlich. Und schließlich ließ er das moralische und politische Prestige der Sowjets auf einen neuen Tiefpunkt sinken, dessen volle Konsequenzen ihnen nur erspart blieben, weil wir den Fehler begingen, in einer Gegenoffensive ganz Nordkorea erobern zu wollen, wodurch wir China zu einer bewaffneten Intervention provozierten, so daß das alte Gleichgewicht der Kräfte wiederhergestellt wurde. Doch die sowjetische Politik in Korea durfte natürlich nicht losgelöst von der Tatsache betrachtet werden, daß anderswo in der Welt »die Vereinigten Staaten und die Sowjetunion sich immer stärker auf eine feindselige Haltung und Politik festlegten«, wie Leland M. Goodrich in seinem vortrefflichen »Korea: A Study of US Policy in the United Nations«* betont – einem Buch, das keinen Zweifel daran läßt, daß wir, die wir allen Ländern das Recht zubilligten, »ohne irgendwelche Einmischung von außen ihre eigene Regierungsform zu wählen«, nicht unwesentlich daran beteiligt waren, daß die frühe Vereinigung eines unabhängigen Korea verhindert wurde.

»Aber jedes Problem muß«, wie Mao Tse-tung so gerne sagt, »in seiner ganzen Vielfältigkeit untersucht werden. Alles hat zwei Seiten, eine gute Seite und eine schlechte Seite.«

Sehen wir uns deshalb die chinesische Revolution – eine vollkommen andere Geschichte – an, nachdem wir vorher noch einmal einen Blick auf Indien geworfen haben.

7   Tod eines Giganten

Von Korea ging ich zurück nach Amerika, verbrachte dort ein halbes Jahr und schrieb ein Buch, in dem ich mich für eine Fortsetzung von Roosevelts »großem Plan« in der Entwicklung unserer Beziehungen zu Rußland und China einsetzte.** Dann arbeitete ich fast ein Jahr lang in England, Frankreich und Italien. Im Dezember 1947 wurde ich wieder nach Indien und Südostasien geschickt. Ich kam wenige Wochen, bevor der Mahatma seinen vorschnellen und gewaltsamen Tod fand, nach Neu-Delhi.

Es gab weder vor noch nach der Ermordung Mohandas Karamchand Gandhis eine Tragödie, die mich stärker bewegt oder betrübt hätte. Ich habe nur dieses eine Mal erlebt, daß eine ganze Nation einen Vater verlor und mit der Bußfertigkeit eines Sohnes um ihn trauerte, der den Mord

* Council on Foreign Relations, New York 1956.
** »Stalin Must Have Peace«, New York 1947.

begangen hat. Wieder einmal erfuhr ich, daß große Männer nicht von Gleichrangigen erschlagen werden, sondern von jungen Narren, die überzeugt sind, als Werkzeuge des Guten und nicht des Bösen zu handeln, ganz ähnlich, wie große und edle Anliegen aus banalen, nebensächlichen Gründen scheitern. Für den kläglichen jungen Fanatiker aus Poona, der die tödlichen Schüsse abfeuerte, war Gandhi die Inkarnation des Bösen, weil er lieber Pakistan und die Teilung hingenommen hatte, als es auf einen Bürgerkrieg ankommen zu lassen. Der Attentäter hatte nicht begriffen, daß er, wenn er Gandhi zum Märtyrer machte, ihn und die Sache, die er vertrat, nur noch stärker machte, so wie Nationen nicht begreifen können, daß sich Ideen nicht mit Gewalt auslöschen lassen, sondern daß sie nur durch Zeit und durch eine Verbesserung der Ideen selbst abgewandelt werden können.

Natürlich war es hinterher ganz klar, daß Gandhi sterben mußte. Es war sein »theophantischer Augenblick«, wie es Jimmy Sheean formulierte; der genaue Zeitpunkt seines Eingehens in den Götterhimmel war gekommen. Ich weiß nur, daß ich nicht die geringste »Vorahnung« hatte, denn meine Tagebuchaufzeichnungen aus den Tagen davor zeigen, daß ich überhaupt keine Verbindung zum Todesengel hatte.

Ich traf mich mit Jimmy zum Abendessen in Neu-Delhi (so steht es in meinem Tagebuch), der gerade aus Karachi angereist war, weil ihm eine bestimmte Vorahnung sagte, Gandhi werde sich bald zu Tode fasten. Ich wußte, Jimmy war »drauf und dran, sich bekehren zu lassen; er möchte in Gandhis *ashram* aufgenommen werden«. Ich sagte ihm, Gandhi habe nicht im entferntesten die Absicht zu sterben. Ich hatte ihn zu viele Fastenperioden überleben sehen; er wußte ganz genau, wann er damit aufhören mußte. Dann – das sind nun mal die Ungereimtheiten des Lebens – folgte in dem Tagebuch eine Anekdote, die Jimmy aus Europa mitgebracht hatte:

»Shinwell, Verteidigungsminister der Labour-Regierung, betrat eine öffentliche Telefonzelle im Unterhaus und stellte fest, daß er keine Zweipennymünze hatte. Er beugte sich hinaus, um sich die Münze vom erstbesten, der vorbeikam, zu leihen. Zufällig war das aber Winston Churchill, sein Kritiker und Gegner. ›Hören Sie, Winston‹, rief Shinwell, ›ein Freund von mir wartet auf meinen Anruf, und ich brauche ein Zweipennystück für die Vermittlung. Wären Sie so freundlich, mir eins zu leihen?‹ Churchill fischte in seiner Westentasche und zog langsam zwei Geldstücke heraus, ›Bitte sehr, Shinwell‹, sagte er, ›hier sind zwei Zweipennystücke rufen Sie alle *beide* Freunde an, die Sie haben.‹«

Weiter hieß es in meiner Chronik:

»Ich revanchierte mich bei Jimmy Sheean mit Mrs. Atkins' Bemerkung über ihre Cocktailparty. Nicht jeder ist überzeugt, daß Gandhi ein Heiliger ist. Mrs. Atkins, die Frau eines amerikanischen Attachés hier, lud einige Beamte und Korrespondenten zu einer samstäglichen Cocktail-party ein, just zu einem Zeitpunkt, da Gandhis neueste Kampagne des Fastens-bis-zum-Tode, mit der er die Hindu-Moslem-Unruhen beenden wollte, ihrem Höhepunkt entgegenstrebte. Als es bereits Donnerstag geworden war, vertraute sie ihre Sorgen einem Freund an. ›Mein Gott‹, sagte sie, ›ich hoffe, der Mahatma ißt heute etwas. Wenn er vor Samstag stirbt, kommt keiner der Inder zu meiner Party, und ich werde sie auf unbestimmte Zeit verschieben müssen!‹«

Solch fürchterliches Zeug schrieb ich am Tag, an dem Gandhi starb, morgens in mein Tagebuch. Jimmy sollte an diesem Nachmittag ein Gespräch mit Gandhi führen, und er forderte mich auf, mitzukommen. Ich sagte, die Gebetsversammlung würde ich mir schenken, ich würde aber vielleicht später zu ihm und seinem Guru, wie er Gandhi nun nannte, stoßen. Ich war gerade dabei, mir am Imperial-Hotel ein Taxi zu besorgen, als ein indischer Zeitungsmann angerannt kam und rief: »Gandhi ist erschossen worden!«

Es war Spätnachmittag, als ich zum Birla-Haus kam, und es muß noch stundenlang hell gewesen sein. Doch in meiner Erinnerung war es dort vollkommen schwarz, bis auf die Lampe in dem Raum, in dem der Mahatma seinen letzten Atemzug tat. Der Garten füllte sich schnell, aber er schien leer, da jeder für sich allein um etwas trauerte, das tief in ihm war und das plötzlich keinen Freund mehr hatte.

Es war durchaus wörtlich zu verstehen, daß jeder Inder seinen Vater verlor, als Gandhi starb. Aber es geschah noch etwas Größeres. Dieser kleine Mann mit seiner großen Liebe zu allen Menschen reichte über Indien und über seine Zeit hinaus. Er nahm die Welt auf sich oder den Teil der Welt, der sich von ihm psychologisch oder rational oder – so wie in meinem Fall – einfach durch jahrelange Erosion angezogen fühlte. Der Mahatma war wie ein Spiegel, in dem jedermann seine besten und seine schlechtesten Seiten erkennen konnte, und als der Spiegel zerbrach, verloren die Menschen in seiner Umgebung ein strahlendes Ebenbild der Wahrheit.

Ein paar Tage vorher hatte mich Gandhi prüfend angesehen und mich an die kritischen Worte erinnert, die ich in einem frühen Stadium des Krieges über ihn geschrieben hatte. »Sie gingen in Ihrem letzten Buch nicht gerade wohlwollend mit mir um«, sagte er mit einem bedächtigen Kopfschütteln und fädelte ein neues Spinnrad ein. Nie war ich liebenswürdiger getadelt worden. Ich erwiderte, ich hätte mich wahrscheinlich nicht ausreichend vorbereitet. »Was Sie schrieben, war Ihr ehrlicher Standpunkt«, sagte er. »Wir respektieren Ihre Ehrlichkeit.« Unerwartet ergriff er meine Hand und sagte: »Ich weiß, daß Sie jetzt eher bereit sind, auf mich zu hören.« Und ich verstand ohne weitere Worte, daß er die Atombomben und noch weit schlimmere Dinge meinte, die die Zukunft bringen würde und die die vage Antwort für den Sieg der »freiheitsliebenden Alliierten«

im Krieg waren; es war Gandhis Weigerung, in diesem Krieg mitzu-
kämpfen, deretwegen ich ihn verspottet hatte.

Anders als Sheean kannte ich Gandhi nicht als einen Heiligen, und ich
folgte auch nicht der Metaphysik seiner Philosophie. Mir schien, daß
seine Lehre, auch wenn er sie noch so sehr mit Parabeln aus den *Veden*
und *Upanishaden* oder mit biblischen Andeutungen ausschmückte, im
Grunde genommen nichts anderes war als die Bergpredigt. Er war von der
Existenz eines individuellen freien Willens nicht weniger überzeugt als
Thomas von Aquin, doch seine Vorstellung von Gott, von dem er wie von
einem vertrauten Freund sprach, war nicht anthropomorph. Gott war eine
»unbestimmbare, geheimnisvolle Macht, die alles durchdringt«; und das
war noch nicht alles.

Für Gandhi war Religion nicht weniger als ein »ständiges Bemühen um
Wahrheit«. In seiner Suche nach Gott suchte er einfach sich mit der
»höchsten Wahrheit« zu identifizieren, und dabei wußte er, daß das Ziel
unerreichbar war. In seinem Wunsch, die Menschen gottähnlicher zu
machen, war Gandhi bestrebt, den Menschen verständlich zu machen,
daß sie im eigentlichen Sinne noch gar keine Menschen waren, sondern
erst dazu wurden. »Das Leben ist ein Werden, und der Tod ist ein Werden; die Menschheit befindet sich in einem Prozeß der Gottwerdung, aber
Gott ist ein Werden und auch ein Sein, das sich im Werden spiegelt.«
Diese von Paul Cohen-Portheim geborgten Worte (die auch genau die
Dialektik sowohl des Hinduismus als auch des Taoismus reflektieren)
kommen einer Definition des Wahrheitsverständnisses Gandhis ziemlich
nahe. Gandhis Harmonie mit jenem »Prozeß« verlieh ihm die Qualität
von »etwas Unbekanntem«, wie es Nehru nannte; er versuchte es uns zu
erklären, als er an jenem dunklen Abend hinter der stillen Leiche im
Birla-Haus stand.

»Wir können kein größeres Gebet darbringen, als uns der *Wahrheit* zu
widmen«, sagte Nehru der Nation, die darauf wartete, tröstende Worte
von ihm zu hören, »der *Wahrheit* und dem Anliegen, für das unser großer
Landsmann hier gestorben ist.«

Im engsten Sinne war dieses »Anliegen« die Freundschaft zwischen Hindus und Moslems, doch in einem tieferen, allumfassenden Sinn starb
Gandhi für die theoretische und praktische Achtung vor dem Leben oder
für den Glauben an »*ahimsa*-ist-Liebe-ist-Gewaltlosigkeit-ist-Wahr-
heit«. Vom Augenblick unserer ersten Begegnung, als ich vor Jahren mit
ihm mühselig durch die Hügel von Simla wanderte, um Lord Irwin aufzusuchen, bis hin zu diesem von Trauer erfüllten Abend ließ sich über
Gandhi nicht mehr sagen als das. Viele suchen die Wahrheit; wenige hinterlassen, so wie Gandhi, Meisterstücke an zivilisierten Werken, die in
Einklang stehen mit guten Gedanken und guten Worten.

Er machte Fehler und war voll von Paradoxen. St. Simon sagte wahrheits-

445

gemäß: »Niemand regiert ohne Schuld«, und Gandhi war der Souverän in einem Königreich indischer Herzen. Er übte seine Macht demütig aus und betete, daß andere in seinem Geiste folgen würden. Als es zu menschlichem Leid und Blutvergießen kam, nahm er die Schuld auf sich und war voller Selbstkritik und erfüllt vom Verlangen, für Sünden von Menschen zu büßen, die ihn mißverstanden. Die langen Aufenthalte im Gefängnis waren für ihn willkommene Zeiten der Buße und der Züchtigung, und er haßte seine Gefangenenwärter nicht, sondern lobte sie wegen ihrer Prinzipientreue. Nur wenige Wochen vor seinem Tod wurde schon einmal ein Anschlag auf sein Leben gemacht. Gandhi war natürlich etwas ungehalten. »Dieser junge Mann sollte lernen«, sagte er über seinen Beinahe-Attentäter, »daß diejenigen, deren Ansichten er nicht teilt, nicht unbedingt böse sein müssen.« Er wußte, daß er nicht unfehlbar war, und er beanspruchte kein Monopol auf die Wahrheit.

»Was ich mir auf gar keinen Fall wünsche«, sagte er, »ist, daß irgend jemand einen Kult um mich anfängt, wenn ich tot bin.« Huldige mir nicht, sondern gehe hin und tue desgleichen.

Sein Mißtrauen gegen die Maschine und gegen die Naturwissenschaft schien engstirnig und altmodisch, doch sein Spinnrad und die selbstgefertigte Kleidung lehrten alle Inder, daß sie der wirtschaftlichen und intellektuellen Vorherrschaft Großbritanniens entwachsen waren. Gandhi wußte, genau wie sein Freund und Mit-Sozialist, der Vegetarier George Bernard Shaw, daß man übertreiben muß, um die Aufmerksamkeit auch nur ein klein wenig auf die einfachsten Wahrheiten zu lenken.

Nehru sagte, Gandhi habe »Indien den Rücken gesteift«. Gandhi sagte, es sei alles ein »Experiment mit der Wahrheit« gewesen. Das war auch in Südafrika nicht anders, wo er es zum erstenmal mit dem gewaltlosen bürgerlichen Ungehorsam versuchte und wo er das System der vertraglichen Bindung indischer Arbeitskräfte durchbrach. Als er den Briten in Indien zeigte, daß er eine Million indischer Bauern dazu bringen konnte, dem Meer Salz zu entnehmen, ohne Gewalt anzuwenden und ohne dem König irgendwelche Abgaben zu zahlen, wurde die Wahrheit offenkundig, daß die Tage des Empires gezählt waren. Gandhi legte das Fundament zu einer Nationalsprache, die die Menschen zusammenbringen sollte, ganz gleich, zu welchem Glauben sie sich bekannten. Seine größte Demonstration der Macht des *ahimsa* war vielleicht seine lebenslange Kampagne für eine Gleichberechtigung der Unberührbaren, die die Republik schließlich aus den über zweitausend Jahre alten Diskriminierungen des Kastensystems befreite. Und das alles bewältigte er ohne Haß.

Gandhi erreichte die indische Unabhängigkeit nicht allein; er stand lediglich an der Spitze derer, die Indien ohne Krieg zur Freiheit führten, und zu seinen Anhängern zählte er auch die Briten. »Sie hätten uns nicht dieses große Geschenk zu machen brauchen«, erzählte er mir; seiner Meinung nach hatten sie es getan, weil »Indiens standhaftes Festhalten am Prinzip der Gewaltlosigkeit« das britische Volk schließlich tief bewegt habe. Als Großbritannien dann auf Gewalt verzichtete und es den Indern freistellte, das Empire zu verlassen, entschieden die sich paradoxerweise für den Verbleib im Empire. Gandhi sagte, beide Länder hätten in der Übergangszeit »zusätzliches moralisches Kapital angesammelt« und könnten nun als Gleichberechtigte in eine echte Partnerschaft eintreten.

Am Tag, an dem Gandhi am Ufer der Jumna eingeäschert wurde, spürte man, wie die ganze Welt jene triumphierende Bekehrung des Starken durch den Schwachen anerkannte. Inmitten eines ebenen, offenen Platzes, des Jumnaghat, eines breiten und etwa eineinhalb Kilometer langen Streifens unterhalb des massiven alten Delhi-Forts aus rotem Sandstein und des weißen Marmorpalastes des Shah Jehan, war Gandhi auf einer kleinen Plattform aus Ziegelsteinen aufgebahrt, neben der nun sein ältester Sohn stand und darauf wartete, mit einem silbernen Hammer den Schädel seines Vaters zu spalten, damit dessen Bewußtsein zum Himmel entfliehen konnte. Um ihn her hockten in einem offenen Viereck das indische Kabinett und Gandhis Freunde aus all den Jahren. Fast nahe genug, um die verhüllte Gestalt zu berühren, saß auch ich dort, neben Ann Layard und Arthur Moore.

»Gandhi hatte ein überraschend starkes Interesse am Privatleben anderer Menschen«, hörte ich mich zu Ann sagen, »und einen äußerst tüchtigen Nachrichtendienst. Mitten in unserem letzten Gespräch über Politik fragte er mich unverhofft, warum Nym Wales und ich uns getrennt hätten. Ich kann mir gar nicht recht vorstellen, daß ihn das interessierte!«

Nehru und die anderen standen über dem mit Rosenblüten übersäten Leichnam und legten liebevoll Sandelholz auf ihn und bedeckten ihn mit Butter und Honig und Mandelpaste und Parfüm. Ich nahm mir auch ein paar Stückchen Sandelholz und legte sie auf den Scheiterhaufen und wartete. Hinter uns drängten zwei Millionen Inder immer weiter nach vorne, und ihre dunklen Köpfe waren so dicht beisammen wie Weintrauben in der Presse. Ich hatte geglaubt, ich sei bereits in China und Rußland von Menschenmengen aufgeschluckt und physisch und emotional mitgerissen worden, doch nun lernte ich erst richtig, was eine Menschenmasse ist. Die indische Polizei, die erst seit kurzem in eigener Regie agierte, hatte nur unzureichende Maßnahmen getroffen, um die Leute zurückzuhalten, und nun gaben ganz plötzlich ihre Sperrketten nach. Eine Flutwelle aus Männern, Frauen und Kindern wälzte sich auf den Scheiterhaufen zu.

In dem Augenblick sah ich uns so, wie wir aus der Luft ausgesehen haben mußten: im Mittelpunkt der Blume der Mahatma, drauf und dran, in Flammen aufzugehen; um ihn herum pechschwarze Blumenblätter der Menschheit, die immer näher herankamen, als sei ganz Indien im Begriff, ihn einzukreisen und seine Seele zurückzuhalten. Erschreckt stand Nehru auf und forderte die Menschenmenge durch eine Handbewegung auf, zurückzubleiben. Lord Mountbatten unterstützte ihn. Ihre Rufe erreichten aber nur die in der vordersten Reihe, die langsam nach vorne geschoben wurden, ohne sich dagegen wehren zu können. Was wäre das doch für ein passender Tod für die Pyromanen der Presse, so dachte ich, wenn jetzt einer den ölgetränkten Scheiterhaufen anzünden und uns alle mit dem Mahatma ins Jenseits befördern würde.

Arthur stimmte mir zu: Es war Zeit, zu verschwinden. Wir mußten fast über den Mahatma kriechen, um hinauszukommen. Als ich an Nehru vorbeischlüpfte, warf er mir einen beunruhigten Blick zu und drehte sich dann wieder um, um die rasende Menge zu zügeln. Wie wir – mit Ann Layard im Schlepptau – aus dem Gewühl herauskamen, weiß ich nicht mehr; doch nachdem wir im Herzen jener dunklen Blüte minutenlang dem Ersticken nahe gewesen waren, warf sie uns plötzlich aus, und wir landeten auf einem Tuch aus frischem Grün und frischer Luft. Die Menge hatte um einige bewaffnete Gurkhas herum viel Platz gelassen; die saßen ruhig da und schlürften ihren Tee und hatten keine Ahnung von der nur wenige hundert Meter entfernten Panik. Als ich ihnen die Gefahr meldete, wurde ihr vortrefflich ausgebildeter Kommandeur sofort aktiv; schon bald schlugen seine kleingewachsenen Soldaten unter ihren breitrandigen Hüten eine Bresche in die Menschentraube, und sie prügelten mit ihren eisenbeschlagenen Knüppeln nicht weniger wild drauflos als die britischen Soldaten, wenn sie gegen eine von Gandhi angeführte Demonstration des bürgerlichen Ungehorsams angingen. Ein paar Schädel wurden eingeschlagen, und es waren Schmerzensschreie zu hören, als die Masse wankte, sich teilte und einen Weg zum Scheiterhaufen freimachte. Generalgouverneur und Lady Mountbatten nahmen ihre Plätze wieder ein, und Nehrus Gesicht entspannte sich. Eine organgefarbene Flamme stieg von Gandhi auf, während schluchzende Frauen von der sprühenden Kerze seines Leichnams weggezerrt wurden. Der Rauch bildete eine feine Schichtwolke, die träge über die Jumna davonzog. Die Große Seele hatte ihren letzten Weg angetreten.

So erlebte ich, wie Gandhi, der in einem Paradox gelebt hatte, auch in einem Paradox Abschied nahm, als in diesem letzten ironischen Augenblick sein alter Widersacher – die Gewalt – erst den Weg freimachen mußte, damit der sanfteste Apostel der Liebe und Güte, den es auf dieser Erde gab, in Frieden zum Nirwana aufsteigen konnte.

8   Gandhis Essenz

Über Gandhis Lehren gibt es ungezählte Bücher, doch im wesentlichen sind es drei Gründe, die ihn zum Gegenstand der Verehrung machten.

Er demonstrierte, wie die Anforderung an den einzelnen Menschen, zu einer guten inneren Kontrolle über Leib und Seele zu gelangen, bewältigt werden konnte; ferner die Notwendigkeit gemeinsamen Handelns, um zu sozialen Reformen und zu einer Regierung zu kommen, die für alle gut war; und drittens die Notwendigkeit, mit wirksamen Mitteln sowohl eine individuelle als auch eine kollektive Planung zu erreichen, mit dem Ziel einer schöpferischen Betätigung und einer Entwicklung, die ohne Krieg zur Welteinheit führt.

Es hat viele Lehrer gegeben, die auf eine oder zwei dieser Erfordernisse eine Antwort wußten. Gandhi war meines Wissens der einzige Mensch, der mit seinem Tun alle drei auf einen Nenner brachte. Er verschaffte der Religion eine aktive Rolle in der Politik und kam damit zu äußerst positiven Ergebnissen. Er schaffte es, daß Gott auf seiten der kleinen Bataillone mitwirkte. Er war ein bescheidener Mensch; am Ende war ihm klargeworden, so erzählte er mir, daß ein großer Teil des Erfolgs, der seinen Methoden zugeschrieben wurde, »in Wirklichkeit nicht mehr war als der passive Widerstand der Schwachen«. Doch er stellte mit Bestimmtheit fest, daß er etwas Neues geschaffen hatte.

»Es ist mein kleiner Beitrag an die Welt«, behauptete er, »gezeigt zu haben, daß *ahimsa* [Gewaltlosigkeit] und *satyagraha* [Seelenkraft oder gewaltlose Nichtbeteiligung] mehr sind als nur ethische Prinzipien. Sie können greifbare politische Ergebnisse herbeiführen.«

Von den drei Notwendigkeiten oder Wahrheiten über den modernen Menschen, die Gandhi verkörperte, war das Erreichen einer inneren Ehrlichkeit seine schwierigste Aufgabe. »Für mich sind Mittel und Zweck praktisch identisch«, sagte er wiederholt. »Wir können keine richtigen Zwecke mit falschen Mitteln erreichen.« Man muß den anderen Menschen seine innere Wahrheit offenkundig machen. Da Gandhi wußte, daß er die Inder nicht zur Freiheit führen konnte, solange er sich nicht selbst befreit hatte, sah er in den strengen Vorschriften, die er sich selbst auferlegte, ein notwendiges Mittel zu diesem Zweck. Die absolute Beherrschung der Gelüste und Leidenschaften des Körpers steht vor der Gewißheit und vor der Wahrheit, und sein ganzer asketischer Lebenswandel war Teil dieser nie endenden Suche nach Wahrheit: seine Vorliebe für »unschuldige« Nahrungsmittel, seine Absage an Wein und Tabak, seine Weigerung, irgend etwas zu besitzen, seine *brahmacharya* oder Gewaltlosigkeit oder Selbstlosigkeit auf sexuellem Gebiet (er lebte keineswegs im Zölibat!) und seine Enthaltsamkeit in vielen anderen Dingen.

Gandhi leugnete nicht die vorrangige Bedeutung der einfachen körperlichen Bedürfnisse des Menschen. »Für einen Menschen mit leerem Magen ist das Essen Gott«, sagte er. Aber er setzte ein großes Fragezeichen hinter die rasende Jagd nach Geld und nach Besitztümern als einem kultivierten Lebenszweck, während hinter der Maske aus Chrom und Kosmetik der alte Barbar unverändert weiterbesteht. Er wehrte sich dagegen, daß fünftausend Jahre erbitterten Ringens, die ganze Heerschar menschlicher Größe, all die Griechen, die Dichter des Altertums, die großen Philosophen, die lange Reihe der Diener Gottes, die etwas Licht in die Finsternis gebracht haben, die Milliarden junger Soldaten, die der Idee geopfert worden sind, aus all den Individuen den *einen* Menschen und die *eine* Menschheit zu machen, daß also sie alle zu nicht mehr geführt haben sollen als zu Cadillacs für Wüstenscheichs, zu atomarem Spielzeug für ordengeschmückte Generäle, zu einem Kapitalismus mit Millioneneinkünften für einige wenige und Hunger für die Masse oder zu einem Sozialismus mit der Knute, aber ohne Liebe.

»Sprecht die Wahrheit«, sagte Buddha, »und seht zu, daß ihr Ärger durch Liebe, einen Lügner durch Wahrheit überwindet.« Gandhi hatte, wie Buddha, den Drang, den Menschen durch Wahrheit zu befreien; das unterscheidet ihn von der Masse der Mystiker, denen es lediglich um die Verwirklichung des Selbst in gesellschaftsfeindlicher Isolation und in einem asketischen Exhibitionismus geht. Er war kein Fakir. Seine Askese wirkt erst durch seine politische Betätigung. Er war eine lebende Synthese aus guten Mitteln und guten Werken, außerdem so etwas wie ein Sozialist.

Gandhi sagte, er habe »die Theorie des Sozialismus sogar schon in Südafrika akzeptiert«, noch vor dem Ersten Weltkrieg. Die Kommunisten nannten ihn damals einen benebelten und verwirrten Gefühlsmenschen: Obwohl er Marx' Wunsch teilte, den Staat zu eliminieren, lehnte er die Diktatur, die Antithese seiner Philosophie, als Mittel zu diesem Zweck ab. Aber er war kein Utopist, und er fand sich damit ab, daß der Staat ein notwendiges Instrument war, wollte man soziale Gerechtigkeit zuwege bringen.

»Strenggenommen«, sagte er, »ist jede Anhäufung oder jedes Horten von Reichtümern, die über die berechtigten Erfordernisse eines Menschen hinausgehen, Diebstahl. Es gäbe keine Gelegenheit zum Diebstahl und deshalb keinen Dieb, wenn Wohlstand und soziale Gerechtigkeit weise geregelt wären.« Doch der Sozialismus war für ihn zweifellos, wie alles andere, zuallererst eine nach innen gehende Erfahrung, und er wollte, daß sich die Leute selbst vom Sozialismus überzeugten, so daß er für sie Befreiung und nicht Zwang bedeutete. Er sagte, er würde keinen Menschen böse nennen, nur weil er im Wohlstand lebte; er würde alle »zur Kooperation bei der Umwandlung von Privatbesitz in Staatsbesitz« auffordern. Für ihn gebe es »keine Parias in der Gesellschaft, weder Reiche noch Arme«, denn beide seien »Wunden derselben Krankheit«.

Es irritierte Nehru und andere indische Sozialisten immer wieder, daß sich Gandhi mit der Klassentrennung offensichtlich zufriedengab; manchmal schien er die Klassen sogar zu idealisieren. Aber es war oft unmöglich zu wissen, wo der *sadhu* im Innern endete und der Politiker anfing. Bei der »Suche nach der Wahrheit« wußte Gandhi ebensogut wie Mao Tse-tung, wo er »einen Bogen machen« mußte, um zum Ziel zu kommen. Während des Ringens um nationale Freiheit wollte er alle Inder vereint sehen; als die Unabhängigkeit erreicht war, war er der Anführer all derer, die grundlegende innere Reformen forderten. Jai Prakash Narain, der Vorsitzende der Sozialistischen Partei Indiens, erzählte mir vor der Ermordung Gandhis, dieser sei »die mächtigste persönliche Kraft, die wir gegen all die rückständigsten Elemente in unserer Gesellschaft haben«.

Gandhi, der neben einigen der reichsten Männer der Welt in einem Land lebte, von dessen Bevölkerung 20 Prozent ständig hungerten und weitere 40 Prozent ernsthaft unterernährt waren, wußte, daß sich der Tag des Zorns nicht ewig verschieben ließ. Doch ein großer Politiker braucht ein perfektes Gefühl für den richtigen Zeitpunkt, und er muß jederzeit die Fähigkeiten und Grenzen seines Volkes abzuschätzen wissen. Gandhis Land war nicht China und nicht Amerika.

»Indien ist ein bäuerliches Indien«, sagte Nehru, dem Gandhi fast genauso viele Rätsel aufgab wie allen anderen, »und so kennt er sein Indien gut, reagiert auf die leisesten Erschütterungen, schätzt eine Situation präzise und fast instinktiv ein und hat die Fähigkeit, im psychologisch richtigen Augenblick zu handeln. Indien, selbst das urbane Indien, selbst das neue industrielle Indien, war durch den Bauern geprägt worden; und es war ganz natürlich, daß es diesen seinen Sohn [Gandhi], der ihm so ähnlich und gleichzeitig so unähnlich war, zu einem Idol und geliebten Führer machte. Er erweckte uralte und halb vergessene Erinnerungen wieder zum Leben und verschaffte Indien Einblicke in seine eigene Seele, [bis] die Zukunft zu einer verlockenden Vision wurde.«*

Gandhis asketische Lebensweise verlieh ihm nicht nur das Prestige eines Heiligen in einem Land, in dem Religion Philosophie und Philosophie Geschichte ist; sie stellte auch eine unzertrennliche Verbindung zwischen ihm und seinem Volk her. Seine freiwilligen Fastenperioden waren nicht viel härter als die »normale« Ernährung, die einzig und allein die Armut mehreren hundert Millionen Indern aufzwang. Gandhi verstand die Massen, indem er mit ihnen litt, und dadurch verstanden sie auch ihn. Er leistete den großen Dienst, daß er aus sich selbst eine Brücke zwischen der intellektuellen und der bodenständigen bäuerlichen Kraft machte. Ich mußte oft daran denken, daß Mao Tse-tung und Gandhi, die ja in den meisten Dingen ganz verschieden waren, sich in dieser Hinsicht merkwürdig glichen. Auch Mao härtete sich durch extreme Entbehrungen in der Jugend ab und brachte später die kommunistischen Intellektuellen

---

* »Toward Freedom«, New York 1941, S. 191.

dazu, sich mit den Beschwerden des Landlebens vertraut zu machen und sich so mit den Bauern auf eine Stufe zu stellen. Er stellte damit zu der Bevölkerung, die wie in Indien zum größten Teil aus Bauern bestand, eine echte Beziehung her, um die sich der Generalissimus und andere Kuomintang-Führer nie bemühten.

Auch in Indien sollte sich letzten Endes das Duell zwischen den Kommunisten und den Führern der Kongreßpartei in den Dörfern entscheiden. Gandhi verstand intuitiv, daß dieses Duell unmittelbar bevorstand. »Gott sei Dank!« rief er am Ende seines Lebens aus, erbittert über die Verzögerungen selbst bei den kleinsten Reformen, »die Kongreßpartei beherrscht das Feld nicht mehr allein!« Wenn die Kongreßpartei die Befehlsgewalt auf ihrer Kommandobrücke an die Bauern verlor, konnte es den Kommunisten immer noch gelingen, an die Macht zu kommen, und Indien würde Chinas Beispiel folgen.

Gandhis Methoden brachten Indien die Freiheit und einige innere, wirtschaftliche, politische und soziale Veränderungen von großer Bedeutung. Sein moralischer Einfluß stand auch hinter Indiens Politik der Neutralität und der Ablehnung bewaffneter Gewalt zur Lösung von Konflikten. Es wäre falsch, Kaschmir anzuführen und damit das Gegenteil beweisen zu wollen oder zu behaupten, die gewaltlosen Methoden seien ein Kult gewesen, der mit dem Mahatma gestorben sei. Gandhi selbst bedauerte die Gewaltanwendung in Kaschmir, und ohne seinen Einfluß wäre Indien möglicherweise in viel ernsteren Schwierigkeiten. Es hätte vielleicht der Versuchung nachgegeben, seine zahlenmäßige und materielle Überlegenheit dazu einzusetzen, Pakistans Streitkräfte in Kaschmir zu zerschlagen, anstatt lediglich den ihm dort von Pakistan aufgedrängten Status quo zu tolerieren.

Es bleibt abzuwarten, ob das Vermächtnis der Methoden Gandhis in der gesamten indischen Politik, sowohl nach außen als auch nach innen, ausreichen wird, dieses große Land davor zu bewahren, daß schließlich doch noch eine gewaltsame soziale Umwälzung angezettelt wird. Welcher Art diese Prüfung war, wußte keiner besser als Jwaharlal Nehru, auf dessen Schultern Gandhi und die Geschichte die unbestrittene Führerrolle abgeladen hatten. Ein paar Wochen nach Gandhis Tod und kurz vor meiner Abreise aus Delhi verbrachte ich einen langen Abend allein mit Nehru. Und als ich ihn von seinen Befürchtungen und Hoffnungen reden hörte, verstand ich, daß in ihm und in der Entscheidung, ihm das politische Erbe zu übertragen, das letzte beste Geschenk zu sehen war, das der Mahatma seinen Landsleuten und der Sache des Friedens vermacht hatte.

Nehru braucht keinen Fürsprecher. Kein Führer von internationalem Format hat sich verständlicher geäußert oder die Quellen seines Denkens und Handelns in einer lebhafteren englischen Prosa erklärt. Doch der Ruf eines großen Mannes entwickelt sich immer weiter, und das trifft auf Nehru genauso zu wie auf Gandhi.

Ich hatte oft mit Nehru gesprochen und ihn auch ein paarmal in einer Kurzbiographie vorgestellt, doch an diesem letzten Abend vor meinem Abflug aus Delhi unterhielten wir uns über mehrere Themen, von denen ich bisher nicht schreiben konnte. Mehr als ein Monat war seit Gandhis Tod verstrichen. Vor 14 Tagen hatten die Kommunisten in einem Staatsstreich die Macht in der Tschechoslowakei übernommen. Der Kalte Krieg hatte seinen unabänderlichen Lauf genommen. Nehru, der gerade erst am Anfang seiner Zeit als Regierungschef des freien Indien stand, machte sich schwere Sorgen über die Zukunft, und im Rückblick tragen heute einige seiner Bemerkungen dazu bei, den Erlebnissen, die ich auf diesen Seiten mitzuteilen versucht habe, einen Sinn zu geben.

Zum Dinner hatten wir Lammkoteletts (in seinen Eßgewohnheiten war Jawaharlal so wenig ein Jünger Gandhis wie in seinem Agnostizismus), und danach gerieten wir in eine Diskussion über – den Kopfstand! Es war eine Jogaübung, die er ziemlich ernst nahm; jeden Morgen um sechs machte er einen fünfminütigen Kopfstand. Er gab mir eine fachmännische Demonstration. Als ich es selber versuchte, zeigte er mir, daß ein Stuhl für einen Anfänger eine größere Hilfe war als die Wand.

»Da der Kopfstand die Norm total umkehrt«, erklärte Jawaharlal, »setzt er die Wirbelsäule und die Bauchmuskeln auf eine plötzliche und äußerst zuträgliche Art völlig verschiedenen Bedingungen aus.«

»In Peking kannte ich einen alten Sinologen namens L. C. Arlington«, sagte ich, »der immer zu mir sagte: ›Snow, Sie müssen sich auf den Kopf stellen und sich vorstellen, Sie seien auf den Beinen, wenn Sie China verstehen wollen.‹ Erst jetzt weiß ich, daß er das wörtlich meinte. Vielleicht sollten unsere Politiker im Westen anfangen, den Kopfstand zu üben, wenn sie verstehen wollen, was sich in Asien – und in Afrika – abspielt.«

Nehru lächelte. »Keine schlechte Idee. Es gibt – psychologisch und physisch – keine bessere Vorbereitung auf einen schweren Tag. Es befreit einen schnell von Ermüdung und Pessimismus.«

Ich wurde später selbst zu einem ziemlich regelmäßigen »Kopfsteher« und lernte in diesem Zusammenhang eine weitere Jogamethode schätzen: Es ist eine Übung, bei der man tief durchatmet, während man flach auf dem Bauch liegt und zwischen vollkommener Starre und vollkommener Entspannung abwechselt. Es gibt keine bessere Erholung und Erfrischung, wenn man unter irgendeiner Art von Spannung steht.

»Wie lange wird es wohl dauern«, fragte Nehru, da wir gerade beim Thema China waren, »bis die Kommunisten Chiang Kai-shek besiegt haben?« Zu der Zeit wurden in der einheimischen Presse täglich Siege der Kuomintang gemeldet, und so überraschte mich die Art seiner Fragestellung.

»Zwei bis drei Jahre«, sagte ich und rechnete mit Widerspruch. »Was meinen Sie?«

»Vielleicht noch früher. Chiangs Regime hat die geistige Auseinandersetzung heute schon verloren. Das war sogar schon während des Krieges zu sehen.«

»Beunruhigt Sie das?«

»Es ist ein Jammer, daß die Kuomintang so korrupt und unfähig war. Offensichtlich war eine soziale Revolution unumgänglich. Ob uns das aber *beunruhigt?* Wir haben zu viele Probleme bei uns, als daß wir daran denken könnten, in den Lauf der Geschichte in China einzugreifen. Wir müssen jetzt schon mit einem kommunistischen Nachbarn leben. Nun werden wir eben lernen müssen, mit zweien zu leben.« In seinem Empfangszimmer hatte Nehru die Porträts zweier Frauen. Eine war seine verstorbene und von ihm sehr geliebte Frau, Kamala. Die andere war Mme. Sun Yat-sen. Ich fragte mich, wie sehr die Gespräche, die er bei seinem Aufenthalt in China mit Mme. Sun geführt hatte, zu seiner Überzeugung beigetragen hatte, daß die Revolution dort »unumgänglich« war.

»Chiang hätte sich wahrscheinlich ohne amerikanische Unterstützung nicht so lange halten können«, fuhr er fort. »Wird Amerika jetzt wieder eingreifen, um ihn zu retten? Diese Frage beschäftigt uns.«

»Ich glaube nicht. Ich glaube, wir sind mit Chiang Kai-shek fertig.«

»Ich hoffe, Sie haben recht. Ein Eingreifen wäre schlecht für uns, schlecht für das übrige Asien und auch schlecht für Sie selbst.«

»Sie denken an einen Krieg zwischen Rußland und den Vereinigten Staaten?«

Er nickte. »Vor allem Indien braucht den Frieden. Mindestens für fünf Jahre. Wenn es zu einem dritten Weltkrieg kommt, könnte Indien hineingezogen werden.«

»Ich glaube nicht, daß es in naher Zukunft zu einem größeren Krieg kommt.«

»Sind Sie sich da so sicher? Ich habe den Eindruck, daß sich die Lage im Moment rasch verschlimmert. Seit Rußland die Kominform aufgebaut hat, nimmt es überall eine sehr aggressive Haltung ein und startet eine Provokation nach der anderen. Und ihre Leute drohen immer mehr damit, Atombomben gegen die Russen einzusetzen.«

»Bis sich Rußland von seinen Wunden erholt hat, wird kaum weniger als ein Jahrzehnt vergehen«, sagte ich. »Seine derzeitige Strategie ist eine offensive Defensive mit dem Ziel, das, was es hat, zu beschützen oder höchstens hier und da an seinen Grenzen ein Stück Land einzuheimsen, das noch verfügbar ist. Aber der Kreml wird noch lange damit zu tun haben, die kommunistischen Kriegsgewinne zu festigen, und er wird deshalb nicht mit dem Feuer spielen und in irgendeiner Form Amerika oder einen seiner Verbündeten angreifen.«

»Ich bin geneigt, Ihnen zuzustimmen«, sagte Nehru. »Aber was ist mit Ihrem eigenen Land? Viele meinen, es sei noch weniger auszurechnen als Rußland.«

»Vielleicht gibt es einige Individuen, die gerne mit einigen gezielten Bombenabwürfen Rußland vernichten würden«, antwortete ich. »Aber unsere Regierung wird zur Zeit keinen Offensivkrieg starten, dessen können Sie sicher sein.«

»Natürlich kenne ich Ihr Land nicht. Mir scheint nur, es besteht die Gefahr, daß Ihre Kapitalisten, falls es zu einer ernsten Depression kommt, beim Militarismus und beim Krieg als dem leichtesten Ausweg ihre Zuflucht suchen.«

»Beim Militarismus vielleicht, aber nicht beim Krieg. Es gibt im Augenblick für den amerikanischen Kapitalismus noch andere Auswege – andere Auswege als Krieg oder Sozialismus.«

»Sie meinen den *New Deal* – zurück zum Wohlfahrtsstaat?«

»Nicht, solange sich der amerikanische Kapitalismus so zuversichtlich fühlt wie heute. Schon eher ist damit zu rechnen, daß es in großem Umfang zu einer Rückkehr zu den Waffen kommt. Die Alternative besteht aus amerikanischen Hilfsgeldern für so etwas wie ein System aus Wohlfahrtsstaaten in Übersee – bankrotte Länder erhalten Kapital von uns, damit sie amerikanische Erzeugnisse kaufen können; auf diese Weise wird der amerikanische Steuerzahler ausgebeutet und nicht irgendein neues Kolonialreich. Wir lernten diese Technik durch das Leih-Pacht-System im Krieg. Es ist keine Dauerlösung für den amerikanischen Kapitalismus, aber es ist besser, als sich ausschließlich auf Staatssubventionen für den Waffenmarkt zu verlassen. Ich schrieb ja, wie Sie vielleicht wissen, im letzten Jahr ein Buch, in dem ich argumentierte, daß wir angesichts unserer absoluten Überlegenheit in der Welt – durch unseren ungeheuren Wohlstand, das Monopol der Atombombe und die Schwäche Rußlands – vor der Wahl standen, alle wieder in die alte Sackgasse des Wettrüstens zurückzuführen oder gewaltige Summen in Übersee auszugeben, bis zu 100 Milliarden im Verlauf der nächsten zehn Jahre, um beim Aufbau der im Krieg verwüsteten Länder, einschließlich Rußlands, einen Beitrag zu leisten und die Befreiung und Modernisierung Asiens und Afrikas finanzieren zu helfen.«

»War das nicht General Marshalls Idee?«

»Es war ein echter Teil seiner Hoffnungen. Aber der Plan wurde viel zu spät präsentiert. Rußland und Amerika hatten keinen Kontakt mehr.

Zwischen uns gab es nur noch Mißtrauen und Haß. Anstatt die Russen zu beruhigen, machte ihnen dieser Plan nur noch mehr Angst. Nun haben wir ihre Antwort, geboren aus ihrer eigenen Furcht und Ignoranz: Diese blödsinnige Warschauer Erklärung, die ›die Welt in zwei Lager teilt‹. Was unsere eigene Ignoranz angeht, so war es genau das, was der Doktor anordnete. Von nun an wird es uns keine Schwierigkeiten mehr bereiten, den Marshall-Plan in ein neues Wettrennen der Wiederaufrüstung zu verwandeln, und die hungernde Welt zieht wieder einmal den kürzeren.« Nehru seufzte und schüttelte den Kopf. »Es ist ein Jammer, denn die Art der Wirtschaftshilfe, die Marshall Europa anbot, ist etwas, was fast jedes Land braucht und was hier in Indien ganz verzweifelt gebraucht wird«, sagte er. »Doch dieses Gerede von ›zwei Lagern‹ interessiert uns nicht. Indien wird nie seine Unabhängigkeit verkaufen, um sich einem der beiden ›Lager‹ anzuschließen. Wir werden unser Bestes tun, um einen Krieg zwischen ihnen zu verhindern, und wir werden alles tun, um uns herauszuhalten, falls und wenn er kommt. Wir können uns einfach den Luxus nicht leisten, mächtige Feinde zu haben. Unsere einzige Chance besteht darin, daß wir fünf oder zehn Jahre bekommen, um *bauen* zu können.«
»Ich fürchte, wir sind immer noch genauso weit davon entfernt, den Sozialismus als einen dritten Weg oder eine dritte Kraft zu akzeptieren, wie Rußland«, sagte ich. »Und Sie gelten als Sozialist, und das genügt schon, unsere Kongreßabgeordneten abzuschrecken.«
Ich war eben erst aus Birma gekommen, wo eine sozialistische Regierung ein neues und viel radikaleres Programm verwirklichte als Indien. Birma verstaatlichte den Grund und Boden und einige Schlüsselindustrien. Die Regierung kämpfte immer noch gegen einen bewaffneten Aufstand einheimischer Kommunisten. Doch unsere amerikanischen Vertreter an Ort und Stelle betrachteten die birmanische Regierung mit äußerster Abneigung. Sie machten kaum einen Unterschied zwischen dem birmanischen Sozialismus und Kommunisten, die ans Moskauer »Lager« gebunden waren.
Das Programm Nehrus und des indischen Kongresses sah damals – und auch heute noch – eine »gemischte Wirtschaft« aus Staats- und Privatkapitalismus vor; dazu gehörte auch ein höchst bescheidener Ansatz zu einer Bodenreform, und in den Staatsbesitz sollten nur große *neue* Schlüsselindustrien, Versorgungsbetriebe, Kraftwerke und Bewässerungsanlagen überführt werden. Würden Nehru und seine Mitarbeiter die Mittel finden, dieses »Gerippe« einer modernen Wirtschaftsordnung auf die Beine zu stellen, ohne im Rahmen einer kompromißlosen sozialen Revolution pauschale Kapitalenteignungen bei den einheimischen besitzenden Klassen vorzunehmen? Und wenn sie es allein nicht schafften, welchem »Lager« würde sich Indien dann zuwenden müssen, um für die erforderliche Hilfe von außen die besten Bedingungen zu bekommen?

Von der Antwort auf diese Frage könnte das Schicksal der ganzen Welt abhängen. Denn wenn sich Indiens 350 Millionen zu den Millionen des chinesischen Bundesstaates und der Sowjetunion und ihren Verbündeten gesellten, würde der größere Teil der Menschheit in einem kommunistisch geführten Staatensystem leben. Indiens Anschluß würde einem solchen System die Vorherrschaft sowohl in Asien als auch in Europa geben, wenn nicht gar in den Räten aller Nationen.

»Warten Sie zehn Jahre«, war Nehrus Antwort auf die Frage, »dann wissen wir vielleicht, was gemacht werden kann. Inzwischen ist unser Programm weit davon entfernt, ein ›plötzlicher Sprung zum Sozialismus‹ zu sein, wie manche es fälschlicherweise genannt haben. Es ist einfach die Fortsetzung eines Wandlungsprozesses, der sich überall auf der Welt abspielt, auch in den kapitalistischen Ländern, mit der möglichen Ausnahme des größten unter ihnen – den USA nämlich.« Doch auf lange Sicht blieb der alte Sozialist unverändert bei seinen von ihm selbst aufgezeichneten Überzeugungen hinsichtlich der allgemeinen Richtung, in die die asiatischen Nationen und letzten Endes alle Nationen zwangsläufig gehen mußten:

»Unweigerlich werden wir der einzig möglichen Lösung zugeführt – der Herstellung einer sozialistischen Ordnung, zuerst in nationalen Grenzen und schließlich in der gesamten Welt, einer Ordnung, in der im Interesse des Gemeinwohls die Produktion und die Verteilung des Vermögens kontrolliert werden. Wie ein solcher Zustand zu erreichen ist, das ist eine andere Frage, aber es ist klar, daß das Wohl einer Nation oder der Menschheit nicht zurückgestellt werden darf, nur weil einige Leute, für die die bestehende Ordnung gewinnbringend ist, sich einer Änderung widersetzen. Wenn politische Einrichtungen oder soziale Einrichtungen einer solchen Änderung im Wege stehen, müssen sie entfernt werden.«

Die zwei zur Zeit wichtigsten politischen Führer Asiens schienen also hinsichtlich des *Zieles* übereinzustimmen; nur was die *Wege* zu diesem Ziel betraf, da gingen ihre Meinungen weit auseinander. Es war bezeichnend, daß auch die Sowjetunion an Nehrus sozialistischen Zielen nichts auszusetzen hatte. Sie fand sich schließlich mit seiner Methode des schrittweisen Vorgehens ab – zumindest vorläufig. Was die Vereinigten Staaten betrifft, so klammerten sich unsere Führer hartnäckig an die Überzeugung, daß es nur unter einem System, in dem für privaten Profit produziert wird, Demokratie und Freiheit geben könne. Deshalb konnten sie aus ganzem Herzen weder Nehrus Methoden noch sein Ziel unterstützen. Wegen dieser Voreingenommenheit war die Wahrscheinlichkeit so groß, daß sich Amerika letztlich nicht nur vom größten Teil Asiens, sondern auch von Europa isolieren würde.

In einer Zeit, da der Mensch selbst die Geheimnisse der Materie und des Weltraums geknackt hatte und da Planwirtschaften schon für ein Drittel der Menschheit die komplizierten Zusammenhänge zwischen Produktion und Güterverteilung eroberten, gab es außerhalb der kontinentalen Grenzen der Vereinigten Staaten nur wenige Menschen, die immer noch glaubten, Regierungen müßten dem alten mystischen »Konjunktur-zyklus« hilflos gegenüberstehen und willfährig auf einen »Konjunktur-aufschwung« warten – so wie Micawber darauf wartete, »daß etwas ge-schah« –, während Millionen arbeitslos waren und Produktionswerte in Milliardenhöhe dem Gott des *Laissez-faire* geopfert wurden, der heiliger war als die Erfordernisse und das Wohl der Allgemeinheit.

Noch einmal erwähnte ich, bevor ich Delhi verließ, Gandhi in einem Ge-spräch mit Nehru.

Jimmy Sheean, mein abergläubischer irischer Freund, zeigte sich davon beeindruckt, daß seine Armbanduhr bei einem Interview mit Gandhi und dann wieder in dem Augenblick, in dem Gandhi ermordet wurde, stehen-geblieben war. Als wir eines Tages in einer Pressekonferenz Nehrus saßen und ihm zuhörten, deutete Sheean plötzlich auf seine bemerkenwerte Uhr, die er inzwischen hatte reparieren lassen.

»Sie ist wieder stehengeblieben, auf die Minute genau zum Zeitpunkt un-serer Verabredung mit Nehru«, flüsterte er.

Automatisch blickte ich auf meine Uhr. Auch sie war stehengeblieben.

Nun fiel mir ein, daß Jimmy am Tage nach dem Attentat mit »Stigmata« an den Fingern aufgewacht war. Sicher, sie hatten verdächtig nach Brand-blasen ausgesehen, die von einer Zigarette herrühren, aber nun fiel mir auch seine seltsame Vorahnung vor Gandhis Tod wieder ein. Und nun war da diese Uhrengeschichte, die schwer zu erklären war. Nach der Presse-konferenz erzählte ich jedenfalls Nehru von der mysteriösen Angelegen-heit. Was er denn davon halte? Da schob dieser Sohn des »okkulten« Asien, den sein Volk das Juwel Indiens nannte, seinen Gandhi-Hut etwas zur Seite und lächelte.

»Was Sie brauchen«, sagte er, »sind neue Uhren.«

10   *Neue Uhren werden gebraucht*

Es hat selten eine von einer verantwortlichen politischen Partei in Ame-rika ausgeheckte demagogische Kampagne gegeben, die so erfolgreich war wie der Schwindel mit dem »zwanzigjährigen Verrat«, der der Republika-nischen Partei 1952 half, an die Macht zu kommen. Und es hat in unserer Geschichte auch keine Kampagne gegeben, die für das amerikanische Volk teurer gewesen wäre und die unserem Prestige im Ausland und unserer inneren Einigkeit und Selbstachtung mehr geschadet hätte als dieser von McCarthy und Nixon angeführte Triumph der Lügen und Verleumdun-gen, in denen Leute wie Roosevelt, Marshall, Stilwell, Truman, Acheson und loyale Angehörige unseres Auswärtigen Dienstes beschuldigt wurden, sie hätten ihr Land verraten und »China an die Russen verkauft«. Es muß für unsere ganze Nation ein Grund zur Reue bleiben, daß die Berater des ehrbaren Soldaten, der für zwei Amtszeiten unser Präsident werden sollte, zuließen, daß er diejenigen unterstützte, die mit diesen Falschheiten hausieren gingen, indem er mit Senator McCarthy eine Wahlreise durch Wisconsin machte, demselben McCarthy, der General Marshall – während des Krieges Eisenhowers Vorgesetzter – öffentlich den »größten Verräter in der amerikanischen Geschichte« genannt hatte.

China war nie von irgendeinem Amerikaner »verkauft« worden; das war allein schon deshalb nicht möglich, weil es uns gar nie gehört hatte. Es war in den vierziger Jahren ebensowenig in unserer Hand wie es heute in der Hand der Russen ist. Die chinesische Revolution wurde nicht in einem von der Außenwelt abgeschnittenen Vakuum geboren, aber sie war zuerst und zuletzt ein Produkt der chinesischen Geschichte und wurde erst in zweiter Linie von ausländischen Erscheinungen beeinflußt.

Es ist jetzt zu spät, über die verlorenen Jahre zu streiten, in denen der grausame Irrsinn des McCarthyismus die ganze Nation lähmte; und es ist viel zu spät, der großen Versuchung zu erliegen und in Gefühlen zu schwelgen, was hätte sein können, wenn der Kongreß vor dem Sputnik sachlichere Überlegungen angestellt hätte. In meinem eigenen Fall ist es besonders unstatthaft, hinterher solchen Gedanken nachzuhängen; meine damaligen Überlegungen sind schließlich schriftlich festgehalten. Vor fast einem Jahrzehnt erörterte ich als Mitherausgeber der *Saturday Evening Post* unsere künftigen Probleme mit einem revolutionären China, dem ich schon lange vor der amerikanischen Intervention den totalen Sieg vorausgesagt hatte. Es tut mir leid, daß ich auf den folgenden Seiten mich selbst so ausführlich zitieren muß, aber ich kann nirgendwo sonst eine Analyse finden, die im wesentlichen die Wahrheit über China und Rußland so darstellt, wie *ich* sie damals sah und zum größten Teil auch heute noch sehe.

»Hat eine von Kommunisten angeführte Regierung unweigerlich zur Folge, daß China unter die absolute Vorherrschaft des Kreml geraten wird?« fragte ich.* »Wird es Moskau gelingen, in der chinesischen Polizei, in der Armee, im Politbüro der Partei und im Staatsapparat ›Spezialisten‹ unterzubringen und auf diese Weise eine Art Überregierung wie in Osteuropa einzurichten? Wird es dem Kreml gelingen, den chinesischen Kommunisten die Innenpolitik vorzuschreiben und Chinas Stimme bei den Vereinten Nationen zu kontrollieren?«

Das waren die großen »sittlichen« und »moralischen« Fragen, die unsere

---

* Vgl. die *Saturday Evening Post* vom 9. April 1949. Hervorhebungen nur hier.

Führer 1949 beunruhigten, als wir das unveräußerliche Recht des chinesischen Volkes – gleich dem Recht, das die Amerikaner 1776 beansprucht hatten –, durch eine Revolution ihre eigene Regierungsform zu wählen, noch nicht in Frage gestellt hatten. Und die Antworten? Ich fuhr fort: »Erstens: Denken wir an einige geopolitische Tatsachen von fundamentaler Bedeutung. China ist ein Land von gewaltigen Ausmaßen [...] und mit doppelt so vielen Bewohnern wie Sowjetrußland. Es hat ein reiches Potential an Menschen und Naturschätzen, und seine uralte Kultur hat 3000 katastrophenreiche Jahre überlebt, so daß ihre Grundwerte heute noch intakt sind. China ist unter allen Kolonien und Halbkolonien das erste Land, in dem Kommunisten an die Macht gekommen sind.

Zweitens: China ist die erste *Groß*macht außerhalb Rußlands, die erklärten Marxisten in die Hände fiel.

Drittens: Die chinesische Armee trug ihre großen Überlebenskämpfe lange vor dem jüngsten Krieg und ohne sowjetische Unterstützung aus. Neben Jugoslawien hat China die einzigen Kommunisten, die ohne die direkte Intervention russischer Waffen an die Macht gekommen sind – und auch ohne eine versteckte Drohung wie im Falle Prags.

Viertens: Die chinesische Partei wird heute als einzige auf der Welt von einem Kommunisten angeführt, der an der Macht geblieben ist, obwohl die Komintern seine Ablösung gefordert hatte.

Fünftens: Als Folge einer langen Isolation und selbständigen Entwicklung hat die chinesische kommunistische Partei ungeheure Erfahrung und Selbstvertrauen gewonnen. Ein Bürgerkrieg, der eine ganze Generation umspannte, hat eine große Zahl kompetenter militärischer und politischer Führer hervorgebracht. [...] Wenn russische Generäle militärische oder politische Bosse in den kleinen, besetzten Staaten Europas herumstoßen, so ist das etwas ganz anderes als die Lenkung eines Riesen von der Größe Chinas, wo eine disziplinierte Partei die Kontrolle über eine große Armee ausübt, die ihre Unabhängigkeit gegen jede fremde Macht zu verteidigen wüßte.

Sechstens: Mao Tse-tungs Persönlichkeit spiegelt sich in der inneren Struktur einer Partei, die ihrem Wesen nach zutiefst chinesisch ist. Die allermeisten haben ihren Marxismus aus der Geschichte der chinesischen Revolution und aus den Lehrbüchern und Lehrmeinungen gelernt, die in den Schriften Mao Tse-tungs und anderer einheimischer Führer aufgestellt worden sind.

Siebtens: Bis zur Lossagung Belgrads waren die chinesischen Kommunisten die einzige nichtrussische Partei, die offen zu sagen wagte, daß sie zur Theorie und revolutionären Praxis des Marxismus bedeutsame neue Beiträge geleistet hatte. [...] Mao Tse-tung und seine Anhänger bewiesen als erste, daß kommunistisch gelenkte Revolutionen in halbkolonialen Ländern siegen können, wenn sie die Rolle der nationalen Befreiung mit antifeudalen sozialen Reformbewegungen verknüpfen. In einer für die Hierarchie im Kreml ganz unvorhergesehenen Situation wiesen sie nach, daß solche Revolutionen Erfolg haben können, ohne auf Erhebungen des städtischen Proletariats zu bauen und ohne von Rußland oder dem Weltproletariat Hilfe zu bekommen: einfach auf der Grundlage des organisierten Bauerntums als der wichtigsten Kraft.

Als Ergebnis des souveränen Sieges der Kommunisten in China herrschen heute in Ostasien bereits ganz neue Verhältnisse mit bedeutsamen Folgen sowohl innerhalb als auch außerhalb der marxistischen Welt. Moskau muß sich mit einer wichtigen, von Kommunisten geführten fremden Macht auseinandersetzen, die alle Mittel besitzt, eine echte Gleichheit und Unabhängigkeit zu behaupten.

Sollte Rußland jetzt versuchen, der Regierung in Peking die Kontrolle über das wirtschaftliche, politische und militärische Leben der Mandschurei zu entreißen, würde es in der kommunistisch gelenkten Welt zu einem frontalen Zusammenprall der verschiedenen Nationalismen kommen. Chinesische Kommunisten könnten den Verlust der Mandschurei an Rußland so wenig überleben, wie Rußland zulassen könnte, daß die Ukraine vom kommunistischen Polen annektiert werden oder in einer polnisch-deutschen kommunistischen Föderation aufgehen würde.

Weit davon entfernt, für die Mandschurei oder für ganz China die Rolle von Satelliten zu akzeptieren, betrachten die chinesischen Kommunisten ihr Land als einen potentiellen Mittelpunkt einer neuen Föderation sozialistischer Staaten im Osten*, die selbständig und auf der Ebene völliger Gleichberechtigung mit der UdSSR existieren kann. Auch wenn der Kreml an einer solchen Aussicht nicht viel mehr Freude haben kann als vorher an Titos Projekt einer Föderation auf dem Balkan, wäre es ein großer Irrtum zu glauben, die Russen werden in China prompt die Fehler wiederholen, aufgrund derer sie die effektive Kontrolle in Jugoslawien verloren. Sie werden mit äußerster Vorsicht ans Werk gehen und hoffen, daß die Amerikaner Fehler machen, die ihren Erfolg begünstigen.

China stellt heute den Kreml vor das langfristige Problem der ›Handhabung‹, ein Problem, das durch die amerikanische Politik entweder vereinfacht oder gewaltig kompliziert werden kann. So lange es zutrifft, daß die Vereinigten Staaten die wichtigste Stütze für das alte Regime in China sind, wie auch für irgendwelche oder alle antikommunistischen Parteien, Gruppierungen, Politiker oder Warlords, die bereit sind, einen inzwischen eindeutig verlorenen Krieg fortzuführen, so lange werden Amerikaner mühelos ihre derzeitige Position als Ausländischer Feind Nummer Eins behaupten.

Die neue kommunistische Regierung in Peking hat sich mit einer Revolu-

---

* China, die Mandschurei, die Mongolei, Tibet und die nichtchinesischen Stämme.

tion durchgesetzt, die einige dringende Bedürfnisse der Bauernschaft befriedigte, zusammen mit der Energie, die durch fremdenfeindliche Parolen einer nationalistischen Bewegung geweckt wurde. Sie kann nur Erfolg haben, wenn sie sich weiterhin an dieses Muster hält – wenn sie die wichtigsten Versprechen einlöst: Fortschritt im Innern, allumfassende Reform und echte nationale Unabhängigkeit. Sie würde sich selbst zerstören, wenn sie die Interessen des chinesischen Volkes irgendwelchen russischen Forderungen opfern würde, die aus China vielleicht ein koloniales Instrument oder einen Stützpunkt für einen offensiven Krieg gegen die Vereinigten Staaten machen würden.

Das Programm der neuen Regierung sieht eine rasche Industrialisierung ebenso vor wie den Ausbau staatlicher Betriebe und Verkehrswege aller Arten, eine stark erhöhte und modernisierte landwirtschaftliche Produktion, vermehrte Einrichtungen für eine allgemeine Schulbildung, staatliche Gesundheitsfürsorge und die Ausbildung Tausender neuer Techniker, die imstande sind, eine durch staatliche Planung koordinierte Wirtschaft zu lenken. Doch den Ausgangspunkt dieses Programms bildet eine Nation, die bankrott ist – ihre Städte liegen in Trümmern, ihre Eisenbahnlinien sind zerstört, ihre Maschinen sind veraltet oder unbrauchbar, ihre Fluß- und Kanalsysteme sind zusammengebrochen, ihre Menschen sind hungrig, müde und zerlumpt; sie sind aufs Arbeiten erpicht, aber es fehlt an den notwendigen Werkzeugen und anderen Mitteln. Chinesische Kommunisten sind nicht so dumm zu glauben, sie könnten jetzt, da sie die ganze Verantwortung der Macht tragen, all diese internen Probleme lösen und gleichzeitig einen Krieg gegen die Vereinigten Staaten vom Zaun brechen. General MacArthur hatte ganz recht, als er vor kurzem sagte, der Erfolg der chinesischen Roten gefährde unsere Sicherheit nicht. Als Absatzmarkt wird uns China nicht fehlen; unsere Handelsbilanz dort sieht seit vielen Jahren sehr ungünstig aus. Dies ist für Uncle Sam ein exzellenter Zeitpunkt, die Initiative in unseren künftigen Beziehungen ganz den Chinesen zu überlassen und ihnen viel Zeit zu geben, wenn es sein muß einige Jahre, sich der entscheidenden Tatsache klar zu werden. Und die besteht darin, daß der chinesisch-amerikanische Handel für China mindestens genauso wichtig ist wie für die USA.

Ich habe angedeutet, daß zwischen den Bestrebungen der chinesischen Kommunisten und der nationalistischen Expansion der Russen unter dem Deckmantel des ›Internationalismus‹ ernsthafte Widersprüche bestehen. Doch diese Unterschiede sind eine Lappalie, verglichen mit den ›Widersprüchen‹ zwischen den ›nationalen Bestrebungen der chinesischen Kommunisten‹ und den Zielen der fortgesetzten amerikanischen Intervention gegen sie! Wenn es Zweck der amerikanischen Politik ist, Chinas Unabhängigkeit von Rußland zu stärken, so läßt sich dieses Ziel wohl kaum dadurch erreichen, daß man die Kommunisten zwingt, sich – zur eigenen

Verteidigung – mit den Bedingungen der russischen Allianz abzufinden. Würde man jedoch klarmachen, daß die Vereinigten Staaten nicht die Absicht haben, sich an irgendeinen Teil Chinas zu klammern, und daß sie auch nicht versuchen, dort im Bündnis mit Antikommunisten der verschiedensten Sorte ihren Willen durchzusetzen, dann würden die Faktoren, die ich erörtert habe, in Aktion treten und bestimmen, welcher Art das Verhältnis zwischen den chinesischen und den russischen Kommunisten in Zukunft sein wird.

Jedenfalls wird und kann die chinesische kommunistische Partei auf lange Sicht die nationalen Interessen Chinas kaum den Interessen des Kremls unterordnen. Wenn unsere Politik vom Interventionismus reingewaschen wird, könnte sich die Geschichte in eine Richtung entwickeln, für die heute alle Voraussetzungen gegeben sind. China wird die erste kommunistische Großmacht sein, die von Moskaus Diktat unabhängig ist.

Peking könnte eines Tages eine Art asiatisches Moskau werden, ein Rom des Ostens, das – außerhalb der Kontrolle Moskaus – eine Art ›asiatischen Marxismus‹ predigt. Als solches würde es dann natürlich als das Symbol des Sturzes des europäischen Kolonialsystems in Asien dastehen, wie auch als Symbol der Ablehnung unserer eigenen Prinzipien der Demokratie einschließlich der Vorstellungen von privaten Eigentumsrechten beim Besitz von Produktionsmitteln. Andererseits könnte es auch der Expansion des Kommunismus *als einer Ausdehnung des russischen Nationalismus* im Osten eine Grenze setzen – eine Barriere, die so wirkungsvoll sein könnte, wie die, die jetzt in Belgrad im Westen errichtet worden ist.

Wer gewohnt ist, in ideologisch absoluten Kategorien zu denken, hat vielleicht Schwierigkeiten zu verstehen, wie ›Kommunismus‹ durch Kommunismus ›eingedämmt‹ werden kann oder wie er überhaupt durch irgend etwas anderes als sein genaues Gegenteil – und dafür halten diese Leute dann meistens den ›Kapitalismus‹ – aufgehalten werden kann. Es gibt jedoch viele Schattierungen und Abstufungen in der Bedeutung und in der Entwicklung von Wörtern dieses Typs, und es werden immer mehr. Es ist deshalb wahrscheinlich, daß die drohende Gefahr einer sowjetrussischen Weltdiktatur sowohl durch rivalisierende Entwicklungen kommunistischer Macht aufgehalten werden wird als auch durch eine Sozialdemokratie und einen modifizierten Kapitalismus.

Eine Politik der Nichteinmischung in die inneren Angelegenheiten Chinas und anderer asiatischer Staaten bringt Risiken mit sich; eine unqualifizierte Unterstützung des Status quo birgt aber möglicherweise noch größere Risiken. [...] Das ganze Kolonialsystem nähert sich seinem Ende. Jede Politik, die das bestreitet oder aggressiv versucht, den Imperialismus – unter welchem Namen auch immer – wieder zum Leben zu erwecken, kann den Kampf um Gleichberechtigung und Unabhängigkeit nur verlängern – eine weitere schreckliche Vergeudung menschlicher Bemühungen. Es ist viel zu spät, in diesem Teil der Welt irgendwelche vergangenen Reiche wiederherzustellen. Zu spät für Rußland und für jede andere Macht.«

(Ende des Zitats.)

Das war ein Jahr, bevor wir dem McCarthyismus erlagen, als wir noch die Freiheit hatten, in Asien nach »Bergen über Samenkörnern« Ausschau zu halten.

Der Korea-Konflikt schuf eine emotionsgeladene Atmosphäre, die unser nationales Vorstellungbild von China eine ganze Zeit lang trübte. Doch 1958 bestritten dann nur noch wenige Beobachter die Richtigkeit der oben stehenden Analyse. Vor einigen Jahren war es für so grundverschiedene Leute wie Dean Acheson, Senator Knowland, George Kennan und John Foster Dulles üblich, China einfach als einen unter dem eisernen Diktat Rußlands stehenden Marionetten- oder »Sklavenstaat« abzutun und die Tatsache ganz zu ignorieren, daß sich dort eine große Revolution abspielte. Heute würde sich keiner von ihnen einer solchen Beurteilung anschließen. China ist ganz offenkundig Rußland nicht nur politisch ebenbürtig geworden, sondern ist aus eigenem Recht und zum erstenmal in der neueren Geschichte eine der vier Großmächte dieser Erde.

Diese phänomenale Entwicklung der chinesischen Republik, die auf einer ganz anderen Ebene lag als die der Satelliten Osteuropas, führte zu einer unwiderruflichen Veränderung des Gleichgewichts der Kräfte sowohl innerhalb der kommunistisch gelenkten Welt als auch zwischen dieser Welt und dem von den Vereinigten Staaten beherrschten Bündnissystem. Die Tatsache, daß China in der Mandschurei und anderswo entlang seiner kontinentalen Grenzen die völlige Souveränität wiedererlangte, und sein außergewöhnlich rascher wirtschaftlicher Fortschritt, gestützt auf eine »gemischte Wirtschaftsform« und ein Programm des allmählichen, systematischen Übergangs zum Sozialismus, wurden ebenfalls zu wichtigen Elementen der Veränderung in der Gesamtstruktur der kommunistisch regierten Staaten. Denn als Stalins Nachfolger bei ihren Auseinandersetzungen mit China nicht, wie viele ihrer Feinde hofften, die Fehler wiederholten, die Stalin in Jugoslawien gemacht hatte, mußten sie anfangen, das starre Konzept einer absoluten Diktatur des Kremls über alle anderen nationalen kommunistischen Parteien umzuändern.

Während sich also China als die erste von einer kommunistischen Partei gelenkte große Nation herausstellte, die ihren Aufstieg nicht russischer Polizeigewalt verdankte und die deshalb zu ihrem eigenen Überleben auch nicht unbedingt auf sie angewiesen war, waren die Vereinigten Staaten nicht nur weiterhin die »Hauptstütze des alten Regimes«, sondern sie verbesserten im Verhältnis zu der neuen Republik ständig »ihre Position als Ausländischer Feind Nummer Eins«. »Widersprüche zwischen den

Bestrebungen der chinesischen Kommunisten und der nationalistischen Expanison der Russen« bestanden 1949 tatsächlich. Doch diese »Widersprüche« wurden, wie vorhergesagt, »eine Lappalie, verglichen mit den Widersprüchen zwischen den nationalen Bestrebungen der chinesischen Kommunisten und der amerikanischen Intervention gegen sie«. Unsere Reaktion auf die Revolution drängte China beharrlich zu einer immer noch engeren Kollaboration mit Rußland.

Auf so groteske Weise verzerrte der Korea-Konflikt unser Urteil, daß es bei uns nur wenige gab, die uns selbst so sehen konnten, wie uns die Chinesen und die anderen Asiaten sahen. Wir machten uns kaum einmal die Mühe zu überlegen, wie unsere Position bei vertauschten Rollen aussehen würde. Was wäre, wenn die Chinesen aus Sicherheitsgründen in *unseren* Gewässern einen Stützpunkt errichteten? Die meisten von uns vergaßen allzu schnell, wie wir Chiang zum Besitzer Formosas machten und unser Land dort in einem Bündnis mit ein paar hunderttausend Flüchtlingen festlegten, die der einheimischen Mehrheit aufgezwungen wurden. Wir vergaßen, daß wir aufgrund einer amerikanischen Initiative und nicht als Folge irgendwelcher Forderungen der Führer der Revolution alle unsere Konsulate schlossen, unsere Diplomaten aus China zurückzogen und unsere Verbindungen zum Festland abbrachen. Wir vergaßen allzu schnell, daß wir zur ausschließlichen Unterstützung Chiang Kai-sheks Waffen und andere Güter im Wert von Milliarden lieferten, die er in einem Bürgerkrieg einsetzte, der Millionen von Menschen das Leben kostete. Wir schienen zu vergessen, daß wir nach 1949 Chiang Kai-shek und seine mit ihm ins Exil gegangenen Anhänger mit weiteren zwei Milliarden unterstützten und fortfuhren, sie und ihr leeres Gerede von einer »Zurückeroberung« Chinas zu subventionieren; wir machten uns damit für eine Position stark, die sonst von keinem verteidigt wurde und die uns einem möglichen Konflikt mit der Republik auf dem Festland aussetzte, in dem wir vollkommen allein dastehen würden.

Was die meisten Führer unter Asiens eineinhalb Millarden Menschen betraf, so sahen sie Amerikas Formosa-Protektorat ausschließlich als Teil einer Machtpolitik und als den Dreh- und Angelpunkt eines Versuchs, das Gleichgewicht der Kräfte wiederherzustellen, das vor dem Krieg bestanden hatte. Dieser alte Zustand war durch den Zusammenbruch des Kolonialismus gründlich zerschlagen worden und ließ sich schon allein deshalb nicht wiederherstellen, weil das Gleichgewicht der Kräfte nun außerhalb des eigentlichen Einflußbereichs sowohl Rußlands als auch der Vereinigten Staaten lag. Es lag in den Händen nationalistischer oder sozialrevolutionärer Regimes, die die imperialistische Macht verdrängten, und zwar in den neutralen Ländern Asiens – vor allem in Indien, Birma und Indonesien –, zu denen sich auch Japan liebend gerne zählen würde.

Ein gestärktes System neutraler Staaten könnte dazu beitragen, ein mehr oder weniger stabiles Gleichgewicht der Macht in Ostasien herzustellen. Doch wir konnten auch diese Alternative nicht ernsthaft unterstützen, solange wir uns an die Fiktion klammerten, Chiang Kai-shek sei China, und darauf beharrten, Nationen mit einer anderen Ansicht seien »moralisch« im Irrtum und der umfangreichen amerikanischen Hilfe, die sie alle so dringend brauchten, nicht würdig.

Amerikas Anspruch auf moralische Autorität bei seiner Einmischung in Chinas innere Angelegenheiten war in den Augen der Asiaten die größte Heuchelei. Das Formosa-Protektorat war eindeutig unter dem Schutz amerikanischer Waffengewalt entstanden. Und es war ebenso eindeutig diese Waffengewalt, die allein die Regierung Chiang Kai-shek weiterbestehen ließ. Doch unser Einwand gegen eine Anerkennung der chinesischen Republik und ihrer Ansprüche auf die Oberherrschaft über Formosa beruhte ganz allein auf dem Argument, *wir* könnten keine »mit Gewalt herbeigeführten Veränderungen« hinnehmen.

Dieses Paradox schnitt uns nicht nur von allen Beziehungen zur chinesischen Republik ab; es sorgte auch für Mißverständnisse zwischen Amerika auf der einen und Indien, Indonesien und anderen asiatischen Mächten auf der anderen Seite. China und Indien stellen zusammen zwei Fünftel der Menschheit und den größten Teil der Bevölkerung Asiens. Nicht nur sprachen wir den Chinesen das Recht ab, durch revolutionäre Maßnahmen eine Regierung zu stürzen und abzulösen; wir machten mit unserer Politik auch klar, daß wir Indiens Weigerung, sich mit uns in einem Waffenpakt gegen China zu verbünden, fast in gleichem Maße für »moralisch« verwerflich hielten. Und dabei war es von allen Ländern ausgerechnet Indien, das mit gewaltlosen Methoden eine neue Republik schuf und dessen erster Mann sich mehr als irgendein anderes Individuum seiner Zeit darum bemühte, in den Beziehungen zwischen Menschen und zwischen Nationen zivilisierte Praktiken anzuwenden.

Irgendwie mußte die westliche Welt, wollte sie einen totalen Umsturz vermeiden, lernen, auf diese *beiden* authentischen Stimmen zu hören und achtzugeben, die in einem wiedererwachten und erneuerten Asien deutlich zu vernehmen waren – die eine, die an Toleranz und brüderliches Interesse appellierte und um Verständnis und großzügige Hilfe warb, bevor es zu spät war; und die andere, die die Sprache der Revolution sprach, mit der die Asiaten, wie sie inzwischen demonstriert hatten, wirkungsvoller umzugehen wußten als wir mit unseren Gegenmaßnahmen.

Das alte Asien war Vergangenheit, und ein freies Asien und ein Afrika, das demnächst frei sein würde, erhoben sich, um ihren Platz an der Seite der westlichen Nationen einzunehmen – just zu einem Zeitpunkt, da die Atomkraft der Menschheit vielleicht die verheißungsvolle Aussicht auf eine umfassende Befreiung aus dem Sklavendasein und der Armut eröffnete. Ein neues erfinderisches Denken war erforderlich, nicht nur, um die raschen Veränderungen in den Raum-Zeit-Beziehungen zwischen den verschiedenen Gesellschaften und Kontinenten ermessen zu können, sondern auch, um die schrecklichen und großartigen Dienste von Masse und Energie, die durch Spaltung und Fusion freigesetzt werden, kontrollieren und richtig einsetzen zu können.

Nicht daß der Weg zum Konflikt zwischen Asiaten und Amerikanern von uns allein vorgezeichnet worden wäre. »Ich nehme für unser Land weiß Gott nicht das Verdienst vollkommener Rechtschaffenheit in Anspruch«, sagte Harry S. Truman am 15. Oktober 1957 in einer bescheidenen Einschätzung, der niemand widersprechen konnte. »Wir haben durch Unterlassungen ebenso gesündigt wie durch unser Tun, und dafür müssen wir die Gnade des Herrn erbitten. Aber ich wage vor der ganzen Welt zu behaupten, daß wir viel getan haben, was richtig war.«

In der kurzen Zeitspanne von 20 Jahren übernahmen die Vereinigten Staaten weltweite Verantwortung und gewährten anderen militärische und nichtmilitärische Hilfe in einem noch nie dagewesenen Umfang. Einige der letzten Konsequenzen mochten fragwürdig sein, aber ein eindrucksvoller Aspekt unserer Außenpolitik war, daß wir unsere riesige Macht nirgends dazu verwendet hatten, einen Offensivkrieg vom Zaun zu brechen, und daß wir gewissenhaft unsere Verpflichtungen im Rahmen der Charta der Vereinten Nationen erfüllt hatten.

Eine Außenpolitik erreicht nie alle ihre Ziele. Auch wenn man die Ziele, die man sich gesteckt hat, erreicht und wenn sie in dem Moment »richtig« erscheinen, stellt sich das Endergebnis oft als das genaue Gegenteil dessen dar, was man ursprünglich angestrebt hat. Jede Machtpolitik provoziert eine Antithese; die sich ergebende Synthese reflektiert immer Gegensätze und unterscheidet sich so von These und Antithese. Wir kämpften und siegten im Ersten Weltkrieg, um »die Welt für die Demokratie sicher zu machen« – im Bündnis mit dem zaristischen Absolutismus. Wahrscheinlich war die bedeutsamste Veränderung, die in dieser Zeit zustande gebracht wurde, die russische Revolution. Winston Churchill verkündete stolz, er werde »nicht Seiner Majestät Premierminister, um die Aufsicht über die Liquidation des Empires zu führen«. Großbritannien gewann den Krieg – und liquidierte den größten Teil des Empires. Stalin widersetzte sich dem Marshall-Plan und teilte willkürlich »die Welt in zwei Lager« auf; er erschreckte damit den »geteilen« Westen so, daß es zu eben dem NATO-Bündnis kam, dem er hatte zuvorkommen wollen. Amerika verhängte ein Embargo über China und errichtete eine Wirtschaftsblockade, weil es hoffte, damit dem Peking-Regime schneller ein Ende zu machen. China reagierte auf diese Herausforderung damit, daß es sein gewaltiges Menschenpotential mobilisierte wie nie zuvor und ein Programm der beschleunigten Industrialisierung und Erziehung ankurbelte, das Chinas wirtschaftliche Selbständigkeit stärkte und dazu führte, daß dort schon

1958 mehr Ärzte und Ingenieure ausgebildet wurden als in den Vereinigten Staaten und sogar dreimal so viele Lehrer.

Je bestimmter und entschlossener wir die Stabilität des sowjetischen Systems leugneten, desto gewichtiger wurde seine Auswirkung auf das Denken und Handeln im Westen. Allein schon die Bücher, die wir schrieben, um zu beweisen, daß die UdSSR »am Rande des Bankrotts« stand (wie John Foster Dulles 1956 behauptete), zeigten das. Und je beharrlicher auf der anderen Seite die Russen das Unheil des räuberischen amerikanischen »Imperialismus« verdammten und »bewiesen«, daß unser System versagte und sich »das eigene Grab schaufelte«, desto stärker kopierte die sowjetische Elite die amerikanischen Industrieverfahren und beneidete den hohen amerikanischen Lebensstandard, und desto mehr anerkannte die herrschende sowjetische Hierarchie die Leistung des einzelnen durch unterschiedliche materielle Entschädigung. Auf unserer Seite galt, was Edmund Wilson in »A Piece of My Mind« sagte: »Wir haben die Russen auch in einer weniger konstruktiven Richtung kopiert, zum Beispiel mit unseren jüngsten Säuberungsaktionen im Namen der Sicherheit und mit den politischen Ketzerjagden.«

Amerika kann natürlich – allein – nicht alles in der Welt tun. Wenn wir »durch Unterlassungen ebenso wie durch unser Tun« gesündigt haben, so läßt sich das in der Tat oft eher auf eine Neigung zurückführen, zuviel – und allein – in Übersee bewerkstelligen zu wollen, als zuerst das Bestmögliche zu Hause zu tun. Die peinliche Tatsache bleibt aber bestehen: Von 16 Menschen auf dieser Erde sind 15 keine Amerikaner; von ihnen kann deshalb nicht erwartet werden, daß sie gehorsam auf all die historischen Impulse eingehen, die unsere eigene Politik bestimmen. Das Tempo der wissenschaftlichen Entdeckungen und Umwälzungen ist heute so hoch, daß sich der Mensch – in einem evolutionären Sinne – innerhalb der nächsten Generation wahrscheinlich stärker weiterentwickelt als in den hinter uns liegenden 7000 Jahren – falls es ihm gelingt, am Leben zu bleiben. In einer solchen Welt lassen sich eine radikale gesellschaftliche und politische Veränderung und Anpassung nicht verhindern. Sie lassen sich im Interesse des allgemeinen Überlebens höchstens etwas abmildern. Jede Politik, die es nicht bewußt darauf anlegt, sich dem unvermeidlichen Wandel anzupassen, oder die sich nur an nostalgische Träume von einer Wiederherstellung der Vergangenheit klammert, ist zwangsläufig zum Scheitern verurteilt.

Der Nationalismus ist keine besonders attraktive Phase der menschlichen Entwicklung – vor allem der Nationalismus der anderen –, aber er ist ganz klar ein unvermeidliches Stadium des Übergangs zum regionalen Zusammenschluß, der seinerseits ein Schritt zur Weltordnung ist. Je mehr sich jede Nation bemüht, die Organisation der Vereinigten Nationen zu stärken, je mehr sie ihre Mittel der Kommunikation mit anderen (Wirtschaftshilfe, Investitionen, Handel, Kulturaustausch, Verteidigung) auf eine zentralisierte Planung, Verantwortung und Verantwortlichkeit zusammen mit und gegenüber anderen Nationen konzentriert, desto realistischer wird ihre Außenpolitik und desto geringer ist die Wahrscheinlichkeit, daß sie durch künftige Reformen und Revolutionen erschüttert wird, die in vielen Ländern einer ungleich entwickelten Erde noch immer zu erwarten sind.

Zwei Jahrzehnte lang stand die UdSSR mit ihrem Versuch, »den Sozialismus in einem Land aufzubauen«, auf der ganzen Welt isoliert und allein da. Heute leben etwa zwei Drittel der Bevölkerung Europas und Asiens unter Systemen staatlicher Wirtschaftsplanung und fordern uns mit einer »auf Wettbewerb angelegten Koexistenz« heraus.

Hinter der Rivalität der Sowjetunion und der Vereinigten Staaten um die Beherrschung des Weltmarkts – mit politischen Ideen ebenso wie mit materiellen Gütern – steht eine weitreichende Frage von allergrößter Bedeutung. Wenige sprechen offen darüber, aber sie beschäftigte die besten Köpfe in den Führungsgremien aller Bereiche in den USA, vor allem immer dann, wenn eine einschneidende Kürzung der staatlichen Subventionen für die Privatindustrie droht, eine Kürzung der Verteidigungsausgaben also, von denen unsere wirtschaftliche Stabilität seit 20 Jahren in hohem Maße abhängt. Die Frage ist nun, wie lange kann eine immer noch weitgehend ungeplante, nicht koordinierte, vom privaten Gewinn motivierte Wirtschaft erfolgreich gegen vollkommen staatlich geplante sozialisierte Wirtschaften ankämpfen, deren Bruttosozialprodukt in den vergangenen Jahren (in China und Rußland) drei- bis viermal so schnell gewachsen ist wie das der Vereinigten Staaten und die im Augenblick diese Wachstumsrate jährlich mehr als verdoppeln, während die amerikanische Produktion in der Rezession steckt und zurückgeht.

In einer solchen Zeit kann sich die »auf Wettbewerb angelegte Koexistenz« nicht damit begnügen, spröde Kambodschaner oder arabische Ölkönige oder Diktatoren zu überreden, lieber Dollars zu nehmen als Rubel oder chinesisches Geld. Sie muß auch im eigenen Land zugkräftige Alternativen entwickeln, die nicht nur Bewunderung erregen sollen, sondern auch von anderen Nationen in aller Eile nachgeahmt werden können – und alle rückständigen Nationen sind heute in Eile oder werden es bald sein. Eine Außenpolitik kann immer nur so erfolgreich sein wie das System im eigenen Lande, von dem sie angeregt wird; doch während Amerika im Ausland Ziele des Kalten Krieges verfolgte, häuften sich zu Hause schwerwiegende Fragen in alarmierenden Proportionen.

Ein Schulsystem mit ernsthaften Mängeln; anhaltender Rassenhaß und Diskriminierung; eine in die Tausende gehende, wachsende Zahl von Jugendlichen, die sich selbst überlassen sind und die keinen Anschluß mehr an das konstruktive Leben der Gesellschaft haben; antiquierte Systeme der Gesundheitsfürsorge, des Gefängis- und Rechtswesens; ein immer größer werdender Mangel an Krankenhäusern und Ärzten und an Mitteln zur Unterstützung der nichtmilitärischen wissenschaftlichen und medizinischen Forschung; wachsende Warenüberschüsse im Wert von Milliarden, in einer Wirtschaft, in der Farmer mit steigenden Subventionen in Milliardenhöhe dafür belohnt wurden, daß sie immer weniger anbauten (während eine ungezügelte Inflation die Preise für Lebensmittel immer weiter in die Höhe trieb) – alles Probleme, die eine phantasievolle Reform und Modernisierung erforderlich machen, wenn unsere Nation in der Welt nicht zurückfallen soll. Eines unserer wichtigsten ungelösten Dilemmas ergibt sich aus der anscheinend grenzenlosen Entwicklung von Kernwaffen und einer rapide zunehmenden Vergiftung unserer Atmosphäre; damit schaufeln wir uns möglicherweise das eigene Grab und hinterlassen eine Welt, die von Monstern bewohnt sein wird, die nicht mehr als unsere Kinder zu erkennen sind.

Unsere »Reise zu den Anfängen«* hat uns nun auf den Höhepunkt einer ganz und gar beispiellosen Flut menschlichen Fortschrittes geführt; fast zwei Milliarden Menschen ohne ausreichende Ernährung und Schulbildung waren bereit, in den Vordergrund zu rücken, Menschen mit neuen Bedürfnissen, neuen Dimensionen, neuen Träumen von einer Zukunft voller Hoffnung und Freiheit. Für uns alle ist das heute eine Zeit, in der jede Nation zuerst den Balken aus dem eigenen Auge ziehen muß, bevor sie danach trachtet, den Splitter aus dem Auge ihres Nachbarn zu ziehen, eine Zeit des Abschieds von unserer Vorgeschichte, das Ende einer echten Kindheit, ein Zeitpunkt also, zu dem der Mensch endlich anfangen muß, sich seines Menschseins zu besinnen.

Es ist unumgänglich, daß wir in diesem Sinne Gandhis Wahrheit und Botschaft der Brüderlichkeit begreifen und in die Praxis umsetzen. Sonst könnte alles, wozu ich einst vor 30 Jahren aufgebrochen war – jene

Städte voller Menschen
jene Sitten, Versammlungen, Stimmungen, Regierungen

zugrunde gehen und kein Wort davon hinterlassen, wie sie ihre erste volle Stunde der Freiheit dazu benutzten, die grüne Erde in eine trockene leblose Schlacke zu verwandeln.

* So der amerikanische Titel des Buches.

Register

Die Umschrift der chinesischen Namen basiert auf dem international am weitesten verbreiteten System von Wade-Giles. Um die Lektüre nicht unnötig zu erschweren, wurden die für den Laien störend wirkenden Aspirationszeichen nicht verwendet.
Auslassungen und Ergänzungen des Verfassers in Zitaten sind mit eckigen Klammern gekennzeichnet.